EUROPA-FACHBUCHREIHE
für wirtschaftliche Bildung

Liebold — Reip — Weber

Lehraufgaben-Programm Betriebswirtschaftslehre

Lehraufgaben-Programm für eine entscheidungs- und problemorientierte Betriebswirtschaftslehre

7. Auflage

VERLAG EUROPA-LEHRMITTEL · Nourney, Vollmer GmbH & Co.
Düsselberger Straße 23 · Postfach 2160 · 5657 Haan-Gruiten

Europa-Nr.: 97224

Verfasser:

Professor Gotthold Liebold, Dipl.-Kfm., Dipl.-Hdl.

Professor Hubert Reip, Diplomvolkswirt

Oberstudiendirektor Dr. oec. Hans Weber, Dipl.-Hdl.

Lektor:

Dr. Hans Weber

7. Auflage 1992
Druck 5 4 3 2 1
Alle Drucke derselben Auflage sind parallel einsetzbar.

ISBN 3-8085-9727-5

Alle Rechte vorbehalten. Das Werk ist urheberrechtlich geschützt. Jede Verwertung außerhalb der gesetzlich geregelten Fälle muß vom Verlag schriftlich genehmigt werden.

© 1992 by Verlag Europa-Lehrmittel, Nourney, Vollmer GmbH & Co., 5657 Haan-Gruiten
Satz und Druck: IMO-Großdruckerei, 5600 Wuppertal 2

Inhaltsverzeichnis

0 Ziele, Aufbau und Funktionen des Betriebes 13

Der Betrieb in der arbeitsteilig verflochtenen Volkswirtschaft 13
001 Urproduktionsbetriebe — Produktionsgüterbetriebe — Konsumgüterbetriebe — Dienstleistungsbetriebe 13
002 Verflechtungsmatrix 14

Die betrieblichen Produktionsfaktoren 15
003 Dispositive Faktoren — Elementarfaktoren 15
004 Produktionsfaktoren 16

Die Gliederung des Leistungsprozesses in Grundfunktionen 17
005 Die fünf Grundfunktionen 17

Die Zielsetzung der Unternehmung und die Stufen der Zielerreichung . 17
Die Formulierung von Zielen 17
006 Zielausmaß — Zielinhalt — Zielzeit ... 17
Zielbeziehungen 18
007 Zielkomplementarität — Zielkonkurrenz 18
008 Zielbeziehungen zwischen Absatz, Umsatz, Gewinn und Rentabilität 19
009 Zielkomplementarität — Zielkonkurrenz 20

Die Stufen der Zielerreichung: Planung, Realisation und Kontrolle 21
010 Planung, Realisation und Kontrolle im Lagerbereich 21
011 Planung, Realisation und Kontrolle innerhalb der Grundfunktionen 21

Führungsprinzipien 22
012 Management by Exception — Management by Objektives 22

Die Organisation als Mittel zur Verwirklichung der Ziele 23
013 Organisation — Improvisation — Organisatorisches Gleichgewicht 23

Der organisatorische Aufbau des Betriebes 25
Aufgabengliederung 25
014 Gliederung nach dem Objekt und nach der Verrichtung — Aufgabengliederungsplan 25

Stellenbildung, Aufgabenverteilung und Stellenbeschreibung 25
015 Aufgabenliste — Aufgabenverteilungsplan — Zuteilung von Befugnissen — Stellenbildung — Stellenbeschreibung . 26
016 Direktorialsystem — Kollegialsystem ... 30
017 Einlinien-, Mehrlinien-, Stablinien-system — Instanzentiefe und -breite — Formale und informale Beziehungen ... 30
018 Aufbauorganisation einer Margarinefabrik 33

Die Organisation des Arbeitsablaufs 34
Darstellung von Arbeitsabläufen 34
019 Bearbeitung einer Rechnung, Ablaufdiagramm 34
020 Balkendiagramm — Maschinenbelegungsplan 35
Netzplantechnik 36
021 Einfacher Netzplan 36
022 Erweiterter Netzplan 36
023 Netzplan eines komplexen Projekts 39
(siehe auch Fall 202 Seite 93)
Arbeitsanweisung 39
024 Arbeitsanweisung — Stellenanforderungen — Stellenbeschreibung . 39

1 Beschaffung und Lagerung 44

Ablauf des Beschaffungsvorganges . 44
101 Lagerkarte — Bedarfsmeldeschein — Bezugsquellenkartei — Anfrage — Angebotsvergleich — Bestellung — Wareneingang — Rechnungskontrolle . 44
102 Ablaufmatrix: Einkaufsabwicklung 49

Planung der Beschaffungsmenge ... 50
103 Planperiode — Verbrauchsbedarf — Beschaffungsmenge (Einkaufsplanbedarf) 50

Kosten der Beschaffung 50
104 Unmittelbare Beschaffungskosten — Mittelbare Beschaffungskosten — Bestellmenge 50
105 Einstandspreis — mittelbare und unmittelbare Beschaffungskosten 55

Lagerwirtschaft 55
Lagerkosten 55
106 Lagerkostenarten — Lagerzins 55
107 Kosten des Materialbereichs 57

	Lagerbestand	57	204	Fließfertigung (Reihenfertigung, Fließbandfertigung, Transferstraße) 84
108	Lieferbereitschaft — Bestellbestand — Mindestbestand	57	205	Fertigungsablaufformen — Fertigungstypen . 85
109	Bestellbestand — Höchstbestand — Bestellzeitpunkt — Bestellrythmus — Mindestbestand — Bestellbestand — Bestellmenge	58		**Rationalisierung der Fertigung** 85
			206	Normung — Typung — Spezialisierung 85
110	Eiserner Bestand — Bestellmenge	58	207	Losgrößenabhängige und losgrößenunabhängige Kosten — Optimale Losgröße . 86
	Lagerkontrolle .	59	208	Optimale Losgröße . 87
111	Durchschnittlicher Lagerbestand — Umschlagshäufigkeit — Lagerdauer — Lagerzins .	59	209	Optimale Losgröße (mathematische Berechnung) . 88
112	Lagerhaltungskostensatz	61		**Rechtsschutz der Erzeugnisse** . 88
113	Umschlagskennzahlen — Lagerzins — Lagerhaltungskostensatz	61	210	Patent — Gebrauchsmuster — Geschmacksmuster . 88

3 Die Verwertung der betrieblichen Leistungen 90

	Optimale Bestellmenge .	62		**Marktforschung** . 90
114	Tabellarische Berechnung — Graphische Ermittlung — Formel .	62		**Gegenstand der Marktforschung** . 90
			301	Nachfrage- und Konkurrenzanalyse 90
	ABC-Analyse .	64	302	Absatzmethoden — Nachfrageanalysen 92
115	A-, B-, C-Güter — Schwerpunkte der Lagerkontrolle .	64		**Methoden der Marktforschung** . 92
116	Optimale Bestellmenge — ABC-Analyse — Beschaffungsziele .	65	303	Primärforschung . 92
			304	Polaritätsprofil . 93
	Einkaufskommissionär .	66		**Absatzpolitik** . 95
117	Wirtschaftliche Bedeutung — Kommissionsvertrag .	66		**Absatzplan** . 95
			305	Planungsstufen — Absatzstrategische Alternativen — Absatzrisiko . 95
	Import .	67		
118	Incoterms — Angebotsvergleich — Rembourskredit — Einfuhrverfahren — Havarie — Importkalkulation — Importversicherung .	67		**Die Werbung** . 97
			306	Anzeigenwerbung — Streugebiet — Streukreis . 97
119	Verzollung .	71	307	Werbewirksamkeit — Werbebrief . 98
120	Rembourskredit — Dokumentenakkreditiv .	71	308	Werbe-Etat — Werbemittel . 98
			309	Gemeinschaftswerbung . 99
	Aufbau-Organisation der Materialwirtschaft .	72	310	Werbeerfolgskontrolle — Motivforschung — Wirkungsanalyse absatzpolitischer Instrumente . 99
121	Organigramm — Verrichtungs- und Objektgliederung .	72		
			311	UWG — RabG — Zugabe VO — Preisangabe VO . 100

2 Fertigung . 74

	Arbeitsvorbereitung .	74		**Produktstrategie** . 101
201	Stückliste — Arbeitsplan-Laufkarte — Akkordkarte — Materialentnahmeschein — Zeichnungsentnahmeschein — Vorgabezeit nach REFA .	74	312	Produktionsprogramm — Handelssortiment — Sortimentsbreite und -tiefe — Diversifikation — Produktplanung — Deckungsbeitragsrechnung 101
	Fertigungsplanung .	79		**Distributionspolitik** . 102
202	Terminplanung und Terminüberwachung — Netzplan .	79	313	Einsatz von Handelsvertretern und Reisenden — Absatzkontrolle . 102
			314	Rechtsstellung des Handelsvertreters ... 104
	Fertigungsverfahren .	83	315	Verkaufskommissionär — Rechte und Pflichten . 106
203	Innerbetrieblicher Standort — Massenfertigung — Werkstättenfertigung .	83	316	Kommissionsgeschäft . 107

317 Rechte und Pflichten des Zivilmaklers . . 107
318 Einzelhandel — Großhandel 108
319 Reisender — Handelsvertreter —
Verkaufskommissionär — Makler —
Händler 108
320 Versteigerung — Einschreibung 109
321 Warenbörse (Angebot, Nachfrage,
Gleichgewichtspreis) 109
322 Hedgegeschäft 111
323 Termingeschäft 111
324 Handelsmakler 111
325 Export (direkt, indirekt, Lieferbedingungen, Zahlungsbedingungen,
Wechselkurs) — Seefrachtbrief —
Ladeschein 112
Preispolitik 113
326 Preisdifferenzierung —
Deckungsbeitrag 113
327 Produkt-, Preis-, Distributions- und
Werbepolitik einer Fabrik für Kinder-
und Jugendkleidung (Fallanalyse) 114
Organisation des Verkaufs 115
328 Organisation des Vertretereinsatzes 115
329 Produktmanagement 116
330 Ablauforganisation — Auskunft 117
331 Ablaufmatrix 119
Gütertransport 120
Frachtvertrag 120
332 Güternahverkehr — Frachtbrief —
Frachtsatz 120
333 Haftung des Frachtführers 121
Tarifwesen 121
334 Regel- und Ausnahmetarife (AT) 121
335 Wagenladungen 122
336 Frachtkosten bei Versendung als
Stückgut und als Wagenladung 122
Lkw — Fernverkehr 123
337 Lkw — Fernverkehrskonzession 123
Spediteur 123
338 Speditionsvertrag — Frachtvertrag —
Rechtsstellung 123
Lagerhalter 124
339 Lagerschein — Pflichten des Lagerhalters 124
Binnenschiffahrt 125
340 Lagerschein — Ladeschein —
Lagervertrag — Frachtbriefdoppel 125

4 Die Rechtsbeziehungen
der Unternehmungen 130

Das Grundmodell für Verträge 130
Zustandekommen von Verträgen 130
401 Antrag — Annahme —
Willenserklärung 130
Kaufvertrag nach BGB 131

402 Erfüllungsort — Erfüllungszeit —
Versandkosten — Gefahrenübergang —
Gerichtsstand 131
403 Kaufvertrag nach BGB 132
Eigentum und Besitz 132
404 Eigentumsübertragungen an
beweglichen Sachen 132
405 Eigentumserwerb an geliehenen Sachen 133
406 Eigentumserwerb an beweglichen Sachen 133
407 Eigentumserwerb an Grundstücken 133
Geschäftsfähigkeit 133
408 Rechtsgeschäfte mit Geschäftsunfähigen
und beschränkt Geschäftsfähigen —
Rechtsgeschäfte mit Taschengeld 133
409 Einwilligung — Genehmigung —
Rechtsgeschäfte mit Taschengeld 134
410 Selbständiger Betrieb eines Erwerbsgeschäftes durch Minderjährige 134
**Nichtigkeit und Anfechtbarkeit
von Rechtsgeschäften** 135
411 Verstoß gegen ein Gesetz 135
412 Verstoß gegen die guten Sitten 135
413 Verstoß gegen die Form 135
414 Irrtum in der Erklärung 136
415 Irrtum im Motiv 136
416 Arglistige Täuschung 137
417 Widerrechtliche Drohung 137
418 Nichtigkeit und Anfechtbarkeit 137
Abzahlungsgeschäft 138
419 Inhalt des Ratenzahlungsvertrages —
Kreditkaufsystem 138
**Verträge in der arbeitsteiligen
Wirtschaft** 139
Vertragsabschluß 139
420 Zusendung unbestellter Ware
an Kaufleute 139
421 Bindung an das Angebot 139
422 Zahlungs- und Lieferungsbedingungen
beim Handelskauf 140
423 Lieferbedingungen 142
424 Zahlungsbedingungen 142
425 Einseitige und zweiseitige
Handelsgeschäfte 142
**Rechtserhebliche Merkmale von
Kaufverträgen** 143
426 Einteilungsmerkmale für Kaufverträge . 143
Vertragsarten 145
427 Werkvertrag — Werklieferungsvertrag —
Dienstvertrag — Arbeitsvertrag —
Mietvertrag — Pachtvertrag —
Leihvertrag — Darlehensvertrag 145
428 Vertragsmerkmale 146

5

Kaufmannseigenschaft 146
429 Mußkaufmann 146
430 Sollkaufmann 146
431 Kannkaufmann 147
432 Formkaufmann 147
433 Vollkaufmann — Minderkaufmann 147

Die gestörte Erfüllung von Verträgen 148
Die mangelhafte Lieferung 148
434 Arten der Mängel — Rechte und Pflichten des Käufers — Gewährleistungsfristen 148
435 Untersuchungs- und Rügepflicht 150
436 Fehlen der zugesicherten Eigenschaften — Schadenersatz 150
437 Rechte beim Gattungskauf 150
438 Garantie 151
439 Rügefristen 151
Lieferungsverzug 151
440 Voraussetzungen — Rechte des Käufers 151
441 Deckungskauf 152
442 Schadenersatz wegen Nichterfüllung — Konkrete Schadenberechnung 152
443 Lieferverzug beim Fixkauf 153
444 Konventionalstrafe 153
445 Lieferungsverzug 153
Annahmeverzug 154
446 Selbsthilfeverkauf 154
447 Freihändiger Verkauf 154
448 Rechte bei schuldhaftem Annahmeverzug — Haftung des Schuldners 154
449 Voraussetzung des Annahmeverzugs — Rechte des Lieferers 155
Mahnverfahren bei Zahlungsverzug 155
450 Kaufmännisches Mahnverfahren — gerichtliches Mahnverfahren 155
451 Zahlungsverzug 156
Pfändung und eidesstattliche Versicherung 156
452 Vollstreckungsbescheid — Widerspruchsfrist — pfändbares Vermögen . . 156
453 Eidesstattliche Versicherung 157
Die Klage 158
454 Mahnbescheid — Klageschrift — Zuständigkeit des Gerichts — Einlassungsfristen 158
455 Instanzen der Zivilgerichtsbarkeit 158
Die Verjährung 159
456 Geschäftsschulden — Wirkung der Verjährung 159
457 Alltagsschulden — Unterbrechung 159
458 Regelmäßige Verjährungsfrist 159
459 Verjährungstabelle 160

Vollmachten 160
460 Einzelvollmacht — Artvollmacht — Allgemeine Handlungsvollmacht 160
461 Prokura 162
462 Gesamtprokura 163
463 Handlungsvollmacht — Prokura 163
464 Umfang von Handlungsvollmacht und Prokura 164

5 Die Zahlung 165

Zahlung mit Bargeld 165
Quittung 165
501 Quittungsbestandteile 165
502 Quittung als Vollmacht 165
Barzahlungswege 165
503 Postanweisung — Einschreibebrief — Wertbrief — Telegrafische Postanweisung 165

Zahlung durch Vermittlung der Kreditinstitute 165
Der Zahlschein 165
504 Bareinzahlungen auf ein Konto 165
Die Überweisung 166
505 Kontoeröffnung — Kontoauszug — Kontogegenbuch 166
Der Dauerauftrag 168
506 Regelmäßig wiederkehrende Zahlungen in gleicher Höhe 168
507 Abbuchungsauftrag — Einzugsermächtigung 168
Der Scheck 169
508 Zahlung mit Scheck — Scheckeinlösung 169
509 Gesetzliche und kaufmännische Bestandteile des Schecks 170
510 Weitergabe eines Schecks — Scheckverlust — Vordatierter Scheck — Nichteinlösung 171
511 Bestätigter Scheck 172
512 eurocheque — eurocheque-karte 172
513 Reisescheck 173
514 Reisescheck — eurocheque — Postsparbuch 173
515 Bankgebühren 174

Die Zahlung durch Vermittlung der Postgiroämter 174
Der Zahlschein 174
516 Inhalt und Vorteile des Zahlscheins — Postüberweisung 174
Andere Vordrucke des Postgiroverkehrs 175

517 Postüberweisung — Postscheck — Dauerüberweisung — Zahlkarte für das Konto des Einzahlers — Zahlungsanweisung 175
518 Zahlungsmöglichkeiten 175

Zahlung durch Wechsel 176
Die Bestandteile des Wechsels 176
519 Wechselziehung — gesetzliche und kaufmännische Bestandteile 176
Wechseldiskontierung 176
520 Wesen der Diskontierung — Ausgleichswechsel 176
Einlösung des Wechsels 177
521 Wechseltermine 177
Das Akzept und das Indossament 177
522 Akzept — Vollindossament — Blankoindossament — Inkassoindossament — Landeszentralbankfähiger Wechsel 177
Die Benachrichtigung (Notifikation) . . . 178
523 Wechselprotest — Benachrichtigungsfristen — Rückrechnung 178
Die Wechselklage 179
524 Gerichtsstand — Klagefristen — Urkundenprozeß — Verjährung wechselmäßiger Ansprüche 179
Wechselarten 180
525 Rektaklausel — Solawechsel — Sichtwechsel — Bürgschafts-(Garantie-)wechsel 180
526 Ratenzahlung mit Wechsel 181
Prolongation 181
527 Prolongationswechsel 181

6 Die Unternehmung 182

Die Gründung eines Unternehmens 182
601 Standort — Kapitalbedarf — Finanzierung 182
602 Gründung der Unternehmung — Firma des Einzelunternehmens 183
603 Unternehmungsgründung — Firmierungsgrundsätze 184

Die Gesellschaft des bürgerlichen Rechts 184
604 Gesellschaftsvertrag 184
605 Vertretung — Haftung — Kündigung . 184

Der eingetragene Verein 185
606 Gründung — Vertretung — Haftung — Ausscheiden eines Mitglieds 185
607 Gesellschaft des bürgerlichen Rechts — Rechtsfähiger Verein 185

Die offene Handelsgesellschaft (OHG) 185
608 Firma — Geschäftsführung — Vertretung — Haftung 185
609 Gewinn- und Verlustverteilung — Ausscheiden eines Gesellschafters 187
610 Gesellschaft des bürgerlichen Rechts — OHG 189

Die Kommanditgesellschaft (KG) . . 189
611 Firma — Geschäftsführung — Vertretung — Gewinnverteilung — Wettbewerbsverbot — Privatentnahmen — Kontrollrecht 189
612 Stiller Gesellschafter — Kommanditist — Vollhafter 190

Die Aktiengesellschaft (AG) 190
613 Gründung — Grundkapital — gezeichnetes Kapital — Kapitalrücklage — Eigenkapital — Aktie 190
614 Hauptversammlung — Aufsichtsrat — Vorstand 192
615 Darstellung des Eigenkapitals in der Bilanz 192
616 Effektivverzinsung — Rechnungslegung der AG 193

Die Gesellschaft mit beschränkter Haftung (GmbH) 194
617 Mindestkapital — Firma — Geschäftsführung — Vertretung — Kaduzierung — Abandonierung — Einmann-GmbH 194
618 AG — GmbH 194

Die Genossenschaft 196
619 Gründung — Firma — Organe — Geschäftsguthaben — Geschäftsanteil — Haftsumme 196
620 Genosse — Aktionär — Kommanditist 197

Unternehmungszusammenschlüsse 197

Kartell und Gesetz gegen Wettbewerbsbeschränkungen 197
621 Kartellbegriff — Kartellverbot 197
622 Normenkartell 198
623 Konditionenkartell 198
624 Strukturkrisenkartell 198
625 Rationalisierungskartell 199
626 Exportkartell 199
627 Sonderkartell 199
628 Preisbindungsverträge 199
629 Marktbeherrschende Unternehmen . . . 199
630 Wirksamkeit von Kartellabsprachen . . 200

Verbundene Unternehmen 200
631 Herrschende Unternehmen — Abhängige Unternehmen — Holdinggesellschaft — Konzern 200
Fusion und Trust 202
632 Fusion durch Übertragung 202
633 Kartel — Konzern — Trust 202
Die notleidende Unternehmung ... 203
Die Sanierung 203
634 Kennzeichen der Sanierungsbedürftigkeit — Ursachen — Maßnahmen 203
635 Ausgleich einer Unterbilanz durch Auflösen von Rücklagen 204
636 Sanierung durch Zusammenlegung des Grundkapitals 204
637 Sanierung durch Rückkauf eigener Aktien 204
638 Sanierung durch Zuzahlung 204
639 Sanierung durch Zusammenlegung und anschließende Kapitalerhöhung ... 205
640 Alternativsanierung 205
641 Sanierungsmöglichkeiten 205
Konkurs 207
642 Voraussetzungen des Konkurses 207
643 Antrag auf Konkurseröffnung 207
644 Konkursverfahren 208
645 Aussonderung — Absonderung 209
646 Konkursquote 210
647 Masseschulden — Massekosten 210
648 Bevorrechtigte Forderungen 210
Der außergerichtliche Vergleich 210
649 Verfahren und Folgen des außergerichtlichen Vergleichs 210
Der gerichtliche Vergleich 211
650 Voraussetzungen und Folgen des gerichtlichen Vergleichs 212
651 Außergerichtlicher und gerichtlicher Vergleich 212
Zwangsvergleich 212
652 Voraussetzungen und Folgen des Zwangsvergleichs 212
653 Sanierung — Konkurs — Vergleich 213

7 Arbeits- und Sozialversicherungsrecht 214
Ausbildungsverhältnis 214
701 Abschluß, Inhalt, Kündigung des Ausbildungsvertrags 214
Arbeitsvertrag 215
702 Abschluß des Arbeitsvertrags — Handels- und Wettbewerbsverbot — Kündigung 215
703 Fristlose Kündigung — Zeugnis 216

Arbeitsschutzgesetze 217
704 Arbeitszeitschutz 217
705 Jugendarbeitsschutz 217
706 Gesundheits- und Unfallschutz 218
707 Kündigungsschutz (ungleiche Kündigungsfrist, Betriebsrat, werdende Mütter) 218
708 Kündigungsschutz (langjährige Angestellte, Schwerbeschädigte, Betriebsrat, werdende Mütter, sozial ungerechtfertigte Kündigung) 219
709 Arbeitsgerichtsbarkeit 219
Betriebsrat 220
710 Wahl und Zusammensetzung des Betriebsrates 220
711 Mitwirkung — Mitbestimmung — Betriebsvereinbarung — Sozialplan 221
712 Sozialpartner 222
713 Mitbestimmungsmodelle 222
Arbeitskampf 222
714 Streik — Aussperrung — Schlichtung — Tarifvertrag 222
715 Sondervereinbarung für Gewerkschaftsmitglieder 223
716 Wilder Streik 224
717 Zusammenhang arbeitsrechtlicher Regelungen 224
Entlohnungsverfahren 224
718 Zeitlohn — Faktoren der Berechnung ... 224
719 Akkordlohn — Normalleistung 225
720 Zeitlohn — Akkordlohn 226
721 Gruppenakkord 226
722 Prämienlohn 226
723 Analytische Arbeitsbewertung — Gewinnbeteiligung 227
Sozialversicherung 232
724 Prinzipien der Sozialunterstützung 232
725 Krankenversicherung 233
726 Rentenversicherung der Arbeitnehmer . 235
727 Arbeitslosenversicherung 238
728 Unfallversicherung 238
729 Versicherungspflicht — Versicherungsberechtigung — Selbstverwaltung — Beiträge und Leistungen 239

8 Betriebliches Rechnungswesen . 240
Zuschlagskalkulation und Betriebsabrechnung 240
801 Kumulative Zuschlagskalkulation — Kalkulationsschema — Einzel- und Gemeinkosten 240

802 Aufteilung der Kosten mit Hilfe
von Zuschlagssätzen 240
803 Kumulative Zuschlagskalkulation —
Wahl der Zuschlagsbasis 241
804 Zergliederte Zuschlagskalkulation 242
805 Zergliederte Zuschlagskalkulation —
Schlüsselung — Kalkulationsschema . . . 243
806 Zergliederte Zuschlagskalkulation -
Einführung in den Betriebsabrechnungsbogen 244
807 Betriebsabrechnungsbogen —
Unterteilung des Fertigungsbereichs —
Einführung in die Vorkalkulation 245
808 Platzkostenrechnung
(Maschinenstundensatzrechnung) 246
809 Vor- und Nachkalkulation —
Normalzuschlagsätze —
Istzuschlagsätze 248
810 Kalkulation mit Sondereinzelkosten
und Skonto 249
811 Normalkosten — Istkosten —
Kostenüberdeckung, Kosten-
unterdeckung 249
812 Normalkostenrechnung —
Betriebsergebnis 250
813 Betriebsergebnisrechnung 250
814 Kostenüber-, Kostenunterdeckung —
Betriebsergebnis 251
815 Betriebsergebnisrechnung 253

Buchhalterische Abschreibungen . . 254
816 Abschreibungstaktik und ihre
Wirkung — Abschreibungsverfahren . . 254
817 Abschreibungsrückfluß — Abschreibung
als Finanzierungsquelle 255

Kalkulatorische Kosten 255
818 Notwendigkeit der Berechnung
kalkulatorischer Kosten 255
819 Zweck der kalkulatorischen Kosten . . . 255
820 Kalkulatorischer Unternehmerlohn 255
821 Kalkulatorische Abschreibung 256
822 Kalkulatorische Zinsen 256
823 Kalkulatorische Wagnisse 257
824 Kalkulatorische Kosten — Betriebsergebnis — Neutrales Ergebnis 257
825 Verrechnungspreise (Standardkosten) . . 258

**Geldrechnung — Erfolgs-
rechnung — Kostenrechnung** 258
826 Kosten — Ausgabe 258
827 Ausgabe — Aufwand — Kosten 258
828 Ausgabe — Kosten 259
829 Aufwand — Kosten 260
830 Neutraler Aufwand — Zweckaufwand —
Grundkosten — Zusatzkosten 260

Kosten und Beschäftigungsgrad . . . 261
831 Fixe Kosten — Variable Kosten —
Gesetz der Massenproduktion 261
832 Sprungkosten 261
833 Graphische Kostenauflösung 262
834 Grenzkosten — Durchschnittliche
Stückkosten 262
835 Fixe Kosten — Variable Kosten —
Nutzenschwelle — Kapazität —
Beschäftigungsgrad —
Umsatzrendite 263
836 Leerkosten — Nutzkosten —
Betriebsoptimum 263
837 Vergleich von Produktionsverfahren —
Ersatz noch produktionsbereiter
Anlagen 263
838 Gewinnmaximum — Betriebs-
minimum — Verfahrensvergleich 264
839 Gesetz der Massenproduktion —
Ertragsgesetz — Grenzkosten —
Nutzenschwelle — Nutzengrenze —
Betriebsoptimum — Gewinn-
maximum 264
840 Kritische Kostenpunkte (Betriebsoptimum, Gewinnmaximum) 265

Deckungsbeitragsrechnung 266
841 Deckungsbeitrag 266
842 Direktkosten — Deckungsbeitrag —
Gesamtgewinn und Deckungsbeiträge — Zweck der Deckungsbeitragsrechnung 266
843 Deckungsbeitrag, Auswahl bei der
Neuaufnahme von Produkten 266
844 Erzeugnisfixkosten — Unternehmungsfixkosten — Restdeckungsbeitrag —
Gewinnoptimierung durch
Sortimentsgestaltung 267

Vermögen und Kapital 267
845 Begriff des Vermögens 267
846 Gliederung des Vermögens 267
847 Ausgewiesenes und tatsächliches
Eigenkapital 268
848 Eigenkapital — Gesamtkapital —
Haftungskapital — Rückgriffskapital . . . 269
849 Gliederung des Vermögens und des
Kapitals bei Kapitalgesellschaften 269
850 Bilanzverlust 270
851 Rücklagen 270
852 Rückstellung — Rücklagen —
Rechnungsabgrenzung 270

**Gewinn- und Verlustrechnung
der Kapitalgesellschaft** 270
853 Gewinn- und Verlustrechnung der
Kapitalgesellschaft: Umsatzerlös 270

854 Gewinn- und Verlustrechnung der Kapitalgesellschaft: betriebliche Erträge 271
855 Gewinn- und Verlustrechnung der Kapitalgesellschaft: Ergebnis der gewöhnlichen Geschäftstätigkeit 271
856 Gewinn- und Verlustrechnung der Kapitalgesellschaft: Betriebsergebnis — Finanzergebnis — Ergebnis der gewöhnlichen Geschäftstätigkeit — außerordentliches Ergebnis — Jahresüberschuß 271

Bewertung nach Handelsrecht 272

857 Zweck der Aktivierung — Anschaffungswert — Tageswert — Wiederbeschaffungswert 272
858 Ertragswert 272
859 Substanzwert — Ertragswert — Unternehmenswert — Geschäftswert ... 273
860 Niederstwertprinzip — Realisationsprinzip — Wertaufholung 274
861 Fifo- und lifo-Methode 275

Auswertung der Bilanz und der Erfolgsrechnung 275

862 Rentabilität des Eigenkapitals — Umsatzrentabilität 275
863 Feststellung des durchschnittlich gebundenen Eigenkapitals für die Berechnung der Rentabilität 276
864 Rentabilität des Gesamtkapitals — Zusammenhang der Rentabilität des Eigenkapitals mit der Rentabilität des Gesamtkapitals 276
865 Rentabilität des Eigenkapitals — Rentabilität des Gesamtkapitals — Gewinnfeststellung 277
866 Return-on-Investment (ROI) 278
867 Betriebskoeffizient — Wirtschaftlichkeit — Betriebsergebnis — Neutrales Ergebnis — Umsatzrentabilität bei betriebsfremden Erträgen 279
868 Produktivität und Wertschöpfung 280
869 Liquidität 282
870 Finanzierungsbild — Bewegungsbilanz . 284
871 Bewegungsbilanz — Finanzierungsbild . 284
872 Konstitution 285
873 Externe Bilanz- und Erfolgsbeurteilung 286

Steuern 291

Steuern vom Einkommen 291

874 Werbungskosten — Sonderausgaben — Außergewöhnliche Belastung — Einkommen — Einkünfte — Zu versteuernder Einkommensbetrag — Steuerprogression — Steuergerechtigkeit 291

875 Einkunftsarten — Lohnabzugsverfahren 293
876 Kapitalertragssteuer — Körperschaftssteuer 293

Umsatzsteuer 294

877 Mehrwertsteuerverfahren — Vorsteuer — Zahllast 294
878 Steuerbare Umsätze 295
879 UST als durchlaufender Posten 310

Gewerbesteuer 297

880 Gewerbeertrag — Gewerbekapital — Hebesatz 297

Steuerarten 298

881 Steuerberechtigter — Gegenstand der Besteuerung — Wirkung auf Bilanz und Erfolgsrechnung 298

9 Betriebliche Finanzwirtschaft .. 299

Die Geldanlage 299

Geldeinlagen bei der Bank 299

901 Spar- und Girokonto 299
902 Prämienbegünstigtes Sparen 299
903 Bankbilanz — Depositeneinlagen 300

Wertpapiere 301

904 Anlagenprinzipien — Investmentfonds . 301
905 Pfandbrief 303
906 Pfandbrief — Kommunalobligation ... 304
907 Wertpapiere — Effekten 304

Effektenbörse und Beurteilung von Wertpapieren 306

908 Effektenkauf — Kursermittlung — Kurszettel 306
909 Beurteilung von Wertpapieren 308

Verwahrungs- und Verwaltungsgeschäfte 310

910 Wertpapierdepotverwaltung — Sammel- und Streifbandverwahrung — Selbsteintritt 310
911 Verwahrungsarten 310

Investitionsentscheidungen 311

Statische Investitionsrechnung 311

912 Rentabilitäts- und Gewinnvergleich — Wiedergewinnungszeit 311
913 Kostenvergleichsmethode 311
914 Rentabilitätsvergleichsmethode 312
915 Amortisationsrechnung 313

Dynamische Investitionsrechnung ... 313

916 Aufzinsungsformel 313
917 Abzinsungsformel und Gegenwartswert 314
918 Kapitalwertmethode 315

Finanzplanung 315

- **919** Kapitalbedarf — Riegersche Formel — Stundungsprozesse ... 315
- **920** Wesen der Finanzplanung — Finanzielles Gleichgewicht ... 317
- **921** Kurzfristige Finanzplanung ... 318
- **922** Langfristiger Finanzplan ... 319
- **923** Cash Flow ... 321

Finanzierungsentscheidungen ... 322
Außenfinanzierung durch Beteiligung ... 322
- **924** Eigenfinanzierung bei Einzelunternehmung und Kommanditgesellschaft ... 322
- **925** Kapitalerhöhung — Bezugsrecht — Obligation — Vorzugsaktie — Kapitalrücklage ... 322
- **926** Bezugsrecht — Aktie — Obligation ... 324
- **927** Umwandlung einer Genossenschaft in eine Aktiengesellschaft — Vinkulierte Namensaktie ... 325
- **928** Genehmigtes Kapital ... 325
- **929** Kapitalerhöhung aus Gesellschaftsmitteln ... 326
- **930** Bedingtes Kapital — Belegschaftsaktien ... 326
- **931** Finanzierungsmöglichkeiten ... 327

Außenfinanzierung durch langfristige Fremdmittel ... 328
- **932** Schuldscheindarlehen — Ratentilgung ... 328
- **933** Damnum — Disagio — Ratentilgung ... 328
- **934** Effektivverzinsung bei wechselndem Auszahlungskurs und wechselndem Zins ... 329
- **935** Annuitätentilgung ... 329
- **936** Fremdfinanzierung — Vergleich Darlehen und Industrieobligation ... 331
- **937** Emission, Übernahme und Unterbringung von Effekten — Konsortium ... 335
- **938** Wandelschuldverschreibungen ... 335
- **939** Leasing (Full-Service) ... 337
- **940** Privatleasing ... 338
- **941** Kreditantrag — Kreditwürdigkeit — Kreditfähigkeit ... 338

Kreditsicherungen ... 341
- **942** Bürgschaft ... 341
- **943** Zession ... 342
- **944** Faustpfand ... 343
- **945** Lombardkredit ... 344
- **946** Sicherungsübereignung ... 344
- **947** Grundbuch — Vorverkaufsrecht — Grunddienstbarkeit ... 346
- **948** Hypothek — Grundschuld ... 347
- **949** Sicherung eines Kontokorrentkredits durch Grundschuld ... 350
- **950** Kreditsicherungsmerkmale ... 351

Außenfinanzierung durch kurzfristige Fremdmittel ... 352
- **951** Kontokorrentkredit — Wechselkredit ... 352
- **952** Kontokorrentkredit — Factoring ... 352

Innenfinanzierung ... 354
- **953** Rücklagenbildung — Finanzwirtschaftliche Bewegungsbilanz (Finanzierungsbild) — Rücklagenpolitik ... 354
- **954** Abschreibungsrückfluß und Investition ... 355
- **955** Pensionsrückstellungen — Gewinnbeteiligung ... 355
- **956** Finanzierung durch Umschichtung ... 356

Finanzierungsoptimierung ... 356
- **957** Leverage Effekt — Umfinanzierung — Finanzierungsgrundsätze ... 356
- **958** Leverage Effect — Finanzierungsziele ... 357
- **959** Finanzierungsgrundsätze — Goldene Finanzierungsregel (Goldene Bankregel) — Goldene Bilanzregel ... 357

Abkürzungen für Gesetzeshinweise

AbzG	Abzahlungsgesetz
AFG	Arbeitsförderungsgesetz
AGB-G	Gesetz zur Regelung des Rechts der Allgemeinen Geschäftsbedingungen
AktG	Aktiengesetz
AO	Abgabenordnung
ArbGG	Arbeitsgerichtsgesetz
AZO	Arbeitszeitordnung
BBankG	Bundesbankgesetz
BerBiG	Berufsbildungsgesetz
BGB	Bürgerliches Gesetzbuch
BVG	Betriebsverfassungsgesetz
DepotG	Depotgesetz
EStG	Einkommensteuergesetz
GebrMG	Gebrauchsmustergesetz
GenG	Gesetz betr. die Erwerbs- und Wirtschaftsgenossenschaften
GeschmMG	Geschmacksmustergesetz
GewStG	Gewerbesteuergesetz
GG	Grundgesetz
GmbHG	Gesetz betr. die Gesellschaften mit beschränkter Haftung
GNT	Tarif für Güternahverkehr
GüKG	Güterkraftverkehrsgesetz
GVG	Gerichtsverfassungsgesetz
GWB	Gesetz gegen Wettbewerbsbeschränkungen
HGB	Handelsgesetzbuch
JArbSchG	Jugendarbeitsschutzgesetz
KFrG	Gesetz über Fristen für die Kündigung von Angestellten
KO	Konkursordnung
KSchG	Kündigungsschutzgesetz
KStG	Körperschaftssteuergesetz
LStDV	Lohnsteuer-Durchführungs-Verordnung
MG	Montan-Mitbestimmungsgesetz
MitbesG	Gesetz über Mitbestimmung der Arbeitnehmer
MuSchG	Mutterschutzgesetz
PatG	Patentgesetz
PO	Postordnung
PrAVO	Verordnung über Preisangaben
RabattG	Gesetz über Preisnachlässe
RVO	Reichsversicherungsordnung
SchG	Scheckgesetz
SchwerbG	Gesetz zur Sicherung der Eingliederung Schwerbehinderter in Arbeit, Beruf und Gesellschaft
StGb	Strafgesetzbuch
TVG	Tarifvertragsgesetz
UStG	Umsatzsteuergesetz
UWG	Gesetz gegen den unlauteren Wettbewerb
VO	Vergleichsordnung
VerbrKrG	Verbraucher-Kreditgesetz
WG	Wechselgesetz
ZPO	Zivilprozeßordnung
ZugabeVO	Zugabeverordnung

0 Ziele, Aufbau und Funktionen des Betriebes

Der Betrieb in der arbeitsteilig verflochtenen Volkswirtschaft

001 *Urproduktionsbetriebe — Produktionsgüterbetriebe — Konsumgüterbetriebe — Dienstleistungsbetriebe*

Eine Papierfabrik (siehe Seite 14) stellt verschiedene Sorten Papier und Pappe her: feines Briefpapier, Schreibpapier, Buchdruckpapier und Packpapier. Zur Herstellung des Papiers werden je nach Papiersorte u. a. folgende Materialien verwendet: Holzschliff (zerkleinertes Holz), Zellstoff, Lumpen, Altpapier, Kreide, Gips, Porzellanerde, Leimstoffe und Farbstoffe. Außerdem werden elektrischer Strom, Wasser, Werkzeuge und andere Hilfsmittel benötigt.

Alle Materialien kommen von Vorbetrieben:
(1) Holzschleiferei, (2) Zellstoffwerk, (3) Leimfabrik, (4) Farbenfabrik, (5) Kaolingrube (Porzellanerde), (6) Elektrizitätswerk, (7) Werkzeugfabrik.

Mit Ausnahme des Elektrizitätswerkes und der Kaolingrube haben alle oben genannten Vorbetriebe ebenfalls wieder Vorbetriebe:

die Holzschleiferei und das Zellstoffwerk beziehen vom (8) Sägewerk, die Leimfabrik vom (9) Schlachthof, die Farbenfabriken von der (10) Kokerei. Das Sägewerk erhält das Holz aus der (11) Forstwirtschaft, der Schlachthof hat als Vorlieferer die (12) Landwirtschaft, die Kokerei bezieht von dem (13) Kohlenbergbau. Die Werkzeugfabrik erhält ihre Rohstoffe vom (14) Stahlwerk, das Stahlwerk erhält sie von den (15) Eisenhütten und diese erhalten sie wiederum vom (16) Erzbergbau.

- 1. Tragen Sie in ein Bild nach dem Muster Seite 14 die oben genannten Betriebe in die mit den entsprechenden Nummern versehenen Felder ein!

  2. Abnehmer der Papierfabrik sind die verschiedenen papierverarbeitenden Industrien, z. B. Buntpapierfabriken, Gummieranstalten (Herstellung von Aufklebern und Etiketten), Tütenfabriken, Kartonagenfabriken und Druckereien. Aber auch die genannten Empfänger des Papiers geben dieses nach seiner Be- und Verarbeitung an Nachbetriebe weiter, bis es endgültig zum Verbraucher gelangt.

- Tragen Sie die Abnehmer der Papierfabrik in die freien Felder des Schaubildes ein!

- 3. Tragen Sie die im Bild Seite 14 genannten Betriebe in eine Tabelle nach dem unten dargestellten Muster ein und fügen Sie weitere Beispiele hinzu!

	Beispiele aus Bild Seite 14	Andere Beispiele
Urproduktionsbetriebe		
Produktionsgüterbetriebe		
Konsumgüterbetriebe		
Dienstleistungsbetriebe		

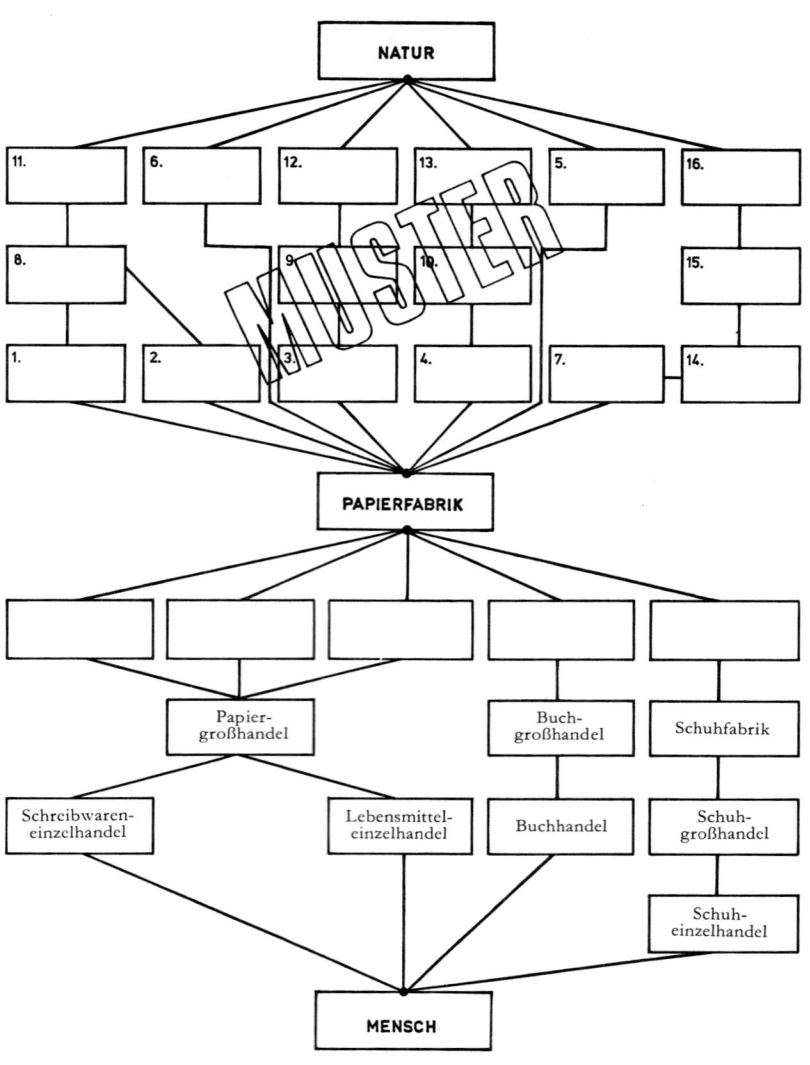

| **002** | *Verflechtungsmatrix* |

Die Tabelle zeigt die Lieferverflechtungen von vier Betrieben (in Hunderttausend DM).

liefernder Betrieb ↓ / empfangender Betrieb →	Betrieb A	Betrieb B	Betrieb C	Betrieb D
Betrieb A		10	20	60
Betrieb B	20		70	10
Betrieb C	30	40		30
Betrieb D	50	60	50	

- 1. Stellen Sie die Verflechtungen dieser vier Betriebe schaubildlich dar! Ordnen Sie das Schaubild wie nebenstehend an und verbinden Sie die Betriebe mit Pfeilen! Bezeichnen Sie die Pfeile mit den dazugehörigen DM-Werten!

- 2. Stellen Sie aus der Tabelle für jeden Betrieb fest, wieviel Leistungen in DM der Betrieb jeweils empfangen und abgegeben hat!
- 3. Betrieb **D** verkauft sein gesamtes Produktionsergebnis an die Betriebe **A**, **B** und **C**. In seine Produktion geht nur ein, was er von **A**, **B** und **C** empfangen hat.
  Wie erklären Sie sich die Differenz zwischen den empfangenen und abgegebenen Leistungen des Betriebes **D**?

Die betrieblichen Produktionsfaktoren

003 *Dispositive Faktoren — Elementarfaktoren*

Nachstehendes Bild zeigt den Produktionsprozeß am Beispiel der Herstellung von Margarine.

1. Stellen Sie an Hand des Bildes fest
- a) welche Betriebsmittel eingesetzt werden,
- b) welche Werkstoffe in die Produktion eingehen,
- c) wo im Fertigungsprozeß der Margarinefabrik unfertige Erzeugnisse entstehen!

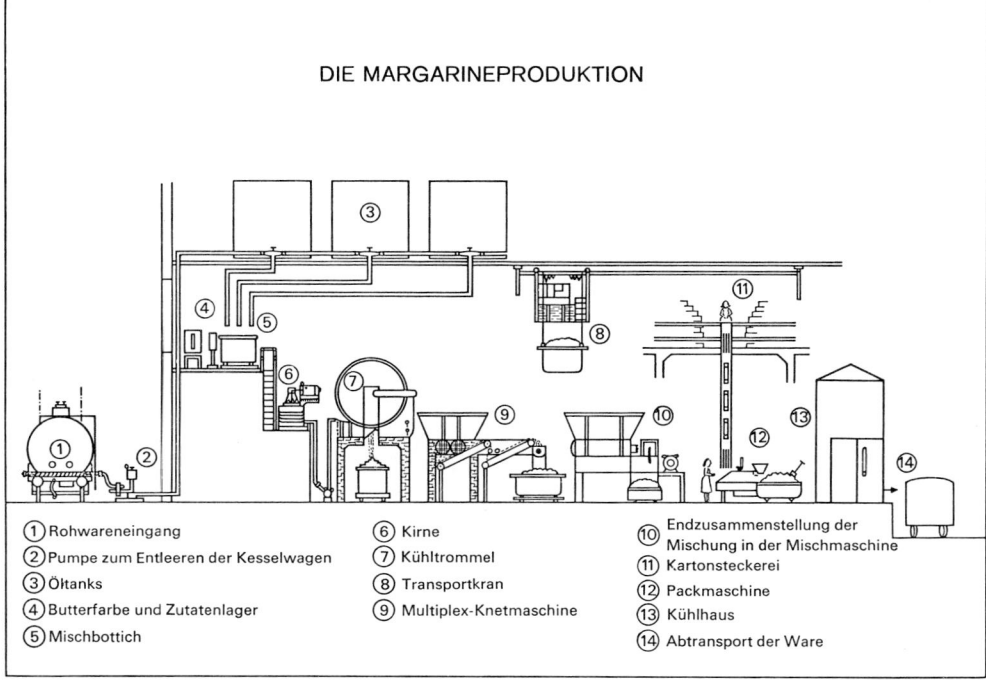

- 2. Welcher weitere elementare Produktionsfaktor wird neben Betriebsmitteln und Werkstoffen zur Produktion eingesetzt?

- 3. Ergänzen Sie untenstehende Übersicht!

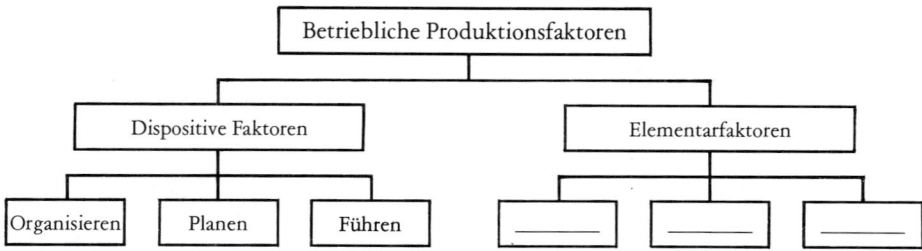

- 4. Geben Sie an, ob die unten beschriebenen Vorgänge in den Bereich der **Organisation**, der **Planung** oder der **Führung** gehören!
    a) Gedankliche und auch rechenhafte Vorwegnahme zukünftigen Geschehens.
    b) Feststellen von Sachverhalten, welche dem Entscheidungsträger erstrebenswert erscheinen.
    c) Festlegung von Dauerregelungen innerhalb eines Sozialsystems, die den rationellen Einsatz der zur Verfügung stehenden produktiven Kräfte gewährleisten sollen.
    d) Auswählen zwischen mindestens zwei Handlungsmöglichkeiten.
- 5. Bei der Beschaffung von Elementarfaktoren unterscheidet man Repetierfaktoren und Potentialfaktoren.
    Wie würden Sie diese Begriffe den einzelnen Elementarfaktoren zuordnen?

004 Produktionsfaktoren

Die Bilanz eines Fertigungsbetriebes zeigt — zusammengefaßt — folgendes Bild (Zahlen in Tausend DM)!

Aktiva	Bilanz zum		Passiva
Anlagevermögen		**Eigenkapital**	
Grundstücke und Gebäude	4 000	Gesellschafter A	3 000
Maschinen	2 000	Gesellschafter B	2 000
Fahrzeuge	500	Gesellschafter C	1 000
Beteiligungen	100	**Fremdkapital**	
Umlaufvermögen		Hypothekenschuld	1 200
Roh-, Hilfs- und Betriebsstoffe	1 250	Verbindlichkeiten aus Lieferungen	800
Unfertige und fertige Erzeugnisse	300	Sonstige Verbindlichkeiten	850
Forderungen aus Lieferungen	500		
Guthaben bei Kreditinstituten	150		
Bares Geld und Postscheckguthaben	50		
	8 850		8 850

- Prüfen Sie, mit welchen Posten der Bilanz Produktionsfaktoren dargestellt werden!

Die Gliederung des Leistungsprozesses in Grundfunktionen

005 *Die fünf Grundfunktionen*

Nachstehendes Bild stellt den betrieblichen Leistungsprozeß allgemeingültig dar.

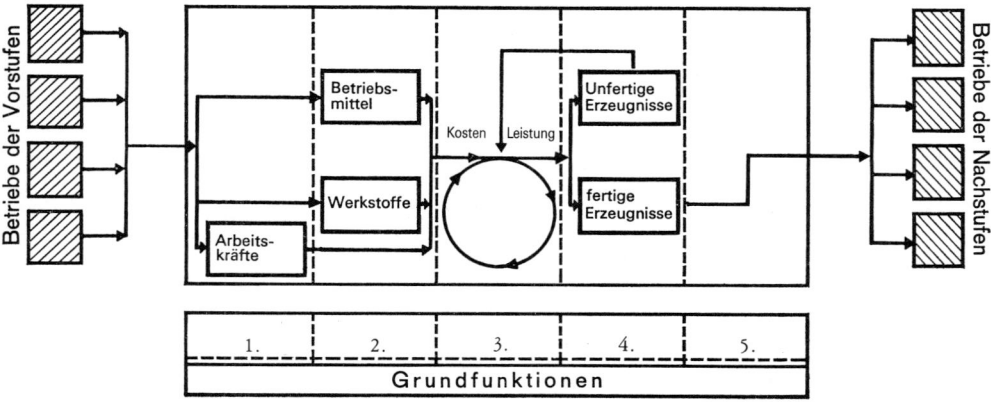

1. Den betrieblichen Leistungsprozeß z. B. eines Industriebetriebes kann man in fünf Grundfunktionen (Teilaufgaben) gliedern.
- Ordnen Sie die einzelnen Grundfunktionen der jeweiligen Phase des Leistungsprozesses zu!
- 2. Schildern Sie den Leistungsprozeß bei einem
    a) Handelsbetrieb,
    b) Transportunternehmen,
    c) Steuerberatungsbüro,
    d) Bankbetrieb,
    e) Bauunternehmen.

Die Zielsetzung der Unternehmung und die Stufen der Zielerreichung

Die Formulierung von Zielen

006 *Zielausmaß — Zielinhalt — Zielzeit*

In einem Unternehmen, das elektrische Haushaltgeräte und Autoelektrik-Zubehör herstellt, sollen Umsatzverluste und Gewinnrückgänge auf dem Markt für Kraftfahrzeug-Zubehör durch Umsatzsteigerungen auf dem Haushaltssektor ausgeglichen werden.

Die zentrale Geschäftsleitung setzt dem Leiter des Unternehmensbereiches „Haushaltgeräte" folgendes Ziel:

> Der in diesem Jahr erzielte Umsatz in Höhe von 5 Millionen DM soll auf der Preisbasis des 1. November d. J. auf 7 Millionen im nächsten Jahr erhöht werden. Gleichzeitig soll die absolute Höhe des Gewinns in diesem Geschäftsbereich um mindestens 25% steigen.

Der Leiter des Unternehmensbereiches „Haushaltgeräte", dem der Marketing-Direktor und der technische Direktor unmittelbar unterstehen, macht diesen Direktoren folgende Zielvorgaben:

Dem **Marketing-Direktor:** Steigerung des Absatzes an Küchenmaschinen, Kühlschränken, Waschmaschinen, Spülmaschinen!

Dem **Technischen Direktor:** Senkung der Produktionskosten!

- 1. Prüfen Sie, welche Zielformulierung operational formuliert ist, d.h. die Komponenten Zielausmaß, Zielinhalt und Zielzeit enthält!
- 2. Formulieren Sie nach eigenem Ermessen die nicht operational formulierten Ziele so, daß die drei Zielkomponenten darin enthalten sind!
- 3. Zeigen Sie am Beispiel der Zielformulierung dieses Falles, warum die Operationalisierung von Zielen notwendig ist!

Zielbeziehungen

007 *Zielkomplementarität — Zielkonkurrenz*

Ein Unternehmen stellt u.a. Lastwagen her. Die Fertigung erfolgte früher nach dem Fließprinzip. Um die Nachteile der Fließfertigung auszugleichen, wurde der Zusammenbau von Motoren versuchsweise in autonomen Arbeitsgruppen durchgeführt.

Die Unternehmensleitung beabsichtigte damit
— dem Arbeitnehmer ein Mindestmaß an Abwechslung in seiner Tätigkeit zuzusichern,
— ihm in seinem Bereich Entscheidungsmöglichkeiten zu lassen,
— dem Prestigebedürfnis des einzelnen Rechnung zu tragen,
— dem Beschäftigten den Zusammenhang zwischen seiner Aufgabe und dem Ganzen sehen zu lassen,
— sicherzustellen, daß der Produktionsplan zum vorgeschriebenen Zeitplan erfüllt ist,
— sicherzustellen, daß die Produktionsqualität der Norm entspricht,
— möglichst niedrige Produktionskosten zu erreichen.

Der Versuch führte zu folgenden Ergebnissen:

1.)

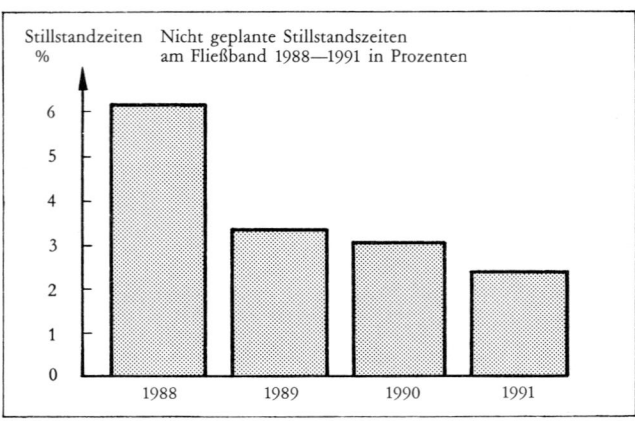

2.)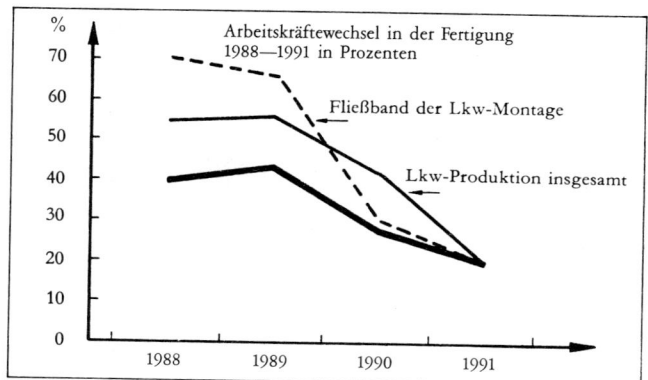

3.) Der Zeitaufwand für Korrekturarbeiten nach der Montage sank von 1990 bis 1991 je Lkw um rund 40%.

Die Plankosten der Montage wurden um 5% unterschritten.

Die Fehlzeiten gingen in der Lkw-Fertigung zurück.

- Stellen Sie auf Grund der Versuchsergebnisse fest, ob die von der Unternehmungsleitung aufgestellten Ziele sich als konkurrierend oder komplementär erwiesen haben!

| 008 | *Zielbeziehungen zwischen Absatz, Umsatz, Gewinn und Rentabilität* |

Die Abteilung Rechnungswesen eines Fertigungsbetriebes legte am Ende der vierten Abrechnungsperiode folgende Zahlentabelle vor:

Periode	Absatz-menge	Verkaufs-preis	Umsatz	Gesamt-kosten	Gewinn	Eigenkapital zu Beginn der Periode	Renta-bilität
1	10 000	42,—		399 000		190 000	
2	15 000	40,—		577 000		220 000	
3	15 000	40,—		580 000		225 000	
4	20 000	38,—		750 000		230 000	

- 1. Erstellen Sie eine Tabelle nach obigem Muster und berechnen Sie für die vier Perioden jeweils den Umsatz, den Gewinn und die Rentabilität des Eigenkapitals (als Betriebsrentabilität)!
- 2. Bei Vergleich der von der Geschäftsleitung vorgegebenen Ziele für Umsatz, Gewinn und Rentabilität mit den Ergebnissen der Tabellen-Analyse zeigte sich, daß lediglich das Umsatzziel erreicht wurde.

  - a) Stellen Sie die Beziehungen, die sich aus der Tabelle ergeben, je Periode nach folgendem Muster grafisch dar!

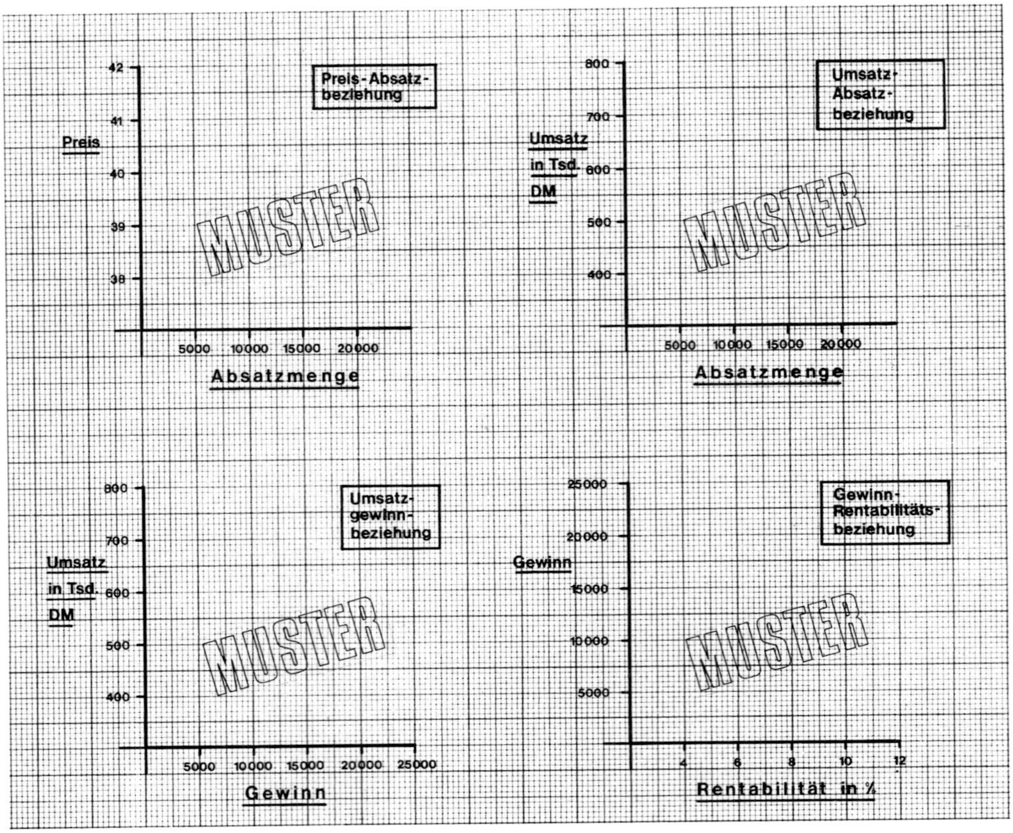

b) Stellen Sie fest, zwischen welchen Zielen im gegebenen Periodenvergleich Zielkomplementarität oder Zielkonkurrenz besteht!

c) Suchen Sie Gründe für die festgestellten Zielbeziehungen!

009 *Zielkomplementarität — Zielkonkurrenz*

Die zwei Beziehungen Zielkomplementarität und Zielkonkurrenz lassen sich wie folgt graphisch veranschaulichen.

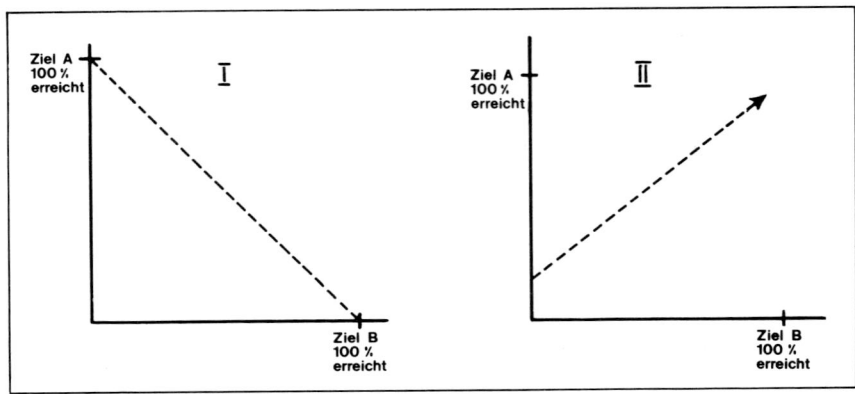

20

- Bestimmen Sie für jede Graphik, welche Art von Zielbeziehung dargestellt wird!

Die Stufen der Zielerreichung: Planung, Realisation und Kontrolle

010 *Planung, Realisation und Kontrolle im Lagerbereich*

Eine Baustoffhandlung verkauft täglich durchschnittlich 1 t Zement. Der Zement wurde bisher immer pünktlich am Abend des 10. Tages nach Ausgang der Bestellung mit Lastwagen von der Zementfabrik angeliefert. Die Baustoffhandlung bestellt jeweils 15 t, weil das den günstigsten Frachtsatz ergibt.

- 1. Bei welchem Lagerbestand muß die Baustoffhandlung bestellen, damit sie bis zum letzten Tag der Lieferfrist lieferbereit bleibt?
- 2. Stellen Sie die geplante Entwicklung des Lagerbestandes für 20 Tage dar!

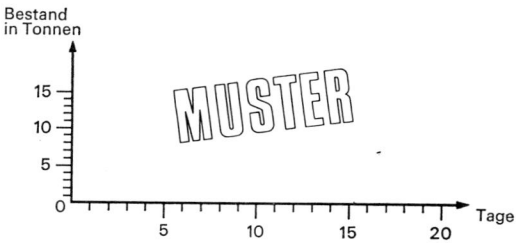

3. Der Lastwagen des Zementwerks wird bei der Zulieferung in einen Unfall verwickelt. Der Lastwagen kippt um, die meisten Zementsäcke sind aufgeplatzt. Die Nachlieferung kann erst in 4 Tagen erfolgen.

- Stellen Sie die tatsächliche Entwicklung des Lagerbestandes für 20 Tage unter Berücksichtigung dieser Verzögerung dar!

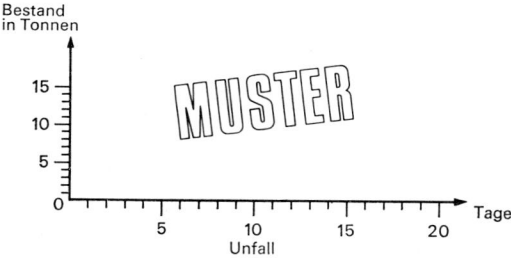

- 4. Wie kann die Baustoffhandlung solche unregelmäßig eintretenden Ereignisse in die künftige Planung einbeziehen?
- 5. Weisen Sie an den Vorgängen der Baustoffhandlung den Zusammenhang zwischen Planung, Durchführung und Kontrolle nach!

011 *Planung, Realisation und Kontrolle innerhalb der Grundfunktionen.*

Das folgende Schaubild soll zeigen, daß jede Teilaufgabe im Betrieb in den Stufen Planung, Durchführung und Kontrolle erfüllt wird.

Teil- aufgaben (Grundfunktionen) \ Stufen der Aufgaben-erfüllung	Planung	Durchführung	Kontrolle
Beschaffung			
Werkstofflager (Einsatzlager)			
Herstellung			
Fertigwarenlager (Absatzlager)			
Absatz			

Beschreibung einer Auftragsabwicklung:

Die **Union-Hotelmöbelbau GmbH** hat den Auftrag erhalten, nach den Entwürfen eines Innenarchitekten für ein neu zu eröffnendes Hotel 40 gleiche Hotelzimmereinrichtungen herzustellen. Der Auslieferungstag ist im Vertrag festgelegt.

In diesem Betrieb wird aufgrund der vorgelegten Zeichnungen der Materialbedarf nach Art und Menge genau berechnet und das Material bestellt.

Zur Kontrolle der Liefertermine werden die Durchschläge der Bestellungen in der Terminmappe abgelegt.

Das Lager wird von den zu erwartenden Materialeingängen verständigt. Die Prüfung des eingehenden Materials erfolgt im Lager.

Aus den Zeichnungen des Innenarchitekten werden die Beanspruchung der Betriebsmittel und die benötigten Arbeitsstunden berechnet. So wird der spätestmögliche Fertigungsbeginn festgestellt.

Fertiggestellte Teile werden mit den Maßen der Zeichnungen verglichen und auf Lager genommen. Dabei wird ständig überprüft, ob der Fortgang der Fertigung der Terminplanung entspricht.

Zur Bereitstellung des notwendigen Lagerraums wird das Fertigwarenlager von diesen Terminen verständigt.

Es wird vorgemerkt, daß die notwendigen Fahrzeuge für die Auslieferung am zugesagten Liefertermin bereitstehen müssen.

Zur Kontrolle des Versands wird der quittierte Lieferschein benutzt. Der ausgeführte Auftrag wird statistisch erfaßt.

- Worin bestehen Planung, Durchführung und Kontrolle bei der Herstellung der 40 Hotelzimmereinrichtungen?

Stellen Sie das für alle Teilaufgaben fest und tragen Sie Ihr Ergebnis stichwortartig in ein Schaubild nach obigem Muster ein!

Führungsprinzipien

012 *Management by Exception — Management by Objectives*

Die **Union-Hotelmöbelbau GmbH** hat sich in den letzten Jahren außerordentlich vergrößert. Sie stattet vor allem Hotels in ausländischen Feriengebieten aus. In dem Unternehmen arbeiten 300 Mitarbeiter.

Der Mitbegründer und Hauptanteilseigner des Unternehmens, **Herr Gerber**, ist alleiniger Geschäftsführer der Hotelmöbelbau GmbH.

Herr Gerber will in allen geschäftlichen Angelegenheiten Bescheid wissen und alle anfallenden Entscheidungen selbst treffen. Jeder geschäftliche Vorgang geht zunächst durch seine Hände. Er gibt die Ausführungsanweisungen an die Mitarbeiter weiter. Über die Erledigung jeder einzelnen Aufgabe läßt er sich informieren und trifft, wenn nötig, weitere Entscheidungen und gibt Anweisungen.

Ein Unternehmensberater stellt als Ergebnis seiner Lageanalyse fest:
1. Das Arbeitsklima auf Abteilungsebene ist schlecht, weil
   — der einzelne kaum einen Entscheidungsspielraum hat,
   — dem Prestigebedürfnis der einzelnen Mitarbeiter nicht Rechnung getragen wird,
   — nur ein geringes Vertrauensverhältnis zwischen den Abteilungsleitern und **Herrn Gerber** besteht,
   — **Herr Gerber** stark überlastet ist.
2. Aufträge werden häufig nicht termingerecht erledigt.
3. Auf allen Ebenen erfolgt eine starke Fluktuation von Arbeitskräften.
4. Die Außendienst-Architekten haben keinen Spielraum bei der Angebotsabgabe; es ist jeweils eine Rücksprache mit **Gerber** notwendig.

Der Unternehmensberater kommt zum Ergebnis, daß die Ursache für diese Situation in der Unternehmensführung liegt. Er stellt daher zwei Führungsprinzipien zur Diskussion:

Management by Exception: Darunter wird Führung nach dem Ausnahmeprinzip verstanden. Alle Entscheidungen, welche im Zusammenhang mit einem normalen und störungsfreien Betriebsablauf notwendig sind, werden auf der mittleren und unteren Führungsebene getroffen. Das Top-Management entscheidet nur in Ausnahmefällen, z.B. Aufnahme eines neuen Modells in einem Unternehmen der Kraftfahrzeug-Industrie.

Management by Objectives: D.h. Führen durch Zielvereinbarung. Dabei handelt es sich um eine Organisation der Unternehmensführung, bei der alle Entscheidungsträger ihr Handeln nach eindeutig und nachprüfbar formulierten Zielen ausrichten. Nach diesen Oberzielen werden die für die einzelnen Entscheidungsbereiche maßgebenden Unterziele (Bereichsziele) festgesetzt.

- Prüfen Sie, ob durch die Anwendung der vorgeschlagenen Führungsprinzipien die innere Unternehmenssituation verbessert werden könnte!

Die Organisation als Mittel zur Verwirklichung der Ziele

| 013 | *Organisation — Improvisation — Organisatorisches Gleichgewicht*

Herr **Schetter** betreibt zusammen mit seinem Sohn einen Fachbetrieb für Heizungsbau. Der Betrieb ist sehr schnell gewachsen. **Schetter** beschäftigt heute 15 Mitarbeiter. Vor sechs Wochen hat er dem Bauherrn **Frank** ein Angebot über die Einrichtung der Heizungsanlage in dessen Haus abgegeben. **Frank** hat das Angebot rechtzeitig schriftlich angenommen.

Nach Beendigung der Ausschachtungsarbeiten sucht der Bauherr **Frank** Herrn **Schetter** auf und sagt ihm, daß der Rohbau gerade begonnen wurde und in etwa zehn Wochen die Heizungsanlage montiert werden müsse.

Herr **Schetter** ist völlig überrascht. Er weiß nichts davon, daß Herr **Frank** das Angebot angenommen hat. Herr **Frank** legt ihm deshalb den Durchschlag des Schreibens mit seiner Annahmeerklärung vor.

Herr **Schetter** holt den Ordner „Angebote", in dem alle von Lieferern eingegangenen und an Kunden abgegebenen Angebote alphabetisch nach dem Namen abgelegt sind. Dort findet er das gesuchte Angebot an **Frank**.

Jetzt läßt er sich den Ordner „Aufträge" bringen. Die Aufträge sind ebenfalls alphabetisch nach dem Namen geordnet. Er findet darin den Auftrag nicht. Nach langem Suchen wird der Auftrag schließlich auf dem Schreibtisch des Sohnes gefunden. Der Sohn ist in Urlaub gefahren, ohne seinem Vater die unerledigten Vorgänge übergeben zu haben.

Der Bauherr **Frank** droht Herrn **Schetter** eine Schadenersatzklage an, falls der Baufortschritt durch Terminversäumnis der Firma **Schetter** verzögert wird.

Im Unternehmen **Schetters** wird über die Reihenfolge der Ausführung von Aufträgen von Fall zu Fall entschieden. In letzter Zeit häufen sich ernste Auseinandersetzungen mit Kunden wegen Terminschwierigkeiten.

Nach Absprache mit einer seiner Montagegruppen schlägt **Schetter** Herrn **Frank** vor, die Arbeiten an dessen Haus nach Feierabend und am Samstagen durchführen zu lassen.

- 1. Suchen Sie die Ursachen für die fortwährenden Terminschwierigkeiten im Betrieb **Schetters**, soweit sie aus der Schilderung erkennbar sind!
- 2. Nennen Sie wirtschaftliche Folgen der mangelhaften Organisation in diesem Betrieb!
- 3. Welche Vorgänge werden im Betrieb **Schetters** durch Organisation, welche durch Improvisation geregelt?
  4. Improvisation und Organisation haben Vor- und Nachteile: Verzögerte Anpassung an veränderte Situationen; Übersicht über Betriebsaufbau und Betriebsablauf; Notwendigkeit, Probleme immer wieder neu zu durchdenken; größere Fehlerhäufigkeit; Fähigkeit zur unmittelbaren Anpassung an veränderte Situationen.
- Stellen Sie die aufgezählten Vor- und Nachteile in einem Schaubild nach folgendem Muster einander gegenüber!

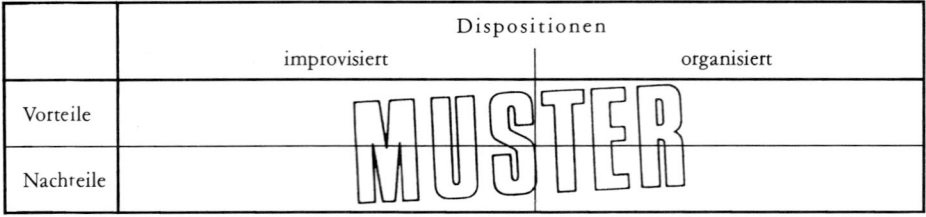

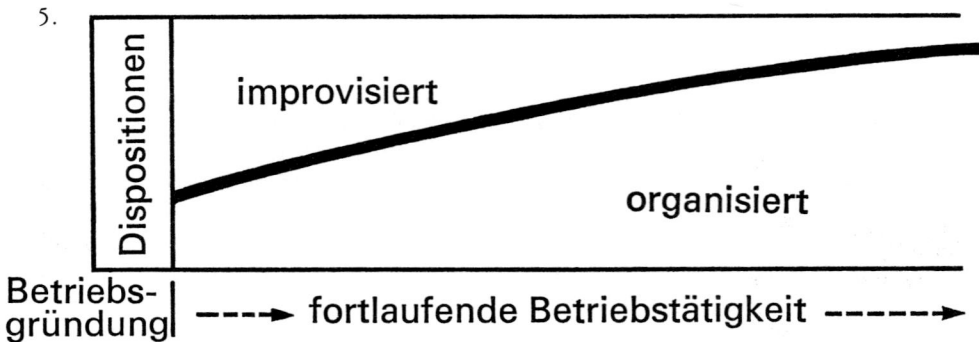

- a) Welche Behauptung wird mit diesem Schaubild aufgestellt?
- b) Überprüfen Sie, ob diese Behauptung durch die Entwicklung im Betrieb **Schetters** bestätigt wird!

Der organisatorische Aufbau des Betriebes

Aufgabengliederung

014 *Gliederung nach dem Objekt und nach der Verrichtung — Aufgabengliederungsplan*

Das Maklerbüro **Schuck** befaßt sich in einer süddeutschen Großstadt mit der Vermittlung von unbebauten Grundstücken, Mietwohnungen und Zimmern. Interessenten werden durch regelmäßige Anzeigen in Tageszeitungen geworben. Die Adressen der Verkäufer und Vermieter gehen überwiegend telefonisch, aber auch brieflich ein. Mieter und Käufer erhalten Auskünfte grundsätzlich nur bei persönlicher Vorsprache oder auch brieflich. Alle verfügbaren Objekte werden den Interessenten regelmäßig bekanntgegeben. Dazu wird eine Hauszeitschrift auf dem hauseigenen Bürodrucker hergestellt. Interessenten und Objekte werden in Karteien erfaßt. Mieter und Käufer sind verpflichtet, Vertragsabschlüsse dem Maklerbüro unverzüglich zu melden. Provisionsansprüche des Maklers entstehen erst nach erfolgreicher Vermittlung.

- 1. Zählen Sie Teilaufgaben auf, die zur Erfüllung der Gesamtaufgabe des Maklerbüros notwendig sind!
- 2. Die Aufbauorganisation des Maklerbüros soll neu durchdacht werden.
  - a) Wie könnte der Aufgabengliederungsplan des Maklerbüros aussehen, wenn die Aufgaben nach dem Objekt gegliedert werden? Stellen Sie diese Aufbauorganisation nach folgendem Muster dar!

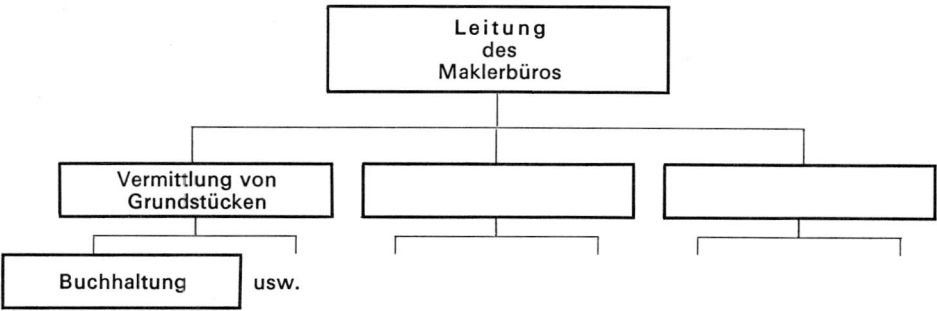

  - b) Es wird behauptet: Die Vorteile der Organisation eines Unternehmens nach dem Objekt nehmen mit der Größe des Unternehmens zu.
    Versuchen Sie diese Behauptung zu begründen! Das vorstehende Organisationsschaubild kann Ihnen dabei helfen.
  - c) Wie könnte der Aufgabengliederungsplan des Maklerbüros grundsätzlich aussehen, wenn die Aufgaben nach der Verrichtung gegliedert werden?
    Muster für die Lösung:

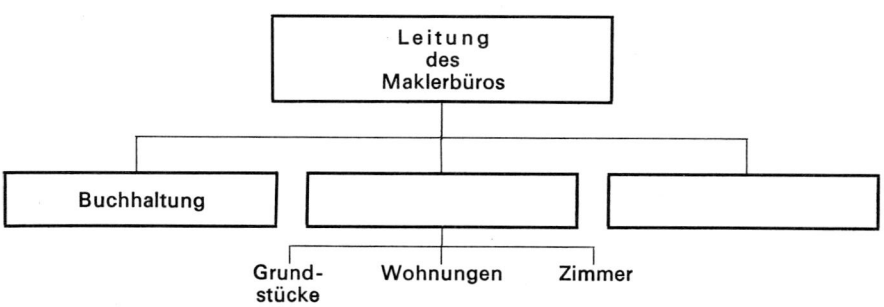

- 3. Machen Sie einen Vorschlag für die Aufbauorganisation eines Maklerbüros mit 20 Beschäftigten!

Stellenbildung, Aufgabenverteilung und Stellenbeschreibung

| 015 | *Aufgabenliste — Aufgabenverteilungsplan — Zuteilung von Befugnissen — Stellenbildung — Stellenbeschreibung* |

In der Verkaufsabteilung der Pfälzischen Saatguthandlung gibt es Unstimmigkeiten wegen ungleicher Arbeitsverteilung. Der Leiter der Verkaufsabteilung hat deshalb die folgende Aufgabenliste aus den von den Mitarbeitern abgegebenen Tätigkeitslisten erstellt:

AUFGABENLISTE		Abteilung: **Verkauf**	
erstellt durch: **Göller**		Datum: **15.1...**	
lfd. Nr.	Aufgabe	Stunden je Woche	Bemerkung
1	direkte Kundenbeziehungen	20	
2	Einsatz und Betreuung von Vertretern	40	
3	interne Auftragsbearbeitung	59	
4	Marktforschung und Werbung	19	
5	Statistik	6	
6	Verschiedenes	4	
	Gesamtstunden	148	

Im Aufgabenverteilungsplan (siehe Seite 27) wurden die Aufgaben der Verkaufsabteilung auf 5 Stellen aufgeteilt.

- 1. Überprüfen Sie die stundenmäßige Übereinstimmung der Aufgabenliste mit dem Aufgabenverteilungsplan!
  2. Stelle 1 wurde für die Verkaufsleitung gebildet.
- Versuchen Sie, aus den Angaben zu Stelle 1 die Merkmale leitender Tätigkeit festzustellen!
- 3. Nach welchen Gesichtspunkten wurden die Tätigkeiten von Stelle 4 und 5 unterschieden?

Aufgabenverteilungsplan

Nr.	Aufgabe	Stelle 1 Stelleninhaber: Tätigkeit	Stunden je Woche	Stelle 2 Stelleninhaber: Tätigkeit	Stunden je Woche	Stelle 3 Stelleninhaber: Tätigkeit	Stunden je Woche	Stelle 4 Stelleninhaber: Tätigkeit	Stunden je Woche	Stelle 5 Stelleninhaber: Tätigkeit	Stunden je Woche
1	Direkte Kundenbeziehungen	Entscheidung über Abweichung von allgemeinen Verkaufsbedingungen und Besprechung mit Kunden	5	Diktieren bei Ausnahmeentscheidungen. Entscheidung und Diktieren bei Regelfällen. Besprechung mit Kunden für Verkaufsgebiet A.	7	Diktieren bei Ausnahmeentscheidungen. Entscheidung und Diktieren bei Regelfällen. Besprechung mit Kunden für Verkaufsgebiet B.	5	Schreiben — Empfang von Kunden	2,5	Postabfertigen, ablegen	0,5
2	Einsatz und Betreuung der Vertreter	Entscheidung über die Einstellung von Vertretern. Einberufung und Leitung von Vertreterversammlungen.	6,5	Provisionsabrechnung. Auswertung der Vertreterberichte für Verkaufsgebiet A. Kontrolle der Provisionsabrechnung von Verkaufsgebiet B.	17,5	Provisionsabrechnung. Auswertung der Vertreterberichte für Verkaufsgebiet B. Kontrolle der Provisionsabrechnung aus dem Verkaufsgebiet A.	13	Schreiben	2,5	Postabfertigen, ablegen	0,5
3	Interne Auftragsabwicklung	Überwachung	5	Überprüfung der Auftrags-Anweisung für die Auftragsbestätigung und Rechnungserstellung. Planung und Veranlassung der Auslieferung für Verkaufsgebiet A.	16	Überprüfung der Auftrags-Anweisung für die Auftragsbestätigung und Rechnungserstellung. Planung und Veranlassung der Auslieferung für Verkaufsgebiet B.	11	Schreiben	21	Postabfertigen, ablegen	6
4	Marktforschung und Werbung	Marktbeobachtung. Festsetzung des Verkaufszieles. Planung und Veranlassung der Werbemaßnahmen. Entwurf von Werbebriefen.	14	Regelmäßige Berichte über das Marktgeschehen im Verkaufsgebiet A an die Leitung.	2	Regelmäßige Berichte über das Marktgebiet B an die Leitung.	1,5	Schreiben	0,5	Vervielfältigen, Postabfertigung	1
5	Statistik	Analyse der Statistik	3,5					Kontrolle der Statistik auf Vollständigkeit	0,5	Erstellung der Statistik	2
6	Verschiedenes	Personalführung	3	Dienstbesprechung	0,5	Dienstbesprechung	0,5				

- 4. Wieviel Personen sind für die Besetzung der Stellen bei einer Arbeitszeit von 37 Stunden je Woche notwendig?
- 5. Tragen Sie in den Aufgabenverteilungsplan Namen für die Stelleninhaber nach eigenem Ermessen ein!
- 6. Machen Sie einen Vorschlag zum Ausgleich der ungleichen Belastung der Stelleninhaber von Stelle 2 und 3!
  7. Zur Vorbereitung von Stellenbeschreibungen erfolgt die Zuteilung von Befugnissen.
- Tragen Sie in ein Formblatt nach folgendem Muster ein, welche Befugnisse Sie den Inhabern der Stellen 1, 2 und 3 zuteilen würden! Berücksichtigen Sie dabei, daß die Zuteilung von Befugnissen an der Stellenaufgabe orientiert sein muß! Der Inhaber von Stelle 2 ist Stellvertreter des Verkaufsleiters.

PSG	ZUTEILUNG VON BEFUGNISSEN					
Abteilung/Gruppe:	Verkaufsabteilung					
Nr.	Bezeichnung	\multicolumn{5}{c}{Stellen}	Bemerkung

Nr.	Bezeichnung	1	2	3	4	5	Bemerkung
1	Prokura						
2	Handlungsvollmacht						
3	Sachgebietsvollmacht						
4	Urlaubsscheine für Mitarbeiter						
5	Genehmigung von Überstunden						
6	Benutzung privater Kfz						
7	Genehm. Reiseanträge u. -kostenabrechnungen						
8	Bewirtung im Hause						
9	Bewirtung außer Hause						
10	Einstellung/Entlassung von Mitarbeitern						
11	Individuelle Lohn- und Gehaltsveränderung						
12	Investitionen geringwertige Wirtschaftsgüter bis DM 800,-						
13	Investitionen Anlagegüter, Büromaschinen und Büroeinrichtungen über DM 800,-						
14	Büromaterial						

- 8. Erstellen Sie eine vollständige Stellenbeschreibung nach folgendem Muster für die Stelle 1 des Aufgabenverteilungsplanes!
  Die Stellenbeschreibung muß übereinstimmen mit den Ergebnissen der Zuteilung von Befugnissen (siehe Seite 28) und den Angaben im Aufgabenverteilungsplan (siehe Seite 27). Fehlende Angaben sollen nach eigenem Ermessen ergänzt werden.

PSG	Stellenbeschreibung
Name des Stelleninhabers:	....
Bezeichnung der Stelle:	....

1 Eingliederung der Stelle

1.1. Name und Stelle des Vorgesetzten: v. Strutz, Geschäftsführer

1.2. Namen der direkt unterstellten Mitarbeiter: ....

1.3. Stellvertretung:

  vertritt: Leiter der Einkaufsabteilung

  wird vertreten: Sachbearbeiter Verkaufsgebiet A

2 Stellenaufgabe

2.1. Gesamtaufgabe:

2.2. Einzelaufgaben:

3 Befugnisse

4 Stellenanforderungen

4.1. Vorbildung und Kenntnisse:

4.2. Persönlichkeitsmerkmale:

MUSTER

- 9. Welcher Teil der Stellenbeschreibung hilft
  a) Konflikte verhindern,
  b) Doppelarbeit vermeiden,
  c) den Platz des Stelleninhabers in der Organisation des Betriebes zu zeigen,
  d) die Besetzung der Stelle zu erleichtern.

Entscheidungs- und Weisungssysteme

| 016 | *Direktorialsystem — Kollegialsystem* |

Die Firmenleitung des Tiefbauunternehmens **Hörner und Sohn** besteht aus drei Gesellschaftern, dem Seniorchef **Günther Hörner** (72), seinem Sohn **Hans** (38) und seinem Schwiegersohn **Egon Schwarz** (42). Am Gewinn sind alle drei im gleichen Umfang beteiligt. Jedoch hat sich der Seniorchef im Gesellschaftsvertrag alle Entscheidungen vorbehalten. Er hat das Unternehmen gegründet und möchte über die weitere Entwicklung des Unternehmens auch weiterhin allein bestimmen.

Der Sohn **Hans Hörner** ist Tiefbauingenieur und für den technischen Bereich verantwortlich, der Schwiegersohn **Egon Schwarz** ist Betriebswirt und leitet den kaufmännischen Bereich. Beide sind der Meinung, daß die Anschaffung einer modernen Straßenbaumaschine dringend notwendig sei, um im Konkurrenzkampf bestehen zu können. Der Seniorchef **Günther Hörner** ist dagegen, weil die Investition die Aufnahme eines Kredits notwendig machen würde. Er hält diese Investition für so risikoreich, daß er sie nur mit Eigenkapital durchführen würde.

- 1. Welches Entscheidungssystem ist in dem Tiefbauunternehmen Hörner und Söhne verwirklicht?
- 2. Würden Sie für das Tiefbauunternehmen Hörner und Söhne das Direktorialsystem oder das Kollegialsystem vorziehen?

| 017 | *Einlinien-, Mehrlinien-, Stabliniensystem — Instanzenbreite — Instanzentiefe — Formale und informale Beziehungen* |

Im Organigramm der Firma **Südd. Pumpen- und Armaturenbau AG** (Seite 31) sind die dienstlichen Beziehungen der Mitarbeiter dargestellt.

- 1. Wer kann in diesem Unternehmen Entscheidungen treffen, die für jeden im Unternehmen verbindlich sind?
- 2. Für wen ist eine von **Henitz** getroffene Entscheidung bindend?
- 3. Nach welchem Weisungssystem ist die Organisation aufgebaut?
- 4. Die technische Leitung gibt die Anweisung an den Einkauf, für die Zulieferung eines Elektromotors einen bestimmten Lieferanten zu berücksichtigen.
- Ist die Anweisung für die Einkaufsabteilung bindend?
- 5. Wie groß ist in diesem Betrieb jeweils die Instanzenbreite auf der zweiten Führungsebene?
- 6. Wieviel übereinander angeordnete Stellenebenen (Instanzentiefe) sind aus dem Schaubild zu erkennen?
- 7. Das Unternehmen hat, vor allem durch die Umsatzerhöhung von Reaktorpumpen, eine so starke Ausweitung erfahren, daß eine auf die Zukunft gerichtete Neuorganisation gefunden werden muß. Deshalb wird vorgeschlagen, der Geschäftsleitung Stabsabteilungen zuzuordnen.

Stabstellen sollen für Organisation und Rechtsfragen eingerichtet werden.

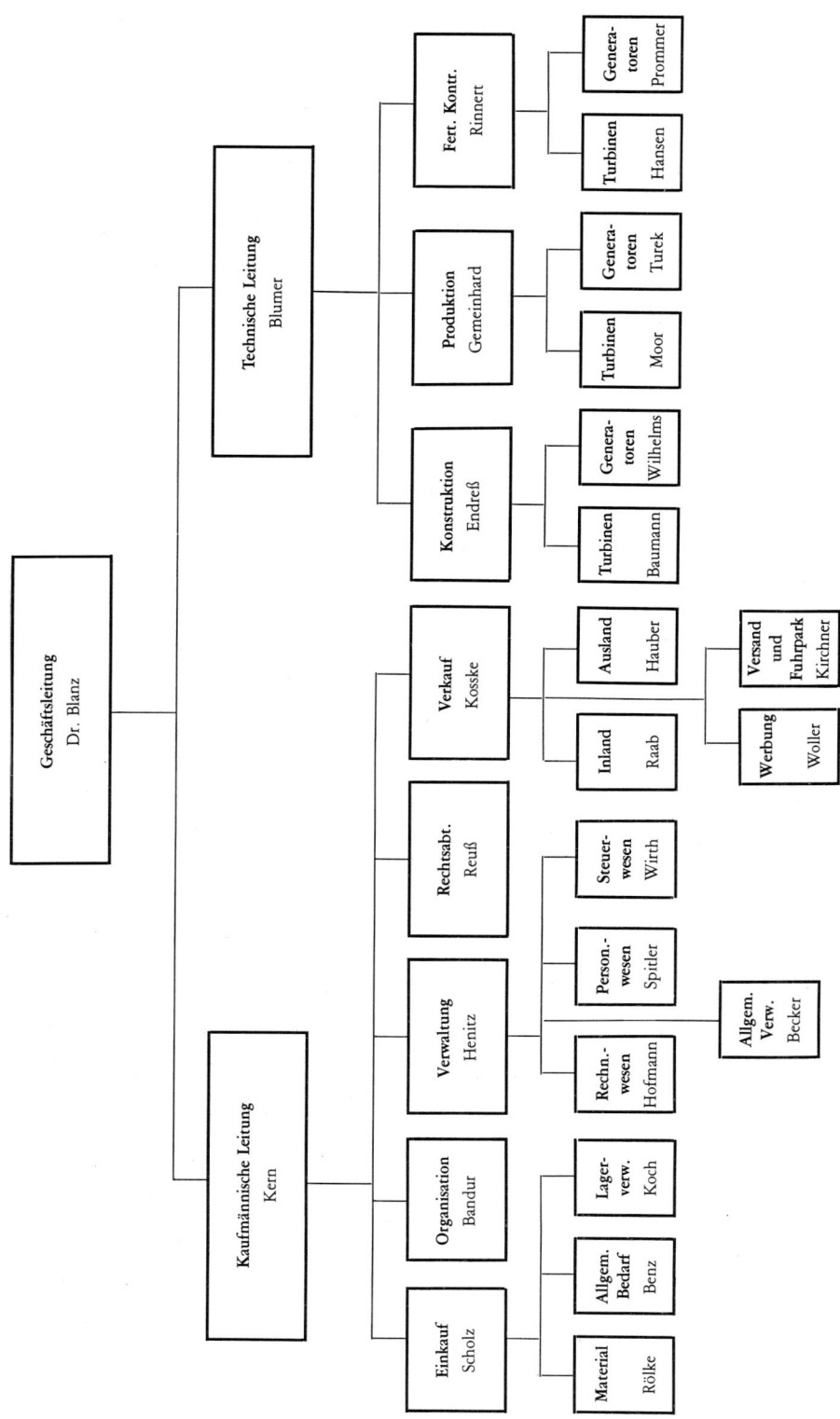

- a) Nennen Sie Aufgaben der Organisationsstelle und der Rechtsabteilung.
- b) Halten Sie es für gerechtfertigt, daß die Organisationsstelle und die Rechtsabteilung aus der Linie der kaufmännischen Leitung herausgenommen und der Geschäftsleitung unmittelbar zugeordnet werden?

8. In einem Kraftwerk erbringen die von der Firma **SPA** gelieferten Generatoren nicht die vertragsmäßig gesicherte Leistung. Die Ingenieure **Turek** und **Prommer** sollen deshalb sofort zu dem Kraftwerk fahren und die Ursache an Ort und Stelle suchen. Für die Fahrt fordern sie vom Fuhrpark einen Pkw an.

- a) Auf welchem Weg gelangt die Anforderung eines Pkws durch **Turek** und **Prommer** aufgrund des vorliegenden Organisationsplanes an die Abteilung Versand und Fuhrpark?
- b) Welchen Vorteil hätte es in diesem Fall, wenn der Fuhrpark mit allen Abteilungsleiterstellen nach einem Mehrliniensystem verbunden wäre?

9. Großabnehmer für die Reaktorpumpen der Firma **SPA** ist eine ausländische Regierung. Dieser Großabnehmer fordert, daß die Fertigungskontrolle für Reaktorpumpen direkt der Geschäftsleitung unterstellt wird und aus der Linie der technischen Leitung losgelöst wird.

- Was ist nach Ihrer Ansicht der Grund für diese Forderung?

10. Zeichnen Sie die ersten drei Ebenen des Organigramms nach der Umorganisation! (Angaben der Aufgaben Nr. 7 und 9 berücksichtigen!).

11. In der **Süddeutschen Pumpen- und Armaturenbau AG** tritt folgendes Entscheidungsproblem auf:
    Die Lieferung einer Spezialpumpe für 950 000,— DM ist auf den 1. 9. d. J. zugesagt worden. Das dazu notwendige Kugelgehäuse aus nichtrostendem Stahl im Werte von 300 000,— DM wurde bei einer Spezialgießerei bestellt. Das Gehäuse trifft am 1. 7. d. J. ein. Die Röntgenaufnahme durch die Fertigungskontrolle läßt Risse im Gehäuse erkennen. Die Geschäftsleitung steht vor der Entscheidung, ob sie das Kugelgehäuse verschrotten und Nachlieferung und Schadenersatz verlangen oder das Gehäuse im eigenen Werk nachbessern lassen soll.

    Dazu erhält sie folgende Informationen:
    — Die Lieferzeit für eine Nachlieferung beträgt 4 Monate, bei anderen Lieferern noch länger.
    — Eine Nachbesserung im eigenen Werk ist terminlich möglich.
    — Eine Nachbesserung, die den Anforderungen der Fertigungskontrolle entspricht, ist technisch möglich.

- Von wem erhält **Dr. Blanz** die für die Entscheidung notwendigen Informationen?

12. Der amerikanische Nationalökonom Galbraith vertritt in seinem Buch „Die moderne Industriegesellschaft" die Meinung, daß die Entscheidungen im modernen Geschäftsleben nicht das Ergebnis einzelner, sondern von Gruppen sind. Die Führungsspitze sei bei der Entscheidungsfindung auf das spezielle Wissen, Talente und Erfahrungen aller Mitarbeiter angewiesen, unabhängig von dem Rang in der formellen Firmenhierarchie.

- Überprüfen Sie die Behauptung von Galbraith am Beispiel der Lieferung des mangelhaften Kugelgehäuses!

13. Außer den im Organigramm ausgewiesenen formalen Beziehungen zwischen den Betriebsangehörigen bestehen noch folgende persönlichen Beziehungen:
    Blumer ist zusammen mit **Hofmann** im Gemeinderat, jedoch nicht in der gleichen Fraktion;
    Kosske, Henitz und **Baumann** sind zusammen in der gleichen Karnevalsgesellschaft; **Endreß** und **Gemeinhard** haben in der gleichen Klasse Abitur gemacht;

Rinnert und **Turek** sind Nachbarn;

Gemeinhard und **Baumann** sind zusammen im Elternbeirat der Schule ihrer Kinder;

Gemeinhard und **Turek** spielen regelmäßig Schach.

- a) Erstellen Sie das Organigramm nach der Neuorganisation
  b) Kennzeichnen Sie die informalen Beziehungen der geschilderten Personen, indem Sie ihre Stellen mit gestrichelten Linien verbinden!

- 14. Ordnen Sie die unten aufgezählten möglichen Folgen der informalen Beziehungen nach Vorteilen und Nachteilen. Beachten Sie, daß manche Folgen, je nach Standpunkt, sowohl Vor- als auch Nachteile sein können!

  Erfüllung des Wunsches nach Anerkennung, Gedankenaustausch, Ideenaustausch, Störung betrieblicher Anordnungen, Ausgleich für uninteressante Arbeit, leistungshemmende Rivalitäten zwischen betrieblichen Gruppen, Schaffung eines persönlichen Sicherheitsgefühls, Unterdrückung individueller Initiativen, Entstehung von betrieblichem Gemeinschaftsgeist, Umgehung der formalen Informationswege.

018 *Aufbauorganisation einer Margarinefabrik*

A Fallschilderung

Allgemeines

Die Margarinefabrik **Otto Fahrmann KG** beschäftigt heute 100 Mitarbeiter. Sie wurde vor 40 Jahren vom jetzigen Inhaber, **Otto Fahrmann**, als Einzelunternehmen am Rande einer Großstadt gegründet. Nach der Eheschließung beteiligte sich die Ehefrau Fahrmanns als Kommanditistin am Unternehmen. Seit 10 Jahren ist die Tochter Fahrmanns (einziges Kind) ebenfalls als Kommanditistin am Unternehmen beteiligt.

Fahrmann kann sich gegen die übrige konzerngebundene Margarineindustrie gut behaupten. Vor allem haben die Margarinesorten der Fahrmann KG im näheren Bereich des Firmensitzes einen guten und sicheren Absatz. Seit dem letzten Jahr hat das Unternehmen sogar eine überdurchschnittliche Absatzsteigerung zu verzeichnen, was insbesondere auf eine spezielle Gesundheitsmargarine zurückzuführen ist.

Inzwischen hat die Tochter Fahrmanns den 32jährigen Diplom-Chemiker **Harald Vollmer** geheiratet, der seit zwei Jahren bei Otto Fahrmann Betriebsleiter ist.

Geschäftsleitung

Herr **Fahrmann** ist alleiniger Geschäftsleiter. Er befaßt sich hauptsächlich mit Finanzierungsfragen und hält Kontakt zu den Hauptlieferanten und Großabnehmern wie Großhändler, Supermärkte u.ä. Durch sein Verhandlungsgeschick ist es ihm immer wieder gelungen, günstige Lieferverträge auszuhandeln und neue Kunden zu gewinnen. Innerbetrieblich kümmert er sich um jede Kleinigkeit und verlangt bei allen Entscheidungen, auch in der untersten Ebene, hinzugezogen zu werden. Allerdings überläßt er dann die Entscheidungen doch wieder den Mitarbeitern, welche er bei Fehlentscheidungen zur Rechenschaft zieht.

Sekretariat der Geschäftsleitung

Frau **Neuber**, welche das Sekretariat leitet, ist gleichzeitig die rechte Hand Fahrmanns. Sie gehört dem Unternehmen schon 25 Jahre an. Ihr unterstehen mehrere Kontoristinnen und Sekretärinnen, sowie ein jüngerer Industriekaufmann, welcher die dem Sekretariat unterstehende Personalverwaltung leitet. Er empfindet es jedoch nicht angenehm, eine Frau als unmittelbare Vorgesetzte zu haben und wartet auf ein günstiges Stellenangebot. Zwei Sekretärinnen stehen wegen der Nachfolgeschaft Frau Neubers in einem Konkurrenzkampf. Mit dem Ausscheiden Frau Neubers ist jedoch erst in ca. 5—6 Jahren zu rechnen. Dem Sekretariat untersteht auch noch der Fuhrpark des Unternehmens. Frau Neuber trägt sich mit dem Gedanken, ein zentrales Schreibzimmer einzurichten, in dem die Korrespondenz aller Abteilungen geschrieben werden soll.

Assistent der Geschäftsleitung
Dipl.-Kfm. **Dr. Horst Bühler** ist der Assistent Fahrmanns. Zu **Dr. Bühlers** Aufgabengebiet gehört neben der betriebswirtschaftlichen Beratung Fahrmanns auch noch die Behandlung von Rechts- und Steuerfragen. Außerdem befaßt er sich noch mit Organisationsfragen im Verwaltungsbereich des Unternehmens. **Dr. Bühler** neigt jedoch mehr zur Arbeit im Marketingbereich, weil er zwei Jahre an einem absatzwissenschaftlichen Hochschulinstitut tätig war. Er ist mit seiner jetzigen Tätigkeit nicht voll zufrieden und trägt sich gelegentlich mit dem Gedanken der Kündigung.

Einkauf und Rechnungswesen
Diese beiden Bereiche leitet Herr **Rowald**, der bereits seine Lehrzeit bei Fahrmann verbracht hatte. Er kennt den Betrieb in- und auswendig und hat sich durch ständige Weiterbildung (Bilanzbuchhalterprüfung, EDV-Kurs) zu einem hervorragenden Fachmann des Rechnungswesens entwickelt. Allerdings fühlt er sich in letzter Zeit beruflich überlastet, worauf auch sein angegriffener Gesundheitszustand zurückzuführen ist.

Verkauf
Herr **Müller**, Absolvent einer Fachhochschule für Betriebswirtschaft, leitet den Verkauf. Seine Tätigkeit umfaßt in der Hauptsache die Vertriebsorganisation. Er besitzt überdurchschnittliche organisatorische Fähigkeiten. Bei den Kunden ist er jedoch weniger beliebt, weil er Mängelrügen häufig schroff beantwortet und im Umgang nicht immer den richtigen Ton findet. Manche Kunden konnten erst wieder durch das persönliche Einschreiten Fahrmanns zurückgewonnen werden. Mit dem Werbeleiter des Unternehmens hat er wegen Werbemaßnahmen oft Meinungsverschiedenheiten, welche sich aber eher positiv auswirken. Trotz Meinungsverschiedenheiten im geschäftlichen Bereich sind beide im örtlichen Tennisclub gute Sportskameraden.

Werbung
Diese Abteilung leitet der Werbegraphiker **Malwig**. In den kaufmännischen Bereich hat er sich, wenn auch widerwillig, eingearbeitet. Er wurde auf Empfehlung Müllers mit dieser Stelle betraut. Nachdem es mehrmals zwischen Malweg und Fahrmann wegen wirkungslos gebliebener Werbemaßnahmen zu harten Auseinandersetzungen kam, entstand zwischen Malwig und dem Chef ein gespanntes Verhältnis. **Malwig** hat bei diesen Auseinandersetzungen mehrmals mit Kündigung gedroht.

Fertigung und Betriebsverwaltung
Der technische Bereich untersteht dem Schwiegersohn Fahrmanns, **Diplom-Chemiker Vollmer**. Der Fertigungsprozeß ist modern gestaltet und wirft keine Probleme auf. Nachdem **Vollmer** keinerlei kaufmännische Ausbildung besitzt, läßt die Betriebsverwaltung zu wünschen übrig. Die Abteilung Rechnungswesen beklagt sich häufig darüber, daß das notwendige Zahlenmaterial für die Betriebsabrechnung nicht rechtzeitig zur Verfügung stehe. **Vollmer** vertritt seinem Schwiegervater gegenüber den Standpunkt, daß er für die bewährte Qualität der produzierten Margarine verantwortlich sei und für den kaufmännischen Kram keine Zeit habe. Vor allem halte er es für unbedingt notwendig, daß ein Diplom-Ingenieur für die Betreuung der technischen Apparatur eingestellt werden müsse.
Mit dem Assistenten der Geschäftsleitung ist **Vollmer** von der Studienzeit her eng befreundet, weil sie in der gleichen Studentenverbindung waren.

Übrige Bereiche
Die übrigen Arbeitsbereiche werfen keine Probleme auf. Beschaffungs- wie auch Absatzlager sind dem technischen Bereich zugeordnet.

Problem
Fahrmann ist jetzt 68 Jahre und macht sich Gedanken über seine Nachfolgeschaft. Es gibt für ihn keinen Zweifel, daß sein Schwiegersohn einmal den Betrieb übernehmen soll.

Allerdings fühlt sich **Fahrmann** noch rüstig genug, um am Unternehmungsgeschehen teilhaben zu können.

Fahrmann möchte ein Organisationssystem finden, das seinem Schwiegersohn genügend Entscheidungsspielraum läßt, jedoch Fehlentscheidungen verhindert. Soweit es das neue Organisationssystem notwendig machen sollte, könnte auch an eine Änderung der Rechtsform der Unternehmung gedacht werden.

B Problemlösung

I. Lageanalyse

- 1. Zeichnen Sie ein Organigramm der in diesem Unternehmen bestehenden Organisation!
- 2. Stellen Sie fest, welches Entscheidungs- und welches Weisungssystem vorliegt!
- 3. Stellen Sie zusammen, welche Verhältnisse Ihnen günstig und welche ihnen ungünstig erscheinen!

II. Zielsetzung

- Formulieren Sie die Ziele für eine Neuorganisation der **Fahrmann KG**!

III. Maßnahmen

- 1. Machen Sie unter Berücksichtigung der erarbeiteten Zielsetzung Vorschläge für
    a) ein Entscheidungssystem,
    b) ein Weisungssystem,
    c) die Zuweisung der Kompetenzen!

    Begründen Sie Ihre Vorschläge!

- 2. Zeichnen Sie ein neues Organigramm unter Berücksichtigung der von Ihnen vorgeschlagenen Maßnahmen!

Die Organisation des Arbeitsablaufs

Darstellung von Arbeitsabläufen

| 019 | *Bearbeitung einer Rechnung — Ablaufdiagramm*

In einem kleinen Fabrikationsbetrieb werden eingehende Rechnungen wie folgt bearbeitet: Die eingehende Rechnung erhält in der Posteingangsstelle den Tagesstempel und geht dann zur Buchhaltung. Hier wird sie in das Rechnungskontrollbuch (Rechnungseingangsbuch) eingetragen, numeriert und mit dem Rechnungskontrollzettel versehen.

Danach wird die Rechnung der Einkaufsabteilung übergeben. Dort wird sie in die Lieferer- und Bestellkartei eingetragen.

Dann wird geprüft, ob das eingegangene Material nach Menge und Art mit dem bestellten Material übereinstimmt, die berechneten Preise und Zahlungsbedingungen gleich den vereinbarten sind und die Berechnungen richtig durchgeführt wurden.

Der Einkaufsleiter weist die überprüften Rechnungen zur Zahlung an.

In der Buchhaltung wird die Rechnung kontiert und verbucht.

Die Kasse nimmt die Zahlung vor und gibt den Beleg an die Buchhaltung. Nach Verbuchung wird die Rechnung im Rechnungskontrollbuch ausgetragen und abgelegt.

In dem Unternehmen wurde festgestellt, daß die Bearbeitung der Rechnung häufig so viel Zeit benötigt, daß Skonto nicht mehr in Anspruch genommen werden kann.

Zur Lösung des Problems soll zunächst eine Analyse des bisherigen Arbeitsablaufs gemacht werden.

1. Das Unternehmen verwendet zur Darstellung von Arbeitsabläufen das Seite 36 abgebildete Formular.

Hinweis: Weitere Fälle zur Organisation Fall 121, 328, 329.

Abteilung: Einkauf		Arbeitsvorgang:			
Zeichen: ○ Bearbeitung ⇒ Weiterleiten □ Überprüfen D Verzögerung ▽ Ablage ⌀ Bearbeiten und Überprüfen		erstellt am:	geprüft:	gilt ab:	
		Arbeitsstellen			
		Posteingang	Buchhaltung	Kasse	Einkauf	
Nr.	Tätigkeiten					
1						
2						
3						

- Stellen Sie den S. 35 geschilderten Arbeitsablauf der Bearbeitung einer Rechnung dar!
2. Erfahrungen haben gezeigt, daß Rechnungen letztlich ohne besonderes Risiko auch vor Abschluß aller Kontrollen bezahlt werden können und damit die Skontoausnutzung sichergestellt werden kann.
- Stellen Sie den Arbeitsablauf des Rechnungseingangs unter Berücksichtigung dieses Gesichtspunkts in einem Ablaufschema dar!

020 Balkendiagramm — Maschinenbelegungsplan

Das folgende Balkendiagramm stellt dar, mit welchen Laufzeiten drei Maschinen eines Betriebes für verschiedene Aufträge belegt sind.

Die Ausführung jedes Auftrags erfolgt durch die stufenweise Bearbeitung nur eines Werkstückes.

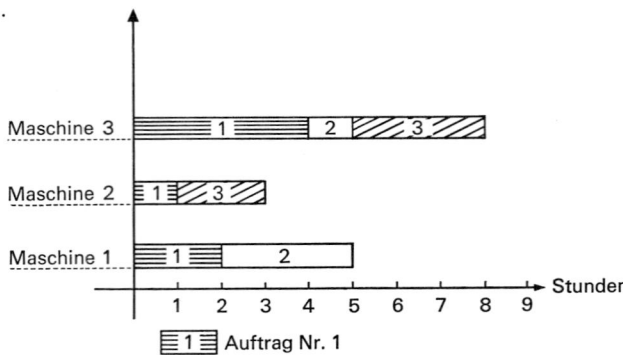

- Stellt das Balkendiagramm für jede Maschine die Reihenfolge der Bearbeitungsgänge zur Ausführung der Aufträge dar? Begründung!

Netzplantechnik

021 Einfacher Netzplan

Die Spielzeugfabrik **Storz** hat sich auf die Herstellung von Lehrspielzeug spezialisiert. Die Vertreterberichte zeigen, daß bei den Kunden starkes Interesse an einem Spiel besteht, das Kenntnisse und Erkenntnisse aus dem Bereich der Wirtschaft vermittelt.

Die Geschäftsleitung entschließt sich, ein solches Spiel als Brettspiel auf den Markt zu bringen. Sie beruft deshalb eine Besprechung mit den Leitern der Abteilungen Werbung, Zeichenbüro, Fertigung, Vertrieb und Rechnungswesen ein.

Der Leiter der Werbeabteilung soll feststellen, wann er mit der Vorbereitung der Werbung fertig sein kann. Für die Werbevorbereitung und die ihr vorausgehenden Vorgänge sind folgende Zeiten geschätzt worden:

Marktanalyse 30 Tage, zeichnerischer Entwurf des Brettspiels 14 Tage, Einzelzeichnungen (Detailzeichnungen) 8 Tage, Werbevorbereitung 10 Tage. Mit der Marktanalyse und dem zeichnerischen Entwurf soll sofort begonnen werden.

- 1. Erstellen Sie eine Vorgangstabelle nach folgendem Muster und tragen Sie in die Spalten 1—3 die der Werbevorbereitung vorausgehenden Vorgänge und ihre Dauer ein!

1	2	3	4	5	6	7	8	9	10
	Vorgang	Dauer in Tagen	Vor- gänger	Nach- folger	frühester Anfangs- Endzeitpunkt		spätester Anfangs- Endzeitpunkt		Gesamt- puffer
Nr.	Bezeichnung				FAZ	FEZ	SAZ	SEZ	GP
1	Entscheidung	0							
2	Marktanalyse	30							
3									
4									
5	Werbe- vorbereitung	10							

- 2. Der Werbeleiter stellt die Abhängigkeiten der vor Beginn der Werbevorbereitung zu erledigenden Vorgänge nach dem Prinzip des Netzplans dar.

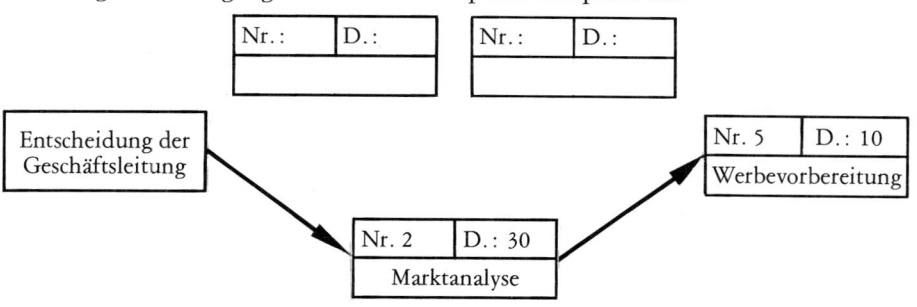

Erstellen Sie nach obigem Muster den Netzplan und ergänzen Sie diesen durch die Vorgänge Gesamtentwurf und Detailzeichnung!

- 3. Tragen Sie in die Vorgangsliste zu jedem Vorgang in die Spalte 4 die Nummer des Vorgangs ein, der unmittelbar vorausgegangen sein muß und in die Spalte 5 die Nummer des Vorgangs, der unmittelbar nachfolgt!

Beachten Sie dabei, daß ein Vorgang auch mehrere unmittelbare Vorgänger bzw. Nachfolger haben kann!

- 4. Ein Vorgang kann erst beginnen, wenn der vorhergehende beendet ist. Der Tag, an dem mit dem Gesamtentwurf begonnen werden kann, wird als „früheste Anfangszeit (FAZ)" über die linke obere Ecke des Vorgangsknotens geschrieben; der Tag, an dem der Vorgang beendet ist, wird als „frühester Endzeitpunkt (FEZ)" über die rechte obere Ecke des Knotens gesetzt.

- Ergänzen Sie den Netzplan in dieser Weise!

- 5. Am wievielten Tag kann die Werbevorbereitung frühestens beendet sein?
- 6. Tragen Sie die frühesten Anfangs- und Endzeitpunkte in die Spalten 6 und 7 der Vorgangstabelle ein!
- 7. Der Zeitpunkt, an dem ein Vorgang spätestens anfangen muß, wird als „spätester Anfangszeitpunkt (SAZ)" unter die linke untere Ecke des Vorgangsknotens gesetzt, der „späteste Endzeitpunkt (SEZ)" des Vorgangs unter die rechte untere Ecke.

  Der Vorgangsknoten „Detailzeichnung" hat dann folgendes Aussehen:

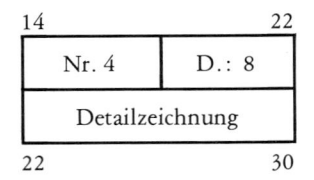

14		22
Nr. 4		D.: 8
Detailzeichnung		
22		30

- Wie wurden SAZ und SEZ bestimmt?
- 8. Setzen Sie für alle Vorgänge die SAZ und SEZ in den Netzplan ein!
- 9. Tragen Sie die SAZ und SEZ in die Spalten 8 und 9 der Vorgangstabelle ein!
- 10. Der „Gesamtpuffer" eines Vorgangs ist die Differenz zwischen spätestem und frühestem Anfangszeitpunkt und damit natürlich auch zwischen spätestem und frühestem Endzeitpunkt eines Vorgangs.
- Errechnen Sie für jeden Vorgang des Projekts Brettspiel dessen Gesamtpuffer! Tragen Sie die Ergebnisse in die Spalte 10 der Vorgangstabelle ein!
- 11. Vorgänge, deren Gesamtpuffer gleich 0 ist, werden als kritisch bezeichnet. Alle Vorgänge, für die dies zutrifft, ergeben zusammen den „kritischen Weg" eines Projektes.
- Ziehen Sie die Pfeile, die den „kritischen Weg" des vorliegenden Netzplans darstellen, farbig nach!
- 12. Welche Folge haben Zeitverzögerungen bei kritischen Vorgängen für den Zeitplan des Gesamtprojekts?

022 Erweiterter Netzplan

Die Produktion des neuen Brettspiels der **Spielzeugfabrik Storz** hat als Voraussetzung die Fertigstellung der Detailzeichnungen. Aufgrund der Detailzeichnungen werden die Stücklisten geschrieben. Dazu werden 3 Tage benötigt. Erst nach Fertigstellung der Stücklisten kann mit der Arbeitsvorbereitung, der Materialbeschaffung und der Kalkulation begonnen werden.

Der Zeitbedarf beträgt für die Arbeitsvorbereitung 10 Tage, für die Materialbeschaffung 30 Tage und für die Kalkulation 2 Tage.

Die Einzelfertigung kann erst nach Beendigung dieser Arbeiten beginnen und benötigt 12 Tage. Der Zusammenbau der geplanten ersten Serie dauert 1 Tag. Die Fertigung ist mit der Kontrolle der fertigen Spiele abgeschlossen. Für die Kontrolle wird 1 Tag benötigt.

- 1. Erstellen Sie eine Vorgangstabelle für die Produktion von der Detailzeichnung bis zur Kontrolle!
- 2. Zeichnen Sie den Netzplan!
- 3. Errechnen Sie die Gesamtpuffer und zeichnen Sie den kritischen Weg ein!

| 023 | *Netzplan eines komplexen Projekts* |

Die Geschäftsleitung der Spielzeugfabrik Storz will aus den Angaben der beteiligten Abteilungen den kritischen Weg für das Projekt Brettspiel feststellen.

Sie geht von folgender Vorgangsliste aus:

Vorgang		Dauer in Tagen	Vorgänger	Nachfolger	frühester Anfangs- Endzeitpunkt		spätester Anfangs- Endzeitpunkt		Gesamtpuffer
Nr.	Bezeichnung				FAZ	FEZ	SAZ	SEZ	GP
1	2	3	4	5	6	7	8	9	10
1	Entscheidung	—	—	2, 3					
2	Marktanalyse	30	1	13					
3	Gesamtentwurf	14	1	4					
4	Detailzeichnung	8	3	5					
5	Stücklistenerstellung	3	4	6, 7, 8					
6	Kalkulation	2	5	9					
7	Materialbeschaffung	30	5	9					
8	Arbeitsvorbereitung	10	5	9					
9	Einzelteilfertigung	12	6, 7, 8	10					
10	Zusammenbau	1	9	11					
11	Kontrolle	1	10	12					
12	Lagerbildung	4	11	15					
13	Werbevorbereitung	10	2	14					
14	Werbekampagne	45	13	15					
15	Auswertung	—	12, 14	—					

- 1. Zeichnen Sie den Netzplan und erstellen Sie eine vollständige Vorgangsliste!
- 2. Kennzeichnen Sie den kritischen Weg im Netzplan, indem Sie ihn farbig nachziehen!
- Hinweis: Weiterer Fall zur NPT siehe Fall Nr. 202 (S. 79)

Arbeitsanweisung

| 024 | *Arbeitsanweisung — Stellenanforderungen — Stellenbeschreibung* |

In der Aufbauorganisation der **Rohrleitungsbau Schirmer** GmbH, Hannover, ist für den Leiter der Montageabteilung eine Stelle ausgewiesen. Die Stellenanforderungen für diese Stelle sollen in eine Stellenbeschreibung eingetragen werden.

- Leiten Sie aus der nachfolgenden Arbeitsanweisung die Stellenanforderung (Vorbildung und Kenntnisse, Persönlichkeitsmerkmale) ab und formulieren Sie diese für die Stellenbeschreibung!

Rohrleitungsbau Schirmer GmbH, 3 Hannover	AW 3/Mo

ARBEITSANWEISUNG NR. 3/Mo
für den Leiter der Montageabteilung

Ab sofort übernimmt Herr F i s c h e r , wie bereits in Arbeitsanweisung Nr. 2/Mo vorgesehen, verantwortlich die Montageabteilung. In diesem Zusammenhang haben wir folgende Festlegungen getroffen:

1. Der Leiter der Montageabteilung ist verpflichtet, alle <u>Montageaufträge terminlich vorzuplanen,</u> und zwar in folgender Form:

    Schriftliche Vordisposition mindestens 3 Wochen vor Montagebeginn.

    Diese Vordisposition muß enthalten:

    - Benötigtes Material mit Terminangabe
    - Benötigtes Werkzeug
    - Erforderliche Monteure
      (spezifiziert nach unserem Schema)
    - Voraussichtliche Montagedauer

2. Der Leiter der Montageabteilung ist verpflichtet, über jeden Baustellenbesuch eine <u>schriftliche Kurzmitteilung</u> zu machen, die im wesentlichen enthalten soll:

    - Montagefortschritt
    - evtl. erforderliches Material
    - evtl. erforderliches Werkzeug
    - evtl. erforderliche Monteurumdisposition
    - Wünsche bzw. Beschwerden des Kunden
    - Vorgenommene Abnahme und Prüfungen (von Seiten des Kunden, oder eines Überwachungsorgans)
    - Sonstige Bemerkungen

3. Der Leiter der Montageabteilung übernimmt ab sofort verantwortlich die <u>Disposition der Monteure,</u> und zwar in folgender Form:

    - Jeden Dienstag ist anhand der Monteur-Plantafel die Vordisposition für die kommende Woche zu stecken. Anschließend ist diese Disposition mit Herrn Bausch durchzusprechen und Herr Nuber sorgt dafür, daß am Mittwoch die Verständigungen an die Monteure geschrieben und abgesandt werden.

Rohrleitungsbau Schirmer GmbH, 3 Hannover	AW 3/Mo

4. Jeden Freitag findet die Abstimmung der Kunden- bzw. Baustellenbesuche zwischen Herrn Bausch, Herrn Ziegler und Herrn Nuber statt. Hierbei ist genau anzugeben, welche Kunden bzw. Baustellen besucht werden, welche Gründe für diesen Besuch vorliegen und welcher Arbeitsanfall bei diesen Besuchen zu erledigen ist. Diese Disposition ist anschließend Frau Baur zu übergeben.

5. Der Leiter der Montageabteilung hat rechtzeitig (ca. 4 Wochen vor Bedarf) Herrn Bausch die Anzahl und Qualifikation der benötigten Monteure bekanntzugeben. Herr Bausch wird dann dafür sorgen, daß entsprechende Inserate hinausgehen und behält sich die Einstellung der Leute vor.

    Sollte Herr Bausch nicht anwesend sein, nimmt Herr Nuber die Einstellung vor.

6. Bei Abschluß einer Baustelle ist Herr Nuber verpflichtet, ein Abschlußprotokoll gemeinsam mit dem Kunden anzufertigen und von diesem unterschreiben zu lassen. Dieses Protokoll soll folgendes enthalten:

    - Montagefertigstellungstermin
    - Garantiebeginn
    - komplette Lieferung, oder fehlende Teile
    - evtl. Einbau der fehlenden Teile
    - vorgenommene Abnahmen bzw. Prüfungen
    - Ergebnis der Kundenabnahme

    Dieses Protokoll ist gemeinsam mit dem Endaufmaß dem Leiter der technischen Abteilung vorzulegen.

7. Außerdem ist ein 2. Protokoll anzufertigen, das in Abstimmung mit dem bauleitenden Monteur erstellt wird. Dieses soll eine Beurteilung sämtlicher Monteure, die an dieser Baustelle eingesetzt waren, enthalten, und zwar entsprechend den Richtlinien unseres Lohnbewertungssystems.

8. Der Leiter der Montageabteilung ist verpflichtet, regelmäßig Sicherheitsbelehrungen auf den Baustellen abzuhalten, die entsprechend den Unfallverhütungsvorschriften vorzunehmen sind.

| Rohrleitungsbau Schirmer GmbH, 3 Hannover | AW 3/Mo |

Er hat auch dafür Sorge zu tragen, daß sämtliche Bauleiter mit Unfallverhütungsvorschriften ausgerüstet werden.

Weiter ist festzustellen, und zwar bis Ende November, ob alle Monteure mit Schutzhelm und Sicherheitsschuhen ausgerüstet sind, bzw. ist dafür zu sorgen, daß jeder Monteur in den Besitz eines Schutzhelmes und Sicherheitsschuhen kommt. Alle Monteure sind schriftlich aufzufordern, den Helm und die Sicherheitsschuhe während der Arbeitszeit zu tragen.

9. Der Leiter der Montageabteilung hat dafür zu sorgen, daß die Baustellenberichte der bauleitenden Monteure in der richtigen Form erfolgen, und zwar ist ein Formblatt anzulegen, das folgendes enthält:

   - geleistete Arbeiten (in Kurzform)
   - zu erwartende Arbeiten (in Kurzform)
   - benötigtes Material
   - benötigtes Werkzeug
   - Monteursituation
   - besondere Vorkommnisse

   Dieses Formblatt ist von Herrn Nuber zu entwerfen.

10. Weiter ist der Leiter der Montageabteilung verpflichtet, stichprobenweise eine Überprüfung der Werkzeuge auf der Baustelle vorzunehmen und dies in seinem Baustellenbericht festzuhalten.

11. Der Leiter der Montageabteilung sorgt dafür, daß die Arbeitsrichtlinien auf dem neuesten Stand gehalten werden und daß jeder Monteur mit den Richtlinien ausgestattet ist.

12. Der Leiter der Montageabteilung ist verpflichtet, Zwischenaufmaße bei allen Baustellen vorzunehmen. Der Zeitabstand und die Form der Aufmaße wird noch gesondert geklärt.

13. Falls Monteure ausscheiden und ein Zeugnis verlangen, wird dieses Zeugnis von Herrn Nuber ausgestellt und der Geschäftsleitung zur Unterschrift vorgelegt.

Rohrleitungsbau Schirmer GmbH, 3 Hannover	AW 3/Mo

14. Der Leiter der Montageabteilung erhält vom technischen Büro rechtzeitig die erforderlichen Montageunterlagen mit der Montageinstruktion soweit sie die Belange der Planung berücksichtigt. Ergänzt wird diese Montageinstruktion von Herrn Nuber in Bezug auf Montagebelange.

Die Unterlagen erhält Herr Nuber 2fach. Ein Exemplar ist dem bauleitenden Monteur so rechtzeitig zuzusenden, daß sich dieser über die auf ihn zukommenden Aufgaben orientieren kann.

Herr Nuber selbst ist verpflichtet, sich ebenfalls rechtzeitig über die in Montage gehenden Objekte zu informieren und die Montageeinweisung an jeder neuen Baustelle vorzunehmen.

Hannover, 05.11.1992

ROHRLEITUNGSBAU SCHIRMER GMBH

1 Beschaffung und Lagerung

Ablauf des Beschaffungsvorganges

101 *Lagerkarte — Bedarfsmeldeschein — Bezugsquellenkartei — Anfrage — Angebotsvergleich — Bestellung — Wareneingang — Rechnungskontrolle*

Nachstehende Abbildung zeigt eine Lagerkarte der **Firma Rudolf Sauter, Fräsmaschinenfabrik, 7531 Nöttingen bei Pforzheim.** Die Unternehmung stellt Handhebel-Fräsmaschinen in vier Größen und verschiedene Arten Fräser her. Der Betrieb beschäftigt ca. 100 Arbeiter und Angestellte.

Lagerkarte								
Stirnzahnräder (St.: *50—2*)			Lagernummer	Lieferfrist: *10—18 Tage*			Verr.-Preis	
Modul *2,0*	Zähne *30*	Bohrer *12 H 7*	II/83	Meldebestand: *100*			*62,—*	
							Bestellung	
Monat	Tag	Beleg	Eingang	Ausgang	Bestand		am	Menge
Dezember	*31.*	*Inventar*			*160*			
Januar	*05.*	*WA 32*		*58*	*102*			
Januar	*27.*	*WA 33*		*40*	*62*			

- 1. Tragen Sie in eine Lagerkarte nach obigem Muster folgenden Vorgang ein: Vom Lager werden am 30. Januar 19.. 15 Zahnräder mit der Lagernummer 83 gegen Werkstoff-Abgabeschein Nr. 34 an die Werkstätte II übergeben.

  2. Das Werkstofflager II verlangt am 30.1.19.. von der Einkaufsabteilung die Bestellung von 150 Stirnzahnrädern (St.: 50-2) Modul 2,0 Z30 B12 H7. Die Zahnräder sollen spätestens am 12.2.19.. eintreffen.

- Erstellen Sie den Bedarfsmeldeschein nach folgendem Muster!

Bedarfsmeldeschein			
An Abteilung _____	Ausgestellt durch Lager II	BMS Nr. _____	
Genaue Bezeichnung der angeforderten Teile		Für Abt. Einkauf freilassen!	
		Angebot eingeholt	
		am	von	Preis
Angefordert am: _____		Bestellt am: _____	
Gewünschter Liefertermin: _____		bei: _____	
		Preis: _____	
_____ Unterschrift			

MUSTER

3. Prüfen Sie, ob die Meldung rechtzeitig erfolgt ist!
4. In der Einkaufsabteilung spricht am 30.1. d.J. ein Vertreter der **Zahnradfabrik Aschaffenburg** vor. Er bietet an:

   Stückpreis 58,— DM, Ziel 3 Monate, bei Zahlung innerhalb 14 Tagen 2% Skonto. Bei einer Jahresabnahme von mindestens 1000 Stück 12% Mengenrabatt, Lieferzeit 3 Wochen, Verpackung frei, Preis ab Werk.

   Die Materialprüfungsstelle stellt nach Untersuchung eines Musterzahnrades fest, daß die Beschaffenheit dieses Werkstoffes auf eine um 10% geringere Verwendungsdauer schließen läßt.

- Wie lauten die Eintragungen in die Bezugsquellenkartei?

		Bezugsquellenkartei				
A B C D E F G H I K L M N O P Q R S T U V W X Y Z						
Zahnräder		Modul 1—5 St.: 50—2 u. M. 20,2				
Lieferant	Unterlagen Art / Dat.	Stückpreis	Verpack.	Lief.-Bed.	Zahl.-Bed.	Bemerkungen
Dörken & Mantel KG Ennepetal (W)	A / 15.8. (v.J.)	65,20 DM (vor Preis- erhöhung)	ausschl.	ab Werk Lief. sof.	sofort ohne Abzug	8% Preis- erhöh. seit 1.10. (v.J)
Gebr. Serbius Augustental/ Westf.	P / 4.12. (v.J)	63,60 DM	einschl.	Liefz. 8-12 Tage	2/3 bei Lieferung Rest in 30 Tagen netto	Lieferfristen nicht eingeh. Qualität einwandfrei
Gustav Gulde KG. Köln	Z					

A = Angebot   P = Preisliste   K = Katalog   V = Vertreterbes.   M = Messe   Z = Zeitschr.

5. Die Griffe der Handräder für Quer- und Senkrechtbewegung sollen künftig mit Kunststoff überzogen werden.

   Der Leiter der Abteilung Einkauf beauftragt seinen Assistenten mit der Analyse des Beschaffungsmarktes. Es soll festgestellt werden, von welchen Herstellern oder Händlern geliefert werden kann. Daraufhin müssen die Liefer- und Zahlungsbedingungen verglichen und anschließend Verhandlungen mit den Lieferern geführt werden.

- Welche Möglichkeiten gibt es, Lieferer ausfindig zu machen?

6. Die Bezugsquellenkartei der **Fa. R. Sauter** besteht aus ca. 350 Karteikarten.

- Welche Ordnungsmittel erleichtern das schnelle Auffinden und Einordnen einer Karteikarte?

7. Die Eintragungen bei **Fa. G. Gulde KG, Leverkusener Straße 102—104, 5000 Köln,** sollen vervollständigt werden.
- a) Formulieren Sie die schriftliche Anfrage!
  b) Von der Einkaufsabteilung müssen täglich mehrere Anfragen geschrieben werden.
- Entwerfen Sie einen Vordruck für diese Anfragen!
- c) Halten Sie es für wirtschaftlich gerechtfertigt, die Bezugsquellenkartei laufend zu ergänzen?

8. Aufgrund Ihrer Anfrage trifft folgendes Angebot ein:

GUSTAV GULDE KG
ZAHNRAD- UND WERKZEUGFABRIK

Gustav Gulde KG, Leverkusener Straße 102—104, 5000 Köln

Fräsmaschinenfabrik
Rudolf Sauter
Postfach 90

7531 Nöttingen

5000 KÖLN
Leverkusener Straße 102—104
Fernsprecher 0 14 07/55 82 16
Geschäftszeit: 8—13 und 15—17 Uhr
Bank: Handelsbank Köln
Postgirokonto: Köln 218 46

Ihre Zeichen, Ihre Nachricht vom	Unsere Zeichen, unsere Nachricht vom	☎ Durchwahl-Nr.	Köln
s–w 30.01...	g–s		02.02.19..

Stirnzahnräder

Sehr geehrte Damen und Herren,

wir danken für Ihre Anfrage und bieten an:

150 Stirnzahnräder (St. 50-2) Modul 2,0, Zähne 30, Bohrung 12 H 7. Stückpreis 66,40 DM, frachtfrei bei Abnahme von mindestens 100 Stück.

Bei Rücksendung der Verpackung erfolgt Gutschrift von 2/3 der Verpackungskosten.

Ziel 60 Tage, bei sofortiger Zahlung 3 % Skonto.

Unsere Lieferfrist beträgt gegenwärtig 3 - 4 Wochen. Bei kürzerer Lieferzeit berechnen wir einen Aufschlag von 5 %.

Mit freundlichen Grüßen

GUSTAV GULDE KG
Zahnrad- und Werkzeugfabrik

Wagnerberger
Wagnerberger

- Um welche Daten ist die Bezugsquellenkartei zu ergänzen?

- 9. Stellen Sie einen Angebotsvergleich nach folgendem Muster zusammen!
  Nehmen Sie für Versandkosten 2% und für Verpackungskosten 1% des Rechnungspreises an! **Firma Sauter** zahlt grundsätzlich unter Inanspruchnahme von Skonto.

Angebotsvergleich			
Angebotsvergleich Nr.	Betr.:	Menge:	
	1. Lieferfirma	2. Lieferfirma	3. Lieferfirma
Grundpreis (netto)			
+ Sonderzuschläge			
Rechnungspreis			
./. Skonti			
Einkaufspreis			
+ Verpackungskosten			
+ Fracht + Rollgeld			
Einstandspreis insgesamt			
Einstandspreis je Einheit			
Bemerkung			
Bestellvorschlag des Sachbearbeiters: _____	Entscheidung der Einkaufsleitung: _____	Bestellt am: _____ durch: _____	

- 10. a) Wählen Sie den geeigneten Lieferanten und begründen Sie Ihre Entscheidung!
- b) Ermitteln Sie die Mehrkosten, die dadurch entstanden sind, daß nicht rechtzeitig bestellt werden konnte (Fehlmengenkosten)!
- 11. Formulieren Sie die Bestellung an den von Ihnen ausgewählten Lieferer mit dem Datum vom 4. 2. 19. .!
  12. In der kaufmännischen Praxis werden häufig zwei Bestelldurchschläge angefertigt. Davon dient ein Durchschlag der Terminkontrolle.
- a) Auf welche Weise kann mit Hilfe eines Bestelldurchschlages die termingerechte Ausführung der Lieferung überwacht werden?
- b) Welche Möglichkeiten der Terminkontrolle sind noch denkbar?
- c) Warum ist hier eine Terminüberwachung unbedingt notwendig?
- 13. Ergänzen Sie den Bedarfsmeldeschein und die Lagerkarte aufgrund der von Ihnen formulierten Bestellung!
- 14. a) Machen Sie die aufgrund der Bestellung notwendigen Eintragungen in einer Lieferer- und Bestellkarte nach folgendem Muster und bringen Sie am Kopf der Karteikarte die notwendigen Markierungen an! Ersetzen Sie fehlende Angaben durch Eintragungen nach eigenem Ermessen!

Lieferer- und Bestellkarte											
A B C D E F G H I J K L M N O P Q R S SCH ST T U V W X Y Z											
		I	II	III	IV	V	VI	VII	VIII	IX	X XI XII
1 2 3 4 5 6 7 8 9 10 11 12 13 14 15 16 17 18 19 20 21 22 23 24 25 26 27 28 29 30 31											

Lieferfirma: .... Sachbearbeiter: ....
.... Abteilungsleiter: ....
Drahtwort: .... Geschäftsleitung: ....
Bankverbindung: ....

best. am	Menge	Artikel	Lager-Nr.	Preis je Einheit DM	Auftrags-bestät. vom	Mahnung am	am	Lieferung am	am	Erfah-rung

• b) Wodurch unterscheidet sich eine Lieferer- und Bestellkartei von der Bezugs-quellenkartei?

15. Am 8. 2. 19. . trifft die Versandanzeige des Lieferers **Gulde** ein. Daraus ist zu entnehmen, daß die am 4. 2. 19. . bestellten Stirnzahnräder am 7. 2. 19. . der Bundesbahn zur Beförderung übergeben wurden.

• Welche Spalte der Lieferer- und Bestellkarte ist zu ergänzen?

16. Am 10. 2. 19. . geht bei **Fa. Sauter** von der Güterabfertigung Pforzheim die fernmündliche Nachricht ein, daß die Sendung Zahnräder zur Abholung bereitsteht. Sie wird sofort durch betriebseigenen Lkw abgeholt. Der Fahrer bringt die Sendung ins Lager. Im Lager wird die Ware geprüft und in Ordnung befunden.

• a) Erstellen Sie die Wareneingangsmeldung nach folgendem Muster!

Wareneingangs-Meldung		Nr.:		
Lieferfirma:				
Eingangs-Datum	Bezeichnung	Menge	Bemerkung	Verpackung
			Lagerverwalter:	

- b) Wie lauten die Vermerke über den Wareneingang in der Lagerkarte und in der Lieferer- und Bestellkarte?
- c) Warum muß der Eingang der Sendung weitergemeldet werden?

17. Auf die eingegangene Rechnung für die gelieferten 150 Stirnzahnräder kommt folgender Rechnungseingangsstempel:

Eingang:			Rechnungsnummer:	
Ware geprüft	Rechnung geprüft	gebucht	Angewiesen:	
			Bezahlt:	

- a) Welche Unterlagen sind für die Rechnungsprüfung erforderlich, um sie buchungs- und kassenreif zu machen?
- b) Welche Abteilungen des Betriebes sind an der weiteren Erledigung der Rechnung beteiligt?

102 Ablaufmatrix — Einkaufsabwicklung

- 1. Tragen Sie den Bearbeitungsvorgang von der Bedarfsmeldung bis zur Bezahlung der Rechnung in eine Ablaufmatrix nach folgendem Muster durch Ankreuzen ein!

Tätigkeiten \ Bearbeitende Abteilungen	Einkauf	Lager	Waren-annahme	Buch-haltung	Kasse
Führung der Lagerkartei					
Schreiben des Bedarfsmeldescheins					
Feststellung der möglichen Bezugsquellen					
Auswahl der geeigneten Lieferer					
Schreiben der Anfrage					
Durchführung des Angebotsvergleichs					
Schreiben der Bestellung					
Eintrag in die Liefer- und Bestellkartei					
Empfang und Bearbeitung der Versandanzeige					
Schreiben der Wareneingangsmeldung					

Fortsetzung der Tabelle nächste Seite!

Bearbeitende Abteilungen / Tätigkeiten	Einkauf	Lager	Warenannahme	Buchhaltung	Kasse
Verbuchen des Wareneingangs in der Lagerkarte					
Prüfung der Rechnung					
Ausfüllen des Rechnungseingangsstempels					
Verbuchen des Wareneingangs					
Anweisung zur Zahlung					
Zahlung des Rechnungsbetrages					
Verbuchen der Zahlung					

- 2. Welche Tätigkeiten aus dem Bearbeitungsvorgang dienen der Erforschung des Beschaffungsmarktes?

Planung der Beschaffungsmenge

103 *Planperiode — Verbrauchsbedarf — Beschaffungsmenge (Einkaufsplanbedarf)*

Ein Hersteller von elektrischen Grillgeräten rechnet damit, im nächsten Jahr (Planperiode) 1 600 Grillgeräte absetzen zu können. Er hat 150 Geräte auf Lager und plant 1 500 Geräte zu produzieren.

Die für den Antrieb der Grillgeräte notwendigen Elektromotore bezieht das Unternehmen als fertige Teile. Zu Beginn der Planperiode liegen 50 Elektromotore auf Lager. Der Bestand an Elektromotoren am Ende der Planperiode soll 120 Stück betragen.

- 1. Wieviel Elektromotore gehen aufgrund dieser Planzahlen in die Produktion ein (Verbrauchsbedarf)?
- 2. Wieviel Elektromotore muß der Einkauf aufgrund dieser Planzahlen beschaffen (Beschaffungsmenge)?
- 3. Stellen Sie für die Planperiode die Bestände und die Zu- und Abgänge von Motoren in einem Konto mengenmäßig dar!
- 4. Die Planungsrechnung soll fortgeschrieben werden.
  Für die kommende Planperiode 2 wird mit einem Verkauf von 2 000 Grillgeräten gerechnet. Außerdem wird ein Lagerbestand von 350 Grillgeräten angestrebt. Der Lagerbestand an Elektromotoren soll auf 250 Stück erhöht werden.
- Berechnen Sie die Beschaffungsmenge für Elektromotoren!
- 5. Stellen Sie die Berechnung der Beschaffungsmenge (Einkaufsplanbedarf) formelmäßig dar!

Kosten der Beschaffung

104 *Unmittelbare Beschaffungskosten — Mittelbare Beschaffungskosten — Bestellmenge*

In einer Brotfabrik, welche als Einzelunternehmen geführt wird, soll die Kostensituation im Bereich der Beschaffung untersucht werden.

1. Auf der ersten Stufe der innerbetrieblichen Untersuchung soll festgestellt werden
   — auf welchen Konten der Buchhaltung die unmittelbaren Beschaffungskosten (Beschaffungsmenge x Einstandspreis des eingekauften Materials) und
   — in welchen Kostenarten die mittelbaren Beschaffungskosten (Kosten der Einkaufsdurchführung) erfaßt sind.

- Führen Sie die Untersuchung an dem vorliegenden Kontenplan der Brotfabrik durch (siehe Seite 52, 53)! In dem Unternehmen ergab sich keine Veranlassung zur Anpassung des Kontenplanes an den IKR (Industrie-Kontenrahmen).

2. Im vergangenen Jahr wurden insgesamt 12 000 kg Backhilfsmittel beschafft.
   Der Einstandspreis betrug je kg 5,— DM.
   Die mittelbaren Beschaffungskosten je Bestellung werden auf 30,— DM geschätzt.

- a) Um welchen Betrag sind die gesamten Beschaffungskosten niedriger, wenn die Beschaffungsmenge von 12 000 kg statt in 12 gleich großen Bestellmengen mit einer einzigen Bestellung beschafft wird?

  b) Im Betrieb wurde die Abhängigkeit der mittelbaren Beschaffungskosten von der Aufteilung der Beschaffungsmenge in Bestellmengen untersucht.
  Für eine jährliche Beschaffungsmenge von 12 000 kg ist das Ergebnis unten in der Tabelle dargestellt.

Beschaffungsmenge im Jahr: 12 000 kg		
Anzahl der Bestellungen im Jahr	Menge je Bestellung in kg	Gesamte mittelbare Beschaffungskosten
1	12 000	30,—
2	6 000	60,—
3	4 000	90,—
4	3 000	120,—
5	2 400	150,—
6	2 000	180,—
7	1 715	210,—
8	1 500	240,—
9	1 334	270,—
10	1 200	300,—
11	1 091	330,—
12	1 000	360,—

- Stellen Sie die Abhängigkeit der gesamten mittelbaren Beschaffungskosten von der Aufteilung der Beschaffungsmenge in verschieden große Bestellmengen in einem Koordinatensystem dar! (Ordinate: gesamte mittelbare Beschaffungskosten; siehe dritte Tabellenspalte! Abszisse: Bestellmenge in kg; siehe zweite Tabellenspalte!)

- c) Warum kann die beschaffungspolitische Entscheidung, ob die Beschaffung des Jahreseinkaufsbedarfs an Backhilfsmitteln auf einmal oder in mehreren Teilmengen erfolgen soll nicht nur unter dem Gesichtspunkt der Minimierung der mittelbaren Beschaffungskosten getroffen werden?

3. Die Brotfabrik geht davon aus, daß in dem kommenden Jahr ihr Absatz und deshalb auch die zu beschaffende Menge an Backhilfsmitteln auf 9 600 kg sinken wird.
   Die gesamten mittelbaren Beschaffungskosten für die Beschaffungsmenge, aufgeteilt in verschiedene Bestellmengen, sind in der Tabelle Seite 54 dargestellt.

Kontenplan einer Großbäckerei für Spezialbrote

Klasse 0

Anlagen und Kapital:

- 0010 Grundstücke
- 0020 Gebäude
- 0021 Straße und Gebäude — Einfriedung
- 0022 Garagen
- 0110 Öfen und Heizungsanlage
- 0111 Maschinen und maschinelle Anlagen
- 0200 Kraftfahrzeuge
- 0300 Betriebsausstattung
- 0310 Betriebsküche
- 0320 Geschäftsausstattung (Büro)
- 0340 GWG (Geringwertige Wirtschaftsgüter)
- 0400 Im Bau befindliche Anlagen
- 0620 Wertpapiere
- 0710 Darlehen langfristig
- 0720 Hypotheken
- 0800 Kapital A
- 0801 Kapital B
- 0930 Sonstige Rückstellungen
- 0940 Aktive Rechnungsabgrenzung
- 0950 Passive Rechnungsabgrenzung

Klasse 1

Finanzkonten:

- 1000 Kasse
- 1100 Postscheck
- 1200 Bank
- 1210 Bank
- 1310 Besitzwechsel
- 1401 Forderungen aus Einzelkonten — Kunden —
- 1520 Kurzfristige Darlehen an Betriebsangehörige
- 1530 Vorsteuer Allgemein
- 1601 Verbindlichkeiten aus Einzelkonten — Lieferanten —
- 1810 Verbindlichkeiten Finanzamt Lohn- und Kirchensteuer
- 1820 Verbindlichkeiten Sozialversicherung
- 1830 Durchlaufende Posten
- 1850 Lohn- und Gehaltsverrechnung
- 1851 Vermögensbildung — Leistung Arbeitgeber
- 1852 Vermögensbildung — Eigenleistung der Arbeitnehmers
- 1860 Berufsgenossenschaft
- 1861 Zusatzversorgungskasse für Betriebsangehörige
- 1880 Umsatzsteuer (MWSt) 6%
- 1881 Umsatzsteuer (MWSt) 12%
- 1890 Investitionszulage
- 1898 UST — Verrechnungskonto (Zahllast an Finanzamt)

Privat:

- 1900 Privat Allgemein
- 1920 Privat Sachentnahme
- 1932 Einkommensteuer
- 1934 Vermögensabgabe

Klasse 2

Abgrenzungskonten:

- 2000 Außerordentliche und betriebsfremde Aufwendungen
- 2010 Spenden
- 2100 Kundenskonti 6%
- 2120 Kunden-Bonus 6%
- 2200 Zins- und Diskontaufwendungen
- 2210 Zinsen für Darlehen
- 2302 Grundsteuer
- 2303 Instandhaltung Gebäude
- 2304 Abschreibung Gebäude
- 2309 Sonstige Haus- und Grundstücksaufwendungen
- 2500 Außerordentliche und betriebsfremde Erträge
- 2600 Lieferanten-Skonti 6%
- 2610 Lieferanten-Skonti 12%
- 2620 Lieferanten-Bonus
- 2700 Zins- und Diskont-Erträge
- 2800 Haus- und Grundstücks-Erträge
- 2801 Mieten

Klasse 3

Stoffe-Bestände:

Waren-Einkauf:
- 3010 Mehl
- 3020 Hefe
- 3030 Salz
- 3040 Zucker
- 3050 Fette
- 3060 Backhilfsmittel
- 3080 Knäckebrot Kraft
- 3081 Knäckebrot Wasa
- 3090 Zwieback
- 3091 Toast
- 3092 Kuchen
- 3093 Hüllstoffe Folie etc.
- 3100 Heizöl
- 3310 Bezugsnebenkosten — Frachten etc.
- 3320 Verpackungskosten (Karton)
- 3321 Schnur — Draht — Leim — Etiketten

Klasse 4

Kostenarten:

Stoffkosten:
- 4010 Rohstoffe
- 4020 Hilfsstoffe
- 4030 Betriebsstoffe
- 4040 Handelsware

Personalkosten:
- 4110 Löhne
- 4120 Gehälter
- 4141 Arbeitgeberanteile zur Sozialversicherung
- 4142 Beiträge zur Berufsgenossenschaft
- 4150 Freiwillige Soziale Aufwendungen
- 4158 Fahrtkostenersatz
- 4160 Kantinenaufwendungen (Betriebsküche)
- 4161 Getränkeautomaten (Kaffee — Tee — Kakao)
- 4162 Kleine Anschaffungen Betriebsküche
- 4170 Wohnung Personal
- 4171 Instandhaltung Personalwohnung
- 4172 Arbeitskleidung

Raumkosten:
- 4210 Miete
- 4230 Strom — Wasser
- 4240 Heizung
- 4250 Reinigung
- 4251 Schädlingsbekämpfung
- 4260 Instandhaltung der Räume

Steuern-Beiträge-Versicherungen:
- 4320 Gewerbesteuer
- 4340 Beiträge
- 4360 Versicherungen allgemein (Betriebsversicherungen)

Fahrzeugkosten:
- 4410 Öl und Treibstoff
- 4420 Ersatzteile — Reparaturen
- 4421 Kfz-Reifen
- 4450 Kfz-Steuern
- 4451 Kfz-Versicherungen

Werbe- und Reisekosten:
- 4510 Werbekosten
- 4511 Anzeigenwerbung
- 4520 Werbegeschenke
- 4530 Bewirtung von Geschäftsfreunden
- 4540 Geschäftsreisekosten (Arbeitnehmer)
- 4560 Geschäftsreisekosten (Betriebsinhaber)
- 4561 Parkgebühren — Taxi — Straßenbahn — Bundesbahn

Sachkosten für Warenabgabe und Zustellung
- 4610 Kosten für Warenversand
- 4611 Kosten für Wareneingang
- 4700 Provisionen

Verschiedene Kosten:
- 4910 Nebenkosten des Geld- und Kreditverkehrs
- 4921 Fernsprechgebühren
- 4922 Porto
- 4931 Büromaterial
- 4932 Fachzeitschriften
- 4935 Buchhaltungsauswertung beim Rechenzentrum Taylorix
- 4940 Rechts- und Beratungskosten
- 4962 Instandhaltung maschineller Anlagen
- 4963 Abschreibungen
- 4970 Verschiedene Betriebskosten
- 4971 Wachhund
- 4980 Sonstige verschiedene Geschäftskosten

Klasse 8

Erlöse:
- 8000 Erlöse Warenverkauf 6%
- 8010 Erlöse Verpflegung von Betriebsangehörigen 12%
- 8020 Erlöse Automaten 12%
- 8030 Erlöse Kraftfahrzeuge 12%
- 8040 Erlöse Maschinen 12%
- 8049 Erlöse Eigenverbrauch 12%
- 8050 Erlöse Eigenverbrauch 6%
- 8051 Erlöse Sonstige

Beschaffungsmenge im Jahr: 9 600 kg		
Anzahl der Bestellungen im Jahr	Menge je Bestellung in kg	Gesamte mittelbare Beschaffungskosten
1	9 600	30,—
2	4 800	60,—
3	3 200	90,—
4	2 400	120,—
5	1 920	150,—
6	1 600	180,—
7	1 372	210,—
8	1 200	240,—
9	1 067	270,—
10	960	300,—
11	873	330,—
12	800	360,—

- a) Stellen Sie die Abhängigkeit der gesamten mittelbaren Beschaffungskosten von der Aufteilung der Beschaffungsmenge in verschieden große Bestellmengen in dem für die Aufgabe 2b verwendeten Koordinatensystem dar!
- b) Zeigen Sie unter Verwendung der beiden Tabellen und der Graphik wovon die Entwicklung der gesamten mittelbaren Beschaffungskosten abhängig ist!
- c) Erläutern Sie, warum die mittelbaren Beschaffungskosten je Bestellung als bestellfixe Kosten bezeichnet werden!
- 4. Untersuchen Sie die Auswirkung auf die mittelbaren Beschaffungskosten je Einheit bezogener Backhilfsmittel, wenn
    a) die Beschaffungsmenge verändert wird, nicht aber die Anzahl der Bestellungen
    b) die Anzahl der Bestellungen verändert wird, nicht aber die Beschaffungsmenge!
- 5. In der Großbäckerei wurde der in der Graphik dargestellte Verlauf der unmittelbaren Beschaffungskosten (Beschaffungsmenge × Einstandspreis des eingekauften Materials) festgestellt.

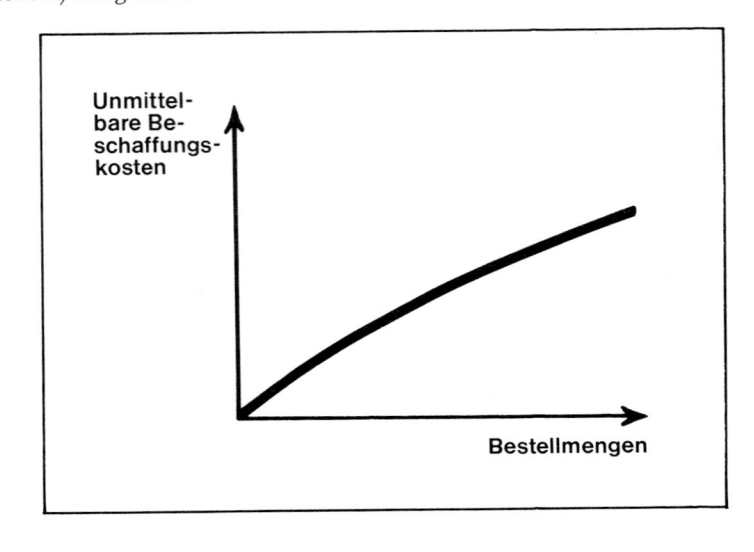

- Versuchen Sie zu begründen, warum in diesem Betrieb die unmittelbaren gesamten Beschaffungskosten nicht linear verlaufen!

105 *Einstandspreis — mittelbare und unmittelbare Beschaffungskosten*

- 1. Ermitteln Sie den Einstandspreis der Beschaffungsmenge eines Betriebes für die Planperiode eines Monats!

   Daten:

Grundpreis	100,— DM je Einheit
Bestand zu Beginn der Planperiode:	3 000 Einheiten
Geplanter Schlußbestand:	2 000 Einheiten
Verbrauchsbedarf in der Planperiode:	18 000 Einheiten

   Liefer- und Zahlungsbedingungen: Fracht 1% vom Einkaufspreis,
   Verpackung 20,— DM je 100 Einheiten,
   bei Zahlung innerhalb 8 Tagen 3% Skonto,
   Rabatte: 2 000 —   6 000 Einheiten   5%
   6 001 — 25 000 Einheiten 10%
   25 001 — 50 000 Einheiten 15%

   Die Liquiditätslage läßt einen Skontoabzug zu.

2. Nachstehende Kosten entstehen im Zusammenhang mit der Beschaffungsfunktion:
   Briefporto, Mietkosten, Transportversicherung (wird in Prozent des Einkaufswertes berechnet), Verpackung, Personalkosten, Rechnungspreis der Rohstoffe, Abschreibungen, Importzoll, Büromaterial.

- Ordnen Sie diese Kostenarten nach mittelbaren und unmittelbaren Beschaffungskosten!

Lagerwirtschaft

Lagerkosten

106 *Lagerkostenarten — Lagerzins*

Radio-Bär in Kitzingen (Main) verkaufte im vergangenen Jahr Stand-Farbfernsehgeräte:

im September	10 Geräte
im Oktober	14 Geräte
im November	17 Geräte
im Dezember	25 Geräte

Ende dieses Jahres hat das Unternehmen 80 Stand-Farbfernsehgeräte auf Lager.

Von **Elektro-Schall GmbH, Erlangen,** erhält **Radio-Bär** folgendes Sonderangebot:

```
                                                    S  Elektro-Schall
                                                       GmbH
                                                       Erlangen
    ELEKTRO-SCHALL GmbH · Bahnhofstraße 27 · 8520 Erlangen

    Radio-Bär
    Würzburger Straße 5

    8710 Kitzingen


    Ihre Zeichen, Ihre Nachricht vom    Unsere Zeichen, unsere Nachricht vom   ☎ (09131) 8 46 39   Erlangen
                                                                              Durchwahl-Nr.
                                        f-ws                                                      25.08.19..


    Sonderangebot

    Sehr geehrte Damen und Herren,

    einer unserer Großabnehmer ist in Konkurs gegangen. Wir mußten Fernsehgeräte
    zurücknehmen, die wir unter Eigentumsvorbehalt geliefert haben.

    Als einem unserer langjährigen Kunden bieten wir Ihnen von den zurückgenommenen
    Geräten einen Posten von

            100 Elektro-Schall-Farbfernsehgeräte
            T 214 59 cm Bildröhre, mit Fuß

    mit einem Sonderrabatt von 25 % vom Listenpreis an.

    Falls wir von Ihnen innerhalb 8 Tagen keine Nachricht erhalten, nehmen wir an,
    daß Sie an unserem Angebot nicht interessiert sind.

    Mit freundlichen Grüßen
    ELEKTRO-SCHALL GMBH

    ppa. Schaller

    Schaller
```

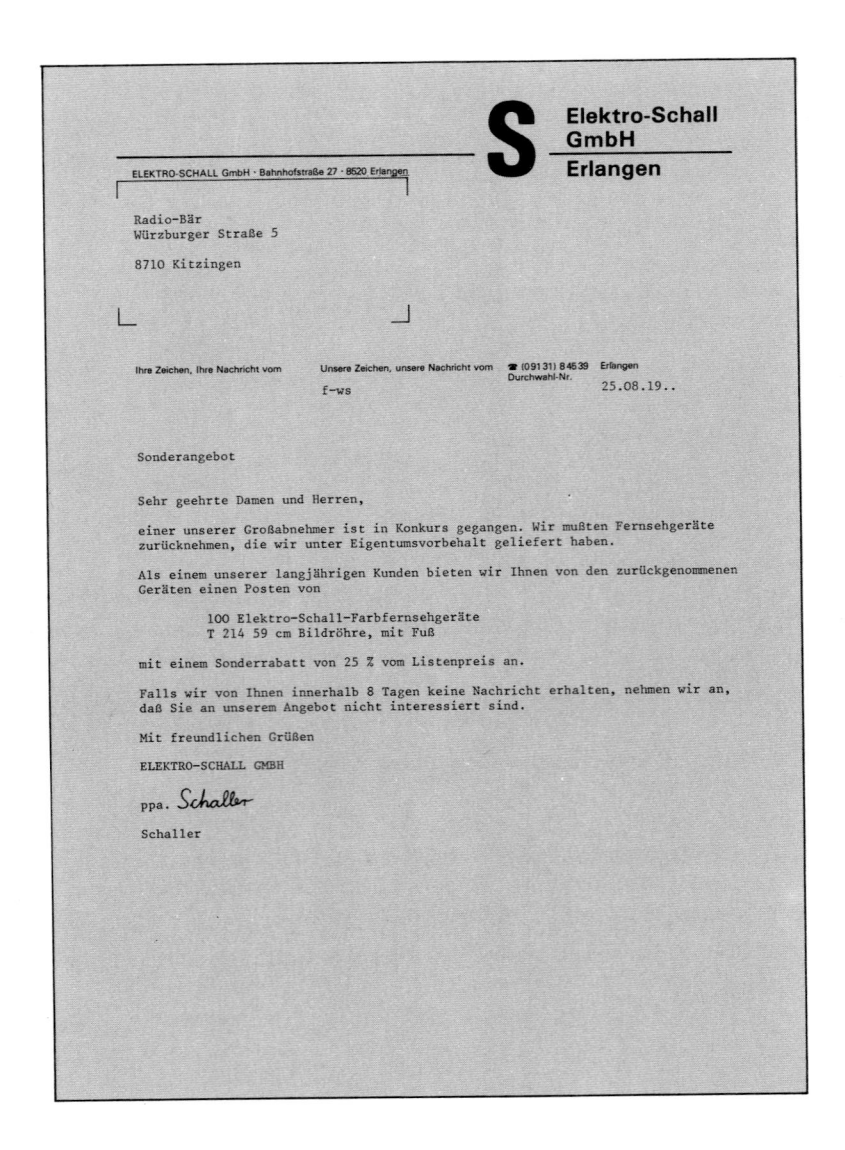

- 1. a) Schätzen Sie für die Zeit vom 1. September bis zum 31. 12. d.J. den Verbrauchsbedarf, wenn Herr **Bär** mit einer Absatzsteigerung von ca. 50% gegenüber der Vorperiode rechnet!

- b) Wie hoch wäre vom 1.9. bis 1.12. d.J. die Fehlmenge, wenn er keine Neubestellung vornehmen würde?

- c) Welche Nachteile können sich für das Unternehmen durch Fehlmengen ergeben?

- 2. Würden Sie von dem Angebot der Elektro-Schall GmbH Gebrauch machen? (Für die Bezahlung der Geräte steht ein ausreichender Bankkredit zur Verfügung.)

    Begründen Sie Ihre Entscheidung!

3. Die Gewinn- und Verlustrechnung der **Firma Radio-Bär** weist folgende Aufwandsarten auf:

   Löhne, Gehälter, soziale Aufwendungen, Miete, Sachkosten für Geschäftsräume (Heizung, Beleuchtung, Reinigung), Werbung, Zinsaufwendungen, Betriebssteuern, Abschreibungen auf Geschäftsausstattung, sonstige Geschäftskosten (Postkosten, Büromaterial), Versicherungen.

- a) Welche dieser Aufwandsarten können auch durch die Lagerung der Ware verursacht worden sein?
   b) Um die Lagerkosten zu kontrollieren, werden diese in Untergruppen aufgeteilt.
- Prüfen Sie für jede Aufwandsart (siehe 3a), ob sie durch die Lagereinrichtung, Lagerverwaltung oder Lagervorräte bedingt sein kann!

4. Ein Geschäftsfreund des Herrn **Bär** sagt im Gespräch, daß bei ihm der Zins für das im Lager angelegte Kapital keine Rolle spiele, weil er keine Kredite benötige.

- Wie beurteilen Sie diese Behauptung?

107 *Kosten des Materialbereichs*

- Erstellen Sie eine vollständige Übersicht nach folgendem Muster!

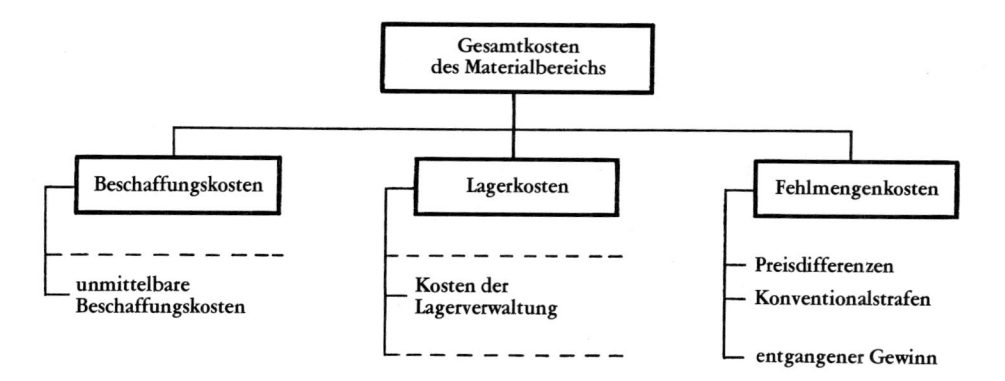

```
                    Gesamtkosten
                  des Materialbereichs
        ┌───────────────┼───────────────┐
  Beschaffungskosten  Lagerkosten   Fehlmengenkosten
        │               │           │
        │               │           ├─ Preisdifferenzen
  unmittelbare      Kosten der      ├─ Konventionalstrafen
  Beschaffungskosten Lagerverwaltung │
                                    └─ entgangener Gewinn
```

Lagerbestand

108 *Lieferbereitschaft — Bestellbestand — Mindestbestand*

Der durchschnittliche Absatz eines Kohlen-Großhandelsbetriebes beträgt vom 1. Oktober bis 31. März 200 Tonnen täglich. Die Kohlen werden auf dem Wasserweg angeliefert und treffen jeweils 12 Tage nach Abgang der Bestellung ein (der Monat ist mit 30 Tagen zu rechnen).

- 1. Bei welchem Lagerbestand muß der Kohlenhändler bestellen, damit er bis zum letzten Tag der Lieferfrist lieferfähig ist? Setzen Sie dabei voraus, daß Lieferung und Absatz wie erwartet erfolgen!
  2. Am 5. Januar abends wird der Bestand von 2 400 Tonnen erreicht; es wird sofort neue Ware bestellt. Vom 11. bis 15. Januar je einschließlich ist jedoch der Wasserweg zugefroren, weshalb sich die Lieferung um diese Zeit verzögert.
- a) Ab wann und wie lange kann der Kohlenhändler nicht mehr liefern?
- b) Welche Nachteile erwachsen ihm daraus?

- c) Wie hoch hätte sein Bestand sein müssen, um auch unter diesen Umständen noch lieferfähig zu sein?
- d) Welche nicht vorhersehbaren Ursachen können noch zur Lieferunfähigkeit führen?
- e) Künftig will er für unvorhergesehene Fälle einen zusätzlichen, für 8 Tage ausreichenden Bestand halten.
  Bei welchem Lagerbestand muß er künftig bestellen?

| 109 | *Bestellband — Höchstbestand — Bestellzeitpunkt — Bestellrhythmus — Mindestbestand — Bestellbestand — Bestellmenge* |

Ein Baustoff-Großhandelsbetrieb hat einen Tagesabsatz von 150 Tonnen Zement. Der Zement trifft regelmäßig 14 Tage nach Abgang der Bestellung ein. Der Großhändler will einen eisernen Bestand für 6 Tage haben.

- 1. Ermitteln Sie den Bestellbestand!
- 2. Fassen Sie die Berechnung in einer Formel zusammen!
  3. Die untenstehende Graphik zeigt den geplanten Verlauf des Lagerbestandes.
- Ermitteln Sie daraus so genau wie möglich folgende Daten:
  Mindestbestand — Höchstbestand — Bestellbestand — Bestellmenge — Bestellzeitpunkt — Bestellrhythmus!

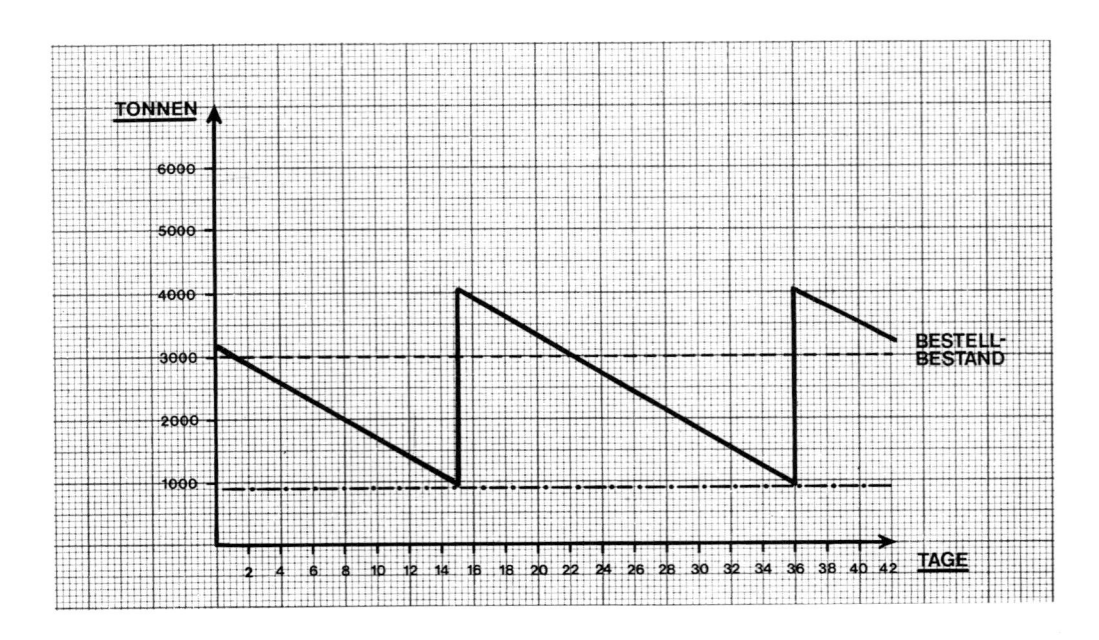

| 110 | *Eiserner Bestand — Bestellmenge* |

- Kann man unregelmäßig eintretenden Ereignissen, die eine Verzögerung der Lieferung von Beschaffungsgütern bewirken, dadurch begegnen, daß die Bestellmenge erhöht wird?

Lagerkontrolle

111	*Durchschnittlicher Lagerbestand — Umschlagshäufigkeit — Lagerdauer — Lagerzins*

Ein Büromaschinen-Großhändler hat für den **Kleinoffsetdrucker Rotafix H/7/66** folgende Lagerkarte:

Artikel: Umdrucker Rotafix Nr. H/7/66			
Meldebestand: 10 Stück	Höchstbestand: 30 Stück		
Tag	Eingang	Ausgang	Bestand
01.01.			10
19.01.	5		15
07.02.		7	8
15.03.	9		17
02.04.		12	5
29.04.		4	1
04.05.	4		5
02.06.		3	2
29.06.	15		17
12.08.		4	13
08.09.	20		33
22.09.		11	22
01.10.		12	10
15.10.	28	3	35
19.10.		16	19
01.11.		8	11
02.11.	21		32
19.11.		18	14
01.12.		8	6
07.12.	27	7	26
16.12.		8	18
31.12.			18

- 1. Stellen Sie die einzelnen Monatsendbestände fest!
- 2. Berechnen Sie den durchschnittlichen Lagerbestand unter Einbeziehung des Januar-Anfangsbestandes!
- 3. Berechnen Sie den Quotienten aus

$$\frac{\text{Jahresabsatz}}{\text{durchschn. Lagerbestand}}$$

4. Aus der Lagerkarte für **Spezialpapier für Offsetdrucker** ergibt sich als Quotient die Zahl 50 (= Umschlagshäufigkeit).
- Wie erklären Sie sich den Unterschied zu dem Ergebnis aus der Lagerkarte für Kleinoffsetdrucker?
- 5. Wieviel Tage bleiben Kleinoffsetdrucker und Spezialpapier jeweils durchschnittlich auf Lager (1 Jahr = 360 Tage)?
- 6. Drücken Sie in einer Formel aus, wie sich mit Hilfe der Umschlagshäufigkeit die durchschnittliche Lagerdauer berechnen läßt.
  7. Die Firma führt ein Wareneinkaufs- und ein Warenverkaufskonto (Jahreszahlen).

Soll	Wareneinkauf		Haben
Anfangsbestand	99 000,— DM	Schlußbestand	135 000,— DM
Einkauf	724 000,— DM	....	,— DM

Soll	Warenverkauf		Haben
....	,— DM	Umsatzerlöse	820 000,— DM
....	,— DM		

- a) Ermitteln Sie den Wareneinsatz!
- b) Wie lautet der Buchungssatz für die Verbuchung des Wareneinsatzes?
- c) Berechnen Sie die Umschlagshäufigkeit und die durchschnittliche Lagerdauer!

    Die Lagerbestände im vergangenen Jahr betrugen in DM:

1. I.	31. I.	28. II.	31. III.	30. IV.	31. V.	30. VI.
99 000,—	103 500,—	111 000,—	112 500,—	106 500,—	99 000,—	85 500,—
31. VII.	31. VIII.	30. IX.	31. X.	30. XI.	31. XII.	
73 500,—	69 000,—	78 000,—	105 000,—	117 000,—	135 000,—	

- Erklären Sie den Unterschied gegenüber den Ergebnissen von Aufgabe 4!
- d) Drücken Sie in einer Formel aus, wie sich mit Hilfe des Wareneinsatzes die Umschlagshäufigkeit errechnen läßt!
  8. Ein Fachblatt für den Bürobedarfs-Großhandel gibt für die Branche die Umschlags-Kennzahl 8,5 als typisch für die Umschlagshäufigkeit an.
- Vergleichen Sie den Branchendurchschnitt mit dem unter 7 c) errechneten Wert!
- Welche betrieblichen Ursachen sind für die Abweichung vom Branchendurchschnitt denkbar?
  9. Der Büromaschinen-Großhändler will die Zinsen für das im Lager investierte Kapital für die einzelnen Warengruppen ermitteln. Er rechnet dabei mit einem Zinsfuß von 6%.
- a) Mit wieviel DM Zinsaufwand müßte der Fachhändler für ein Thermo-Kopiergerät rechnen, das er für 1 000,— DM eingekauft hat, und das bei ihm bis zum Verkauf ein Jahr lagert?
- b) Er hat für Kopiergeräte eine durchschnittliche Lagerdauer von 90 Tagen errechnet. Wieviel DM Lagerzins verursacht das in einem Gerät investierte Kapital von 1 000,— DM?

c) Wieviel % des Einstandspreises betragen die Lagerzinsen bei einer durchschnittlichen Lagerdauer von 90 Tagen (Jahreszinsfuß 6%)?

d) Drücken Sie die Berechnung des Lagerzinses in einer Formel aus!

112 Lagerhaltungskostensatz

In einem Unternehmen der Bekleidungsindustrie wird bemängelt, daß die Lagerhaltung zu viel Geld verschlinge.

Dieser Feststellung werden aus den letzten vier Jahren folgende Daten zugrundegelegt:

Jahr	Lagerkosten in DM	durchschnittlicher Lagerbestand in DM	Lagerhaltungs-kostensatz
1	40 000,—	500 000,—	8,0%
2	72 000,—	800 000,—	9,0%
3	95 000,—	1 000 000,—	9,5%
4	90 000,—	900 000,—	10,0%

1. Wie beurteilen Sie die Entwicklung der Lagerkosten?
2. Ermitteln Sie die Formel zum Errechnen des Lagerhaltungskostensatzes!

113 Umschlagskennzahlen — Lagerzins — Lagerhaltungskosten

1. Der Textileinzelhandel hat die Umschlagskennzahl 4, Blumenhandel die Umschlagskennzahl 30 und der Uhren- und Schmuckhandel die Umschlagskennzahl 2.

    a) Berechnen Sie für jede dieser Branchen
    die durchschnittliche Lagerdauer und
    den Lagerzinssatz! (Benützen Sie als landesüblichen Zinsfuß 6%.)

    b) Worauf sind die Unterschiede zurückzuführen?

    c) Auf welche Weise könnte innerhalb eines Textil-Einzelhandelsgeschäftes für die einzelne Ware die tatsächliche Lagerdauer ermittelt werden?

    d) Wie unterscheiden sich Warenabsatz, Wareneinsatz und Warenumsatz?

2. Ein Handelsbetrieb hat eine Lagerumschlagshäufigkeit von 8. Die Umschlagshäufigkeit der Branche beträgt 10.

    Wieviel DM Zinsaufwand im Jahr entsteht in diesem Handelsbetrieb zusätzlich durch die Abweichung vom Branchendurchschnitt bei einem durchschnittlichen Lagerbestand von 400 000,— DM (Landesüblicher Zinsfuß 6%)?

3. Ein Lagerhaltungskostensatz wurde in Höhe von 20% ermittelt.
    Folgende Daten wurden für die Berechnung zugrundegelegt:

    — jährliche Lagerbetriebskosten: 100 000,— DM
       (Lagerkosten ohne Zins)
    — üblicher Zinsfuß: 10%
    — jährlicher Wareneinsatz: 10 Mio. DM
    — durchschnittliche Lagerdauer: 36 Tage

    Prüfen Sie die Berechnung des Lagerhaltungskostensatzes nach!

Optimale Bestellmenge

114 *Tabellarische Berechnung — Graphische Ermittlung — Formel*

Der Assistent der Geschäftsleitung einer Reutlinger Textilmaschinenfabrik soll den Zusammenhang zwischen Beschaffungskosten und Lagerkosten untersuchen, um daraus die günstigste Bestellmenge für die einzelnen Werkstoffe zu ermitteln.

Die Untersuchung führt er am Werkstoff Z 3042 durch.

Folgende Voraussetzungen und Daten werden der Untersuchung zugrundegelegt:

— Die jährliche Beschaffungsmenge wird in gleichbleibende Bestellmengen aufgeteilt.

— Die Einstandspreise sind von der Bestellmenge und vom Bestellzeitpunkt unabhängig.

— Das Fertigungsverfahren ermöglicht einen gleichbleibenden Lagerabgang.

— Aufgrund von Vereinbarungen mit der Lieferfirma ist sichergestellt, daß zum Zeitpunkt des Aufbruchs des Lagerbestandes immer die neue Lieferung eintrifft.

— Als durchschnittlicher Lagerbestand in Stück wird jeweils die halbe Bestellmenge angenommen.

— Jährliche Beschaffungsmenge: 1 000 Einheiten

— Mittelbare Beschaffungskosten je Auftrag: 40,— DM

— Einstandspreis je Mengeneinheit: 12,50 DM

— Lagerhaltungskostensatz*): 16 %

1. Mit Hilfe nachstehenden Tabellenmusters sollen Sie folgendes Problem lösen:
 - Bei welcher Bestellmenge ist die Summe aus Beschaffungskosten und Lagerhaltungskosten, bezogen auf eine Mengeneinheit, am niedrigsten?

*) Häufig auch als „Lagerhaltungssatz" bezeichnet.

Alternative Bestellmengen	Anzahl der Bestellungen im Jahr	Durchschnittlicher Lagerbestand in DM	Lagerhaltungskosten im Jahr	Mittelbare Beschaffungskosten im Jahr	Summe mittelbare Beschaffungskosten und Lagerhaltungskosten i. Jahr	Unmittelbare Beschaffungskosten im Jahr	Gesamte Kosten der Materialwirtschaft im Jahr	Kosten der Materialwirtschaft je Einheit
1	2	3	4	5	6	7	8	9
50	20	312,50	50,—	800,—	850,—	12500,—	13350,—	13,35
100								
125								
200								
250								
500								
1000								

● 2. Überprüfen Sie Ihr Ergebnis von Aufgabe 1 an Hand der unten dargestellten Graphik!

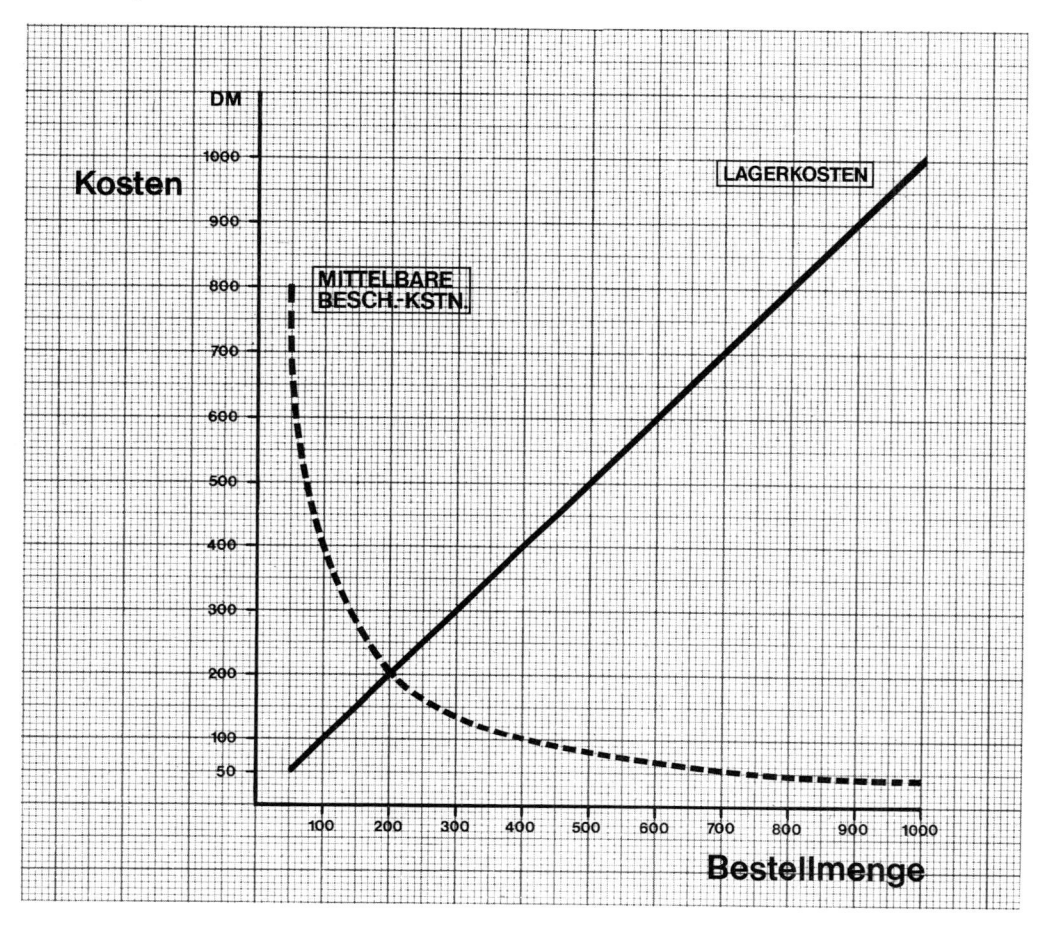

3. Für eine schnelle Berechnung der optimalen Bestellmenge wurde folgende mathematische Formel entwickelt:

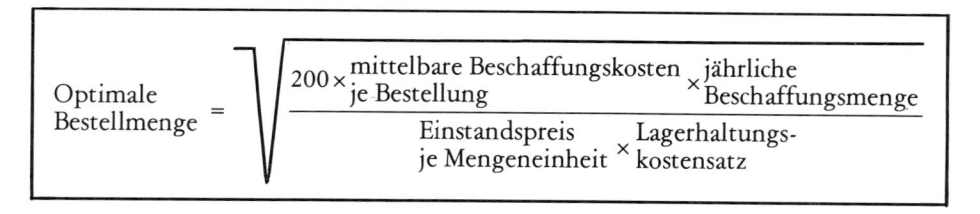

$$\text{Optimale Bestellmenge} = \sqrt{\frac{200 \times \dfrac{\text{mittelbare Beschaffungskosten}}{\text{je Bestellung}} \times \dfrac{\text{jährliche}}{\text{Beschaffungsmenge}}}{\dfrac{\text{Einstandspreis}}{\text{je Mengeneinheit}} \times \dfrac{\text{Lagerhaltungs-}}{\text{kostensatz}}}}$$

● Ermitteln Sie die optimale Bestellmenge für den Werkstoff Z 3042 unter Verwendung der oben dargestellten Formel!

● 4. a) Überprüfen Sie die Voraussetzungen, die für die Berechnung der optimalen Bestellmenge angenommen wurden, auf ihre Praxisnähe!

● b) Halten Sie die Berechnung der optimalen Bestellmenge unter Annahme dieser Voraussetzungen für eine brauchbare betriebliche Entscheidungshilfe?

ABC-Analyse

115 *A-, B- und C-Güter — Schwerpunkte der Lagerkontrolle*

In einem Großhandelsunternehmen wird nach Möglichkeiten gesucht, die mittelbaren Beschaffungskosten zu vermindern.

Es soll auch untersucht werden, ob eine objektorientierte Aufbauorganisation der Einkaufsabteilung sinnvoll erscheint. Deshalb wurde für eine ABC-Analyse zunächst folgende Tabelle zusammengestellt:

Artikel	Mengenmäßiger Verbrauch je Artikel im Jahr	Verrechnungspreis je Stück	Wert des Verbrauchs im Jahr	Wert des Verbrauchs in % des Gesamtwerts des Verbrauchs	Rangordnung (nach dem Wert des Verbrauchs im Jahr)
W 1	70 000	0,80	56 000,—	2,80 %	VI
W 2	27 200	2,50	68 000,—	3,40 %	V
W 3	150 000	0,16	24 000,—	1,20 %	X
W 4	95 000	8,00	760 000,—	38,00 %	I
W 5	200 000	0,52	104 000,—	5,20 %	IV
W 6	8 000	4,00	32 000,—	1,60 %	IX
W 7	16 000	8,00	128 000,—	6,40 %	III
W 8	49 600	1,00	49 600,—	2,48 %	VII
W 9	160 000	0,24	38 400,—	1,92 %	VIII
W 10	74 000	10,00	740 000,—	37,00 %	II
—	—	—	2 000 000,—	= 100,00 %	—

1. Bei der ABC-Analyse werden diejenigen Artikel zu A-Gütern zusammengefaßt, deren Verbrauchswert z. B. zusammen zwischen 70 % und 80 % vom Gesamtwert des Verbrauchs ausmachen. B-Güter sind solche, deren Anteil am Gesamtverbrauchswert z. B. zwischen 10 % und 15 % beträgt. Die restlichen Güter sind C-Güter.

- Ermitteln Sie mit Hilfe des folgenden Tabellenmusters die A-, B- und C-Güter!

Artikel-Nr. geordnet nach der Größe des Verbrauchswertes	Wert des Verbrauchs im Jahr	Wert des Verbrauchs in % des Gesamt- des Gesamt- verbrauchswertes	A-, B-, C- Gruppe
Su.		Su.	

2. In diesem Betrieb soll die Untersuchung über die Wirtschaftlichkeit der Lagerhaltung zunächst auf die A-Güter konzentriert werden.
- Warum?

116 *Optimale Bestellmenge — ABC-Analyse — Beschaffungsziele*

1. Die optimale Bestellmenge für einen Werkstoff beträgt 5 000 Stück bei

    einem durchschnittlichen Lagerbestand von 2 500,— DM,
    jährlichen Lagerhaltungskosten von 400,— DM,
    4 Bestellungen im Jahr,
    jährliche unmittelbare Beschaffungskosten im Jahr von 20 000,— DM,
    mittelbare Beschaffungskosten insgesamt im Jahr von 400,— DM.

- Prüfen Sie die optimale Bestellmenge von 5 000 Stück mit Hilfe der Formel (S. 63) nach!

2. Aus dem Vorjahr wurden für 10 Werkstoffe folgende Daten zusammengestellt:

Artikel-Nr.	verbrauchte Mengeneinheiten	Preis je Einheit
5001	9 000	45,—
5002	30 000	2,25
5003	15 000	0,75
5004	6 000	1,12
5005	1 500	10,50
5006	4 500	67,50
5007	15 000	6,75
5008	30 000	0,37
5009	1 500	127,50
5010	37 500	0,30

- Teilen Sie nach eigenem Ermessen die Artikel in A-, B- und C-Güter ein!
- 3. Welcher Art sind die Beziehungen (Zielkonflikt, Zielharmonie) zwischen folgenden Zielen?
   a) maximale Lieferbereitschaft — Minimierung der Lagerkosten
   b) maximaler Gewinn — Minimierung der Lagerkosten
   c) Minimierung der Lagerkosten — Minimierung der Bestellkosten
- 4. Formulieren Sie an einem selbstgewählten Beispiel ein Beschaffungsziel unter Berücksichtigung der Zielkomponenten
   Zielausmaß — Zielinhalt — Zielzeit!

Einkaufskommissionär

| 117 | *Wirtschaftliche Bedeutung — Kommissionsvertrag* |

Die **Bärenbräu-AG in 46 Dortmund,** Uhlandstraße 24, verarbeitet für einen Jahresausstoß von 50 000 hl Bier 300 Ztr. Hopfen. Sie beauftragt den in **7992 Tettnang**, Ravensburger Straße 4, ansässigen **Kommissionär Max Kenter** mit dem Aufkauf der erforderlichen Hopfenmenge.

1. Der **Kommissionär Kenter** kauft für die **Bärenbräu-AG** eine Teilmenge Hopfen von 20 Ztr. bei dem Bauern **Josef Draxler, 7991 Ettenkirch,** ein.
- a) Wer sind die Vertragspartner dieses Kaufvertrags?
- b) Wer ist nach der Übergabe des Hopfens an den **Kommissionär Kenter** Eigentümer des Hopfens? HGB § 383
- c) Würde eine andere Brauerei Eigentümer dieses Hopfens werden, wenn ihn **Kenter** an sie verkauft und geliefert hätte?
- 2. Welche Vorteile bringt es für die Brauerei, wenn sie sich beim Einkaufen von Hopfen eines Kommissionärs bedient?
- 3. Zwischen dem Bauern **Draxler** und dem **Kommissionär Kenter** wurde Bezahlung innerhalb von 8 Tagen vertraglich vereinbart. Nach Ablauf dieser Frist fordert **Draxler** Bezahlung von **Kenter.** Dieser verweigert die Zahlung mit der Begründung, daß er selbst das Geld noch nicht von der **Bärenbräu-AG** erhalten habe.
- a) Kann **Kenter** die Bezahlung mit dieser Begründung verweigern?
- b) Kann **Draxler** die Bezahlung von der **Bärenbräu-AG** verlangen?
- 4. Der **Kommissionär Kenter** stellt der **Bärenbräu-AG** außer seiner Provision die Kosten der Anfuhr des Hopfens in sein Lager und Lagergeld in Rechnung. § 390
- Ist er dazu berechtigt? BG § 6?

Import

118

Incoterms — Angebotsvergleich — Rembourskredit — Einfuhrverfahren — Havarie — Transportversicherung — Importkalkulation — Importversicherung

Die **Süd- und Trockenfrüchte-Import-Gesellschaft Carl Newe & Co.** erhält folgendes Schreiben:

AHMED F. KÖKSAL

GENERALAGENT — EXPORT & IMPORT

Ahmed F. Köksal · General Agent · Izmir · Atatürk Caddesi 63

860 Sk. Aga Han 2/707 — IZMIR
Tel. (51) 25 72 75, Telex 52348 AFKK tr.

Carl Newe & Co.
Manderscheider Str. 5 - 8

D-5000 KÖLN 1

BATI ALMANYA

O. ref.: IKS/OSOC
Yr. ref.:

IZMIR
ATATÜRK CADDESI 63

Kö/I   15.10.19..

Sehr geehrter Herr Newe,

mit diesem Schreiben sende ich meinen Marktbericht für Oktober. Er zeigt Ihnen, daß die diesjährige Traubenernte infolge starker Pilzschäden nur bedingt zur Sultaninenherstellung geeignet war. Das führte zu scharfem Wettbewerb durch die Ankäufer und zu entsprechender Verteuerung der Ware. Da auch von der vorjährigen Ernte nur noch geringe Bestände vorhanden sind, ist der Markt für Sultaninen fester und ein Steigen der Preise zu erwarten!

Ich biete Ihnen auf umgehende Zusage folgende Sorten freibleibend an:

Type	7	Kiup Caraburun	zu $ (am. $)	288,00
"	8	Extrissima Caraburun	" $	300,00
"	10	Excelsior Kiup Caraburun	" $	324,00
"	11	Nec plus ultra Caraburun	" $	336,00

für 100 kg wirkliches Abladegewicht abzüglich 10 % Tara, verpackungsfrei, cif Triest, zahlbar ohne Abzug gegen Übergabe der Dokumente (Konnossement, Versicherungsbescheinigung, Ursprungszeugnis, Rechnungsabschrift) oder Dokumente gegen 90-Tage-Sicht-Bankakzept.

Ich empfehle Ihnen, von dieser Einkaufsgelegenheit Gebrauch zu machen, solange die Preise noch so günstig sind.

Hochachtungsvoll

A. F. Köksal

Anlage
1 Marktbericht

Carl Newe & Co. haben Bedarf an Sultaninen der Type 8.

Dafür liegen bereits folgende Angebote für Sultaninen vor, die den türkischen gleichwertig sind: (Die Preise gelten für 100 kg wirkliches Abladegewicht abzüglich 10% Tara, bei freier Verpackung.)

Dimitri Stopoulos, fas Iraklion, Kreta, zu $ 288,—

Eleutheros Vouleikis, fob Piräus b. Athen, zu $ 292,—.

- 1. a) Stellen Sie in einem Schema folgenden Musters fest, welches Angebot auf Basis Triest am günstigsten ist!

Angebotspreis	Verladung auf Seeschiff	Seefracht nach Triest	Versicherung	cif-Preis Basis Triest
cif (cost, insurance, freight)				
fob (free on board)				
fas (free alongside ship)				

Die Seeversicherung von Iraklion nach Triest beträgt 17,58 $/100 kg, von Piräus nach Triest 17,77 $/100 kg.

Die Seefracht von Iraklion nach Triest beträgt   1,68 $ für 100 kg
Die Seefracht von Piräus nach Triest beträgt   1,70 $ für 100 kg
Die Verladekosten betragen je Umschlag   0,93 $ für 100 kg

Die Zahlungsbedingungen sind in allen drei Fällen gleich.

Ab Triest werden die Sultaninen stets mit der Bahn weiterbefördert.

- b) Warum sind im Außenhandelsgeschäft Angebote nur dann unmittelbar vergleichbar, wenn sie cif Einfuhrhafen gestellt sind, nicht aber wenn sie z. B. fas oder fob abgegeben werden?

- 2. **Carl Newe** will die Finanzierung des Importgeschäftes sicherstellen. Er fragt bei der **Handelsbank Köln** an, ob sie bereit sei, eine von dem ausländischen Lieferer **Köksal** gezogene 90-Tage-Sicht-Tratte (Zeitsichtwechsel) gegen Aushändigung von Konnossement, Versicherungsbescheinigung, Ursprungszeugnis und Rechnungsabschrift zu akzeptieren.

Die Handelsbank erklärt sich zur Gewährung dieses Remburskredites bereit.

- a) Warum zieht **Newe** die Zahlung mittels 90-Tage-Bankakzept (D/A = documents against acceptance) der Zahlung D/P vor?

- b) Wann muß die Handelsbank zahlen?

- c) Warum bezeichnet man dieses Bankgeschäft als Kreditleihe?

- 3. **Carl Newe & Co.** bestellen 385/4 Kisten Sultaninen der Type 8 (1/4 Kiste = ca. 13 kg) D/A entsprechend dem Angebot. Sie bitten, die Ware an **Mirsa Fratelli, Triest**, Spediteur, zur Bahnverladung möglichst bald abzuschicken. Der Bestellung fügen Sie die Zusage der Handelsbank bei.

- Formulieren Sie die Bestellung an den Lieferer mit dem günstigsten Angebot!

4. Die Türkei ist ein der Europäischen Wirtschaftsgemeinschaft assoziiertes Land. Deshalb gilt für die Einfuhr von Sultaninen aus der Türkei das Erklärungsverfahren, das für liberalisierte Einfuhren angewendet wird.

   Newe & Co. müssen daher innerhalb 14 Tagen nach Abschluß des Kaufvertrages, aber noch vor Einfuhr der Ware, eine Einfuhrerklärung in zweifacher Ausfertigung bei der für Köln zuständigen Landeszentralbank Nordrhein-Westfalen zur Abstempelung abgeben. Diese leitet eine Ausfertigung über die **Deutsche Bundesbank** an die Außenhandelsstelle für Erzeugnisse der Ernährung und Forstwirtschaft weiter. Die zweite Ausfertigung erhalten **Newe & Co.** für Zwecke der Zollabfertigung.

   Für Einfuhren von Sultaninen aus Australien aber gilt das Einzelgenehmigungsverfahren. Hier benötigt der Importeur eine Einfuhrgenehmigung, ehe er bestellt. Die Grundlage bildet eine Ausschreibung des Bundesamtes für Erzeugnisse der Ernährung und Forstwirtschaft.

   - a) Bei welchem Einfuhrverfahren ist es den staatlichen Stellen leichter möglich, die eingeführten Mengen einer Ware zu beschränken?
   - b) Welche Länder werden durch die geltende rechtliche Regelung bei der Einfuhr von Sultaninen bevorzugt?
   - c) Welchen Vorteil haben die Verbraucher, wenn die Einfuhr einer Ware gegenüber allen Ländern liberalisiert ist?

5. **A. F. Köksal** verlädt die bestellten Sultaninen drei Wochen nach Abgang der Bestellung auf dem Trampschiff „Helena" der **Deutschen Mittelmeer-Reederei in Izmir**. Als Empfangsbescheinigung erhält er als Ablader den Ladeschein. Die Reederei stellt ihm an Hand des Ladescheines ein Konnossement in mehreren Ausfertigungen aus.

   Danach zeigt **Köksal** die Verladung der Ware auf Schiff „Helena" bei **Newe & Co.** an. Seiner Bank, der **Sumer-Bank in Izmir**, reicht **Köksal** die vereinbarten Dokumente ein. Diese diskontiert die Tratte über den Rechnungsbetrag auf die **Handelsbank Köln**.

   - a) Welche Sicherheit hat die **Sumer-Bank** für den Diskontkredit an **Köksal**, solange die **Handelsbank Köln** den Wechsel noch nicht akzeptiert hat?
   - b) Die **Sumer-Bank** übersendet die Dokumente zusammen mit der Tratte an die **Handelsbank Köln**.
   - Warum akzeptiert die **Handelsbank Köln** erst jetzt den Wechsel?

6. **Newe & Co.** erhalten von der **Handelsbank Köln** eine Zahlungsaufforderung. Sie enthält die Rechnung **Köksals** mit folgenden Angaben:

Zeichen	Menge Kisten	Rohgewicht in kg	Verpackung in kg	Reingewicht in kg	Type	Preis je 100 kg in $	Gesamtbetrag in $
AFK 8	385	5 560	556	5 004	8	300,—	15 012,—

Die Bank hat den Rechnungsbetrag zum Kurs 2,00 abgerechnet und verlangt außerdem 0,75 ⁰/₀₀ Devisengebühr, 0,25 % Abwicklungsgebühr und 1,70 DM Porto.

   - Wieviel DM müssen **Newe & Co.** an die Handelsbank zahlen?

7. Die Handelsbank übergibt die Dokumente an **Newe & Co.** und belastet deren Konto mit dem Wechselbetrag. **Newe** sendet sie an die **Rheinische Speditionsgesellschaft**, die sie an **Mirsa Fratelli** weiterleiten soll. **Mirsa Fratelli** sollen die Sendung übernehmen und weiterbehandeln.

Am 28. Nov. d. J. teilen **Mirsa Fratelli** mit, daß der Dampfer „Helena" bei der Überfahrt in einen Sturm geraten sei. Einige Kisten wiesen deshalb starke Schäden durch Seewassereinwirkung auf. **Mirsa Fratelli** bitten um Anweisung, was mit der Sendung geschehen soll.

- a) Formulieren Sie einen Bericht an die Hauptverwaltung der **Vereinigten Versicherungsgesellschaften in 5 Köln,** Riehler Straße 6, über die Havarie! Sagen Sie die Zusendung der Havariepapiere sofort nach Erhalt aus Triest zu! (Versicherungs-Nr.: T/10 843 457)

- b) Formulieren Sie das Schreiben an **Mirsa Fratelli,** daß sie die Ware im Beisein des Havariekommissars der **Vereinigten Versicherungsgesellschaften AG,** bei der die Sendung versichert ist, ordnungsgemäß durch Sachverständige untersuchen lassen und die Havariepapiere sofort an **Newe & Co.** senden sollen!

8. Eine Woche nach Abgang der Anweisung an **Mirsa Fratelli** erhalten **Newe & Co.** das Gutachten der Sachverständigen und die Kostenrechnung über 630,— DM.

Das Gutachten stellt fest, daß 20% der Ware unbrauchbar geworden sind. **Newe & Co.** geben diese Unterlagen zusammen mit einer Rechnungsabschrift an die Hauptverwaltung der **Vereinigten Versicherungsgesellschaften AG** weiter und bitten um baldige Schadensabrechnung (Versicherungs-Nr.: T/10 843 457).

- Formulieren Sie den Brief an die Hauptverwaltung!

9. Die **Vereinigten Versicherungsgesellschaften AG** teilen mit, daß **Newe & Co.** gegen Unterzeichnung der Entschädigungsbescheinigung den Schadensbetrag und die Kosten erhalten.

- Wer hätte nach deutschem Recht den Schaden zu tragen, wenn über das Transportrisiko keine Versicherung getroffen und die Sultaninen unversichert von Izmir nach Triest verschickt worden wären?

10. **Newe & Co.** bitten **Mirsa Fratelli** um Weiterleitung der unbeschädigten Teile der Sendung mit der Eisenbahn nach Köln. Da die Bundesbahn den Transport durchführt, werden die Sultaninen ohne Gestellung (Vorführung) an der Zollgrenze vom Zoll als Eisenbahnzollgut behandelt. Das Grenzzollamt plombiert die Wagen (Zollverschluß zur Sicherung der Nämlichkeit) und leitet sie unverzollt an das in diesem Falle zuständige **Binnenzollamt Köln** weiter.

Newe & Co. legen dem Binnenzollamt nach Eingang der Ware die erste Ausfertigung der Einfuhrerklärung vor. Dieses prüft, ob die Sendung den Angaben dieser Erklärung und denen der Zollfaktura und des Ursprungszeugnisses entspricht.

- Warum dürfen **Newe & Co.** nicht ohne Mitwirkung des Binnenzollamtes die Plomben an den Eisenbahnwagen öffnen?

11. Die **Rheinische Speditionsgesellschaft** rechnet direkt mit **Mirsa Fratelli in Triest** ab. Sie berechnet **Newe & Co.** für die Übernahme der Sendung in Triest einschließlich Triester Platzspesen 15,10 DM je 100 kg Rohgewicht, Transportversicherung ab Triest 168,— DM, Fracht ab Triest bis Köln 754,50 DM.

Die Einfuhrumsatzsteuer vom Wert der eingeführten Sultaninen zuzüglich der Beförderungs- und Versicherungskosten bleibt unberücksichtigt. Sie soll einen kostenmäßigen Ausgleich schaffen für die Belastung der inländischen Waren mit Umsatzsteuer.

Die Sultaninensendung hat beim Eingang bei **Newe & Co.** ein wirkliches Abladegewicht von 4 447 kg. Die Versicherung ersetzt 8 520,— DM für 1 000 kg.

- Berechnen Sie den Bezugspreis für 100 kg! Auch die Bankspesen sind zu berücksichtigen (siehe Frage 6!), Tara 442 kg!

119 Verzollung

1. Türkische Sultaninen sind zollfrei; australische werden mit einem Wertzoll von 4,8% belegt. Damit sollen die Erzeuger der EWG und ihr assoziierter Länder geschützt werden.

   a) Nehmen Sie an, der zu verzollende Wert einer Sendung Sultaninen von 6 000 kg sei 45 000,— DM.
   - Wieviel DM Zoll müßten jetzt dafür gezahlt werden?

   b) Um konkurrenzfähig zu bleiben, senken die australischen Exporteure den Preis für die gleiche Menge Sultaninen auf 42 300,— DM.
   - Wieviel DM Zoll müßten für diese Sendung gezahlt werden, wenn sie aus Australien importiert werden?

   c) Nehmen Sie an, Sultaninen dieser Sorte unterlägen einem Gewichtszoll von 0,45 DM je kg.
   - Wie groß wäre dann die Zollbelastung vor und nach der Preissenkung?

   d) Welche der beiden Zollarten erreicht den Zweck des Zollschutzes auch bei Preisänderungen besser?

2. Australische Sultaninen werden nach der Entladung vom Zoll abgefertigt und kommen als Freigut in das Zollaufschublager von **Newe & Co.** Das Unternehmen muß dem Zollamt für den gestundeten Zoll Sicherheit leisten. Der Zoll ist erst bei Entnahme der Sultaninen aus diesem Lager zu zahlen. Das entspricht der Behandlung von Waren, die einen Freihafen verlassen.

   a) Warum werden türkische Sultaninen nicht in ein Zollager genommen?

   b) Welchen Vorteil haben **Newe & Co.** davon, daß sie australische Sultaninen ins Zollaufschublager geben?

   c) Warum hätten sie bei Einlagerung der Waren in einem privaten oder öffentlichen Zollverschlußlager keine Sicherheit leisten müssen?

120 Rembourskredit — Dokumentenakkreditiv

- 1. Ordnen Sie die folgenden Vorgänge beim Rembourskredit nach der Reihenfolge ihres Ablaufs!

  Überweisung des Wechselbetrages abzüglich Diskont an den Exporteur durch seine Bank,

  Wechselziehung auf die Bank des Importeurs durch den Exporteur,

  Einlösung des Akzeptes am Verfalltag durch die Bank des Importeurs,

  Abschluß des Kaufvertrages,

  Aushändigung der Verladepapiere an den Importeur gegen Bezahlung oder Kreditgewährung,

  Übersendung der Tratte und der Verladepapiere an die Bank des Importeurs durch die Bank des Exporteurs,

  Akzeptzusage der Bank des Importeurs,

  Übersendung des akzeptierten Wechsels durch die Bank des Importeurs an die Bank des Exporteurs,

  Weitergabe der Tratte und der Verladepapiere durch den Exporteur an seine Bank.

- 2. Stellen Sie die Vorgänge beim Dokumenten-Akkreditiv in gleicher Weise zusammen wie beim Rembourskredit!

Aufbau-Organisation der Materialwirtschaft

121 *Organigramm — Verrichtungs- und Objektgliederung*

Die Aufbau-Struktur eines Herstellers von Arzneimitteln mit ca. 500 Beschäftigten zeigt bis zur dritten Führungsebene folgendes Bild:

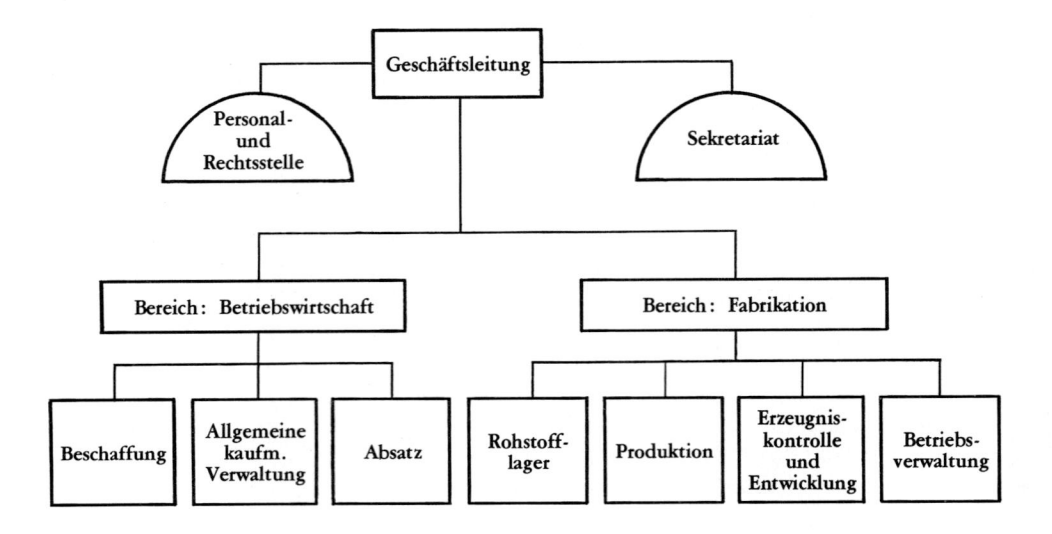

```
                        Geschäftsleitung
        Personal-           |              Sekretariat
        und                 |
        Rechtsstelle        |
                            |
            ┌───────────────┴───────────────┐
    Bereich: Betriebswirtschaft      Bereich: Fabrikation
     ┌──────┬──────┬──────┐           ┌──────┬──────┬──────┐
  Beschaf-  Allg.  Absatz          Rohstoff- Produk-  Erzeugnis-  Betriebs-
  fung      kaufm.                  lager    tion     kontrolle   verwaltung
            Verwal-                                   und
            tung                                      Entwicklung
```

Stetiges Wachstum des Unternehmens sowie die geplante Erweiterung des Produktionsprogrammes bedingen eine Um- bzw. Neuorganisation.

Im Rahmen der geplanten Neuorganisation wird insbesondere der materialwirtschaftliche Bereich betroffen, weil die bisherige ausschließlich verrichtungsorientierte Aufgabengliederung eine Anpassungsfähigkeit an die marktliche, technische und wissenschaftliche Entwicklung weitgehend ausschloß.

Als Grundlage für die Neuorganisation des Bereiches Materialwirtschaft wurden folgende Anhaltspunkte zusammengestellt:

1. Die Abteilungen Beschaffung und Rohstofflager sollen zu einem Bereich Materialwirtschaft zusammengefaßt und der Geschäftsleitung als dritter Hauptbereich unmittelbar unterstellt werden. Lediglich die Materialprüfungsstelle bleibt weiterhin dem Bereich Fabrikation zugeordnet.

2. Die zu beschaffenden Güter sollen in 5 Gruppen eingeteilt werden:

    Gruppe R: Arzneimittel-Rohstoffe
    Gruppe V: Verpackung
    Gruppe T: Betriebsstoffe
    Gruppe B: Betriebsmittel, Werkzeuge
    Gruppe L: Laborausstattung und -material
    Gruppe S: Sonstiges (z. B. Büromaterial, Nahrungsmittel für Kantine, Arbeitskleidung)

3. Auszug aus der Aufgabenliste Beschaffung:
    — Marktbeobachtung
    — Archivierung und Auswertung der Bezugsquellen
    — Erstellung der Anfragen und Bearbeitung der Angebote
    — Durchführung der Bestellungen
    — Terminüberwachung
    — Rechnungskontrolle
    — Statistik

4. Auszug aus der Aufgabenliste Lagerhaltung:
    — Lagerdisposition
    — Materialeingang und -annahme
    — Materialpflege
    — Statistik und Bestandskontrolle
    — Lagerbuchhaltung

- Stellen Sie nach eigenem Ermessen in einem Organigramm die Untergliederung der Hauptaufgabe Materialwirtschaft in einer Kombination von Verrichtungs- und Objektgliederung dar!

2 Fertigung

Arbeitsvorbereitung

> **201**   *Stückliste — Arbeitsplan-Laufkarte — Akkordkarte — Materialentnahmeschein — Zeichnungsentnahmeschein — Vorgabezeit nach REFA*

In den Süddeutschen Pumpen- und Turbinenwerken soll auf Kundenauftrag eine Ring-Abdichtklappe zum Absperren von Seewasser hergestellt werden. Dazu müssen — wie dies aus dem Auszug aus der Stückliste erkennbar ist — aus dem Lager halbfertige Produkte entnommen und bearbeitet werden, z. B. das Gehäuse mit der Nr. 550 002 264, ferner eine Klappe mit der Nr. 550 002 101 usw. Alle in der Stückliste aufgezählten Teile werden nach Zeichnungen und Anweisungen bearbeitet und dann schließlich zur Ring-Abdichtklappe NW 900 zusammengebaut. Für jedes zu bearbeitende Teil und dann für die Montage wurden von der Arbeitsvorbereitung Arbeitsunterlagen erstellt.

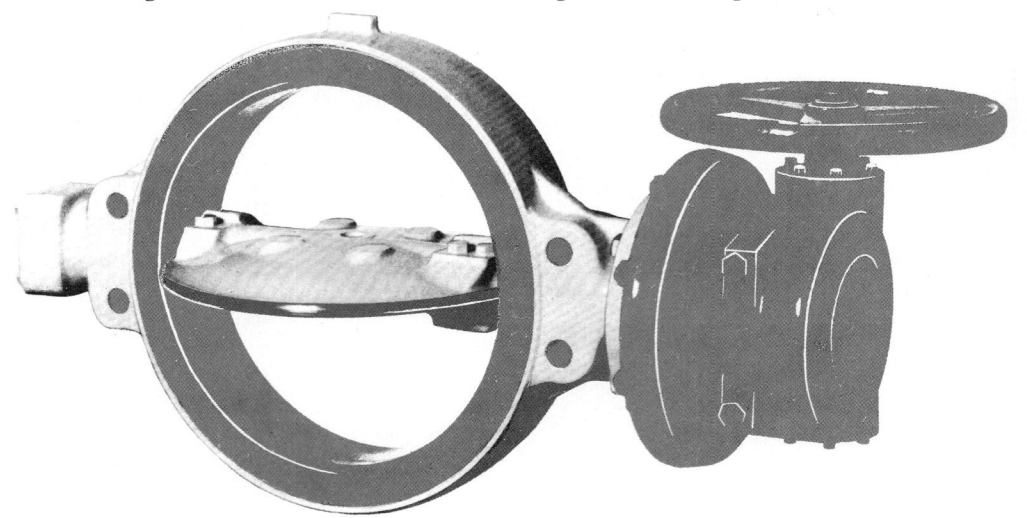

Die Unterlagen für die Bearbeitung des Gehäuses 550 002 264 sind im folgenden abgedruckt.

1. Kreuzen Sie in einem Schaubild nach dem den Unterlagen folgenden Muster an (siehe Seite 79), welche Abteilungen des Unternehmens an der Erstellung, der Vervollständigung und der Auswertung der Stückliste, der Arbeitsplan-Laufkarte, der Material-Entnahmekarte, der Akkordkarte und des Zeichnungs-Entnahmescheins beteiligt sind!
- 2. Welche Unterlage dient dem Betriebsmeister für die Arbeitsverteilung und Arbeitskontrolle?
- 3. Für welche Zwecke werten die Betriebsabrechnung und die Materialverwaltung den Materialentnahmeschein aus?
  4. Die in der Laufkarte genannten Arbeitsgänge bestehen aus dem Lesen des Auftrages und der Zeichnung, Einstellen der Maschine bzw. Arbeitsvorrichtung, unmittelbarer Arbeit an einem Werkstück (Stückzeit) und Rückgabe der Arbeitsmittel.
- Welche Tätigkeiten fallen unter die Rüstzeit?
  5. Im Betrieb wird überlegt, fünf Ring-Abdichtklappen auf einmal herstellen zu lassen und vier davon auf Lager zu nehmen.
- Wieviel Minuten werden einem Arbeiter gutgeschrieben, der den Arbeitsgang Nr. 2 an fünf Ring-Abdichtklappen ausgeführt hat?

SPT Stückliste — Nr. 01

Stückzahl	Erzeugnis/Gruppe	Erzeugnis/Gruppen-Benennung	Werks-Nr.
1	4466	ZK-K-NW 900	4-325-270069

M/Auftrag	Benennung/Text	Fertigteil Nr.	Werkstoff
	ZK - K Abdichtklappe NW 900 ND 6 Kurze Baulänge Flansch gebohrt ND 10		
1	Gehäuse NW 900 Gummifutter einvulkanisiert	550 00264	GG -25-PERB
1	Klappe	550 002101	GZ -CUSN 10
4	Verschluß-Schraube R 1	DIN 910	A 4
1	Gehäusedeckel (oben)	553 009564	GG - 25
1	Gehäusedeckel (unten)	553 009565	GG - 25
1	Welle	553 012279	1.4057.05
4	Kegelstift	ZN 3026	1.4057 v
4	6 Kt - Mutter M 16	DIN 934	A 2
2	Lagerbuchse	554 029682	GZ- CUSN 14
2	Buchse		

SPT Arbeitsplan-Laufkarte

Arbeitsgang Nr.	Zeichnungen, Material, Arbeitsgänge	Minuten Rüst	Minuten Stück	AWG
Z M1	550 002664 Gehäuse NW 900			
1	Bohrung und seitl. Flanschen Dreh., Einschl. Aussen 4 MM andreh. Z. Ausr.	66	230,0	7
2	Ob.-u Unt. Flansch u. Bohrg. Dreh.	80	150	8
3	Bohr. Gew. schneid. u. entgr.	10	90	5
4	Anschlussflanschen Bohr., Gew. schneid. u. entr.	10	120	6
5	Gummifutter einvulkanisieren			
6	Gummifutter ausschleifen			

SPT	Material-Entnahmekarte	Fertigteil-Nr. 550 002264	Termin 268
	Gehäuse ZK-K/F Abdichtklappe NW 900		
Ausgegeben am	durch		
		verrechnete Menge pro Stück	Rohteil-Ident. Nr.
M1	Gehäuse NW 900	1	650 17935A

SPT Akkordkarte		Fertigteil Nr. 550 002264		Termin 268	
	Gehäuse ZK-K/F Abdichtklappe NW 900				
Personal Nr.	Name				
			Minuten		AWG
			Rüst	Stück	
1	Bohrung u. seitl. Flanschen dreh. einschl. Außen Ø 4 mm andreh. z. ausrichten		66	230,00	7

SPT Akkordkarte		Fertigteil Nr. 550 002264		Termin 268	
	Gehäuse ZK-K/F Abdichtklappe NW 900				
Personal Nr.	Name				
			Minuten		AWG
			Rüst	Stück	
2	OB. - UNT. Flansch u. Bohrg. dreh		80	150,00	8

SPT Akkordkarte	Fertigteil Nr.	Termin
	550 002264	268

Gehäuse ZK-K/F Abdichtklappe NW 900			
Personal Nr.	Name			
		Minuten		AWG
		Rüst	Stück	
3	Bohr. Gew. schneiden u. entgr.	10	90,00	5

SPT Akkordkarte	Fertigteil Nr.	Termin
	550 002264	268

Gehäuse ZK-K/F Abdichtklappe NW 900			
Personal Nr.	Name			
		Minuten		AWG
		Rüst	Stück	
4	Anschluß Flanschen Bohr. Gew. schneid. u. entr.	10	120,00	6

SPT Akkordkarte	Fertigteil Nr.	Termin
	550 002264	268

Gehäuse ZK-K/F Abdichtklappe NW 900			
Personal Nr.	Name			
		Minuten		AWG
		Rüst	Stück	
5	Gummifutter einvulkanisieren			

SPT Akkordkarte	Fertigteil Nr.	Termin
	550 002264	268

| Gehäuse |
| ZK-K/F Abdichtklappe NW 900 |

Personal Nr.	Name			
		Minuten Rüst	Stück	AWG
6	Gummifutter ausschleifen			

SPT Zeichnungsentnahmeschein	Fertigteil Nr.	Termin
	550 002264	268

| Gehäuse |
| ZK-K/F Abdichtklappe NW 900 |

Z	550 02264						
M1	Gehäuse NW 900	GG-25		1	650	17935A	182
1	Bohrung u. seitl. Flanschen dreh, einschl. Außen Ø 4 mm andreh. z. ausrichten		K2	1302	66	230,00	7
2	ob. u. unt. Flansch u. Bohr. dreh.	W10444B W11140B	BW2	1542	80	150,00	8
3	Bohr. Gew. schneid. u. entgr.	W11131B	BR5	1502	10	90,00	5
4	Anschlußflanschen Bohr. Gew. schneid. u. entgr.		BR5	1502	10	120,00	6
5	Gummifutter einvulkanisieren			Ausw. 5000			

zu Fall 201 Nr. 1 Seite 74

Abteilung	Stückliste			Arbeitsplan-Laufkarte			Material-Entnahme-karte			Akkordkarte			Zeichnungs-Entnahme-schein		
	Erstellung	Vervollständigung	Auswertung	Erstellung	Vervollständigung	Auswertung	Erstellung	Vervollständigung	Auswertung	Erstellung	Vervollständigung	Auswertung	Erstellung	Vervollständigung	Auswertung
Arbeitsvorbereitung															
Materiallager															
Werkzeuglager															
Fertigung															
Lohnbüro															
Betriebsabrechnung															
Statistik															

Fertigungsplanung

202 *Terminplanung und Terminüberwachung — Netzplan*

In der Verkaufsabteilung der Süddeutschen Pumpen- und Turbinenwerke geht der Auftrag auf eine Ersatzteillieferung ein. Sie richtet an die Terminstelle die folgende Terminanfrage:

SPT Termin — Organisation/Terminanfrage

Bestell-Eingang	Kunde — Ort		
	Ramanof, Bukarest			
Wunschtermin	Größe — Stufe — Figur		
241	*1 Gehäuse HCN 7/24, Fig. 5*		
Bemerkungen:			
Von der Terminstelle auszufüllen			
Typ (Kurztext)	Netzplan-Nr.	Start-Termin	End-Termin

Im Betrieb werden zur Terminfestlegung und Terminüberwachung Standard-Netzpläne eingesetzt.

- 1. Stellen Sie aus dem Standard-Netzplan Nr. 1520 für Ersatzteile (siehe Seite 81) die Lieferzeit in Arbeitstagen fest!

  2. Zur einfacheren Berechnung und Auswertung der Termine wird in diesem Betrieb für die Fertigungsplanung ein sogenannter „Fabrikkalender" benutzt (s. Seite 82). In diesem werden alle Arbeitstage von 000 aufsteigend bis 999 numeriert, dabei bleiben Sonn- und Feiertage unberücksichtigt. Der Wiederholzyklus des Kalenders liegt bei 4 Jahren.

  Die Terminstelle stellt fest, daß der Start für den Vorgang Ersatzteillieferung nach diesem Fabrikkalender auf den Tag 056 fällt.

- a) Welcher Endtermin ist auf der Terminanfrage (Seite 79) einzutragen?
- b) Stellen Sie in dem Fabrikkalender (siehe Seite 82) den Kalendertag für den Starttermin und den Endtermin fest!

  3. Die Terminstelle stellt aufgrund des Netzplans die Abteilungstermine fest.

- Bestimmen Sie die Abteilungstermine für die unten aufgeführten Tätigkeiten!

SPT — Terminorganisation

Abteilungs-termine	Typ (Kurztext)	Netz-plan Nr.	Start-Termin	End-Termin

TAET-Nr.	TAETIGKEIT	STELLE	TERMIN	POS.
01 05	STUELI BEARBEITET	FWM 114		01
05 07	ARBEITSPAPIERE ERST.	FPB 144		02
05 15	ROHTEILE BESCH!	FWE 1		03
05 20	H-TLE. F. MONTAGE	FWE 2		04
05 25	STUELI SCHREIBEN	FPS 212		05
40 60	MBEREITSTG! PRUEF!	FWM 114		06
60 80	MECHAN. FERTIGUNG	FPB 543		07
80 90	TEILE FERTIGM. VERS.	FPB 544		08
90 99	VERSAND	FPB 74		09

STANDARD-NETZPLAN
– ERSATZTEILE –

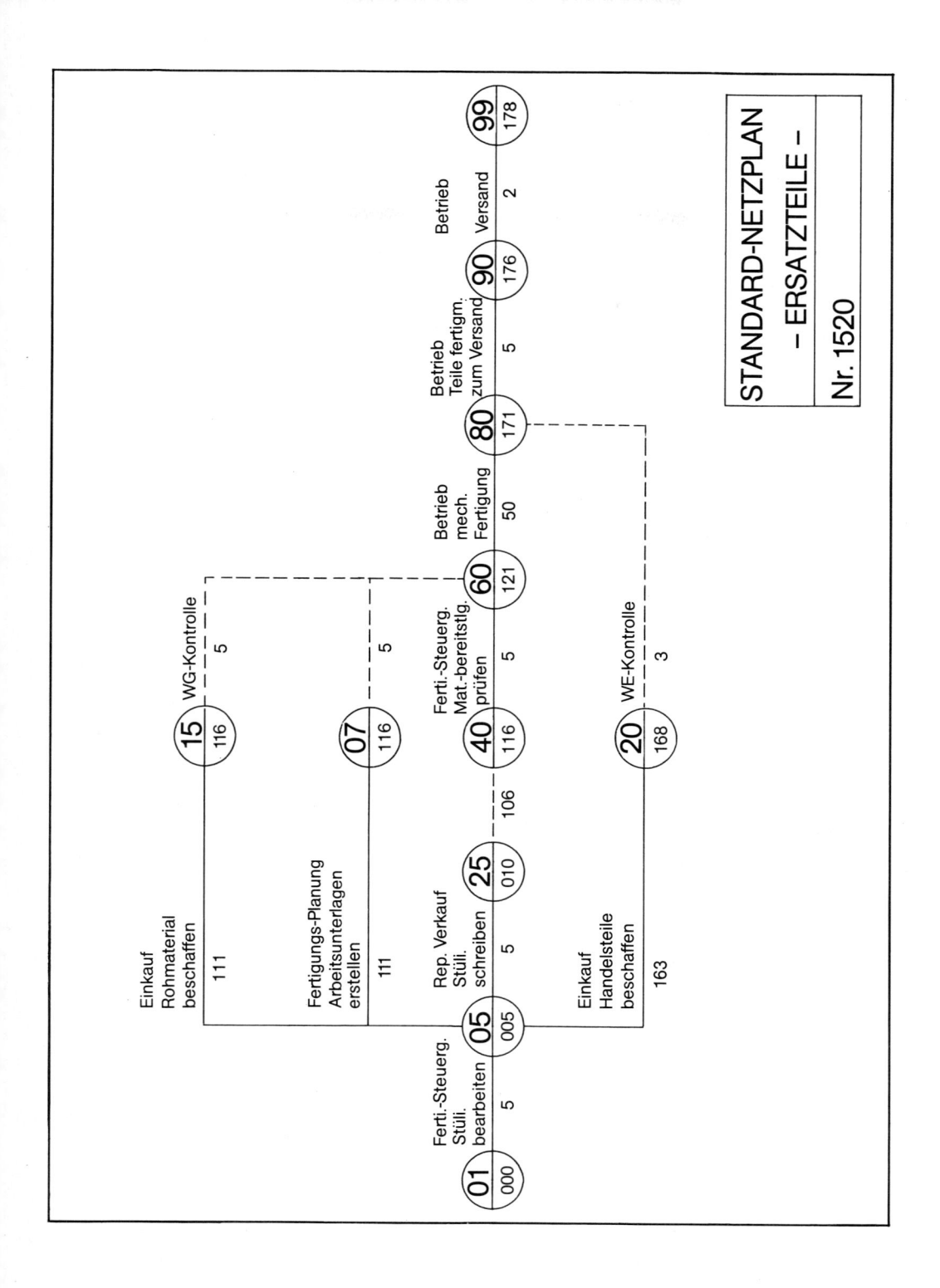

Nr. 1520

- (01) 000 – Ferti.-Steuerg. Stüli. bearbeiten – 5 → (05) 005
- (05) 005 – Einkauf Rohmaterial beschaffen – 111 → (15) 116 – WG-Kontrolle – 5
- (05) 005 – Fertigungs-Planung Arbeitsunterlagen erstellen – 111 → (07) 116 – 5
- (05) 005 – Rep. Verkauf Stüli. schreiben – 5 → (25) 010 – 106 → (40) 116
- (05) 005 – Einkauf Handelsteile beschaffen – 163 → (20) 168 – WE-Kontrolle – 3
- (40) 116 – Ferti.-Steuerg. Mat.-bereitstlg. prüfen – 5 → (60) 121 – Betrieb mech. Fertigung – 50 → (80) 171 – Betrieb Teile fertigm. zum Versand – 5 → (90) 176 – Betrieb Versand – 2 → (99) 178

SPT-Fabrikkalender 19..

	Januar		Februar		März		April		Mai		Juni		Juli		August		September		Oktober		November		Dezember	
Woche			Woche		Woche		Woche		Woche		Woche		Woche		Woche		Woche		Woche		Woche		Woche	
	1 Do	■		1 So		1 Mo	051																	1 Mi	241
	2 Fr	010		2 Mo	031		2 Di	052															1 Mo	221		2 Do	242
	3 Sa			3 Di	032		3 Mi	053															2 Di	222		3 Fr	243
	4 So			4 Mi	033		4 Do	054														45	3 Mi	223		4 Sa	244
	5 Mo	011	6	5 Do	034	10	5 Fr	055															4 Do	224		5 So	245
2	6 Di	012		6 Fr	035		6 Sa																5 Fr	224		6 Mo	244
	7 Mi	013		7 Sa			7 So			1 Do	074				1 Di	114		1 Do	134							7 Di	245
	8 Do	014		8 So			8 Mo	056		2 Fr	075		2 Mi	115		2 Fr	135	1 Sa	156					6 Sa			8 Mi	246
2	9 Fr	015		9 Mo	036		9 Di	057		3 Sa			3 Do	116		3 Sa		1 So							7 So			9 Do	247
	10 Sa		7	10 Di	037		10 Mi	058		4 So			4 Fr	117		4 So		2 Mo	156	1 Mi	178					8 Mo	225		10 Fr	248
	11 So			11 Mi	038	11	11 Do	059		5 Mo	076		5 Sa			5 Mo	136	3 Di	157	2 Do	179					9 Di	226		11 Sa	
	12 Mo	016		12 Do	039		12 Fr	060	15	6 Di	077		6 So			6 Di	137	32	4 Mi	158	3 Fr	180			46	10 Mi	227		12 So	
	13 Di	017		13 Fr	040		13 Sa			7 Mi	078		7 Mo	■		7 Mi	138		5 Do	159				1 Fr	200		11 Do	228		13 Mo	249
3	14 Mi	018		14 Sa			14 So			8 Do	079	20	8 Di	118	24	8 Do	139		6 Fr	160		4 Sa			2 Sa			12 Fr	229		14 Di	250
	15 Do	019		15 So			15 Mo	061		9 Fr	080		9 Mi	119		9 Fr	140		7 Sa			5 So			3 So			13 Sa		51	15 Mi	251
	16 Fr	020		16 Mo	041		16 Di	062		10 Sa			10 Do	■		10 Sa			8 So			4 Mo	181		4 Mo	201		14 So			16 Do	252
	17 Sa			17 Di	042		17 Mi	063		11 So			11 Fr	121		11 So		33	9 Mo	161	37	5 Di	182		5 Di	202		15 Mo	230		17 Fr	253
	18 So			18 Mi	043	12	18 Do	064		12 Mo	081		12 Sa		25	12 Mo	141		10 Di	162		6 Mi	183		6 Di	202		16 Di	231		18 Sa	
	19 Mo	021	8	19 Do	044		19 Fr	065		13 Di	082		13 So			13 Di	142		11 Mi	163		7 Do	184	41	6 Mi	203	47	17 Mi	■		19 So	
4	20 Di	022		20 Fr	045		20 Sa		16	14 Mi	083		14 Mo	122	29	14 Mi	143		12 Do	164		8 Mi	184		7 Do	204		18 Do	232		20 Mo	254
	21 Mi	023		21 Sa			21 So			15 Do	084		15 Di	123		15 Do	144		13 Fr	165	38	8 Mi	188		8 Fr	205		19 Fr	233		21 Di	255
	22 Do	024		22 So			22 Mo	066		16 Fr	■		16 Mi	124		16 Fr	145		14 Sa			9 Do	184		9 Sa			20 Sa		52	22 Mi	256
	23 Fr	025		23 Mo	046		23 Di	067	17	17 Sa			17 Do	■		17 Sa			15 So			10 Fr	185		10 So			21 So			23 Do	257
	24 Sa			24 Di	047		24 Mi	068		18 So			18 Fr	125		18 So			16 Mo	166		11 Sa			11 Mo	206		22 Mo	234		24 Fr	258
	25 So		9	25 Mi	048	13	24 Mi	068		19 Mo	■		19 Sa			19 Mo	146	34	17 Di	167		12 So			12 Di	207		23 Di	235		25 Sa	
	26 Mo	026		26 Do	049		25 Do	069		20 Di	085		20 So			20 Di	147		18 Mi	168		13 Mo	186	42	13 Mi	208		24 Mi	236		26 So	
	27 Di	027		27 Fr	050		26 Fr	070		21 Mi	086		21 Mo	126	30	21 Mi	148		19 Do	169		14 Di	187		14 Do	209	48	24 Mi	236		27 Mo	259
5	28 Mi	028		28 Sa			27 Sa			22 Do	087		22 Di	127		22 Do	149		20 Fr	170		15 Mi	188		15 Fr	210		25 Do	237		28 Do	260
	29 Do	029		29 So			28 So			23 Fr	088	23	23 Mi	128		23 Fr	150		21 Sa			16 Do	189		16 Sa			26 Fr	238	53	29 Mi	261
	30 Fr	030					29 Mo	071		24 Sa			24 Do	129		24 Sa			22 So			17 Fr	190		17 So			27 Sa			30 Do	262
	31 Sa						30 Di	072		25 So			25 Fr	130		25 So			23 Mo	171		18 Sa			18 Mo	211		28 So			31 Fr	263
					14	31 Mi	073		26 Mo	089		26 Sa		31	26 Mo	151	35	24 Di	172		19 So			19 Di	212		29 Mo	239			
								18	27 Di	090		27 So			27 Di	152		25 Mi	173		20 Mo	191		20 Mi	213		30 Di	240			
									28 Mi	091		28 Mo	131		28 Mi	153		26 Do	174	39	22 Mi	193	43	20 Mi	213						
									29 Do	092		29 Di	132		29 Do	154		27 Fr	175		23 Do	194		21 Do	214						
									30 Fr	093		30 Mi	133		30 Fr	155		28 Sa			24 Fr	195		22 Fr	215						
											27	30 Mi	133		31 Sa			29 So		40	29 Mi	198		23 Sa							
																		30 Mo	176		30 Do	199	44	27 Mi	218						
																		31 Di	177					28 Do	219						
																								29 Fr	220						
																								30 Sa							
																								31 So							
21	.	** 1	20	–		23	–		20	–		20	1		2	–		22	–		22	–		21	–		20	2		23	–

*Anzahl der Arbeitstage, ** zu bezahlende Feiertage

4. Die Terminstelle erhält die folgende Meldung über die Verschiebung eines Abteilungstermins:

SPT	Verschiebung eines Abteilungstermins		
Typ/Größe/Stufe/Figur	*Gehäuse HCN 7/24 Fig 5*		
Tätigkeits-Nr.	Tätigkeitsbezeichnung	Abteilungstermin vorgesehen	verschob. auf
0525	*Stückliste schreiben*		
Verzögerungsursache	*Ausfall der EDV-Anlage*		
Bemerkungen			
Aussteller		genehmigt	
18.10. Datum	*FPS 212/4693* Stellenkurzb./Tel.	*Hahn* Name	Zust. Leiter

- a) Überprüfen Sie an Hand des Netzplans (siehe Seite 81), ob die Verschiebung des Abteilungstermins Auswirkungen auf den Endtermin der Fertigstellung hat!
- b) Welche Gründe für die Verschiebung von Abteilungsterminen sind im Verkauf, in der Konstruktion, im Einkauf und in der Fertigung (Betrieb) denkbar?

5. Aus den Anleitungen zur Anwendung der Netzplantechnik in den Süddeutschen Pumpen- und Turbinenwerken (SPT):
   „Um den Programmieraufwand, die Terminrechnung und die Terminverfolgung zu vereinfachen und um Unsicherheit bei der Terminabsprache für die einzelnen Abteilungen zu vermeiden, hat sich die SPT-Terminorganisation für eine vereinfachte Form des Netzplans entschieden."

- In welcher Weise wurde der Netzplan vereinfacht? (vgl. hierzu Fall 021 Seite 36)

Fertigungsverfahren

| 203 | *Innerbetrieblicher Standort — Werkstättenfertigung — Massenfertigung* |

In einem Betrieb erfolgt die Fertigung in 6 Werkstätten, in denen jeweils Maschinen und Arbeitsplätze mit gleichartiger Arbeitsverrichtung zusammengefaßt sind. Im Betrieb wird überwiegend Einzelfertigung durchgeführt. Im Produktionsprozeß müssen die Werkstücke zu den einzelnen Werkstätten transportiert werden.

Die Seite 84 dargestellte Transportmatrix zeigt, wieviel Mengeneinheiten zwischen den Werkstätten transportiert werden müssen.

von Werkstatt \ nach Werkstatt	I	II	III	IV	V	VI
I	—	6	—	—	2	—
II	—	—	2	—	—	—
III	8	—	—	9	—	3
IV	—	—	6	—	—	—
V	—	—	—	5	—	8
VI	—	—	9	—	—	—

Die vorgesehene Anordnung der Werkstätte führt zu folgenden Transportaktivitäten:

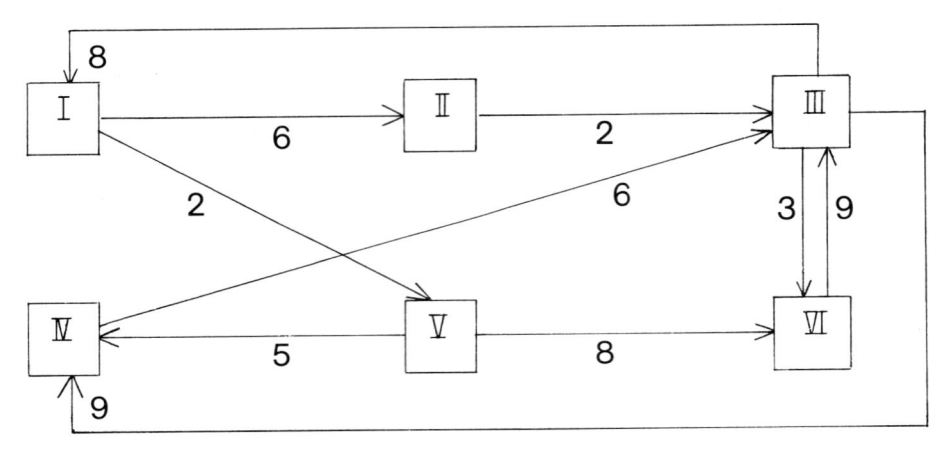

- 1. Machen Sie einen Vorschlag für den innerbetrieblichen Standort der Werkstätten, der geringere Transportkosten verursacht! (Alle Mengeneinheiten fordern gleiche Transportaktivität, d.h. die Transportkosten werden allein von den Transportwegen bestimmt).

  Ein Vorschlag ist dann günstiger als der vorliegende, wenn die Summe der Mengeneinheiten geringer ist, die zwischen nicht unmittelbar benachbarten Werkstätten zu transportieren ist. Im vorliegenden Vorschlag sind unmittelbar benachbart z.B. I und II, I und IV und I und V.

- 2. Warum ist die Werkstättenfertigung, nach der in diesem Unternehmen die Fertigung abläuft, nicht geeignet für Massenfertigung?

204 *Fließfertigung (Reihenfertigung, Fließbandfertigung, Transferstraße)*

Die Süddeutschen Pumpen- und Turbinenwerke (SPT) beziehen die Spiralgehäuse für den von ihr hergestellten Pumpentyp TK 74 von einer Gießerei. Um das Pumpengehäuse montagefertig zu machen, müssen folgende Arbeitsgänge ausgeführt werden:

1. Drehen, 4 Minuten
2. Bohren, 6 Minuten
3. Gewinde schneiden, 8 Minuten
4. Fräsen, 2 Minuten

Die Gewinde können erst geschnitten werden, wenn die entsprechenden Löcher gebohrt sind. Im übrigen gibt es keine technischen Gründe für die Festlegung der Reihenfolge der Bearbeitungsgänge.

- 1. Stellen Sie 6 technisch mögliche Anordnungen für die Bearbeitungsgänge dar!
- 2. Die Bohrer müssen nach etwa 20 Maschinenstunden aus der Bohrmaschine ausgewechselt werden, die Drehstähle nach etwa 8 Stunden. Die Drehstähle sind erheblich billiger als die Bohrer und können nachgeschliffen werden. Die Bohrer werden geschont, wenn der Drehvorgang dem Bohren vorausgeht.

  Machen Sie einen Vorschlag für die Anordnung der Bearbeitungsgänge, der diesem wirtschaftlichen Gesichtspunkt berücksichtigt! Die Stillstandszeiten der Maschinen bei dem Auswechseln der Werkzeuge (etwa 30 sec) sind wirtschaftlich ohne Bedeutung.

- 3. Die bezogenen Pumpengehäuse werden von der Pumpenfabrik auf einer Transferstraße montagefertig bearbeitet.

  Die Rohgehäuse werden von einem Arbeiter eingespannt und dann automatisch den einzelnen Maschinen zur Bearbeitung zugeführt und von diesen Maschinen ohne weiteres menschliches Eingreifen bearbeitet.

  Untersuchen Sie an diesem konkreten Fall, welche Vor- und Nachteile die Fließfertigung auf einer Transferstraße (Automation) gegenüber der Fließfertigung als Reihenfertigung oder als Fließbandfertigung hat. Denken Sie dabei auch an die Auslastung der Kapazität jeder einzelnen Maschine!

| 205 | *Fertigungsablaufformen — Fertigungstypen* |

- Überprüfen Sie, welche Ablaufformen der Fertigung für welche Fertigungstypen besonders geeignet sind! Begründen Sie Ihre Feststellung!

Die untenstehende Matrixtabelle dient der Orientierung über die zu überprüfenden Zuordnungen.

Fertigungsablaufformen \ Fertigungstypen	Einzelfertigung	Mehrfachfertigung (Sorten-, Serien-, Massenfertigung)
Werkstattfertigung		
Fließfertigung (Reihen-, Fließband-, Transferfertigung)		
Gruppenfertigung		

Rationalisierung der Fertigung

| 206 | *Normung — Typung — Spezialisierung* |

- Entscheiden Sie, ob es sich bei den nachfolgenden Beispielen um Normung, Typung oder Spezialisierung handelt!

85

1. Eine Schreinerei hat bisher auf Bestellung nach den Angaben der Kunden alle Arten Möbel hergestellt. Jetzt nimmt sie nur noch Aufträge für die Herstellung von Ladeneinbauten entgegen.
2. Eine Landmaschinenfabrik will ihr Lagerwesen rationalisieren. Deshalb wird dem Konstruktionsbüro vorgeschrieben, daß es nur noch Flachstähle bestimmter Abmessungen zur Verwendung vorsehen darf.
3. Die ISO bemüht sich, die Abmessungen von Schrauben in der ganzen Welt zu vereinheitlichen.
4. Ein Unternehmen hat bisher seine Fertighäuser nach den persönlichen Wünschen des Bauherrn in Holzbauweise hergestellt. Um wettbewerbsfähiger zu sein, beschränkt sich die Firma darauf, nur noch vier Grundausführungen nach ihren eigenen Entwürfen anzubieten.
5. Eine Kraftfahrzeugreparaturwerkstatt in einer ländlichen Gegend hat bisher alle Wagentypen repariert.
   Sie wird VW-Vertragswerkstatt und repariert nur noch Volkswagen.
6. Ein Polster- und Tapeziergeschäft hat bisher Polstermöbel nach den Angaben seiner Kunden handwerklich hergestellt. Jetzt verlegt es sich auf die serienmäßige Herstellung von Polstermöbeln.

207 *Losgrößenabhängige und losgrößenunabhängige Kosten — Optimale Losgröße*

Ein Verleger kann aus Erfahrung damit rechnen, daß von dem in seinem Verlagsprogramm ausgewiesenen Titel „Rechtsfragen des Alltags" im Jahr 12 000 Stück verkauft werden. Der Absatz verteilt sich völlig gleichmäßig auf die Monate des Jahres.

Von einer Druckerei hat er folgendes Angebot: Wir berechnen für jede Auflage, unabhängig von der Auflagehöhe, fix 2 000,— DM für Vorbereitungsarbeiten zum Druck und für das Drucken und Binden eines Exemplars 5,— DM.

1. Der Verleger zieht in Erwägung, zunächst den Bedarf für $^1/_2$ Jahr drucken zu lassen. Er stellt folgende Berechnung auf:

	insgesamt	je Stück
Kosten der Druckvorbereitung	2 000,—	0,333
Druckkosten (einschließlich Material)	30 000,—	5,—
Zinskosten der Lagerhaltung	800,—	0,133
Summe der Kosten	32 800,—	5,466

Bei der Berechnung der Zinskosten der Lagerhaltung ging der Verleger von folgenden Daten aus: Jahreszinssatz 10%, durchschnittlicher Lagerbestand 3 000 Stück, durchschnittliche Lagerdauer 90 Tage.

- Weisen Sie nach, wie das Ergebnis von 800,— DM zustande kam!

2. Der Verleger will eine Vergleichsrechnung aufstellen, aus der sich ergibt, ob es kostenmäßig günstiger ist, den Druckauftrag über einen ganzen Jahresbedarf zu vergeben.

- a) Stellen Sie den Verlauf des Lagerbestandes in einem Koordinatensystem dar!
- b) Berechnen Sie den durchschnittlichen Lagerbestand!
- c) Berechnen Sie die Lagerumschlagshäufigkeit und die durchschnittliche Lagerdauer!
- d) Berechnen Sie den Lagerzinssatz (Jahreszinssatz 10%)!
- e) Stellen Sie eine Vergleichsrechnung nach dem Muster auf, das der Verleger für den Druck des halben Jahresbedarfs verwendet hat!

  Berechnen Sie die Zinskosten in dieser Vergleichsrechnung zur Kontrolle nach 2 Methoden:

  (1) Der Jahreszinssatz von 10% wird auf den während des ganzen Jahres durchschnittlich vorhandenen Lagerbestand bezogen.

  (2) Mit Hilfe des Lagerzinssatzes.
- f) Welche der in den beiden Berechnungen aufgeführten Gesamtkosten sind abhängig von der je Auflage hergestellten Stückzahl (Losgröße), welche sind unabhängig von der Losgröße?
- g) Welche der in den Berechnungen aufgeführten Kosten je Stück sind losgrößenabhängig, welche losgrößenunabhängig?
- h) Fassen Sie die Vergleichsrechnung zur Gegenüberstellung der Kosten für den Druck eines Halbjahresbedarfs in einer Tabelle nach dem folgenden Muster zusammen:

	Kosten je Stück	
	Druck eines Halbjahresbedarfs	Druck eines Jahresbedarfs
losgrößenabhängig Zinskosten Kosten der Druckvorbereitung	MUSTER	
losgrößenunabhängig Druckkosten einschließlich Material		
Summe		

3. Der Unternehmer überprüft mit einer dritten Vergleichsrechnung, ob es nicht noch günstiger ist, einen Zweijahresbedarf drucken zu lassen.

- Führen Sie diese Vergleichsrechnung durch!
- 4. Überprüfen Sie aufgrund der 3 Berechnungen die folgende Regel: Die optimale Losgröße liegt dort, wo die Summe der losgrößenabhängigen Stückkosten am geringsten ist!

208 Optimale Losgröße

Ein Unternehmen stellt die Produkte A und B mit derselben maschinellen Ausstattung her. Die Umstellung der Maschinen auf die Produktion des Gutes A erfordert 5 000,— DM, die Umstellung auf die Produktion des Gutes B erfordert 3 000,— DM Umstellungskosten. Der Jahresbedarf des Gutes A beträgt 60 000 Stück, der des Gutes B 24 000 Stück.

Für die Berücksichtigung des Lagerzinses in der Kalkulation wird ein Zinssatz von 12% berechnet.

Mit der maschinellen Ausstattung des Betriebes kann der Jahresbedarf der Güter A und B hergestellt werden. Die Kapazität ist dann zu 100% ausgelastet. Die Produktion jedes Gutes erfordert den gleichen Zeitaufwand. Die Produkte werden über das Jahr vollkommen gleichmäßig abgesetzt. Für Material und Lohn entstehen variable Kosten für Produkt A 5,— DM, für Produkt B 2,— DM je Stück.

Zwei Vorschläge stehen zur Diskussion:

Vorschlag 1: Es werden jeweils 10 000 Stück des Gutes A hergestellt. Dann erfolgt die Umstellung der Maschinen und es werden vom Gut B 4 000 Stück hergestellt.

Vorschlag 2: Es werden jeweils 30 000 Stück von Gut A hergestellt, dann nach Umstellung der Maschinen 12 000 Stück von Gut B.

- Welcher Vorschlag ist kostengünstiger?

209 | Optimale Losgröße (mathematische Berechnung)

In der theoretischen Betriebswirtschaftslehre wurde zur Berechnung der optimalen Losgröße folgende Formel entwickelt:

$$\text{optimale Losgröße} = \sqrt{\frac{200 \times \text{Jahresbedarf} \times \text{losgrößenunabhängige Kosten}}{\text{losgrößenabhängige Kosten} \times \text{Zinssatz}}}$$

- Welche Voraussetzungen müssen gegeben sein, damit ein nach dieser Formel gefundenes Ergebnis für den Betrieb brauchbar ist?

Rechtsschutz der Erzeugnisse

210 | Patent — Gebrauchsmuster — Geschmacksmuster

Der Patentanwalt **Max Beck** erhielt im Verlauf eines Jahres zahlreiche Vorschläge, von denen einige patentrechtlich geschützt werden konnten; bei anderen nahm das Patentverfahren längere Zeit in Anspruch und ist im Augenblick noch nicht abgeschlossen. Allerdings bestand bei einem beträchtlichen Teil der Vorschläge, die ihm unterbreitet wurden, nicht die geringste Aussicht auf Patenterteilung, weil die gesetzlichen Bestimmungen entgegenstanden; bei einigen Vorschlägen kommt eine Eintragung als Gebrauchs- oder als Geschmacksmuster in Frage.

Es ist an Hand des Patentgesetzes zu prüfen, ob die Patenterteilung bei den folgenden Vorschlägen versagt werden müßte.

Zur Beurteilung einer anderen Schutzfähigkeit sollen auch das Gebrauchsmustergesetz und das Geschmacksmustergesetz herangezogen werden.

1. **Rudolf Mische** hat eine neue chemische Verbindung *Silkazon* mit der Formel $C_xSi_xN_z$ gefunden. Dieser Stoff ist ein vorzüglicher Autolack, der die bisherigen Lacke in mancher Hinsicht entscheidend verbessert.

- Kann dieser Stoff, dessen Herstellung ein sehr kompliziertes Verfahren erfordert, Patentschutz erlangen?

2. **Heinz Harm** schuf das Arzneimittel *Rheumaphob*, das rheumatische Beschwerden rasch und nachhaltig mildert. Klinische Erprobungen ergaben keine schädlichen Wirkungen.

- Kann dieses Arzneimittel patentiert werden?

3. **Paul Späth** hat aus einer USA-Patentschrift, die 1932 gedruckt wurde, ein im Jahre 1942 erloschenes Patent entnommen und einem Bekannten mitgeteilt. Dieser hat es in seinem Betrieb bis zum heutigen Tag mit größtem Erfolg angewandt, fürchtet aber, daß er bald Nachahmer findet und möchte daher ein Schutzrecht erwerben. §3

   Er kann beweisen, daß das Patent in USA und in anderen Ländern nie gewerblich ausgewertet wurde.

- Bestehen Chancen, ein deutsches Bundespatent zu erhalten?

4. **Dieter Wachter** hat eine Vorrichtung gefunden, die an Edelsteinschleifapparaten angebracht werden kann. Damit können komplizierte Schliffe durch optische Steuerung ohne menschliche Mitarbeit ausgeführt werden. Das Gerät ist eine Eigenerfindung **Wachters** und wurde nie patentiert. Nun mußte er feststellen, daß dieses Gerät ohne seine Zustimmung nachgebaut wurde und vielfältig in Konkurrenzbetrieben in Gebrauch ist. §3

- Kann er nachträglich Patentschutz erlangen, um weitere Verbreitung zu vermeiden?

5. **Ludwig Lang** hat am 18. Juni 1973 ein Patent auf eine Rechenmaschine erhalten. Die Anmeldung beim Bundespatentamt in München erfolgte am 19. Dezember 1971. Die Gebühren wurden jährlich an das Patentamt abgeführt. §16

- Wann ist der Rechtsschutz für das Patent abgelaufen?

6. **Wilhelm Bock** erfand ein einfaches Winkelmeßgerät, das an eine Reißschiene mit wenigen Stellschrauben angebracht werden kann. Das Arbeitsgerät ist aus Kunststoff. Gebrauchsmusterges. §1a

- Kann dieses Gerät urheberrechtlichen Schutz erlangen?

7. **Peter Sonder** hat eine elektronische Fliegenfalle erfunden. Die Herstellungskosten pro Stück betragen 500,— DM. PatG §1

- Ist es möglich, die Fliegenfalle patentieren zu lassen?

8. Der Inder **Maba Gaziri** hat ein Yogasystem erfunden, das bei planmäßiger Schulung zu großen Erfolgen führt. Er möchte dieses Lehrsystem patentieren lassen. §1

- Ist ein solcher Schutz in der Bundesrepublik Deutschland möglich?

9. **Johann Kauer** hat ein kompliziertes Gerät erfunden, mit dessen Hilfe es für jeden Laien möglich ist, Tür- und Autoschlösser in jedem Falle mühelos zu öffnen. §2

- Bestehen Aussichten auf Patenterteilung?

10. **Herbert Butz** hat eine Flasche für einen Haarfestiger entworfen, die das Erzeugnis leichter verkäuflich und von anderen, ähnlichen Produkten deutlich unterscheidbar macht. Geschmacksmusterges. §1

- a) Wie läßt sich diese Formgestaltung schützen?
- b) Wie lange wird der Schutz gewährt? §8

3 Die Verwertung der betrieblichen Leistungen

Marktforschung

Gegenstand der Marktforschung

| 301 | *Nachfrage- und Konkurrenzanalyse* |

Ein Unternehmen des Photofachhandels mit einer Ladenkette beabsichtigt weitere Fachgeschäfte für Photoartikel zu eröffnen.

Die Geschäftsleitung erwartet die begründete Stellungnahme zu der geplanten Neueröffnung einer Filiale.

Die Verkaufsleitung schätzt, daß in der Gemeinde A ein Umsatz von ca. 100 000,— DM im Monatsdurchschnitt erzielt werden kann. Sie stützt ihre Ansicht auf folgende Informationen:

Standort

Die Verkaufsleitung schätzt, daß in der Gemeinde A ein Umsatz von ca. 100 000,— DM im Monatsdurchschnitt erzielt werden kann. Sie stützt ihre Ansicht auf folgende Informationen:

Bevölkerungsstatistische Informationen

Entwicklung der Wohnbevölkerung siehe untenstehende Graphik.

Entwicklung der Erwerbstätigen der Wohnbevölkerung und des Fremdenverkehrs siehe Graphiken Seite 91.

Die sinkende Tendenz der Erwerbstätigkeit ist auf den besonderen Kinderreichtum und die zahlreichen Rentnerhaushalte zurückzuführen. Die Vorhaben zur Erschließung von Wohnbaugrundstücken in der Gemeinde A schaffen die Voraussetzungen für eine stärkere Zuwanderung aus der benachbarten Landeshauptstadt.

Erwerbstätige nach ihrer Stellung im Beruf:

Arbeiter 40 % ; Angestellte und Beamte 48 % ; Selbständige 12 % .

Ca. 60 % aller Erwerbstätigen haben ihren Arbeitsplatz in oder in unmittelbarer Nähe der Landeshauptstadt.

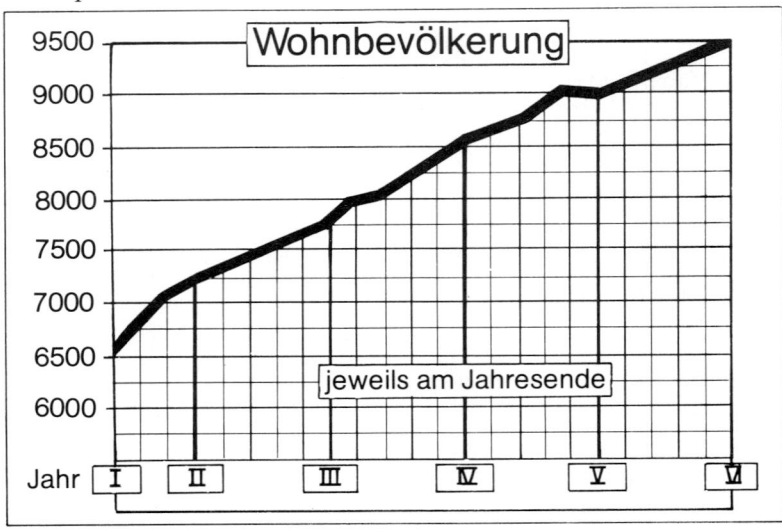

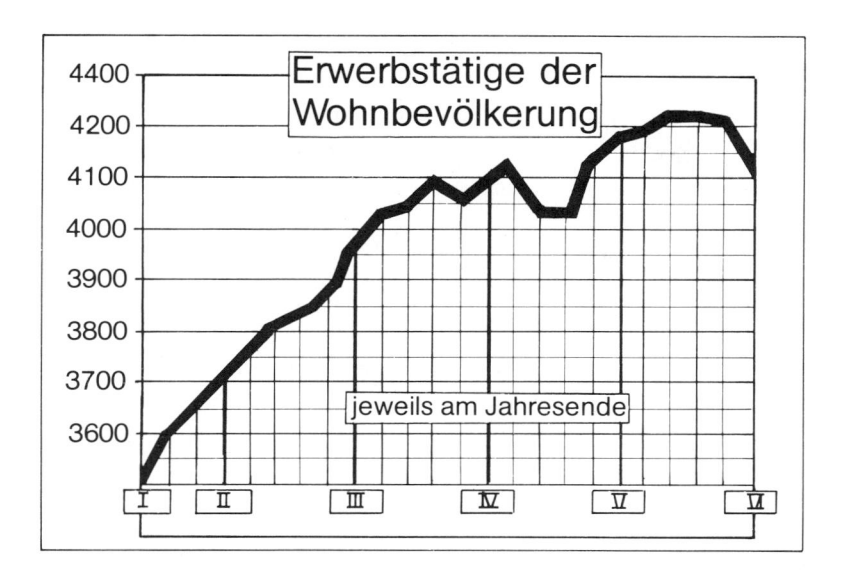

[Diagramm: Erwerbstätige der Wohnbevölkerung – jeweils am Jahresende, Jahre I–VI, Werte ca. 3550 bis 4200]

Entwicklung des Fremdenverkehrs

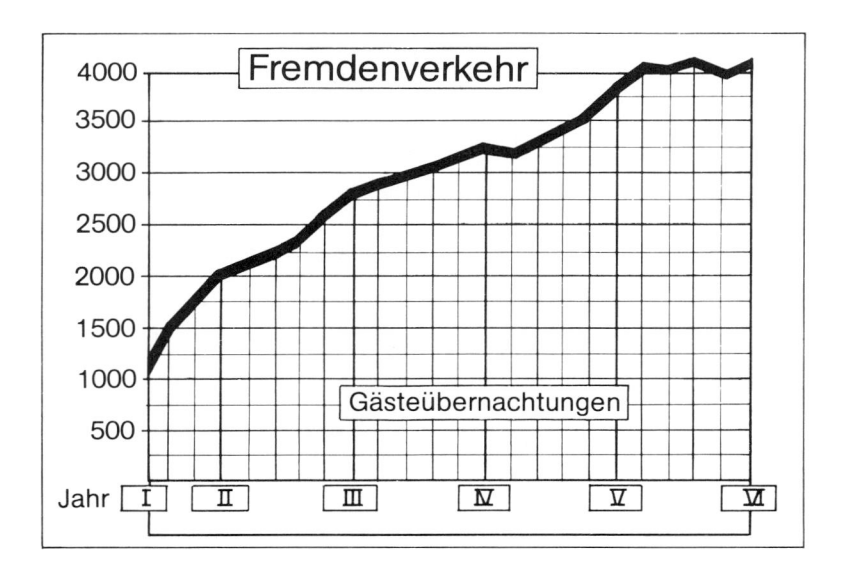

[Diagramm: Fremdenverkehr – Gästeübernachtungen, Jahre I–VI, Werte ca. 1000 bis 4000]

Sonstiges

Im Ort befindet sich eine Drogerie, die auch Filmmaterial und Billig-Kameras verkauft. Die meisten Photoartikel werden von den Bewohnern des Ortes A in der Landeshauptstadt gekauft. Die Werbung des dort ansässigen Photohandels erreicht über die Tageszeitungen die Interessenten in der Gemeinde A.

- 1. Welche Informationen dienen
    a) der Nachfrageanalyse
    b) der Konkurrenzanalyse

- 2. Welche Informationen benötigt die Verkaufsleitung noch, um eine begründete Stellungnahme an die Geschäftsleitung geben zu können?
- 3. Warum kann auch die beste Marktforschung das unternehmerische Risiko nicht ausschließen?

302 *Absatzmethoden — Nachfrageanalyse*

Eine große Lebensmittel-Discountkette beabsichtigt, Gemischtwarengeschäfte mit relativ breitem aber flachen Sortiment in Kundennähe zu eröffnen.

- Welche Informationen würden Sie sich beschaffen, um entscheiden zu können, ob diese Idee realisiert werden soll?

Methoden der Marktforschung

303 *Primärforschung*

Ein Zweiradhersteller beabsichtigt, einen Elektromotor-Roller zu entwickeln. Das Fahrzeug soll in der technischen Leistung einem Mofa entsprechen. Der Elektromotor-Roller soll mit einer Batterie angetrieben werden. Mit einer Ladung soll er einen Aktionsradius von ca. 200 km haben. Die Batterie kann über Nacht mit einem Zusatzgerät aufgeladen werden.

Der Elektromotor-Roller müßte auf dem Markt in Wettbewerb zu Mofas treten. Für die Aufnahme des Elektromotor-Rollers in das Produktionsprogramm werden folgende Argumente vorgebracht:

1.) Im Falle einer Energiekrise wird der Besitzer eines Elektromotor-Rollers davon nicht betroffen.
2.) Der Elektromotor-Roller ist unabhängig von steigenden Benzinpreisen.
3.) Der Elektromotor-Roller ist umweltfreundlich (leise, ohne Abgase).
4.) Der Elektromotor-Roller soll in seiner Form den besonderen Ansprüchen der Frauen gerecht werden.
5.) Der Elektromotor-Roller ist ein wirtschaftliches Einkaufsfahrzeug.
6.) Der Elektromotor-Roller kommt dem wachsenden Bedürfnis der Jugend nach Motorisierung entgegen.
7.) Der Elektromotor-Roller kann zu einem Preis unter 1500,— DM auf den Markt gebracht werden.

1. Die Geschäftsleitung beabsichtigt zur Vorbereitung einer fundierten Entscheidung eine Marktanalyse durchführen zu lassen. Um zu zielgerichteten Fragestellungen zu kommen, sollen Argumente gesucht werden, die gegen die Aufnahme des Elektromotor-Rollers sprechen.

- Suchen Sie Argumente, welche gegen die Aufnahme des Elektromotor-Rollers in das Produktionsprogramm sprechen!

2. Im Rahmen der Primärforschung soll ein ausgewählter Personenkreis befragt werden.

- a) Machen Sie einen begründeten Vorschlag für die Zusammensetzung des Personenkreises, der befragt werden soll!
- b) Wägen Sie ab, ob die Befragung in Form eines Interviews oder schriftlich durchgeführt werden soll!

304 *Polaritätsprofil*

Ein Hersteller von Kameras will die Beweggründe der Käufer untersuchen. Insbesondere sucht er Informationen darüber, ob und welche Kameratypen verbessert werden müssen, um den Erwartungen der Käufer besser zu entsprechen und welche Schwerpunkte in der Werbung zu setzen sind.

Die Einschätzung von Spiegelreflex- und Pocketkameras soll mit Hilfe eines Polaritätsprofils festgestellt werden. Den ausgewählten Testpersonen wird dazu folgender Erhebungsbogen vorgelegt:

Umfrage: Einschätzung von Kameras

Wählen Sie bitte aus jedem aufgeführten Gegensatzpaar von Eigenschaftsmerkmalen (z.B. preisgünstig - teuer) diejenige Eigenschaft aus, welche Ihrer Meinung nach auf die Kamera zutrifft!

Zwischen jedem Gegensatzpaar befindet sich eine Skala; auf ihr können Sie den Grad Ihrer Einschätzung durch Ankreuzen zum Ausdruck bringen.

Beispiel: sympathisch [X | | | | |] unsympathisch
(Skala: 3 2 1 0 1 2 3)

Das Kreuz an dieser Stelle bringt zum Ausdruck: "sehr sympathisch".

Wie schätzen Sie Spiegelreflexkameras ein?

	3	2	1	0	1	2	3	
Hoher Prestigewert								Geringer Prestigewert
Preiswert								Teuer
Formschön								Ungefälliges Äußere
Zuverlässig								Unzuverlässig
Leicht								Schwer
Universell								Einseitig
Handlich								Unhandlich
Unkompliziert								Kompliziert
Gute Bildqualität								Unbefriedigende Bildqualität

Wie schätzen Sie Pocketkameras ein?

	3	2	1	0	1	2	3	
Hoher Prestigewert								Geringer Prestigewert
Preiswert								Teuer
Formschön								Ungefälliges Äußere
Zuverlässig								Unzuverlässig
Leicht								Schwer
Universell								Einseitig
Handlich								Unhandlich
Unkompliziert								Kompliziert
Gute Bildqualität								Unbefriedigende Bildqualität

- 1. Legen Sie Ihre persönliche Einschätzung von Spiegelreflex- und Pocketkameras nach dem Muster des abgedruckten Erhebungsbogens fest!
- 2. Die Erhebung bei hundert Testpersonen führte zu folgendem Ergebnis:

Spiegelreflex-Kamera

Nr. der Spalten →	1	2	3	4	5	6	7	
Einschätzung / Eigenschaften	**3**	**2**	**1**	**0**	**1**	**2**	**3**	Einschätzung / Eigenschaften
Hoher Prestigewert	30	20	20	20	5	3	2	Geringer Prestigewert
Preiswert	6	5	7	19	21	18	24	Teuer
Formschön	1	5	26	32	14	15	7	Ungefälliges Äußere
Zuverlässig	32	27	18	3	5	8	7	Unzuverlässig
Leicht	0	2	3	0	19	35	41	Schwer
Universell	25	22	14	10	10	11	8	Einseitig
Handlich	5	8	17	13	15	19	23	Unhandlich
Unkompliziert	4	6	14	13	31	20	12	Kompliziert
Gute Bildqualität	28	22	20	17	8	2	3	Unbefr. Bildqualität

Pocket-Kamera

Nr. der Spalten →	1	2	3	4	5	6	7	
Einschätzung / Eigenschaften	**3**	**2**	**1**	**0**	**1**	**2**	**3**	Einschätzung / Eigenschaften
Hoher Prestigewert	3	1	2	15	9	25	45	Geringer Prestigewert
Preiswert	27	20	14	12	9	10	8	Teuer
Formschön	51	29	10	5	3	1	1	Ungefälliges Äußere
Zuverlässig	2	6	28	34	11	12	7	Unzuverlässig
Leicht	90	4	6	0	0	0	0	Schwer
Universell	2	2	1	38	10	20	27	Einseitig
Handlich	95	2	0	2	0	1	0	Unhandlich
Unkompliziert	34	21	20	4	5	9	7	Kompliziert
Gute Bildqualität	0	3	4	21	10	8	54	Unbefr. Bildqualität

Aus den beiden Tabellen entstand die folgende Darstellung des Polaritätsprofils für Spiegelreflexkameras und Pocketkameras:

	3	2	1	0	1	2	3	
Hoher Prestigewert		✗			✗			Geringer Prestigewert
Preiswert			✗		✗			Teuer
Formschön		✗		✗				Ungefälliges Äußere
Zuverlässig				✗	✗			Unzuverlässig
Leicht	✗					✗		Schwer
Universell				✗	✗			Einseitig
Handlich	✗			✗				Unhandlich
Unkompliziert			✗		✗			Kompliziert
Gute Bildqualität		✗				✗		Unbefr. Bildqualität

Spiegelreflexkamera ─────────   Pocketkamera ....

- Für welche Zwecke lassen sich die Erkenntnisse dieser Erhebung verwenden?

Absatzpolitik

Absatzplan

| 305 | *Planungsstufen — Absatzstrategische Alternativen — Absatzrisiko*

Die Verkaufsabteilung eines Unternehmens der Getränkeindustrie will für das kommende Geschäftsjahr für die drei Erzeugnisse des Unternehmens einen Absatzplan erstellen.

Die ersten drei Stufen der Absatzplanung sind abgeschlossen:

I. Allgemeine wirtschaftliche Entwicklung
Aufgrund der koordinierten Konjunkturanregung von Bundesregierung und Bundesbank besserte sich das Konjunkturklima durchgreifend. Die Produktion ist inzwischen in vielen Bereichen wieder kräftig angestiegen. Allerdings wurde die Produktion zunächst ohne zusätzliche Arbeitskräfte gesteigert.

II. Branchenentwicklung
Trotz der Rezession, welche der Planungsperiode vorausging, ist der Umsatz in der Getränkeindustrie seit den letzten vier Jahren stetig um durchschnittlich 5 % jährlich gestiegen. Mit dem in der Rezession entwickelten Preisbewußtsein der Verbraucher muß aber weiterhin gerechnet werden. Im Kampf um den Abnehmer wird deshalb die Preispolitik eine erhebliche Rolle spielen.

III. Absatzpolitische Aktivitäten
Die Verkaufsabteilung geht bei ihrer Entscheidung über die absatzpolitischen Aktivitäten von folgenden Daten aus:

Kosten, Kapazität	Erzeugnisse		
	Orangenfruchtsaft (A)	Grapefruitsaft (B)	Mineralwasser (C)
variable Kosten je 100 Stück 0,7 Flaschen (proportional mit Gesamtausbringung)	30,— DM	50,— DM	20,— DM
Fixe Kosten im Jahr (Ohne Kosten der Werbung)	250 000,— DM	200 000,— DM	200 000,— DM
Kapazität des Produktionsapparates im Jahr in 0,7 Flaschen	400 000 Flaschen	300 000 Flaschen	400 000 Flaschen
Erhöhung der fixen Kosten bei einer zusätzl. Produktion von jeweils 50 000 Flaschen	35 000,— DM	32 000,— DM	30 000,— DM
Werbeausgaben im Vorjahr insgesamt 50 000,— DM	—	—	—

A = Orangenfruchtsaft
B = Grapefruitsaft
C = Mineralwasser

Absatzpolitische Alternativen

	Alternative 1: gegenüber dem Vorjahr unveränderte absatzpolitische Maßnahmen			Alternative 2: Preissenkung A Absatzsteigerung A Absatzsteigerung C			Alternative 3: Erhöhung der Ausgaben für Werbung			Alternative 4: Kombination Alternative 2 + 3		
	A	B	C	A	B	C	A	B	C	A	B	C
Absatzerwartungen in Stück	300 000	250 000	350 000	360 000	230 000	360 000	400 000	350 000	370 000	450 000	325 000	360 000
Preis je 0,7 Flasche ohne Umsatzsteuer	1,25	1,60	0,95	1,10	1,60	0,95	1,25	1,60	0,95	1,10	1,60	0,95
Werbung	50 000,—			50 000,—			150 000,—			150 000,—		

- 1. Wie erklären Sie sich, daß die Verkaufsleitung bei der Erstellung des Absatzplanes der Alternative 2 unterstellt, daß der Absatz des Produktes A steigt, jedoch der Absatz von B zurückgeht,
  in der Alternative 3 eine Substitution von B durch A aber nicht annimmt?
- 2. a) Stellen Sie fest, welche der absatzpolitischen Alternativen den höchsten Gesamtgewinn verspricht!
- b) Welche Risiken entstehen für das Unternehmen, wenn sich die Verkaufsleitung für die ermittelte Alternative entscheidet?

Die Werbung

306 *Anzeigenwerbung — Streugebiet — Streukreis*

Die Saatguthandlung Franz Rinkert, 6710 Frankenthal/Pfalz führt außer Saatgut auch Dünge- und Futtermittel. Sie beliefert vorwiegend die Pfalz.

Rinkert will Werbemaßnahmen für die kommende Saison vorbereiten. Er will u. a. in Zeitungen und Zeitschriften für seine Ware werben. Von einem Marketing-Berater erhält er eine Zusammenstellung der in Frage kommenden Werbeträger:

Zeitschrift	Auflage	Verbreitungs-gebiet (Streugebiet)	Leserkreis in % (Streukreis) (Ohne Mehrfachleser) Landwirt	Andere	Anzeigen-Preis für Geschäfts-anzeigen 1/16-Seite DM	Zahl der lesenden pfälzischen Landwirte	Anzeigen-kosten in Pfg. je lesenden pfälzischen Landwirt
Rheinpfalz-Kurier	5 000	Frankenthal u. Umgebung	96	4	100,—		
Bayerisches Landwirt-schaftsblatt	60 000	Pfalz 30% Bayern 60% Hessen 10%	95	5	200,—		
Vorderpfälzische Landwirtschafts-zeitung	35 000	Vorderpfalz	98	2	120,—		
Südwestdeutsche Illustrierte	900 000	Bundesrepublik davon Pfalz 10%	12	88	2 000,—		
Pfälzisches Tageblatt	150 000	Pfalz 90% Bad.-Württ. 7% Hessen 3%	24	76	600,—		
Schülerzeitschrift des Frankenthaler Gymnasiums	1 000	Frankenthal u. Umgebung	3	97	15,—		
Tierärztliche Rundschau	3 000	Bundesrepublik davon Pfalz 5%	2	98	300,—		
Pfälzischer Reitsport	30 000	Vorderpfalz	10	90	80,—		

Rinkert will in zwei der aufgeführten Zeitungen bzw. Zeitschriften werben.
- Wählen Sie die geeigneten aus und begründen Sie Ihre Wahl! (Lassen Sie dabei unberücksichtigt, ob es sich um Monats-, Wochen- oder Tageszeitschriften handelt!)

307 Werbewirksamkeit — Werbebrief

Die Saatguthandlung Rinkert will an ihre Kunden einen Werbebrief senden, um diese auf eine neue Weißkohlsorte „Frühkopf-Spezialzucht" aufmerksam zu machen.

Rinkert beschafft sich Werbebriefe der Konkurrenz. Einer dieser Werbebriefe lautet:

„..... Gönnen Sie sich eine Freude!

Machen Sie einen Versuch mit unseren

Brassica oleracea capitata alba — Saaten mit dem Pluseffekt!

Sie erzielen nur Riesenfrüchte, und ernten ohne jede Mühe! Unsere Saaten bilden dicke Köpfe und bringen sichere Erträge. Sie sind raschwüchsig und dauerhaft, so daß sie als frühe Sorte besondere Bedeutung haben..."

- 1. Beurteilen Sie diesen Werbebrief unter dem Gesichtspunkt der Werbewirksamkeit!
- 2. Rinkert notiert sich für den Werbebrief folgende Gesichtspunkte:

  Umworbene: Bauern, Gärtner, Kleingärtner.

  Werbezeit: Frühjahr, Herbst.

  Kennzeichnung: mittelfrüher Weißkohl, Köpfe rund bis hochrund, schwer, platzfest, dichte Blattlage, kurzstrunkig, steinhart. Preis: 100 g 30,40 DM / 10 g 3,00 DM / 1 Portion —,90 DM.

  Argumente: gute Haltbarkeit; sichere und weit höhere Erträge als „Frühweiß"; gute Marktsorte; Neuzulassung; beste amtliche Beurteilung; große, feste Köpfe von gleichmäßiger Entwicklung.

  Geschäftsprinzipien: termingerechte Lieferung; frühzeitige Bestellung nötig, da vorerst nur geringer Vorrat; scharfe Sortenwahl; Einhaltung der bestellten Sorte.

- Entwerfen Sie den Werbebrief! Vermeiden Sie dabei die Fehler, die der Werbebrief der Konkurrenz enthält!

308 Werbe-Etat — Werbemittel

1. In der **Saatguthandlung Rinkert** wurde bisher der Werbeetat als Prozentsatz aus der Summe von Personalkosten und Wareneinsatz berechnet.

   In Zukunft soll der Werbeetat als Prozentsatz aus dem erwarteten Jahresumsatz ermittelt werden. U. a. wurde auch vorgeschlagen, den Werbeetat auf der Basis des durchschnittlichen Lagerbestandes zu ermitteln.

   Prüfen Sie die Vorschläge!

2. Die **Saatguthandlung Rinkert** veranschlagt für die Werbung im kommenden Geschäftsjahr 100 000,— DM. Bei der Erstellung des Werbeetats soll eine grobe Aufteilung der geplanten Kosten der Werbung auf die einzelnen Werbemittel und Quartale erfolgen.

   Für die Verteilung liegen zwei Vorschläge vor:

Vorschlag 1

	%-Anteil	Schlüssel zur Verteilung auf				Summe der Teile
		Frühjahr	Sommer	Herbst	Winter	
Fernsehwerbung	40%	10	0	0	0	10
Luftwerbung	20%	5	0	5	0	10
Anzeigenwerbung	15%	4	1	3	2	10
Werbedrucksachen	8%	2	2	2	4	10
Ausstellungen	10%	0	0	10	0	10
Reserve	7%	4	2	2	2	10
	100%					

Vorschlag 2

	%-Anteil	Schlüssel zur Verteilung auf				Summe der Teile
		Frühjahr	Sommer	Herbst	Winter	
Anzeigenwerbung	30%	4	1	3	2	10
Werbedrucksachen	35%	2	2	2	4	10
Werbebriefe	15%	6	0	4	0	10
Plakate	10%	3	2	3	2	10
Ausstellungen	5%	0	0	10	0	10
Reserve	5%	4	2	2	2	10
	100%					

- Beurteilen Sie beide Vorschläge!

309 *Gemeinschaftswerbung*

An einer Ortseinfahrt befindet sich ein Emailleschild mit folgender Aufschrift:
„**Saatgut nur vom Fachhandel**".
- 1. Nennen Sie weitere Beispiele für Gemeinschaftswerbung!
- 2. Wer hat dieses Schild anbringen lassen und dafür bezahlt?
- 3. Welche Gründe gibt es für diese Art Werbung?

310 *Werbeerfolgskontrolle — Motivforschung — Wirkungsanalyse absatzpolitischer Instrumente*

Einem Reiseführer für Südtirol liegt eine vorgedruckte Postkarte bei. Der Verlag bittet die Käufer des Reiseführers um Rücksendung dieser Karte (siehe Seite 100).
- 1. Welche dieser Angaben dienen
    a) der Erforschung der Kaufmotive zur Festlegung des künftigen Verlagsprogramms,
    b) der Kontrolle des Werbeerfolgs?
  2. Der Verlag stellt fest, daß nur sehr wenige Käufer des Reiseführers die Karte zurückgesandt haben.
- Was würden Sie vorschlagen, um bei dieser Umfrageaktion mehr Erfolg zu erzielen?

> Zum Kauf dieses Reiseführers wurde ich angeregt durch (Zutreffendes unterstreichen):
> 1. Anzeige in folgender Zeitung oder Zeitschrift: _____
> 2. Hinweis in folgender Zeitung oder Zeitschrift: _____
> 3. Besprechung in folgender Zeitung oder Zeitschrift: _____
> 4. Hinweis oder Besprechung im Rundfunk
> 5. Anzeige in anderen Büchern
> 6. Schaufensterauslage
> 7. Persönliche Empfehlung meines Buchhändlers
> 8. Ansichtssendung einer Buchhandlung
> 9. Auslage in Ausstellung: _____
> 10. Empfehlung durch Bekannte oder Freunde
> 11. Interesse am behandelten Thema
> 12. Vorliebe für den Verfasser
> 13. Interesse am Verlagsprogramm
> 14. Umschlagbild des Schutzumschlages
> 15. Prospekt über das Verlagsprogramm
> 16. Prospekt meines Buchhändlers
> 17. Ich erhielt den Reiseführer geschenkt
> 18. Ich kaufte den Reiseführer in der Buchhandlung: _____
> 19. Ich reise meistens mit Auto, Eisenbahn oder: _____
> 20. Ich habe schon folgende Reiseführer des Verlags: _____
> 21. Ich interessiere mich besonders für: _____
>
> Name: _____ Vorname: _____ Beruf: _____
> Anschrift: ( )

311   *UWG — RabG — ZugabeVO — Preisangaben VO*

- 1. In welchem der folgenden Fälle hat sich der Kaufmann im Konkurrenzkampf unerlaubter Mittel bedient?
  Begründen Sie Ihre Entscheidung!

    a) Ein Damenkleid steht mit der Hälfte des üblichen Preises ausgezeichnet im Schaufenster eines Textilkaufhauses. Es ist bereits verkauft, worauf aber nicht hingewiesen ist. Weitere Kleider sind zu diesem Preis nicht vorhanden.   UW § 3

    b) Ein Schuhhändler verkauft Ladenhüter zum halben Preis.   §§ 1,

    c) Schaufensterankündigung und Bekanntmachung in der Presse: „Räumungsverkauf wegen Geschäftsaufgabe". In Wirklichkeit wird das Geschäft vom Sohn übernommen.   § 8

    d) Ankündigung von Preisen weit unter dem Einkaufspreis, um einen Wettbewerber aus dem Feld zu schlagen.   § 1

    e) Ankündigung: „Nur noch wenige Exemplare"; wirkliche Lage: Umfangreicher Lagerbestand.   § 3

    f) Ein Weinhändler mit einem sehr kleinen Weinlager zeigt auf seinen Angeboten die Abbildung einer Großkellerei.   § 3

    g) Ankündigung: „Unverbindlicher Richtpreis des Herstellers: 300,— DM, bei mir 250,— DM".   § 6

    h) Ankündigung: „Im Gegensatz zur **Firma Gäckle** verwenden wir nur Frischeier zur Herstellung unserer Teigwaren".   § 1

    i) Bericht einer Warentestzeitung: „Die **Firma Gäckle** verwendet bei der Herstellung ihrer Teigwaren Eipulver, die **Firma Kummer** dagegen Frischeier".   § 1

    k) Ankündigung eines Lebensmittel-Einzelhandelsgeschäftes in der Zeitung: „Wir gewähren allen Kunden bei Barzahlung 4% Skonto...".   Rabat §§ 1

l) Auszug aus den Zahlungsbedingungen eines Lebensmittel-Großhändlers: „Wir gewähren allen Wiederverkäufern bei Barzahlung 4% Skonto ..." RabattG § 1

m) Werbung mit der Schlagzeile: „Wir führen nur echte Lederwaren!" Das Geschäft verkauft auch Erzeugnisse aus Kunststoff. UWG § 3

n) Der Sohn eines Fabrikanten tritt unter falschem Namen in die Firma eines Konkurrenten seines Vaters ein, um Fabrikationsgeheimnisse zu erfahren. § 17

o) Ein Fabrikant läßt sich unter Angabe eines falschen Namens auf der Industriemesse in Hannover die Erzeugnisse seines Konkurrenten auf dessen Stand erklären. Zugabe VO § 1

p) Ein Lebensmittel-Einzelhändler gibt Sammelgutscheine an seine Kunden, die er in ein Kaffeeservice „Echt Rosenthal" eintauscht.

q) Ein Lebensmittel-Großhändler schickt ein Kaffeeservice „Echt Rosenthal" als Weihnachtsgeschenk an seine Kunden. § 1

- 2. Prüfen Sie in den in Frage kommenden Fällen der Aufgabe Nr. 1, ob und gegebenenfalls wie der Geschädigte
    a) verhindern kann, daß der unerlaubte Wettbewerb fortgesetzt wird,
    b) erreichen kann, daß ihm ein entstandener Schaden ersetzt wird,
    c) Strafantrag stellen kann!

Produktstrategie

| 312 | *Produktionsprogramm — Handelssortiment — Sortimentsbreite und -tiefe — Diversifikation — Produktplanung — Deckungsbeitragsrechnung* |

Die Möbelschreinerei **Anton Storz, Murrhardt/Württemberg,** ist Hersteller von
— Einbau-Wohnmöbeln in Einzelfertigung
— Standard-Stühlen und -Tischen
— Serienteilen für Kinderzimmermöbel
— Lagerregalen für Betriebe und Privathaushalte in drei Grundtypen

Neben seiner Möbelschreinerei betreibt **Storz** einen Möbeleinzelhandel, in dem er auch vom Hersteller bezogene Möbel und Polstergarnituren verkauft.
In letzter Zeit sind die Aufträge für Lagerregale zurückgegangen. **Storz** plant deshalb, sein Produktionsprogramm und evtl. sein Handelssortiment zu verändern.

1. **Storz** liest in der Zeitung, daß sich die Spielwarenbranche in den Bereichen Hobby, Basteln, Modellbau und Fitnessgeräte Hoffnungen auf eine starke Umsatzbelebung macht. Er überlegt deshalb, ob er in sein Produktionsprogramm ein neues, aus Holz herzustellendes Sportgerät aufnehmen kann.

- a) Berücksichtigt die Aufnahme eines solchen Sportgerätes die Grundsätze für die Gestaltung von Produktionsprogrammen: Kundentreue — Materialtreue — Wissenstreue?

- b) Halten Sie es für sinnvoll, sich bei Gestaltung von Produktionsprogrammen an diesen Grundsätzen zu orientieren?

- 2. Welche Vorteile hat die mit der Aufnahme der Sportgeräte in das Produktionsprogramm eintretende Diversifikation gegenüber einer größeren Breite oder Tiefe des Möbelsortiments?

- 3. **Storz** entschließt sich, ein Spiel- und Sportgerät in sein Produktionsprogramm aufzunehmen. Das neue Produkt soll unter der Bezeichnung VELOBIL vertrieben werden. Die Kapazität der Fertigungsanlagen soll zunächst nicht erweitert werden. Da aber die Nachfrage nach Lagerregalen rückläufig ist, wird überlegt, ob die Velobilherstellung an die Stelle der Produktion der Lagerregale treten kann.

Storz will von den drei Regal-Grundtypen R 01, R 02 und R 03 vorläufig nur einen Typ aus dem Produktionsprogramm herausnehmen.

- Nennen Sie Gründe, welche Storz veranlassen, zunächst nur einen Regaltyp aus seinem Produktionsprogramm herauszunehmen?

4. Für die Entscheidung, welcher Regaltyp aus dem Produktionsprogramm herausgenommen werden soll, stehen folgende Informationen zur Verfügung:

	Typ R 01	Typ R 02	Typ R 03
Verkaufspreis	360,—	460,—	630,—
Proportionale Kosten je Einheit	157,—	225,—	331,—
Fixe Kosten je Einheit	142,—	201,—	299,—
Selbstkosten je Einheit	299,—	426,—	630,—
Gewinn je Einheit	61,—	34,—	—,—

	Typ R 01	Typ R 02	Typ R 03
Verkaufspreis	360,—	460,—	630,—
Proportionale Kosten je Einheit	157,—	225,—	331,—
Deckungsbeitrag je Einheit	203,—	235,—	299,—

Anmerkung: Die fixen Kosten je Einheit beziehen sich auf die durchschnittliche Produktionsmenge der letzten Periode. Die Produktionszahlen aller 3 Typen waren annähernd gleich.

- Welchen Regal-Typ würden Sie aufgrund obiger Informationen künftig nicht mehr weiterproduzieren?

Distributionspolitik

313 *Einsatz von Handelsvertretern und Reisenden — Absatzkontrolle*

Die Möbelschreinerei **Storz** will als neues Produkt das Sportgerät VELOBIL herstellen.

Nach der Phase der Produktgestaltung werden zu Testzwecken 50 Geräte hergestellt und im eigenen Möbelhaus verkauft, das an der Bundesstraße steht.

Der Test führt zu einem positiven Ergebnis. Deshalb soll der Verkauf innerhalb eines Absatzgebietes in der Größe eines Bundeslandes gestartet werden. **Storz** will wissen, wieviele Vertreter bzw. Reisende er für den Absatz des VELOBILS in dem geplanten Gebiet einsetzen muß. Für die Entscheidungsfindung hat er folgende Informationen:

Umsatzgröße in Tsd. DM	Anzahl der Betriebe	Erwünschte Besuchszahl je Betrieb im Jahr	Gesamtzahl der erforderlichen Vertreterbesuche
bis 70	933	3	
bis 100	325	5	
über 100	3	10	
	1 261		

Ein Vertreter kann in dieser Branche 2 100 Besuche im Jahr machen.

- 1. a) Stellen Sie fest, wieviele Vertreter zur Bearbeitung dieses Absatzgebietes notwendig wären!

b) Wie erklären Sie sich, daß einige Betriebe dreimal, andere zehnmal besucht werden sollen?

2. **Storz** rechnet mit einem monatlichen VELOBIL-Umsatz zwischen 22 000,— DM und 32 000,— DM je Vertreter bzw. Reisenden.

Storz überlegt sich, ob er reisende Angestellte oder Vertreter auf Provisionsbasis für die Bearbeitung des Absatzgebietes einsetzen soll.

Ein Reisender erhält ein Monatsgehalt von 3 000,— DM brutto, außerdem gleichbleibende Vertrauensspesen in Höhe von 1 600,— DM für die Reisekosten. Ein Vertreter erhält 20% Provision vom Umsatz.

- a) Von welchem Monatsumsatz an lohnt sich der Einsatz eines Reisenden anstelle eines Handelsvertreters?
- b) Tragen Sie auf die senkrechte Achse eines Koordinatensystems die Kosten (1 cm = 1 000,— DM) und auf der waagrechten Achse die Umsätze (1 cm = = 4 000,— DM) ein!

  Zeichnen Sie in das Schaubild die vom Umsatz unabhängigen Kosten des Reisenden in Höhe von 4 600,— DM und die umsatzabhängigen Kosten des Vertreters (bis zu Umsätzen von 48 000,— DM) ein!

  Prüfen Sie, ob die zeichnerische Lösung mit Ihrer rechnerischen übereinstimmt!

- c) Der Reisende verlangt anstelle seiner Vertrauensspesen von 1 600,— DM eine Umsatzprovision von 10%.

  Zeichnen Sie in ein Koordinatensystem mit der gleichen Einteilung wie in b) wiederum die Kosten des Reisenden und die Kosten des Vertreters ein!

  Bestimmen Sie aus der Zeichnung den Umsatz, bei dem sich unter diesen Bedingungen der Einsatz eines Reisenden zu lohnen beginnt!

  Kontrollieren Sie Ihre Lösung rechnerisch!

3. **Storz** übernimmt den Vertrieb eines weiteren Sportgerätes.

In der Absatzstatistik finden sich nach einigen Jahren folgende Zahlen:

Jahr	VELOBIL: Preis je Stück: 150,— DM			Sportgerät: Preis je Stück: 250,— DM			VELOBIL + Sportgerät		
	Absatz	Umsatz DM	Gewinn DM	Absatz	Umsatz DM	Gewinn DM	Gesamt-umsatz DM	Gesamt-gewinn DM	Gewinn in % des Umsatzes (Umsatz-Rentabilität)
1	3000	450 000	150 000	2000	500 000	50 000	950 000	200 000	21,05%
2	2900	435 000	145 000	2500	625 000	62 500	1 060 000	207 500	19,58%
3	2800	420 000	140 000	3000	750 000	75 000	1 170 000	215 000	18,38%
4	2700	405 000	135 000	3500	875 000	87 500	1 280 000	222 500	17,38%
5	2600	390 000	130 000	4000	1 000 000	100 000	1 390 000	230 000	16,55%

Veränderung in %		Von Jahr			
		1 auf 2	2 auf 3	3 auf 4	4 auf 5
VELOBIL	Umsatz	− 3 1/3 %	− 3,45%	− 3,57%	− 3,7 %
	Gewinn	− 3 1/3 %	− 3,45%	− 3,57%	− 3,7 %
Sportgerät	Umsatz	+ 25 %	+ 20 %	+ 16 2/3 %	+ 14,28%
	Gewinn	+ 25 %	+ 20 %	+ 16 2/3 %	+ 14,28%
Gesamt-	Umsatz	+ 11,58%	+ 10,38%	+ 9,4 %	+ 8,59%
	Gewinn	+ 3,75%	+ 3,61%	+ 3,49%	+ 3,48%

- Wie erklären Sie sich die unterschiedliche Veränderung von Gesamtumsatz und Gesamtgewinn?
4. **Storz** führt diese Entwicklung auf den stärkeren Einsatz der Vertreter für das Sportgerät zurück.
- a) Wie erklären Sie sich dieses Verhalten der Vertreter?
- b) **Storz** schlägt seinen Vertretern aufgrund dieser Zahlen vor, die Vertreterprovision auf der Basis des mit dem Artikel zu erzielenden Gewinns zu berechnen.
- Warum?

314 *Rechtsstellung des Handelsvertreters*

Der Elektroinstallateur **Hermann Ladis**, 7400 Tübingen, entwickelte eine neuartige und preiswerte Rolladen-Einbruchsicherung. Beim Versuch, den Rolladen von außen hochzuschieben, ertönt ein Sirenenton; gleichzeitig wird der Rolladen blockiert. **Ladis** meldet das Gerät beim Patentamt in München zum Patent an. Er will das Gerät unter der Bezeichnung ROLLOBLOCK verkaufen.

Ladis bezieht die Einzelteile seines Gerätes und übernimmt selbst Montage und Vertrieb des ROLLOBLOCKS.

1. Ein Vertreter für Heimwerkzeuge und Bastelartikel erfährt von dem Gerät und schreibt an Herrn **Ladis** folgenden Brief:

```
Aus der Zeitung habe ich von Ihrer Einbruchsicherung
"ROLLOBLOCK" erfahren. Ich erlaube mir deshalb, Ihnen meine
Dienste für Nordrhein-Westfalen anzubieten.

Der Sitz meiner Vertretung ist 4 Düsseldorf, Ürdinger Straße 3.

Seit Jahren habe ich in diesem Bezirk die Alleinvertretung
für Sicherheitsschlösser. Dadurch habe ich beste Verbindungen
zu den Fachgeschäften des Bezirks. Es wird mir daher möglich
sein, Ihr Gerät dort rasch einzuführen.

Ich denke daran, daß Sie mir als Bezirksvertreter die Allein-
vertretung für ROLLOBLOCK im Bezirk Nordrhein-Westfalen über-
tragen und mir 20 % Provision gewähren.

Über meine bisherige Verkaufstätigkeit gibt Ihnen die Firma
Unger, 85 Nürnberg, Goethestr. 13, gerne Auskunft. Ich em-
pfehle mich Ihnen und hoffe auf einen günstigen Bescheid.

Hochachtungsvoll
```

Herrn **Ladis** liegt bereits das Angebot eines anderen Vertreters vor, der ausschließlich seinen ROLLOBLOCK in der gesamten Bundesrepublik verkaufen möchte.

- Für welchen Vertreter würden Sie sich anstelle von Herrn **Ladis** entscheiden?

2. Herr **Ladis** entscheidet sich aufgrund der günstigen Auskunft der **Firma Unger** und einer persönlichen Vorstellung des Vertreters dafür, **Herrn Utz** mit dem Verkauf des ROLLOBLOCKS zu den von ihm genannten Bedingungen zu beauftragen.

    Utz vertritt auch die HEIMAG, Fabrik für Heimwerkzeuge.

    Diese erfährt von der Übernahme der Vertretung für ROLLOBLOCK. Sie weist **Utz** darauf hin, daß es ihm nach den gesetzlichen Bestimmungen nicht erlaubt sei, diese Vertretung noch zusätzlich zu übernehmen.

- a) Prüfen Sie, ob dies richtig ist!   HGB § 86 I
- b) Bringt es den vertretenen Firmen Nachteile, wenn ein Vertreter mehrere Vertretungen nebeneinander hat?

3. Nach 10 Tagen sendet **Utz** die ihm in dieser Zeit erteilten Aufträge an **Ladis**. Dieser schreibt ihm daraufhin, daß er täglich seine Abschlüsse an ihn weitergeben müsse.   § 86 II

- Kann **Ladis** dies mit Berechtigung fordern?

4. Aufgrund eines Auftragscheines von Utz hat **Ladis** an die **Firma Haushalt Griebel** 100 ROLLOBLOCKS zu 70,— DM je Stück geliefert. Trotz mehrmaliger Mahnung zahlt **Griebel** nicht. **Ladis** verweigert deshalb **Herrn Utz** die Provision aus diesem Auftrag.

- a) Wer machte bei diesem Kaufvertrag den Antrag, und wer gab die Annahmeerklärung ab, wenn im Vertretervertrag aa) über den Umfang der Vollmacht nichts vereinbart ist, bb) **Utz** Abschlußvollmacht erteilt worden wäre?   § 91a
- b) Verweigert **Ladis** die Provisionszahlung zu Recht?   § 87a

5. **Ladis** hat in die Provisionsabrechnung einen Auftrag nicht aufgenommen, der ihm ohne Vermittlung von **Utz** aus dessen Bezirk Nordrhein-Westfalen zugegangen ist. Der Vertrag wurde von beiden Vertragspartnern bereits erfüllt.

- Hat **Utz** Anspruch auf Provision aus diesem Geschäft?   § 87 II

6. **Ladis** kann einen von **Utz** vermittelten und von ihm angenommenen größeren Auftrag mit einem Brutto-Verkaufspreis von 6720,— DM nicht ausführen, weil seine Produktionsstätte noch nicht genügend ausgebaut ist.

    In den Lieferungs- und Zahlungsbedingungen wird den Kunden bei Abnahme von mindestens 100 Stück 10% Rabatt und bei Zahlung innerhalb 14 Tagen 3% Skonto zugesichert.

- a) Muß **Ladis** Provision zahlen, obwohl der Auftrag nicht ausgeführt werden konnte?   § 87a III
- b) Aus welchem Betrag wäre die Provision zu errechnen, wenn **Ladis** zur Zahlung verpflichtet wäre?   § 87b II
- c) In welchen zeitlichen Abständen kann **Utz** Abrechnung seiner Provision verlangen?   § 87c I

7. Aufgrund von Vergleichen mit den Erfolgen seiner anderen inzwischen beauftragten Vertreter hat **Ladis** den Eindruck, daß sich **Utz** nicht ausreichend um Aufträge bemüht.

    Er stellt ihm deshalb von ihm ausgewählte Kundenanschriften zu mit der Anweisung, diese Kunden innerhalb 8 Tagen zu besuchen und über den Erfolg seiner Bemühungen zu berichten.

- Muß **Utz** diese Weisung befolgen?   §§ 84, 86

8. **Utz** erfährt bei einem Kundenbesuch, daß dieser Kunde vor 6 Wochen **Ladis** einen größeren Auftrag erteilt hat. **Utz** hat über diesen Auftrag noch keine Provisionsabrechnung erhalten.

   Da er befürchtet, daß noch weitere Direktaufträge nicht abgerechnet worden sind, beauftragt er einen Wirtschaftsprüfer aus Reutlingen, die Auftragseingänge bei **Ladis** nachzuprüfen.

- Muß **Ladis** dem Wirtschaftsprüfer die Einsichtnahme gestatten?   HGB § 87c

9. **Utz** verlangt von **Ladis** Inkasso-Vollmacht und verpflichtet sich, für den Eingang der Forderungen aus seiner Vermittlungstätigkeit die Haftung zu übernehmen.

   Er verlangt dafür 3 % Delkredere-Provision und 2 % Inkasso-Provision.

- Überlegen Sie, ob die Übertragung der Inkasso-Vollmacht und des Ausfallwagnisses auf den Handelsvertreter für den Unternehmer zweckmäßig ist!   § 86 b

10. **Ladis** lehnt die Forderung von **Utz** ab.

    Darauf kündigt **Utz** am 18. d. M.

    Wie lange muß er mindestens noch für **Ladis** tätig sein, wenn er

- a) 2 Jahre,   § 89
- b) 5 Jahre für ihn gearbeitet hat?   § 89

11. Bei seinem Ausscheiden verlangt **Utz** eine Ausgleichszahlung. Die von ihm in den letzten 5 Jahren bezogenen Provisionen betrugen:

    68 000,— DM; 116 000,— DM 120 000,— DM; 104 000,— DM 92 000,— DM.

- a) Prüfen Sie, ob für **Utz** die Voraussetzungen für den Ausgleichsanspruch gegeben sind!   § 89 b
- b) Weshalb hat der Gesetzgeber in § 89 b HGB einem ausscheidenden Handelsvertreter einen Ausgleichsanspruch zuerkannt?
- c) Wie hoch wäre der Ausgleichsanspruch des **Herrn Utz** höchstens, wenn die Voraussetzungen gegeben wären?   § 89 b

---

315   *Verkaufskommissionär — Rechte und Pflichten*

Der **Kommissionär Carl-Maria Pieroth, 8000 München**, übernimmt für Kunstmaler den Verkauf ihrer Arbeiten. Die zu verkaufenden Werke stellt er in seinen Galerien aus.

- 1. a) Warum kauft **Pieroth** die Arbeiten den Künstlern nicht ab?   HGB
- b) Wer ist Eigentümer, wer Besitzer der von **Pieroth** übernommenen Bilder?   § 38

2. Am 22. 9. d. J. verkauft **Pieroth** im eigenen Namen ein Bild des **Kunstmalers Muraro an Herrn Fritz Axer, 8012 Ottobrunn** bei München, zum Preis von 1 200,— DM gegen eine Anzahlung von 200,— DM. Der Rest soll in 3 Monaten gezahlt werden. Der Maler **Muraro** hat Zielverkäufe bis zu einem Ziel von 3 Monaten grundsätzlich erlaubt.

- a) Zwischen welchen Personen wurde der Kaufvertrag über das Bild abgeschlossen?
- b) Wer ist nach der Übergabe an den Käufer **Axer** Eigentümer des Bildes?   § 38

3. **Muraro** erfährt erst am 21. 12. d. J., daß das Bild verkauft wurde.

   a) Er beklagt sich bei **Pieroth**, daß ihm der Verkauf nicht mitgeteilt und die Anzahlung noch nicht überwiesen wurde.

- Prüfen Sie, ob **Pieroth** nach den gesetzlichen Bestimmungen zur Benachrichtigung und sofortigen Auszahlung des Geldes verpflichtet gewesen wäre!   § 384

- b) **Muraro** geht selbst zu **Axer**, dem Käufer des Bildes, dessen Anschrift er von **Pieroth** erfahren hat, und verlangt Bezahlung des Restkaufpreises.   HGB § 392 I
- Kann er das verlangen?
- 4. Bei einem anderen Verkauf erlöste **Pieroth** 2 000,— DM. Er überweist dem Künstler 1 350,— DM. Neben der Provision hat er seine Auslagen für Versicherung (20,40 DM), Transportkosten (8,45 DM) und anteilige Verwaltungskosten (21,15 DM) abgesetzt.
- a) Wieviel Prozent Provision hat **Pieroth** berechnet?   § 396 II
- b) Hat **Pieroth** richtig abgerechnet?   BGB § 670

316   *Kommissionsgeschäft*

Ein Kaufhausunternehmen vereinbart mit dem Hersteller den Verkauf neuartiger Sonnenschutzbrillen im eigenen Namen auf Rechnung des Herstellers, um das Absatzrisiko zu vermeiden.

- 1. Nach welchen gesetzlichen Bestimmungen wird dieses Geschäft abgewickelt?   HGB § 406 I
- 2. Ist das Kaufhausunternehmen Kommissionär im Sinne des Gesetzes?   § 383

317   *Rechte und Pflichten des Zivilmaklers*

In einer Hamburger Tageszeitung findet sich folgende Anzeige:

> **Einfamilienhaus**
> 6 Zimmer, Küche, Bad
> Baujahr 1964 in
> **Hamburg-Ohlsdorf**
> zu verkaufen.
>
> Verhandlungsbasis 865 000,— DM
>
> Angebote an John Struve
> Schönefelder Straße 41
> 2102 Hamburg-Wilhelmsburg

Aufgrund dieser Anzeige erbietet sich der **Haus- und Grundstücksmakler Will R. Anello, 2 Hamburg 13**, Rothenbaumchaussee 26, Käufer für das Haus zu vermitteln.

- 1. Beurteilen Sie, ob es Struve Vorteile bringt, wenn er einen gewerblichen Vermittler einschaltet!
- 2. Nach persönlicher Rücksprache mit **Anello** gibt ihm **Struve** schriftlich den Alleinauftrag zum Verkauf des Hauses.
  Anello weist einen Käufer nach, der dem Verkäufer **Struve** jedoch als unsicherer Zahler erscheint. Er lehnt deshalb den Verkauf des Hauses an diesen Käufer ab.
  Anello verlangt von **Struve** Provision für erfolgreiche Vermittlung.
- Muß **Struve** zahlen?   BGB § 652

3. Später bringt der **Makler Anello** einen zahlungskräftigen Käufer, mit dem der Verkäufer **Struve** einverstanden ist.

   Struve unterschreibt ein ihm am 18. 6. d. J. von **Anello** vorgelegtes bindendes Verkaufsangebot, der Käufer einen eigenen verbindlichen Kaufauftrag. Am 23. 6. d. J. erfolgt die notarielle Beurkundung. Die Bezahlung soll nach Eintragung des Verkaufs ins Grundbuch, frühestens jedoch am 30. 6. d. J. erfolgen.

   BGB
- a) An welchem Tag wurde der Kaufvertrag rechtsgültig abgeschlossen?   § 313
- b) Wer sind die Vertragspartner?
- c) Wann kann der **Makler Anello** frühestens eine Provision verlangen?   § 652
- 4. Wo finden Sie die gesetzlichen Vorschriften für
   a) die Tätigkeit des Haus- und Grundstücksmaklers,
   b) die Tätigkeit eines Maklers, der gewerbsmäßig den Verkauf von Gebrauchtwagen vermittelt?
- 5. **Struve** streitet mit dem Käufer seines Hauses darüber, wer die Vergütung des Maklers zu bezahlen hat.   § 652
- Wer hat zu zahlen?

---

318   *Einzelhandel — Großhandel*

Die Erzeugnisse der Uhrenfabrik Chronos-AG werden in 8000 Einzelhandelsgeschäften geführt. Bisher wurden die Einzelhändler direkt beliefert.

1. Im Rahmen von Rationalisierungsmaßnahmen soll untersucht werden, ob durch Zwischenschaltung des Großhandels die Gesamtkosten gesenkt werden können.
- Prüfen und begründen Sie, ob in den folgenden Abteilungen durch diese Änderung des Absatzweges Arbeitskosten eingespart werden können!

   Entwicklung, Arbeitsvorbereitung, Fertigung, Kalkulation, Fertigwarenlager, Werbung, Verkauf, Versand und Fuhrpark, Buchhaltung, Mahnabteilung, Statistik.

- 2. Beurteilen Sie die Zwischenschaltung des Großhandels
   a) vom Standpunkt der Uhrenfabrik
   b) vom Standpunkt eines Einzelhändlers mit kleinem Uhrenumsatz!
- 3. „Der Großhandel ist überflüssig und verteuert lediglich die Ware."
- Nehmen Sie zu dieser Behauptung Stellung!

---

319   *Reisender — Handelsvertreter — Verkaufskommissionär — Makler — Händler*

- 1. Welche der in der Tabelle aufgeführten Merkmale treffen jeweils für den Reisenden, den Handelsvertreter, den Verkaufskommissionär, den Makler und für den Händler zu?

	Verhältnis zum Auftraggeber		handelt				ist beauftragt		übernimmt		erhält		
			in		für								
	abhängig	selbständig	eigenem Namen	fremden Namen	eigene Rechnung	fremde Rechnung	vermittelt	schließt ab	ständig	nicht ständig	Absatzrisiko	kein Absatzrisiko	Provision	Gehalt	Gewinn
Reisender															
Handelsvertreter															
Verkaufskommissionär															
Makler															
Händler															

- 2. Definieren Sie den Reisenden, den Handelsvertreter, den Verkaufskommissionär, den Makler, den Händler!

320 *Versteigerung — Einschreibung*

Wolle wird von den Erzeugern an den Versteigerungsort gebracht, dort in handelsüblichen Mengen (Lose) eingeteilt und von gewerbsmäßigen Versteigerern verkauft. Das Gebot der Käufer erfolgt durch Zuruf.
Bei Tabak werden üblicherweise für die genau bezeichneten „Partien" Gebote in verschlossenem Briefumschlag abgegeben (Einschreibung).
Der Meistbietende erhält vom Versteigerer den Zuschlag.

- 1. Wie unterscheidet sich die Marktstellung des Käufers bei Versteigerung und Einschreibung?
- 2. Warum werden gerade land- und forstwirtschaftliche Erzeugnisse, nicht aber Erzeugnisse der Industrie durch Versteigerung oder Einschreibung abgesetzt?

321 *Warenbörse (Angebot, Nachfrage, Gleichgewichtspreis)*

1. Auf einer Warenbörse erhält der Makler folgende Aufträge:

   Angebot: 120 000 kg bestens
   Nachfrage: A 10 000 kg limit (höchstens) 4,40 DM je kg
   B 30 000 kg limit (höchstens) 5,— DM je kg
   C 20 000 kg limit (höchstens) 4,60 DM je kg
   D 40 000 kg limit (höchstens) 4,90 DM je kg
   E 50 000 kg limit (höchstens) 4,70 DM je kg

- a) Welcher Preis bringt Angebot und Nachfrage zum Ausgleich?
  Zur Lösung können Sie eine Tabelle folgenden Musters benützen!

Preis für 1 kg DM	Angebot in 1 000 kg	Nachfrage in 1 000 kg					
		A	B	C	D	E	insgesamt
4,40							
4,60							
4,70							
4,90							
5,00							

- b) Zwischen welchen Grenzen müßte der Preis vom Makler festgesetzt werden, wenn das Angebot 130 000 kg statt 120 000 kg betragen würde?

2. An einem anderen Börsentag erhält der Makler folgende Aufträge:

Angebot:
30 000 kg bestens
10 000 kg limit 4,50 DM je kg
40 000 kg limit 4,60 DM je kg
20 000 kg limit 4,80 DM je kg
50 000 kg limit 5,10 DM je kg

Nachfrage:
40 000 kg billigst
30 000 kg limit 4,40 DM je kg
20 000 kg limit 4,60 DM je kg
20 000 kg limit 4,80 DM je kg
20 000 kg limit 4,90 DM je kg
10 000 kg limit 5,— DM je kg

- Überprüfen Sie anhand der für die Marktsituation gegebenen Daten die Behauptung: „Der Börsenpreis ist der Preis, der den größten Umsatz zuläßt."

Zur Lösung kann eine Tabelle nach folgendem Muster hilfreich sein:

Preis in DM je kg	Angebot	Nachfrage	Umsatz
4,40			
4,50			
4,60			
4,80			
4,90			
5,—			
5,10			

3. Im Wirtschaftsteil der Zeitungen wird im Bericht über die Warenbörsen meist die Notierung folgender Waren veröffentlicht:
   NE-Metalle: Blei, Zink, Zinn, Kupfer, Gold;
   Landesprodukte: Kaffee, Zucker, Baumwolle, Weizen.

- Warum sind diese Waren für den börsenmäßigen Handel besonders geeignet?

322 | Hedgegeschäft

Die Baumwollspinnerei **Carl Lohmann**, 7333 Ebersbach (Fils), hat am 18. 6. d. J. mehrere große Aufträge erhalten, die im Januar n. J. ausgeführt werden müssen.
Sie kauft deshalb im Juni d. J. 50 Ballen = 11 000 kg (Schluß- oder Kontrakteinheit) Baumwolle zum Preis von 4,071 DM je kg für Lieferung Okt. d. J.

- 1. a) Warum kauft Lohmann die Baumwolle bereits fünf Monate bevor er sie auf Lager nehmen will?
- b) Welches Risiko geht er dabei ein?
- 2. Der Loco-Preis der Baumwolle im Juni beträgt 3,931 DM je kg. (Loco-Ware ist sofort zu liefern und zu bezahlen).
  Der Termin-Preis für Baumwolle beträgt bei Abschluß des Vertrages im Juni d. J. für Lieferung Oktober d. J. 4,071 DM je kg.
  (Beim Terminkontrakt muß die Ware erst „zum Termin angedient" und bezahlt werden.)
- a) Warum ist im Juni der Preis für Loco-Ware ein anderer als der für Lieferung der Ware im Oktober?
- b) Warum werden Termingeschäfte vorwiegend nach Typen oder Standards und nicht nach Muster wie die Loco- oder Kassa-Geschäfte abgeschlossen?
- 3. Im Oktober d. J. ist der Loco-Preis der Baumwolle 3,852 DM je kg.
- Wer hat an diesem Geschäft gewonnen, wer verloren und wieviel?
- 4. Im Juni **verkaufte Lohmann** 50 Ballen Baumwolle = 11 000 kg zum Termin Oktober zu 4,071 DM je kg. In dem Terminkontrakt wurde vereinbart, daß anstelle effektiver Warenlieferung der Ausgleich der Differenz zwischen dem vereinbarten und dem Tagespreis in Geld möglich ist.
- Was hat **Lohmann** mit der Koppelung eines Kauf- mit einem Verkaufsgeschäft zum gleichen Termin (Hedgegeschäft = Deckungs- oder Gegengeschäft) erreicht?

323 | Termingeschäft

Im Wirtschaftsteil einer Zeitung findet sich am 28. 10. d. J. folgende Baumwollnotierung:
„Baumwolle-Bremen (DM je kg): Anfang v. 28. 10.: Okt. d. J.: (Kassageschäft) 4,131; Juli n. J.: 4,238; Okt. u. Dez. n. J.: 4,099.."
Ein Spekulant kauft Baumwolle per Termin Dez. n. J.

- Welche Preisentwicklung erwartet er offensichtlich?

324 | Handelsmakler

An Warenbörsen werden die Geschäfte von Maklern vermittelt. **Carl Lohmann** hat Baumwolle bei dem Großhändler **Max Petersen** durch Vermittlung des Maklers **Klaus Schulte** gekauft.

- 1. Wer sind die Vertragspartner bei diesem Geschäft?
- 2. Welche Beweismittel erhalten die Vertragspartner vom Makler bei Vertragsabschluß?
- 3. Von wem und wann erhält der Makler seine Courtage bei diesem Geschäft, das am 20. Juni d. J. abgeschlossen und Ultimo (Ende) Oktober d. J. ausgeführt wurde?

HGB
§ 93
§§ 94 I,
100—102
§ 99
BGB
§ 652

- 4. Der Makler Schulte vermittelt ein Geschäft aufgrund eines Musters. HGB § 96
- Wie lange ist der Makler gesetzlich verpflichtet, dieses Muster aufzubewahren?
- 5. Welchen Zweck hat die gesetzliche Vorschrift, daß der Handelsmakler ein Tagebuch zu führen hat? §§ 100—1

| 325 | *Export (direkt, indirekt), Liefer- und Zahlungsbedingungen, Wechselkurs, Seefrachtbrief, Ladeschein* |

John H. Iversen, 3 Hannover, betreibt eine Exporthandlung für Werkzeuge und Maschinen.

1. Auf Anfrage von **Fred A. Harris, General Engineers and Importers, Avenida Don Sepulchro, Lima, Peru**, bietet **Iversen** an:

Drehstrom-Stirnrad-Getriebe-Motoren laut beigelegter Beschreibung zum Preis von Inti 72 000,— je Stück einschließlich seefester Verpackung cif Callao (Hafen von Lima). Lieferzeit ca. 10 Wochen nach Auftragseingang.

Vor Lieferung ist vom Besteller bei der **Hansa-Bank, Hannover** ein unwiderrufliches Akkreditiv zur Verfügung **Iversens** zu eröffnen. Gegen Übergabe der Dokumente kann **Iversen** darüber verfügen.

Hersteller der Motoren ist die **Spezialmotoren-Fabrik Carl Bause, 7333 Ebersbach (Fils)**.

Nach Übersee exportiert **Bause** nicht über eigene Fabrikniederlassungen, sondern indirekt.

- Was spricht für den gewählten Absatzweg?

2. **Harris** bestellt zu den Bedingungen des Angebots umgehend 5 Motoren zu möglichst baldiger Lieferung. Er bittet um Übersendung einer größeren Zahl von Werbedruckschriften ohne Firmenaufdruck in spanischer Sprache. Als Empfangsspediteur nennt er **Gonzales Alvarez, Callao**.

- a) Welche Arbeiten nimmt der Empfangsspediteur dem Importeur **Harris** ab?
- b) Durch die Versendung entstehen Kosten für:
   Verpackung, Verladen auf die Eisenbahn, Bahnfracht von Hannover bis Hamburg, Übernahme auf das Seeschiff, Seefracht, Transportversicherung, Ausladekosten und Lagergeld in Callao, Verladekosten und Bahnfracht von Callao bis Lima.
- Wie werden diese Kosten auf Exporteur und Importeur verteilt?

3. **Iversen** teilt **Harris** mit, daß die Motoren versandbereit sind.

Nach Eingang dieser Mitteilung beauftragt **Harris** als Akkreditivsteller seine Bank, die **Banca di Peru in Lima**, für **Iversen** bei der **Hansa-Bank, Hannover**, Inti 360 000,— für die Dauer von sechs Wochen unwiderruflich zur Verfügung zu stellen. Die Auszahlung soll gegen Übergabe der Dokumente (Konossement, Versicherungsbescheinigung, Ursprungszeugnis, Zollfaktura) über 5 cif Callao verladene Drehstrom-Stirnrad-Getriebe-Motoren erfolgen.

- a) Wer ist Akkreditivsteller, wer Akkreditiv-Bank, wer Akkreditivstelle, wer Begünstigter?
- b) Welche Absicht verfolgt **Harris** mit der Befristung des Akkreditivs?
- c) Warum verlangt **Iversen** ein unwiderrufliches Akkreditiv?
- d) Welche der genannten Dokumente sind Wertpapiere?
- e) Was hat der Seefrachtbrief mit dem Ladeschein der Binnenschiffahrt gemeinsam? HGB §§ 450,

4. Die **Hansa-Bank** bestätigt **Iversen**, daß das Akkreditiv errichtet ist. Daraufhin übergibt er die Motoren seinem Binnenspediteur. Dieser füllt die Ausfuhrerklärung aus und leitet die Motoren an den Übersee-Spediteur in Hamburg weiter.

Der Übersee-Spediteur meldet **Iversen** 14 Tage später die ordnungsgemäße Verladung der Motoren auf dem Dampfer „Lady" der **Reederei Jacobsen, Hamburg**, und übersendet die Dokumente.
Iversen legt die Dokumente der **Hansa-Bank** vor.

- Könnte die **Hansa-Bank** die Zahlung mit der Begründung verweigern, daß der Gegenwert von der **Banca di Peru, Lima**, noch nicht bei ihr eingegangen sei?

5. Bei ausländischen Kunden, mit denen **Iversen** in ständiger Geschäftsverbindung steht, liefert er D/P (documents against payment). Bei ihm unbekannten Kunden fordert er Akkreditiveröffnung.

- a) Welches Risiko will der Exporteur durch die Forderung nach Akkreditivstellung bei ihm unbekannten Kunden ausschließen?
- b) Bei welchen Zahlungsbedingungen kann der Exporteur früher über den Rechnungsbetrag verfügen? Bei D/P oder bei L/C (letter of credit)?

6. Der deutsche Kurs für 100 Inti sei 5,— DM.

- a) Welchem DM-Preis entsprechen Inti 72 000,—?
- b) Der Wechselkurs ändere sich auf 4,50 DM.
  Wieviel DM erhält **Iversen** dann noch für die Inti 72 000,—, zu denen er die Motoren angeboten hat?
- c) Wieviel Inti müßte er nach dieser Aufwertung verlangen, um den alten DM-Erlös zu erzielen?

Preispolitik

326 Preisdifferenzierung — Deckungsbeitrag

Die **Panther-Fahrzeugbau-AG** ist einziger Hersteller und Anbieter von Mofas auf dem Markt.
Unternehmungsziel ist die Gewinnmaximierung.
Die Verkaufsabteilung nimmt folgenden Zusammenhang zwischen Produktpreis und mögliche Absatzmenge (Preis-Absatzfunktion) an:

Absatzmenge:	2000	3000	4000	5000	6000 Stck.
Verkaufspreis je Produkt:	1 200,—	1 050,—	900,—	750,—	600,— DM

Die Betriebsabrechnung schätzt die fixen Kosten auf 1 200 000,— DM. Die variablen Kosten betragen je Erzeugnis 300,— DM. Es wird angenommen, daß die variablen Kosten proportional zur Absatzmenge verlaufen.

- 1. a) Bei welchem Marktpreis erzielt das Unternehmen den maximalen Gewinn?
-    b) Wieviel DM beträgt der Deckungsbeitrag, wenn das Unternehmen den maximalen Gewinn erreicht?

2. Die Verkaufsleitung plant für die kommende Periode eine Preisdifferenzierung. Sie bietet das bisherige Modell als L-Modell zu 900,— DM an; bei diesem Preis erwartet sie einen Absatz von 4000 Stück.
Zusätzlich soll in die Produktion ein einfacheres Standardmodell aufgenommen werden. Es soll zu einem Preis von 750,— DM als S-Modell angeboten werden. Bei diesem Preis erwartet man einen Absatz von 1000 Stück.
Die Unterschiede in den Kosten zwischen dem L-Modell und dem S-Modell sind unerheblich und können deshalb in der nachfolgenden Rechnung unberücksichtigt bleiben.

- a) Welchen Deckungsbeitrag erbringt der zusätzliche Verkauf der 1000 Stück des S-Modells?

- b) Welchen Gesamtgewinn erbringt der Verkauf der 5000 Stück?
- 3. Unter welchen Voraussetzungen führt die Strategie der Preisdifferenzierung auch bei ertragsgesetzlichem Kostenverlauf zu steigenden Gewinnen?

327 Produkt-, Preis-, Distributions- und Werbepolitik eines Herstellers für Kinder- und Jugendbekleidung

A Situationsanalyse

1. Das Unternehmen und seine Produkte

Ein Unternehmen der Kinder- und Jugendbekleidung mit ca. 250 Beschäftigten will zum Ausgleich des Absatzrisikos die Produktion von Herrenhemden aufnehmen. Das Unternehmen verarbeitet überwiegend Kunstfaser, Baumwolle und reine Wolle zu kleineren Serien von Kinderkleidern und Kinderwäsche für den gehobenen Bedarf.

Die Erzeugnisse des Unternehmens genießen im Fachhandel und der Verbraucherschaft den Ruf besonderen Chics und ausgezeichneter Qualität. Die Preise liegen allerdings über dem Durchschnitt, werden aber aufgrund des guten Firmenimages von den Käufern akzeptiert.

2. Absatzwege

Der Verkauf erfolgt ausschließlich in Fachgeschäften, die dem hohen Produktimage gerecht werden. Die Fachgeschäfte werden von dem Unternehmen direkt beliefert.

Die Abnehmerkartei umfaßt ca. 4800 Fachgeschäfte im Bundesgebiet. Das Absatzgebiet ist in 12 Verkaufsbezirke gegliedert, die von Handelsvertretern betreut werden, welche auch andere Hersteller vertreten.

3. Größe des Marktes

Von der gesamten Hemdenproduktion im Bundesgebiet entfallen zur Zeit 60% auf Krawattenhemden, 30% auf Freizeithemden und 10% auf Gesellschaftshemden. Der Anteil der Freizeithemden (Sporthemden, Turn- und Tennishemden, Wander- und Skihemden) nimmt zu.

In den letzten drei Jahren wurden im Bundesgebiet insgesamt 390 Mio. Hemden verkauft. Diese verteilen sich auf die drei Jahre wie folgt (in Millionen Stück):

Jahr 1	Jahr 2	Jahr 3
120	130	140

Davon wurden ca. 40% importiert. Die Importware hat den Markt für Synthetik-Hemden fast erobert. Der Export spielt eine unbedeutende Rolle.

Im Inland gibt es ca. 130 Hemdenhersteller. Davon haben 20 Hersteller einen Marktanteil von ca. 75%.

4. Bedarf
- Für den Endverbraucher gibt es keine einheitliche und länger anhaltende modische Ausrichtung mehr.
- Im Vordergrund steht das Verlangen nach Bewegungsfreiheit und Bequemlichkeit.
- Für die jungen Leute ist die Bekleidung ein bedeutender Bedarfsbereich. Auf modische Kleidung wird besonderer Wert gelegt.
- Es wird angenommen, daß bei den Männern künftig der legere Anzug ohne Krawatte immer mehr Bedeutung gewinnen wird.
- Herrenhemden sind noch immer ein beliebter Geschenkartikel.

5. Preisbewußtsein

Die steigenden Rohstoffpreise und Herstellungskosten haben zu einem preisbewußteren Verhalten der Verbraucher geführt. Der Marktanteil der Billighemden (bis 24,— DM) liegt derzeit bei ca. 50%.

6. Käufer

Bei männlichen Käufern werden Impulskäufe von Hemden immer häufiger. Der Anteil der Frauen, die Herrenhemden allein einkaufen oder als Einkaufsbegleiterin die Männer beeinflussen, vermindert sich ständig.

Ca. 30% der verkauften Hemden werden in Kaufhäusern, 50% in Textilfachgeschäften, 8% im Versandhandel gekauft; der Rest in Supermärkten, Lebensmittel- und Gemischtwarengeschäften.

B Zielsetzung

Die Unternehmensleitung sieht im Bereich des Herrenhemdenmarktes gewisse Absatzchancen. Sie ist entschlossen, die zunächst noch vage Produktidee Herrenoberhemd näher zu konkretisieren, indem eine Marketing-Strategie für die Einführung des neuen Produktes auf dem Markt entwickelt werden soll.

C Aufgaben

- 1. Machen Sie Vorschläge für
  - a) Produktpolitik
  - b) Preispolitik
  - c) Distributionspolitik
  - d) die anzusprechende werbliche Zielgruppe
  - e) Werbemittel!
- 2. Sehen Sie für das Unternehmen eine Chance in den Markt für Herrenhemden einzudringen?

Organisation des Verkaufs

328 *Organisation des Vertretereinsatzes*

Ein Hersteller von Personalcomputern will den Einsatz seiner Vertreter neu organisieren. Bisher war ein Vertreter jeweils für einen bestimmten Absatzbezirk zuständig:

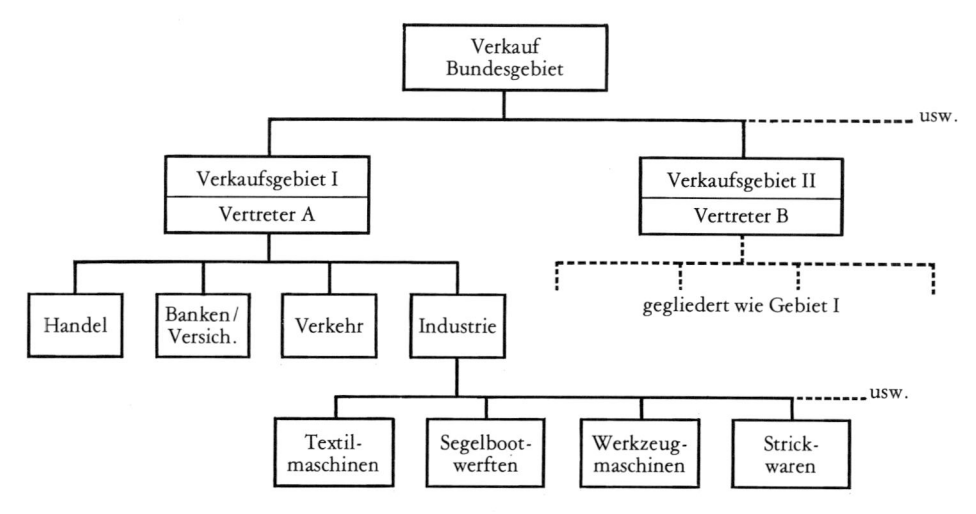

```
                    Verkauf
                  Bundesgebiet
                        |
         ┌──────────────┼────────────── usw.
         |                      |
    Verkaufsgebiet I       Verkaufsgebiet II
      Vertreter A            Vertreter B
         |                      |
  ┌──────┬──────┬──────┐        └── gegliedert wie Gebiet I
Handel Banken/ Verkehr Industrie
       Versich.           |
                  ┌───────┬───────┬───────┐ usw.
                Textil- Segelboot- Werkzeug- Strick-
              maschinen werften   maschinen  waren
```

Künftig sollen anstelle von Vertreterbezirken Abnehmergruppen treten. Der einzelne Vertreter soll nunmehr nicht mehr alle Interessentengruppen eines abgegrenzten Gebietes besuchen, sondern alle möglichen Abnehmer einer bestimmten Branche.

- Beurteilen Sie die bisherige und die geplante Organisationsstruktur im Hinblick auf Kosten und Absatzerfolg!

329 Produktmanagement

Ein Unternehmen der Textilindustrie sucht über nachstehende Zeitungsanzeige eine Dame als Produktmanagerin:

Wir sind ein namhaftes Unternehmen der Textilbranche. Unsere Betriebe sind modern ausgestattet und gut finanziert. Der Hauptsitz liegt im Süddeutschen Raum.

Der Aufgabenbereich Marketing ist im Wachsen. Wir suchen für den Absatzbereich Damenkonfektion eine

PRODUKTMANAGERIN

Diese Position beinhaltet vor allem die Produktkonzeption, Packungsgestaltung, Werbung, Verkaufsförderung, Schulung und Information des Verkaufspersonals; Abstimmung der Marketingkonzeption mit anderen Abteilungen.

Wir suchen eine Dame mit Abitur und möglichst Fachhochschulstudium (Fachrichtung Absatz).

Eine umfassende kaufmännische mehrjährige praktische Tätigkeit, auch im Vertrieb — möglichst in einem Mittelbetrieb — ist eine klare Voraussetzung. Export- und Importkenntnisse sind von Vorteil.

Englischkenntnisse sind erwünscht. Branchenkenntnisse nicht unbedingt erforderlich.

Das ideale Alter liegt zwischen 25 und 35 Jahren.

Verhandlungsgeschick und konzentriertes Arbeiten werden eine rasche Eingliederung in ein aufgeschlossenes Team erleichtern und eine volle Persönlichkeitsentfaltung ermöglichen.

Wir liegen in einer reizvollen Landschaft mit hohem Wohn- und Freizeitwert und günstigen Schulverhältnissen.

Senden Sie bitte Ihre vollständigen Bewerbungsunterlagen (mit handgeschriebenem Lebenslauf und Lichtbild) unter Z 149832 an Südkurier, Postfach 246, 8900 Augsburg.

- 1. Mit welchen Abteilungen muß die Produktmanagerin die Marketingkonzeption abstimmen?

- 2. Welche Schwierigkeiten können aus der Stellung der Produktmanagerin in der unten dargestellten Organisationsstruktur dieser Unternehmung für die Durchsetzung einer einheitlichen Produktkonzeption entstehen?

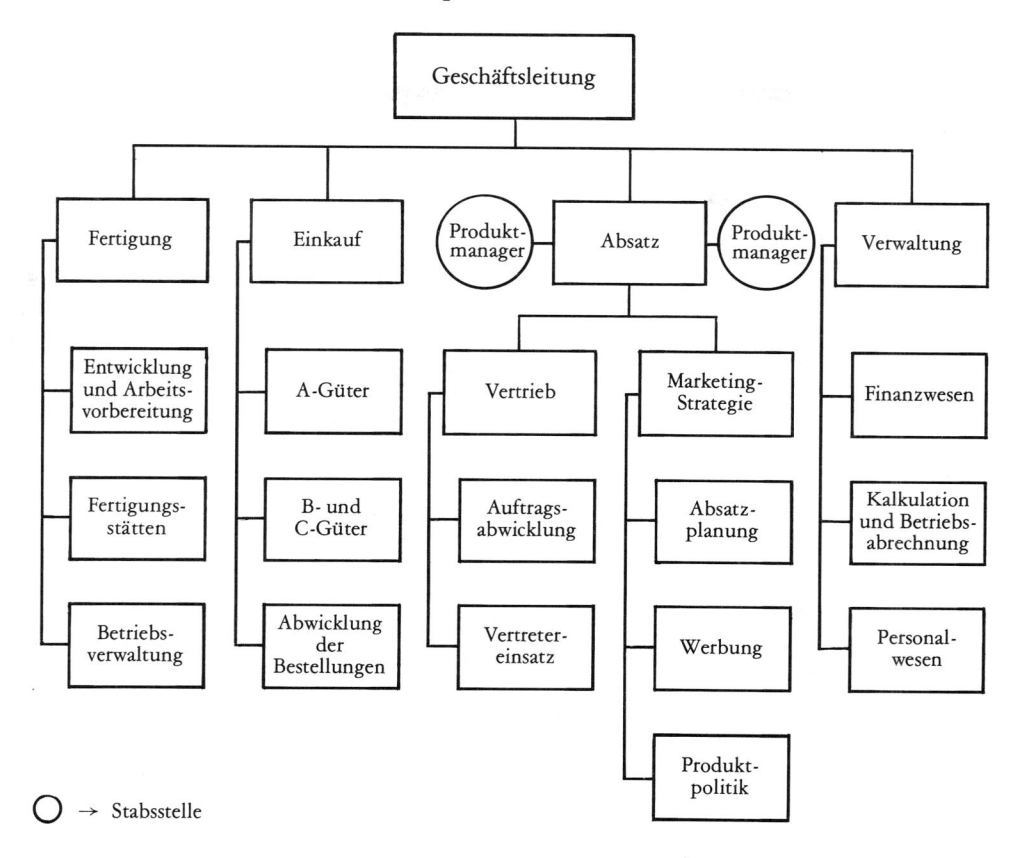

```
                        Geschäftsleitung
     ┌──────────┬───────────┬──────────┬───────────┐
  Fertigung   Einkauf   (Produkt-   Absatz    (Produkt-    Verwaltung
                        manager)              manager)
                                       │
                        ┌──────────────┼──────────────┐
  Entwicklung                                           Finanzwesen
  und Arbeits-  A-Güter        Vertrieb    Marketing-
  vorbereitung                             Strategie
  
  Fertigungs-   B- und         Auftrags-   Absatz-      Kalkulation
  stätten       C-Güter        abwicklung  planung      und Betriebs-
                                                        abrechnung
  
  Betriebs-     Abwicklung     Vertreter-  Werbung      Personal-
  verwaltung    der            einsatz                  wesen
                Bestellungen
                                           Produkt-
                                           politik
```

○ → Stabsstelle

| 330 | *Ablauforganisation — Auskunft* |

Schuster & Waller, 8510 Fürth b. Nürnberg, Mathildenstraße 88, verkaufen Büromaschinen und -zubehör sowie Büromöbel und Bürobedarfsartikel. Der Verkauf erfolgt teils im Laden und teils durch Außendienstverkäufer.

Von Tucher & Sohn, Landwirtschaftliche Maschinen, 8771 Ansbach, Mfr., mit der **Schuster & Waller** bisher in keiner Geschäftsverbindung stehen, trifft am 18. 6. 19.. folgende Anfrage ein:

> „Bei meinem Lieferer Ruff & Co., Crailsheim, sah ich vor einiger Zeit Ihren ‚Orgafix-Schreibtisch', den ich für meine Buchhaltungsabteilung für sehr geeignet halte.
>
> Da ich gegenwärtig meine Büroräume umbaue, benötige ich mehrere dieser Organisationstische.
>
> Ich bitte Sie daher um Übersendung von Prospekten und Angabe Ihrer Liefer- und Zahlungsbedingungen."

Die Anfrage wird von der Posteingangsstelle an die Verkaufsabteilung weitergeleitet. Diese sendet an **Tucher & Sohn** ein Angebot folgenden Inhalts:

Orgafix-Organisationsschreibtisch Nr. 65, Platte 156 × 76 cm, Tischlerplatte 25 mm, Eiche furniert, links 4 Züge, rechts 1 Boden, schwere Ausführung.

Preis 868,— DM; gegenwärtige Lieferzeit 14 Tage; Ziel 30 Tage, bei Zahlung innerhalb 8 Tagen 2 % Skonto; bei Abnahme von 3—10 Tischen 5 % Rabatt.

1. Aufgrund des Angebots trifft von **Firma Tucher & Sohn** am 25. 6. 19. . ein Auftrag über 8 Schreibtische Nr. 65 ein. Unter anderem verlangt der Kunde darin ein Zahlungsziel von 3 Monaten, da der Büro-Umbau gegenwärtig hohe Ausgaben erfordert.

    BGB §§ 150 154 I

    - a) Ist der Auftrag durch diese Bestellung zustandegekommen?
    - b) Nach Aufdruck des Eingangsstempels in der Posteingangsstelle wird der Auftrag an den zuständigen Sachbearbeiter in der Verkaufsabteilung weitergeleitet. Der Sachbearbeiter bespricht den Auftrag mit dem Verkaufsleiter. Dieser verlangt die Einholung einer Auskunft über den neuen Kunden.

      Wo kann der Sachbearbeiter Auskunft einholen?
    - c) Der Sachbearbeiter entschließt sich, bei der Firma **Ruff & Co.** um Auskunft zu bitten.

      Warum hat er sich für diese Auskunftstelle entschlossen?

2. Am 2. 7. 19. . trifft die Auskunft von **Ruff & Co.** ein. Sie hat folgenden Inhalt:

    Inhaber: **Hermann Tucher sen.** und Dipl.-Kfm. **Max Tucher jun.**; Grundbesitz im Werte von etwa 200 000,— DM, in unbekannter Höhe belastet; sonstiges Betriebsvermögen schätzungsweise 300 000,— DM; beide Inhaber tüchtige Geschäftsleute; unsere bisherige Zielgewährung 3 Monate, auch bei Kaufsummen über 5 000,— DM hinaus; durch Umbau gegenwärtig Mangel an flüssigen Mitteln; die Lebensweise von **Max Tucher** wird nicht ganz einheitlich beurteilt; im Handelsregister seit 1. 4. 48 eingetragen; auf der letzten Landwirtschaftlichen Ausstellung in Crailsheim fanden Erzeugnisse von **Tucher & Sohn** starkes Interesse.

    Der Verkaufsleiter beauftragt den Sachbearbeiter, den Auftrag von **Tucher & Sohn** anzunehmen und zu bestätigen.

    - a) Begründen Sie die Entscheidung des Verkaufsleiters!
    - b) Der Kunde erhält eine Auftragsbestätigung.

      Hat die Auftragsbestätigung in diesem Falle die Bedeutung einer Vertragsannahme oder eines Vertragsantrages?

3. Bisher wurden bei **Schuster & Waller** die Aufträge folgendermaßen erledigt:

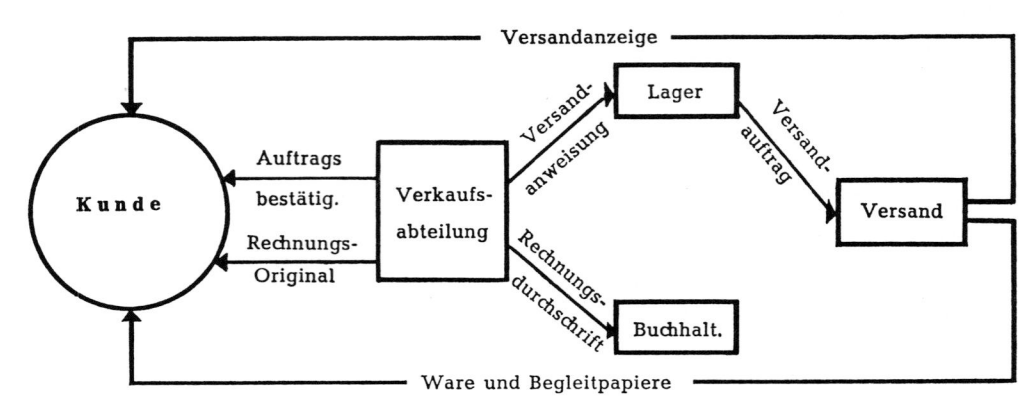

```
                          ── Versandanzeige ──
                         ┌─────────────────────────┐
                         │                         │
                    Versand-              Versand-
                    anweisung             auftrag
                    ↗         Lager  ───────────→  Versand
    ┌──────┐  Auftrags-  ┌──────────┐
    │      │ ←bestätig.─ │ Verkaufs-│
    │Kunde │             │abteilung │
    │      │  Rechnungs- │          │
    └──────┘   Original  └──────────┘
                              ↘  Rechnungs-
                                 durchschrift
                                          Buchhalt.
         ── Ware und Begleitpapiere ──
```

- a) Schreiben Sie die Bezeichnung aller bei der Auftragsabwicklung angefallenen Schriftstücke und internen Vordrucke in der Reihenfolge der Bearbeitung untereinander in ein Schema folgenden Musters! Kennzeichnen Sie den jeweiligen Inhalt durch Ankreuzen!

Bezeichnung der Schriftstücke	Inhalt					
	Anschrift	Warenbezeichn.	Menge	Preis je Einh. DM	Ges. Preis DM	Sonst. Bedingungen

- b) Wie könnte künftig bei der Auftragsbearbeitung Schreibarbeit eingespart werden?

4. Die **Firma Schuster & Waller** erfährt nach der Lieferung, daß die **Firma Tucher & Sohn** alle Zahlungen eingestellt hat. **Firma Schuster & Waller** rechnet deshalb mit dem Verlust von 80 % ihrer Forderung.

- a) Können **Schuster & Waller** von **Ruff & Co.** Schadenersatz verlangen? (**Ruff & Co.** hatten die Auskunft nach bestem Wissen, aber ohne besondere Nachprüfung erteilt.)
  BGB §§ 676, 826

- b) Nehmen Sie an, die Auskunft wäre bei einer gewerbsmäßigen Auskunftei eingeholt und dort aufgrund von 5 Jahre alten Unterlagen zusammengestellt worden.
  HGB § 347
  BGB § 276

- Könnte von der Auskunftei Schadenersatz verlangt werden?

331 *Ablaufmatrix — Auftragsabwicklung*

Für die Auftragsabwicklung müssen vom Posteingang bis zur statistischen Erfassung folgende Arbeiten ausgeführt werden:

— Prüfen der Anfrage und Lieferfähigkeit
— Eintrag in die Kundenkartei
— Meldung der Lieferfähigkeit
— Schreiben des Angebots
— Prüfen der Bestellung und Einholung von Auskunft
— Schreiben der Versandanweisung
— Schreiben des Versandauftrags
— Schreiben der Auftragsbestätigung
— Schreiben der Versandanzeige und der Begleitpapiere
— Versand der Ware

— Schreiben der Rechnung
— Verbuchen des Warenausgangs (mengenmäßig)
— Verbuchung des Warenverkaufs
— Überwachung des Zahlungstermins
— Verbuchung der Zahlung durch den Kunden
— Verkaufsstatistik

- Tragen Sie die mit der Auftragsabwicklung verbundenen Arbeiten in eine Ablaufmatrix ein!
  Kennzeichnen Sie darin die betroffenen Abteilungen durch Ankreuzen!
  Muster:

Abteilungen / Art der Arbeit	Verkauf	Lager	Versand	Buchhaltung	Fakturierung

Gütertransport

Frachtvertrag

332 *Güternahverkehr — Frachtbrief — Frachtsatz*

Die FEMETIK AG, 6720 Speyer, gibt dem **Nahverkehrsunternehmer Hahnemann (Standort: 6710 Frankenthal/Pfalz)** den Auftrag, 3 Schaltschränke von Speyer nach Darmstadt (Luftlinie 66 km Entfernung) zu befördern. Darmstadt liegt von Frankenthal 42 km, Speyer von Frankenthal 24 km, jeweils Luftlinie, entfernt.

- 1. Welche Gründe kann es für die **FEMETIK AG** geben, fremde Transportmittel einzusetzen?
- 2. Darf **Hahnemann** als Nahverkehrsunternehmen die Beförderung von Speyer nach Darmstadt übernehmen?
- 3. Die **FEMETIK AG** arbeitet ständig mit **Hahnemann** zusammen und hat deshalb Hausfrachtbriefe von Hahnemann vorrätig. In der **FEMETIK AG** wird ein Hausfrachtbrief von **Hahnemann** ausgefüllt und mit den Schaltschränken dem Fahrer **Hahnemanns** übergeben. Damit ist ein Vertrag entstanden.
  - a) Begründen Sie, ob es sich bei diesem Vertrag um einen Dienst- oder einen Werkvertrag handelt?
    Wie heißt der Vertrag in diesem besonderen Fall?
- b) Wie werden die Vertragspartner eines solchen Vertrags genannt?
- c) Was muß der Frachtbrief enthalten, damit er als Warenbegleitpapier geeignet ist?
  4. Der Nahverkehrsunternehmer stellt der **FEMETIK AG** für den Transport nach dem Güternahverkehrstarif 126,15 DM in Rechnung.
  Dem Sachbearbeiter in der **FEMETIK AG** wird vorgeworfen, daß er auch einen günstigeren Frachtsatz hätte aushandeln können. Er wendet ein, daß die Tarife im Güternah- und Fernverkehr mit Kraftwagen bindend seien.
- Hat der Sachbearbeiter recht?
  5. Der Empfänger verweigert die Zahlung der Frachtgebühren, obwohl der Frachtbrief den Vermerk „unfrei" enthält.

- Kann der Frachtführer die Zahlung von dem Empfänger erzwingen,
    a) wenn dieser die Schaltschränke nicht abnimmt,
    b) wenn dieser die Schaltschränke abnimmt?
- 6. Was würden Sie anstelle des Frachtführers tun, wenn der Empfänger die Zahlung der Frachtgebühren mit dem Hinweis verweigert, **FEMETIK** habe Lieferung „frei Haus" versprochen?   HGB § 437

333   *Haftung des Frachtführers*

Hahnemann befördert im Auftrag der **Firma Klein & Bach, 6710 Frankenthal**, eine Kurbelwelle für eine Kolbenpumpe zur **Zuckerfabrik in 6831 Waghäusel**. Die 6 Zentner schwere und 2,50 m lange Kurbelwelle wurde von der Pumpenfabrik in einem Lattenverschlag verpackt. Auf der Fahrt ist dieser Lattenverschlag zerbrochen. Die Kurbelwelle wurde beschädigt und hat nur noch Schrottwert.

- 1. Was würden Sie tun, wenn Sie die Kurbelwelle für die Zuckerfabrik in Empfang zu nehmen hätten?   HGB § 438 II, III
- 2. **Hahnemann** weist nach, daß der Schaden nicht durch sein Verschulden entstand. Die Kurbelwelle war ungenügend verpackt. Eine neue Kurbelwelle kostet 7 000,— DM.
- a) Muß **Hahnemann** den Schaden ersetzen?   § 429 I
- b) Wie hätte **Hahnemann** sich verhalten müssen, wenn bei Übernahme der Kurbelwelle offensichtlich erkennbar gewesen wäre, daß die Verpackung ungeeignet ist?
- 3. Nehmen Sie an, die Verpackung sei sachgemäß gewesen. Der Fahrer habe die Beschädigung der Kurbelwelle durch unvorsichtiges Fahren verursacht.

    Müßte **Hahnemann** dann den Schaden ersetzen?   §§ 429, 430 431
- 4. **Hahnemann** soll Kunststoff-Fußbodenbelag von Frankenthal zu einer Baustelle nach Heidelberg bringen.

    Ein Angestellter **Hahnemanns** läßt den Bodenbelag eine Woche liegen, bis er eine Beiladung nach Heidelberg hat. Die Fertigstellung des Baues wird dadurch nachweisbar um eine Woche verzögert. Es tritt ein Mietausfall ein.

- Muß **Hahnemann** den Schaden ersetzen, der aus der Verzögerung entstanden ist?   §§ 429, 430

Tarifwesen*)

334   *Regel- und Ausnahmetarife (AT)*

Von Frankenthal (Pfalz) nach Hamburg sind es 578 Tarifkilometer. Angenommen die Bundesbahn berechnet dafür bei einer Beförderung von 5 t Maschinenteile als Wagenladung 907,50 DM. Für 5 t Schamotte-Mörtel berechnet sie 809,25 DM.

- 1. Was bezweckt die Bundesbahn mit diesen unterschiedlichen Tarifen?
- 2. Die Bundesbahn klagt darüber, daß die höherwertigen Güter der Tarifklasse A nur sehr wenig bei ihr aufgegeben werden und ihr vor allem die billigen Massengüter bleiben.
- Warum wird zur Beförderung höherwertiger Güter statt der Bundesbahn oft der Lkw gewählt?

*) In den Aufgaben werden Tarifsätze verwendet, die zwar der Struktur der Bundesbahn-Tarife entsprechen, aber nicht dem neuesten Stand, weil dies für den Zweck der Aufgaben unerheblich ist.

335　Wagenladungen

Angenommen, die Bundesbahn legt für die Versendung von Maschinenteilen als Wagenladung für den Wagen folgenden Tarif zugrunde:

km	beladen mit 5 t (5 t-Satz)	beladen mit 10 t (10 t-Satz)
100	5,84 DM je 100 kg	3,99 DM je 100 kg
200	9,44	6,38
300	12,32	8,40
400	14,78	9,90
500	16,70	11,39
600	18,51	12,78
700	19,85	13,55
800	20,81	14,19
900	21,63	14,75
1000	22,47	15,33

- 1. Stellen Sie den Verlauf der Frachtkosten für den 5 t-Satz grafisch dar (Waagerechte Achse: 100 km = 1 cm; senkrechte Achse: 1 DM = 0,5 cm)!

    2. zum 5 t-Satz
- a) Was müßten 200, 300, 400 und 500 km kosten, wenn für jeden km so viel zu zahlen wäre wie für einen der ersten 100 km?
- b) Wie ist diese Tarifpolitik der Bundesbahn betriebswirtschaftlich zu erklären?
- 3. Wie erklären Sie es sich, daß die Bundesbahn für 100 kg 5,84 DM verlangt, wenn der Wagen mit 5 t beladen ist, aber nur 3,99 DM, wenn der Wagen mit 10 t beladen ist?

336　Frachtkosten bei Versendung als Stückgut und als Wagenladung

Die **Firma Klein & Bach, 6710 Frankenthal (Pfalz)** hat täglich Stückgüter (überwiegend Ersatzteile für die maschinelle Ausrüstung von Schiffen) von Frankenthal (Pfalz) nach Hamburg zu versenden.

Die Bundesbahn berechnet für 1 t Stückgut nach Hamburg 319,50 DM; bei Übernahme eines ganzen Güterwagens beladen mit 10 t Maschinenteilen berechnet sie insgesamt 1204,50 DM.

- 1. Warum gibt die Bundesbahn für eine Wagenladung einen billigeren t-Satz als für Stückgüter?
- 2. Welche Frachtersparnis je t hätte der Versender, wenn er seine Sendungen immer als Wagenladung (jeweils mit 10 t beladen) versenden könnte?

    3. Die **Fa. Klein & Bach** versendet jährlich 2500 t Güter nach Hamburg.
- Wie hoch wäre die jährliche Frachtersparnis durch die Versendung nach dem 10 t-Satz gegenüber der Versendung als Stückgut?
- 4. Warum ist es für den Betrieb nicht möglich, die Sendungen so lange zurückzuhalten und anzusammeln, bis der günstigere Wagenladungssatz ausgenützt werden kann?
- 5. Bei wieviel t Versandgut wird es für die **Firma Klein & Bach** vorteilhaft, die Maschinenteile als Wagenladung nach dem 10 t-Satz zu versenden und den Mindestsatz für 10 t zu zahlen, auch wenn die Sendung ein geringeres Gewicht hat?

Lkw-Fernverkehr

| 337 | *Lkw-Fernverkehrskonzession* |

Der Eigentümer eines Lastkraftwagens, für den er eine Fernverkehrskonzession besitzt, beabsichtigt aus Altersgründen seinem 30jährigen Sohn das Unternehmen zu übertragen. Der Sohn ist schon jahrelang im Unternehmen des Vaters tätig.

- 1. Prüfen Sie, ob die Fernverkehrskonzession auf den Sohn übertragen werden kann!
- 2. Warum werden niemals Konzessionen für den Nahverkehr verlangt?

GükG §§ 8, 80, 10, 14

Spediteur

| 338 | *Speditionsvertrag — Frachtvertrag — Rechtsstellung des Spediteurs* |

In Frankenthal kommen täglich viele Sendungen mit dem Bestimmungsbahnhof Hamburg zusammen. Die **Pfälzische Speditionsgesellschaft** als Bahnsammelspediteur übernimmt es, die Stückgüter zu Wagenladungen zusammenzufassen. Sie läßt die Stückgüter bei den Versendern kostenlos abholen.

- 1. Wer wird auf dem Frachtbrief der Bundesbahn als Absender eingetragen?   HGB
- 2. Wer ist Frachtführer?   § 425
- 3. Was ist der Inhalt des Vertrages, den
    a) der Versender mit der **Pfälzischen Speditionsgesellschaft**,   § 407
    b) die **Pfälzische Speditionsgesellschaft** mit der Deutschen Bundesbahn abgeschlossen hat?   § 425
- 4. Der Spediteur gibt an einen Versender folgende Abrechnung:

Pfälzische Speditionsgesellschaft m.b.H.

Pfälzische Speditionsgesellschaft, 6710 Frankenthal (Pfalz)

Maschinenfabrik
F. Weißgerber
Kanalstraße 7

6710 Frankenthal

6710 Frankenthal (Pfalz)

Telegrammadresse „Pfalzsped"

Ihre Zeichen, Ihre Nachricht vom	Unsere Zeichen, unsere Nachricht vom	Tel.: 06233/278631
		Ort: Frankenthal (Pfalz)
		Datum: 15.02...

Frachtrechnung

1.t Maschinenteile als Bahnsammelgut

von Frankenthal (Pfalz) nach Hamburg   289,95 DM

- a) Wie wird aus dem Frachtbrief ersichtlich, daß der Spediteur im eigenen Namen handelt und aus der Abrechnung, daß er für fremde Rechnung handelt?
- b) Wie groß ist bei Versendung von 1 Tonne Maschinenteile von Frankenthal nach Hamburg der Unterschied in DM zwischen der Abrechnung nach dem Tonnensatz des Spediteurs und dem Stückguttarif der Deutschen Bundesbahn?
  (Die Bundesbahn berechnet für 1 Tonne Stückgut von Frankenthal nach Hamburg 319,50 DM.)
- c) Wieviel DM je t blieben dem Spediteur als Bruttospanne, wenn er den normalen Wagenladungssatz für 10 t (1204,50 DM) zahlen müßte?
- d) Warum kann die unter c) errechnete Differenz nicht als Gewinn des Spediteurs angesehen werden?
- e) Die Bundesbahn gibt Bahnsammelspediteuren noch einen besonderen Nachlaß auf die normalen Wagenladungssätze.
- Welcher Vorteil für die Bundesbahn steht den Mindereinnahmen gegenüber?

Lagerhalter

339 *Lagerschein — Pflichten des Lagerhalters — Frachtbriefdoppel*

Die Getreidehandels- und Importgesellschaft mbH, 41 Duisburg, erwartet in 14 Tagen eine Schiffsladung Weizen. Sie will den Weizen in einem Bremer Lagerhaus bis zum Verkauf einlagern.

1. **Die Getreidehandels- und Importgesellschaft mbH, 41 Duisburg**, erkundigt sich bei der **Bremer Lagerhausgesellschaft AG, 28 Bremen**, nach den Bedingungen für die Einlagerung von 3 000 t Weizen.

Die Lagerhausgesellschaft teilt folgende Bedingungen mit:

Lagergeld 5,50 DM pro t und Monat. Umschlag 9,86 DM pro t (für jeden Umschlag). Absacken 5,12 DM pro t (Sackinhalt 50 kg).

Aufgrund des Angebots wurde der Lagerhalter am 11. Januar mit der Einlagerung beauftragt.

Er verständigt die **Getreideimportgesellschaft** davon, daß der Weizen eingetroffen ist, und legt den Lagerschein bei (siehe Seite 126).

- a) Zur besseren Ausnutzung der Lagerräume und zur Vereinfachung der Lagerarbeiten soll ein Teil des Getreides mit gleichwertigem Weizen anderer Einlagerer zusammengelagert werden.
- Prüfen Sie, ob das der **Lagerhausgesellschaft** erlaubt ist!   HG § 419
- b) Der Lagerhalter prüft bei der Übernahme pflichtgemäß die Beschaffenheit des Weizens. Dabei stellt er fest, daß ein Teil des Weizens ausgekeimt ist.
- Was hat er zu tun?   § 417
- c) Ein Beauftragter der Getreidehandelsgesellschaft soll die Qualität des Weizens an Ort und Stelle prüfen. Ein Angestellter der Lagerhausgesellschaft verweigert den Zutritt mit dem Hinweis, daß das Lagerhausgelände nur Personal der Lagerhausgesellschaft betreten dürfe.
- Darf dem Beauftragten der Zutritt verwehrt werden?   § 41

- d) Ein Teil des Getreides wurde nicht häufig genug umgeschichtet. Dadurch verdarb 1 t Weizen. §§ 417, 390
  - Wer hat den Schaden zu tragen?

2. Die 3 000 t Getreide werden an die **Bayrische Walzmühle in 86 Bamberg** verkauft. Die **Walzmühle** hat im Augenblick keinen freien Lagerraum in Bamberg. Deshalb soll das Getreide noch im Lagerhaus in Bremen verbleiben.

  - a) Der Lagerschein wird mit Übertragungsvermerk an die **Walzmühle in Bamberg** übergeben.
    - Wer ist jetzt Eigentümer, wer Besitzer des Getreides? § 424
  - b) Wie unterscheidet sich die Übergabe eines Frachtbriefdoppels der Bundesbahn von der Übergabe des Lagerscheins? § 424 EVO § 61 V

Binnenschiffahrt

340 *Lagerschein — Ladeschein — Lagervertrag — Frachtbriefdoppel*

1. Ein Prokurist der **Walzmühle Bamberg** (s. Fall 339) hält sich geschäftlich in Bremen auf. Er gibt der dortigen Niederlassung der **NAUTILA-Schiffahrtsgesellschaft** den Auftrag, 500 t Getreide, das die **Walzmühle** bei der **Bremer Lagerhausgesellschaft** eingelagert hat, nach Bamberg zu befördern. Das Getreide ist noch nicht in Säcke abgefüllt.

  - a) Auf welche Weise kann sich der Lagerhalter einen Nachweis darüber verschaffen, daß er 500 t des von der **Walzmühle Bamberg** eingelagerten Weizens an die **NAUTILA-Schiffahrtsgesellschaft** abgegeben hat?
    (Siehe Lagerschein Seite 126).
  - b) Welche Tragfähigkeit darf das Schiff höchstens haben, damit es vollbeladen den Wasserweg bis Bamberg befahren kann?
    (Siehe Karte der Mitteleuropäischen Wasserstraßen Seite 128).

2. Die **Walzmühle Bamberg** erhält von der **NAUTILA-Schiffahrtsgesellschaft** einen Ladeschein (Seite 129).
  - a) Kann die **Walzmühle** den Lager- und den Ladeschein als Sicherheit für einen Bankkredit verwenden? HGB § 363 § 364
  - b) Würde ein Frachtbriefdoppel Bremen - **Walzmühle Bamberg** den gleichen Zweck erfüllen können? § 433 EVO § 61 V

3. Die **Lagerhausgesellschaft** kündigt am 16. 7. den Lagervertrag, da die Lagerräume umgebaut und modernisiert werden sollen.
  - Wann muß die **Walzmühle Bamberg** nach den gesetzlichen Vorschriften spätestens das Lager räumen? HGB § 422

4. Die **Walzmühle Bamberg** ist in Zahlungsschwierigkeiten geraten und kann die Lagergebühr nicht zahlen. § 421
  - Wie kann der Lagerhalter zu seinem Geld kommen?

BREMER LAGERHAUSGESELLSCHAFT AG

Muggenberger Straße 76
2800 Bremen

Staatlich ermächtigt zur Ausstellung von Orderlagerscheinen

Lagerschein an Order

Nr. _428_ des Lagerscheinregisters　　　　　　　　　　Lagerbuch Nr. _IV_

Am _25. .. 19.._ lagerten wir ein für _Getreidehandels- und -import-gesellschaft, Liebigstraße 35, 4100 Duisburg_ oder ~~dessen~~ / deren Order:

Zahl und Art der Packstücke	Marke und Nummer oder sonstige Kennzeichnung	Inhalt angegeben vom Einlager*) festgestellt von uns*)	Rohgewicht angegeben vom Einlager*) festgestellt von uns*)	
		Weizen	3 000 000	kg
				kg
				kg

(in Buchstaben: _dreitausend Tonnen = drei Millionen_ kg)

Abschreibungen auf der Rückseite

Lagerort: Das Gut ist zur Zeit eingelagert, getrennt von anderen Partien, in _2800 Bremen_, _Muggenberger_ Straße
Speicher _VI, VII_, Boden _____, Abteil _____
Silo _____, Luke _____, Fach Nr. _____

Pflege: _Wir sind_ ~~Wir sind nicht~~ *) verpflichtet, die zur Erhaltung des Lagerguts erforderlichen Arbeiten vorzunehmen. Die hierfür entstehenden Kosten betragen voraussichtlich DM _____ je _____ (Zeitabschnitt)

Feuerversicherung: Das Gut ist durch uns gegen Feuergefahr ~~versichert~~ / nicht versichert *) für Rechnung des aus dem Lagerschein Berechtigten bei der _____ (Versicherungsgesellschaft)
für die Dauer der Lagerung mit DM _____ (in Worten: DM _____)
gegen eine Prämie von monatlich DM _____

Lagerkosten: Das Gut ist ferner mit folgenden Kosten belastet:
Lagergeld in Höhe von DM _5,50 je t_ je _Monat_ (Zeitabschnitt) seit _25. Jan. 19.._
Frachtvorlage: DM _-----_ Sonstiges: _____

Rechtsgrundlage: Das Vertragsverhältnis richtet sich nach den gesetzlichen Bestimmungen (Verordnung über Orderlagerscheine vom 16. Dezember 1931, Reichsgesetzbl. IS 763) und der genehmigten Lagerordnung in der Fassung vom 2. Juli 1932.

Befristung: Der Lagervertrag ist ~~befristet~~ / nicht befristet *) bis zum _____

Auslieferung: Wir verpflichten uns, das Gut nur gegen Rückgabe dieses Lagerscheins nach Maßgabe der aus dem Schein ersichtlichen Bedingungen an den Einlagerer oder dessen Order auszuliefern. Bei Teillieferungen ist der Lagerschein zwecks Abschreibung vorzulegen.

Bemerkungen: _____

(Angaben über etwa vorhandene äußere Beschädigung, Verzollung und dergleichen)

2800 Bremen, den _25. Jan._ 19___　　　　ppa. _Senner_
　　　　　　　　　　　　　　　　　　　　　　Bremer Lagerhausgesellschaft AG

*) Unzutreffendes durchstreichen

(Rückseite des Lagerscheins)

Abschreibungen

Datum der Auslieferung	Zahl und Art der Packstücke	Kennzeichen	Inhalt	Rohgewicht	Unterschrift des Lagerhalters

Indossamente

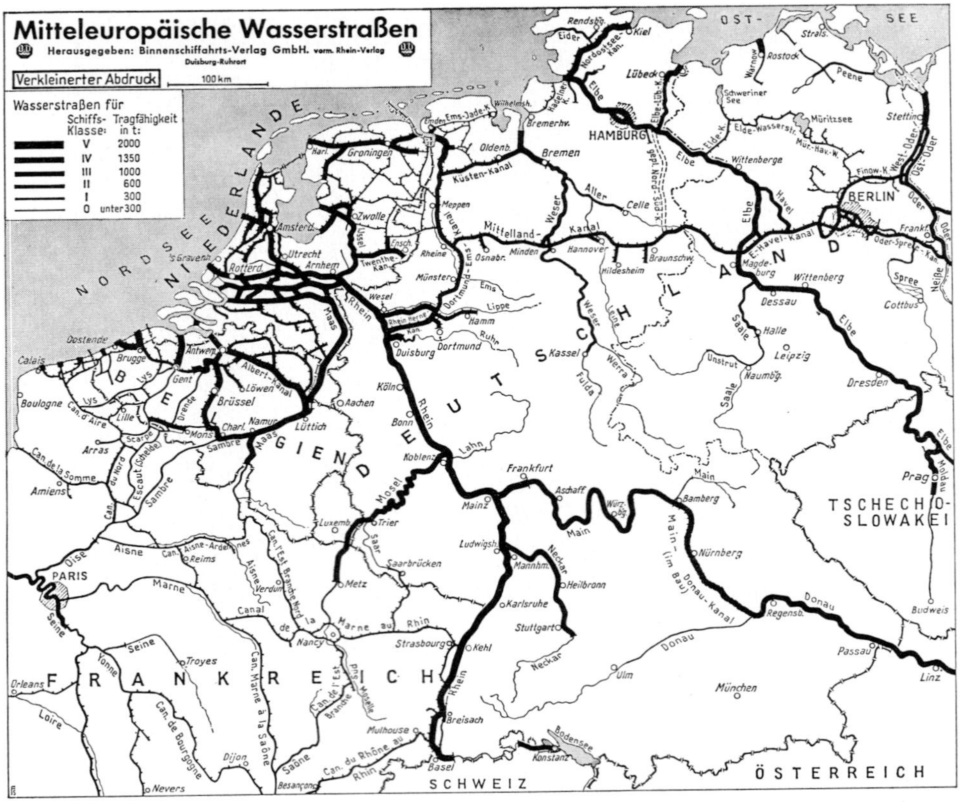

Mitteleuropäische Wasserstraßen
Herausgegeben: Binnenschiffahrts-Verlag GmbH. vorm. Rhein-Verlag
Duisburg-Ruhrort
Verkleinerter Abdruck
100 km
Wasserstraßen für
Schiffs-Klasse: Tragfähigkeit in t:
V 2000
IV 1350
III 1000
II 600
I 300
0 unter 300
NORDSEE
OSTSEE
NIEDERLANDE
BELGIEN
DEUTSCHLAND
FRANKREICH
TSCHECHO-SLOWAKEI
SCHWEIZ
ÖSTERREICH
Rendsbg.
Kiel
Eider
Nordostsee-Kan.
Lübeck
Elbe-Lüb.-K.
Rostock
Warnow
Strals.
Peene
Schweriner See
Müritzsee
Elde-K.
Elde-Wasserstr.
Stettin
West-Oder
Ost-Oder
Emden
Ems-Jade-K.
Wilhelmsh.
Bremerhv.
HAMBURG
Bremen
Oldenb.
Küsten-Kanal
Wittenberge
Finow-K.
Havel
BERLIN
Oder
Frankf.
Oder-Spree-Kan.
Spree
Neiße
Cottbus
Groningen
Harl.
Zwolle
IJssel
Amsterd.
Utrecht
Arnhem
Rotterd.
's Gravenh.
Twenthe-Kan.
Ensch.
Meppen
Rheine
Münster
Osnabr.
Minden
Mittelland-Kanal
Weser
Aller
Celle
Hannover
Hildesheim
Braunschw.
gepl. Nord-Süd-K.
Elbe
E.-Havel-Kanal
Magdeburg
Wittenberg
Dessau
Saale
Halle
Leipzig
Unstrut
Naumbg.
Dresden
Dortmund-Ems-Kanal
Ems
Lippe
Wesel
Hamm
Rhein-Herne-Kan.
Duisburg
Dortmund
Ruhr
Kassel
Fulda
Werra
Leine
Rhein
Maas
Köln
Aachen
Bonn
Koblenz
Lahn
Frankfurt
Aschaff.
Main
Würzbg.
Bamberg
Main (im Bau)
Nürnberg
Donau-Kanal
Regensb.
Donau
Passau
Linz
Budweis
Prag
Moldau
Mainz
Ludwigsh.
Mannhm.
Neckar
Heilbronn
Karlsruhe
Stuttgart
Ulm
München
Kehl
Strasbourg
Breisach
Mulhouse
Basel
Bodensee
Konstanz
Mosel
Trier
Luxemb.
Saar
Saarbrücken
Metz
Nancy
Canal de la Marne au Rhin
Ostende
Calais
Brugge
Gent
Antwerp.
Albert-Kanal
Löwen
Brüssel
Lys
Boulogne
Can. d'Aire
Lille
Scarpe
Dender
Mons
Charl.
Namur
Lüttich
Sambre
Arras
Can. de la Somme
Amiens
Can. du Nord
Escaut (Schelde)
Oise
Aisne
Can. Aisne-Ardennes
Reims
Can. de l'Est Branche Nord
Verdun
PARIS
Marne
Seine
Troyes
Yonne
Can. Marne à la Saône
Can. de l'Est Branche Sud
Can. de Bourgogne
Dijon
Saône
Can. du Rhône au Rhin
Besançon
Orleans
Loire
Nevers

NAUTILA
Schiffahrtsgesellschaft

Johannisstraße 146
2800 Bremen

Niederlassungen in Duisburg — Mannheim — Stuttgart

Empfangen von _Bremer Lagerhausgesellschaft AG, Muggenberger Str. 76, 2800 Bremen_

zur Verladung durch M/s _Möve_ Schiffsführer _Spieker_

nach _8600 Bamberg_ auf Grund der Beförderungsbedingungen der unterzeichneten Reederei bzw. der sonst beteiligten Transportgesellschaften, die untenstehend verzeichneten Güter:

Markierung	Anzahl	Art und Inhalt der Kolli nach Angabe des Verladers	Angebliches Gewicht in Kilogramm
		Weizen	500 000 kg
		Havarie-große-Fälle werden nach den Rhein-Regeln 1956 abgewickelt.	

Herkunftsland: _____ frü/ex S.S _____

an die Adresse der Firma _Bayerische Walzmühle, 8600 Bamberg_

gegen Zahlung der Fracht von _____

und Nachnahme von _____ (mit 1% für Faktage)

Es sind __1__ Original- und __1__ Kopiekonnossemente ausgestellt. Nach Erledigung eines Originals gelten die übrigen Exemplare als erledigt.

Bei Order-Konnossementen erfolgt die Auslieferung der Sendung nur gegen Rückgabe des ordnungsmäßig girierten Original-Konnossements.

Unverantwortlich für Stückzahl, Gewicht und Qualität.

2800 Bremen, den 18. März 19..

ppa. Schmius
Bremer Lagerhausgesellschaft AG
Unterschrift des Versenders

ppa. Beilenlauer
NAUTILA-SCHIFFAHRTSGESELLSCHAFT
Unterschrift des Schiffers oder der Reederei bzw. Agentur

4 Die Rechtsbeziehungen der Unternehmung

Das Grundmodell für Verträge

Zustandekommen von Verträgen

401 *Antrag — Annahme — Willenserklärung*

Xaver Lindner, Inhaber einer Weingroßhandlung in Würzburg, befindet sich auf einer Geschäftsreise in Oberbayern und übernachtet im Gasthof Alpenblick in Schliersee. Abends holt **Lindner** aus seinem Wagen 2 Flaschen Bocksbeutel aus der Lage „Eschendorfer Lump". Er lädt den Gastwirt **Hans Obermooser** zu einer Weinprobe ein. Der Wirt ist von diesem Wein begeistert. Er führte ihn bisher nicht. Darauf bietet **Lindner** dem Wirt 50 Flaschen dieses Weines zu einem Vorzugspreis von 6,30 DM je Flasche an. **Obermooser** bestellt 50 Flaschen zur Lieferung in 4 Wochen. Beide beschließen das Geschäft durch Handschlag.

- 1. Was hat **Lindner** und was **Obermooser** versprochen?
- 2. In der Zwischenzeit zerstört ein Frost fast den gesamten Blütenansatz der Reben dieser Lage. **Lindner** teilt deshalb dem Wirt mit, daß er den nun knapper gewordenen Wein mit 6,80 DM in Rechnung stellen müsse.

  BG
  § 14

- Kann **Lindner** die Lieferung verweigern, wenn **Obermooser** nicht bereit ist, 6,80 DM zu bezahlen?

- 3. **Obermooser** wendet sich an einen rechtskundigen Stammgast, der folgenden Brief an **Lindner** vorschlägt:

Sehr geehrter Herr Lindner!

Sie haben mir am 25. April d. J. zugesichert, 50 Flaschen Bocksbeutel "Escherndorfer Lump" zum Preis von 6,30 DM je Flasche innerhalb 4 Wochen zu liefern.

Sie verweigern die Lieferung zu diesem Preis. Es ist im täglichen Leben und ganz besonders im Geschäftsleben notwendig, daß man sich auf gegebene Versprechen verlassen kann.

Als Kaufmann wissen Sie aber sicher, daß Sie mit Ihrer Willenserklärung einen rechtlich bedeutsamen Antrag abgegeben haben, den ich angenommen habe. Auf diese Weise ist ein zweiseitiges Rechtsgeschäft zustandegekommen. Dieser Vertrag gibt mir Anspruch auf Erfüllung.

Ich fordere Sie deshalb auf, unverzüglich zu den vereinbarten Bedingungen zu liefern, sonst sehe ich mich gezwungen, gerichtliche Hilfe in Anspruch zu nehmen.

Mit freundlichen Grüßen

Obermooser
Obermooser

- a) Wie werden Willenserklärungen genannt, die zu Verträgen führen?
- b) Wäre der Brief **Obermoosers** ebenso berechtigt, wenn **Obermooser** den Wein bei **Lindner** aufgrund einer Zeitungsanzeige bestellt hätte?

- c) Warum hilft der Gesetzgeber dem Gastwirt **Obermooser**, die Erfüllung gegebener Versprechen zu erzwingen?
- d) Fassen Sie aufgrund des Briefes die Voraussetzungen für das Zustandekommen eines Vertrages zusammen!

4. **Lindner** hat am 20. Mai d. J. dem **Kronen-Hotel in Frankfurt** schriftlich 100 Bocksbeutel des gleichen Weines zum Preis von 6,30 DM angeboten. Nachdem die Hotel-Leitung von den Frostschäden Kenntnis erhalten hat, bestellt sie am 30. Mai telegrafisch 100 Flaschen Bocksbeutel.   BGB
- a) Muß **Lindner** noch zu den angegebenen Bedingungen liefern?   § 146
- b) Wie lange wäre **Lindner** an seinen Antrag gebunden, wenn er ihn am 20. Mai gelegentlich eines Kundenbesuches gemacht hätte?   § 147

Kaufvertrag nach BGB

402   *Erfüllungsort — Erfüllungszeit — Versandkosten — Gefahrenübergang — Gerichtsstand*

Frau Amberger, Witwe eines Künstlers in Bonn, schließt mit dem Münchner Arzt **Dr. med. Bertram** einen Kaufvertrag über eine Holzplastik für 950,— DM aus der Hinterlassenschaft ihres Mannes.

1. Einige Tage nach Abschluß des Vertrages ruft der Arzt **Frau Amberger** an und bittet um sofortige Zusendung der Plastik. **Frau Amberger** will die Plastik jedoch erst in 6 Wochen aus dem Hause geben, da sie vorher noch eine Gedächtnisausstellung der hinterlassenen Werke ihres Mannes veranstalten möchte.   § 271
- Muß **Frau Amberger** die Plastik sofort ausliefern, wenn der Arzt darauf besteht?
2. Wie lange kann sich **Dr. Bertram** mit der Bezahlung Zeit lassen?   § 271
3. **Frau Amberger** verpackt die Plastik sachgemäß in einer Holzkiste. Für das Verpackungsmaterial hat sie 25,— DM bezahlt. Diesen Betrag stellt sie **Dr. Bertram** in Rechnung.
Der Käufer muß die Kosten der Versendung nach einem anderen Ort als dem Erfüllungsort tragen.
- a) Ist im vorliegenden Falle München oder Bonn der Erfüllungsort für die Warenlieferung?   § 269
- b) Wer muß die Verpackungskosten tragen?   § 448
4. **Frau Amberger** läßt die Plastik durch einen Spediteur zum Bahnhof bringen und nach München versenden. Als Rollgeld berechnet der Spediteur 20,— DM. **Frau Amberger** stellt das Rollgeld **Dr. Bertram** in Rechnung.   § 448
- a) Muß **Dr. Bertram** die 20,— DM Rollgeld ersetzen?
- b) Der Arzt beabsichtigt, den Kaufpreis um die ihm entstandenen Frachtkosten und die Kosten der Zufuhr in München zu kürzen.
  Ist er dazu berechtigt?
- c) **Frau Amberger** hat eine andere Plastik an einen in Bonn wohnenden Kunstliebhaber verkauft.
  Wer trägt die Beförderungskosten?
5. Die Plastik wird beim Transport durch Verschulden der Bundesbahn beschädigt. **Dr. Bertram** muß die Plastik durch einen Künstler ausbessern lassen. Kosten 80,— DM.
- a) Darf der Arzt die 80,— DM vom Kaufpreis abziehen?   § 447 I
- b) Kann **Dr. Bertram** die 80,— DM abziehen, wenn der Nachweis erbracht wird, daß **Frau Amberger** die erforderliche Sorgfalt bei der Verpackung außer acht ließ?   § 276 I

6. **Frau Amberger** will die Zahlung des vollen Kaufpreises erzwingen.
   Muß sie in München oder in Bonn die Klage erheben?   BG § 26 ZPO § 2‹

7. **Dr. Bertram** zahlt an **Frau Amberger** durch Postanweisung. Er hat die Gebühr für die Postanweisung abgezogen, weil ihm **Frau Amberger** die Transportkosten in Rechnung gestellt hat.
- Hat **Dr. Bertram** recht?   BG § 27‹

8. 14 Tage nach dem Geldversand erhält **Dr. Bertram** von **Frau Amberger** einen Brief. Sie teilt ihm darin mit, daß sie das Geld noch nicht erhalten habe. **Dr. Bertram** sendet **Frau Amberger** daraufhin eine Photokopie des Einlieferungsscheines und schreibt dazu, daß für ihn damit die Angelegenheit erledigt sei.
- Hat **Dr. Bertram** recht?   § 27‹

9. Nach Bezahlung des Kaufpreises an **Frau Amberger** teilt der Restaurator **Herrn Dr. Bertram** mit, daß er bei seinen Arbeiten eine frische Leimstelle festgestellt habe, wodurch der Wert der Plastik gemindert sei. **Frau Amberger** lehnt eine teilweise Rückzahlung des Kaufpreises ab.
- Kann **Dr. Bertram** in München oder muß er in Bonn Klage erheben?   § 26 ZPO § 2‹

403   *Kaufvertrag nach BGB*

Bei Kaufverträgen zwischen Nichtkaufleuten gelten die Bestimmungen des BGB, wenn nichts Besonderes vereinbart wurde.

- Wie regelt das BGB die folgenden Vertragspunkte:
  Zeitpunkt der Lieferung und Zahlung, Erfüllungsort, Verpackungskosten, Transportkosten bei Versendungs- und Platzkauf, Transportrisiko mit und ohne Verschulden des Versenders, Kosten und Gefahr der Geldversendung, Gerichtsstand.

Eigentum und Besitz

404   *Eigentumsübertragung an beweglichen Sachen*

Max Sauer hat sich ein Auto gekauft und will deshalb sein Mofa verkaufen. Sein Nachbar **Ritter** zeigt Interesse für das Mofa. Deshalb leiht ihm Sauer das Mofa für einige Zeit, damit es Ritter ausprobieren und sich entscheiden kann.

1. Eines Abends wird **Ritter** von seinem Schwager gebeten, ihm das Mofa für 2 Stunden zu überlassen, damit er zum Angeln fahren könne. Er will **Ritter** dafür 5,— DM geben.   BG § 60
- Darf **Ritter** seinem Schwager das Mofa überlassen?

2. Das Mofa steht noch bei **Ritter**.
   a) **Sauer** bietet das Mofa für 240,— DM Herrn **Fischer** zum Kauf an. Dieser nimmt an.
- Ist der Kaufvertrag gültig?   § 9‹
- b) Wer hat die tatsächliche, wer die rechtliche Verfügungsgewalt über das Mofa?
   c) Besitzer ist, wer die tatsächliche Verfügungsgewalt, Eigentümer wer die rechtliche Verfügungsgewalt über eine Sache hat.
- Wer ist Besitzer, wer Eigentümer des Mofas?

3. **Sauer** holt das Mofa bei **Ritter** ab und übergibt es **Fischer**.   § 9‹
- a) Wer ist jetzt Eigentümer, wer Besitzer?

b) Das Mofa wird **Fischer** gestohlen. Der Dieb verkauft das Mofa für 120,— DM an **Schechtele**, der nicht weiß, daß er ein gestohlenes Mofa kauft. **Fischer** entdeckt durch Zufall sein Mofa bei **Schechtele** und verlangt von ihm die sofortige Herausgabe. Sein Geld möge er sich bei dem Dieb wieder holen.

BGB § 935

- Muß **Schechtele** das Mofa herausgeben?

405 — Eigentumserwerb an geliehenen Sachen

Hartmann leiht seinen Fotoapparat seinem Clubkameraden **Scheuner**. Dieser verkauft den Apparat an **Weiser**, der **Scheuner** für den Eigentümer hält. **Hartmann** sieht den Fotoapparat bei **Weiser** und verlangt ihn von diesem heraus.

- Muß **Weiser** den Fotoapparat an **Hartmann** herausgeben?

§ 932

406 — Eigentumserwerb an beweglichen Sachen

Der Hundezüchter **Hanser** hat aus einem Wurf rassereiner Rauhhaardackel den Rüden **Bazi vom Königsacker** für 750,— DM an **Peier** verkauft. **Peier** läßt den Hund noch bei **Hanser**, da er auf den Kauf nicht vorbereitet ist. Am nächsten Tag werden **Hanser** von dem Züchter **Liebel** 1000,— DM für **Bazi** geboten. **Hanser** nimmt das Geld und gibt **Liebel** den Hund sofort mit.

- 1. Ist der Kaufvertrag mit **Peier** gültig?
- 2. Ist der Kaufvertrag mit **Liebel** gültig?
- 3. Wer ist Eigentümer, wer Besitzer, solange sich der Hund noch bei **Hanser** befindet?
- 4. Wer ist Eigentümer nach der Übergabe des Hundes an **Liebel**?
- 5. Kann **Peier** von **Liebel** die Herausgabe des Hundes fordern?

§ 929

407 — Eigentumserwerb an Grundstücken

Der Malermeister Karl **Binder** bittet am 22. November den Landwirt Josef **Armbruster** schriftlich, ihm einen Bauplatz für 500,— DM/qm zu verkaufen. Der Bauplatz liegt neben dem Geschäftshaus **Binders**. Er braucht ihn, um dieses zu vergrößern.

In einem Brief erklärt sich **Armbruster** am 25. November mit dem Vorschlag **Binders** einverstanden. Der Kaufvertrag wird am 30. November in Anwesenheit beider Vertragsparteien vor dem Notar beurkundet. Die Umschreibung des Bauplatzes im Grundbuch erfolgt am 30. März des nächsten Jahres.

- 1. Wann ist der Kaufvertrag rechtswirksam abgeschlossen worden?
- 2. Wie nennt der Gesetzgeber beim Grundstückskaufvertrag die Einigung der Vertragspartner?
- 3. Wann wird **Binder** Eigentümer des Bauplatzes?

§ 313

§ 925

§ 873

Geschäftsfähigkeit

408 — Rechtsgeschäfte mit Geschäftsunfähigen und beschränkt Geschäftsfähigen — Rechtsgeschäfte mit Taschengeld

1. Der 6jährige Sohn **Georg** des Lebensmitteleinzelhändlers **R. Pfaff** ist in die Schule gekommen. Er erhält von seinem Lehrer eine vervielfältigte Liste der benötigten Schulbücher. Auf dem Heimweg von der Schule gibt er die Liste bei dem **Buch-**

händler **Huss** ab. Dieser bestellt die Bücher sofort beim Verlag. Georgs Vater erfährt erst zwei Tage später davon. Er verlangt, daß **Georg** die Liste wieder holt, weil **Huss** bei **Georgs** Vater nicht Kunde ist.

- Kann der **Buchhändler Huss** verlangen, daß die Bücher abgenommen und bezahlt werden? BG §§ 104,

2. Georgs 14jähriger Bruder **Fritz** gibt ohne Wissen seiner Eltern die Bücherliste seines Bruders Georg als Bestellung bei dem **Buchhändler Blank** ab. Dieser verspricht **Fritz** die Gewährung von 2% Skonto auf die Listenpreise des Schulbuchs.

- a) Ist **Pfaff** an die Bestellung seines Sohnes **Fritz** gebunden? §§ 106,

   b) **Pfaff** will die Lehrbücher für seinen Sohn **Georg** abholen und sie bezahlen. **Blank** weigert sich, Herrn **Pfaff** den versprochenen Skonto zu gewähren. § 10

- Ist **Blank** an das Versprechen gebunden, das er **Fritz** gegeben hat?

3. **Pfaffs** 14jähriger Sohn **Fritz** kauft sich bei dem **Buchhändler Blank** von seinem Taschengeld eine Karl May-Taschenbuchausgabe.
Der Vater will das Karl-May-Buch zurückgeben, weil er diesen Band für den kommenden Geburtstag seines Sohnes **Fritz** bereits gekauft hatte.

- Muß der Buchhändler das Taschenbuch zurücknehmen? § 11

---

409 *Einwilligung — Genehmigung — Rechtsgeschäfte mit Taschengeld*

Der siebzehnjährige Auszubildende **Peter** kauft von seinem volljährigen Freund ein gebrauchtes Schlagzeug. Er nimmt das Instrument sofort mit. Dem Verkäufer verspricht er, den Kaufpreis ratenweise von seinem künftigen Taschengeld zu begleichen.

1. Der Vater ist gegen den Kauf und verlangt die Rückgabe des Instruments. §§ 107,
- Muß es der Verkäufer zurücknehmen?

- 2. Müßte es der Verkäufer zurücknehmen, wenn das Schlagzeug aus der Ausbildungsvergütung bar bezahlt worden wäre? Sie wurde **Peter** von seinem Vater zur freien Verfügung überlassen. § 11

---

410 *Selbständiger Betrieb eines Erwerbsgeschäftes durch Minderjährige*

Der **Schuhhändler Rohrer** und seine Ehefrau können sich krankheitshalber nicht mehr im Geschäft betätigen. Deshalb übergeben sie ihrem 17jährigen Sohn **Max** mit Genehmigung des Vormundschaftsgerichts das Geschäft. **Max** bestellt bei einem Vertreter 50 Paar modische Damen-Sommerschuhe. Nach dem Ende der Saison sind noch 25 Paar dieser Schuhe auf Lager und nur noch mit hohem Verlust verkäuflich. Sein Vater verlangt von der Lieferfirma die Zurücknahme der Schuhe, da ein Kaufvertrag mit dem minderjährigen Sohn gar nicht zustandegekommen sei.

- 1. Muß die Lieferfirma die Schuhe zurücknehmen? § 11

   2. **Max** kauft sich ein Einfamilienhaus. Beim Abschluß des Kaufvertrages erklärt ihm der Notar, daß der Vertrag ohne Einwilligung des gesetzlichen Vertreters nicht abgeschlossen werden könne.

- Warum kann **Max** für das Geschäft Schuhe kaufen, nicht aber ein Haus für private Zwecke? § 11

Nichtigkeit und Anfechtbarkeit von Rechtsgeschäften

411 *Verstoß gegen ein Gesetz*

Ein 15jähriger kauft von seinem Taschengeld nachmittags an der Vorverkaufskasse eine Karte für die Abendvorstellung eines Filmes, der für Jugendliche unter 18 Jahren verboten ist.

Beim Betreten des Kinosaales verlangt die Platzanweiserin einen Ausweis. Nach Einblick in den Ausweis verweigert sie dem Minderjährigen den Zutritt. Der Jugendliche weist sie darauf hin, daß er mit dem Kinoinhaber durch das Lösen der Eintrittskarte einen Vertrag geschlossen habe, der ihm Anspruch auf Einlaß gebe.

BGB
- 1. Hat er recht? § 134
- 2. Muß der Kinobesitzer das Eintrittsgeld zurückgeben, falls der Vertrag ungültig ist? § 812

412 *Verstoß gegen die guten Sitten*

Der Privatmann **Fritz Ammon** gewährt dem **Gastwirt Dillinger** der sich nach einer sehr schlechten Saison in einer finanziellen Notlage befindet, ein Darlehen in Höhe von 10 000,— DM. **Dillinger** verpflichtet sich, dieses nach $^1/_2$ Jahr in Höhe von 15 000,— DM zurückzuzahlen. Nach Ablauf des halben Jahres überweist **Dillinger** nur 11 000,— DM. **Ammon** verklagt **Dillinger** wegen der restlichen 4 000,— DM. Das Gericht gibt **Dillinger** jedoch recht.

- 1. Wieviel Prozent Zins verlangte Ammon? Wieviel Prozent Zins ist **Dillinger** bereit zu zahlen?
- 2. Warum bekommt **Dillinger** vor Gericht recht? § 138 II

413 *Verstoß gegen die Form*

Der Gastwirt **Dillinger** erfährt, daß sein Nachbar **Gillich** beabsichtigt, die an den Wirtsgarten angrenzende Wiese zu verkaufen. **Dillinger** will schon lange für seine Feriengäste eine ruhige Liegewiese haben und bittet daher **Gillich**, ihm die Wiese zu verkaufen. Bei einer Flasche Wein werden sich die beiden über den Kaufpreis in Höhe von 18 000,— DM einig. Die Vereinbarung wird in Gegenwart des Bürgermeisters durch Handschlag besiegelt. **Dillinger** kündigt nun in seinen Hausprospekten eine schöne und ruhige Liegewiese mit herrlicher Gebirgssicht an. Daraufhin gehen zahlreiche Zimmerbestellungen ein. Nach 14 Tagen sieht er, daß die genannte Wiese eingezäunt wird. Von einem Gemeinderat erfährt er, daß ein Münchner Kaufmann die Wiese für 105 000,— DM gekauft hat.

- 1. Ist **Gillich** an die Vereinbarung mit **Dillinger** gebunden? §§ 125, 313
- 2. Einige Gäste nehmen ihre Zimmerbestellungen zurück, da sie auf eine Liegewiese besonderen Wert legen. **Dillinger** verlangt daher von **Gillich** Schadenersatz in Höhe von 2000,— DM.
- Ist **Gillich** berechtigt, den Schadenersatz zu verweigern?
- 3. **Gillich** vereinbart mit dem Münchner Kaufmann, daß dieser für das Grundstück 105 000,— DM zu zahlen habe, jedoch im notariellen Kaufvertrag nur 60 000,— DM angegeben werden sollen. Nach Abschluß des notariellen Vertrags und Eintragung ins Grundbuch verlangt **Gillich** von dem Kaufmann die Zahlung des Kaufpreises. Dieser will nur 60 000,— DM zahlen und verweist auf den notariellen Kaufvertrag.

- a) Was wollen die beiden Vertragspartner mit dieser gesetzwidrigen und betrügerischen Abmachung erreichen?
- b) Ist der notarielle Kaufvertrag über 60 000,— DM gültig?
- c) Wer ist Eigentümer des Grundstücks?
- d) Wieviel DM muß der Münchner Kaufmann bezahlen?

BG
§ 11
§ 3
§ 11?

414 *Irrtum in der Erklärung*

Der 22jährige Angestellte **Rüling**, Römerstraße 8, **3200 Hildesheim**, findet in einer Zeitungsanzeige folgendes Angebot eines Versandhauses für Foto-Artikel:

> **Foto-Versand-GmbH**
> 3300 Braunschweig   Postfach 402
>
> Für **85,90 DM** erhalten Sie sofort eine neue
> **Automatik-Schmalfilmkamera**
> Modell St 304
> Der Restbetrag kann in 6 Monatsraten zu je 55,— DM bezahlt werden.

Rüling läßt sich über diese Kamera Informationsmaterial schicken. Nach Durchsicht des Materials entschließt er sich, die Kamera St 304 zu bestellen. Er schreibt sofort an das Versandhaus eine Postkarte:
„Ich bestelle hiermit die Kamera St 340 zur sofortigen Lieferung gegen Nachnahme".

Rüling erhält die Kamera als Nachnahmesendung. Beim Auspacken der Sendung stellt er zu seiner Überraschung fest, daß er nicht die gewünschte Filmkamera St 304, sondern eine KLeinbildkamera St 340 erhalten hat. Nachträglich erinnert er sich, daß er auf die Postkarte irrtümlich St 340 anstatt St 304 geschrieben hatte.

1. Kann er den Kauf rückgängig machen?

§§ 119

2. **Rüling** sendet die Kamera mit einem Begleitbrief zurück und erbittet Umtausch.

   Nach einer Woche erhält er die richtige Filmkamera. In einem Begleitschreiben wird er darauf hingewiesen, daß er 18,— DM für die durch den Umtausch entstandenen Kosten zu zahlen habe.

- Ist die Forderung des Versandhauses berechtigt?

§ 1

415 *Irrtum im Motiv*

Der Rentner **Scharrer** kauft bei seiner Bank 10 Stierbräu-Aktien zum Kurs von 210 in der Erwartung, daß der Kurs dieser Aktien weiterhin steigen werde. Er will die Papiere dann später gewinnbringend verkaufen. Vier Wochen nach dem Kauf stehen die Aktien nur noch auf 198. **Scharrer** ficht den Wertpapierkauf bei seiner Bank mit der Begründung an, daß er sich über die Kursentwicklung geirrt habe. Er möchte die Aktien wieder zum Kurs von 210 an die Bank zurückgeben.

- Muß die Bank die Aktien zurücknehmen?

| **416** | *Arglistige Täuschung* |

Aufgrund einer Zeitungsanzeige kauft **Burger** einen Gebrauchtwagen. Der Verkäufer sichert ihm ausdrücklich zu, daß es kein Unfallwagen sei. Später stellt **Burger** durch Zufall fest, daß der Wagen nach einem schweren Unfall von dem Verkäufer repariert und neu lackiert an ihn verkauft worden war.

- Mit welcher Begründung könnte **Burger** den Kaufvertrag anfechten?   BGB § 123 I

| **417** | *Widerrechtliche Drohung* |

Bammes ist Inhaber einer Landesproduktenhandlung.

1. Der Landwirt **Albrecht** hat von **Bammes** 1400,— DM für Kartoffeln zu fordern. Nachdem **Albrecht** zweimal gemahnt hat, droht er **Bammes** gerichtliche Maßnahmen an. Daraufhin verspricht **Bammes**, die Forderung durch Lieferung von Kunstdünger zum Selbstkostenpreis innerhalb einer Woche auszugleichen.
   Bammes ist nach Ablauf der Woche in der Lage, bar zu bezahlen. Deshalb möchte er von der eingegangenen Verpflichtung loskommen, Kunstdünger zum Selbstkostenpreis zu liefern.
   - Kann er seine Willenserklärung mit der Begründung anfechten, er sei zu ihrer Abgabe durch Drohung bestimmt worden?   § 123 I

2. **Reber** ist Buchhalter bei **Bammes**. Er weiß, daß **Bammes** Teile seiner Einkünfte der Besteuerung entzogen hat.
   Eines Tages verlangt **Reber** von **Bammes** eine Gehaltserhöhung. Da ihm diese verweigert wird, droht er mit einer Strafanzeige wegen Steuerhinterziehung. Unter dem Zwang der Drohung erhöht **Bammes** das Gehalt des Buchhalters.
   Gleich darauf erfährt er von seinem Steuerberater, daß er wegen Steuerhinterziehung nicht mehr bestraft werden kann, da die Tat verjährt ist.
   - Kann **Bammes** die zugesagte Gehaltserhöhung anfechten, weil sie widerrechtlich durch Drohung zustande gekommen ist?   § 123 I

3. **Bammes** hat eine 5-Zimmer-Wohnung bei dem Hausbesitzer **Schwarz** gemietet. Er benutzt einen der Wohnräume vertragswidrig als Büro und empfängt dort auch Lieferer und Kunden. **Schwarz** droht ihm eine Mieterhöhung an, falls der Wohnraum weiterhin als Büro benutzt wird.
   - Warum ist die Drohung von **Schwarz** nicht widerrechtlich?   § 123 I

| **418** | *Nichtigkeit und Anfechtbarkeit* |

- Entscheiden Sie, welche der folgenden Erklärungen nichtig und welche anfechtbar sind!

Erklärungen	Nichtigkeit der Erklärung	Anfechtbarkeit der Erklärung
Irrtum bei Abgabe einer Erklärung.		
Willenserklärung eines Geschäftsunfähigen		
Eine Erklärung wird zum Schein abgegeben. Der andere weiß dies.		
Abgabe einer Willenserklärung aufgrund arglistiger Täuschung		
Eine Erklärung wird zum Scherz abgegeben. Der andere faßt sie auch als Scherz auf.		
Willenserklärungen, die gegen ein gesetzliches Verbot verstoßen.		
Willenserklärungen, bei denen eine vorgeschriebene Form nicht beachtet wird.		
Willenserklärungen, die gegen die guten Sitten verstoßen		

Abzahlungsgeschäft

419 *Inhalt des Ratenzahlungsvertrages — Kreditkaufsystem*

Gabi und Frank **Jäckel** haben geheiratet. Wenige Tage nach ihrer Hochzeit spricht in ihrer Wohnung ein Verkäufer eines Einrichtungshauses vor. Er trifft nur Frau **Jäckel** an. Der Verkäufer überzeugt Frau **Jäckel** vom Vorteil eines Ratenkaufes bei ihm. Sie könne auf diese Weise sofort ihre Einrichtung vervollständigen, ohne erst ansparen zu müssen.

Frau **Jäckel** unterschreibt einen Ratenzahlungsvertrag mit folgendem Inhalt:

Artikel: 1 Teppich, Buchara, Senneh, dicht, 1,10 × 1,60 m

Barzahlungspreis: 3 000,— DM; Teilzahlungspreis: 3 300,— DM

Teilzahlungen: 24 Monatsraten zu 137,50 DM, fällig jeweils am 1. eines Monats, erstmals am 1. März dieses Jahres;

Effektiver Jahreszins: 9,6%

Auf dem Formblatt befindet sich deutlich hervorgehoben der Hinweis, daß Frau **Jäckel** das Recht hat, den soeben unterschriebenen Vertrag innerhalb einer Woche nach Erhalt der Zweitschrift schriftlich bei ihrem Vertragspartner **Fritz Steuben, Charlottenstraße 30, 7015 Korntal**, zu widerrufen.

Diese Klausel unterschreibt sie ebenfalls.

1. In diesem Ratenzahlungsvertrag beträgt der Unterschied zwischen dem Bar- und dem Teilzahlungspreis 300,— DM, das sind 10% des Barzahlungspreises.
- Warum ergibt der Effektivzins einen niedrigeren Prozentsatz?
- 2. Welchen Zweck verfolgt der Gesetzgeber mit der Vorschrift, daß der Effektivzins angegeben werden muß? VerbrK § 4
- 3. Wie unterscheidet sich im Falle des Rücktritts vom Vertrag die Rechtsstellung des Käufers von der des Verkäufers bei Abzahlungsgeschäften?
- 4. Wie läßt sich diese unterschiedliche rechtliche Behandlung von Käufer und Verkäufer bei Abzahlungsgeschäften begründen?
    - 5. Die Schutzvorschriften des Abzahlungsgeschäftes gelten nicht, wenn der Käufer Kaufmann ist und im Rahmen seines Handelsgewerbes tätig wird. § 1

- Warum werden Kaufleute beim Abzahlungsgeschäft anders als Nichtkaufleute behandelt?
  6. Ein Kaufhaus wirbt für sein besonderes Kreditkauf-System. Ihm dient eine in der Kundenabteilung des Hauses eingerichtete Geschäftsstelle der hauseigenen Teilzahlungsbank. Dort erhalten die Kunden einen Kredit und vereinbaren die Rückzahlungsraten. Im Kaufhaus kaufen die Kunden dann als Barzahler.
- Vergleichen Sie die rechtliche Stellung des Käufers im Kreditkauf-System mit der bei Geschäften nach dem Abzahlungsgesetz!

Verträge in der arbeitsteiligen Wirtschaft

Vertragsabschluß

420 *Zusendung unbestellter Ware an Kaufleute*

Dipl.-Ing. **Brandt** ist Inhaber eines Handelsunternehmens für Industriebedarf in **3000 Hannover**, Podbielskistraße 84. Er ist nach § 1 HGB Kaufmann, weil er ein Handelsgewerbe betreibt. In seinem Gewerbebetrieb werden Waren angeschafft und veräußert.

Brandt erkundigt sich bei der **Präzisia Maschinen AG, Oststraße 63, 4000 Düsseldorf,** nach 2 Universal-Vorschubapparaten (Ausstattung: 8 Vorschubgeschwindigkeiten, Drehstrommotor 1 PS, 220/380 Volt, 3,5 Amp., automatischer Überstrom-Schutzschalter). **Brandt** ist ständiger Kunde der **Präzisiamaschinen AG**.

Acht Tage später werden von der **Präzisia AG** zwei Vorschubapparate Modell 850 zum Einzelpreis von 2000,— DM an **Brandt** geliefert.

- 1. Muß **Brandt** die Apparate abnehmen und bezahlen?   HGB § 379
- 2. Darf er sie im Freien lagern, obwohl sie feuchtigkeitsempfindlich sind?
  3. R. **Brandt** überweist den Kaufpreis. Die **Präzisia Maschinen AG** antwortet sofort, daß sich der Preis für einen Universal-Vorschubapparat Nr. 850 um 65,— DM erhöht habe und damit 130,— DM nachzuzahlen seien.   BGB § 145
- Formulieren Sie das Schreiben an die **Präzisia AG**!
  4. Nehmen Sie an, **Brandt** nimmt die Apparate, ohne den Kaufpreis zu zahlen, stillschweigend auf Lager.
     a) Nach 8 Wochen mahnt die **Präzisia Maschinen AG**, von der Brandt laufend Maschinen bezieht, und fordert Zahlung.
- Muß **Brandt** zahlen?
- b) Müßte der Kaufpreis auch dann bezahlt werden, wenn die Vorschubapparate von **Firma Benkieser** zugesendet worden wären, von der **Brandt** noch nie etwas bezogen hat?   HGB § 362 I

421 *Bindung an das Angebot*

Die **Büro-Einrichtungsgesellschaft mbH, 6000 Frankfurt**, sendet an die Firmen **Ferdinand Blicks, 7500 Karlsruhe**, und **Häckel OHG, 8520 Erlangen**, ein Sonderangebot über Registraturschränke.

Inhalt des Angebots: Preis je Schrank 300,— DM;
       bei Abnahme von mindestens 5 Stück 5% Rabatt;
       bei Zahlung innerhalb 14 Tagen 2% Skonto.

Das Angebotsschreiben ist den angeschriebenen Firmen am 20. 9. 19 . . zugegangen.

- 1. Bei der **Büro-Einrichtungsgesellschaft mbH** trifft die Bestellung der **Häckel OHG** über 4 Registraturschränke rechtzeitig ein.
- Welches Eingangsdatum würden Sie noch als „rechtzeitig" gelten lassen?   BG § 147

- 2. Die **Häckel OHG** bestellte die 4 Registraturschränke unter der Bedingung, daß sie einen Rabatt von 3% abziehen dürfe.   BG § 150
- a) Muß die **Büro-Einrichtungs GmbH** trotzdem liefern?
- b) Wieviel Prozent Rabatt darf **Firma Häckel OHG** abziehen, wenn die 4 Schränke ohne Gegenäußerung geliefert werden?

- 3. Am 22. 9. 19.. trifft bei der **Büro-Einrichtungsgesellschaft mbH** eine Bestellung über 20 Registraturschränke ein. Der Besteller hat das Sonderangebot erhalten, weil er schon lange mit der **Büro-Einrichtungsgesellschaft mbH** in Geschäftsverbindung steht.
- a) Prüfen Sie, ob die **Büro-Einrichtungsgesellschaft mbH** ihr Angebot an die Firma **Häckel** noch widerrufen kann!   BG § 13 PO §
- b) Wie würden Sie als Verkaufsleiter der **Büro-Einrichtungsgesellschaft mbH** entscheiden?

- 4. **Firma F. Blicks** bestellt am 8. 10. 19.. einen Registraturschrank. Die **Büro-Einrichtungs GmbH** hat jedoch sämtliche im Sonderangebot erwähnten Schränke verkauft.
- Muß sie einen entsprechenden Registraturschrank, der einen Listenpreis von 350,— DM hat, zu dem im Sonderangebot genannten Preis liefern?   § 147

422 — Zahlungs- und Lieferungsbedingungen beim Handelskauf — Allgemeine Geschäftsbedingungen (AGB)

Das Büroartikel-Fachgeschäft **W. Möhringer & Söhne**, Hangstraße 57, **7070 Schwäbisch Gmünd**, erhält von dem Großhändler **P. u. B. Nägele**, Büchsenstraße 25—31, **7000 Stuttgart 1**, ein Angebot über Taschenrechner, Marke Omnus, 80c, zu 50,— DM je Stück.

Auf der Rückseite des Angebots sind u. a. folgende Verkaufs- und Lieferungsbedingungen abgedruckt:

Die umseitig genannten Preise sind auf heutiger Basis errechnet.
Die Berechnung erfolgt zu den am Tage der Lieferung gültigen Preisen.
Die Lieferung erfolgt ab Haus oder Fabrik auf Rechnung und Gefahr des Empfängers.
Der Rechnungsbetrag ist zahlbar mit 2% Skonto bei Erhalt der Rechnung oder 30 Tage Ziel netto.
Bei verspäteter Zahlung werden Verzugszinsen in Höhe von 1% über dem jeweiligen Bundesbank-Diskont fällig.
Die gelieferte Ware bleibt bis zur vollständigen Bezahlung unser jederzeit verfügbares Eigentum und darf weder verpfändet noch übereignet oder verliehen werden.
Für den Fall des Weiterverkaufs gilt im voraus die Kaufpreisforderung an den Drittkäufer als an uns abgetreten.
Erfüllungsort und ausschließlicher Gerichtsstand für die Rechte und Pflichten beider Parteien ist Stuttgart.

Die Bedeutung obiger **Bedingungen** soll analysiert werden.

- 1. Bedingung Nr. 1: „Die umseitig genannten Preise sind auf heutiger Basis errechnet. Die Berechnung erfolgt zu den am Tage der Lieferung gültigen Preisen."
- a) Warum stellt der Lieferer diese Bedingung?

- b) Prüfen Sie, ob diese Bedingung mit dem Gesetz zur Regelung des Rechts der allgemeinen Geschäftsbedingungen vereinbar ist! AGBG §§ 11, 24

2. **Bedingung Nr. 2:** „Die Lieferung erfolgt ab Haus oder Fabrik auf Rechnung und Gefahr des Empfängers."
- a) Wie unterscheidet sich diese Bedingung von der gesetzlichen Regelung der §§ 446—448 BGB?
- b) Welche Gefahren bringt diese Regelung für den Käufer?

3. **Bedingung Nr. 3:** „Der Rechnungsbetrag ist zahlbar mit 2% Skonto bei Erhalt der Rechnung oder 30 Tage Ziel netto."
- a) Welchem Jahreszinsfuß würde der hier gewährte Skonto entsprechen?
- b) Lohnt es sich in diesem Falle Skonto in Anspruch zu nehmen, wenn die Hausbank für einen Betriebsmittelkredit 7% Zinsen verlangt?
- c) Warum ist es im Geschäftsleben üblich, Skonto zu gewähren?

4. **Bedingung Nr. 4:** „Bei verspäteter Zahlung werden Verzugszinsen in Höhe von 1% über dem jeweiligen Bundesbank-Diskont fällig."
- a) Warum fordert der Lieferer nicht einen festen Zinssatz, z. B. 5%?
- b) Wieviel Prozent Verzugszinsen dürften **P. u. B. Nägele** heute berechnen?

5. **Bedingung Nr. 5:** „Die gelieferte Ware bleibt bis zur vollständigen Bezahlung unser jederzeit verfügbares Eigentum und darf weder verpfändet noch übereignet oder verliehen werden."
- Welche Vorteile bietet der in dieser Klausel formulierte Eigentumsvorbehalt dem Lieferer? BGB § 455

6. **Bedingung Nr. 6:** „Für den Fall des Weiterverkaufs gilt im voraus die Kaufpreisforderung an den Drittkäufer als an uns abgetreten."
- Warum hat der Lieferer die Bedingung Nr. 5 durch diese vorstehende Bedingung ergänzt?

7. **Bedingung Nr. 7:** „Erfüllungsort und ausschließlicher Gerichtsstand für die Rechte und Pflichten beider Parteien ist Stuttgart." ZPO §§ 29, 38
- An welchem Ort müssen **P. u. B. Nägele** Klage erheben, wenn der Kunde **W. Möhringer** trotz Mahnung seine Rechnung nicht bezahlt?

8. Welche gesetzlichen Regelungen gelten, falls **P. u. B. Nägele** im Angebot keine Bedingungen festgelegt haben?

9. Wären die in dieser Aufgabe genannten Bedingungen 1—7 auch dann für Rechtsbeziehungen zwischen **P. u. B. Nägele** und **W. Möhringer** wirksam, wenn sie nicht im Angebot genannt, sondern erst auf der Rückseite der mit der Ware übersandten Rechnung abgedruckt wären?

10. **P. u. B. Nägele** haben als Verkäufer in einem Vertrag nichts über die Verpackungskosten vereinbart.
- a) Prüfen Sie, ob **P. u. B. Nägele** zusätzlich zum vereinbarten Stückpreis von 50,— DM dem Käufer in Rechnung stellen dürfen
  - aa) die Schutz- und Versandverpackung
  - bb) die Aufmachungsverpackung (z. B. Schutzhülsen)! BGB §§ 446-448
- b) Würden Sie als Verkäufer im vorliegenden Falle die Schutz- und Versandverpackung in Rechnung stellen?

| **423** | *Lieferbedingungen* |

In der Tabelle sind verschiedene Lieferbedingungen angegeben. Sie sollen feststellen, wie in diesen Fällen die Versandkosten verteilt werden!

- Kennzeichnen Sie in einer Tabelle nach folgendem Muster die Kosten mit V, die der Verkäufer trägt und die mit K, die der Käufer trägt!

Liefer-bedingungen	Anfuhr	Verladen	Kosten für Fracht	Entladen	Zufuhr
ab Werk					
ab Bahnhof hier					
frachtfrei					
frei dort					
frei Werk dort					
frei Haus					
ab hier					
frei Bahnhof dort					
ab Lager					
unfrei					
frei Waggon					

| **424** | *Zahlungsbedingungen* |

Das Gesetz sieht vor, daß bei Kaufverträgen Zug um Zug zu leisten ist. Die Wirtschaftspraxis macht häufig lieber von dem Recht Gebrauch, Zahlungsbedingungen frei zu vereinbaren. Dabei werden u. a. folgende Zahlungsbedingungen verwendet:

Anzahlung bei Bestellung sofort gegen bar, zahlbar in zwei Monaten, gegen Dreimonatsakzept, Zahlung in sechs Monatsraten.

- Nennen Sie Gründe, die dazu geführt haben können, die vorgenannten Zahlungsbedingungen zu vereinbaren!

| **425** | *Zustandekommen von Kaufverträgen* |

- Kreuzen Sie in einer Tabelle nach folgendem Muster an, welcher Vertragspartner den Antrag macht, welcher den Antrag annimmt und ob ein Kaufvertrag zustandegekommen ist oder nicht!

	Käufer		Verkäufer		Kaufvertrag	
	Antrag	Annahme	Antrag	Annahme	Ja	Nein
1. Der Käufer bestellt, der Verkäufer lehnt die Lieferung ab.						
2. Der Verkäufer sendet unbestellte Ware zu. Der Käufer nimmt sie in Gebrauch.						
3. Der Käufer bestellt ohne vorausgehendes Angebot. Der Verkäufer schweigt. a) Käufer und Verkäufer stehen in ständiger Geschäftsverbindung b) Käufer und Verkäufer hatten bisher keine Geschäftsverbindung						
4. Der Verkäufer unterbreitet ein Angebot, der Käufer bestellt.						
5. Der Verkäufer macht ein freibleibendes Angebot, der Käufer bestellt.						
6. Der Verkäufer macht ein bindendes Angebot, der Käufer bestellt daraufhin. a) zu spät b) zu geänderten Bedingungen						

Rechtserhebliche Merkmale von Kaufverträgen

426 *Einteilungsmerkmale für Kaufverträge*

Georg Mayerling ist Inhaber eines Einzelhandelsgeschäfts für Sportartikel und Sportmoden.

- Prüfen Sie, um welche Kaufarten es sich bei den folgenden Vorgängen handelt und tragen Sie ein Kreuz in die zutreffenden Felder einer Tabelle nach dem umseitig gegebenen Muster ein!

  1. Frau **Mayerling** verkauft an die Frau eines Angestellten, welche selbst schneidert, ein wenig getragenes Kinderkleid gegen sofortige Zahlung des Kaufpreises und Übergabe des Kaufgegenstandes.
  2. Herr **Mayerling** bestellt Anfang Juli aufgrund des sehr warmen und beständigen Sommerwetters noch 30 Badeanzüge mit dem besonderen Hinweis, daß er die Ware bis spätestens 27. Juli (Beginn der Sommerferien) haben müsse; eine spätere Lieferung habe für ihn keinen Sinn mehr.
  3. Ein Einzelhändler für Radio- und Fernsehgeräte erklärt sich Herrn **Mayerling** gegenüber bereit, ein im Laden ausgewähltes, gebrauchtes Fernsehgerät wieder zurückzunehmen, wenn der Empfang trotz Hochantenne schlecht ist.
  4. Firma **Mayerling** kauft einen Spezialbrennstoff für Camping-Kocher aufgrund einer Probe. Die Lieferung soll erst nach besonderer Aufforderung des Käufers erfolgen.

5. Der Einkaufsleiter des Sportgeschäfts bestellt im Februar bei dem Fabrikanten 300 Stück sportliche Damenblusen mit dem Recht, Farbe und Größe 3 Wochen vor der Auslieferung ($^1/_3$ im Mai und $^2/_3$ im Juni) zu bestimmen. 10% der Kaufsumme werden bei Bestellung bezahlt. Der Rest wird 4 Wochen nach der letzten Lieferung ausgeglichen.

6. Der Prokurist kauft für private Zwecke von einem Gebrauchtwagenhändler einen Pkw, nachdem er vorher eine zufriedenstellende Probefahrt gemacht hat. Der Kaufpreis in Höhe von 2400,— DM soll in 12 Monatsraten beglichen werden.

7. Der Auszubildende des Sportgeschäftes holt bei einem Werkzeuggroßhändler gegen sofortige Zahlung durch Scheck 3 elektrische Handbohrer ab, die vom Chef telefonisch nach Katalog bestellt wurden.

8. Ein Angestellter kauft 10 Stück Durchschreibepapiere einer neu herausgekommenen Sorte, um später davon eine größere Anzahl für die kaufmännische Verwaltung zu beschaffen.

9. Herr **Mayerling** kauft in einem Selbstbedienungsgeschäft Delikatessen für eine private Gartenparty.

Art des Kaufs	Vorgang								
	1	2	3	4	5	6	7	8	9
Nach dem Berufsstand der Vertragspartner	—	—	—	—	—	—	—	—	—
Bürgerlicher Kauf									
Einseitiger Handelskauf									
Zweiseitiger Handelskauf									
Nach der Auswahl der Ware	—	—	—	—	—	—	—	—	—
Stückkauf									
Gattungskauf									
Kauf auf Probe									
Kauf nach Probe									
Kauf zur Probe									
Kauf nach Besichtigung									
Bestimmungskauf									
Nach dem Zahlungszeitpunkt	—	—	—	—	—	—	—	—	—
Kauf gegen Vorauszahlung									
Barkauf									
Zielkauf									
Ratenkauf									
Nach der Lieferzeit	—	—	—	—	—	—	—	—	—
Tages- oder Sofortkauf									
Zeit- oder Terminkauf									
Fixkauf									
Kauf auf Abruf									
Teillieferungskauf									

Vertragsarten

427
Werkvertrag — Werklieferungsvertrag — Dienstvertrag — Arbeitsvertrag — Mietvertrag — Pachtvertrag — Leihvertrag — Darlehnsvertrag

Emil Schirmer ist Inhaber eines Gasthofes und eines Kinos.

1. Er kauft sich bei einem ihm bekannten Stoffgroßhändler einen Anzugstoff für 180,— DM. Von seinem Schneider läßt er sich daraus einen Anzug anfertigen. Als er den fertigen Anzug abholen will, stellt er fest, daß dieser nicht paßt.
   BGB
   - a) Welche Art von Vertrag wurde abgeschlossen? § 631
   - b) Muß **Schirmer** den Anzug abnehmen und bezahlen? § 633

2. Nach einer gemeinsamen Sitzung des örtlichen Musikvereins mit einem Nachbarverein muß der Gastwirt **Schirmer** am nächsten Tag von Schreinermeister **Hack** 15 neue Stühle und 2 Tische, zu den alten passend, herstellen lassen. Der beauftragte Schreiner hat 8 Stühle und 2 Tische fertiggestellt. Die restlichen sind noch in Arbeit. Aus unbekannter Ursache brennt die Werkstätte mit den fertiggestellten und noch in Arbeit befindlichen Stühlen ab.
   Der Schreiner verlangt von dem Gastwirt Ersatz der bereits angefallenen Aufwendungen.
   - a) Welche Art von Vertrag wurde abgeschlossen? §§ 651, 644 I
   - b) Muß der Gastwirt zahlen?

3. Der Gastwirt beauftragt seinen Rechtsanwalt, den auswärtigen Vereinsvorsitzenden auf Schadenersatz zu verklagen. Das Gericht gibt dem Gastwirt nicht recht. Er weigert sich deshalb, das verlangte Honorar des Rechtsanwaltes zu bezahlen.
   - a) Welche Art von Vertrag wurde zwischen **Schirmer** und dem Rechtsanwalt abgeschlossen? § 611
   - b) Muß der Gastwirt **Schirmer** dem Rechtsanwalt das Honorar zahlen?
   - c) Warum ist dieser Vertrag mit dem Rechtsanwalt kein Werkvertrag? § 611

4. Der Gastwirt **Schirmer** verbietet einem seiner Kellner, einem stark angetrunkenen Gast weitere alkoholische Getränke zu servieren.
   - a) Wie heißt der Vertrag, der bei Einstellung des Kellners zwischen **Schirmer** und dem Kellner abgeschlossen wurde?
   - b) Muß sich der Kellner an die Anweisung **Schirmers** halten?
   - c) Wodurch unterscheidet sich das Vertragsverhältnis des Kellners mit dem Gastwirt von dem Vertrag des Rechtsanwalts mit seinem Klienten (Frage Nr. 3)?

5. Im **Badischen Tagblatt** läßt der Gastwirt folgende Anzeige erscheinen:

   > In aufstrebender Schwarzwaldgemeinde
   > **Lichtspieltheater** zu verpachten
   > oder **Kinosaal** zu vermieten.
   > Angebote unter 47/368

   - Erklären Sie aus den Angaben dieser Angaben dieser Anzeige den Unterschied zwischen Miete und Pacht! §§ 535, 581 I

6. Die Brauerei **Waldbräu KG** stellt dem Gastwirt für ein Gartenfest 30 Tische und 120 Stühle unentgeltlich für ein Wochenende zur Verfügung. Die Tische und Stühle sind bereits bei dem Gastwirt **Schirmer** eingetroffen.

- a) Welche Art von Vertrag wurde abgeschlossen?
- b) Wer ist jetzt Eigentümer, wer Besitzer der Tische?
- c) Bei der Abholung werden versehentlich mehrere dem Gastwirt gehörende Tische aufgeladen. Dafür bleibt die gleiche Anzahl mit „Waltbräu" gekennzeichneten Tische zurück. Die Brauerei verlangt Umtausch der Tische, obwohl sie gleichwertig sind.

  Hat sie dazu das Recht?

BGB
§ 598
§ 604

7. Für den Kauf eines neuen Kraftfahrzeuges nimmt der Wirt von seiner Bank einen Kredit in Höhe von 10 000,— DM in bar in Anspruch.

§ 607

- a) Welche Art von Vertrag wurde abgeschlossen?
- b) Wodurch unterscheidet sich dieser Vertrag von dem, den **Schirmer** mit der **Waldbräu KG** abgeschlossen hat (Aufgabe Nr. 6)?

428 Vertragsmerkmale

- 1. Suchen Sie zu den Vertragsarten Werkvertrag, Werklieferungsvertrag, Dienstvertrag und Leihvertrag je ein weiteres Beispiel!
- 2. Welche Verträge werden mit Hilfe folgender Automaten abgeschlossen?
  - a) Süßwarenautomat.
  - b) Öffentlicher Münzfernsprecher.
  - c) Münz-Personenwaage (gegen Einwurf einer Münze wird eine mit dem Gewicht bedruckte Karte ausgeworfen).
  - d) Parkkartenautomat
- 3. Nennen Sie ein Beispiel für einen Vertrag, für dessen Abschluß Formzwang besteht, und ein Beispiel für einen Vertrag, der formlos abgeschlossen werden kann!

Kaufmannseigenschaft

429 Mußkaufmann

Boeme betreibt einen Möbelhandel. Er hat sich nicht in das Handelsregister eintragen lassen.

- 1. Besitzt er die Kaufmannseigenschaft im Sinne des HGB?
- 2. Muß er sich in das Handelsregister eintragen lassen?

HGB
§ 1
§ 29

430 Sollkaufmann

Der **Bauunternehmer Sommer** beschäftigt 30 Arbeiter. Er ist im Handelsregister nicht eingetragen. Den Auftrag zum Bau eines Lebensmittelsupermarktes hat er unter der Bedingung erhalten, daß der Rohbau am 1. 6. fertiggestellt ist. Für jeden Tag verspäteter Fertigstellung wird eine Vertragsstrafe von 5 000,— DM vereinbart. Die Rohbauarbeiten werden 15 Tage nach dem Termin beendet. **Sommer** fordert eine Herabsetzung der Vertragsstrafe gem. § 343 BGB, mit der Begründung, daß der dem Bauherrn entstandene Schaden viel geringer sei. Die Vertragsstrafe erscheine unangemessen hoch.

- 1. Prüfen Sie, ob **Sommer** gem. § 343 BGB die Herabsetzung einer unangemessen hohen Vertragsstrafe fordern kann, wenn er
  - a) nicht im Handelsregister eingetragen,
  - b) im Handelsregister eingetragen wäre!

§ 343

- 2. Wie wird ein Bauunternehmer Kaufmann im Sinne des Handelsgesetzes?

§ 2

431 Kannkaufmann

Der Gutsbesitzer Wilhelm Stauffer betreibt eine Mühle als Nebengewerbe, in der er sein eigenes Getreide mahlt und auch Lohnaufträge annimmt. Der Umfang des Geschäftsbetriebes fordert eine kaufmännische Organisation. Im Handelsregister ist weder der landwirtschaftliche Betrieb noch das Nebengewerbe eingetragen.

HGB § 3

1. **Stauffer** erfährt, daß in das Handelsregister seines Bezirks eine Firma „**F. Wilhelm Stauffer, Mühle**" eingetragen werden soll. **Stauffer** will unter Berufung auf den Firmenschutz den Eintrag mit dieser Firmenbezeichnung verhindern.
- Kann er das?
- 2. Prüfen Sie, ob der Gutsbesitzer **Stauffer** zur Führung von Handelsbüchern verpflichtet ist!

§ 38

432 Formkaufmann

Die Brüder **Anton** und **Betram Schöck** betreiben zusammen eine Kiesbaggerei in der Gesellschaftsform einer GmbH. **Anton Schöck** ist Geschäftsführer.

1. **Anton Schöck** verbürgt sich im Namen der GmbH mündlich gegenüber dem **Baustoffgroßhändler Eder** für seinen langjährigen Kunden, den Bauunternehmer **Sommer**. **Sommer** bleibt **Eder** 30 000,— DM schuldig, die **Eder** jetzt von der GmbH fordert.
- Ist die mündlich gegebene Bürgschaft gültig?
- 2. Wodurch hat die GmbH die Kaufmannseigenschaft erlangt?

§§ 6, 350
GmbHG § 11

433 Vollkaufmann — Minderkaufmann

1. Vervollständigen Sie eine Gegenüberstellung nach folgendem Muster!

	Vollkaufmann (Muß-, Soll-, Kann-, Formkaufmann)	Minderkaufmann (immer Mußkaufmann)
Kaufmännische Organisation des Betriebes		wenn kaufmännische Organisation nicht erforderlich
Eintragung im Handelsregister		keine Eintragung im Handelsregister
Firma		keine Firma
Ernennung von Bevollmächtigten		kann Bevollmächtigte haben, aber keine Prokuristen
Bürgschaften		nur schriftlich, im Zweifel Ausfallbürgschaft
Buchführungspflicht nach §§ 38 ff HGB		keine, jedoch Mindestbuchführung nach Steuerrecht
Klage auf Herabsetzung von Vertragsstrafen		Anfechtung von Vertragsstrafen möglich

2. Warum macht der Gesetzgeber einen Unterschied zwischen Voll- und Minderkaufleuten?

Die gestörte Erfüllung von Verträgen

Die mangelhafte Lieferung

434 *Arten der Mängel — Rechte und Pflichten des Käufers — Gewährleistungsfristen*

Richard Völkle, Drogist, Feldbergstr. 38, **7800 Freiburg (Breisgau)**, erhält heute die vor acht Tagen bei **König & Eiselt**, Rheinstraße 10, **7850 Lörrach**, bestellte Ware.

Beim Auspacken stellt eine Verkäuferin des Herrn **Völkle** folgendes fest:
1. Anstatt der 300 Pakete Waschpulver Lilia sind nur 295 Pakete in der Sendung enthalten.
2. Laut Bestellung sollten 100 Tuben Regina-Nachtcreme geliefert werden. Statt dessen sind 100 Tuben Regina-Spezialtagescreme verpackt worden.
3. Bei einer Stichprobe stellt der Angestellte fest, daß eine Packung Nährflocken verdorben ist.
4. Von den 20 Flaschen Zürs-Edelkirsch-Likör ist eine Flasche infolge unsachgemäßer Verpackung zerbrochen.
5. Drei der 50 Badetaschen sind angeschmutzt. Mit einem Preisnachlaß von 25 % wären diese aber verkäuflich.

- 1. Welche Eintragungen müssen in den für diesen Zweck von **Völkle** benutzten Vordruck gemacht werden (siehe nächste Seite)?
  2. Das BGB gewährt für Qualitätsmängel das Recht auf Wandelung, Minderung oder Lieferung einer mangelfreien Sache.
- a) Welche der von **Völkle** festgestellten Mängel sind Qualitätsmängel?   BGB § 462
- b) Welche der in der rechten Spalte des Vordrucks genannten, unter Kaufleuten üblichen Bezeichnungen entsprechen den im BGB genannten Rechten?   § 480 I
  3. Die Verkäuferin, die beim Auspacken hilft, fragt Herrn **Völkle**, was mit der beanstandeten Ware geschehen soll.
- Wie muß Herr **Völkle** den Reklamationsfall weiter behandeln, um die Bestimmungen des Handelsrechts zu berücksichtigen?   HGB §§ 343 379 I
  4. Vier Wochen nach Eingang der Sendung von **König & Eiselt** bringt ein Kunde einen Color-Film zurück, der aus dieser Sendung stammte. Der Kunde hat den Film vor 14 Tagen gekauft und erst jetzt bemerkt, daß schon am Kauftag das auf der Packung aufgedruckte Haltbarkeitsdatum überschritten war.
- a) Prüfen Sie, ob der Drogist den Film 14 Tage nach dem Verkauf an den Kunden noch zurücknehmen muß!   BGB §§ 459 462, 480 477 I
- b) **Völkle** gibt den Film an den Großhändler zurück. Dieser verweigert eine Ersatzlieferung, obwohl das Haltbarkeitsdatum bereits überschritten war, als er die Filme an **Völkle** auslieferte.   HGB § 377 I
- Hat der Großhändler recht?
- c) Wie hätten Sie an Stelle des Großhändlers gehandelt?
  5. Eine Kundin bringt eine gestern gekaufte Dose Ölfarbe zurück, die vollständig eingetrocknet ist. Die Dose stammt aus der vor drei Monaten eingetroffenen Sendung einer **Farben- und Lackfabrik. Völkle** hatte damals sofort nach Eingang der Ware Stichproben gemacht, die jedoch keine Beanstandungen ergaben. **Völkle** will die eingetrocknete Farbe nur dann in eine einwandfreie umtauschen, wenn er selbst von der **Farben- und Lackfabrik** Ersatz erhält.   BGB § 121
- a) Kann der Drogist die Zurücknahme der Farbe von dieser Bedingung abhängig machen?   BGB § 459

RICHARD VÖLKLE
Seifenhaus - Parfümerie - Drogerie - Fotodienst - Spirituosen
Feldbergstraße 38 - 7800 Freiburg (Breisgau) - Ruf 81 55

Firma

Freiburg, den _____

Ihre Lieferung vom:	
Ihre Zeichen:	
Ihre Rechnung vom:	Nr.:
Meine Bestellung vom:	Nr.:

Beim Auspacken Ihrer Sendung stellte ich folgende **Mängel** fest:	Ich bitte um **Gutschrift** — **Umtausch** — **Nachlieferung** — **Ersatzlieferung** — **Preisnachlaß**
Es fehlen:	
Es sind zerbrochen oder beschädigt:	*MUSTER*
Es wurde falsch geliefert:	
Sonstige Beanstandungen:	

Bestätigung der Richtigkeit der gemachten Angaben:
Lager:
Einkauf:

Mit freundlichen Grüßen

- b) Muß die **Farben- und Lackfabrik** diese Dose Ölfarbe ersetzen?   HGB § 377 II
- 6. Wie unterscheidet sich die Prüf- und Rügepflicht beim Handelskauf von der beim bürgerlichen Kauf?

435   *Untersuchungs- und Rügepflicht*

Der **Textileinzelhändler Schlitt** verkaufte an den kaufmännischen Angestellten **Burger** einen Herrenanzug. **Burger** entdeckt nach 3 Monaten einen Webfehler und verlangt deshalb einen Preisnachlaß.

- 1. Hat **Burger** drei Monate nach dem Kauf noch Ansprüche aus mangelhafter Lieferung?   BGB § 477
- 2. **Schlitt** macht die Gewährung des Preisnachlasses davon abhängig, daß er den Preisnachlaß seinem Lieferer in Rechnung stellen kann. Er hat den Anzug vor fünf Monaten bezogen. Der Webfehler ist ein offener Mangel, der übersehen worden ist.   HGB § 377
- Prüfen Sie
    - a) ob **Schlitt** Kaufmann ist,   § 1
    - b) ob die Lieferung des Anzugs an **Burger** für **Schlitt** ein Handelsgeschäft war,   § 343
    - c) ob die Lieferfirma die Ansprüche des **Schlitt** anerkennen muß!   § 377
- 3. Warum behandelt der Gesetzgeber den kaufmännischen Angestellten **Burger** und den Textileinzelhändler **Schlitt** bei der Mängelrüge unterschiedlich?

436   *Fehlen der zugesicherten Eigenschaft — Schadenersatz*

Herr **Goller**, Inhaber einer Hemdenfabrik, kauft eine garantiert farbechte Webware für buntgestreifte Sonnenhemden im Wert von 2 500,— DM. Bei der sofortigen Prüfung der Ware wird festgestellt, daß die Farben ineinanderfließen. **Goller** verzichtet auf Wandelung, Minderung oder Ersatzlieferung. Ihm entgeht ein Gewinn von 500,— DM.   BGB § 480

- Muß **Gollers** Lieferant den entgangenen Gewinn ersetzen?

437   *Rechte beim Gattungskauf*

Der Lebensmittelgroßhändler **August Sperl, 7988 Wangen (Allgäu),** kauft im **Möbelfachgeschäft Häberle & Sohn, Wangen,** für seinen Sohn einen Schreibtisch und einen dazu passenden Sessel aufgrund eines Katalogs. Außerdem kauft er von dem Möbelhändler ein Ölgemälde des ortsansässigen Malers **Loibl**. Der Möbelhändler schickt ihm (wie allen Kunden am gleichen Ort) die Ware mit eigenem Lkw zu. Nach der Übergabe der Ware stellt **Sperl** fest, daß die Armlehne des Sessels gesprungen und das Bild stark beschädigt ist. Außerdem hat der Schreibtisch mehrere kleine Kratzer.

- 1. Auf die Mängelrüge des **Sperl** antwortet **Häberle**, daß er seinem Fahrer die Ware in einwandfreiem Zustand übergeben habe. Damit sei der Vertrag ordnungsgemäß erfüllt.   § 459 § 446 § 278
- Hat **Häberle** recht?
- 2. Wie lange hätte sich **Sperl** mit der Mängelrüge Zeit lassen können
    - a) bei offenen Mängeln,   § 477
    - b) bei versteckten Mängeln?   § 242

3. **Sperl** verlangt, daß ihm ein einwandfreier Sessel und ein unbeschädigter Schreibtisch geliefert werden und daß das Bild durch ein anderes Ölbild des gleichen Malers ersetzt wird. Der **Möbelhändler** verweigert die Neulieferung in allen Fällen. Den Schreibtisch will er ausbessern; in den beiden anderen Fällen ist er zu einem Preisnachlaß bereit.

- a) Prüfen Sie, in welchen Fällen der Käufer auf Neulieferung bestehen kann!
- b) Welche anderen Rechte hat der Käufer aufgrund der Mängelrüge?

BGB
§ 480 I
§ 459 I
§§ 226, 462

438 Gewährleistungsansprüche bei Garantieerklärung

Frau **Kürle** kauft von einem **Versandhaus** eine Damenarmbanduhr. Das **Versandhaus** verweist in seinem Katalog auf seine AGB und übernimmt für ein Jahr die volle Garantie unter Ausschluß der gesetzlichen Gewährleistungsansprüche für das Funktionieren der Uhr bei sachgemäßer Behandlung. Bei Fehlschlagen der Nachbesserung oder Ersatzlieferung wird dem Kunden wahlweise das Recht auf Herabsetzung des Kaufpreises oder Rückgängigmachung des Kaufvertrags angeboten. Bereits nach acht Tagen bleibt die Uhr häufig stehen. Frau **Kürle** will die Uhr umtauschen. Das **Versandhaus** ist lediglich zu einer Reparatur bereit.

AGBG
§§ 11, 24

- 1. Wer hat recht?
- 2. Welchen Vorteil bringt die Garantieerklärung **Frau Kürle** zusätzlich zu den gesetzlichen Gewährleistungsansprüchen?

439 Rügefristen

- 1. Tragen Sie in eine Tabelle nach folgendem Muster ein, innerhalb welcher Fristen ein Mangel gerügt werden muß!

Mängel	Rügefristen beim		
	Handelskauf		Bürgerlichen Kauf
	einseitig	zweiseitig	
offene			
versteckte			
arglistig verschwiegene			

- 2. Welche Rechte hat der Käufer bei rechtzeitiger Mängelrüge?

Lieferungsverzug

440 Voraussetzungen — Rechte des Käufers

Die **Papier-Vertriebsgesellschaft mbH**, Rodachstraße 70, **8640 Kronach**, erhält am 1. Juni vom **Hotel Frankenwald**, Kulmbacher Straße 51, **8670 Hof (Saale)**, einen Auftrag über 5000 Stück Papierservietten (Bestellnummer 441) zur Lieferung bis spätestens 21. Juni. Die Papiervertriebsgesellschaft sagt die Lieferung zu diesem Termin schriftlich zu.

Durch ein Versehen der Verkaufsabteilung wurde der Auftrag erst 8 Tage nach Eingang der Versandabteilung zugeleitet. Da die gewünschten Servietten nicht mehr auf Lager sind, können sie erst am 5. Juli geliefert werden.

- 1. Prüfen Sie, ob die Lieferfirma mit der Lieferung in Verzug geraten ist!
- 2. Auf Grund der Bestimmungen des BGB stehen dem Käufer folgende Rechte zu:
    1. Erfüllung des Vertrags
    2. Erfüllung des Vertrags und Ersatz des Verzugsschadens
    3. Rücktritt vom Vertrag oder
    4. Schadenersatz wegen Nichterfüllung.

    Das Hotel hat noch für vier Wochen Servietten vorrätig.

- Von welchem Recht würden Sie im vorliegenden Falle Gebrauch machen, wenn die Servietten in der Zwischenzeit
    — teurer,
    — von welchem, wenn sie billiger geworden sind?

BGB §§ 276 284 II, HGB § 376

441 Deckungskauf

Bei **Gebr. Bürgmann, Spielwarengroßhandel**, Schloßstraße 17, **3500 Kassel**, hätten laut Bestellkartei am 20. 9. 19.. 100 Stück Korb-Puppenwagen eintreffen müssen. Nachdem am 21. 9. noch keine Versandanzeige eingetroffen ist, läßt Herr **Bürgmann** am selben Tag folgenden Brief an die Lieferfirma (**Korbwaren- und Kinderwagenfabrik Karl Talheimer**, Ludwigstraße 12, **8620 Lichtenfels**) schreiben:

„Am 20. 8. 19.. bestellten wir bei Ihnen 100 Korb-Puppenwagen, Modell Gaby. Sie sagten uns die Lieferung zwischen 15. und 20. September zu. Bis heute sind die Wagen noch nicht geliefert worden. Nachdem diese Wagen für das Weihnachtsgeschäft bestimmt sind, haben wir einen Kaufvertrag über 100 Puppenwagen des gleichen Typs bei einem uns befreundeten Großhändler für Baby- und Kinderartikel abgeschlossen. Wir haben jedoch je Wagen 5,— DM mehr Einkaufskosten und bitten Sie, 500,— DM als Schadenersatz an uns zu überweisen. Auf Ihre Lieferung legen wir keinen Wert mehr."

- 1. Prüfen Sie, ob die Kinderwagenfabrik **Talheimer** mit der Lieferung in Verzug geraten ist!
- 2. Am 25. September treffen die 100 Puppenwagen von **Karl Talheimer** bei **Bürgmann** ein. **Bürgmann** nimmt die Puppenwagen einstweilen auf Lager. Er teilt dem Lieferer unter Hinweis auf das Schreiben vom 21. 9. mit, daß er die Annahme der zu spät gelieferten Wagen verweigere und diese zur Verfügung stelle.

    Talheimer hat die Verzögerung der Lieferung verschuldet.

- Ist **Bürgmann** mit seiner Weigerung im Recht?
- 3. Formulieren Sie diesen Brief und legen Sie darin die Rechtslage dar!

BGB §§ 284 276, 2

§ 326

442 Schadenersatz wegen Nichterfüllung — Konkrete Schadenberechnung

Der **Gastwirt Robert Lüdje in 2330 Eckernförde** (Schleswig-Holstein) hatte bei der **Möbelfabrik Rilling KG, 3140 Lüneburg**, die Möbel für 12 Fremdenzimmer zur Lieferung im Juni bestellt. In der Auftragsbestätigung vom 5. 5. d. J. wurde ihm diese Lieferfrist zugesagt.

Am 3. 7. d. J. waren die Möbel noch immer nicht eingetroffen, weil der Hersteller zu viel Aufträge angenommen hat.

Lüdje befürchtet nun, daß einige Gäste, denen er im vergangenen Jahr neu eingerichtete Zimmer versprochen hat, ihre Ferien bei der Konkurrenz verbringen würden. Auf telefonische Anfragen bei anderen Möbelfabriken werden ihm Mindestlieferfristen von sechs Monaten genannt.

BGB §§ 284 326 I, 286 I

- 1. Muß **Lüdje** mahnen, um die Lieferfirma in Verzug zu setzen?
- 2. **Lüdje** überlegt, ob er Schadenersatz wegen Nichterfüllung oder Lieferung der Möbel und Ersatz des befürchteten Schadens fordern soll.
  - Wie würden Sie sich an Stelle von **Lüdje** entscheiden?
- 3. Sechs Gästen, die sich für einen 14tägigen Ferienaufenthalt angemeldet hatten, mußte **Lüdje** absagen, weil die Zimmer noch nicht ausgestattet waren. Der ausbedungene Pensionspreis war 55,— DM je Person und Tag. Lüdje verlangt deshalb von der **Möbelfabrik** 4 620,— DM Schadenersatz. Die **Möbelfabrik** ist nicht bereit, Schadenersatz in dieser Höhe zu leisten.
  - a) Wieviel DM würden Sie an Stelle der **Möbelfabrik** als Schadenersatz anbieten?
  - b) Hätte **Lüdje** der Möbelfabrik eine Nachfrist setzen müssen, um Anspruch auf Schadenersatz zu haben?

443 *Lieferungsverzug beim Fixkauf*

Die **Druckerei Richard Koch OHG,** Ruhrallee Nr. 105, **4600 Dortmund,** beabsichtigt, für eine am 20. 10. d. J. um 10 Uhr stattfindende Jubiläumsfeier die Kantine mit Blumen festlich zu schmücken. Herr **Koch** vereinbart deshalb mit dem **Blumengeschäft Gerda Binder,** Kanalstraße 15, **4600 Dortmund,** die Lieferung von Blumen im Werte von 500,— DM. Er weist nachdrücklich darauf hin, daß die Blumen bis spätestens neun Uhr am Morgen des Jubiläumstages geliefert sein müssen.

- 1. Am Tag der Jubiläumsfeier sind die Blumen um 10 Uhr noch nicht eingetroffen. Der Fahrer des Lieferwagens verursachte fahrlässig einen Verkehrsunfall; der Wagen ist ausgebrannt.

BGB §§ 276, 278, 284 HGB § 376

  - Prüfen Sie, ob die Voraussetzungen des Lieferungsverzugs in diesem Fall gegeben sind!
- 2. Frau **Binder** verlangt am 21. 10. d. J. Abnahme und Bezahlung einer Nachlieferung von Blumen, da ihr keine Nachfrist gesetzt worden sei.

§ 376

  - Hat sie recht?

444 *Konventionalstrafe*

Die Lieferbedingungen einer **Maschinenfabrik** enthalten u. a. folgende Bestimmungen:

Sollte der von uns zugesagte Auslieferungstermin durch unser Verschulden nicht eingehalten werden, so sind wir verpflichtet, eine Konventionalstrafe zu zahlen, und zwar je Woche Lieferzeitverzug 0,5%, max. 5% des Wertes des verspätet gelieferten Teiles. Das Eintreten von Fällen höherer Gewalt wie Natur- und Eisenbahnkatastrophen, Brand, Streik, Aussperrung sowie Ausschußwerden eines wichtigen Arbeitsstückes setzt die Konventionalstrafe so lange außer Kraft, wie die Behinderung andauert.

- Welche Vorteile hat eine solche Vereinbarung für den Käufer gegenüber der gesetzlichen Regelung für den Lieferungsverzug?

BGB §§ 340, 341 HGB § 348

445 *Lieferungsverzug*

- 1. Welche Voraussetzungen müssen vorliegen, damit Lieferungsverzug gegeben ist?
- 2. Welche Rechte hat der Käufer, wenn der Lieferer in Verzug geraten ist?

Annahmeverzug

446 | *Selbsthilfeverkauf*

Die **Großküchen GmbH**, C 7,5, **6800 Mannheim**, bestellte am 5. 7. d. J. aufgrund eines Angebots bei **Karl Alchinger**, Postfach 322, **6430 Hersfeld (Fulda)**, 300 kg gedörrtes Mischobst zur Lieferung bis 20. 7. zum Preis von 3,15 DM je kg.

Am 15. 7. erhält die **Großküchen GmbH** ein Sonderangebot eines Südfrüchte-Importeurs zu einem um 20% geringeren Preis. Daraufhin verweigert die **Großküchen GmbH** die Annahme der von **Alchinger** ordnungsgemäß gelieferten Ware.

Alchinger hat jedoch nicht die Möglichkeit, das Mischobst zu gleichen Bedingungen anderweitig zu verkaufen. Den Klageweg will er nicht beschreiten, da die Lager- und Gerichtskosten die Forderung gegen den Abnehmer nur erhöhen würden. Außerdem würde die Klage die Lösung der Geschäftsverbindung mit dem Kunden bedeuten. Deshalb läßt **Alchinger** das Mischobst durch seinen Spediteur bei der **Mannheimer Lagerhausgesellschaft mbH**, D 8,14, **6800 Mannheim**, einlagern.

Alchinger droht der **Großküchen GmbH** schriftlich den Selbsthilfeverkauf mit einer Frist von 14 Tagen an.

1. Nach Ablauf der Frist ist von der **Großküche** noch keine Antwort bei **Alchinger** eingetroffen. Die Versteigerung soll am 15. 8. d. J. um 10.20 Uhr bei der **Mannheimer Lagerhausgesellschaft mbH** durch den **Versteigerer Georg Lauk** stattfinden. Dies teilt **Alchinger** der **Großküchen GmbH** schriftlich mit.
- Welches Interesse hat die **Großküchen GmbH**, Ort und Zeit der Versteigerung zu erfahren?
2. Die Versteigerung brachte nach Abzug der Kosten einen Erlös von 795,— DM.
- a) Welche Kosten fallen bei einem Selbsthilfeverkauf an?   HGB
- b) Wer hat den Mindererlös zu tragen?   § 373 I
- c) Wer bekäme einen eventuellen Mehrerlös?
- 3. Hätte sich **Alchinger** von der Leistungspflicht in der Weise befreien können, daß er   § 373 das Mischobst durch einen öffentlich ermächtigten Handelsmakler zum heutigen Marktpreis (3,— DM) verkaufen läßt und den Mindererlös von der **Großküchen GmbH** fordert?

447 | *Freihändiger Verkauf*

- 1. Prüfen Sie, welche der folgenden Sachen im Selbsthilfeverkauf freihändig verkauft   HGB werden dürfen: § 373
  Mehl, Ölgemälde, Rennpferde, Aktien, Eier, gebrauchte Autos, Schreibmaschinenpapier, Grundstücke, Bauholz, Gemüse!
- 2. Welche Erleichterung bringt der freihändige Verkauf gegenüber der Versteigerung?
- 3. Nennen Sie Beispiele für Waren, bei denen die Androhung der Versteigerung vor dem Selbsthilfeverkauf nicht erforderlich ist!

448 | *Rechte bei schuldhaftem Annahmeverzug — Haftung des Schuldners*

Der **Lebensmittelgroßhändler Norbert Hagemann**, Neckarstraße 57, **6900 Heidelberg**, bestellte bei der **Bremen-Vegesacker Fischkonserven AG**, Rönnebecker Straße 10—12, **2820 Bremen-Vegesack**, am 20. 6. d. J. 1000 Packungen Tiefkühlfisch zur Lieferung bis Ende Juni. Die Lieferung erfolgt rechtzeitig.

Hagemann verweigert schuldhaft die Abnahme; er will die Fische erst in drei bis vier Wochen abnehmen, da er gegenwärtig den notwendigen Kühlraum noch nicht frei habe.

Die **Fischkonserven AG** läßt die Fische in einem Kühlhaus einlagern und setzt **Hagemann** zur Abnahme eine Frist von drei Tagen. Nach Ablauf der drei Tage verkauft sie die Fische an einen Kunden in Frankfurt. Hagemann wird davon in Kenntnis gesetzt.

1. **Hagemann** verlangt nach Ablauf von drei Wochen aufgrund des Vertrages vom 20. 6. Lieferung der Fische zum ursprünglich vereinbarten Preis. Dies ist für ihn vorteilhaft, da der Preis für die Tiefkühlfische inzwischen gestiegen ist.

- Muß die **Fischkonserven AG** zum ursprünglich vereinbarten Preis liefern? (Beachten Sie, daß bei schuldhaftem Annahmeverzug der Lieferer die Rechte aus dem Leistungsverzug geltend machen kann!)

  BGB §§ 326 I,

- 2. Wer hätte den Schaden zu tragen, wenn während des Transportes der Fische vom Geschäftssitz des Hagemann zum Lagerhaus im Lkw der **Fischkonserven AG** das ordnungsmäßig gewartete Kühlaggregat ausfällt und die Fische verderben?

  287, 293

449   *Voraussetzungen des Annahmeverzugs — Rechte des Lieferers*

- 1. Welche Voraussetzungen müssen vorliegen, damit Annahmeverzug gegeben ist?
- 2. Welche Rechte hat der Lieferer, wenn der Käufer
    a) unverschuldet
    b) schuldhaft in Annahmeverzug gerät?

Mahnverfahren bei Zahlungsverzug

450   *Kaufmännisches Mahnverfahren — Gerichtliches Mahnverfahren*

Ottmar Stöhr, Steckenäckerle 7, **7260 Calw,** kauft am 15. April d. J. im **Teppichhaus Wübbenhorst,** Ettlinger Straße 18, **7500 Karlsruhe,** einen indischen Handknüpfteppich (natur), Größe 250/350 cm zum Preis von 1 856,— DM. Er vereinbart mit dem Verkäufer, daß er den Teppich am 1. des nächsten Monats zahlt. Den Teppich nimmt er sofort mit.

1. Am 10. Mai d. J. wird in der Buchhaltungsabteilung des **Teppichhauses** festgestellt, daß **Stöhr** noch nicht gezahlt hat.

- Überlegen Sie, ob der Betrieb einen Mahnbescheid beantragen soll!

2. Stöhr antwortet auf drei Mahnschreiben nicht. Im dritten Mahnschreiben wurde ihm ein Mahnbescheid angedroht. Das **Teppichhaus** stellt deshalb Antrag auf Erlaß eines Mahnbescheides. Karlsruhe und Calw haben je ein eigenes Amtsgericht.

  ZPO

- a) Wo ist der Gerichtsstand für die Zahlung?

  § 689

- b) Füllen Sie am 30. Juni d. J. den Antrag auf Erlaß und Zustellung eines Mahnbescheids aus!

  § 692

    Berücksichtigen Sie dabei:
    Kosten für die drei Mahnschreiben   30,— DM
    Verzugszinsen 7%
    Gerichtsgebühr für Mahnverfahren   34,50 DM
    Sonstige Auslagen des Gläubigers   2,50 DM

- c) Wie erklären Sie sich, daß die Kosten für die Mahnschreiben über die reinen Portokosten hinausgehen?

3. Das Amtsgericht erläßt am 2. Juli d. J. den Mahnbescheid und stellt ihn von Amts wegen durch die Post zu.

- a) Innerhalb welcher Frist muß **Stöhr** zahlen bzw. Widerspruch erheben?

  §§ 692 I 3, 694

- b) Prüfen Sie, ob in vorliegendem Falle ein Widerspruch **Stöhrs** Erfolg hätte!

| **451** | *Zahlungsverzug* |

- 1. Wann liegt Zahlungsverzug vor?
- 2. Welche Rechte hat der Gläubiger, wenn der Schuldner mit der Zahlung in Verzug geraten ist?

Pfändung und eidesstattliche Versicherung

| **452** | *Vollstreckungsbescheid — Widerspruchsfrist — Pfändbares Vermögen* |

Harald Renz, wohnhaft in **5050 Porz-Libur**, ist beim „**Porzer Tageskurier**" als Journalist angestellt. Zur Finanzierung einer privaten Auslandsreise hat er am 2. April d. J. bei der Stadtsparkasse Porz ein Darlehen in Höhe von 5 000,— DM aufgenommen, das nach sechs Monaten zurückgezahlt werden soll. **Renz** kann am Fälligkeitstag den Kredit nicht zurückzahlen. Die Bank hat ihm deshalb nach vergeblicher Mahnung am 15. 10. einen Mahnbescheid durch das Amtsgericht zustellen lassen. **Renz** zahlt nicht und erhebt auch keinen Widerspruch. Die Bank beantragt daher am 15. 11. beim Amtsgericht, den Mahnbescheid für vorläufig vollstreckbar zu erklären und dem Schuldner den Vollstreckungsbescheid zuzustellen.

ZPO
§ 70

- 1. Prüfen Sie, ob der Antrag auf Vollstreckbarkeit rechtzeitig gestellt wurde!
  2. **Renz** überlegt, ob er Einspruch erheben soll.
- a) Wie würden Sie sich an seiner Stelle entscheiden?
- b) Wie lange kann sich **Renz** mit seinen Überlegungen Zeit lassen?

§§ 7
508
338,

  3. **Renz** erhebt keinen Einspruch und zahlt auch nicht. Deshalb beantragt die Bank die Pfändung. Der Gerichtsvollzieher stellt am 22. 11. bei **Renz**, der als Junggeselle eine Zweizimmer-Wohnung bewohnt, folgendes Vermögen fest:
  100,— DM bar; Kleidung, Wäsche, Möbel, Haus- und Küchengeräte im üblichen und notwendigen Umfang 8 000,— DM; Nahrungsmittel im Kühlschrank 70,— DM; 2 Flaschen Weinbrand und 10 Flaschen Wein 80,— DM; Schreibmaschine 250,— DM; Kofferradiogerät 200,— DM; eine unter Eigentumsvorbehalt gelieferte und noch nicht bezahlte Fotoausrüstung 1 500,— DM; Armbanduhr 90,— DM; Briefmarkensammlung 700,— DM; Pkw 2 000,— DM; eine noch nicht bezahlte Perserbrücke 1 500,— DM, die ohne besonderen Vorbehalt geliefert wurde.

  Als Lokalredakteur und Reporter beim „**Porzer Tageskurier**" erhält **Renz** ein monatliches Nettogehalt von 3 200,— DM.

ZP
§ 8

- a) Welche der aufgeführten Sachen kann der Gerichtsvollzieher pfänden?
- b) Welche Vermögensgegenstände wird der Gerichtsvollzieher bei der Pfändung sofort mitnehmen?

§ 80

  4. Drei Tage nach der Pfändung versucht **Renz** einem Antiquitätenhändler die gepfändete Perserbrücke für 1 000,— DM zu verkaufen. Der Händler lehnt den Kauf ab, weil der Teppich gepfändet ist.
- Wie konnte dies der Händler feststellen?
  5. Die Versteigerung der pfändbaren Vermögensgegenstände findet am 30. 11. d. J. statt.
- a) Warum schreibt das Gesetz vor, daß die Versteigerung erst nach Ablauf einer Woche seit dem Tag der Pfändung stattfinden darf?
- b) Warum müssen Ort und Zeit der Versteigerung vorher öffentlich bekanntgegeben werden?

6. Die Pfandverwertung erbrachte nach Abzug aller Kosten 1 500,— DM. Die Bank denkt daran, sich ihre Restforderung durch Einkommenspfändung zu sichern. Der Gesetzgeber gesteht dem besser Verdienenden einen höheren Betrag seines Einkommens als pfändungsfrei zu als dem weniger Verdienenden.

- Halten Sie das für gerechtfertigt?

453 Eidesstattliche Versicherung

Baumann schuldet **Ackermann** 1 000,— DM. **Baumann** hat weder auf den Zahlungs- noch auf den Vollstreckungsbescheid reagiert. Die von dem Gerichtsvollzieher durchgeführte Pfändung hat keinen Erfolg gehabt. **Ackermann** hat den Verdacht, daß **Baumann** eine Münzsammlung im Werte von 5 000,— DM seinem Freunde **Cramer** zur Aufbewahrung gegeben hat. **Ackermann** beantragt deshalb beim Amtsgericht das Verfahren zur Abgabe einer eidesstattlichen Versicherung.

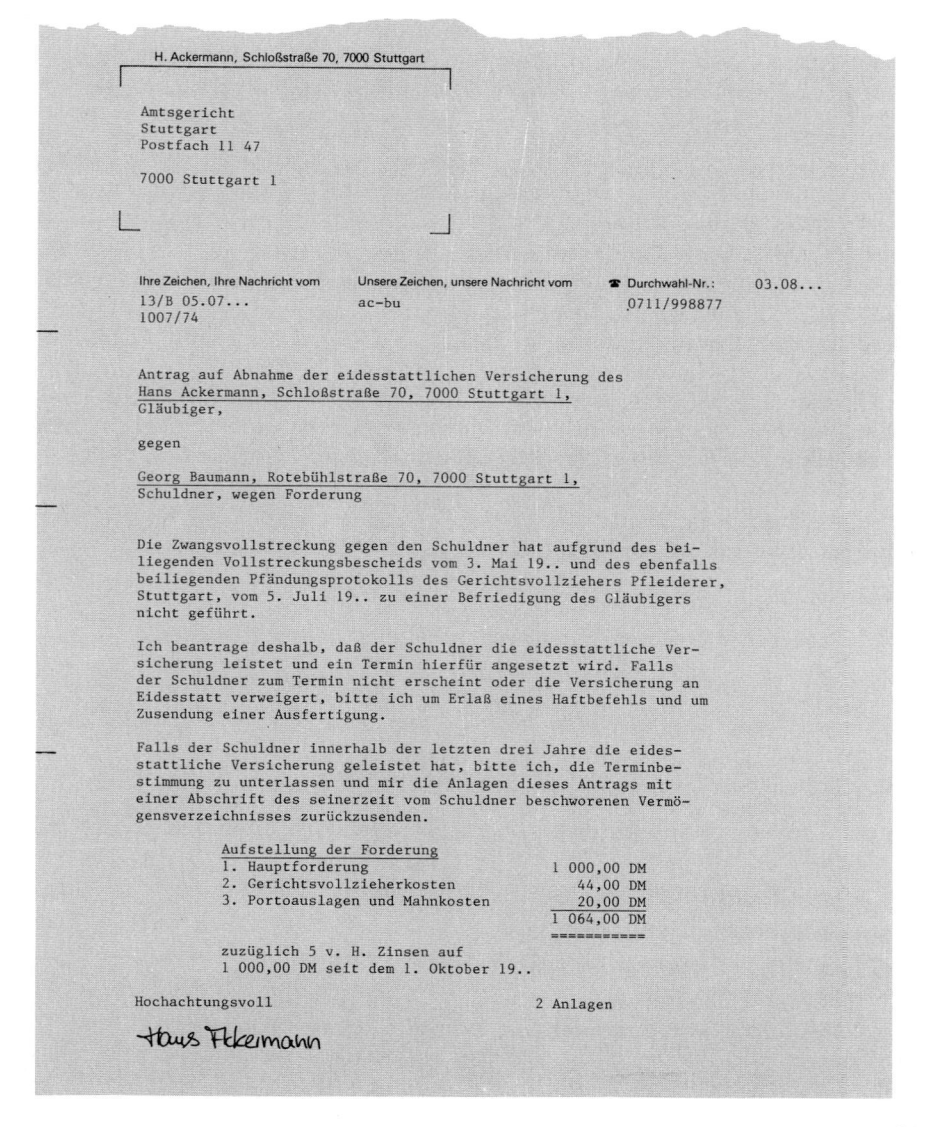

H. Ackermann, Schloßstraße 70, 7000 Stuttgart

Amtsgericht
Stuttgart
Postfach 11 47

7000 Stuttgart 1

Ihre Zeichen, Ihre Nachricht vom	Unsere Zeichen, unsere Nachricht vom	☎ Durchwahl-Nr.:	03.08...
13/B 05.07... 1007/74	ac-bu	0711/998877	

Antrag auf Abnahme der eidesstattlichen Versicherung des
Hans Ackermann, Schloßstraße 70, 7000 Stuttgart 1,
Gläubiger,

gegen

Georg Baumann, Rotebühlstraße 70, 7000 Stuttgart 1,
Schuldner, wegen Forderung

Die Zwangsvollstreckung gegen den Schuldner hat aufgrund des beiliegenden Vollstreckungsbescheids vom 3. Mai 19.. und des ebenfalls beiliegenden Pfändungsprotokolls des Gerichtsvollziehers Pfleiderer, Stuttgart, vom 5. Juli 19.. zu einer Befriedigung des Gläubigers nicht geführt.

Ich beantrage deshalb, daß der Schuldner die eidesstattliche Versicherung leistet und ein Termin hierfür angesetzt wird. Falls der Schuldner zum Termin nicht erscheint oder die Versicherung an Eidesstatt verweigert, bitte ich um Erlaß eines Haftbefehls und um Zusendung einer Ausfertigung.

Falls der Schuldner innerhalb der letzten drei Jahre die eidesstattliche Versicherung geleistet hat, bitte ich, die Terminbestimmung zu unterlassen und mir die Anlagen dieses Antrags mit einer Abschrift des seinerzeit vom Schuldner beschworenen Vermögensverzeichnisses zurückzusenden.

Aufstellung der Forderung
1. Hauptforderung   1 000,00 DM
2. Gerichtsvollzieherkosten   44,00 DM
3. Portoauslagen und Mahnkosten   20,00 DM
                                 1 064,00 DM

zuzüglich 5 v. H. Zinsen auf
1 000,00 DM seit dem 1. Oktober 19..

Hochachtungsvoll   2 Anlagen

Hans Ackermann

- 1. Was bezweckt der Gläubiger mit dem Antrag? ZPO § 807
- 2. Mit welcher Strafe bedroht das Gesetz denjenigen, der bei der Ableistung der eidesstattlichen Versicherung nicht die Wahrheit sagt? StGB § 156
- 3. Welche Folgen kann es für den Schuldner haben, wenn er nach Ableistung der eidesstattlichen Versicherung in das Schuldnerverzeichnis eingetragen wird? ZPO § 915
  Unter welchen Voraussetzungen wird der Eintrag wieder gelöscht?
- 4. Halten Sie es für richtig, daß **Baumann** auf Antrag **Ackermanns** in Haft genommen werden kann, um ihn zur Abgabe der eidesstattlichen Versicherung zu bewegen?
- 5. Prüfen Sie anhand des Grundgesetzes, ob ein vermögensloser, arbeitsunwilliger Schuldner zur Arbeit gezwungen werden kann, um aus dem Arbeitsentgelt seine Schulden zu begleichen! GG Art. 1

Die Klage

454 *Mahnbescheid — Klageschrift — Zuständigkeit des Gerichts — Einlassungsfristen*

Der **Handelsvertreter Heinrich Frank** aus **8990 Lindau** hat auf der Heimfahrt bei der Tankstelle des **Hartmann** in **8960 Kempten** seinen Wagen abschmieren und das Öl wechseln lassen. Zwischen Kempten und Lindau stellt er fest, daß das neu eingefüllte Öl ausgelaufen ist und sich die Kolben festgefressen haben. **Frank** läßt seinen Wagen zur nächsten Werkstätte in Isny abschleppen. Dort wird festgestellt, daß die Ölablaßschraube fehlt. **Frank** läßt den Wagen reparieren und muß dafür 1998,— DM zahlen. Außerdem hat er Mietwagenkosten in Höhe von 250,— DM. **Frank** fordert von dem Tankstellenbesitzer **Hartmann** in Kempten Ersatz der Kosten, da die Schraube nach dem Ölwechsel nicht festgezogen wurde. **Hartmann** verweigert die Zahlung mit der Begründung, **Frank** hätte sich nach dem Ölwechsel selbst davon überzeugen müssen, ob die Schraube fest angezogen ist. **Frank** klagt deshalb gegen **Hartmann**.

- 1. Welche Art von Vertrag wurde zwischen **Frank** und **Hartmann** abgeschlossen? BGB § 6
- 2. Warum hat **Frank** keinen Mahnbescheid gegen **Hartmann** beantragt?
- 3. An welchem Ort und bei welchem Gericht muß **Frank** die Klage einreichen? ZPO § 29 § 25
- 4. Welche Angaben muß die Klageschrift enthalten?
  5. **Hartmann** bekommt die Klage am Montag, 4. August d. J. zugestellt.
- a) Wann kann die mündliche Verhandlung vom Gericht frühestens angesetzt werden? § 4
- b) Welchen Zweck haben die Einlassungsfristen?
- 6. **Hartmann** wird verurteilt, den Schaden zu ersetzen. Er fühlt sich zu unrecht verurteilt.
  Wie kann **Hartmann** eine Überprüfung des Urteils veranlassen? §§ 511
  GVG § 7

455 *Instanzen der Zivilgerichtsbarkeit*

- Zeigen Sie durch Eintragung der zuständigen Gerichte (Amtsgericht, Landgericht, Oberlandesgericht, Bundesgerichtshof) den Instanzenweg, indem Sie eine Tabelle nach folgendem Muster vervollständigen!

Rechtsmittel	Instanzen	Gerichte	
Klage	I.	Amtsgericht	Landgericht (Berufungssumme über 6000,— DM)
Berufung	II.		
Revision (Streitwert über 60 000,— DM)	III.		

Die Verjährung

456 *Geschäftsschulden — Wirkung der Verjährung*

Der **Schreibwarenhändler Kurz** lieferte am 16. 1. 1987 an **Rau** für dessen Gewerbebetrieb Büromaterial und legt die Rechnung über 570,— DM bei. Am 19. 12. 1991 stellt **Kurz** bei Durchsicht der Kundenkonten fest, daß **Rau** noch nicht bezahlt hat. Er sendet deshalb an **Rau** sofort eine Mahnung. **Rau** schreibt am 5. 2. 1992 an **Kurz**, daß die Forderung verjährt und er deshalb nicht zu zahlen gewillt sei.

BGB
§ 196

- 1. Kann **Rau** die Zahlung wegen Verjährung der Forderung verweigern?
- 2. Warum gibt der Gesetzgeber dem Schuldner das Recht, sich auf die Verjährung zu berufen?

§§ 201, 222

457 *Alltagsschulden — Unterbrechung der Verjährung*

Der kaufmännische Angestellte **Baier** schuldet **A. Knoll**, Inhaber einer Kfz-Werkstätte, für eine an seinem Privatwagen am 2. 10. 1987 durchgeführte Reparatur 456,— DM. Die Rechnung geht ihm am 2. 11. 1987 zu.

BGB
§ 196 I
Ziff. 1
§ 201

- 1. Wann ist die Forderung des **Knoll** verjährt?
- 2. Am 15. 12. 1989 erhält **Baier**, der die Rechnung noch nicht bezahlt hat, eine Mahnung. Er reagiert nicht und schreibt erst auf eine zweite Mahnung am 14. 2. 1990, daß die Forderung verjährt sei und er nicht zahle. **Knoll** bestreitet, daß seine Forderung gegen **Baier** verjährt sei, da er mit der ersten Mahnung die Verjährung unterbrochen habe.
- a) Wie kann die Verjährung unterbrochen werden?
- b) Wann würde die Verjährungsfrist enden, wenn **Baier** statt der ersten Mahnung ein von **Knoll** beantragter Mahnbescheid zugestellt worden wäre?

§§ 208, 209
§ 217

458 *Regelmäßige Verjährungsfrist — Hemmung der Verjährung*

Der **Fleischermeister Burger** gewährt seinem Gehilfen **Max** am 5. 5. 1991 ein Darlehen in Höhe von 1000,— DM zum Kauf eines Mopeds. Die Rückzahlung soll in einem Betrag nach einem Jahr erfolgen.

- 1. Wann verjährt die Forderung **Burgers** gegen **Max**?
- 2. Da der Metzgergeselle entgegen seinen Erwartungen den Betrag innerhalb eines Jahres nicht ersparen konnte, stundet ihm **Burger** die Rückzahlung für ein halbes Jahr.
- Wann verjährt jetzt die Forderung?

BGB
§§ 19
198
§§ 20
205

459 Verjährungstabelle

- Fertigen Sie eine Tabelle nach dem auf der nächsten Seite abgedruckten Muster an und tragen Sie in die Spalte 1 dieser Tabelle für die genannten Ansprüche die zutreffenden Verjährungsfristen ein.

  Kreuzen Sie in Spalte 2 bzw. 3 den Beginn der Verjährungsfrist an!

Vollmachten im Geschäftsleben

460 Einzelvollmacht — Artvollmacht — Allgemeine Handlungsvollmacht

Otto Riel, Am Betzenberg 37, **6750 Kaiserslautern (Pfalz)**, betreibt eine Baustoffgroßhandlung. Zu seiner Entlastung ermächtigt er seinen langjährigen Angestellten **Dieter Thiem**, alle Geschäfte abzuschließen, die die Baustoffgroßhandlung gewöhnlich mit sich bringt.

- 1. Prüfen Sie, ob **Thiem** für die Baustoffgroßhandlung **O. Riel** folgende Rechtsgeschäfte bindend abschließen kann:

  a) Verkauf von Ziegeln auf Ziel,
  b) Einkauf von Schreibmaschinenpapier,
  c) Aufnahme eines Darlehens bei der Volksbank,
  d) Einstellung eines Arbeiters,
  e) Zahlung einer Verbindlichkeit aus Warenlieferung aus der Kasse an einen Lieferer,
  f) Akzeptierung eines auf **O. Riel** gezogenen Wechsels,
  g) Entlassung eines Arbeiters,
  h) Belastung des Geschäftshauses mit einer Hypothek,
  i) Kauf eines Grundstücks für einen Lagerplatz.

HGB
§ 54

  2. **Riel** befindet sich auf einer Geschäftsreise. Der **Architekt Sorg** bittet telefonisch um sofortige Vorlage einer Musterkollektion von Wandplatten aus Majolika in seinem Büro. Da der Handlungsbevollmächtigte **Thiem** im Geschäft unabkömmlich ist, schickt er den Buchhalter **Veith** mit der Weisung, das Geschäft möglichst sofort abzuschließen.

  Veith erhält den Auftrag.

  a) Der **Architekt Sorg** hat am nächsten Tag ein günstigeres Angebot erhalten. Er ruft deshalb bei **Riel** an und teilt mit, daß er auf die Lieferung der Wandplatten verzichte. Der Kaufvertrag sei nicht zustande gekommen, weil nur der Angestellte **Veith**, nicht aber **Riel** unterschrieben habe.

§§ 54

- Hat **Sorg** recht?

  b) Wenige Tage später trifft **Veith** auf dem Heimweg den Fliesenlegermeister **Hörner**. Dieser kennt ihn flüchtig als Angestellten der **Firma Riel**. **Hörner** erteilt **Veith** den Auftrag für die **Firma Riel**, 250 qm Wandplatten Majolika, in blau, Bestell-Nr. 257, sofort zu liefern. **Veith** weiß, daß diese Menge noch auf Lager ist und sagt die Lieferung für den nächsten Tag zu.

  Am nächsten Tag erfährt **Veith** im Betrieb, daß die vorrätigen 250 qm Wandplatten für einen Neubau reserviert sind und sofort ausgeliefert werden müssen.

Verjährungstabelle

Ansprüche	Verjährungsfrist	Beginn der Verjährungsfrist	
		mit Entstehung des Anspruchs	am Schluß des Jahres, in dem der Anspruch entstand
aus Darlehen			
des Handelsvertreters auf Provision			
des Handwerkers gegenüber Privatpersonen			
gegenüber Gewerbebetrieben			
der Kaufleute gegenüber Privatpersonen			
gegenüber Gewerbebetrieben			
des Vermieters aus Mietrückständen			
des Verpächters wegen Pachtrückständen			
aus Renten			
aus Gehaltsforderungen			
aus Zinsen			
der Frachtführer für Transportleistungen			
aus Urteilen			
Wechsel: des Ausstellers gegen Akzeptanten			
des letzten Wechselinhabers bei Protest gegen Aussteller			
Indossanten gegen Vormänner			
aus mangelhafter Lieferung			

- Ist zwischen der **Baustoffgroßhandlung Riel** und dem Fliesenlegermeister **Hörner** ein Kaufvertrag entstanden?

3. Durch Anschaffung eines Personalcomputers ist **Veith** als Buchhalter nicht mehr voll ausgelastet. Deshalb soll er künftig auch im Verkauf tätig sein und erhält von **Riel** Verkaufsvollmacht.

- a) Wäre die Vollmacht auch gültig, wenn sie vom Handlungsbevollmächtigten **Thiem** erteilt worden wäre?
- b) **Veith** bestellt von einem Vertreter, der im Betrieb vorspricht, 50 Ztr. Zement-Schnellbindemittel für die **Firma Riel**.
- Ist der Kaufvertrag gültig?

4. In der Mittagspause ruft der **Bauunternehmer Sommer** bei **Riel** an und bestellt 100 Sack Zement. Die Stenotypistin **Öchsle** nimmt den Auftrag entgegen und sagt die Lieferung auf die Baustelle für den nächsten Tag bis 10 Uhr zu. **Sommer** verläßt sich darauf, weil er glaubt, mit einer Angestellten der Verkaufsabteilung gesprochen zu haben.

- Ist ein Kaufvertrag entstanden?

461 *Prokura*

Der Baustoffgroßhändler **Otto Riel**, Am Betzenberg 37, **6750 Kaiserslautern**, ernennt seinen bisherigen Handlungsbevollmächtigten **Dieter Thiem** zum Prokuristen und läßt die Prokura im Handelsregister eintragen.

1. Während **Riel** sich auf einer Auslandsreise befindet, wird **Thiem** ein Grundstück angeboten, das sich zur dringend notwendigen Erweiterung des Betriebsgeländes eignet.

- a) Kann **Thiem** das Grundstück für die **Firma Riel** rechtswirksam kaufen?
- b) Kann **Thiem** zur Finanzierung des Kaufs einen Darlehensvertrag für die **Firma Riel** abschließen?
- c) Kann **Thiem** zur Sicherung des Darlehens auf das Betriebsgrundstück der **Firma Riel** eine Hypothek rechtswirksam eintragen lassen?
- d) Könnte **Thiem** über die Kaufsumme einen auf die **Firma Riel** gezogenen Wechsel mit einer Laufzeit von 3 Monaten rechtswirksam akzeptieren?
- e) Könnte er nach Ankauf des Erweiterungsgrundstücks ein nicht mehr benötigtes Reservegrundstück für die **Firma Riel** verkaufen?

2. Nehmen Sie an, **Riel** hätte seinem Prokuristen den Kauf von Grundstücken ausdrücklich verboten.

- Wäre der Kauf eines Grundstücks durch **Thiem** dann gültig? (s. Aufg. 1a)

3. Der Eigentümer des Erweiterungsgrundstücks bietet an, als Gesellschafter in die **Firma Riel** einzutreten und das Grundstück einzubringen.

- Darf **Thiem** den Eigentümer des Grundstücks als Gesellschafter aufnehmen?

4. Der Prokurist **Thiem** ist bei **O. Riel** ausgeschieden, im Handelsregister aber noch eingetragen.

- Kann er die Firma **Riel** noch rechtlich verpflichten,
  - a) wenn die Geschäftspartner von dem Ausscheiden **Thiems** wissen,
  - b) wenn sie nichts davon wissen?

| **462** | *Gesamtprokura* |

In einem großen Fachgeschäft für Damenoberbekleidung haben der Einkaufs- und der Verkaufsleiter Prokura.

Laut Eintrag im Handelsregister können der Einkaufs- und der Verkaufsleiter diese Prokura nur gemeinsam ausüben.

- 1. Beurteilen Sie die dem Einkaufs- und dem Verkaufsleiter eingeräumte Gesamtprokura unter organisatorischen und rechtlichen Gesichtspunkten!
  2. Die Prokura wurde am 1. 10. erteilt und mit Rundschreiben den Geschäftsfreunden mitgeteilt. Die Eintragung ins Handelsregister erfolgte am 15. Oktober.
- a) Von welchem Tag an hat der Geschäftsherr dem Prokuristen erlaubt, für ihn als Prokurist tätig zu werden?   BGB § 167
- b) Von welchem Zeitpunkt an sind Geschäfte des Prokuristen gegenüber Geschäftsfreunden wirksam, die von der Ernennung wissen?   § 171

| **463** | *Handlungsvollmacht — Prokura* |

- Wie unterscheidet sich die allgemeine Handlungsvollmacht von der Prokura

	Unterschiede zwischen	
	allgemeiner Handlungsvollmacht	Prokura
Eintrag im Handelsregister	kein Eintrag	
Erteilung	Durch Vollkaufmann, Minderkaufmann und Prokurist möglich	
Umfang	alle gewöhnlichen Geschäfte dieses Geschäftszweiges sind ihm erlaubt	
	Er darf keine Grundstücke kaufen	
	Er darf keine Wechsel unterschreiben	
	Er darf keine Prozesse führen	
	Er darf keine allgemeine Handlungsvollmacht erteilen	
Zeichnung	i. V., i. A.	

| 464 | *Umfang von Handlungsvollmacht und Prokura*

- Entscheiden Sie bei folgenden Geschäftsvorfällen, ob die Geschäfte und Rechtshandlungen a) dem Handlungsbevollmächtigten mit allgemeiner Vollmacht und b) dem Prokuristen einer Konservenfabrik erlaubt sind!

　(1) Einkauf von Obst und Gemüse
　(2) Verkauf eines gebrauchten Pkw
　(3) Einstellung eines Arbeiters
　(4) Kauf von Aktien
　(5) Kauf eines Geschäftsgrundstücks für 1 000 000 DM
　(6) Verkauf einer Parzelle von 100 qm zu 1 000 DM
　(7) Entgegennahme einer Mängelrüge
　(8) Einkauf eines Schreibtisches
　(9) Akzeptierung eines Wechsels über 40 000 DM
　(10) Vertrag mit einem Dachdeckermeister, das Dach des Geschäftshauses zu reparieren
　(11) Bilanz unterschreiben
　(12) Einlösung eines auf das Geschäft gezogenen Wechsels
　(13) Antrag auf Mahnbescheid gegen einen Schuldner
　(14) Erteilung von allgemeiner Handlungsvollmacht (Generalvollmacht)
　(15) Vermietung einer Garage
　(16) Einkauf von Putzmitteln für die Bodenpflege
　(17) Anmeldung der Umwandlung einer Einzelfirma in eine OHG beim Handelsregister

5 Die Zahlung
Zahlung mit Bargeld
Quittung

501 *Quittungsbestandteile*

Heinz Adam schuldet dem Malermeister **Max Bertram** für Malerarbeiten 800,— DM. **Adam** sucht **Bertram** in dessen Werkstatt auf, um die 800,— DM bar zu bezahlen.

1. **Bertram** hat keine Quittungsvordrucke zur Hand.
- Prüfen Sie, ob **Adam** die Zahlung verweigern kann, wenn **Betram** keine Quittung gibt!
- 2. Entwerfen Sie ein Quittungsformular!

BGB
§ 368

502 *Quittung als Vollmacht*

Der Bürobote einer Großhandlung für Malerbedarf kommt mit einer quittierten Rechnung über 1 200,— DM für gelieferte Farben zu Malermeister **Bertram**. **Bertram** weigert sich, dem Büroboten den Rechnungsbetrag zu bezahlen. Er glaubt, daß Büroboten zum Kassieren nicht berechtigt sind.

- Hat er recht?

§ 370

Barzahlungswege

503 *Postanweisung — Einschreibebrief — Wertbrief — Telegrafische Postanweisung*

Franz Cura, 6100 Darmstadt, hat an den Hausbesitzer **Carl Hipp, 5000 Köln 7**, 520,— DM Miete für September zu zahlen. **Cura** wie **Hipp** haben weder Bank- noch Postscheckkonten.

1. **Cura** überlegt, ob er die Zahlung der Miete mit
   a) gewöhnlichem Brief,
   b) Einschreibebrief,
   c) Wertbrief oder
   d) Postanweisung leisten soll.

- Stellen Sie für jede dieser Übermittlungsarten fest, was für und was gegen sie spricht!

2. **Curas** Sohn befindet sich auf einer Ferienreise mit dem Fahrrad. Er ruft seinen Vater an und bittet ihn, ihm schnellstens Geld für die Heimreise zu schicken. Sein Fahrrad sei ihm mit allem Gepäck gestohlen worden.

- Wie kann ihm **Cura** auf dem schnellsten Wege das Geld übersenden?

Zahlung durch Vermittlung der Kreditinstitute
Der Zahlschein

504 *Bareinzahlungen auf ein Konto*

Franz Püschel, Pippinstraße 7, 8035 Gauting, erhält von der Bezirksdirektion der **Securitas-Haftpflichtversicherung, 8000 München,** die Jahresrechnung. Ihr ist der unten abgedruckte Vordruck beigefügt.

```
┌─────────────────────────────────────────────────────────────────────┐
│  Nur zur Bareinzahlung                              Bitte           │
│                                              kräftig durchschreiben │
│                                                                     │
│  Zahlschein                                                         │
│  Einzahler-Quittung                                                 │
│  ┌──────────────────────────────────────────┬──Bankleitzahl──┐      │
│  │ Empfänger (genaue Anschrift)             │                │      │
│  │ Bezirksdirektion der Securitas Haftpflichtver-            │      │
│  │ sicherung, Salvatorplatz 7, 8000 München │  700 202 70    │      │
│  │  Konto-Nr. des Empfängers   bei (Sparkasse usw.) – oder ein anderes Konto des Empfängers*) │
│  │ 648 224 4      Bayerische Vereinsbank München             │      │
│  ├──────────────────────────────────────────┤─────DM─────────┤      │
│  │ Verwendungszweck (nur für Empfänger)     │                │      │
│  │ Haftpflichtversicherung Nr. H 32/ 837563 │                │      │
│  │ – Jahresprämie 19.. –                    │     65,--      │      │
│  │           Auftraggeber/Einzahler (genaue Anschrift)       │      │
│  │           Franz Püschel, Pippinstr. 7, 8035 Gauting       │      │
│  └──────────────────────────────────────────┴────────────────┘      │
│                                                                     │
│     Bayerische                                                      │
│     Vereinsbank                                                     │
│       München                                                       │
└─────────────────────────────────────────────────────────────────────┘
```

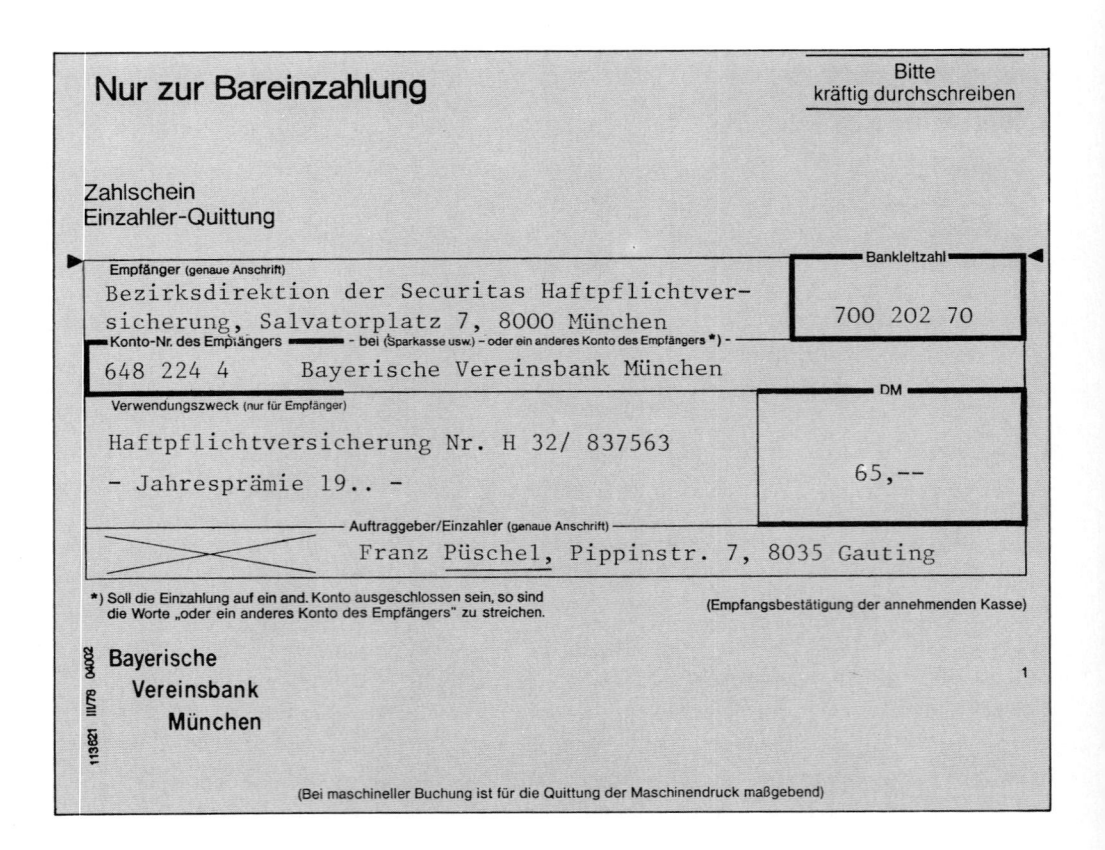

Püschel besitzt kein Bankkonto. Die Bayerische Vereinsbank hat eine Filiale in Gauting.

- 1. In welcher Weise kann **Püschel** den Vordruck zur Bezahlung seiner Haftpflichtversicherungsprämie verwenden?
- 2. Wie kann er nachweisen, daß er gezahlt hat?

Die Überweisung

505   *Kontoeröffnung — Kontoauszug — Kontogegenbuch*

Der Betrieb, in dem **Püschel** arbeitet, will aus Rationalisierungsgründen die Gehälter künftig bargeldlos auszahlen. **Püschel** läßt sich deshalb bei der **Allbank München** das Konto Nr. 2983445 eröffnen.

1. Der Bankbeamte verlangt von ihm vor Eröffnung des Kontos Vorlage des Personalausweises und Unterschriftsprobe.

- Warum?

2. **Püschel** zahlt bei Eröffnung des Kontos 50,— DM bar ein. Er erhält ein Konto-Gegenbuch und nach einigen Tagen folgenden Kontoauszug:

Konto-Nr.	Auszug Nr.	Blatt Nr.	Buchungstag	Wert	Buchungstext	Lastschrift	Gutschrift
2983445	1	1	29.04.	30.04.	Bareinzahlung		50,--
				01.05.	Gehalt		4.860,--

Allbank München

Herr/Frau/Fräulein/Firma

Franz Püschel
Pippinstr. 7

8035 Gauting

Gesamtumsatz: 4.910,--

H = Guthaben   Alter Saldo
S = Schuld   Neuer Saldo H 4910,--

Bitte prüfen Sie, ob die Buchungen richtig sind. Von etwaigen Unstimmigkeiten bitten wir uns unverzüglich zu unterrichten.
Die Gutschrift von Einzugspapieren erfolgt unter banküblichem Vorbehalt.

- Fertigen Sie nach folgendem Muster ein Konto-Gegenbuch an und tragen Sie darin die im Kontoauszug enthaltenen Beträge ein!

KONTO-GEGENBUCH

Datum	Buchungsbetreff	Lastschrift	Gutschrift	Kontostand	S/H

3. **Püschel** erhält von Heilpraktiker **A. Kühn**, Schwanthaler Straße 6, **8000 München 15**, eine Honorarrechnung über 120,— DM, die am 4. 6. ausgestellt wurde.
Er zahlt mit folgender Banküberweisung:

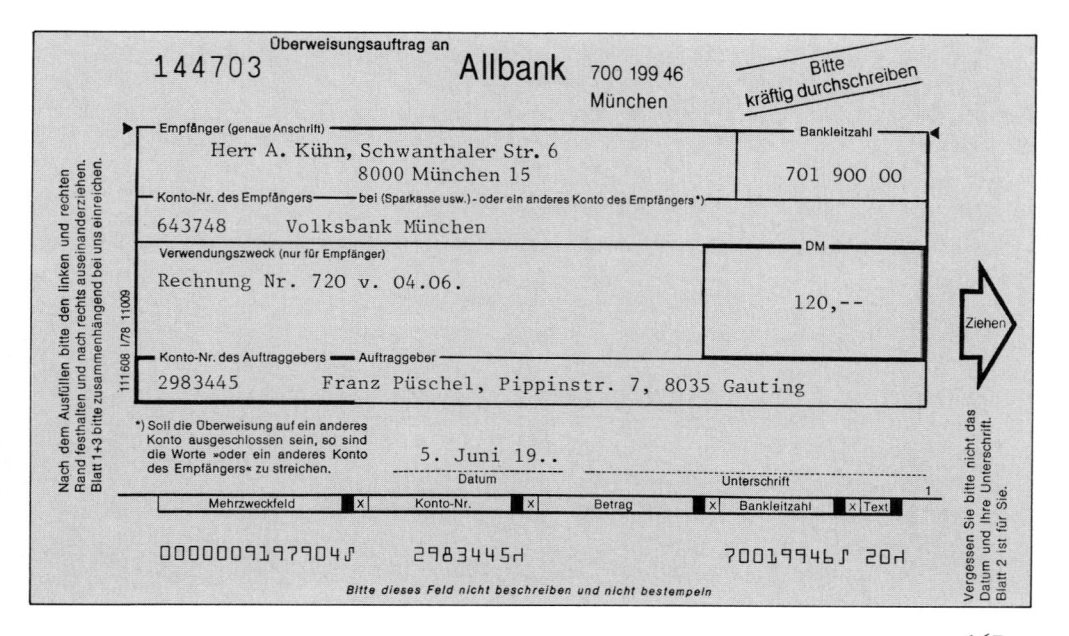

Überweisungsauftrag an

144703   **Allbank** 700 199 46 München   Bitte kräftig durchschreiben

Empfänger (genaue Anschrift)
Herr A. Kühn, Schwanthaler Str. 6
8000 München 15

Bankleitzahl
701 900 00

Konto-Nr. des Empfängers — bei (Sparkasse usw.) - oder ein anderes Konto des Empfängers*)
643748   Volksbank München

Verwendungszweck (nur für Empfänger)
Rechnung Nr. 720 v. 04.06.

DM
120,--

Konto-Nr. des Auftraggebers — Auftraggeber
2983445   Franz Püschel, Pippinstr. 7, 8035 Gauting

*) Soll die Überweisung auf ein anderes Konto ausgeschlossen sein, so sind die Worte »oder ein anderes Konto des Empfängers« zu streichen.

5. Juni 19..
Datum   Unterschrift

| Mehrzweckfeld | X | Konto-Nr. | X | Betrag | X | Bankleitzahl | X | Text |

0000009197904⌡   2983445H   700199465⌡ 20H

Bitte dieses Feld nicht beschreiben und nicht bestempeln

- a) Ergänzen Sie das Konto-Gegenbuch!
- b) Der Überweisungsauftrag kommt nach einigen Tagen unausgeführt an **Püschel** zurück.
- Warum?
  4. **Püschel** hebt am 5. 6. d. J. 300,— DM bar ab.
- Tragen Sie die Abhebung in das Konto-Gegenbuch ein!
  5. Am 6. 6. erhält **Püschel** von seiner Bank folgenden Kontoauszug:

Konto-Nr.	Auszug Nr.	Blatt Nr.	Buchungstag	Wert	Buchungstext	Lastschrift	Gutschrift
2983445	2	1	05.06.	05.06.	Barabhebung	300,--	
				05.06.	Überweisung	120,--	

Allbank München

Herr/Frau/Fräulein/Firma
Franz Püschel
Pippinstr. 7
8035 Gauting

	Gesamtumsatz	420,--
H= Guthaben S= Schuld	Alter Saldo	Neuer Saldo
	H 4910,--	H 4490,--

Bitte prüfen Sie, ob die Buchungen richtig sind. Von etwaigen Unstimmigkeiten bitten wir uns unverzüglich zu unterrichten.
Die Gutschrift von Einzugspapieren erfolgt unter banküblichem Vorbehalt.

- Prüfen Sie den Kontoauszug!
- 6. Warum ist für **Püschel** die Führung eines Konto-Gegenbuches zweckmäßig?

Der Dauerauftrag

506 *Regelmäßig wiederkehrende Zahlungen in gleicher Höhe*

Püschel hat am 1. jedes Monats 175,— DM an die **Bayrische Landesbausparkasse, München** (Konto Nr. 3794 bei der Bayerischen Landesbank Girozentrale, 8000 München, BLZ 700500 00) zu bezahlen und am 1. 5. d. J. letztmals mittels Zahlschein entrichtet.

- 1. Formulieren Sie am 4. 6. d. J. dafür einen Dauerauftrag zu Lasten seines Kontos Nr. 2983445 bei der Allbank München!
- 2. Welche Vorteile gewinnt **Püschel** mit der Erteilung des Dauerauftrags?

507 *Abbuchungsauftrag — Einzugsermächtigung*

Eva Glantz hat sich beim **Kaufhaus Bavaria, München**, ein Kundenkonto einrichten lassen. Mit der ausgestellten Kundenkarte kann sie im Kaufhaus bargeldlos einkaufen. Die Käufe werden ihr zum 5. des auf den Einkauf folgenden Monats in Rechnung gestellt. Die Abwicklung muß über ein Bankkonto erfolgen.

Eva Glantz beschafft sich das „Abkommen über den Lastschriftverkehr", das die Spitzenverbände des Kreditgewerbes für den Lastschriftverkehr geschlossen haben. Sie will sich darin über den Unterschied zwischen Abbuchungsauftrag und Einzugsermächtigung informieren.

- Lesen Sie den nachfolgenden Auszug aus diesem Abkommen und entscheiden Sie, welches Verfahren nach Ihrer Meinung für Eva Glantz günstiger ist!

Auszug aus dem „Abkommen über den Lastschriftverkehr":

Abschnitt I
Nummer 1
Im Rahmen des Lastschriftverfahrens wird zugunsten des Zahlungsempfängers über sein Kreditinstitut (erste Inkassostelle) von dem Konto des Zahlungspflichtigen bei demselben oder einem anderen Kreditinstitut (Zahlstelle) der sich aus der Lastschrift ergebende Betrag eingezogen, und zwar aufgrund

a) einer dem Zahlungsempfänger von dem Zahlungspflichtigen erteilten schriftlichen Ermächtigung (Einzugsermächtigung)
   oder
b) eines der Zahlstelle von dem Zahlungspflichtigen zugunsten des Zahlungsempfängers erteilten schriftlichen Auftrags (Abbuchungsauftrag).

Abschnitt III
Nummer 1
Lastschriften, die als Einzugsermächtigungs-Lastschriften gekennzeichnet sind, kann die Zahlstelle auch zurückgegeben und deren Wiedervergütung erlangen, wenn der Zahlungspflichtige der Belastung widerspricht...

Nummer 2
Die Rückgabe und Rückrechnung ist ausgeschlossen, wenn der Zahlungspflichtige nicht binnen sechs Wochen nach Belastung widerspricht...

Der Scheck

508 *Zahlung mit Scheck — Scheckeinlösung*

Die Inhaberin des **Modehauses „Anette"**, Frau Ellen Beral, 2200 Elmshorn (Holst.), befindet sich auf einer Einkaufsreise, um den Bedarf für die Sommersaison zu kaufen.

In der **Damenkleiderfabrik Stahmer, 1000 Berlin 30**, hat sie für 11 236,25 DM Sommermäntel ausgewählt. Sie nimmt diese sofort mit und bezahlt mit folgendem Scheck:

- 1. Hat Frau **Beral** die Zahlungsverpflichtung mit der Übergabe des Schecks erfüllt?   BGB § 270
- 2. Warum zahlt Frau **Beral** nicht mit Bargeld?
  3. Die **Kleiderfabrik Stahmer, 1 Berlin**, reicht bei ihrer Bank den von **Frau Beral** aus   SchG
     Elmshorn ausgestellten Scheck zur Gutschrift ein.
- a) Warum wird sie das möglichst schnell tun?   Art. 4
- b) Bis zu welchem Tag ist die Bank verpflichtet, diesen Scheck aus dem Guthaben   Art. 29
  Frau Berals einzulösen?
- c) Wer hat das Recht, die Einlösung dieses Schecks zu fordern?
  d) Der **Kleiderfabrik Stahmer** wird von ihrer Bank mitgeteilt, daß dieser Scheck
     „Eingang vorbehalten" („E.v.") gutgeschrieben worden sei.
- Welches Risiko will die Bank mit diesem Vermerk ausschalten?

509   *Gesetzliche und kaufmännische Bestandteile des Schecks*

Frau **Beral** übernachtet im **Europa-Hotel, 1 Berlin**. Am 23. Jan. d. J. zahlt sie morgens bei der Abreise ihre Hotelrechnung mit folgendem Scheck:

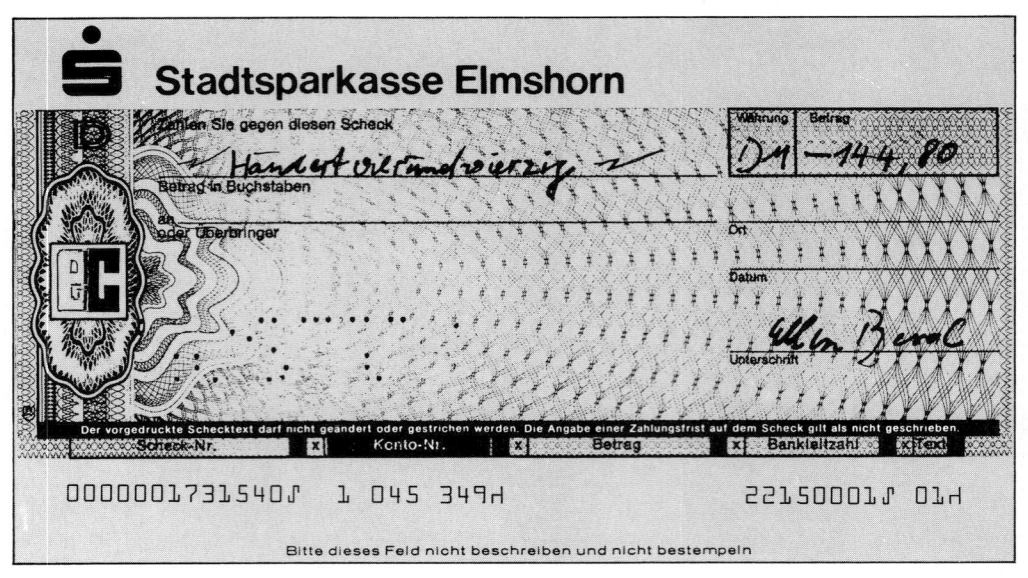

- 1. Prüfen Sie, ob die abgedruckte Anweisung ein Scheck im Sinne des Scheckgesetzes   Sch G Art. 1,
     ist!
- 2. Wäre die abgedruckte Anweisung noch als Scheck im Sinne des Gesetzes anzusehen,   Art. 1
     wenn der Zusatz „oder Überbringer" gestrichen wäre?
- 3. Halten Sie es für sinnvoll, daß die Banken auf der Überbringerklausel bestehen?
     (Siehe Anmerkung im unteren Drittel des Scheckvordruckes!)
- 4. Erläutern Sie den Zweck jedes kaufmännischen Bestandteils, den der abgedruckte
     Scheck enthält!

- 5. Prüfen Sie, ob der Hotelier sicher sein kann, daß der Scheck von seiner Bank eingelöst wird!

  6. Die Banken empfehlen, eurocheque-Vordrucke und die eurocheque-Karte getrennt aufzubewahren.

- Warum?

---

510 *Weitergabe eines Schecks — Scheckverlust — Vordatierter Scheck — Nichteinlösung*

Der Hotelier Schopp, in dessen Hotel Frau **Beral** übernachtete, erhält am 23. Jan. d. J. eine Lieferung Fruchtsäfte im Wert von 374,80 DM. Der Lieferer **Klemm** verlangt sofortige Bezahlung.

Schopp zahlt mit dem eurocheque von Frau **Beral**. Für den Restbetrag stellt er einen Scheck über 230,— DM auf sein Bankkonto aus. Da dieses am 23. Jan. d. J., dem Zahlungstag, kein Guthaben aufweist, datiert er den Scheck vorsichtshalber auf den 1. Februar d. J.

1. Der Lieferer verlangt auf dem von **Frau Beral** ausgestellten Scheck die Unterschrift **Schopps**.   Sch G Art. 40

- Warum?

2. **Klemm** will verhindern, daß die Schecks bei etwaigem Verlust von Unberechtigten eingelöst werden können.   Art. 39

- Wie kann er das?

3. Angenommen, **Klemm** verliert tatsächlich Frau **Berals** Scheck.

- Kann der unehrliche Finder den Gegenwert dieses Schecks trotz des Vermerks erlangen?

- 4. Was müßten die Betroffenen nach Feststellung des Scheckverlustes tun, um zu verhindern, daß ein Unberechtigter den Scheckbetrag einzieht? SchG Art. 32

5. Der Lieferer **Klemm** reicht den Scheck **Schopps** am 24. Jan. d. J. bei seiner Bank zur Gutschrift ein.

Nach 3 Tagen erhält er den Scheck von seiner Bank zurück. Sie teilt ihm mit, daß dieser von der bezogenen Bank mangels Guthabens des Ausstellers nicht eingelöst worden sei.

Klemm will deshalb gegen **Schopp** gerichtlich vorgehen.

- a) Wie kann er beweisen, daß der Scheck rechtzeitig vorgelegt und nicht eingelöst wurde? Art. 4
- b) Kann sich **Schopp** darauf berufen, daß der Scheck noch nicht fällig war? Art. 2
- c) Welche gesetzlichen Vorschriften gelten für das gerichtliche Verfahren? ZPO §§ 602-605 a

511   *Bestätigter Scheck*

Bei der Versteigerung eines Hauses wird der Kaufpreis von 180 000,— DM in Bargeld verlangt.

1. Warum wird Bargeld verlangt?
2. Überlegen Sie, ob der Versteigerer ohne Sorge einen bestätigten Landeszentralbankscheck als Bezahlung des Kaufpreises statt Bargeld annehmen kann! Bbank § 23
3. Welche Absicht verfolgt der Gesetzgeber, wenn er die Bestätigung von Schecks der Bundesbank vorbehält?

512   *eurocheque — eurocheque-Karte*

Peter Lampe besitzt eine von der Kreissparkasse Wuppertal ausgestellte eurocheque-Karte.

Er will sie auf einer Autoreise nach Belgien benutzen. In Brüssel versagt der Motor seines Autos. In der Werkstatt wird festgestellt, daß ein Austauschmotor eingebaut werden muß.

Für diese Arbeit berechnet ihm der Werkstattbesitzer bfrs 47 620,— (Tageskurs: 4,82 für 100 bfrs).

1. **Lampe** will einen eurocheque über 47 620,— bfrs ausstellen. Der Mechaniker lehnt die Annahme dieses Schecks ab, weil er um die Einlösung fürchtet.

- Ist seine Befürchtung berechtigt?

2. Für die Heimreise benötigt **Lampe** Geld. Da er seine eurocheques für die Bezahlung der Reparatur verbraucht hat, legt er folgenden Scheck am Schalter der Banque de Bruxelles zusammen mit seiner eurocheque-Karte vor, nachdem er deren Nummer auf die Rückseite des Schecks geschrieben hat.

```
Scheck-Nr               Konto-Nr              Bankleitzahl
0000001                987 654 321            330 546 78
                   Kreissparkasse Wuppertal

Zahlen Sie gegen diesen Scheck aus meinem/unserem Guthaben    DM
    ~ Dreihundert                                            - 300,-
            Deutsche Mark in Buchstaben
                                        wie
                                        Pf nebenstehend

an    mich                                              oder Überbringer

Brüssel, den 18. Mai 19..          Peter Lamie
Ausstellungsort, Datum              Unterschrift des Ausstellers

Verwendungszweck
          (Mitteilung für den Zahlungsempfänger)
```

Der Bankbeamte weigert sich, den Gegenwert des Schecks auszuzahlen.
- Warum?

513   *Reisescheck*

Eva Hübner will ihren Urlaub in Taormina, Sizilien, verbringen. Sie kauft deshalb bei ihrer Bank für 2 000,— DM Reiseschecks. Sie erhält 20 Schecks über 100,— DM. Bei Aushändigung der Schecks bittet sie der Bankbeamte, jedes Scheckformular zu unterschreiben. Außerdem gibt er ihr auch ein Verzeichnis der ausländischen Banken, die diese Reiseschecks annehmen.

- 1. Welchen Vorteil hat **Eva Hübner** davon, daß sie Reiseschecks statt Bargeld mitnimmt?
  2. Die Bank **Eva Hübners** kauft italienische Lire (Lit) zum Kurs 1,29 und verkauft sie zum Kurs 1,39.
     Eva Hübner bringt von ihrem Urlaub Reiseschecks über 500,— DM zurück.
- Wieviel DM Verlust hat sie dadurch vermieden, daß sie Reiseschecks in deutscher Währung und nicht Lit (Sorten) mitgenommen hat?
  (Spesen sollen unberücksichtigt bleiben.)

514   *Reisescheck — eurocheque — Postsparbuch*

Manfred Wörn bereitet eine Spanienreise vor.
- Ist es für ihn günstiger
  — Reiseschecks,
  — eurocheques und eurocheque-Karte oder
  — Postsparbuch mit Rückzahlungskarte und Rückzahlungsscheinen
  mitzunehmen?

| 515 | *Bankgebühren* |

Wie hätten in den folgenden Fällen Bankgebühren gespart werden können:
- 1. Ein Kontoinhaber erhält Tagesauszüge von seinem Gehaltskonto;
- 2. An einem Tag werden sechs Einzelüberweisungen an verschiedene Empfänger ausgestellt;
- 3. Ein eurocheque auf eine Kreissparkasse soll bei einer Volksbank eingelöst werden;
- 4. Wiederholungszahlungen werden durch Dauerauftrag geleistet;
- 5. Bareinzahlungen zugunsten Dritter werden bei der Bank geleistet, bei der man ein Konto besitzt.

Die Zahlung durch Vermittlung der Postgiroämter

Der Zahlschein

| 516 | *Inhalt und Vorteile des Zahlscheins — Postüberweisung* |

Fritz Bär, 4650 Gelsenkirchen, übernimmt eine Vertretung. Er bestellt sich beim **Verlag Clasen & Virn, 5600 Wuppertal 2**, das Fachbuch „Steuervorteile für Handelsvertreter". Das Buch wird ihm bei der Lieferung am 6. d.M. mit 21,40 DM vom Verlag in Rechnung (Nr. 576) gestellt. Der Sendung liegt ein Zahlschein bei. **Bär** besitzt kein Postgirokonto. Er füllt den Zahlschein wie folgt aus, der auch als **Postüberweisung** verwendet werden kann:

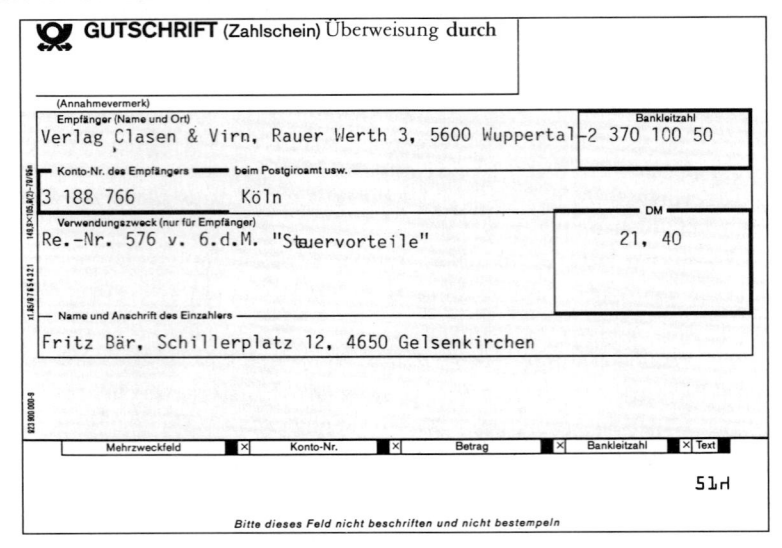

```
GUTSCHRIFT (Zahlschein) Überweisung durch
(Annahmevermerk)
Empfänger (Name und Ort)                                  Bankleitzahl
Verlag Clasen & Virn, Rauer Werth 3, 5600 Wuppertal-2  370 100 50
Konto-Nr. des Empfängers — beim Postgiroamt usw.
3 188 766           Köln                                        DM
Verwendungszweck (nur für Empfänger)
Re.-Nr. 576 v. 6.d.M. "Steuervorteile"                       21,40
Name und Anschrift des Einzahlers
Fritz Bär, Schillerplatz 12, 4650 Gelsenkirchen

  Mehrzweckfeld    Konto-Nr.    Betrag    Bankleitzahl    Text
                                                         51 H
Bitte dieses Feld nicht beschriften und nicht bestempeln
```

- 1. Wo kann **Bär** den Rechnungsbetrag bei Verwendung der Zahlkarte einzahlen, und wie kann er nachweisen, daß er gezahlt hat?
- 2. Auf welchem Wege erhält der Verlag das Geld?
-   3. Welche Vorteile brachte in diesem Falle das Postgirokonto
- a) für Herrn **Bär**?
- b) für den **Verlag Clasen & Virn**?

Andere Vordrucke des Postgiroverkehrs

517 *Postüberweisung — Postscheck — Dauerüberweisung — Zahlkarte für das Konto des Einzahlers — Zahlungsanweisung*

Bär hat Antrag auf Eröffnung eines Postgirokontos beim **Postgiroamt Essen** gestellt. Die im Antrag bestellten Vordrucke sind bei ihm eingetroffen. Er hat die Konto-Nr. 423 86 beim Postgiroamt Essen erhalten.

1. Welche Vordrucke benötigt er, um die folgenden Geschäftsfälle über sein Postgirokonto zu erledigen und wie werden sie verwendet?

- a) Rechnung Nr. 346 der **Firma Karl Wenk, Buchdruckerei, 4842 Glehn** Bez. Düsseldorf, vom 18. d.M. für Briefpapier einschließlich Firmenaufdruck
    - 500 Blatt DIN A4   12,— DM
    - 500 Blatt DIN A5   8,— DM

    Postgirokonto 441 56 Postgiroamt Essen (BLZ 360 100 43).

- b) Rechnung Nr. 825 der **Kraftfahrzeugwerkstatt Ernst Biege**, Ulmenstraße 2, **4000 Düsseldorf**, vom 16. d.M. für Inspektion und Ölwechsel 160,— DM.
    Konto Nr. 527 bei der Gewerbebank Düsseldorf;
    Postgirokonto Nr. der Gewerbebank: 118 35 beim Postgiroamt Köln
    (BLZ 370 100 50).

- c) Rechnung Nr. 14 des Schneidermeisters **Friedrich Hornung**, Schmiedestraße 52, **4000 Düsseldorf**, vom 5. d.M., für die Anfertigung eines Maßanzuges 750,— DM. Hornung besitzt weder Bank- noch Postgirokonto.

- d) Krankenversicherungs-Beitrag beim **Deutschen Ring**
    jeweils am 1. jeden Monats 75,— DM.
    Konto-Nr. 773 35 beim Postgiroamt Essen (BLZ 360 100 43).

- e) Entgelt für den Stundenbuchhalter **Karl Knapp**, Prinz-Adolf-Straße 28, **4300 Essen-Bredeney,** für die Erledigung der Buchhaltung: 80,— DM.
    Knapp will mit dem Betrag auf dem Heimweg einen Lieferer bezahlen. Die Kasse des Postgiroamtes ist bereits geschlossen.

- f) **Bär** will auf sein Postgirokonto Nr. 423 86 beim Postgiroamt Essen 1 800,— DM bar einzahlen.

- g) **Bär** möchte einen Barbetrag bei dem von ihm bei Kontoeröffnung ausgewählten Postamt abheben.

2. Prüfen Sie, ob sich auch regelmäßig wiederkehrende Zahlungen mit wechselnden Beträgen (Fernsprechgebühren u.ä.) mit Hilfe des Postgiroamtes erledigen lassen!

518 *Zahlungsmöglichkeiten*

- Fertigen Sie nach folgendem Muster eine Übersicht an, und tragen Sie die Zahlungsmöglichkeiten in die entsprechenden Felder ein!

Empfänger → Absender ↓	Kein Konto	Girokonto	Postgirokonto
Kein Konto			
Girokonto			
Postgirokonto			

175

Zahlung durch Wechsel

Die Bestandteile des Wechsels

519 *Wechselziehung — Gesetzliche und kaufmännische Bestandteile*

Karl Auler, Landwehrstraße 47, **6100 Darmstadt**, bietet **Max Betz**, Ruhrallee 35, **4600 Dortmund**, am 11. 6. d. J. Waren im Wert von 8 900,— DM als Sonderangebot an. Er verlangt sofortige Zahlung. Das Angebot gilt 8 Tage.

Betz möchte die angebotene Ware kaufen. Er kann aber erst in zwei Monaten zahlen. Dies teilt er **Auler** am 15. 6. d. J. mit.

Auler ist bereit zu liefern, wenn sich **Betz** wechselmäßig zur Zahlung verpflichtet.

1. **Betz** erklärt sich am 18. 6. d. J. telefonisch dazu bereit.
  - a) Füllen Sie für **Auler** den Wechsel (ohne die Unterschrift **Aulers**) aus!
  - b) Ist das von Ihnen ausgefüllte Wechselformular bereits ein Wechsel im Sinne des Wechselgesetzes?
  - c) Warum ist es kein Wagnis, dieses Wechselformular in einem gewöhnlichen Brief an **Betz** zu senden?
2. a) Bringen Sie am 20. 6. für **Betz** den Annahmevermerk auf dem Wechsel an!
  - b) Setzen Sie als Zahlstelle die **Volksbank Dortmund** ein!
  - c) Formulieren Sie die notwendigen Briefe an
    - — die **Volksbank Dortmund**, Düsseldorfer Straße 4, **4600 Dortmund**,
    - — **Auler**!
3. Welchen Betrag müßte der Bezogene **Betz** am Verfalltag bezahlen, wenn auf dem von ihm akzeptierten Wechsel die Summe in Ziffern mit 8 900,— DM und in Worten mit neuntausendachthundert DM eingetragen worden wäre?
4. Welchen Betrag müßte **Betz** bezahlen, wenn zur Angabe der Wechselsumme nur Ziffern verwendet wurden, diese aber einmal über 8 900,— DM und in der zweiten Angabe über 9 800,— DM lauten?
5. Erläutern Sie den Zweck jedes der kaufmännischen Bestandteile eines Wechsels!
6. Wie lautet der Buchungssatz für den Vorgang der Wechselziehung bei
  - a) **Auler**,
  - b) **Betz**!

Wechseldiskontierung

520 *Wesen der Diskontierung — Ausgleichswechsel*

Auler verkauft am 24. 6. d. J. den auf **Betz** gezogenen Besitzwechsel über 8 900,— DM, fällig 18. 8. d. J. an seine Bank.

Seine Bank schickt ihm folgende Abrechnung:

Lfd. Wechsel-Nr.	Betrag	Verfall	Zahlungsort	Bezogener
586	8 900,00	2 Mon. dato	Dortmund	Max Betz, 4600 Dortmund Ruhrallee 35

Tag des Eingangs	Herrn / Firma		Konto Nr.
24.6.	Karl Auler Landwehrstr. 47 6100 Darmstadt		47 349

Ausstellungstag	Ausstellungsort	Aussteller	Giranten
18.6.	61 Darmstadt	Karl Auler	

Zahlbar bei: Volksbank Dortmund

Wir schreiben Ihnen diesen Wechsel laut nachstehender Abrechnung gut.

Wechsel über   DM 8.900,00

6 % Diskont f.54Tg. DM 80,01
_____   DM
_____   DM
_____   DM
_____ Barauslagen   DM 2,49   % DM 82,50
                                   DM 8.817,50   Wert 24.06.

HANDELSBANK DARMSTADT G.m.b.H.

- 1. Warum zahlt die Bank nicht den vollen Wechselbetrag aus?
- 2. Überprüfen Sie die Abrechnung!
  3. **Auler** stellt die Kosten der Diskontierung **Betz** in Rechnung.
  Wie lautet der Buchungssatz für die Diskontierung des Wechsels bei **Auler**!
- 4. Berechnen Sie die Summe, über die der Wechsel ausgestellt werden müßte, damit er am Tag der Ausstellung den Wert von 8 900,— DM hätte!

Die Einlösung des Wechsels

| 521 | *Wechseltermine* |

Die **Handelsbank** behält den von **Betz** akzeptierten Wechsel über 8 900,— DM, fällig 18. 8. d. J., zahlbar bei der **Volksbank Dortmund**, bis zum Verfalltag.

- 1. Wann kann die Bank den Wechsel spätestens zur Einlösung vorlegen?   WG Art. 38
- 2. Welche Folgen hat es für sie, wenn sie den Termin versäumt?   Art. 53 I
- 3. Wo hat sie diesen Wechsel vorzulegen?   Art. 4, 87
  4. Die letzten Teillieferungen hat **Auler** trotz Fälligkeit noch nicht abgesandt.
- Muß der von **Betz** akzeptierte Wechsel trotzdem durch die Volksbank eingelöst werden?   Art. 1, 2

Das Akzept und das Indossament

| 522 | *Akzept — Vollindossament — Blankoindossament — Inkassoindossament — Landeszentralbankfähiger Wechsel* |

Der Möbelfabrikant **Uli Hahle**, Marktstraße 6, **477 Soest (W.)**, zieht auf den Möbelhändler **Erwin Fink**, Mercatorstraße 4, **41 Duisburg** (Landgerichtsbezirk Duisburg), zum Ausgleich einer Rechnung über 25 000,— DM einen Wechsel.

Hahle möchte diesen Wechsel an das Sägewerk **Max Lehr**, Rothenburg 8, **44 Münster i. W.**, als Teilzahlung weitergeben und setzt deshalb **Lehr**, der zugestimmt hat, als Wechselberechtigten (Remittent) ein.

Der Wechsel wird am 28. Febr. d. J. ausgestellt und ist 6 Monate später fällig.

- 1. Stellen Sie den Wechsel aus!
  2. Der Wechsel wird dem Bezogenen **Fink** am 3. März d. J. zum Akzept vorgelegt. Dieser hat von der Gesamtlieferung über 25 000,— DM erst Möbel im Wert von 18 000,— DM erhalten.
     a) **Fink** will den Wechsel über 25 000,— DM erst akzeptieren, wenn er die Restlieferung erhalten hat.   WG Art. 1?
- Warum?
  b) Die Restlieferung ist erfolgt.   Art. 2?
- Akzeptieren Sie den Wechsel für 25 000,— DM!
  3. Der Remittent **Lehr** hat den Wechsel vom Aussteller **Hahle** erhalten. **Lehr** gibt ihn am 8. März d. J. als Bezahlung weiter an die **Maschinenfabrik Georg Vehl**, Westenhellweg 7, **4600 Dortmund**.
- a) Schreiben Sie für **Lehr** das Vollindossament auf den Wechsel!   Art. 1?
- b) Wer ist nach dem Indossament **Lehrs** vorlegungsberechtigt?   Art. 1?
  c) **Vehl** gibt den Wechsel mit einem Blankoindossament weiter an die **Bauunternehmung Karl Ahlert**, Nordring 12, **4630 Bochum**.
  Setzen Sie das Blankoindossament auf den Wechsel! Lassen Sie soviel Abstand, daß es zum Vollindossament ergänzt werden kann!
- d) Wer ist nach dem Indossament **Vehls** vorlegungsberechtigt?   Art. 1?
  4. Der **Bauunternehmer Ahlert** gibt den Wechsel ohne Indossament dem Baustoffhändler **Franz Hilpert**, Flingerstraße 7, **4000 Düsseldorf**.
  Hilpert reicht ihn ohne Indossament weiter als Bezahlung für einen Lastkraftwagen an den Autohändler **Fritz Beck**, Herzogstraße 3, **4000 Düsseldorf**.
  Beck will den Wechsel am 26. März d. J. bei seiner Bank diskontieren lassen. Die Bank lehnt die Diskontierung ab, weil der Wechsel nicht den Vorschriften der Landeszentralbank entspricht.
- a) Stellen Sie fest, welche Vorschriften der Deutschen Bundesbank nicht erfüllt sind!   Bbank § 19
- b) Welche Nachteile hätte die Bank dadurch, daß ein von ihr diskontierter Wechsel nicht den Vorschriften der LZB entspricht?
  5. Der Autohändler **Beck** gibt am 20. August d. J. den Wechsel an seine Bank, die **Handelsbank Filiale Düsseldorf**, zum Einzug.
- a) Schreiben Sie das notwendige Vollindossament mit Zusatz „Zum Einzug" auf den Wechsel!   WG Art. 1
- b) Wer ist jetzt Eigentümer, wer Besitzer des Wechsels?

Die Benachrichtigung (Notifikation)

523   *Wechselprotest — Benachrichtigungsfristen — Rückrechnung*

Ein von dem Bezogenen **Fink** akzeptierter Wechsel über 25 000,— DM wird ihm am Verfalltag, den 28. 8. d. J. zur Einlösung vorgelegt.

Fink kann nicht zahlen.

- 1. Wie kann der Wechselberechtigte beweisen, daß der Wechsel rechtzeitig vorgelegt und nicht eingelöst wurde?   WG Art. 79-81
- 2. Wann kann der Wechselberechtigte diesen Nachweis frühestens erhalten?   Art. 72
- 3. Wer ist dem Vorleger noch zur Zahlung aus diesem Wechsel verpflichtet, nachdem der Wechselprotest beurkundet worden ist?   Art. 47 I
- 4. a) Entwerfen Sie die nach dem Wechselgesetz erforderlichen Benachrichtigungen, die der letzte Wechselinhaber vorzunehmen hat!   Art. 45 I
- b) Innerhalb welcher Zeit müssen diese Benachrichtigungen geschrieben werden?
- 5. Innerhalb welcher Zeit müssen die Indossanten ihre Vormänner benachrichtigen?   Art. 45
- Warum?
- 6. **Beck** ist Wechselinhaber. Er nimmt am 5. September d. J. Rückgriff auf den Indossanten **Vehl**. Er berechnet 6% Zinsen für 4 Tage; 1,20 DM Auslagen; Protestkosten 35,— DM; ⅓% Provision von der Wechselsumme.   Art. 48
- Stellen Sie die Rückrechnung auf!
- 7. **Hilpert** hatte den von **Vehl** mit Blankoindossament versehenen Wechsel **Finks** ohne weiteres Indossament erhalten.
- Warum kann **Beck** nicht auf **Hilpert** Regreß nehmen?   Art. 15 I
- 8. Der Aussteller **Hahle** erhält am 25. September d. J. vom Remittenten **Lehr** eine Rückrechnung über 25 445,— DM.
- a) Wie hätte er die hohen Kosten und Gebühren niedriger halten können?   Art. 55
- b) Warum ist der Aussteller eines Wechsels daran interessiert, die Kosten niedrig zu halten, obwohl er alle Kosten und die Wechselsumme vom Bezogenen fordern kann?

Die Wechselklage

| 524 | *Gerichtsstand — Klagefristen — Urkundsprozeß — Verjährung wechselmäßiger Ansprüche* |

Der Möbelfabrikant **Hahle, 4770 Soest (W.)**, klagt als Aussteller eines Wechsels über 25 000,— DM, fällig 28. 8. d. J. auf Duisburg, gegen den Bezogenen **Fink, 4100 Duisburg**, im Wechselprozeß.

- 1. Bei welchem Gericht und an welchem Ort muß die Klage erhoben werden?   ZPO §§ 603, 13
- 2. Innerhalb welcher Frist muß **Hahle** die Klage erheben, damit die wechselrechtlichen Ansprüche nicht wirkungslos werden?   WG Art. 70 I
- 3. Welche Beweismittel muß er der Klageschrift beifügen und welche sind im Wechselprozeß außerdem noch erlaubt?   ZPO §§ 605, 592
- 4. Das Gericht stellt **Fink** die Klageschrift zu.   §§ 604, 262
- Welchen frühesten Prozeßtermin kann es festsetzen?
- 5. In der Verhandlung beweist **Fink** dem Gericht, daß ihm der Aussteller **Hahle** den Kaufpreis, über den der Wechsel ausgestellt worden ist, weitere 3 Monate gestundet hat. Der Wechsel sei deshalb noch nicht fällig.
- a) Hat die Stundung des Kaufpreises nach Ihrer Ansicht Auswirkungen auf die Fälligkeit des Wechsels?
- b) Welche Entscheidung wäre vom Gericht zu erwarten, wenn ein Indossant im Wechselprozeß gegen den Bezogenen **Fink** geklagt hätte?   WG Art. 17
- c) Innerhalb welcher Frist hätte **Beck** die Klage gegen **Hahle** erheben müssen, ohne befürchten zu müssen, daß sie wirkungslos wird?   Art. 70 II

- d) Innerhalb welcher Fristen hätten die anderen Wechselbeteiligten ihre Ansprüche gegeneinander geltend machen müssen, um die Verjährung dieser Ansprüche aus dem Wechsel zu vermeiden?   WG Art. 70
- e) Warum kann **Fink** von **Hahle** auch dann noch zur Zahlung gezwungen werden, wenn die wechselmäßigen Ansprüche bereits verjährt sind?   BGB § 196

Wechselformen

525   *Rektaklausel — Solawechsel — Sichtwechsel — Bürgschafts- (Garantie-) wechsel*

Der **Bauunternehmer Max Löbe**, Weinbergweg 13, **7141 Hochberg**, ist von der **Gemeinde Hochberg** mit der Erstellung eines Schwimmbades beauftragt worden.

Der Vertrag enthält u. a. folgende Vereinbarungen:

„... Der **Bauunternehmer Löbe** haftet noch 2 Jahre lang nach der Bauabnahme für Schäden aus mangelhafter Bauausführung.

Die **Gemeinde Hochberg** hat das Recht, 2 % des Rechnungsbetrages als Garantiesumme für die Dauer der Gewährleistungsfrist einzubehalten. Der Bauunternehmer kann Vollauszahlung verlangen, wenn er über die Garantiesumme einen Sichtwechsel akzeptiert...."

Die Bauabnahme erfolgt am 18. Juli d. J.

1. Der Bauunternehmer entscheidet sich dafür, einen Sichtwechsel zu akzeptieren.
- Begründen Sie seine Entscheidung!

2. Der Bauunternehmer übergibt mit der Endabrechnung folgenden Wechsel:

Hochberg, den ....
Gegen diesen Solawechsel zahle ich bei Sicht
an die Gemeinde Hochberg, nicht an Order, 12 000,— DM
Deutsche Mark: Zwölftausend
                                Max Löbe
                           7141 Hochberg, Weinbergweg 13

- a) Wann darf die **Gemeinde Hochberg** den Wechsel dem Bauunternehmer **Löbe** zur Zahlung vorlegen?   WG Art. 3
- b) Muß der Bauunternehmer fürchten, daß er den Wechsel einlösen muß, auch ohne daß ihm ein Schaden aus mangelhafter Bauausführung nachgewiesen wird?   Art. 11
- c) Welche Unannehmlichkeiten müßte **Löbe** befürchten, wenn er kein Weitergabeverbot auf den Wechsel geschrieben hätte?   Art. 78, 28
- d) Hätte sich die **Gemeinde Hochberg** in Anbetracht der zweijährigen Gewährleistungsfrist damit einverstanden erklären können, daß der Wechsel als Ausstellungsdatum den Tag der Bauabnahme erhalten hätte?
  Begründung!   Art. 3
- e) Warum ist bei diesem Wechsel das übliche Akzept des Bezogenen nicht notwendig?
- f) Welche Wechselart liegt im obigen Falle vor, wenn wir den Wechsel bezeichnen:
  - aa) nach der Verfallzeit,   Art. 33
  - bb) nach dem Weitergaberecht,   Art. 11
  - cc) danach, ob er dem Inhalte nach eine Zahlungsaufforderung oder ein Zahlungsversprechen darstellt,   Art. 7
  - dd) danach, ob ein Handelsgeschäft zugrunde liegt?   Art. 30

| 526 | *Ratenzahlung mit Wechsel*

Ursel Dups, Sterngasse 5, **8500 Nürnberg**, kauft bei dem Gebrauchtwagenhändler **Emil Bausch**, Rennweg 5, **8500 Nürnberg**, am 28. 7. d. J. ein Auto. 3 000,— DM der Kaufsumme werden über Wechsel finanziert. Monatlich sind davon 500,— DM abzuzahlen. Über den Betrag von 3 000,— DM wird ein Wechsel, fällig nach 6 Monaten, ausgestellt. Die bezahlten Raten werden jeweils auf der Rechnung quittiert.

- 1. Wären Sie auf diese Zahlungsweise eingegangen?
- 2. Wie hätte die Käuferin **Ursel Dups** dieses Wechselgeschäft ohne Risiko für sich abwickeln können?

WG Art. 17

Prolongation

| 527 | *Prolongationswechsel*

Heinz Plum, Possmoorweg 3, **2 Hamburg 39**, hat einen Wechsel über 2 300,— DM akzeptiert, fällig am 3. 5. d. J. Aussteller: **Inge Pauly**, Sollingweg 5, **3012 Langenhagen (Han.)**.

Plums Kunden zahlen nicht mehr pünktlich. Er sieht deshalb voraus, daß er den Wechsel am Verfalltag nicht einlösen kann. Um den Protest zu vermeiden, wendet er sich an die Ausstellerin **Inge Pauly**. Er bittet sie um zweimonatige Prolongation des Wechsels und bietet 8% Zinsen für diese Zeit an. Seinem Schreiben legt er ein Blankoakzept bei und bittet um Überweisung des fälligen Wechselbetrages.

- 1. Formulieren Sie einen Brief für **Plum** an die Ausstellerin **Inge Pauly**!
- 2. Welches Interesse hat auch der Aussteller daran, den Protest zu vermeiden?
- 3. In welchen Fällen würde der Aussteller seine Hilfe versagen?
- 4. Warum bietet **Plum** in seinem Schreiben 8% Zins an?
- 5. Warum legt er diesem Schreiben ein Blankoakzept bei?
- 6. **Inge Pauly** erklärt sich schriftlich zur Prolongation bereit und überweist 2 300,— DM.
  Auf welchen Betrag muß der Prolongationswechsel lauten, wenn $^{2}/_{3}$% Provision eingerechnet werden?
- 7. Einen Monat nach Abgang dieses Briefes erfährt die **Dresdner Bank, Filiale Hannover**, die den Prolongationswechsel inzwischen angekauft hat, daß **Plum** seine Zahlungen eingestellt hat.
  Wie erlangt sie ein vorzeitiges Rückgriffsrecht?
- 8. Ist jedes Prolongationsersuchen ein Hinweis auf mangelnde Kreditwürdigkeit?

Art. 44 V

6 Die Unternehmung

Die Gründung eines Unternehmens

601 *Standort — Kapitalbedarf — Finanzierung*

Wilhelm Gerhard Beyer, 37 Jahre alt, ist gelernter Kaufmann und seit 12 Jahren in einer Eisenwarengroßhandlung beschäftigt. Er besitzt 80 000,— DM und hat die Absicht, sich selbständig zu machen.

1. **Beyer** erfährt, daß in der Gemeinde 6574 Bodental ein Einzelhandelsgeschäft für Eisenwaren und Haushaltartikel fehlt.

   Die Gemeinde ist in den letzten zehn Jahren von 1 700 auf 4 800 Einwohner gewachsen. Früher war sie eine reine Obst- und Weinbaugemeinde.

   In letzter Zeit haben sich dort eine **Kellereigenossenschaft**, eine **Großwäscherei**, die in der benachbarten Großstadt ihre Annahmestellen hat, und eine **Lederwarenfabrik** (Feintäschnerei) angesiedelt. Eine größere **Landesproduktenhandlung** (Saatgut, Düngemittel, Spritzmittel) besteht dort schon länger.

- a) Was kann die Gründer jedes dieser Unternehmen veranlaßt haben, sich diesen Standort zu wählen?
- b) Halten Sie den Ort für die Neugründung eines Eisenwarenfachgeschäfts mit Haushaltswaren für geeignet?

2. **Beyer** will die Neugründung wagen. Das Ladengeschäft soll als Einzelhandelsfachgeschäft geführt werden. Um seine Branchenkenntnisse und Geschäftsbeziehungen auszunützen, will er neben seinem Ladengeschäft vor allem Kessel, Herde und andere Einrichtungsgegenstände als Kommissionär an Großküchen verkaufen.

   Der Bürgermeister von Bodental, der sehr darum bemüht ist, Handels- und Industriebetriebe am Ort anzusiedeln, hat dafür gesorgt, daß in einem Neubau in der Hauptstraße ein Ladengeschäft eingebaut und an **Beyer** vermietet wird.

   Für die Ausstattung des Ladens (Theke, Registrierkasse, Regale usw.) benötigt **Beyer** nach seiner Schätzung 20 000,— DM, für die Einführungswerbung 10 000,— DM. Dem Hausbesitzer hat er für den Einbau des Ladens als zinsloses Darlehen auf 10 Jahre eine Mietvorauszahlung in Höhe von 30 000,— DM zu gewähren. Den durchschnittlichen Lagerbestand für das Einzelhandelsgeschäft schätzt er auf 120 000,— DM. Die kommissionsweise Überlassung von Großkücheneinrichtungen im Werte von 100 000,— DM wurde ihm zugesagt.

- Wieviel Kapital benötigt **Beyer** insgesamt, wenn er seine Lieferer bar bezahlt und selbst nur gegen bar verkauft?

3. **Beyer** schätzt seinen jährlichen Wareneinsatz für das Einzelhandelsgeschäft auf 720 000,— DM.

- a) Wieviel Tage liegen die Waren bei ihm durchschnittlich auf Lager?
  b) **Beyer** eröffnet sein Geschäft am 1. 6. und hat an diesem Tag den Lagerbestand von 120 000,— DM.

     Bis zu welchem Tag ist das Lager durchschnittlich einmal umgeschlagen worden und das Geld für die Waren von dem Kunden eingegangen? (Monat mit 30 Tagen rechnen!)

  c) Die Lieferer gewähren **Beyer** 60 Tage Ziel.

     Wie groß wäre sein Kapitalbedarf unter der Annahme, daß er an seine Kunden nur bar verkauft?

- 4. **Beyer** stellt eine zweite Kapitalbedarfsrechnung auf.
    - a) **Beyer** gewährt seinen Kunden 10 Tage Ziel.
    - Bis zu welchem Tag ist unter dieser Voraussetzung das Geld von dem Kunden eingegangen?
    - b) Täglich werden für 2 600,— DM Waren verkauft (Wareneinsatz 2 000,— DM). Der Gewinn wird sofort entnommen.
    - Wieviel D-Mark sind wegen der Zielgewährung von 10 Tagen zusätzlich für Waren zu beschaffen?
    - c) Der Unternehmer hat täglich für Geschäftskosten bare Auslagen von durchschnittlich 200,— DM.
    - Um wieviel DM wird der Kapitalbedarf durch die Berücksichtigung der Gemeinkosten erhöht?
    - d) Wie groß ist der Kapitalbedarf insgesamt unter Berücksichtigung der benötigten Mittel für die Errichtung des Geschäfts, das Kundenziel, das Liefererziel und die Geschäftskosten?
- 5. **Beyer** hat Waren für 120 000,— DM und die Geschäftseinrichtung für 20 000,— DM gekauft. Die Mietvorauszahlung in Höhe von 30 000,— DM ist geleistet. Auch die Kommissionswaren im Werte von 130 000,— DM sind bereits eingetroffen. Die Anschaffungen hat er finanziert mit 80 000,— DM in bar aus eigenen Mitteln, den Rest durch einen Kredit der Kreissparkasse. 20 000,— DM des gewährten Kredits sind langfristig. Der kurzfristige Kredit ist monatlich kündbar.
    - a) Erstellen Sie die Bilanz Beyers zum Gründungstag!
    - b) Wieviel Prozent des Gesamtkapitals sind Eigenkapital, wieviel Fremdkapital?
    - c) **Beyers** Steuerberater rät ihm, mindestens noch 30 000,— DM des Bankkredits in einen langfristigen umwandeln zu lassen. Der Steuerberater fürchtet, daß die Bank unter Umständen die kurzfristigen Kredite kündigt.
    - Welche Wirkung hätte die Kreditkündigung für das Unternehmen **Beyers**?

| 602 | *Gründung eines Unternehmens — Firma des Einzelunternehmens* | GG Art. 12, 1
GO § 1
EinzelhG §§ 3, 4 |

Wilhelm Gerhard Beyer will in 6574 Bodental ein Eisenwareneinzelhandelsgeschäft gründen, das er als Einzelunternehmer betreiben will.

- 1. Prüfen Sie, ob ihm die Errichtung eines neuen Geschäftes von irgendeiner Behörde genehmigt werden muß!   GO § 14
- 2. Bei welchen Behörden hat **Beyer** seine Neugründung anzumelden?   HGB § 29
AO § 138
RVO § 661
- 3. **Beyer** überlegt, wie er firmieren soll.
- Welche der folgenden Firmenbezeichnungen sind für ihn erlaubt: HGB § 18
    Gerhard Beyer
    Wilhelm Gerhard Beyer
    Wilhelm Beyer, Eisenwarengeschäft
    Eisen-Beyer
    W. G. Beyer
- 4. Vor der endgültigen Eintragung seiner Firma informiert sich **Beyer** im zuständigen Handelsregister und stellt fest, daß eine Firma **Gerhard Beyer**, Landesproduktenhandlung, in Bodental bereits eingetragen ist.
    - a) Prüfen Sie, ob er von seinen Firmenvorschlägen deshalb einige nicht verwenden kann!   HGB § 30
    - b) Welchen Sinn hat die Eintragung der Firma im Handelsregister?

c) Einige Zeit nach der Anmeldung und Eintragung seiner Firma erfährt **Beyer**, daß die **Landesproduktenhandlung Beyer** vom Schwiegersohn **Fritz Müller** übernommen worden ist. **Müller** arbeitet aber nach wie vor mit dem Briefkopf **Gerhard Beyer** und unterschreibt sogar seine Geschäftsbriefe mit **Gerhard Beyer**.

HGB
§ 22

- Kann der Eisenwarenhändler verlangen, daß **Fritz Müller** das unterläßt? Begründen Sie die Regelung des Gesetzgebers!

5. In einem Branchenadressbuch stellt **Beyer** fest, daß in dem mehr als 100 km entfernten Fulda ein **Gerhard Beyer** einen Eisenwareneinzelhandel betreibt. Die Firma ist dort im Handelsregister mit der gleichen Firmenbezeichnung eingetragen, die **Beyer** in Bodental gewählt hat.

UWG
§ 16

- Hat **Beyer** in Bodental zu befürchten, daß **Beyer** in Fulda eines Tages gerichtlich erzwingt, daß er seine Firmenbezeichnung ändern muß?

| 603 | *Unternehmensgründung — Firmierungsgrundsätze* |

- 1. Welche rechtlichen und wirtschaftlichen Überlegungen muß ein Unternehmer bei der Gründung eines Unternehmens anstellen?
- 2. Erklären Sie die Grundsätze der Wahrheit und Klarheit, der Beständigkeit und der Ausschließlichkeit der Firma an den Beispielen des Falles 602!

Die Gesellschaft des bürgerlichen Rechts

| 604 | *Gesellschaftsvertrag* |

Jäger und **Roth** spielen schon lange zusammen im Lotto. **Lenz** ist als Mitspieler neu hinzugekommen.

Wöchentlich werden von den drei Spielern sechs feste Zahlenreihen gesetzt. Jeder zahlt 2,— DM und ein Drittel der Annahmegebühr.

Jäger gibt den Schein auf seinen Namen rechtzeitig ab. Auf das erste Zahlenfeld trifft der Hauptgewinn von 500 000,— DM.

Jäger gibt **Lenz** 2,10 DM zurück und behält die 500 000,— DM. Er will nur mit **Roth** teilen. Sein Vorgehen begründet er damit, daß die Zahlenreihe gewonnen hat, die er schon lange mit **Roth** spielt.

- 1. Prüfen Sie, ob zwischen **Jäger, Roth** und **Lenz** ein Gesellschaftsvertrag geschlossen wurde!

BGB
§ 705

- 2. Kann **Lenz** die Auszahlung seines Anteils am Lottogewinn von **Jäger** erzwingen?

§§ 721

| 605 | *Vertretung — Haftung — Kündigung* |

Die Ärzte **Dr. Arnold** (Hals-, Nasen- Ohrenfacharzt), **Dr. Berberich** (Internist) und **Dr. Calmbach** (Röntgenfacharzt) vereinbaren, daß sie eine Gemeinschaftspraxis eröffnen.

1. **Arnold** erfährt am nächsten Tag, daß eine geeignete Villa frei wird. Er mietet die Räume für die Praxisgemeinschaft gegen eine Monatsmiete von 3 600,— DM.

- Sind **Berberich** und **Calmbach**, die **Arnold** überzeugt haben, daß die von ihm angemieteten Räume ungeeignet sind, an den von **Arnold** geschlossenen Mietvertrag gebunden?

§§ 709

2. **Arnold** und **Berberich** sind damit einverstanden, daß **Calmbach** Vertretungsmacht bekommt. Er soll die Einrichtung der Praxis vorantreiben, Räume mieten und die Einrichtung besorgen. **Calmbach** kauft bei dem Möbelhändler **Staab** die Einrichtung für das Wartezimmer zum Preis von 8 800,— DM. **Arnold** und **Berberich** halten sie für unpraktisch. Sie wollen sich an der Bezahlung nicht beteiligen.

    a) **Staab** fordert die gesamten 8 800,— DM von dem ihm als sehr vermögend bekannten **Berberich**.   BGB § 427

- Muß **Berberich** zahlen?

    b) **Berberich** weigert sich zu zahlen.   § 427

- Welche anderen Möglichkeiten hätte **Staab**, um zu seinem Geld zu kommen?

3. **Berberich** möchte nach diesen Erfahrungen doch lieber eine selbständige Praxis als Internist gründen. Er kündigt das Gesellschaftsverhältnis.   § 723

- Wann ist das Gesellschaftsverhältnis aufgelöst?

Der eingetragene Verein

606   *Gründung — Vertretung — Haftung — Ausscheiden eines Mitgliedes*

Acht Stammtischfreunde vereinbaren die Gründung eines Kegelvereins. Sie wählen sofort einstimmig den Metzgermeister **Heinrich Frech** zum alleinigen Vorstand.
Frech läßt den Verein eintragen (Satzung und Mitgliederliste liegen vor).

1. Der Schriftführer **Müller** bestellt eine Kegeltafel zum Preis von 180,— DM und läßt sie ins Vereinslokal schaffen.
   Frech verweigert die Zahlung aus der Vereinskasse. Er hat bereits eine Tafel beschafft.   BGB § 26

- Muß der Verein die 180,— DM bezahlen?

2. Der Vorstand hat einen Omnibus für einen Vereinsausflug gemietet. Als die Rechnung des Omnibusunternehmens eintrifft, ist kein Geld mehr in der Vereinskasse. Das war nicht voraussehbar.
   Weil die Vereinskasse leer ist, klagt der Omnibusunternehmer gegen den Vorstand auf Zahlung des gesamten Mietbetrages von 600,— DM.

- Muß der Vorstand den Gesamtbetrag aus seinen privaten Mitteln bezahlen?

3. Der Verein ist auf 40 Mitglieder angewachsen. Das Gründungsmitglied **Müller** tritt aus dem Verein aus.   §§ 41, 45 III
   Müller verlangt die Auszahlung des vierzigsten Teils des Vereinsvermögens.

- a) Besteht der Verein nach dem Austritt **Müllers** weiter?
- b) Hat Müller Anspruch auf Auszahlung seines Anteils?

4. Dem Verein gehört ein Vereinshaus mit automatischer Kegelbahn. Ein Ziegel fällt vom Dach des Vereinshauses und verletzt einen Passanten. Der Hausmeister hatte versäumt, rechtzeitig für die Reparatur des Daches zu sorgen.   § 836 I
   Der Verletzte fordert Ersatz der Krankenhauskosten und Schmerzensgeld.

- Wer muß für Krankenhauskosten und Schmerzensgeld einstehen?

607   *Gesellschaft des bürgerlichen Rechts — Rechtsfähiger Verein*

- 1. Zeigen Sie in einer Gegenüberstellung nach folgendem Muster die gesetzlichen Regelungen für die Gesellschaft BGB und den Verein:

	Unterschiede zwischen	
	Gesellschaft BGB	rechtsfähiger Verein
Dauer des Zusammenschlusses		
rechtliche Voraussetzung für die Entstehung		
Name		
Organe		
Vertretungsbefugnis		
Wirkung bei Ausscheiden eines Beteiligten		
Ansprüche bei Ausscheiden eines Beteiligten		
Vermögen		
Haftung		

- 2. Warum wird der Verein als juristische Person bezeichnet?

Die offene Handelsgesellschaft (OHG)

608 *Firma — Geschäftsführung — Vertretung — Haftung*

Kröner und **Löffler** vereinbaren die Gründung eines Delikatessengroßhandels. Sie wollen beide mitarbeiten. **Kröner** übernimmt die kaufmännische Verwaltung, **Löffler** den Verkauf. Jeder ist bereit, unbeschränkt (auch mit seinem Privatvermögen) zu haften.

- 1. Woran erkennen Sie, daß die zu gründende Gesellschaft keine juristische Person wird?
- 2. Welche Firmenbezeichnung könnte das neue Unternehmen haben?

HGB §§ 105 19 I

- 3. **Kröner** und **Löffler** haben am 15. 3. den Gesellschaftsvertrag abgeschlossen und ihren Geschäftsbetrieb aufgenommen. Ins Handelsregister wurde die Firma erst am 12. 5. eingetragen.
- Ist die Firma am 15. 3. eine Gesellschaft des bürgerlichen Rechts oder eine OHG? § 123 I
- 4. Nach Eintragung der OHG ins Handelsregister kauft **Kröner** mehrere Zentner braunen Zucker, Tiefkühlkost usw. für 5 000,— DM. § 125 I
- Konnte **Kröner** für die OHG dieses Geschäft wirksam abschließen?
- 5. **Kröner** hat für die OHG einen Kreditvertrag über eine hohe Summe abgeschlossen, ohne **Löffler** zu fragen. Als **Löffler** von dem Vertrag erfährt, stellt er fest, daß die Bedingungen außerordentlich ungünstig sind.

§§ 114 116 I,

- a) Hätte **Kröner** vor Vertragsabschluß **Löffler** fragen müssen?
- b) Ist der Kreditvertrag gültig? §§ 125, 1
- c) Muß **Kröner** der OHG den Schaden ersetzen, der ihr durch die ungünstigen Kreditbedingungen entstanden ist?
  - d) **Kröner** und **Löffler** vereinbaren, daß bei Geschäften, deren Wert 10 000,— DM übersteigt, künftig die Zustimmung aller Gesellschafter erforderlich ist. **Löffler** kauft für 16 000,— DM Waren, ohne **Kröner** zu fragen.
- Ist der Kaufvertrag gültig? § 126 I
- Muß **Löffler** einen evtl. entstandenen Schaden ersetzen?

6. **Löffler** hat mit Einverständnis von **Kröner** bei einem Lkw-Händler einen Lastwagen für 180 000,— DM gekauft. Der Händler verlangt die Zahlung des vollen Kaufpreises direkt von **Kröner**, ohne sich vorher an die OHG oder an **Löffler** zu wenden.

- Prüfen Sie, ob **Kröner** mit einer der folgenden Einwendungen die Zahlung ganz oder teilweise zu verweigern berechtigt ist: HGB §128

   a) **Kröner** hafte nicht, weil **Löffler** den Vertrag abgeschlossen habe.

   b) Der Händler müsse zuerst versuchen, das Geld bei der OHG einzutreiben.

   c) Der Lkw-Händler habe kein Recht, Zahlung aus dem Privatvermögen **Kröners** zu verlangen oder gar ihm das Privatvermögen pfänden zu lassen.

   d) **Kröner** habe eine Vereinbarung mit **Löffler**, daß er für alle Schulden nur mit 35% hafte. Er zahle deshalb nur 35% der Schuld.

609   *Gewinn- und Verlustverteilung — Ausscheiden eines Gesellschafters*

Allgeyer, **Brauer** und **Colm** betreiben unter der Firmenbezeichnung **Allgeyer & Brauer OHG** einen Elektrogroßhandel.

Allgeyer hat 600 000,— DM, Brauer 800 000,— DM und Colm 1 200 000,— DM Kapital in das Unternehmen eingebracht. Alle drei Gesellschafter arbeiten im Betrieb mit.

1. Im letzten Geschäftsjahr wurde ein Gewinn von 524 000,— DM erzielt. Im Gesellschaftsvertrag wurde über die Gewinnverteilung nichts vereinbart.

   a) Wieviel D-Mark Gewinnanteil erhält jeder Gesellschafter aufgrund des Gesetzes? Verwenden Sie zur Lösung eine Tabelle nach folgendem Muster: § 121

Einlagen in DM	Allgeyer 600 000,—	Brauer 800 000,—	Colm 1 200 000,—	Insgesamt 2 600 000,—
4% Verzinsung				
Restverteilung nach Köpfen				
Gewinnanteil				524 000,—

   b) Jeder der Gesellschafter könnte als leitender Angestellter rd. 6 000,— DM monatlich verdienen, wenn er seine Arbeitskraft nicht der Gesellschaft widmen würde.

   Wieviel Prozent Zins hat der Kapitaleinsatz jedes Gesellschafters in der OHG erbracht (Rentabilität des Kapitals)? Lösen Sie die Aufgabe nach folgendem Tabellenmuster und berücksichtigen Sie dabei die Ergebnisse der Aufgabe 1a)!

	Allgeyer	Brauer	Colm	insgesamt
Gewinnanteil — Unternehmerlohn				
= Zinsertrag des Einlegers				
Einlagen der Gesellschafter DM	600 000,—	800 000,—	1 200 000,—	2 600 000,—
Verzinsung der Einlagen in %	%	%	%	%

   c) Warum wäre es ungerecht, den Gewinn allein im Verhältnis der Kapitalanteile zu verteilen?

   d) Warum wäre es ebenso ungerecht, den gesamten Gewinn zu gleichen Teilen (nach Köpfen) auf die Gesellschafter aufzuteilen?

- e) Nehmen Sie an, heute würden für langfristige Geldanlagen 7% Zinsen gezahlt.
  Prüfen Sie, welche Gesellschafter der **Allgeyer & Brauer OHG** durch die gesetzliche Regelung der Gewinnverteilung benachteiligt werden!

2. Die Gesellschafter der OHG haben durch Vertrag die gesetzliche Regelung abgeändert:
   Das eingelegte Kapital soll mit 6% verzinst,
   der Rest des Gewinns nach Köpfen verteilt werden.
   Entnommenes Kapital (Privatentnahmen) müssen die Gesellschafter mit 6% verzinsen.
   Es wurden 640 430,— DM Gewinn erzielt.
   Die Gesellschafter machten folgende Privatentnahmen:

Gesellschafter	Datum	Betrag DM
Allgeyer	31. 1.	8 000,—
	15. 4.	16 000,—
	31. 8.	12 000,—
Brauer	15. 5.	28 000,—
	31. 7.	12 000,—
Colm	15. 2.	24 000,—
	1. 7.	20 000,—

- a) Wieviel DM Gewinnanteil erhält jeder Gesellschafter?
- b) Wieviel Prozent Zins sind für Privatentnahmen nach dem HGB zu berechnen?
- c) Warum werden Zinsen für Privatentnahmen bei der Gewinnverteilung berücksichtigt?

3. **Colm** muß altershalber die aktive Mitarbeit in der Gesellschaft aufgeben.

- a) Warum muß die vertragliche Regelung der Gewinnverteilung geändert werden?
- b) Machen Sie einen Vorschlag für eine geänderte Gewinnverteilung!
- c) Zeigen Sie, wie sich Ihr Vorschlag bei der Gewinnverteilung im letzten Jahr (siehe 2.) ausgewirkt hätte!

4. Obwohl im laufenden Geschäftsjahr ein Verlust von 60 000,— DM entstanden ist, verlangt der Gesellschafter **Allgeyer** die Auszahlung von 4 000,— DM zur Bestreitung seines Lebensunterhaltes.

- a) Muß die Auszahlung erfolgen?
- b) Wie wird der Verlust von 60 000,— DM auf die Gesellschafter verteilt, wenn vertragliche Vereinbarungen darüber fehlen!

5. **Colm** will ganz aus der Gesellschaft austreten. Er kündigt am 15. Juli. Das Geschäftsjahr der Gesellschaft deckt sich mit dem Kalenderjahr.

- a) Bis zu welchem Tag ist er nach den gesetzlichen Regelungen noch Gesellschafter?
- b) Ein Lieferer macht seine Forderung erst ein Jahr nach dem Ausscheiden von **Colm** aus der Gesellschaft geltend (die Forderung ist noch nicht verjährt). Entstanden ist die Forderung, als **Colm** noch Gesellschafter war.
  Muß **Colm** zahlen, wenn der Lieferer die Zahlung von ihm fordert?
- c) **Dennele** ist nach dem Ausscheiden **Colms** in die Gesellschaft eingetreten.
  Muß **Dennele** zahlen, wenn der Lieferer von ihm die Zahlung fordert?

| 610 | *Gesellschaft des bürgerlichen Rechts — OHG* |

- Erstellen Sie eine Übersicht nach folgendem Muster:

	Unterschiede zwischen	
	Gesellschaft BGB	OHG
Zweck der Gesellschaft		
Firma		
Eintragung im Handelsregister		
Geschäftsführung		
Vertretung der Gesellschaft		
Kündigung der Gesellschafter		
Haftungsbeschränkung		

Die Kommanditgesellschaft (KG)

| 611 | *Firma — Geschäftsführung — Vertretung — Gewinnverteilung — Wettbewerbsverbot — Privatentnahmen — Kontrollrecht* |

Fritz Huber betreibt als Einzelunternehmer eine Großhandlung für Sanitäranlagen. Eine günstige Entwicklung des Geschäftes führte zu einem zusätzlichen Kapitalbedarf von 400 000,— DM.

1. **Hubers** Bank ist bereit, ihm 400 000,— DM als langfristigen Kredit zu 7,5% Verzinsung zu geben.

   Ebner, der Fachmann im Sanitärgeschäft ist, hat sich **Huber** angeboten, als Gesellschafter in die Firma einzutreten. Er will die 400 000,— DM einbringen, wenn das Einzelunternehmen in eine OHG umgewandelt wird und er als gleichberechtigter Gesellschafter aufgenommen wird.

   - Welche Vorteile hat jede dieser beiden Möglichkeiten für **Huber**?

2. **Gütermann** ist bereit, ein bebautes Grundstück im Wert von 400 000,— DM in das Unternehmen einzubringen.
   Gütermann will jedoch nicht mitarbeiten und seine Haftung auf seine Einlage beschränken. **Huber** nimmt **Gütermann** als Gesellschafter auf und läßt die Gesellschaft eintragen.

   - a) Wählen Sie für die Gesellschaft die Firmenbezeichnung!   HGB § 161, 19 II
   - b) Warum ist es sinnvoll, daß **Gütermanns** Name nicht in die Firmenbezeichnung aufgenommen werden darf?
   - c) Welche Formvorschriften müssen bei Abschluß des Gesellschaftsvertrages beachtet werden?   BGB § 313

3. Der Kommanditist **Gütermann** kauft Badewannen für 48 000,— DM. Dabei gibt er an, als Gesellschafter für die Firma **Huber & Co.** zu handeln. Seine Einlage hat **Gütermann** voll geleistet.   HGB § 170

   - Muß die Kommanditgesellschaft zahlen?

4. Nach dem Gesellschaftsvertrag wird das Kapital der Gesellschafter mit 7% verzinst. **Huber** erhält außerdem als Vergütung für seine Arbeit im Unternehmen monatlich 6 000,— DM. Vom Restgewinn bekommt **Huber** 70% und **Gütermann** 30%.

   - a) **Huber** hat 1 200 000,— DM, **Gütermann** 400 000,— DM Kapital eingebracht. Der Gewinn beträgt 312 000,— DM im Geschäftsjahr.

   - Welche Anteile vom Gewinn erhalten **Huber** und **Gütermann**?

- b) Warum ist es unbedingt notwendig, die gesetzliche Regelung der Gewinnverteilung einer Kommanditgesellschaft durch eine vertragliche Regelung zu ergänzen oder abzuändern? HGB § 168
- c) Warum wäre die gesetzliche Regelung der Gewinnverteilung einer OHG für die Kommanditgesellschaft nicht gerechtfertigt? § 121

5. **Huber** erfährt, daß sich **Gütermann** als vollhaftender Gesellschafter (Komplementär) an einer anderen Sanitärgroßhandlung beteiligen will. Er glaubt, daß **Gütermann** dem Wettbewerbsverbot unterliegt. **Huber** verlangt deshalb von **Gütermann**, daß er seine Beteiligung als Komplementär an einer anderen Sanitärgroßhandlung unterläßt. §§ 165

- a) Hat **Huber** recht?
- b) Welche Gründe könnte **Huber** haben?

6. **Huber** will sich als Gesellschafter an einer anderen Sanitärgroßhandlung beteiligen. **Gütermann** will das verhindern.
- a) Darf **Huber** Komplementär der Sanitärgroßhandlung werden? §§ 161 112
- b) Darf **Huber** Kommanditist werden? § 112
- c) Dürfte **Huber** Vollhafter einer Holzgroßhandlung werden? § 112

7. **Huber** will einen Posten Badeöfen günstig aus einer Konkursmasse kaufen. **Gütermann** widerspricht, da er diese Öfen für veraltet hält. § 164
   Hat **Huber** trotz des Widerspruchs von **Gütermann** Geschäftsführungsbefugnis für diesen Kauf?

8. **Huber** erwartet, daß die Aktien der **Nord-Stahl AG** im Kurs außergewöhnlich steigen. Um an den Kurssteigerungen zu gewinnen, will er für die Kommanditgesellschaft für 20 000,— DM dieser Aktien erwerben. **Gütermann** widerspricht dem Kauf. **Huber** kauft trotzdem. § 164
- a) Ist der Kaufvertrag trotz des Widerspruchs gültig?
- b) Hat der Widerspruch **Gütermanns** rechtliche Folgen?

9. Die Kommanditgesellschaft hat in diesem Jahr Verlust. Der Kommanditist **Gütermann** will trotzdem für seinen Lebensunterhalt Geld entnehmen. **Huber** verweigert die Auszahlung, obwohl er selbst regelmäßig Privatentnahmen gemacht hat.
- a) War **Huber** zu den Entnahmen berechtigt? §§ 161 122
- b) Muß **Huber** an **Gütermann** auszahlen? § 16

10. **Gütermann** verlangt wegen des eingetretenen Verlustes, daß ihm **Huber** monatlich die Geschäftsbücher zur Einsichtnahme und Prüfung vorlegt. § 16
- Muß **Huber** dieses Verlangen erfüllen?

| 612 | *Stiller Gesellschafter — Kommanditist — Vollhafter* |

- Stellen Sie die Rechtsstellung des stillen Gesellschafters (HGB § 230 ff.), des Kommanditisten und des Vollhafters einander gegenüber!
  Beachten Sie dabei folgende Gesichtspunkte:
  Geschäftsführungsbefugnis, Vertretungsbefugnis, Gewinnbeteiligung, Verlustbeteiligung, Haftung, Konkurrenzverbot, Entnahmerecht, Kontrollrecht.

Die Aktiengesellschaft (AG)

| 613 | *Gründung — Grundkapital (gezeichnetes Kapital) — Eigenkapital — Aktie — Kapitalrücklage* |

Zur Auswertung eines Patents soll ein Unternehmen zur Herstellung von meßtechnischen Geräten gegründet werden. Der Kapitalbedarf wurde mit 10 Millionen D-Mark berechnet.

1. Es finden sich 4 Gründer zusammen, die diese Unternehmung als Aktiengesellschaft gründen und die Aktien für die 10 Millionen DM Grundkapital übernehmen wollen.   AktG §§ 2, 7

   Um die Gründung zu ermöglichen, spricht der Gründer **Schulz** mit seinem Freund **Krieger** ab, daß **Krieger** als fünfter Gründer Aktien im Nennwert von 1 000,— DM übernehmen soll, bezahlen will sie aber **Schulz**.

   - Prüfen Sie, ob damit die Mindestgründerzahl und das Mindestkapital erreicht sind!

2. Die 5 Gründer haben sich mündlich versprochen, das Grundkapital mit den vereinbarten Beträgen zu übernehmen und die Aktiengesellschaft zu gründen.

   a) Einer der Aktionäre schlägt die Firmenbezeichnung „**Schulz & Krieger AG**" vor.   § 4
   - Warum ist diese Firmenbezeichnung in der Regel nicht möglich?
   - Machen Sie einen Vorschlag für die Firmenbezeichnung!

   b) Die Gründer haben bisher weder eine Einzahlung geleistet, noch die Eintragung im Handelsregister veranlaßt.   BGB § 705
   - Welches Vertragsverhältnis besteht zwischen den Gründern?

   c) Der Gründer **Klein** schließt mit dem Diplom-Physiker **Fleckenstein** ohne Wissen der Mitgründer einen Arbeitsvertrag ab.   § 714 § 709
   - Ist der Vertrag für die Gesellschaft bindend?

3. Die Gründer haben sich am 15. 7. geeinigt, eine Aktiengesellschaft zu gründen, am 25. 8. wurde das gesamte Grundkapital in Höhe von 10 Millionen DM von den Gründern eingezahlt. Am 15. 9. desselben Jahres wollen die Gründer zusammenkommen, um Aufsichtsrat und Vorstand zu wählen.

   a) Warum wird der Registerrichter am 1. 9. die Eintragung der Aktiengesellschaft ins Handelsregister noch ablehnen?   AktG §§ 36, 37

   b) Am 15. 12. wurde die Aktiengesellschaft ins Handelsregister eingetragen. Wann ist die Aktiengesellschaft entstanden?   § 41

4. Die Gründer haten vereinbart, die auf den Inhaber lautenden Aktien über nom. 50,— DM zu einem Kurs von 52,50 DM zu übernehmen. Die Gründungskosten (Gesellschaftssteuer, Handelsregistergebühren, Notariatskosten, Kosten des Wirtschaftsprüfers u. a.) betrugen 190 000,— DM.   HGB §§ 266, 272 AktG §§ 6, 152

   - Erstellen Sie die Gründungsbilanz!

5. Stellen Sie fest:
   - a) Wie groß ist das gezeichnete Kapital?
   - b) Wie groß ist das Eigenkapital?
   - c) Wieviel Prozent des gezeichneten Kapitals beträgt das Eigenkapital (Bilanzkurs)?
   - d) Welcher Wert einer Aktie über 50,— DM ist aus der Bilanz ersichtlich (innerer Wert der Aktie)?

6. **Krieger** hat Aktien im Nominalwert von 1 000,— DM in Stücken zu 50,— DM erhalten, dem gesetzlichen Mindestbetrag für eine Aktie.
   - a) Wieviel Aktien hat er erhalten?
   - b) Welchen Wert hat eine Aktie laut Bilanz?
   - c) Welchen inneren Wert haben seine Aktien insgesamt?

---

614   *Hauptversammlung — Aufsichtsrat — Vorstand*

Die Meßtechnik-AG hat ein Grundkapital von 10 Millionen DM und beschäftigt 1950 Arbeitnehmer.

Nach Ablauf ihres Geschäftsjahres veröffentlicht sie im Mainzer Tagblatt folgende Anzeige:

> **Meßtechnik-Aktiengesellschaft Worms (Rh.)**
>
> Die Aktionäre unserer Gesellschaft laden wir hiermit zu der am
> Freitag, dem 26. Mai 19.., 10.30 Uhr
> in der Nibelungenhalle in Worms (Rhein) stattfindenden ordentlichen
>
> **Hauptversammlung**
>
> ein.
>
> Die Tagesordnung ist in den Gesellschaftsblättern veröffentlicht.

1. **Klein** hat seine Aktien der **Deutschen Bank AG** zur Aufbewahrung gegeben.
- Was könnte er tun, um sich in der Hauptversammlung als Stimmberechtigter auszuweisen, ohne seine Aktien mitnehmen zu müssen?

2. Auf der Hauptversammlung weist der Direktor der **Bank für Gemeinwirtschaft, Mannheim**, nach, daß bei seiner Bank Aktien im Nominalwert von 750 000,— DM zur Aufbewahrung liegen. Die Aktionäre haben ihm schriftlich das Recht abgetreten, sie auf der Hauptversammlung zu vertreten.
- Ist er stimmberechtigt?

3. Auf der Hauptversammlung werden ⅔ der Mitglieder des Aufsichtsrats gewählt.
- a) Wieviel Mitglieder muß der Aufsichtsrat dieser Gesellschaft mindestens, wieviel darf er höchstens haben?
  b) Der Aktionär **Krieger** besitzt 20 Aktien zu 50,— DM Nominalwert, der Aktionär **Günther** 30 Aktien zu 100,— DM Nominalwert.
- Wieviel Stimmen haben **Krieger** und **Günther** bei der Wahl des Aufsichtsrats?
  c) Der Aufsichtsrat dieser Aktiengesellschaft muß zu einem Drittel aus Vertretern der Arbeitnehmer bestehen.
- Halten Sie das für gerechtfertigt?

4. Der Aktionär **Schulz** besitzt inzwischen 51 % aller Aktien.
- Erläutern Sie, warum ihm damit Einfluß auf die Geschäftsführung des Vorstands möglich ist!

5. Die Satzung der **Meßtechnik-AG** sieht vor, daß der Vorstand aus einer Person besteht. **Dr. Spiegel** ist zum alleinigen Vorstand gewählt worden. Er kauft eine Großrechenanlage auf Rechnung der AG.
- a) Ist der Vertrag für die **Meßtechnik** bindend?
- b) Kann der Hauptaktionär **Schulz** zur Zahlung gezwungen werden, wenn der Verkäufer bei der Aktiengesellschaft vergeblich versucht hat, das Geld einzutreiben?

615 *Darstellung des Eigenkapitals in der Bilanz*

In der Bilanz der **Meßtechnik AG** wird zu Beginn des ersten Geschäftsjahres das Eigenkapital wie folgt ausgewiesen:

Gründungsbilanz der Meßtechnik-AG

Flüssige Mittel	10 310 000,—	Gezeichnetes Kapital	10 000 000,—
Aktive Rechnungsabgrenzung	190 000,—	Kapitalrücklagen	500 000,—
	10 500 000,—		10 500 000,—

Im ersten Geschäftsjahr ist ein Verlust von 3 000,- DM entstanden. Für das nächste Geschäftsjahr wird ein angemessener Gewinn erwartet.

- 1. Wie heißt der Buchungssatz zur Verbuchung des in der Gewinn- und Verlustrechnung festgestellten Verlustes bei einer Einzelfirma?
- 2. Wie wird der Verlust des Geschäftsjahres 1 vor der Entscheidung über seinen Ausgleich in der Bilanz der **Meßtechnik-AG** ausgewiesen?
- 3. Welche Mehrheit müßte zustimmen, wenn der Verlust der **Meßtechnik-AG** auf das Konto gezeichnetes Kapital verbucht und damit das Grundkapital herabgesetzt würde?   AktG § 222
- 4. Würden Sie als Vorstand den Vorschlag machen, das Grundkapital um den Verlust aus dem Gründungsvorgang von 190 000,— DM und den durch den Geschäftsbetrieb des ersten Geschäftsjahres erzielten Verlust von 3 000,— DM, insgesamt also um 193 000,— DM herabzusetzen?
- 5. Das Grundkapital wurde nicht herabgesetzt. Der Verlust aus dem ersten Geschäftsjahr soll einschließlich des durch den Gründungsvorgang entstandenen Verlustes mit dem zu erwartenden Gewinn des zweiten Geschäftsjahres ausgeglichen werden.
- Wie sieht die Darstellung des Eigenkapitals zu Beginn des zweiten Geschäftsjahres aus?
- 6. Im zweiten Geschäftsjahr hat die **Meßtechnik-AG** Erlöse in Höhe von 9,193 Mio. DM und Aufwendungen in Höhe von 7,5 Mio. DM. In den Aufwendungen sind die Vergütungen für Vorstand und Aufsichtsrat sowie die gewinnabhängigen Steuern enthalten.
- a) Wie groß ist der Jahresüberschuß?
- b) Wieviel % Dividende könnte auf das Grundkapital von 10 Mio. DM ausgezahlt werden, wenn der ganze Jahresüberschuß ausgeschüttet werden könnte?
- 7. Die Aktiengesellschaft deckt aus dem Jahresüberschuß zunächst den Verlustvortrag aus dem Vorjahr (193 000,— DM) und macht die vorgeschriebenen Zuführungen zu den gesetzlichen Gewinnrücklagen. Den anderen (freiwilligen) Gewinnrücklagen werden 100 000,— DM zugeführt. Der Rest (Bilanzgewinn) soll an die Aktionäre als Dividende ausgeschüttet werden, aber nur soweit, als für die Dividende ein ganzer Prozentsatz möglich ist. Der verbleibende Rest ist Gewinnvortrag.
- a) Wie groß ist der Bilanzgewinn?   §§ 150,
- b) Wieviel % Dividende erhalten die Aktionäre?   158, 58
- c) Wie groß ist der Gewinnvortrag?

616   *Effektivverzinsung — Rechnungslegung der AG*

Die **Palatia AG**, Kammgarnspinnerei in Speyer hat ein Grundkapital von 2,5 Millionen DM und gesetzliche Rücklagen in Höhe von 50 000,— DM.
Auf Vorschlag des Vorstands, nach Prüfung durch die Abschlußprüfer und Billigung durch den Aufsichtsrat wurde der Jahresabschluß der Gesellschaft festgestellt. Von der Hauptversammlung wurde über die Verwendung des Bilanzgewinns beschlossen.

Jahresüberschuß	900 000,— DM
./. Verlustvortrag	3 000,— DM
	897 000,— DM
./. Zuführung zur gesetzlichen Gewinnrücklage	44 850,— DM
	852 150,— DM
./. Zuführung zu den anderen (freiwilligen) Gewinnrücklagen	405 000,— DM
Bilanzgewinn	447 150,— DM
./. 17 % Dividende	425 000,— DM
Gewinnvortrag	22 150,— DM

1. Eine Aktie über nom. 100,— DM wurde zum Kurs von 150,— DM erworben.
- a) Wie hoch ist die Effektivverzinsung (ausgeschütteter Gewinn in % des eingesetzten Kapitals)?

- b) Nehmen Sie an, die Aktie sei am 1.1. des Geschäftsjahres zum Kurs von 150,— DM gekauft und am 31.12. desselben Jahres zum Kurs von 170,— DM verkauft worden. Der Coupon, der zum Dividendenbezug für diesen Zeitraum berechtigt, wurde nicht mitgegeben.
- Wie hoch ist in diesem Falle die Effektivverzinsung?
- c) Wieviel DM des Jahresüberschusses werden im Betrieb nach Ausschüttung der Dividende zurückbehalten?
- 2. Welchen Vorteil bringt es der Gesellschaft, einen Teil des Gewinns nicht auszuschütten?
- 3. Die Großaktionäre dieser Gesellschaft stehen der Bildung von freiwilligen (anderen) Gewinnrücklagen viel freundlicher gegenüber als die Kleinaktionäre.
- Warum?
- 4. Prüfen Sie die Gewinnverteilung!   Akt §§ 58,

 Soweit nichts anderes angegeben, gelten als Grundlage für alle Berechnungen die gesetzlichen Vorschriften.

 5. In den Erläuterungen zur Bilanz (Anhang) werden die Bezüge des Vorstands insgesamt mit 145 000,— DM, die des Aufsichtsrats mit 17 357,50 DM angegeben.
- a) Welches Interesse haben die Aktionäre daran, daß sie über die Höhe der Vorstands- und Aufsichtsratsbezüge informiert werden?

  b) In der Regel ist ein Teil der Vorstands- und Aufsichtsratsbezüge vom Erfolg des Unternehmens abhängig. In der Hauptversammlung wird darüber diskutiert, ob auch künftig ein Teil der Vorstands- und Aufsichtsratsbezüge vom Erfolg des Unternehmens abhängig bleiben soll.

  Wie würden Sie sich als Aktionär dazu stellen?

  c) Welche weitere Aufklärung erwarten Sie als Aktionär von dem gesetzlich vorgeschriebenen Anhang zur Bilanz und dem Lagebericht?   HG §§ 264, 285,
- 6. Die **Palatia-AG** hat eine Bilanzsumme von 14 Mio. DM, einen Umsatzerlös von 18 Mio. DM und beschäftigt 260 Mitarbeiter (ohne Auszubildende).
- a) Stellen Sie fest, ob der Jahresabschluß der AG vom Abschlußprüfer geprüft werden muß.   HG §§ 316
- b) In welcher Weise muß der Jahresabschluß der AG offengelegt werden?   §§ 267
- c) Welchem Zweck dient die Veröffentlichung des Jahresabschlusses?

Die Gesellschaft mit beschränkter Haftung (GmbH)

617   *Mindestkapital — Firma — Geschäftsführung — Vertretung — Kaduzierung — Abandonnierung — Einmann-GmbH*

Die Diplomkaufleute und Steuerberater **Adler, Berthold und Clemens** wollen eine Steuerberatungsgesellschaft gründen, ohne mit ihrem Privatvermögen zu haften. **Adler** hat 22 500,— DM, **Berthold** 22 500,— DM und **Clemens** 7 500,— DM flüssige Mittel zur Verfügung.

1. Das Kapital wird in der Satzung auf 100 000,— DM festgelegt. **Adler** und **Berthold** übernehmen je 45 000,— DM und zahlen zu 50% ein, **Clemens** übernimmt 10 000,— DM und zahlt 7 500,— DM ein.
- a) Verbuchen Sie die Gründung und erstellen Sie die Gründungsbilanz! (Zahlungen auf Konto flüssige Mittel buchen).
- b) Wie groß ist das Stammkapital der Gesellschaft?   Gmb
- c) Wie groß ist die Stammeinlage jedes Gesellschafters?   §

2. Warum kommt eine Aktiengesellschaft unter den gegebenen Umständen nicht in Frage?   AktG §§ 2, 7, 36a

3. Wählen Sie eine Firmenbezeichnung für die Gesellschaft!   GmbHG § 4

4. Bei der Eintragung ins Handelsregister beim zuständigen Amtsgericht wurde der Gesellschafter **Adler** als Geschäftsführer angegeben.

    a) **Adler** mietet Geschäftsräume, ohne die anderen Gesellschafter zu fragen. Ist der Mietvertrag gültig?   § 35

    b) Wäre der Mietvertrag auch gültig, wenn laut Eintrag im Handelsregister **Adler** und **Berthold** Geschäftsführer wären?   § 35 II

5. Der Geschäftsführer will den Gewinn des ersten Jahres der freiwilligen (anderen) Gewinnrücklage zuführen. Im Gesellschaftsvertrag ist darüber keine Regelung enthalten.

    a) Können **Berthold** und **Clemens** das verhindern und auf Auszahlung des Gewinns bestehen?   §§ 29, 46, 47

    b) Wieviel Stimmen haben **Adler**, **Berthold** und **Clemens** bei der Abstimmung, wenn die geforderte Volleinzahlung der Stammanteile noch nicht erfolgt ist?   §§ 47 II, 14

6. **Adler** und **Berthold** beschließen die Volleinzahlung der Stammeinlagen. **Clemens** widerspricht und verweist auf die Möglichkeit der Kreditaufnahme.   § 46 § 21

Welche Folgen hat es für **Clemens**, wenn **Adler** und **Berthold** beschließen, gegenüber **Clemens** das Kaduzierungsverfahren anzuwenden?

7. Der Geschäftsführer fordert zum Ausgleich eines Verlustes eine Nachleistung von 25% des Stammanteils, ohne die Gesellschafter vorher gefragt zu haben.

Die Satzung der Steuerberatungsgesellschaft mbH sieht eine unbeschränkte Nachschußpflicht vor.

    a) Sind die Gesellschafter zur Nachleistung verpflichtet?   § 26

    b) Prüfen Sie, ob **Clemens** abandonnieren kann, um eine mit Mehrheit beschlossene Zahlung zu vermeiden!   § 27

8. Nehmen Sie an, die GmbH habe die Nachschußpflicht laut Satzung auf 30% der Stammeinlage beschränkt. Durch Mehrheitsbeschluß werden 20% Nachschuß gefordert.

    a) Ein Gesellschafter will abandonnieren. Die Gesellschaft verklagt ihn und will die Zahlung von ihm erzwingen.

    Hat die Klage der Gesellschaft Aussicht auf Erfolg?   § 27

    b) Darf die Gesellschaft das Kaduzierungsverfahren anwenden?   §§ 21, 28

9. **Clemens** beabsichtigt seinen Geschäftsanteil für 15 000,— DM zu verkaufen.

    a) **Adler** und **Berthold** wollen keine fremden Gesellschafter aufnehmen. Können sie den Verkauf verhindern?   § 15 I

    b) **Clemens** hat dem Steuerberater **Dietrich** bereits mündlich versprochen, ihm den Geschäftsanteil über 15 000,— DM zu verkaufen.

    Ist er rechtlich gebunden?   § 15 III

| 618 | AG — GmbH |

- Zeigen Sie in einer Gegenüberstellung, wie sich AG und GmbH unterscheiden! (Mindestzahl der Gründer, Firma, Mindestkapital, Benennung eines Gesellschaftsanteils, Übertragung eines Gesellschaftsanteils, Vertretungsmacht, Aufsichtsrat, Zeitdauer der Bestellung der Geschäftsleitung, Bildung von gesetzlichen Rücklagen, Nachschußpflicht der Gesellschafter.)

Die Genossenschaft

| 619 | *Gründung — Firma — Organe — Geschäftsguthaben — Geschäftsanteil — Haftsumme* |

Zur Gründung einer Molkereigenossenschaft haben sich 60 Landwirte der Gemeinde Ahornsweiler zusammengefunden. Das Risiko der Genossen soll soweit eingeengt werden, wie es das Gesetz zuläßt. Die Genossenschaft soll die von den Landwirten angelieferte Milch verarbeiten und die Molkereiprodukte verkaufen.

- 1. Machen Sie einen Vorschlag für die Firmenbezeichnung!
- 2. Bei der Vorsprache bei den Behörden wird den Interessenten gesagt, daß sie öffentliche Mittel erst beantragen können, wenn die Genossenschaft rechtsgültig entstanden ist.
- Welche Voraussetzungen müssen nach dem Genossenschaftsgesetz für das Entstehen einer Genossenschaft erfüllt sein?
- 3. Der Genosse **Hahn** wird zum alleinigen Vorstand gewählt. Sofort nach der Wahl meldet **Hahn** die Genossenschaft mit allen notwendigen Anlagen beim Amtsgericht zum Genossenschaftsregister an. Der Registerrichter lehnt die Eintragung noch ab.
- Warum?
- 4. Bei einer Neuwahl sind **Graf** und **Hahn** in den Vorstand gewählt worden. Sie bilden zusammen den Vorstand. Für das Vorstandszimmer kaufen sie ein Ölgemälde für 7 000,— DM.
- Ist der Vertrag für die Genossenschaft bindend?
- 5. Im Statut wird der Geschäftsanteil jedes Genossen auf 1 000,— DM festgelegt. Auf ihren Geschäftsanteil haben eingezahlt **Hahn** 300,— DM und **Graf** 600,— DM. Beide haben damit die im Statut festgelegte Pflichteinzahlung auf den Geschäftsanteil erfüllt. **Basler** besitzt zwei Geschäftsanteile und hat beide voll eingezahlt.
- a) Wie groß ist das Geschäftsguthaben jedes dieser Genossen?
- b) Im Statut ist die Haftsumme auf 1 500,— DM festgelegt. Eine besondere Regelung für Genossen mit mehreren Geschäftsanteilen ist im Statut nicht enthalten. Bis zu welchem Betrag hat jeder der Genossen im Konkursverfahren Nachschuß zu leisten?

		Hahn	Graf	Basler
Anzahl der übernommenen Geschäftsanteile (zu je 1000,— DM)		1	1	2
Pflichteinzahlung	DM	300,—	300,—	600,—
Haftsumme	DM	1 500,—	1 500,—	
Geschäftsguthaben	DM			
Nachschuß im Konkursfall	DM			

6. Ein Maschinenfabrikant hat an die Molkereigenossenschaft eine Zentrifuge für 2 000,— DM geliefert. Er verlangt von dem Genossen **Graf** die Begleichung der Rechnung.   GenG § 17
- Muß **Graf** an den Fabrikanten zahlen, wenn die Genossenschaft zahlungsunfähig ist?

7. In einer Generalversammlung soll über den Jahresabschluß abgestimmt werden.
- a) Wieviel Stimmen haben **Hahn**, **Graf** und **Basler**? (Im Statut ist darüber nichts bestimmt.)   § 43 III
- b) Welche Unterschiede bestehen bei der Beschlußfassung gegenüber den Regelungen der Aktiengesellschaft?   § 43 AktG § 134 GenG § 43
- c) Können auf der Generalversammlung wirksame Beschlüsse gefaßt werden, wenn von 60 Genossen nur 3 erscheinen?

8. Die Gewinnverteilung ist im Statut geregelt. Auf jeden Geschäftsanteil entfällt in diesem Jahr ein Gewinnanteil von 50,— DM.
- a) Wie groß sind jetzt die Geschäftsguthaben von **Hahn**, **Graf** und **Basler**?
- b) Wie groß wäre das Geschäftsguthaben jedes der 3 Genossen, wenn auf einen Geschäftsanteil ein Verlust von 60,— DM entfiele?

9. Die Molkereigenossenschaft will Mitglied einer **Raiffeisen-Kasse Kreditgenossenschaft** werden, um günstigere Kredite zu erhalten.
- a) In welcher Form hat der Beitritt zu erfolgen?   § 15 I
- b) In welchem Augenblick entsteht das Mitgliedschaftsrecht?

10. Die Molkereigenossenschaft soll in eine Aktiengesellschaft umgewandelt werden, weil sich der Geschäftsumfang sehr stark ausgeweitet hat.
- Warum wird damit die Finanzierung der Gesellschaftserweiterung erleichtert?

620   *Genosse — Aktionär — Kommanditist*

- 1. Stellen Sie in einer Übersicht Aktiengesellschaft und Genossenschaft einander gegenüber (Mindestzahl der Gründer, Mindestkapital, Benennung eines Gesellschaftsanteils, Haftung der Gesellschafter, Übertragung der Mitgliedschaft, Vertretungsmacht, Zeitdauer der Bestellung der Geschäftsleitung, Rücklagenbildung).
- 2. Vergleichen Sie die Rechtsstellung eines Aktionärs, eines Kommanditisten und eines Genossen gegenüber dem Unternehmen, an dem sie beteiligt sind!

Unternehmenszusammenschlüsse

Kartelle und Gesetz gegen Wettbewerbsbeschränkungen

621   *Kartellbegriff — Kartellverbot*

Im Jahre 1929 war die afrikanische Diamantenindustrie in einer verzweifelten Lage. Man hatte schon 1926 große neue Diamantenvorkommen entdeckt, die den Markt überschwemmten. Die Preise sanken. 1929 kam dazu noch die Wirkung des Börsenkrachs in der New-Yorker Wallstreet.

In dieser Situation wurde der Großaktionär **Sir Ernest Oppenheimer** zum Präsidenten der **De Beer-Gesellschaft** gewählt, die Diamantenförderung betrieb. Es gelang ihm, zu erreichen, daß sich die anderen südafrikanischen Diamantengesellschaften mit der

De Beer-Gesellschaft einigten, den „Markt zu regulieren". Dann ließ **Oppenheimer** die meisten Diamantenminen schließen. Die Produktion sank von 12,4 Millionen Pfund (1929) auf 1,5 Millionen Pfund (1932).

- 1. Was wollte **Oppenheimer** mit diesen Maßnahmen erreichen?
- 2. Welche Verpflichtungen in dem Vertrag zwischen der **De Beer-Gesellschaft** und ihren Konkurrenten wären denkbar und geeignet, um **Oppenheimers** Ziel zu erreichen?
- 3. Prüfen Sie, ob durch ein solches Kartell die wirtschaftliche oder rechtliche Selbständigkeit der beteiligten Unternehmen eingeschränkt wird!
  4. In der Bundesrepublik Deutschland sind solche Absprachen zwischen Unternehmen verboten.
- Halten Sie das für gerechtfertigt?
  5. In der Bundesrepublik Deutschland gibt es Monopole in öffentlicher Hand, z. B. die Bundesbahn, die Bundespost, Versorgungsbetriebe der Gemeinden (Gas, Wasser).
- Halten Sie diese öffentlichen Monopole für genau so gefährlich wie private?

622 *Normenkartell*

Die Hersteller von Fernsehgeräten vereinbaren, nur noch genormte Bildröhren einzubauen.

- 1. Welche Vorteile bringt dieses Kartell den Herstellern von Fernsehgeräten, den Röhrenherstellern, dem Fernsehreparaturhandwerk und den Käufern von Fernsehgeräten?
- 2. Ist dieses Kartell in der Bundesrepublik Deutschland erlaubt?

GWB
§ 5 I
§ 9

623 *Konditionenkartell*

Die Krawattenstoffwebereien in der Bundesrepublik Deutschland haben einheitliche Lieferbedingungen vereinbart. Unter anderem wurde festgelegt, daß alle angeschlossenen Firmen bei Zahlung innerhalb 30 Tagen 2% Skonto gewähren.

- 1. Prüfen Sie, ob dieses Kartell geeignet ist, den Wettbewerb und damit den Marktpreis des freien Wettbewerbs entscheidend zu beeinflussen und den Abnehmer zu schädigen!
- 2. Wie kann ein solches Kartell rechtsgültig werden?

§ 2

624 *Strukturkrisenkartell*

Nach dem Krieg hatten die Getreidemühlen in der Bundesrepublik so große Kapazitäten, daß sie für den Bedarf des verkleinerten Deutschlands nicht mehr ausgenützt werden konnten. Die Mühlen stellten deshalb den Antrag, daß sie sich für eine Übergangszeit das anfallende Mahlgut nach Quoten aufteilen dürften. In dieser Übergangszeit sollten überflüssig gewordene Mühlen stillgelegt, die Mühlenbesitzer dafür entschädigt werden.

- 1. Warum ist dieses Krisenkartell gefährlicher für den Verbraucher als das Konditionenkartell?
- 2. Kann ein solches Kartell in der Bundesrepublik rechtsgültig werden?

§ 4

| **625** | *Rationalisierungskartell* |

In einer Volkswirtschaft vereinbaren alle Hersteller von Motorrädern nur noch Maschinen mit einem Hubraum von 125 ccm, 250 ccm, 350 ccm und 500 ccm zu produzieren. Jedes Unternehmen bekommt eine Type oder mehrere zur Produktion zugewiesen. Der Wettbewerb zwischen den Herstellern bleibt dabei erhalten.

- 1. Was wollen die Firmen damit erreichen?
- 2. Wie könnte das Kartell in der Bundesrepublik Deutschland rechtsgültig werden?
- 3. Warum ist ein solches Kartell oft Voraussetzung für die Automation?

GWB
§ 5 II

| **626** | *Exportkartell* |

Eine Vereinbarung zwischen den Herstellern von Portlandzement, Hüttenzement und Traßzement verpflichtet die Kartellmitglieder, ihr gesamtes Exportgeschäft über die **Zementexport Rhein-West GmbH** abzuwickeln. Andere inländische Exporthändler werden von den Kartellmitgliedern nicht beliefert.

§ 6 II

- Wird das Kartell allein durch Anmeldung oder erst durch Genehmigung wirksam?

| **627** | *Sonderkartell* |

Durch die Konkurrenz mit der Mineralölindustrie mußten in den 70er Jahren immer mehr Kohlezechen stillgelegt werden. Die Anbieter von schwerem Heizöl schlugen deshalb Vereinbarungen vor, um den Absatz der Steinkohle zu sichern. Sie wollten Mindestpreise einhalten, bis die Haldenbestände unter ein bestimmtes Niveau gesunken sind.

§ 8

- Hätte die Kartellbehörde dieses Kartell genehmigen dürfen?

| **628** | *Preisbindungsverträge* |

Ein Unternehmen, das Farbfilme herstellt, beliefert Fotohändler nur, wenn diese sich verpflichten, für die Entwicklung seiner Filme einen festgelegten Preis zu verlangen.

1. Ist diese Bindung der Fotohändler nach dem Kartellgesetz erlaubt?
2. Halten Sie es für gerechtfertigt, daß die Preisbindung der 2. Hand nur für Verlagserzeugnisse erlaubt ist?

§§ 15, 16

| **629** | *Marktbeherrschende Unternehmen* |

Nehmen Sie an, ein Hersteller von Metall-Uhrarmbändern habe es infolge günstiger Preise und guter Qualität so weit gebracht, daß er 95 % des Marktes beliefert. Um seine letzten Konkurrenten niederzukämpfen, will er seine Uhrarmbänder so lange unter den Selbstkosten verkaufen, bis der letzte Konkurrent aufgeben muß.

GW § 22 II

- Was würden Sie anstelle der Konkurrenten unternehmen?

630 Wirksamkeit von Kartellabsprachen

- 1. Welche der folgenden Kartelle werden wirksam durch Anmeldung, welche durch ausbleibenden Widerspruch des Kartellamts, welche durch ausdrückliche Erlaubnis durch das Kartellamt?

    Konditionenkartell, Rabattkartell, Normenkartell und Typenkartell, Exportkartell ohne Inlandswirkung, Strukturkrisenkartell, Rationalisierungskartell, Importkartell, Exportkartell (das auch im Inland wirkt).

- 2. Es wird behauptet, das Gesetz gegen Wettbewerbsbeschränkungen verstoße gegen das Grundgesetz. Dort sei die Freiheit wirtschaftlicher Betätigung garantiert.

- Nehmen Sie dazu Stellung!

Verbundene Unternehmen

631 Verbundene Unternehmen: abhängige Unternehmen — herrschende Unternehmen — Konzern — Holdinggesellschaft

Das Bild Seite 201 stellt die wesentlichen Beteiligungen der **VEBA OEL AG** dar, die im Geschäftsbericht des Unternehmens u. a. genannt sind. Die **VEBA OEL** übernimmt selbst weder Produktions- noch Handelsgeschäfte.

- 1. Prüfen Sie bei jeder Gesellschaft, welche wirtschaftliche Funktion sie innerhalb der verbundenen Unternehmen hat.

- 2. Welche der verbundenen Unternehmen sind als

    a) herrschende,

    b) abhängige Unternehmen zu bezeichnen?

Akt § 1 §§ 119, 111, Gmb § 4

- 3. Auf welchem Wege kann die **VEBA OEL** Einfluß auf die Geschäftsführung der abhängigen Unternehmen nehmen?

- 4. Die **Aethylen-Rohrleitungsgesellschaft** ist im Geschäftsbericht der **VEBA OEL** nicht in den Konzernabschluß einbezogen und wird nur unter der Position „Weitere Beteiligungen" erwähnt.

Akt §§ 17

- Warum?

- 5. Auch die Unternehmen **DEMINEX** und **ARAL** sind nicht in den Konzernabschluß einbezogen.

§ 1

- Warum kann das sachlich richtig sein, obwohl die Gesellschaften im Mehrheitsbesitz der **VEBA OEL** sind?

- 6. Unter den verbundenen Gesellschaften sind auch Holdinggesellschaften.

    a) Wie heißen sie?

    b) Welches ist das Kennzeichen einer Holdinggesellschaft?

```
                        ┌─────────────┐
                        │  VEBA OEL   │
                        └─────────────┘
```

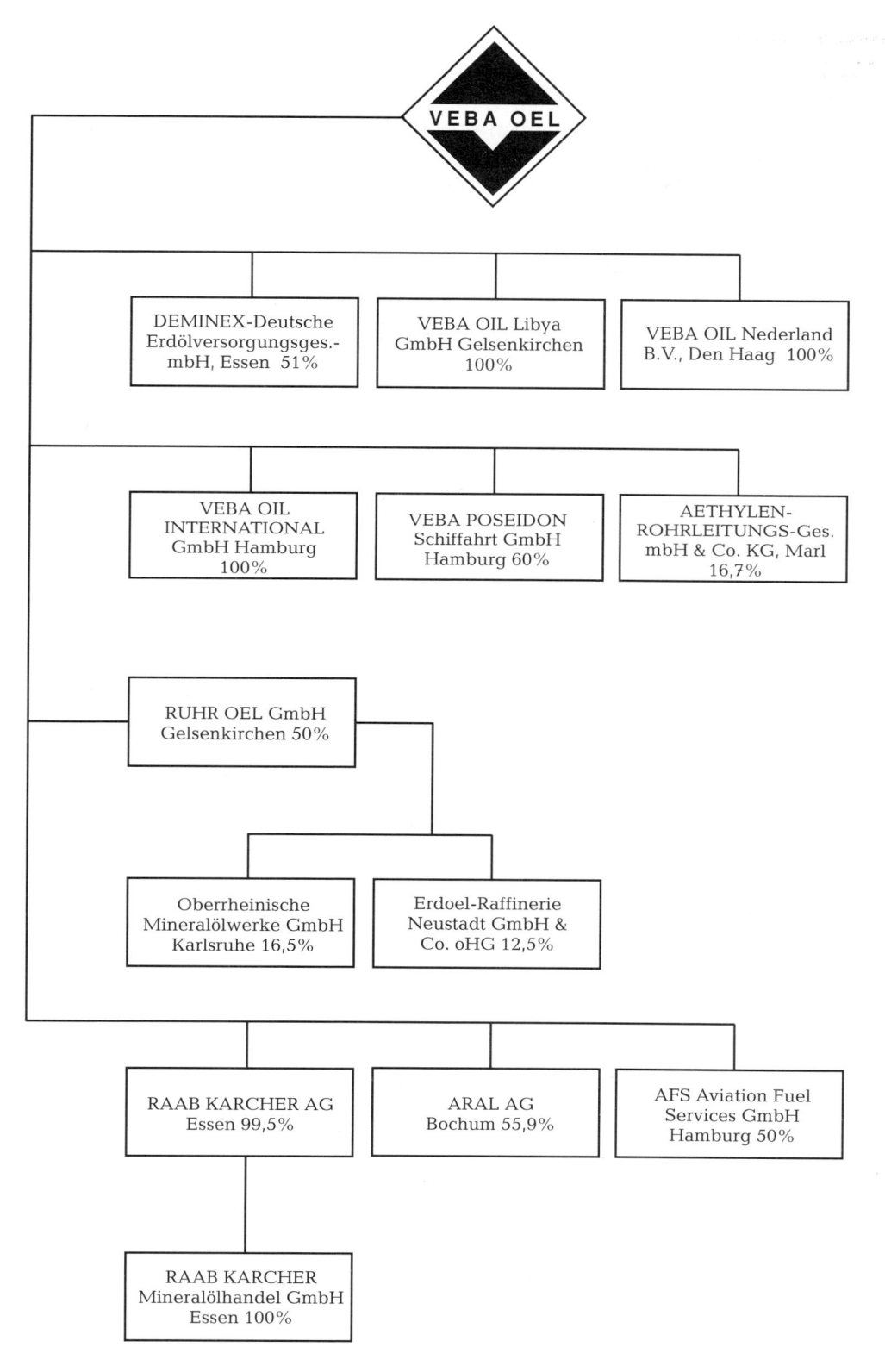

- DEMINEX-Deutsche Erdölversorgungsges.-mbH, Essen 51%
- VEBA OIL Libya GmbH Gelsenkirchen 100%
- VEBA OIL Nederland B.V., Den Haag 100%
- VEBA OIL INTERNATIONAL GmbH Hamburg 100%
- VEBA POSEIDON Schiffahrt GmbH Hamburg 60%
- AETHYLEN-ROHRLEITUNGS-Ges. mbH & Co. KG, Marl 16,7%
- RUHR OEL GmbH Gelsenkirchen 50%
  - Oberrheinische Mineralölwerke GmbH Karlsruhe 16,5%
  - Erdoel-Raffinerie Neustadt GmbH & Co. oHG 12,5%
- RAAB KARCHER AG Essen 99,5%
  - RAAB KARCHER Mineralölhandel GmbH Essen 100%
- ARAL AG Bochum 55,9%
- AFS Aviation Fuel Services GmbH Hamburg 50%

Fusion und Trust

632 — Fusion durch Übertragung

Die **Elektromotoren-Aktiengesellschaft** und die **Werkzeugmaschinen-Aktiengesellschaft** haben die Fusion beschlossen.

Zusammengefaßte Bilanz der Elektromotoren Aktiengesellschaft

Aktiva			Passiva		
A Anlagevermögen		6 700 000,—	A Eigenkapital		
B Umlaufvermögen		3 380 000,—	Gezeichnetes Kapital	5 100 000,—	
			Verlustvortrag	1 020 000,—	4 080 000,—
			B Fremdkapital		6 000 000,—
		10 080 000,—			10 080 000,—

Zusammengefaßte Bilanz der Werkzeugmaschinen-Aktiengesellschaft

Aktiva			Passiva		
A Anlagevermögen		12 900 000,—	A Eigenkapital		
B Umlaufvermögen		7 820 000,—	I. Gezeichnetes Kapital	12 100 000,—	
			II. Gewinnrücklagen		
			1. gesetzliche Rücklage	1 600 000,—	
			2. andere Gewinnrücklagen	800 000,—	
			III. Gewinnvortrag	20 000,—	14 520 000,—
			B Fremdkapital		6 200 000,—
		20 720 000,—			20 720 000,—

Die Aktionäre der **Elektromotoren AG** erhalten nach der Verschmelzung für ihre Aktien junge Aktien der **Werkzeugmaschinen AG**. Für die Berechnung des Aktien-Umtauschverhältnisses sollen die Bilanzkurse beider Aktiengesellschaften zugrunde gelegt werden. Die Kosten der Verschmelzung werden auf 200 000,— DM geschätzt.

1. Bei der Fusion kennt man zwei Möglichkeiten: die Fusion durch „Neubildung" und die durch „Übertragung".
- Um welche Form handelt es sich im vorliegenden Fall?
- Können Sie aus einer der Bilanzen den Grund für die Fusion erkennen?
2. Berechnen Sie von jedem Unternehmen den Bilanzkurs!
3. Welchen inneren Wert hat eine Aktie der **Elektromotoren AG** im Verhältnis zu einer Aktie der **Werkzeugmaschinen AG**?
4. Wieviel Werkzeugmaschinen-Aktien erhält demnach ein Aktionär der **Elektromotoren AG** für drei alte Aktien?
5. Um wieviel D-Mark muß das Grundkapital der **Elektromotoren AG** vermindert werden, damit sich das neue Grundkapital zum alten wie 2:3 verhält?
6. Woraus setzen sich die Kosten der Fusion zusammen?
7. Für die Fusionskosten soll eine Rückstellung gebildet werden.
- Warum?
8. Durch die Verschmelzung entsteht bei der **Werkzeugmaschinen AG** ein Buchgewinn von 480 000,— DM.
- Weisen Sie diesen Gewinn nach!
9. Erstellen Sie die Bilanz der **Werkzeugmaschinen AG** nach der Fusion!
10. Prüfen Sie, ob die **Werkzeugmaschinen AG** nach der Fusion als Trust bezeichnet werden kann!

| **633** | *Kartell — Konzern — Trust* |

- Kennzeichnen Sie Kartell, Konzern und Trust nach folgenden Gesichtspunkten:
  Grundlagen für die Zusammenarbeit,
  rechtliche Selbständigkeit,
  wirtschaftliche Selbständigkeit,
  überwiegender Zweck der Zusammenarbeit,
  Behandlung im Gesetz gegen Wettbewerbsbeschränkung (GWB).

Die notleidende Unternehmung
Die Sanierung

| **634** | *Kennzeichen der Sanierungsbedürftigkeit — Ursachen — Maßnahmen* |

Lesen Sie den untenstehenden Bericht über die wirtschaftlichen Schwierigkeiten der Foto-Versand-GmbH und beantworten Sie die folgenden Fragen:
- 1. Welche Kennzeichen für die Sanierungsbedürftigkeit sind dem Bericht zu entnehmen?
- 2. Welche Ursachen für die Sanierungsbedürftigkeit sind dem Bericht zu entnehmen? Gliedern Sie die Ursachen in betriebliche und außerbetriebliche!
- 3. Welche Maßnahmen zur Beseitigung dieser Ursachen wurden durchgeführt? Gruppieren Sie die Maßnahmen in personelle, organisatorische und finanzielle Maßnahmen!

*Die **Foto-Versand-GmbH Braunschweig** hat in den vergangenen drei Jahren einen Umsatzrückgang von 80 auf 50 Millionen DM hinnehmen müssen. Das sind rund 38 %.*
Die Ursache war ein Wechsel in den strukturellen Marktverhältnissen. Dieser führte zu einem allgemeinen Rückgang der Nachfrage nach Foto-Artikeln. Dabei hatte der Foto-Versandhandel noch größere Einbußen hinzunehmen als die Branche, weil die Käufer den örtlichen Fachhandel bevorzugten.
*Dies hatte seinen Grund auch darin, daß die Banken in das Geschäft mit Verbraucher-Kleinkrediten eingestiegen waren. Davon war die **Foto-Versand-GmbH** besonders betroffen, weil bei ihr das Teilzahlungsgeschäft 75 % des Umsatzes ausmachte.*
*Auch das der **Foto-Versand-GmbH** angegliederte Versandhaus für Kühlschränke, Fernsehgeräte und andere wertvolle Haushaltsgeräte hatte große Umsatzverluste. Um konkurrenzfähig zu sein, hätte dieses Versandhaus mit einem breiteren Warensortiment ausgebaut werden müssen. Dies hätte die Finanzkraft der **Foto-Versand-GmbH** überstiegen. Deshalb wurde das Versandhaus für Haushaltsgeräte aufgegeben.*
Die geschilderte Situation erzwang auch eine Einschränkung der Werbung.
*Angesichts dieser allgemeinen Geschäftslage kündigte die Hausbank 24 Millionen kurzfristiger Kredite, die sie der **Foto-Versand-GmbH** gewährt hatte. Deshalb mußte die **Foto-Versand-Wohnungsbau AG** mit 430 Wohnungen für 11,5 Millionen DM verkauft werden, ebenso ein Teil des Versandgebäudes für 6,5 Millionen DM. Glücklicherweise ergab sich eine Steuerrückerstattungsforderung von 1,8 Millionen DM.*
*Die aus dem Teilzahlungsgeschäft stammenden Forderungen in Höhe von 30 Millionen DM wurden an eine Teilzahlungs-Finanzierungsbank abgetreten und zu 80 % ausbezahlt (20 % kamen auf ein Sperrkonto). Die der **Foto-Versand-GmbH** angeschlossene Druckerei wurde von einer Hypothekenbank mit 8 Millionen DM langfristiger Hypotheken beliehen. Die darüber hinaus noch notwendigen Mittel stellte eine neue Hausbank zur Verfügung. Dadurch konnte auch die Liquiditätskrise überwunden werden.*
Mit der Leitung der Finanzabteilung und der Verkaufsabteilung wurden neue Direktoren beauftragt. Die bisher selbständige Werbeabteilung wurde der Verkaufsabteilung unterstellt. Der Umsatz soll durch die Errichtung eines Netzes von Ladengeschäften wieder erhöht werden.

| **635** | *Ausgleich einer Unterbilanz durch Auflösen von Rücklagen* |

Die Sanierung einer AG soll durch Verrechnung der Rücklagen mit dem Verlustvortrag erfolgen.

Aktiva	Zusammengefaßte Bilanz vor der Sanierung		Passiva
Flüssige Mittel	100 000,—	Eigenkapital	
sonstiges Vermögen	1 810 000,—	1. Gezeichnetes Kapital 1 000 000,—	
		2. Gesetzliche Gewinnrücklagen 100 000,—	
		3. Verlustvortrag 90 000,—	1 010 000,—
		Verbindlichkeiten	900 000,—
	1 910 000,—		1 910 000,—

- 1. Erstellen Sie die Bilanz nach der Beseitigung der Unterbilanz!
- 2. Wie heißen die Buchungssätze zum Ausgleich der Unterbilanz bei Verwendung eines Sanierungskontos?

| **636** | *Sanierung durch Zusammenlegung des Grundkapitals* |

Sanierungsbeschluß: Es erfolgt Zusammenlegung des Grundkapitals im Verhältnis 10 : 9!

Aktiva	Zusammengefaßte Bilanz vor der Sanierung		Passiva
Flüssige Mittel	500 000,—	Eigenkapital	
sonstiges Vermögen	2 200 000,—	1. Gezeichnetes Kapital 2 000 000,—	
		2. Verlustvortrag 200 000,—	1 800 000,—
		Verbindlichkeiten	900 000,—
	2 700 000,—		2 700 000,—

- 1. Warum ist in diesem Fall die Sanierung für den Vorstand der AG schwerer erreichbar als bei Fall 635?
- 2. Erstellen Sie die Bilanz nach der Sanierung!
- 3. Wie heißen die Buchungssätze zum Ausgleich der Unterbilanz bei Verwendung eines Sanierungskontos?
- 4. Warum muß die Gesellschaft alle Aktien einziehen?

| **637** | *Sanierung durch Rückkauf eigener Aktien* |

Sanierungsmaßnahme: Es sollen eigene Aktien im Nennwert von 500 000,— DM zurückgekauft werden. Börsenkurs: 60,— DM je nom. 100,— DM.
Soweit möglich soll damit der Verlust durch Herabsetzung des Grundkapitals abgedeckt werden.

Aktiva	Zusammengefaßte Bilanz vor der Sanierung		Passiva
A Anlagevermögen	2 000 000,—	Eigenkapital	
B Umlaufvermögen		1. Gezeichnetes Kapital 5 000 000,—	
1. Vorräte	1 500 000,—	2. Verlustvortrag 500 000,—	4 500 000,—
2. Flüssige Mittel	1 000 000,—		
	4 500 000,—		4 500 000,—

- 1. Wie hoch ist der Bilanzkurs vor der Sanierung?
- 2. Wie läßt sich die Abweichung vom Börsenkurs erklären?
- 3. Erstellen Sie die Bilanz nach der Sanierung?
- 4. Wie hat sich die Sanierung auf den Bestand an flüssigen Mitteln ausgewirkt?
- 5. Vergleichen Sie bei den Fällen 636 und 637 die Wirkung der Sanierungsmaßnahmen auf den Bestand an flüssigen Mitteln!
- 6. Unter welcher Voraussetzung wäre trotz Verlustvortrag eine Sanierungsmaßnahme nicht notwendig oder nicht zweckmäßig?

638 *Sanierung durch Zuzahlung*

Sanierungsbeschluß: Jeder Aktionär hat 25% des Nennwerts seiner Aktien zuzuzahlen.

Aktiva	Zusammengefaßte Bilanz vor der Sanierung		Passiva
A Sachanlagen		A Eigenkapital	
1. Grundstücke und Bauten	2 000 000,—	1. Gezeichnetes Kapital 4 000 000,—	
2. technische Anlagen und Maschinen	2 100 000,—	2. Verlustvortrag 1 000 000,—	3 000 000,—
B Umlaufvermögen		B Verbindlichkeiten	3 000 000,—
1. Vorräte	1 000 000,—		
2. Forderungen	450 000,—		
3. Flüssige Mittel	450 000,—		
	6 000 000,—		6 000 000,—

- 1. Von wem und mit welcher Mehrheit mußte die Zahlung beschlossen werden?   AktG § 54 I
- 2. Erstellen Sie die Bilanz nach der Sanierung!
- 3. Wie groß war der innere Wert einer Aktie vor der Zahlung? Wie groß ist er danach?

639 *Sanierung durch Zusammenlegung und anschließende Kapitalerhöhung*

Sanierungsbeschluß: Das Grundkapital wird im Verhältnis 4:3 zusammengelegt. Anschließend wird das Grundkapital wieder auf 8 000 000,— DM erhöht.

Die Hausbank übernimmt die Aktien zu 110%. Börsenkurs vor der Sanierung: 90,— DM je nom. 100,— DM.

Aktiva	Zusammengefaßte Bilanz vor der Sanierung		Passiva
A Sachanlagen		A Eigenkapital	
1. Grundstücke und Bauten	4 000 000,—	1. Gezeichnetes Kapital 8 000 000,—	
2. technische Anlagen und Maschinen	4 200 000,—	2. Verlustvortrag 2 000 000,—	6 000 000,—
B Umlaufvermögen		B Verbindlichkeiten	6 000 000,—
1. Vorräte	2 000 000,—		
2. Forderungen	900 000,—		
3. Flüssige Mittel	900 000,—		
	12 000 000,—		12 000 000,—

- 1. Von wem und mit welcher Mehrheit ist die Zusammenlegung und anschließende Kapitalerhöhung zu beschließen?   §§ 222, 182

- 2. Warum stimmen finanzschwache Aktionäre eher der Zusammenlegung und anschließenden Kapitalerhöhung als der Zuzahlung zu?
- 3. Erstellen Sie die Bilanz nach der Sanierung!
- 4. Wie haben sich die Sanierungsvorgänge von Fall 638 und 639 auf den Bestand an flüssigen Mitteln ausgewirkt?

640 Alternativsanierung

Sanierungsbeschluß: Jeder Aktionär kann wählen zwischen Zusammenlegung seiner Aktien im Verhältnis 3:2 oder Zuzahlung von 33⅓% mit Umwandlung in Vorzugsaktien mit 7% Dividendengarantie.

Aktiva	Zusammengefaßte Bilanz vor der Sanierung		Passiva
A Anlagevermögen		A Eigenkapital	
I. Sachanlagen		I. Gezeichnetes	
1. Grundstücke und Bauten	1 000 000,—	Kapital 4 200 000,—	
2. Betriebs- und		II. Verlustvortrag 1 200 000,—	3 000 000,—
Geschäftsausstattung	800 000,—		
B Umlaufvermögen		B Verbindlichkeiten	
I. Vorräte	3 000 000,—	1. langfristige Darlehen	1 800 000,—
II. Forderungen	990 000,—	2. kurzfristige	
III. Flüssige Mittel	10 000,—	Verbindlichkeiten	1 000 000,—
	5 800 000,—		5 800 000,—

- 1. Mit welcher Mehrheit muß der Beschluß gefaßt werden?
- 2. Warum ist die Wirkung des Sanierungsbeschlusses auf den Zahlungsmittelbestand in diesem Fall ungewiß?
  3. 2 400 000,— DM des Grundkapitals wählen die Zuzahlung.
- Erstellen Sie die Bilanz nach der Sanierung!
  4. Die Werteinbuße durch Zusammenlegung und der Zuzahlungsbetrag müssen gleich groß sein.
- a) Warum?
- b) Auf welche Weise kann der Zuzahlende bevorzugt werden?

641 Sanierungsmöglichkeiten

- Erstellen Sie eine Tabelle nach folgendem Muster:

Sanierungs-maßnahme \ Voraussetzungen und Wirkungen	Beschluß-fassung	Quelle des Sanierungs-gewinns	Wirkung auf den Zahlungs-mittelbestand	Wirkung auf den Bilanzkurs
Verrechnung des Verlustes mit den Rücklagen				
Zusammenlegung des Grundkapitals				
Rückkauf eigener Aktien				
Zuzahlung durch die Aktionäre				
Alternativsanierung				

Der Konkurs

642 *Voraussetzungen des Konkurses*

Folgende Unternehmen sind zahlungsfähig:

Aktiva	Zusammengefaßte Bilanz der Aktiengesellschaft A (in TDM)		Passiva
A Anlagevermögen 6 000 000,—	A Eigenkapital		
B Umlaufvermögen 4 000 000,—	I. Gezeichnetes Kapital	5 500 000,—	
	II. Verlustvortrag	2 000 000,—	3 500 000,—
	B Fremdkapital		6 500 000,—
10 000 000,—			10 000 000,—

Aktiva	Zusammengefaßte Bilanz der Aktiengesellschaft B (in TDM)		Passiva
A Anlagevermögen 3 000 000,—	A Eigenkapital		
B Umlaufvermögen 2 000 000,—	I. Gezeichnetes Kapital	2 500 000,—	
nicht durch Eigenkapital gedeckter Fehlbetrag (Überschuldung) 500 000,—	II. Gewinnrücklagen	500 000,—	
	III. Verlustvortrag	1 500 000,—	
	IV. Jahresfehlbetrag	2 000 000,—	—
	B Fremdkapital		5 500 000,—
5 500 000,—			5 500 000,—

Aktiva	Zusammengefaßte Bilanz einer OHG	Passiva
A Anlagevermögen 200 000,—	A Eigenkapital	—
B Umlaufvermögen 300 000,—	B Fremdkapital	600 000,—
nicht durch Eigenkapital gedeckter Fehlbetrag (Überschuldung) 100 000,—		
600 000,—		600 000,—

- 1. Wäre Ihrer Ansicht nach für eine der Aktiengesellschaften eine Sanierung noch sinnvoll?
- 2. Wie unterscheiden sich die Unterbilanz von der Überschuldung?
- 3. Prüfen Sie, ob in den drei Unternehmungen die Voraussetzungen zur Eröffnung eines Konkursverfahrens gegeben sind!   KO §§ 102, 207

643 *Antrag auf Konkurseröffnung*

Folgende Unternehmen sind nachhaltig zahlungsunfähig:

Aktiva	Zusammengefaßte Bilanz der Aktiengesellschaft C (in TDM)	Passiva
Anlagevermögen	300 000,—	Gezeichnetes Kapital	250 000,—
Umlaufvermögen	400 000,—	Fremdkapital	450 000,—
	700 000,—		700 000,—

Aktiva	Zusammengefaßte Bilanz einer Kommanditgesellschaft	Passiva
Anlagevermögen	300 000,—	Kapital A	200 000,—
Umlaufvermögen	500 000,—	Kapital B	100 000,—
		Fremdkapital	500 000,—
	800 000,—		800 000,—

- 1. Liegt die Voraussetzung zur Eröffnung eines Konkursverfahrens in beiden Fällen vor?   KO §§ 102,
- 2. Wie sind die beiden Fälle zu beurteilen, wenn die Zahlungsunfähigkeit durch Ausfall einer großen Kundenforderung eingetreten ist und 3—4 Monate andauert?
- 3. Wer kann Antrag auf Eröffnung eines Konkursverfahrens stellen?   § 10?
- 4. Warum ist die Regelung vernünftig, daß bei Personenunternehmen Überschuldung kein Konkursgrund ist?

644   Konkursverfahren

Kurt Müller betreibt in **8480 Weiden** (Amtsgerichtsbezirk Weiden, Oberpfalz), Straubinger Straße 48, einen Fabrikationsbetrieb für Holzverpackungen.

Durch den wirtschaftlichen Zusammenbruch eines Großkunden hat er einen Forderungsausfall von 30 000,— DM und kommt dadurch selbst in nachhaltige Zahlungsschwierigkeiten. Er schuldet **Geyer** 12 000,— DM, **Scheibs** 15 000,— DM, **Sauer** 9 000,— DM, **Dietrich** 44 000,— DM und **Emerich** 10 000,— DM.

Um zu verhindern, daß ein einzelner Gläubiger voll befriedigt wird und andere nichts bekommen, stellt **Müller** Antrag auf Eröffnung des Konkursverfahrens. Er schließt sein Geschäft am 28. 5. und stellt am gleichen Tag die Zahlungen ein.

Im **Straubinger Anzeiger** vom 5. 6. 19.. erscheint folgende öffentliche Bekanntmachung:

> Über das Vermögen des **Kaufmanns Kurt Müller**, Straubinger Straße 48, **Weiden**, wird mit Wirkung vom 4. 6. 19.., mittags 12 Uhr, das Konkursverfahren eröffnet.
>   Amtsgericht Weiden

- 1. Liegen die Voraussetzungen für ein Konkursverfahren vor?   § 102
- 2. Wo hat **Müller** den Antrag zu stellen?   § 71
- 3. Welche Anlagen sind dem Antrag auf Konkurseröffnung an das **Amtsgericht Weiden** beizufügen?   § 10?
- 4. Der Gläubiger **Sauer** versucht noch vor dem Tätigwerden des Konkursverwalters bei **Müller** zu pfänden.
-      Welchen Vorteil verspricht er sich davon?
-      Hat er Aussicht auf Erfolg?   § 14
- 5. Wie wird verhindert, daß ein Käufer nach Konkurseröffnung von **Müller** noch gutgläubig dessen Haus erwirbt?   § 11?
- 6. **Hans Emerich, 8440 Straubing**, Siemensstr. 58, hat aus Warenverkauf vom 1. 4. eine Forderung in Höhe von 10 000,— DM. Die Forderung war fällig am 1. 5., wurde aber noch nicht bezahlt.
-      Formulieren Sie die Anmeldung dieser Forderung beim zuständigen Amtsgericht!
- 7. Erklären Sie, ob und wann ein Konkursschuldner bestraft werden kann!   §§ 239,
- 8. Welche persönliche Folgen hat die Konkurseröffnung für Müller?   §§ 6, 101, 1.

9. Der zum Konkursverwalter bestellte Steuerbevollmächtigte **Dr. Hans Fröhlich, 8480 Weiden,** Archivstraße 29, stellt fest, daß das **Sägewerk Haspel, 8480 Weiden,** Industriestraße 84, laut Kaufvertrag vom 15. April am 15. Juni, 200 qm Holz zu liefern hat. Da genügend Aufträge vorhanden sind, will der Konkursverwalter den Produktionsbetrieb noch einige Monate weiterführen. Dafür wird das Holz benötigt. Der Preis ist günstig.   KO § 17

   Um auf Vertragserfüllung bestehen zu können, schreibt **Dr. Fröhlich** unverzüglich an **Haspel**.

- Formulieren Sie den Brief an **Haspel**.

10. Der Konkursverwalter will 2 000 genormte Holzkisten und aus dem Privatbesitz des **Müller** eine Briefmarkensammlung und ein Reitpferd verkaufen.   BGB § 385

- Welche dieser Vermögensgegenstände kann er freihändig verkaufen?

11. Im Schlußtermin berichtet **Dr. Fröhlich**:

    Nach Verwertung der Vermögensgegenstände bleiben für die Befriedigung der Konkursforderungen in Höhe von 90 000,— DM noch 13 500,— DM.

- a) Welche Konkursdividende hat er auszuzahlen?
- b) **Geyer** hat eine Konkursforderung von 12 000,— DM.

  Wieviel DM hat dieser Gläubiger als Konkursquote zu erhalten?

645 Aussonderung — Absonderung

Ein Konkursverwalter hat folgende Fälle zu erledigen:

1. Eine Bohrmaschine wurde zum Preis von 50 000,— DM an den Schuldner unter Eigentumsvorbehalt geliefert. 40 000,— DM sind bezahlt. Der Gläubiger fordert die Herausgabe; der Konkursverwalter benötigt die Maschine noch zur vorläufigen Weiterführung der Produktion.   KO § 17, 43

- Wie kann der Konkursverwalter erreichen, daß er die Maschine nicht herausgeben muß?

2. Bei einem Spediteur lagert eine Kiste mit Benzinfeuerzeugen aus der Produktion des Konkursschuldners. Der Spediteur verweigert die Herausgabe, da er noch Frachtgebühren zu fordern hat.

- Wie soll sich der Konkursverwalter verhalten, wenn die Benzinfeuerzeuge 18 000,— DM wert sind und die Frachtschuld (auch noch aus früheren Sendungen) 6 500,— DM beträgt?   HGB § 410 KO §§ 64, 127 II

3. Die Kreissparkasse hat eine Forderung von 300 000,— DM durch eine Hypothek auf das Geschäftshaus gesichert, das einen Wert von 1 000 000,— DM hat.   §§ 47, 127

- Was hat mit dem Geschäftshaus zu geschehen?

4. Bei der Kreissparkasse liegen Wertpapiere mit einem Tageswert von 300 000,— DM als Sicherheit für einen Kredit in Höhe von 200 000,— DM.

- Was soll der Konkursverwalter unternehmen?

5. Ein Lieferer fordert die Herausgabe eines Lastkraftwagens im Werte von 80 000,— DM, der zur Sicherung einer Forderung aus Warenlieferung in Höhe von 60 000,— DM sicherungsübereignet wurde.

- Muß der Konkursverwalter den Wagen herausgeben?

6. Der Konkursschuldner hat eine Forderung aus Warenlieferungen an den Kunden **Geiger** in Höhe von 100 000,— DM. **Geiger** hat für eine Gegenlieferung 160 000,— DM vom Konkursschuldner zu fordern.

   Der Konkursverwalter hat die Quote auf 40% geschätzt.

KO § 53

- Wieviel D-Mark seiner Forderungen muß **Geiger** abschreiben?

7. Der Konkursschuldner schenkte seiner Ehefrau 13 Monate vor Konkurseröffnung Schmuck im Werte von 50 000,— DM.

- Muß die Ehefrau den Schmuck an den Konkursverwalter herausgeben? (Die Eheleute leben im Güterstand der Zugewinngemeinschaft.)

§ 32

646 Konkursquote

Nach Aussonderung, Absonderung, Aufrechnung und Verwertung des gesamten Vermögens bleiben dem Konkursverwalter 130 000,— DM. Die Kosten des Verfahrens betragen 10 000,— DM. Sonst sind nur noch die gewöhnlichen Forderungen mit 300 000,— DM zu befriedigen.

§§ 57, 5

- Wie hoch ist die Konkursquote?

647 Masseschulden — Massekosten

Nach Aussonderung, Absonderung, Aufrechnung und Verwertung des gesamten Vermögens bleiben dem Konkursverwalter 90 000,— DM. Die Kosten des Verfahrens betragen 7 000,— DM. Außerdem sind noch 3 000,— DM Löhne und 5 000,— DM Miete zu zahlen, die durch die vorübergehende Weiterführung des Geschäfts nach Konkurseröffnung entstanden sind. Die gewöhnlichen Forderungen betragen 375 000,— DM.

§§ 57—

- Wie hoch ist die Konkursquote?

648 Bevorrechtigte Forderungen

Nach Aussonderung, Absonderung und Aufrechnung bleiben dem Konkursverwalter noch 590 000,— DM. Die Kosten des Verfahrens betragen 150 000,— DM.

Nach Eröffnung des Konkursverfahrens vereinbart der Konkursverwalter mit dem Betriebsrat die Zahlung von 300 000,— DM an die Belegschaft zum Ausgleich der wirtschaftlichen Nachteile, die ihr durch die Stillegung des Betriebes entstehen.

BVG § 112

Aus dem Jahre vor der Eröffnung des Konkursverfahrens sind noch 100 000,— DM Löhne und noch 100 000,— DM Steuern zu zahlen. Die restlichen gewöhnlichen Forderungen betragen 350 000,— DM.

KO §§ 57—

- Wie werden die einzelnen Forderungen befriedigt?

Der außergerichtliche Vergleich

649 Verfahren und Folgen des außergerichtlichen Vergleichs

Der Textileinzelhändler **Keller** sendet an seine Gläubiger folgendes Rundschreiben:

KURT KELLER · TEXTILHAUS

Kurt Keller · Textilhaus · Bahnhofstraße 34 · 3203 Sarstedt

Textilfabrik
Herbert Krämer
Postfach 58

8750 Aschaffenburg

kk

3203 SARSTEDT

19.05.19..

Sehr geehrter Herr Krämer,

leider hat sich mein Geschäft nicht so entwickelt, wie ich es bei der Erstellung meines neuen Geschäftshauses annahm.

Ich hatte nicht den erwarteten Umsatzzuwachs. Infolge der zunehmenden Motorisierung kauft die Landbevölkerung jetzt am Wochenende überwiegend in der benachbarten Großstadt Hannover ein. Ich habe deshalb den Neubau verkauft und in der Bahnhofstraße 34 ein kleines Geschäftslokal gemietet. Der durch die hohen Zins- und Personalkosten entstandene Verlust wurde durch den Verkauf des Hauses leider noch vergrößert. Die neuen Geschäftsräume sind dem gegenwärtigen Geschäftsgang angepaßt. Meine Stammkundschaft sichert die Rentabilität des jetzigen Geschäftes.

Zur Abwendung des Konkurses biete ich meinen Gläubigern 50 % ihrer Forderungen für den Fall, daß sämtliche Gläubiger diesem außergerichtlichen Vergleich zustimmen. Die Vergleichsquote kommt spätestens 30 Tage nach Vergleichsabschluß zur Auszahlung und wird durch die Bürgschaft meines Schwiegervaters, des Kraftfahrzeughändlers Eugen Wolf, Mindener Straße 73, 3203 Sarstedt, gesichert.

Die Versammlung der Gläubiger findet am 19.06. d. J. um 16 Uhr in meinen Geschäftsräumen statt.

Mit freundlichem Gruß

Kurt Keller

- 1. Welche Vorteile hat **Keller** bei der Durchführung eines außergerichtlichen Vergleichs gegenüber einem Konkursverfahren?
- 2. Welche Vorteile können die Gläubiger gegenüber der Durchführung eines Konkursverfahrens haben?
- 3. **Krämer** hat dem Vorschlag **Kellers** nicht zugestimmt.
- Muß er auf 50% seiner Forderung verzichten?
- 4. Handelt es sich in diesem Fall um einen Erlaß- oder einen Stundungsvergleich? Wie unterscheiden sich beide?

Der gerichtliche Vergleich

650 *Voraussetzungen und Folgen des gerichtlichen Vergleichs*

Keller konnte den außergerichtlichen Vergleich nicht erreichen. Nur die Gläubiger **Leonhard** und **Mathis** waren einverstanden. Er beantragt deshalb einen gerichtlichen Vergleich zur Abwendung des Konkursverfahrens.

Aktiva	Bilanz der Textileinzelhandlung Kurt Keller, Sarstedt		Passiva
Anlagevermögen	10 000,—	Verbindlichkeiten	90 000,—
Umlaufvermögen	50 000,—		
Überschuldung	30 000,—		
	90 000,—		90 000,—

Liste der Verbindlichkeiten

Leonhard	aus Warenlieferung	20 000,—
Mathis	aus Warenlieferung	35 000,—
Kißling	Lohnforderung aus dem letzten Jahr	2 000,—
Finanzamt	Steuerforderung	10 000,—
Dr. Noll	Arzthonorar	3 000,—
H. Krämer, Aschaffenburg	aus Warenlieferung	20 000,—

1. Auch bei der Abstimmung über den gerichtlichen Vergleich stimmen nur **Leonhard** und **Mathis** zu. **Keller** bietet 45 % der Forderungen innerhalb eines Jahres.
- Kommt der gerichtliche Vergleich zustande?
- 2. Muß **Keller** in der Vermögensaufstellung auch das Privatvermögen angeben?
- 3. Müßte bei einer GmbH, einer OHG oder einer KG das Privatvermögen der Gesellschafter in der Vermögensaufstellung angegeben werden?

VO §§ 25, 26, 74

651 *Außergerichtlicher und gerichtlicher Vergleich*

- Wie unterscheidet sich der außergerichtliche vom gerichtlichen Vergleich? (Antrag, gerichtliche Mitwirkung, Zustimmung, Durchführung, Mindestgebot, Öffentlichkeit, Kosten)

Der Zwangsvergleich

652 *Voraussetzungen und Folgen des Zwangsvergleichs*

Der gerichtliche Vergleich ist **Keller** (siehe Fall 650) nicht gelungen. Deshalb wurde das Vergleichsverfahren in das Konkursverfahren übergeleitet.

1. Der Konkursverwalter glaubt, daß er für die Vermögensgegenstände der vorliegenden Bilanz folgende Veräußerungserlöse erzielen kann:

Anlagevermögen 5 000,— DM, Umlaufvermögen 25 000,— DM. Die Forderungen der Massegläubiger betragen 5 000,— DM.

- Errechnen Sie aus den Schätzungen des Konkursverwalters die zu erwartende Konkursquote!

2. Nach einer Rücksprache **Kellers** mit seinem Schwiegervater ist dieser bereit, seinen Schwiegersohn durch einen Zuschuß von 20 000,— DM zu unterstützen.

- a) Warum werden die Gläubiger jetzt eher bereit sein, der Abwendung des Konkurses zuzustimmen?

- b) **Krämer** will auf alle Fälle auf der Durchführung des Konkursverfahrens bestehen. Kann er es erzwingen?   KO §§ 182, 187

- c) Warum macht der Schwiegervater seinen Zuschuß davon abhängig, daß der Konkurs abgewendet wird?

653   *Sanierung — Konkurs — Vergleich*

1. Welche Sanierungsmaßnahmen kennen Sie:
- a) mit und ohne Hilfe der Gläubiger,
- b) mit und ohne Zufluß barer Mittel?
- 2. Wie unterscheiden sich gerichtlicher Vergleich, Zwangsvergleich und Konkurs? (Zweck, Antrag, Voraussetzung, Mindestquote, Zustimmung, Haftung für Restschuld, persönliche Folgen für Gemeinschuldner)

7 Arbeits- und Sozialversicherungsrecht

Ausbildungsverhältnis

701 *Abschluß, Inhalt, Kündigung des Ausbildungsvertrags*

Petra Schulz ist 16 Jahre alt und hat die Realschule besucht. Sie spricht, ohne daß ihre Eltern davon wissen, bei der Großwäscherei und Reinigungsanstalt **Max Fehling** vor und fragt, ob sie dort eine kaufmännische Ausbildung beginnen könne. **Fehling** beschäftigt 30 Arbeitskräfte in seinem technischen Betrieb, 6 Angestellte im Büro und 1 kaufmännischen Lehrling im dritten Lehrjahr.

1. **Petra Schulz** sagt zu, am 1. 9. ihre kaufmännische Ausbildung zu beginnen.   BerBiG § 3
- Warum ist der Berufsausbildungsvertrag ungültig?   BGB § 107

2. Der wesentliche Inhalt des Berufsausbildungsvertrages mit **Petra Schulz** wurde von **Max Fehling** nachträglich schriftlich festgehalten. Im Vertrag wurden 2 Monate Probezeit vereinbart.
- a) Welchem Zweck dient diese Probezeit?
- b) In welchem der folgenden Fälle und mit welchen Fristen hätte **Petra** das Recht, das Ausbildungsverhältnis auch nach Ablauf der Probezeit zu kündigen, ohne damit rechnen zu müssen, daß sie Schadenersatz leisten muß:
    - (1) Sie will die kaufmännische Ausbildung in einem Einzelhandels-Fachgeschäft für Herrenwäsche fortsetzen.   BerBi § 15
    - (2) Sie will die Ausbildung an einem anderen Ort fortsetzen, da ihre Eltern umgezogen sind.   § 15
    - (3) Sie will die Ausbildung im Wäschereibetrieb ihres Onkels fortsetzen.
    - (4) Sie will die Ausbildungsstelle wechseln, weil sie ½ Jahr lang überwiegend mit Botengänge beschäftigt wurde.   §§ 6,

3. **Petra** beginnt ihre Ausbildung in der Großwäscherei **Fehling**.
    - a) Am ersten Tag wird sie durch den gesamten Betrieb geführt. Danach wird sie beauftragt, die Fenster ihres Büroraumes zu putzen.   § 6
    Petra führt den Auftrag aus.
- Hätte **Petra** sich weigern können?
    - b) Am nächsten Tag erhält **Petra** einen blauen Arbeitsmantel und wird angewiesen, bei der Wäscheannahme und -ausgabe zu helfen.
- Muß sie als kaufmännischer Lehrling diese Arbeit ausführen?
    - c) Die Leiterin der Annahmestelle fordert **Petra** auf, sich während der Arbeit öfter die Hände zu waschen.   § 6
- Muß **Petra** diese Anweisung befolgen?
    - d) Während der Mittagspause spielt **Petra** im Hof der Wäscherei mit anderen Auszubildenden Ball, obwohl dies ausdrücklich verboten ist. Dabei geht eine Scheibe zu Bruch. **Petra** hat den Ball geworfen.   BGB § 823
- Muß sie die Scheibe bezahlen?
    - e) **Petra** soll eine Schreibmaschine von der Buchhaltung in das Büro des Lehrherrn bringen. Dabei stolpert sie über das Kabel eines Heizgerätes. Die Schreibmaschine wird stark beschädigt.
- Muß sie den Schaden ersetzen?

- f) Bei der Sachbearbeiterin für Löhne und Gehälter sieht **Petra** zufällig, was der Betriebsleiter verdient. Sie erzählt es ihrer Freundin.
- Darf sie das?

BerBiG §§ 9, 15

4. **Petra** hat am Freitag von 8—13 Uhr Unterricht in der Kaufmännischen Berufsschule.
- Könnte **Fehling** verlangen, daß sie die in der Berufsschule verbrachte Zeit am arbeitsfreien Samstagvormittag nachholt?

J.ArbSchG §§ 9, 15, 16

5. **Petra** erkrankt und muß auf Anweisung des Arztes 14 Tage zu Hause bleiben.
- Erhält sie auch in dieser Zeit ihre Ausbildungsvergütung?

BerBiG § 12

6. **Petra** hat den Berufsausbildungsvertrag auf 3 Jahre abgeschlossen. Bereits nach 2½ Jahren legt sie ihre Lehrabschlußprüfung mit Erfolg ab und erhält am 15. Juni den Kaufmannsgehilfenbrief. Sie wird im Betrieb weiterbeschäftigt. **Petra** verlangt ab 15. Juni Gehalt statt Ausbildungsvergütung.
- Muß **Max Fehling** Angestelltengehalt zahlen, wenn im Berufsausbildungsvertrag darüber nichts vereinbart ist?

§ 17

Arbeitsvertrag

702 *Abschluß des Arbeitsvertrags — Handels- und Wettbewerbsverbot — Kündigung*

Der kaufmännische Angestellte **Schnaitmann** hat sich um die in der Rhein-Ruhrzeitung ausgeschriebene Stelle des Leiters der Kontokorrentbuchhaltung der **Maschinenfabrik Groß und Angstmann,** Duisburg, beworben. In seiner Bewerbung hat er eine Referenz angegeben und Fotokopien seiner Zeugnisse beigelegt.

Auf seine Bewerbung erhält er folgenden Brief:

„Wir danken für Ihre Bewerbung und laden Sie zu einer persönlichen Aussprache mit unserem Personalchef, Herrn Geiger, am 25. 1. zwischen 10—12 Uhr in unserem Verwaltungsgebäude ein.

Bitte bringen Sie Ihre Originalzeugnisse mit. Wenn Sie es wünschen, ist Herr Geiger nach Vereinbarung auch abends ab 17.30 Uhr zu sprechen."

1. In der persönlichen Aussprache am 25. 1. gibt Herr **Schnaitmann** seine Zusage, am 1. 4. die Arbeit aufzunehmen. Es wird ein Monatsgehalt von 5 350,— DM vereinbart. Die vereinbarten Bedingungen werden ihm schriftlich zugestellt und treffen am 30. 1. bei **Schnaitmann** ein.
- Wann ist der Arbeitsvertrag zustande gekommen?

BGB § 611

2. **Schnaitmann** war bisher bei der Firma **Stahlbau Pense** beschäftigt. Er kündigt seinem bisherigen Arbeitgeber am 20. 2.; er gibt den Brief am gleichen Tag persönlich bei der Personalabteilung ab.
- a) **Schnaitmann** hatte mit der Firma **Stahlbau Pense** keine besonderen Kündigungsfristen vereinbart.
- Wie lange ist **Schnaitmann** noch an seinen bisherigen Arbeitsvertrag gebunden?

§ 622

- b) Die Geschäftsleitung von **Stahlbau Pense** versucht **Herrn Schnaitmann** zum Bleiben in der Firma zu bewegen.
- Mit welchen Folgen müßte **Schnaitmann** rechnen, wenn er die neue Stellung nicht antreten würde?

§§ 611, 249

3. **Schnaitmann** hat die neue Stelle angetreten. In seinem Arbeitsvertrag mit der **Firma Groß & Angstmann** steht folgende Klausel:

„Während der Dauer des Arbeitsverhältnisses gilt das gesetzliche Handels- und Wettbewerbsverbot. Der Arbeitnehmer verpflichtet sich, auch nach seinem Ausscheiden aus dem Arbeitsverhältnis das Wettbewerbsverbot noch 2 Jahre einzuhalten."

- a) Dürfte **Schnaitmann** aufgrund dieser Regelung neben seiner Tätigkeit als Angestellter noch eine Vertretung für eine Lebens- und Krankenversicherung übernehmen? HGB § 60
- b) Dürfte er nebenberuflich in den Abendstunden noch einige Stunden Buchhaltungsarbeiten für einige Lebensmitteleinzelhandelsgeschäfte übernehmen? § 60
- c) Dürfte **Schnaitmann** seine Branchenkenntnisse ausnützen und gelegentlich auf eigene Rechnung Universal-Heimwerkermaschinen importieren und verkaufen? **Groß & Angstmann** stellt auch solche Maschinen her. § 60
- d) Dürfte er sofort nach dem Ausscheiden aus dem Arbeitsverhältnis als Vollhafter in einer Werkzeugmaschinenfabrik gleicher Branche eintreten? § 74
- e) Was kann der Arbeitgeber unternehmen, wenn **Schnaitmann** gegen das Handels- oder Wettbewerbsverbot verstößt? § 61 BGB § 620

4. Im Arbeitsvertrag **Schnaitmanns** wurde außerdem vereinbart:
   „Der Arbeitnehmer hat eine Kündigungsfrist von ¼ Jahr, jeweils zu Quartalsende. Der Arbeitgeber kann jederzeit mit einer Frist von 2 Monaten kündigen."
- Prüfen Sie, ob diese Vereinbarung mit **Schnaitmann** den Vorschriften des BGB entspricht! § 622

5. **Schnaitmann** wird krank.
- Wie lange muß der Arbeitgeber nach HGB das Gehalt zahlen? HGB § 63

6. Ein junger Angestellter in der von **Schnaitmann** geleiteten Kontokorrentbuchhaltung ist ein guter Fußballspieler. Montags fehlt er häufig, weil er sich beim Fußballspiel am Sonntag verletzt hat.
- Muß die **Firma Groß & Angstmann** für diese Fehlzeiten Gehalt zahlen?

703 Fristlose Kündigung — Zeugnis

Die **Firma Groß & Angstmann** hat eine neue Werkzeugmaschine entwickelt, die in wenigen Wochen in die Produktion geht. Bis dahin wird das alte Modell produziert und verkauft. Der Angestellte **Reinheimer** weiß das trotz innerbetrieblicher Geheimhaltung, weil er die Vorkalkulation für die Maschine durchgeführt hat. Er hat deshalb einem ihm persönlich bekannten Kunden der **Firma Groß & Angstmann** empfohlen, mit dem Kauf der Maschine noch zu warten. Über den zuständigen Vertreter erfährt die Geschäftsleitung davon.

- 1. In welcher Weise wird die Firma durch den Verrat des Geschäftsgeheimnisses geschädigt?
- 2. Prüfen Sie, ob die **Firma Groß & Angstmann** Herrn **Reinheimer** fristlos kündigen kann! BGB § 626
  3. **Reinheimer** einigt sich mit seinem Arbeitgeber, daß er selbst zum nächsten gesetzlichen Termin kündigt und sich eine neue Stelle sucht. Er verlangt die Ausstellung eines Zeugnisses.
  Der Arbeitgeber verweigert zunächst die Ausstellung eines Zeugnisses. Auf Drängen von **Reinheimer** erklärt er sich schließlich bereit, ein Zeugnis auszustellen, das dann aber folgenden Satz enthalten müsse:
  „Wir haben Herrn Reinheimer die Kündigung nahegelegt, da wir ihn des Verrats von Geschäftsgeheimnissen überführt haben."
- Kann **Reinheimer** auf der Ausstellung eines Zeugnisses bestehen, in dem dieser Satz oder eine ähnliche Aussage nicht aufgenommen wird? HGB § 73

Arbeitsschutzgesetze

704 *Arbeitszeitschutz*

Es ist heute kaum noch vorstellbar, unter welch harten Bedingungen noch zu Beginn des 19. Jahrhunderts gearbeitet wurde. Überall in der Welt, vor allem in Deutschland, wurden inzwischen Gesetze erlassen, um menschenwürdige Arbeitsbedingungen zu sichern und die Ausbeutung des arbeitenden Menschen zu verhindern.

In den Spinnereien wurde täglich 14—16 Stunden fast ohne jede Pause gearbeitet, auch an Samstagen und mitunter sogar sonntags. Die Arbeiter schlangen das Essen während der Arbeit stehend hinunter. In Hutmachereien z. B. mußten junge Mädchen während der Saison oft 18 Stunden arbeiten. Manchmal hatten sie innerhalb 24 Stunden nur 2 Stunden Zeit zum Schlafen. Um Zeit zu sparen, setzte man ihnen sogar das Essen kleingeschnitten vor.

In der Bundesrepublik verhindert heute die Arbeitszeitordnung solche Zustände.

1. Ein Arbeiter, 22 Jahre alt, möchte in seinem Betrieb täglich möglichst lange arbeiten, um sich bald ein Auto kaufen zu können.
- a) Prüfen Sie anhand der Arbeitszeitordnung, ob der Arbeitgeber durch Einzelarbeitsvertrag die Arbeitszeit auf 65 Stunden je Woche verlängern kann! Eine tarifliche Regelung besteht nicht.   AZO § 3
- b) Halten Sie die Regelung für zweckmäßig?

2. In einem Betrieb wird samstags nicht gearbeitet.   § 4 I
- Wieviel Stunden regelmäßige werktägliche Arbeitszeit läßt die Arbeitszeitordnung für einen Arbeiter zu, wenn keine besondere tarifliche Vereinbarung besteht?

3. Der Arbeiter hat in der Mittagsschicht von 14—22 Uhr gearbeitet.   § 12 I
- Wann darf seine nächste Arbeitsschicht frühestens beginnen?

4. Der Arbeitgeber will in den Monaten November und Dezember wegen des Weihnachtsgeschäftes insgesamt 25 Tage 10 Stunden täglich arbeiten lassen. Während des Jahres hat der Betrieb regelmäßig 40 Stunden in der 5-Tage-Woche gearbeitet.   § 6
- Erlaubt die Arbeitszeitordnung diese Beschäftigung?

705 *Jugendarbeitsschutz*

In den Kohle- und Eisenbergwerken arbeiteten zu Beginn des 19. Jahrhunderts schon Kinder von 4 Jahren ab, die meisten waren etwa 8 Jahre alt. Die Kinder arbeiteten täglich 14—16 Stunden. Es gibt Berichte, daß in Einzelfällen die Kinder von den Aufsehern nackt aus dem Bett geholt und unter Schlägen, mit den Kleidern unterm Arm, in die Fabrik gejagt wurden. Dort wurde ihnen der Schlaf mit Schlägen vertrieben.

Das Jugendarbeitsschutzgesetz verhindert heute die Ausbeutung von Jugendlichen.   JArbSchG § 13

1. Ein Jugendlicher von 17 Jahren hat bis 20 Uhr gearbeitet.
- Wann darf er am nächsten Morgen frühestens beschäftigt werden?

2. Ein Auszubildender hat an einem Berufsschultag 5 Unterrichtsstunden zu je 45 Minuten.   §§ 8, 9
- Muß er nach Ende des Unterrichts noch in den Betrieb?

3. Ein Jugendlicher wird am 14. Juni 18 Jahre alt und tritt am 10. Juni seinen Urlaub an.   § 19 II
- Hat er nach dem Jugendarbeitsschutzgesetz Anspruch auf 25 Tage Urlaub?

- 4. Darf ein 15jähriger täglich 8¹/₂ Stunden am Fließband beschäftigt sein, wenn im Betrieb samstags arbeitsfrei ist?   JArbSc § 23

706   Gesundheits- und Unfallschutz

In den Fabriken mußten früher die Maschinen vom Arbeiter in seiner Freizeit geputzt werden, wenn die Maschinen stillstanden. Da die Arbeiter sich von ihrer knappen Freizeit nichts nehmen lassen wollten, putzten sie häufig die laufenden Maschinen während der Arbeitszeit. Dabei kam es zu vielen Unfällen. Dem Verstümmelten wurde höchstens der Arzt bezahlt. Was nachher mit ihm geschah, und wovon er sich ernährte, darum kümmerte sich niemand.

Die Gewerbeordnung und die Vorschriften der Berufsgenossenschaften sollen heute derartige Mißstände verhüten.

1. In einem Betrieb der metallverarbeitenden Industrie hängen große Dauerplakate: RVO § 54

    „Beim Schweißen Schutzbrille tragen"

    „Nicht unter schwebende Last treten"

- Auf wessen Weisung mußte der Unternehmer diese Plakate anbringen?

2. Ein Akkordarbeiter arbeitet an einer Stanzmaschine. Nachdem er das Blech unter die Stanze geschoben hat, muß er 2 Bedienungsknöpfe betätigen. Dann senkt sich zuerst ein Schutzgitter. Dann erst wird gestanzt. Danach hebt sich das Schutzgitter und der Arbeiter kann eine neue Tafel Blech einschieben. Die Bedienungsknöpfe sind so weit voneinander entfernt, daß sie nicht mit einer Hand bedient werden können. Der Akkordarbeiter schließt den Bedienungsknopf für die rechte Hand entgegen strengen Betriebsanweisungen kurz.

- a) Was will der Akkordarbeiter damit erreichen?
- b) Wer kann den Betriebsinhaber zwingen, Maschinen mit Schutzeinrichtungen zu versehen?
- c) Welchen Anreiz gibt die Berufsgenossenschaft den Arbeitgebern, für Unfallverhütung zu sorgen?   § 725

3. Der Akkordarbeiter hat mit der rechten Hand eine Tafel Blech eingeschoben, während sich das Schutzgitter schon senkte. Da er die Hand nicht mehr rechtzeitig zurückziehen konnte, wurde sie von der Stanze erfaßt. Die rechte Hand mußte amputiert werden.   §§ 548 553, 5

- Von wem erhält der Verletzte Rente?

707   Kündigungsschutz (ungleiche Kündigungsfrist, Betriebsrat, werdende Mütter)

In manchen Fabriken war es früher üblich, daß den Arbeitern ohne besonderen Grund fristlos gekündigt werden konnte, sie selbst aber mußten eine Kündigungsfrist von 1 Woche einhalten.

Heute wird jeder Arbeitnehmer durch das Kündigungsschutzgesetz und verschiedene andere Gesetze vor willkürlicher Kündigung geschützt.

- 1. Prüfen Sie, ob folgende Vereinbarung gültig wäre: BG § 62

    Der Angestellte hat eine Kündigungsfrist von 4 Wochen, der Arbeitgeber eine von 3 Tagen.

2. Ein Arbeitnehmer hat im letzten Jahr an 163 Tagen, im vorletzten Jahr 91 Tage und im Jahr davor an 142 Tagen immer wieder wegen Erkrankung der Atmungsorgane gefehlt. Nach dem Gutachten eines Arztes ist mit einer Besserung nicht zu rechnen. Dem Arbeitnehmer, der ununterbrochen 30 Jahre lang im Betrieb beschäftigt war, wird gekündigt. Er klagt gegen die Kündigung.

BGB § 622
KSchG § 1

- Halten Sie die Kündigung für sozial gerechtfertigt?

3. Das Betriebsratsmitglied **Appenzeller** ist Einkäufer in der **Schmuckwarengroßhandlung Schilling OHG**. Trotz einer Verwarnung kauft er bei günstigen Gelegenheiten für eigene Rechnung Schmuckstücke ein und verkauft sie in seinem Bekanntenkreis weiter. Aus diesem Grund wurde ihm fristlos gekündigt.

BGB § 626
HGB § 60
KSchG § 15

- Ist die fristlose Kündigung des Betriebsratsmitglieds **Appenzeller** rechtlich zulässig?

4. Frau **Hiller** ist werdende Mutter. Sie verweist auf ihre Schwangerschaft und weigert sich beharrlich, Akkordarbeit zu übernehmen. Deshalb wird ihr gekündigt. Dagegen erhebt Frau **Hiller** Einspruch.

MuSchG § 9

- Ist die Kündigung gültig?

708 Kündigungsschutz (langjährige Angestellte, Schwerbeschädigte, Betriebsrat, werdende Mütter, sozial ungerechtfertigte Kündigung)

1. Das Rechnungswesen der **Firma Groß & Angstmann** wird auf elektronische Datenverarbeitung umgestellt. Aus dem Bereich des Rechnungswesens sollen deshalb einige Angestellte entlassen werden, für deren spezielle Kenntnisse und Fähigkeiten es im Betrieb keine geeigneten Arbeitsplätze mehr gibt. Die Kündigungen gehen am 15. 2. den Arbeitnehmern zu.

- Wie lange muß das Unternehmen in folgenden Fällen warten, bis die Angestellten aus dem Betrieb ausscheiden?

    a) Angestellter **Henkels**, 24 Jahre alt, 2 Jahre im Betrieb
    b) Angestellter **Gutmann**, 38 Jahre alt, 4 Jahre im Betrieb, 50% Schwerbeschädigter
    c) Angestellter **Volk**, 54 Jahre alt, 9 Jahre im Betrieb
    d) Angestellter **Dornbach**, 42 Jahre alt, 7 Jahre im Betrieb, Betriebsratsmitglied
    e) Angestellte Frau **Rodmann**, 26 Jahre alt, 2 Jahre im Betrieb.
    Bei der Kündigung erklärt sie sofort, werdende Mutter zu sein.

BGB § 622
Schwerbesch.Ges. §§ 16, 17
KFr.G. § 2
KSchG § 15
MuSchG § 9

2. Der Angestellte **Volk** (siehe Aufgabe 1 c) widerspricht der Kündigung, weil er sie für sozial ungerechtfertigt hält (§ 1 Kündigungsschutzgesetz). Er habe 2 Kinder in der Berufsausbildung. Es sei für ihn in seinem Alter nicht leicht, am Ort, wo er sein Einfamilienhaus besitzt, wieder Arbeit zu finden.

KSchG § 1

- Ist die Kündigung Ihrer Ansicht nach sozial ungerechtfertigt und damit ungültig?

709 Arbeitsgerichtsbarkeit

Im 19. Jahrhundert war der Arbeiter im Betrieb rechtlos und der Willkür des Arbeitgebers ausgesetzt. In den Bergwerken wurde den Arbeitern der Lohn meist je Kufe (Kufe = Kübel, Bottich) berechnet. War in der Kufe mehr als ein gewisses Quantum Grus, dann wurde nicht nur für die ganze Kufe kein Lohn gezahlt, sondern damit war auch noch eine Strafe verbunden. Dabei hing das vor allem von der Beschaffenheit der Kohleflöze und kaum von der Arbeit des Arbeiters ab.
Für arbeitsrechtliche Streitfälle sind heute Arbeitsgerichte aufgrund des Arbeitsgerichtsgesetzes zuständig.

1. Der Streitwert zu einem arbeitsrechtlichen Verfahren wegen Lohnforderung beträgt 650,— DM.

ArbGG § 8 I

- Bei welcher Instanz der Arbeitsgerichtsbarkeit ist die Klage einzureichen?

- 2. Kann sich der Arbeitnehmer durch einen Gewerkschaftsvertreter vor diesem Gericht vertreten lassen?   ArbG § 11
- 3. Kann der Arbeitnehmer auch ohne Vertreter und Beistand vor diesem Gericht erscheinen?   § 11
- 4. Welchen Vorteil hat ein Arbeitnehmer, wenn er von einem Beauftragten seiner Gewerkschaft beraten und vertreten wird?

12,

Betriebsrat

710   *Wahl und Zusammensetzung des Betriebsrats*

Die **Firma Herde & Wannewetsch OHG, Maschinenbau** beschäftigt 600 Arbeitnehmer.   BVG § 14

1. Auf einer Versammlung der Belegschaft erstattet der Betriebsrat Bericht über seine Tätigkeit. Auf Grund des Berichts wird die Entlastung des bisherigen Betriebsrats vorgeschlagen. Durch Handheben wird der gesamte bisherige Betriebsrat wiedergewählt. Der Arbeiter **Arnold**, der sich der Stimme enthalten hat, will die Wahl anfechten.
   Wie kann er die Anfechtung begründen?

2. Bei der ordnungsgemäßen Betriebsratswahl ist der Angestellte **Sauer** krank. Er beauftragt einen Arbeitskollegen, die Stimme für ihn abzugeben.   § 14
- Darf der Wahlvorsitzende das zulassen?

3. Prüfen Sie, ob ein 15jähriger Auszubildender bei der Betriebsratswahl seine Stimme abgeben kann!   § 7

4. In der **Firma Herde & Wannewetsch** wählen die Angestellten und die Arbeiter in getrennten Wahlgängen. Der Betrieb beschäftigt unter den 600 Mitarbeitern 56 Jugendliche unter 18 Jahren, 480 Arbeiter und 64 Angestellte (darunter 4 Prokuristen).
- a) Warum wählen Angestellte und Arbeiter ihre Vertreter getrennt?
- b) Der Betriebsrat besteht nach § 9 BVG aus 9 Mitgliedern.   §§ 5, 9, 1
  Wieviel davon stellen die Arbeiter und wieviel die Angestellten?

5. Im Betrieb sind 20 ausländische Gastarbeiter über 18 Jahre beschäftigt. Sie wollen bei der Betriebsratswahl ihre Stimme abgeben.   §§ 5
- Dürfen sie das?

6. Der Angestellte **Hartmann** ist seit 5 Monaten bei **Herde & Wannewetsch** beschäftigt. In seiner früheren Firma war er ein bewährtes Betriebsratsmitglied.   § 8
   Seine Arbeitskollegen schlagen ihn zur Wahl vor.
- a) Warum ist er nach dem Betriebsverfassungsgesetz (BVG) nicht wählbar?
- b) Halten Sie diese Regelung für vernünftig?

7. Die Jugendlichen in der **Firma Herde & Wannewetsch** wollen eine Jugendvertretung wählen. **Noll** ist 23 Jahre alt.   § 61
   Kann er sich für 2 Jahre als Jugendvertreter wählen lassen?

8. Die italienischen Gastarbeiter wollen einen ihrer Landsleute in den Betriebsrat wählen, der schon 2 Jahre im Betrieb beschäftigt ist.   § 8
- Kann er gewählt werden?

9. Der Arbeiter **Weizmann** lehnt eine Kandidatur für den Betriebsrat ab. Er sagt, daß er durch seine Tätigkeit im Betriebsrat als Arbeiter im Gegensatz zu den Angestellten einen zu großen Einkommensverlust habe.   § 37
- Ist der Einwand **Weizmanns** berechtigt?

| **711** | *Mitwirkung — Mitbestimmung — Betriebsvereinbarung — Sozialplan* |

1. Der Betriebsrat der **Firma Herde & Wannewetsch** (600 Arbeitnehmer) wird von der Geschäftsleitung aufgefordert, zuzustimmen, daß dem Arbeiter **Hamann** gekündigt wird. Einige Arbeitskollegen **Hamanns** wollen an der Betriebsratssitzung teilnehmen in der über die Entlassung gesprochen wird.

   a) Der Betriebsratsvorsitzende verbietet bei Betriebsratssitzungen grundsätzlich die Anwesenheit von Personen, die dem Betriebsrat nicht angehören.   BVG § 30
   - Ist das möglich?

   b) Der Betriebsrat hat der Kündigung mit der Begründung widersprochen, daß soziale Gesichtspunkte bei der Auswahl der zu kündigenden Arbeitnehmer nicht berücksichtigt wurden. Der Arbeitgeber spricht die Kündigung trotzdem aus. **Hamann** will alle möglichen arbeitsrechtlichen Schritte unternehmen, um bei **Herde & Wannewetsch** weiterhin beschäftigt zu bleiben.   §§ 99, 102
   - Welche arbeitsrechtlichen Schritte kann **Hamann** unternehmen?

2. Die Geschäftsleitung der **Firma Herde & Wannewetsch** benötigt das Sitzungszimmer des Betriebsrats für die Registratur. Sie fordert deshalb den Betriebsrat auf, sich auf eigene Kosten eine Geschäftsstelle zu mieten und die Sitzungen künftig außerhalb der Geschäftszeit abzuhalten.   § 40 II
   - Was würden Sie als Betriebsratsvorsitzender unternehmen?

3. Der Betriebsrat der **Firma Herde & Wannewetsch** will die gesetzlich vorgeschriebene Betriebsversammlung durchführen.

   a) Wie oft muß eine Betriebsversammlung abgehalten werden?   § 43

   b) Die Geschäftsleitung wünscht, an der Betriebsversammlung teilzunehmen und sich zu Wort zu melden.
   - Ist sie dazu berechtigt?

4. Die **Firma Herde & Wannewetsch** wird von einem ausländischen Konzern übernommen. Die neue Geschäftsleitung will als erste Maßnahme zum Zwecke der Rationalisierung die bisherigen Frühstückspausen abschaffen. Sie kündigt deshalb fristgemäß die Betriebsvereinbarung, die Regelungen über die Frühstückspausen enthält.

   a) Wer sind die Vertragspartner von Betriebsvereinbarungen?

   b) Die Belegschaft ist empört. Die neue Geschäftsleitung zeigt in Verhandlungen mit dem Betriebsrat kein Entgegenkommen. Sie besteht auf den von ihr festgelegten neuen Arbeitszeiten. Im Betriebsrat wird besprochen, ob ein weiterer Widerstand überhaupt sinnvoll wäre. Letztlich sei der Betriebsrat trotz BVG in dieser Angelegenheit gegen den Arbeitgeber machtlos, sagt ein Betriebsratsmitglied.   §§ 76, 87
   - Prüfen Sie, ob der Standpunkt dieses Betriebsratsmitglieds zutrifft!

5. Der übernehmende Konzern will die Kleinmaschinenfertigung von Duisburg nach Mannheim, in ein anderes zu dem Konzern gehöriges Werk verlegen.

   a) Welche Möglichkeiten der Mitwirkung und Mitbestimmung hat dabei die Belegschaft?   §§ 106, 111, 112

   b) Der Betriebsrat fordert für den Fall, daß die Verlegung tatsächlich durchgeführt wird, die Aufstellung eines Sozialplanes.
   - Machen Sie einen Vorschlag zum Inhalt der Betriebsvereinbarung für den Sozialplan!   § 112

6. Die **Herde & Wannewetsch OHG** soll von dem übernehmenden Konzern in eine Aktiengesellschaft umgewandelt und so vergrößert werden, daß sie 3 000 Arbeitnehmer beschäftigt. Der Betriebsratsvorsitzende meint, daß damit der Einfluß der Belegschaft auf die Geschäftsleitung größer werde.   § 129 § 76 (1952) AktG § 96
   - Welche zusätzliche Einflußmöglichkeiten erhält dann die Belegschaft?

712 *Sozialpartner*

- 1. Untersuchen Sie an Beispielen aus dem deutschen Arbeitsrecht, ob dieses den Gedanken der Partnerschaft zwischen Arbeitgeber und Arbeitnehmer verwirklicht!
- 2. Läßt das deutsche Arbeitsrecht Ihrer Ansicht nach dem Arbeitgeber noch die notwendige Entscheidungsfreiheit? Nehmen Sie Stellung anhand von Beispielen!

713 *Mitbestimmungsmodelle*

Ein Konzern im Montanbereich, der sich in Hüttenwerke, Röhrenwerke, Werke des Anlagenbaus und Handelsgesellschaften in Form von Aktiengesellschaften und GmbHs gliedert, plant eine Umorganisation der Konzernstruktur. Die Hüttenwerke, in der 11 000 der insgesamt 79 000 Arbeitnehmer des Konzerns beschäftigt sind, war bisher direkt der Muttergesellschaft unterstellt. Sie soll mit den Röhrenwerken zusammengelegt werden. Durch den Wegfall der eigenen Hüttenverwaltung erwartet man eine Kostensenkung von etwa 50 Mio. DM, die fast dem bisher erzielten Jahresverlust entspricht. Bei dieser geplanten Neuorganisation würde die Nebenwirkung eintreten, daß der Gesamtkonzern nicht mehr wie bisher der Montan-Mitbestimmung unterliegt. Da die übrigen Konzernbereiche nicht im Bergbau und der Eisen- und Stahlerzeugung tätig sind, unterlag der Gesamtkonzern nur deshalb der Montan-Mitbestimmung, weil die Hüttenwerke der Muttergesellschaft direkt unterstellt war.
Die Gewerkschaft sieht darin den Beginn einer sozialen Demontage und kündigt Kampfmaßnahmen an.

- 1. Würde sich die Mitbestimmung nach Wegfall der Montan-Mitbestimmung nach dem Mitbestimmungsgesetz vom 18.3.76 oder nach dem Betriebsverfassungsgesetz vom 15.1.72 regeln?
- 2. Wie unterscheiden sich die 3 in der Bundesrepublik praktizierten Mitbestimmungsmodelle?
- 3. Nehmen Sie aus der Sicht eines Arbeitnehmers des Konzerns Stellung zu der Abschaffung der Montan-Mitbestimmung in dem Konzern infolge Neuorganisation!

Arbeitskampf

714 *Streik — Aussperrung — Schlichtung — Tarifvertrag*

Nach einer Abstimmung aller organisierten Arbeitnehmer (Urabstimmung) ruft die **IG Metall in Nordwürttemberg** zu einem Streik auf, um höhere Löhne zu erzwingen.
1. Zunächst sollen nur die Arbeiter einiger Großbetriebe die Arbeit niederlegen, aber nicht die Angestellten.
- a) Warum beschränkt die Gewerkschaft ihre Kampfmaßnahmen zunächst auf wenige Betriebe?
- b) Muß der Arbeitgeber den streikenden Arbeitern den Lohn weiterzahlen?
- c) Warum genügt es, daß nur die Arbeiter streiken?
- d) Welchen Nachteil hat ein nichtorganisierter Arbeiter, wenn er streikt?

2. Die Streikleitung hat dafür gesorgt, daß vor den bestreikten Betrieben Streikposten stehen. Sie tragen Schilder: „Dieser Betrieb wird bestreikt".
- a) Der Arbeitgeber will die Streikposten, die er für die Rädelsführer hält, wegen Arbeitsverweigerung und Untreue fristlos entlassen.
  Hat er Ihrer Ansicht nach einen Rechtsgrund zur fristlosen Entlassung?
- b) Ein nichtorganisierter Arbeiter will zur Arbeit. Die Streikposten versperren ihm den Zugang zum Betrieb.
  Dürfen das die Streikposten?

3. Die Arbeitgeber der Metallindustrie haben als Entgegnung auf den Streik beschlossen, allen Arbeitern und Angestellten fristlos zu kündigen.
- a) Warum beschränken sie ihre Maßnahmen nicht auf die Betriebe, die bestreikt werden?
- b) Ist bei einem organisierten Streik die fristlose Entlassung der gesamten Belegschaft erlaubt?

BG
§ 3

4. Die **IG Metall** und der **Arbeitgeberverband der Metallindustrie** einigen sich nicht. Streik und Aussperrung dauern schon 14 Tage. Die von der Gewerkschaft für den Streik ausgesuchten Betriebe sind vor allem Zulieferer der deutschen Autoindustrie. Die Autoindustrie gibt bekannt, daß sie nur noch für 3 bis höchstens 6 Tage Vorräte an Zubehörteilen habe, die von den bestreikten Firmen produziert werden.

- a) Würden Sie es richtig finden, wenn in diesem Fall der Staat das Recht hätte, einen angemessenen Lohn festzusetzen und den Streik für beendet zu erklären (Zwangsschlichtung)?
- b) Gibt es in der Bundesrepublik Deutschland die Zwangsschlichtung?

5. Die Tarifpartner einigen sich. Der Ecklohn (Lohn des 21jährigen Facharbeiters) wird um 35 Pfg. je Stunde erhöht. Der Tarifvertrag wird schriftlich abgeschlossen und zum Tarifregister angemeldet. In den Tarifvertrag wird die Klausel aufgenommen, daß die Arbeitgeber auf jede Maßregelung der am Streik beteiligten Arbeitnehmer verzichten und alle Arbeitnehmer mit allen erworbenen Rechten wieder einstellen. Die Laufzeit des Tarifvertrags wird auf 2 Jahre bestimmt. Danach kann er mit einer Frist von $1/4$ Jahr gekündigt werden.

- a) Warum verlangt die Gewerkschaft in einer Klausel die Fortführung aller Arbeitsverhältnisse?
- b) Die Tarifpartner schließen Lohntarife und Rahmentarife (Arbeitszeit, Urlaub, Kündigung usw.) miteinander ab.
  Welcher dieser Tarife hat Ihrer Ansicht nach in der Regel eine längere Laufzeit?
- c) Welchen Zweck erfüllt das staatliche Tarifregister?

6. Ein gewerkschaftlich organisierter Arbeiter erklärt sich bereit, zu einem Lohn unter dem Tariflohn zu arbeiten, damit er überhaupt eingestellt wird.
Nachdem er 6 Wochen im Betrieb beschäftigt ist, verlangt der Arbeiter Nachzahlung der Differenz zwischen seinem vereinbarten Lohn und dem Tariflohn. TVG § 4 III

- Hat er Anspruch auf die Nachzahlung?

7. In dem auf den Abschluß dieses Tarifvertrags folgenden Jahr erfolgen starke Preiserhöhungen. Die Arbeiter fordern höhere Löhne und von der Gewerkschaft größere Aktivität. Notfalls soll die Gewerkschaft Streik androhen.

- a) Warum und wie lange kann die Gewerkschaft keine Arbeitskampfmaßnahmen ergreifen?
- b) Welche Rechtsfolgen muß die Gewerkschaft fürchten, wenn sie während der Laufzeit des Tarifvertrags einen Streik organisiert?
- c) Der Tarifvertrag wird fristgemäß gekündigt. Eine Einigung über eine Neuregelung ist noch nicht erfolgt, als die Kündigungsfrist abgelaufen ist. § 4 V
  Kann der Arbeitgeber jetzt Arbeiter unter dem bisherigen Tariflohn einstellen, ohne eine Nachzahlung befürchten zu müssen?

| 715 | *Sondervereinbarung für Gewerkschaftsmitglieder* |

Eine Gewerkschaft versucht Tarifverträge abzuschließen, in denen die Arbeitgeber die ausgehandelten Vorteile nur den Gewerkschaftsmitgliedern gewähren dürfen.

- 1. Was will die Gewerkschaft damit erreichen?
- 2. Wie beurteilen Sie eine solche Vereinbarung?

| **716** | *Wilder Streik* |

In einem Betrieb findet ein Arbeiter einen Gehaltsabrechnungszettel eines leitenden Angestellten. Er erkennt daraus, daß der Angestellte eine Jahreserfolgsprämie von 95% eines Monatslohns erhalten hat. Den Arbeitnehmern war aber in diesem Jahr nur eine Erfolgsprämie von 75% ausbezahlt worden. Mit Windeseile spricht sich das im Betrieb herum. Die Arbeiter und die Angestellten legen sofort ihre Arbeit nieder. Selbst der Betriebsratsvorsitzende wird völlig überrascht.

Die Geschäftsleitung kündigt den Rädelsführern sofort wegen Arbeitsverweigerung. Die Arbeiter halten das für unerlaubt. Nur die fristlose Gesamtentlassung sei möglich.

- Wer hat recht?

| **717** | *Zusammenhang arbeitsrechtlicher Regelungen* |

Tarifvertrag, individueller Arbeitsvertrag, Arbeitsschutzgesetze und Betriebsvereinbarung sind Rechtsgrundlagen für das Arbeitsverhältnis.

- Tragen Sie die Begriffe in ein Schaubild nachstehenden Musters ein! Berücksichtigen Sie dabei, daß die auf der oberen Stufe der Pyramide eingetragene Regelung für den Arbeitnehmer nur günstiger sein darf als die darunter eingetragene Regelung!

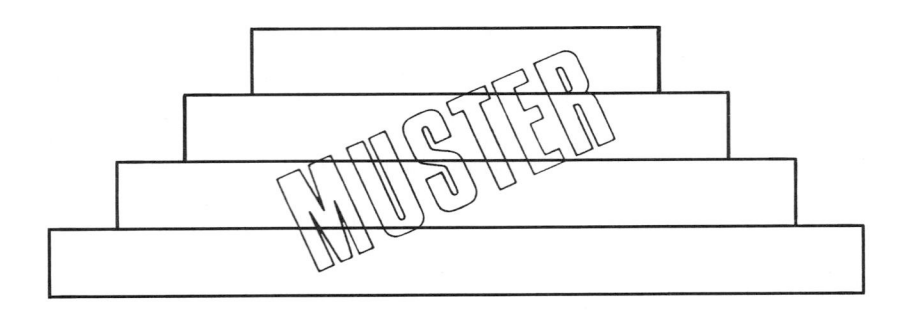

Entlohnungsverfahren

| **718** | *Zeitlohn — Faktoren der Berechnung* |

Nachstehende Tabellen (unvollständig) sind einem Tarifvertrag zwischen der IG-Metall und dem Arbeitgeberverband entnommen. Die Richtsätze für den Ecklohn sind besonders hervorgehoben (Lohngruppe VII, Altersklasse 21, Ortsklasse I).

Ecklohn ist der Lohn, den ein Arbeiter einer bestimmten Altersklasse (21 Jahre), in einer bestimmten Lohngruppe (Leistungsgruppe) und einer bestimmten Ortsklasse erhält. Aufgrund des Ecklohnes werden dann nach Richtsätzen des Mantel-Tarifvertrages für sämtliche Lohngruppen, Alters- und Ortsklassen die Lohntabellen für Zeit- und Akkordlöhne berechnet

Lohngruppe	I	II	III	IV	V	VI	**VII**	VIII	IX	X
% des Ecklohnes	72,5	76	80	85	90	95	**100**	110	120	133
Lohngruppenfaktor	0,725						**1**			

Altersklasse	bis 16	16	17	18	19	20	21	22
% der Altersklasse 21	60	70	80	85	90	95	**100**	105
Altersklassenfaktor							1	

Ortsklasse	I	II
% der Ortsklasse I	**100**	97
Ortsklassenfaktor	1	

1. Berechnen Sie für jede
   a) Lohngruppe den Lohngruppenfaktor,
   b) Altersklasse den Altersklassenfaktor,
   c) Ortsklasse den Ortsklassenfaktor.
2. a) Ermitteln Sie den Stundenlohn eines 18jährigen Zeitlohn-Arbeiters der Lohngruppe IX in der Ortsklasse II, wenn der Ecklohn 14,— DM beträgt, nach folgender Formel:
   Stundenlohn = Ecklohn × Lohngruppenfaktor × Altersklassenfaktor × × Ortsklassenfaktor
   b) Welche Faktoren dieser Rechnung dienen einer leistungsgerechten, welche einer sozialgerechten Entlohnung?
   c) Wieviel D-Mark Wochenlohn brutto erhält der Arbeiter, wenn er 45 Stunden gearbeitet hat und davon für 8 Stunden eine Überstundenvergütung von 25% erhält?
3. a) Berechnen Sie den Zeitlohn, den ein 21jähriger Arbeiter (Lohngruppe IX, Ortsklasse II) erhält, wenn er 45 Stunden gearbeitet hat, davon 8 Stunden als Überstunden!
   b) Halten Sie es für richtig, daß er für die gleiche Arbeit und die gleiche Arbeitszeit mehr Lohn erhält als der 18jährige Arbeiter?

719   Akkordlohn — Normalleistung

In einem Unternehmen soll die Entlohnung bei der Herstellung einer Welle von Zeitlohn auf Akkordlohn umgestellt werden. Ein Arbeiter mit Normalleistung stellte bisher im Zeitlohn 4 Stück je 60-Minuten-Stunde her.

Als Mindestlohn soll den Akkordarbeitern der Tariflohn von 14,— DM je Stunde garantiert werden. Hierauf wird ein Akkordzuschlag von 20% gewährt. Der Grundlohn des Akkordarbeiters beträgt demnach 16,80 DM je Stunde.

Von der Arbeitsvorbereitung wurde die Vorgabezeit zur Herstellung eines Stücks auf 25 Minuten einer 100-Minuten-Stunde (Dezimalminuten) festgelegt.

- 1. Überprüfen Sie, ob die Arbeitsvorbereitung mit der Festlegung einer Vorgabezeit von 25 Dezimalminuten je Stück die Anforderung an einen Arbeiter mit Normalleistung verändert hat!
- 2. Wieviel Stück muß ein Arbeiter im Durchschnitt je Stunde mindestens herstellen, damit er je Stunde mehr verdient als vor der Umstellung auf Akkordlohn?
   Vor der Umstellung erhielt der Akkordarbeiter den Tariflohn von 14,— DM je Stunde.

- 3. Halten Sie es für angebracht, daß ein Arbeiter, der im Akkordlohn Normalleistung erbringt, schon einen höheren Stundenlohn hat als ein vergleichbarer Arbeiter im Zeitlohnsystem?
- 4. Das Unternehmen berechnet den Akkordlohn nach der Methode des Zeitakkords.
    a) Ein Arbeiter hat in einer Arbeitswoche (37 Stunden) 184 Wellen hergestellt.
- Welche Wochenarbeitszeit (in Dezimalminuten) wird ihm vergütet?
- b) Welcher Geldbetrag wird ihm auf die anzurechnende Dezimalminute bezahlt (Minutenfaktor)?
- c) Welchen Gesamtlohn erhält er für die abzurechnende Arbeitswoche?
- d) Um welchen Betrag ist in dieser Arbeitswoche sein effektiver Stundenverdienst höher als vorher im Zeitlohn?
- 5. Vergleichen Sie die Entwicklung der Lohnkosten je Stück für die Herstellung einer Welle nach Einführung des Akkord-Lohnsystems mit dem Verlauf der Lohn-Stückkosten im Zeitlohn!
  Verwenden Sie dazu ein Koordinatensystem! Abszisse: Zahl der von 1 Arbeiter je Stunde hergestellten Stücke (0—8); Ordinate: Lohnkosten je Stück (0—17,—).
- 6. Beurteilen Sie die Einführung des Akkordlohns vom Standpunkt der Arbeitnehmer und vom Standpunkt des Unternehmens!

720 Zeitlohn — Akkordlohn

- Für welche der folgenden Arbeitskräfte eignet sich Ihrer Ansicht nach besser das Zeitlohn-Verfahren und für welche das Akkordlohn-Verfahren:
  Edelsteinschleifer, Nachtwächter, Lagerarbeiter, Pförtner, Dreher, Lehrlingsmeister, Chefsekretärin, Programmierer, Fernfahrer, Maurer, Stanzer, Stenotypistin, Einzelhandels-Verkäufer, Buchbinder, Packerin?

721 Gruppenakkord

Eine Montagegruppe von 5 Facharbeitern ist an der Erstellung eines Fertighauses beteiligt. Nach 3 Tagen erhalten sie im Gruppenakkord zusammen 4 800,— DM.
- 1. Wieviel D-Mark erhält jeder Arbeiter
    a) bei gleicher Arbeitszeit und gleichen Akkordrichtsätzen,
    b) bei gleicher Arbeitszeit und verschiedenen Akkordrichtsätzen
       (A = 16,40, B = 15,20, C = 14,40, D = 14,00, E = 12,80,
    c) bei verschiedenen Arbeitszeiten (A = 25 Std., B = 27 Std., C = 23 Std., D = 26 Std., E = 19 Std.) und gleichen Akkordrichtsätzen,
    d) bei verschiedenen Arbeitszeiten (siehe b) und verschiedenen Akkordrichtsätzen (siehe c)?
- 2. Nennen Sie die Gründe für die verschiedenen Akkordrichtsätze bei dieser Montagegruppe!

722 Prämienlohn

In einer Automobilfabrik sind an einer Karosseriepresse 5 Arbeiter beschäftigt. In der Stunde bearbeiten sie zusammen im Durchschnitt 120 Karosseriebleche.

Die Arbeiter wurden bisher im Zeitlohn beschäftigt. Ihr Stundenlohn betrug 15,— DM. Die Kosten einer Maschinenstunde (Abschreibung, Zins, Energie, Wartung) betragen 900,— DM.

In der Automobilfabrik soll die Produktion um 10% erhöht werden. Technisch macht es keine Schwierigkeiten, die Leistung der Presse um 10% zu steigern; die Kosten je Maschinenstunde steigen dabei so unerheblich, daß sie bei der Berechnung außer Betracht bleiben können.

Das Unternehmen beabsichtigt durch Gewährung einer Prämie für die Arbeit an der Presse die Arbeitsgeschwindigkeit zu erhöhen. Für jedes Karosserieblech, das von der Arbeitsgruppe je Stunde über 120 Stück hinausproduziert wird, soll je Blech und Mann eine Prämie von 0,25 DM gezahlt werden. Als Höchstgrenze für die Prämie soll je Mann und Stunde der Betrag von 3,— DM festgelegt werden.

- 1. Warum wird als Höchstgrenze für die Prämie je Mann und Stunde gerade der Betrag von 3,— DM festgelegt?
- 2. Wie wirkt die Prämie auf die Fertigungskosten (Lohn + Maschinenkosten) eines Karosseriebleches, wenn die angestrebte Erhöhung der Arbeitsgeschwindigkeit erreicht wird?
- 3. Wie hoch muß die Prämie sein, wenn der Arbeitgeber den Vorteil der durch die Prämie erreichten Erhöhung der Arbeitsproduktivität ganz an die Arbeitnehmer weitergeben will?

723 Analytische Arbeitsbewertung — Gewinnbeteiligung

Alle folgenden Aufgaben und Probleme sollen mit Hilfe der Unterlagen aus der „Tarifvereinbarung über die analytische Arbeitsbewertung für die Metallindustrie in Rheinland-Pfalz" bearbeitet werden (s. u.).

1. Ein **Facharbeiter** war bisher in der Arbeitswertgruppe 06 (14 Punkte) eingestuft. Bei seiner Arbeit war er bisher weder Nässe noch Gasen oder Dämpfen ausgesetzt.

    Der **Facharbeiter** soll jetzt in einer anderen Werkstatt arbeiten. Für diese Arbeit soll ihm die Höchstpunktzahl für die Umwelteinflüsse Nässe, Gase und Dämpfe zugebilligt werden. Alle übrigen Gesichtspunkte werden wie bei seiner bisherigen Arbeit eingeschätzt.

    Eine **Hilfskraft** der Arbeitswertgruppe 03 (7 Punkte) wechselt mit ihm an den neuen Arbeitsplatz.

    Für die Arbeitswertgruppe 01 wird ein Stundenlohn von 12,— DM angesetzt.

    a) Um wieviel DM erhöht sich der Stundenlohn des **Facharbeiters** durch die Berücksichtigung der Umwelteinflüsse Nässe, Gase und Dämpfe?

    b) Um wieviel DM erhöht sich der Stundenlohn der **Hilfskraft** durch die Berücksichtigung der Umwelteinflüsse Nässe, Gase und Dämpfe?

    c) Wie ist es zu erklären, daß die Berücksichtigung der Umwelteinflüsse Nässe, Gase und Dämpfe beim **Facharbeiter** zu einem höheren Lohnzuschlag führt als bei der **Hilfskraft**, obwohl diese Umwelteinflüsse bei beiden mit 4 Punkten bewertet werden?

2. Halten Sie es für berechtigt, daß die aktiven Merkmale in dem Beurteilungsschema stärker berücksichtigt werden als die passiven?

3. Urteilen Sie auf der Grundlage der Vereinbarung über die analytische Arbeitsbewertung für die Metallindustrie in Rheinland-Pfalz, ob die in dem folgenden Text enthaltene sozialistische Kritik an der Entlohnung nach analytischer Arbeitsbewertung berechtigt ist!

„Die analytische Arbeitsbewertung enthält Elemente der vollständigen Unterordnung unter das Diktat der kapitalistischen Unternehmer. So ist zum Beispiel die Punktfestsetzung oft mit einer offenen oder versteckten „Persönlichkeitsbewertung" nach den Kriterien des Kapitals verbunden. In offener Form geschieht dies, wenn Zusatzpunkte für „Verhalten gegenüber Vorgesetzten", „Disziplin", „Pünktlichkeit", „Erhaltung des Arbeitsfriedens" oder dergleichen gegeben werden. In diesem Falle kann derjenige Arbeiter honoriert werden, der seiner Klassenposition zuwiderhandelt, sich zum Beispiel als Streikbrecher betätigt. Sind solche Positionen nicht vorhanden, was durch den Widerstand der Gewerkschaften meistens der Fall ist, so verbleibt doch immer die Möglichkeit, dem Unternehmer genehme Arbeiter durch großzügige Punktvorgabe, etwa für „Verantwortung", zu korrumpieren."*)

4. Beurteilen Sie die folgende Behauptung:
 „Bei sorgfältiger analytischer Arbeitsbewertung ergibt sich der gerechte Lohn. Eine Gewinnbeteiligung der Arbeitnehmer ist dann nicht mehr angebracht."

Auszug aus:
Tarifvereinbarung über die analytische Arbeitsbewertung für die Metallindustrie in Rheinland-Pfalz.

I. Allgemeine Erläuterungen und Bestimmungen

1. An die Ausführung jeder Arbeit werden gewisse Anforderungen gestellt. Die Summe der Anforderungen, die eine Arbeit an den Arbeitsausführenden stellt, ergibt die Arbeitsschwierigkeit. Die Bestimmung dieser Arbeitsschwierigkeit auf der Grundlage der menschlichen Normalleistung ist Gegenstand der Arbeitsbewertung. Die Anforderungen beziehen sich auf Merkmale körperlicher und nicht körperlicher Art. Erst die analytische Betrachtung der Arbeit nach diesen Anforderungen ermöglicht es, die bei den einzelnen Arbeitsvorgängen in der Höhe wechselnden Anforderungen in ihrer Gesamtheit richtig zu beurteilen. Die Analyse zwingt, im Gegensatz zur reinen Beispielmethode (Katalogmethode), sich Klarheit darüber zu verschaffen, ob und in welcher Höhe die einzelnen Anforderungsarten zu berücksichtigen sind, wobei sich auch wertvolle Erkenntnisse für die beste Gestaltung des Arbeitsvorganges ergeben können.

2. Die Einführung der analytischen Arbeitsbewertung erfolgt durch Betriebsvereinbarung, in der u.a. die vorgesehene Methode näher zu bezeichnen ist. Die Betriebsvereinbarung ist von den Tarifpartnern als Zeichen ihrer Zustimmung durch Unterschrift zu bestätigen.

3. Es wird eine betriebliche, paritätisch besetzte Arbeitsbewertungskommission gebildet. Sie setzt sich aus je zwei Vertretern der Geschäftsleitung und der Arbeitnehmer zusammen. Die Vertreter der Geschäftsleitung werden durch diese, die Vertreter der Arbeitnehmer durch den Betriebsrat bestimmt. Mindestens einer der Arbeitnehmervertreter soll dem Betriebsrat angehören und sachkundig sein.

Der Arbeitsbewertungskommission obliegt die Auswahl sowie die Erstellung eines repräsentativen Querschnittes der betrieblich erforderlichen Beispiele und ihre Bewertung.

Die Arbeitsbewertungskommission wird ferner bei Meinungsverschiedenheiten über die erfolgte Einstufung zum Zwecke der Verständigung tätig. Sollte eine Einigung nicht erzielt werden, so regelt sich das weitere Verfahren nach den §§ 12 Ziffer 2 letzter Satz und 27 des Manteltarifvertrages.

---

*) Alfred Lemmnitz: Der Arbeitslohn im Kapitalismus, Berlin (Ost) 1973

4. Im Zusammenhang mit der Bewertung ist insbesondere zu berücksichtigen:

a) Bei der Bewertung ist nur von den an die Arbeitsausführung gestellten sachlichen Anforderungen ohne Rücksicht auf die ausführende Person auszugehen. Persönlichkeitswerte oder individuelle Leistungsfaktoren bleiben also bei der Bewertung unberücksichtigt.

b) Bei Einzelarbeiten (Einzelaufgaben), die z.B. im Leistungslohn (Akkord) durchgeführt werden, ist jeweils der einzelne Arbeitsvorgang, wie er durch eine Akkordvorgabe begrenzt wird, zu bewerten *(Arbeitsbewertung)*.

c) Überall da, wo die Arbeit (oder Arbeitsaufgabe) nicht aus einer Summe gleichartiger Arbeitsvorgänge besteht, sondern wo sie einen Bereich oft sehr verschiedenartiger Arbeitsvorgänge umfaßt, tritt an Stelle der Einzelbewertung die Gesamtbewertung *(Arbeitsbereichsbewertung)*. Hierbei sind die Gegebenheiten und Anforderungen des Arbeitsplatzes oder des Arbeitsbereiches zu berücksichtigen. Bei der Festlegung des Arbeitsbereiches ist von den überwiegend anfallenden Arbeiten auszugehen. Arbeiten dieser Art werden im allgemeinen im Zeitlohn ausgeführt (z.B. Transport-, Hilfs-, Lager- und Versandarbeiten, Reparaturschlosser-, Modellschreiner-, Betriebshandwerker- und Werkzeugmacherarbeiten, Pförtner- und Wächtertätigkeiten).

VIII. Punktsummen-Schlüssel
(Zuordnung der Arbeitswerte zu Arbeitswertgruppen)

Zwecks Beschränkung der möglichen Zahl entstehender Differenzierungen sind aus betrieblichen Zweckmäßigkeitsgründen die bei der Bewertung gefundenen Arbeitswerte zu Gruppen, sogenannten Arbeitswertgruppen, zusammenzufassen. Es wurden **12 Arbeitswertgruppen** mit gleicher Bandbreite (Punktzuordnung pro Gruppe) wie folgt vereinbart:

Arbeitswert-gruppe	Punkt-zuordnung	Arbeitswert-gruppe	Punkt-zuordnung
01	0,5 bis 2,5	07	15,5 bis 17,5
02	3,0 „ 5,0	08	18,0 „ 20,0
03	5,5 „ 7,5	09	20,5 „ 22,5
04	8,0 „ 10,0	10	23,0 „ 25,0
05	10,5 „ 12,5	11	25,5 „ 27,5
06	13,0 „ 15,0	12	28,0 „ 30,0

IX. Arbeitswertgruppen-Lohnbildung und Arbeitswertgruppen-Schlüssel
Arbeitswertgruppen-Schlüssel

Für die Errechnung der Arbeitswertgruppenlöhne gilt danach folgender Schlüssel:

Arbeitswert-gruppe	Steigerungsfaktor (Arbeitswert-gruppen-Faktor)	Arbeitswert-gruppe	Steigerungsfaktor (Arbeitswert-gruppen-Faktor)
01	1,0000	07	1,4123
02	1,0512	08	1,5053
03	1,1099	09	1,6053
04	1,1750	10	1,7117
05	1,2471	11	1,8256
06	1,3268	12	1,9460

X. Funktionslinie der Steigerungsfaktoren

Punktwert	2	4	6	8	10	12	14	16	18	20	22	24	26	28	30
Arbeitswertgruppe	01		02		03		04		05		06		07		08		09		10		11		12
Steigerungsfaktor	1,0000	1,0512	1,1099	1,1750	1,2471	1,3268	1,4123	1,5053	1,6053	1,7117	1,8256	1,9460

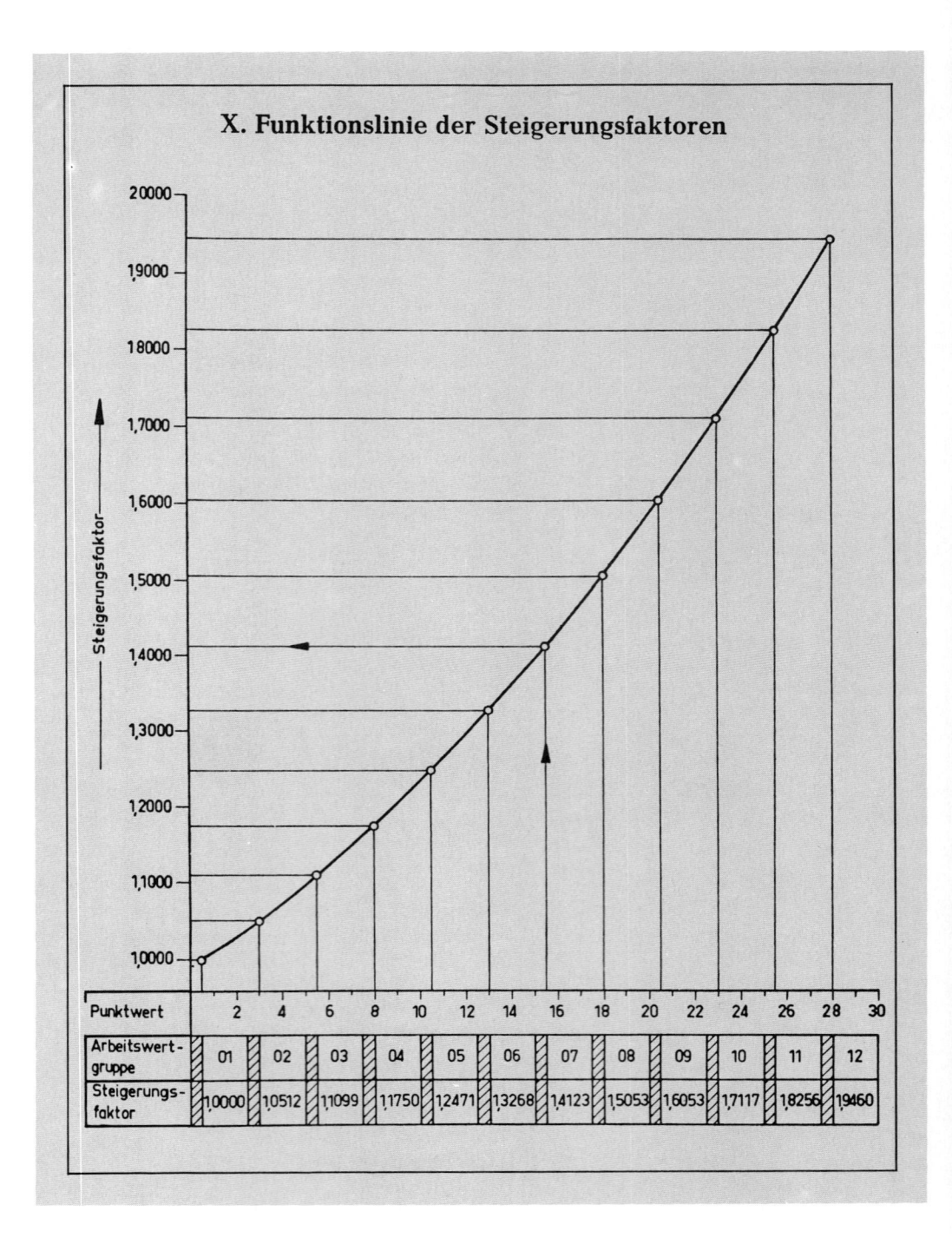

Anlage 1a:

Übersicht der Gewichtung der Anforderungsarten

Anforderungsart	Höchst-punktzahl	Prozentuales Gewichtsverhältnis gesamt (aktive und passive Merkmale)	nur aktive Merkmale	nur passive Merkmale
A) Aktive Merkmale				
I. Können:				
a) Arbeitskenntnisse (Ausbildung, Erfahrung, Denkfähigkeit)	9	13,53	21,95	
b) Geschicklichkeit (Handfertigkeit, Körpergewandheit)	5	7,52	12,20	
II. Verantwortung:				
a) für die eigene Arbeit (Betriebsmittel und Erzeugnisse)	7	10,53	17,07	
b) für die Arbeit anderer	3	4,51	7,32	
c) Für die Sicherheit anderer	3	4,51	7,32	
III. Arbeitsbelastung:				
a) geistige Belastung				
1. Belastung der Sinne und Nerven (Aufmerksamkeit)	5 ⎫ 8	7,52 ⎫ 12,03	12,20 ⎫ 19,52	
2. Belastung durch Denktätigkeit (Nachdenken)	3 ⎭	4,51 ⎭	7,32 ⎭	
b) muskelmäßige (körperliche) Belastung	6	9,02	14,63	
B) Passive Merkmale				
IV. Umgebungseinflüsse				
a) Schmutz (Verschmutzung)	3	4,51		11,76
b) Staub	2	3,00		7,84
c) Öl	1,5	2,25		5,88
d) Temperatur	3	4,51		11,76
e) Nässe	2	3,00		7,84
f) Gase, Dämpfe	2	3,00		7,84
g) Lärm	2,5	3,75		9,80
h) Erschütterung	2	3,00		7,84
i) Blendung oder Lichtmangel	1	1,50		3,92
k) Erkältungsgefahr	1,5	2,25		5,88
l) hinderliche Schutzkleidung	2	3,00		7,84
m) Unfallgefahr	3	4,51		11,76
ges.	66,5	99,94 = ~100%	100,1 = ~100%	99,96 = ~100%
Verhältnis der aktiven zu den passiven Merkmalen	41 : 25,5	61,65 : 38,35		

Sozialversicherung

724 *Prinzipien der Sozialunterstützung*

- 1. Lesen Sie untenstehenden Text und stellen Sie die Prinzipien sozialer Hilfe in der Form der folgenden Tabelle gegenüber:

	Caritas	Fürsorge (neuerdings Sozialhilfe)	Sozialversicherung	Versorgung
Kann die Leistung erzwungen werden?				
Wird die Bedürftigkeit geprüft?				
Aus welchen Mitteln wird die Leistung finanziert?				
Besteht eine Rückzahlungspflicht?				

Immer hat es Menschen gegeben, denen die Kräfte fehlten oder die keine Gelegenheit hatten, um sich aus den Früchten ihrer Arbeit ihren Lebensunterhalt zu sichern. Schon immer war aber die Hilfsbedürftigkeit Anlaß für die Glücklicheren, den Armen beizustehen. War es zunächst ein Helfen von Mensch zu Mensch, so nahm sich seit den Anfängen des Christentums die Kirche dieser Menschen an. Sie trennte nicht den unverschuldet Armen von dem freiwillig Armen. Sie hatte keine Möglichkeit der Kontrolle. *Wer sich um die Mittagszeit an der Klosterpforte einfand, dem wurde Essen gegeben. In der zweiten Hälfte des 11. Jahrhunderts verfiel diese karitative Hilfe. Der Kirche fehlten die Mittel, und das unsystematische Geben der karitativen Hilfe drängte zu einer Änderung.*

Die Ansätze eines systematischen städtischen Armenwesens waren kümmerlich. Mit grausamen armenpolizeilichen Maßnahmen, Auspeitschen, Galeerenstrafe, Brandmarken und sogar der Todesstrafe wollte man der, wie man glaubte, selbstverschuldeten Armut entgegentreten. Erst die Erklärung der Menschenrechte 1793 sprach von der öffentlichen Armenpflege als einer geheiligten Schuld der Gesellschaft. Damit wurde ideenmäßig die Grundlage zur Erhebung einer Armensteuer und zu dem neuen Hilfsprinzip der Fürsorge gelegt. **Die Verpflichtung des Staates, seine Armen zu unterstützen, wurde anerkannt.** *Die staatliche Hilfe sollte aber nur eintreten, wenn keine nahen Verwandten mehr helfen konnten.* **Die Leistung sollte ganz der individuellen Notlage angepaßt sein.** *Sie mußte zurückgezahlt werden, wenn sich die Verhältnisse des Unterstützten besserten oder wenn er als Erblasser Vermögen hinterließ.*

Durch die fortschreitende Industrialisierung hatte das Heer der Arbeitslosen ständig zugenommen. Ohne Grundbesitz waren sie bei Arbeitslosigkeit und Arbeitsunfähigkeit sofort der Armut ausgesetzt. **Die Sozialversicherungsgesetzgebung von 1881 — 1889 sollte ihnen für diese Fälle einen Rechtsanspruch auf Hilfeleistung geben.** *Von jetzt an wurde der Arbeitnehmer durch Zwangsbeiträge verpflichtet, selbst vorzusorgen.*

Andererseits gab jetzt der Staat Zuschüsse, *wenn die für die Arbeitnehmer und Arbeitgeber tragbaren Versicherungsleistungen nicht ausreichten. Die Leistungen der Sozialversicherung waren aber zunächst so gering, daß sie den Lebensunterhalt nicht sichern konnten. Immer noch gab es keine Arbeitslosenversicherung.*

Als im August 1914 der 1. Weltkrieg ausbrach, änderten sich mit einem Schlag die Verhältnisse. Die Armenfürsorge im alten Sinne war z.B. immer noch mit dem Verlust des Wahlrechts verbunden. Daß dies für die Kriegsfürsorge nicht mehr gelten konnte, war eine politische Notwendigkeit. Es entstand das Hilfsprinzip der Versorgung. **Wir sprechen von Versorgung, wenn aufgrund eines äußeren Merkmals, etwa einer Kriegsbeschädigung, ein Anspruch auf eine laufende Rente aus allgemeinen Steuermitteln entsteht. Die Bedürftigkeit wird dabei nicht geprüft. Der Aufwand wird aus allgemeinen Steuermitteln getragen.** *Der Unterstützungsanspruch entsteht aber nicht nur bei nachgewiesener Hilfsbedürftigkeit, sondern es genügt dafür schon ein äußeres Merkmal wie Lebensalter, Erwerbsbeschränkung, Kriegsbeschädigung, Kinderzahl. Eine allgemeine Staatsbürgerversorgung würde allen Staatsbürgern für Notlagen einen angemessenen Lebensunterhalt garantieren.*

- 2. Was halten Sie von einer allgemeinen Staatsbürgerversorgung?

725	*Krankenversicherung*

Der Personalsachbearbeiter der **Firma Rohrleitungsbau Schaub & Co.** war in Urlaub. Nach seiner Rückkehr hat er einige Fälle zur sozialen Krankenversicherung zu prüfen.

1. Der Hilfsarbeiter **Schupp** wurde in Abwesenheit des Personalsachbearbeiters eingestellt und verdient 2 500,— DM brutto monatlich. Es wurde vergessen, ihn bei der **AOK** anzumelden. 10 Tage nach Arbeitsantritt erkrankt **Schupp** und muß ins Krankenhaus.

- Warum muß die **Allgemeine Ortskrankenkasse** trotz unterlassener Anmeldung die Arzt- und Krankenhauskosten zahlen?   SGB V § 1

2. Gleichzeitig mit **Schupp** wurde der Dipl.-Kfm. **Klett** eingestellt. Es ist seine erste Stelle nach Abschluß seines Studiums. Sein Arbeitseinkommen liegt über der Grenze, die für die Versicherungspflicht für Angestellte in der Krankenkasse gilt. Auch er wird nicht angemeldet. Er muß wegen einer Erkältungskrankheit einen Arzt aufsuchen.   §§ 5, 6

- Muß die **AOK** die Arztkosten bezahlen?   § 6, 9

3. Die Firma stellt als Facharbeiter den Schlosser **Striebel** ein, der bisher selbständig eine Schlosserei betrieben hat. **Striebel** verdient 3 200,— DM brutto. Er wird sofort zur **AOK** angemeldet.

   a) **Striebel** hat ein chronisches Gallenleiden.
   Dürfte die **AOK** mit dieser Begründung die Aufnahme verweigern?   §§ 1, 5

- b) Würde es den Prinzipien der Sozialversicherung entsprechen, wenn die **AOK** die Erstattung der Kosten für Leiden ablehnen würde, die bei Eintritt schon bestehen?

- c) Wie würde sich eine private Krankenversicherung verhalten?

4. Die kaufmännische Angestellte **Irma Klötzel** verdient monatlich 2 825,— DM brutto. Sie erhält nachfolgenden Prospekt des privaten **Krankenversicherungsvereins Süddeutscher Ring:**

- a) Prüfen Sie an Hand des Prospekts, ob Fräulein **Klötzel** (24 Jahre alt) durch einen Beitritt zum **Süddeutschen Ring** Vorteile gegenüber einer Mitgliedschaft in der **AOK** hätte! Die für Fräulein **Klötzel** zuständige AOK hat einen Beitragssatz von 10%, von dem der Arbeitgeber die Hälfte zu tragen hat.

SÜDDEUTSCHER RING
Krankenversicherungsverein
München

WICHTIG FÜR SIE!

- Freie Arztwahl als Privatpatient, kein Krankenschein, Kostenersatz auch auf unbezahlte Rechnungen.
- Keine Begrenzung auf Höchstbeträge bei der Zahnarztrechnung.
- Jede versicherte vollbeitragspflichtige Person nimmt bei Nichtinanspruchnahme der Versicherungsleistungen innerhalb eines Geschäftsjahres an der Beitragsrückgewähr teil.

UNSERE LEISTUNGEN IN TARIF K 1:

A. Ambulante Krankenhilfe

1. Für ärztliche Beratungen, Besuche und Wegegebühren, Operationen, Röntgendiagnostik und Strahlentherapie — bis zum 2,3fachen der Sätze der GOÄ
2. Für ärztlich verordnete Inhalationen, Massagen, Wärme- und Lichtbehandlungen sowie sonstige physikalische Therapie — bis zum 2,3fachen der Sätze der GOÄ
3. Für ärztlich verordnete Arzneien und Verbandmittel — 100% der Kosten

B. Stationäre Krankenhausbehandlung

1. Unterkunft in Zweibettzimmer
2. Wahlärztliche Leistungen („Chefarztbehandlung")

BEITRÄGE

Vollbeitragspflichtige

Eintrittsalter	20 — 24	25 — 29	30 — 34	35 — 39	40 — 44	45 — 49
Männer	237,—	250,50	275,60	307,20	322,40	340,90
Frauen	362,30	369,40	374,30	390,40	404,20	419,20

Kinder bis zur Vollendung des 15. Lebensjahres 119,— DM

Wir gewähren Nachlässe bei ¼jährlicher, ½jährlicher oder jährlicher Überweisung der Beiträge.

Die Versicherungsleistungen des
SÜDDEUTSCHEN RINGS
betragen täglich über ¼ Million DM.

- b) Sie fragt den Personalsachbearbeiter, ob sie durch die Mitgliedschaft beim **Süddeutschen Ring** von der Beitragszahlung bei der **AOK** befreit würde.   SGB V § 5 Nr. 1
- Was würden Sie anstelle des Personalsachbearbeiters antworten?
- c) Würde Fräulein **Klötzel** durch einen Beitritt zur **Barmer Ersatzkasse** von der Beitragspflicht bei der **AOK** befreit?   § 183 I
- d) Warum werden nicht alle Arbeitnehmer zum Beitritt zur sozialen Krankenversicherung gezwungen?

5. Der kaufmännische Angestellte **Klarenberger** ist durch eine Gehaltserhöhung für die soziale Krankenversicherung versicherungsfrei geworden. Er war bis zu diesem Tag 12 Jahre ununterbrochen Pflichtmitglied der **AOK**. Er erkundigt sich, ob er jetzt aus der **AOK** ausscheiden muß.

- a) Hat Herr **Klarenberger** das Recht der freiwilligen Weiterversicherung?   § 9 Nr. 1
- b) Warum wäre es ungerecht, wenn ältere Versicherte nach langjähriger Pflichtmitgliedschaft aus der **AOK** ausscheiden müßten?

6. Dipl.-Ing. **Rauh** hat sein Studium gerade beendet. Er wird mit einem Anfangsgehalt eingestellt, das über der Versicherungspflichtgrenze liegt. **Rauh** fragt den Personalsachbearbeiter, ob er der **AOK** beitreten kann.

- Ist **Rauh** versicherungsberechtigt?   § 5 Nr. 1 § 9 Nr. 3

7. Der Arbeiter **Fabricius** hat sich wegen Herzbeschwerden krank gemeldet. Auf der Personalkarte ist festgehalten, daß er in den letzten 12 Monaten vor dieser Krankmeldung 15 Wochen, in dem Jahr zuvor 25 Wochen und im vorletzten Jahr 20 Wochen wegen Herz- und Kreislaufbeschwerden zu Hause bleiben mußte. In den letzten 7 Monaten hat er insgesamt 6 Wochen Lohnfortzahlung vom Arbeitgeber erhalten.   § 27 § 48 I

- a) Zahlt die **AOK** trotz der häufigen Erkrankung von **Fabricius** noch Arztkosten, Medikamente und Krankengeld?
- b) Hat **Fabricius** gem. § 1 des Lohnfortzahlungsgesetzes Anspruch auf Lohn?
- c) Im Krankenhaus liegt im Zimmer von Herrn **Fabricius** ein junger, lediger Mann, der noch ein Hausgeld ausbezahlt bekommt, obwohl ihm doch von der **AOK** die ärztliche Versorgung, Krankenhauspflege und Verpflegung bezahlt werden.
- Warum erhält er trotzdem noch Krankengeld?   § 44

726   *Rentenversicherung der Arbeitnehmer*

Dipl.-Kaufmann Pfeiffer war 10 Jahre rentenversicherungspflichtig beschäftigt. Er macht sich als Steuerberater selbständig.

- 1. Kann sich **Pfeiffer** freiwillig weiterversichern?   RVO § 1233
- 2. Herr **Pfeiffer** informiert sich beim Versicherungsamt seiner Gemeinde über die Leistungen der Angestelltenversicherung. Er erfährt:

Die Renten werden nach folgender Formel berechnet:

$$MR = PEP \cdot RAF \cdot AR$$

MR = monatliche Rente
PEP = persönliche Entgeltpunkte.

Sie ergeben sich aus folgender Rechnung: $Ep \cdot Zf$

$$Ep = \frac{\text{persönlicher Verdienst (pro Jahr, brutto)}}{\text{Durchschnittsverdienst aller Versicherten (pro Jahr, brutto)}}$$

Zf = Zugangsfaktor. Er bestimmt, in welchem Umfang Entgeltpunkte bei der Rentenermittlung berücksichtigt werden.
Berufs-, Erwerbsunfähigkeitsrente und Altersrenten mit 65 Jahren: Zf 1,0. Bei Rentenbeginn vor 65 Jahren erfolgt ein Abschlag von 0,003 je Monat, bei Rentenbeginn nach 65 Jahren ein Zuschlag in Höhe von 0,005 je Monat.

RAF = Rentenartfaktor

Er ist unterschiedlich je nach Rentenart und beträgt

für Altersrente, Erwerbsunfähigkeits- und Erziehungsrente	1,0
für Berufsunfähigkeitsrente	0,6667
für kleine Witwenrente	0,23
für große Witwenrente	0,60.

AR = Aktueller Rentenwert

Monatliche Altersrente, die sich aus den Beiträgen (für ein Jahr) eines Durchschnittsverdieners ergeben würde.

- a) Durch welche Faktoren der Formel wird die persönliche Beitragsleistung berücksichtigt?
- b) Wie wirkt sich der unterschiedliche Rentenartfaktor für Erwerbsunfähigkeitsrente und Berufsunfähigkeitsrente auf die monatliche Rente aus? Wie lassen sich die unterschiedlichen Faktoren begründen?
- c) Bis zur Rentenreform 1992 wurde die Entwicklung der Altrenten jährlich an die Entwicklung der Bruttolöhne angepaßt. Mit der Rentenreform wurde die Anpassung auf die Entwicklung der durchschnittlichen Nettolohn- und -gehaltssumme je abhängig Beschäftigten umgestellt.
- Wie beurteilen Sie diese Umstellung?

3. Nachdem sich Herr **Pfeiffer** über die Leistungen der Rentenversicherung für Angestellte informiert hat, prüft er das auf Seite 237 abgedruckte Angebot einer privaten Lebensversicherung.

Herr **Pfeiffer** ist 30 Jahre alt. Er möchte sich so versichern, daß er im Alter von 65 Jahren den Betrag ausbezahlt erhält (Versicherungssumme), über den er die Versicherung abschließt.

- a) Wieviel Jahre muß er Beiträge an die Versicherung zahlen, ehe er die Versicherungssumme ausbezahlt erhält?
- b) Wieviel DM Jahresbeitrag müßte er bezahlen, wenn er die Versicherung über 1 000,— DM Versicherungssumme abschließen würde?
- c) Über welche Versicherungssumme kann **Pfeiffer** die Versicherung abschließen, wenn er jährlich höchstens 4 800,— DM dafür erübrigen kann? Eine Versicherungssumme kann nur auf volle 1 000,— DM lauten!

4. Aus dem Prospekt ist zu entnehmen, daß **Pfeiffer** auch eine Rente auf Lebenszeit von seinem 65. Lebensjahr ab beziehen kann, statt sich die Versicherungssumme auszahlen zu lassen.

- a) Wieviel DM Rente würde **Pfeiffer** vom 65. Lebensjahr an monatlich erhalten, wenn er die Versicherung über eine Versicherungssumme von 1 000,— DM abgeschlossen hätte?
- b) Wieviel DM Rente würde er monatlich bei einer Versicherungssumme von 173 000,— DM vom 65. Lebensjahr an bekommen?

- 5. Welche zusätzlichen Leistungen könnte er von der sozialen Rentenversicherung gegenüber der Privatversicherung erhalten?
- 6. Welchen Vorteil hat die laufende Anpassung der Renten der Sozialversicherung an die volkswirtschaftliche Entwicklung (dynamische Rente) gegenüber der Rente einer Privatversicherung?

MÜNCHENER LEBENSVERSICHERUNGSVEREIN
Prinzregentenstraße 97 · 8000 München

Nicht jeder Wurf gelingt ...

... der Zufall spielt gern ein boshaftes Spiel.
Meinen Sie nicht auch, daß man daher nichts dem Zufall überlassen sollte, wenn es um Ihre Familie oder Ihren Lebensabend geht?

Sie sind gut beraten, wenn Sie eine Lebensversicherung beim Münchener Lebensversicherungsverein abschließen. Eine Lebensversicherung des Münchener Lebensversicherungsvereins gewährleistet für den Fall Ihres vorzeitigen Todes Versicherungsschutz ohne Wartezeit für Ihre Familie.

Das schönste aber wäre, Sie bleiben lange gesund und bekommen selbst die Versicherungssumme zum vereinbarten Zeitpunkt.

Was kostet eine Lebensversicherung?

Eintrittsalter	Jahres**beiträge** für 1.000 DM Versicherungssumme						
	Versicherungsdauer (in Jahren)						
	5	10	15	20	25	30	35
30	201.10	99.—	64.20	47.30	37.60	31.60	27.70
35	201.10	99.10	64.70	48.—	38.60	32.90	29.40
40	201.60	99.90	65.70	49.40	40.40	35.20	32.20
45	202.50	101.20	67.50	51.70	43.30	38.80	36.60

Die Beitragssätze ermäßigen sich bei Versicherungssummen von 10.000 DM an um 1.— DM; von 20.000 DM an um 2.— DM für je 1.000 DM Versicherungssumme.

Kapital- oder Rentenversicherung? Was ist vorteilhafter?

Diese Überlegung entfällt bei unserer Kapitalversicherung mit Rentenwahlrecht.

Die Rente wird an jedem Monatsersten gezahlt, solange der Versicherte lebt. Nach seinem Tode wird sie in Höhe von 60% an die Ehefrau weitergezahlt, solange diese lebt. Die Rente wird jedoch mindestens für 5 Jahre in voller Höhe gezahlt.

Alter des Mannes bei Rentenbeginn	Jahresbetrag der **Rente** für je 1.000 DM fälliges Kapital (Versicherungssumme)
60	58.11
65	66.27
70	77.58

Zur Versicherungssumme kommt die **Gewinnbeteiligung**. Sie ist langfristig nicht vorhersehbar und kann deshalb nicht garantiert werden. Wenn die 1991 festgestellten Gewinnanteile während der gesamten Vertragsdauer unverändert bleiben, verdoppelt sich die Versicherungsleistung durch die Gewinnbeteiligung in etwa 30 Jahren.

- 7. Wie ist es zu erklären, daß die Sozialversicherung eine dynamische Rente zahlen kann, nicht aber die Privatversicherung?
- 8. Ein Bekannter macht Herrn **Pfeiffer** den Vorschlag, das Geld selbst zurückzulegen, statt Beiträge an eine Versicherung zu zahlen. Bei geschickter Anlage habe er mit Zins und Zinseszins im Pensionsalter dann mehr zur Verfügung als die Versicherungen zahlen.
- Was halten Sie von diesem Vorschlag, Versichern durch Sparen zu ersetzen?

727 Arbeitslosenversicherung

- 1. Prüfen Sie, ob in folgenden Fällen Arbeitslosenversicherungspflicht vorliegt:
    - a) Ein Arbeiter verdient monatlich 2 800,— DM brutto,   AFG § 168
    - b) ein Abteilungsdirektor verdient monatlich 6 800,— DM brutto,   § 168
    - c) ein Auszubildender im ersten Ausbildungsjahr erhält laut schriftlichem Berufsausbildungsvertrag monatlich eine Ausbildungsvergütung von 600,— DM,   § 168
    - d) ein Handelsvertreter verdient monatlich regelmäßig 4 700,— DM bis 4 800,— DM.
- 2. Ein Buchhalter ist seit 5 Jahren ununterbrochen arbeitslosenversicherungspflichtig beschäftigt. Wegen Umstellung auf Maschinenbuchhaltung wird er entlassen und findet nicht sofort eine neue Stelle. Aus seinen beiden Miethäusern hat er monatlich eine Nettoeinnahme von 900,— DM.
- a) Hat der Buchhalter Anspruch auf Leistungen aus der Arbeitslosenversicherung?   §§ 100, 103, 10
- b) Der Buchhalter wird während seiner Arbeitslosigkeit krank. Privat ist er nicht versichert.   § 155
- Prüfen Sie, ob er gegen Krankheit versichert ist!
- 3. Ein kaufmännischer Angestellter war 10 Jahre lang ununterbrochen arbeitslosenversicherungspflichtig beschäftigt. Er wird wegen Krankheit arbeitsunfähig und deshalb entlassen.   §§ 100, 103, 10
- Hat der Angestellte Anspruch auf Arbeitslosengeld?
- 4. Der Leiter der volkswirtschaftlichen Abteilung eines Walzwerks verdiente 7 Jahre lang 5 800,— DM monatlich. Ihm wird gekündigt, weil durch eine Konzernzusammenfassung die Stelle eingespart werden kann.   §§ 100, 1 104, 10
- Hat er Anspruch auf Arbeitslosengeld?
- 5. Ein 45jähriger Betriebsmeister bezieht 52 Wochen Arbeitslosengeld und wird dann ausgesteuert. Er hat kein sonstiges Einkommen.   § 134
- Von welchem Amt wird er nach der Aussteuerung unterstützt?

728 Unfallversicherung

- 1. Ein Arbeiter auf dem Prüffeld einer Pumpenfabrik fällt in einen nicht abgedeckten, leeren Wassergraben. Er bricht sich ein Bein.   RVO §§ 539,
- Wer trägt Krankenhauskosten und Krankengeld?
- 2. Der technische Direktor einer Metallwarenfabrik wird in der Blechstanzerei von einem Elektrokarren angefahren. Ein Arm bleibt für immer steif. Der Direktor hat ein Monatseinkommen von 9 500,— DM.   §§ 539, 5 557, 58
- Hat der Direktor Anspruch auf Ersatz der Krankenkosten aus der Sozialversicherung?

3. Ein Arbeiter fährt mit seinem Mofa von der Arbeit nach Hause. Er stürzt wegen Glatteis und wird von einem folgenden Lastwagen überfahren. Im Krankenhaus muß ihm ein Bein amputiert werden. Der Arbeiter fordert von der zuständigen Berufsgenossenschaft Ersatz der Krankenhauskosten, eine laufende Rente und Ersatz des Sachschadens am Mofa. RVO § 550

- Erhebt er die Ansprüche mit Recht?
- 4. Was will die Berufsgenossenschaft mit dem Beitragsnachlaß bei unterdurchschnittlicher Unfallquote erreichen?
- 5. Welche Maßnahmen ergreift die Berufsgenossenschaft zur Unfallverhütung?

729 *Versicherungspflicht — Versicherungsberechtigung — Selbstverwaltung — Beiträge und Leistungen*

- Erstellen Sie eine zusammenfassende Übersicht über die Sozialversicherung nach folgendem Muster:

	Krankenversicherung	Rentenversicherung	Arbeitslosenversicherung	Unfallversicherung
Wer ist versicherungspflichtig?				
Wer ist versicherungsberechtigt?				
Wer ist Träger der Sozialversicherung?				
Wie hoch sind die Beiträge?				
Wer hat die Beiträge aufzubringen?				
Wie werden die Beiträge eingezogen?				
Welche Leistungen gewährt die Sozialversicherung?				
Innerhalb welcher Zeit muß die Anmeldung erfolgen?				

8 Betriebliches Rechnungswesen

Zuschlagskalkulation und Betriebsabrechnung

801 *Kumulative Zuschlagskalkulation — Kalkulationsschema — Einzel- und Gemeinkosten*

Ein Betrieb für Dachdeckung und -isolierung hatte für einen Abrechnungszeitraum folgende Betriebsergebnisrechnung:

Betriebsergebnisrechnung

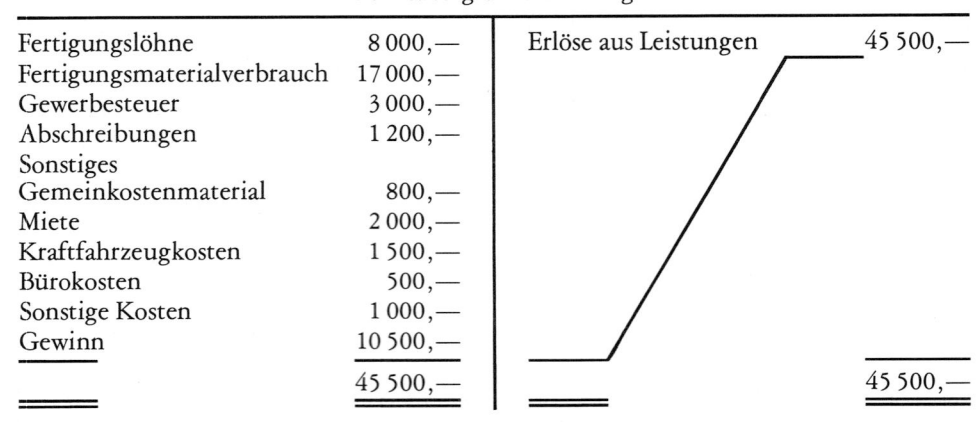

Fertigungslöhne	8 000,—	Erlöse aus Leistungen	45 500,—
Fertigungsmaterialverbrauch	17 000,—		
Gewerbesteuer	3 000,—		
Abschreibungen	1 200,—		
Sonstiges			
Gemeinkostenmaterial	800,—		
Miete	2 000,—		
Kraftfahrzeugkosten	1 500,—		
Bürokosten	500,—		
Sonstige Kosten	1 000,—		
Gewinn	10 500,—		
	45 500,—		45 500,—

Ein Teil der Kosten wurde für jeden Auftrag einzeln festgestellt.

	Kosten je Auftrag			insgesamt
	Auftrag I	Auftrag II	Auftrag III	
Fertigungslöhne	600,—	2 400,—	5 000,—	8 000,—
Fertigungsmaterialverbrauch	1 400,—	6 600,—	9 000,—	17 000,—
Einzelkosten	2 000,—	9 000,—	14 000,—	25 000,—

- 1. Stellen Sie fest, welche Kostensumme noch auf die drei Aufträge zu verteilen ist!

  2. Die in diesem Betrieb nicht je Auftrag festgestellten Kosten (Gemeinkosten) sollen im Verhältnis der Einzelkosten auf die drei Aufträge verteilt werden.

- Stellen Sie die Selbstkosten je Auftrag fest!

- 3. Wieviel DM wurden den drei Auftraggebern berechnet, wenn auf die Selbstkosten 30% Gewinn aufgeschlagen und 12% Mehrwertsteuer in Rechnung gestellt werden sollen?

802 *Aufteilung der Kosten mit Hilfe von Zuschlagssätzen*

Der Betrieb hatte in der letzten Abrechnungsperiode Einzelkosten in Höhe von 20 000,— DM und Gemeinkosten in Höhe von 6 000,— DM.

- 1. Berechnen Sie den Zuschlagssatz für seine Kalkulation!
- 2. Der Betrieb hat drei Aufträge in diesem Zeitraum ausgeführt. Berechnen Sie die Selbstkosten für jeden Auftrag!
  - Auftrag I: Fertigungslöhne 3 500,—, Fertigungsmaterialverbrauch 2 000,—
  - Auftrag II: Fertigungslöhne 7 000,—, Fertigungsmaterialverbrauch 1 000,—
  - Auftrag III: Fertigungslöhne 2 000,—, Fertigungsmaterialverbrauch 4 500,—
- 3. Zeigen Sie, daß Sie mit Hilfe des Zuschlagsatzes alle Kosten des Abrechnungszeitraums auf die Aufträge verteilt haben!

803 — *Summarische Zuschlagskalkulation — Wahl der Zuschlagsbasis*

In einem Betrieb mit Einzelfertigung sollen die Selbstkosten eines Auftrags berechnet werden. Für den Auftrag sind folgende Kosten angefallen:

Fertigungsmaterialverbrauch	12 000,—
Fertigungslöhne	6 000,—
Fertigteile	500,—

Im abgeschlossenen Abrechnungszeitraum fielen insgesamt folgende Kosten an:

Fertigungsmaterialverbrauch	32 000,—
Fertigungslöhne	14 000,—
Fertigteile	2 000,—
Gemeinkosten	44 000,—

Um über die geeignete Zuschlagsbasis für die Zuschlagskalkulation zu entscheiden, werden folgende Alternativkalkulationen aufgestellt:

	Alternative I	Alternative II	Alternative III
Fertigungsmaterialverbrauch	12 000,—	12 000,—	12 000,—
Fertigungslohn	6 000,—	6 000,—	6 000,—
Fertigteile	500,—	500,—	500,—
Einzelkosten	18 500,—	18 500,—	18 500,—
Gemeinkosten	16 964,50	16 500,—	18 858,—
Selbstkosten	35 464,50	35 000,—	37 358,—

Gemeinkostenzuschlagsätze:

- Alternative I: 91,7 % auf die Einzelkosten
- Alternative II: 137,5 % auf den Fertigungsmaterialverbrauch
- Alternative III: 314,3 % auf die Fertigungslöhne

- 1. Wie erklären Sie sich die unterschiedlichen Kalkulationsergebnisse?
- 2. Untersuchungen über den Kostenverlauf ergaben in graphischer Darstellung folgendes Ergebnis:

Diagram: Kosten vs. Produktionsmenge mit Linien für Einzelkosten, Gemeinkosten, Fertigungsmaterialverbrauch und Fertigungslöhne

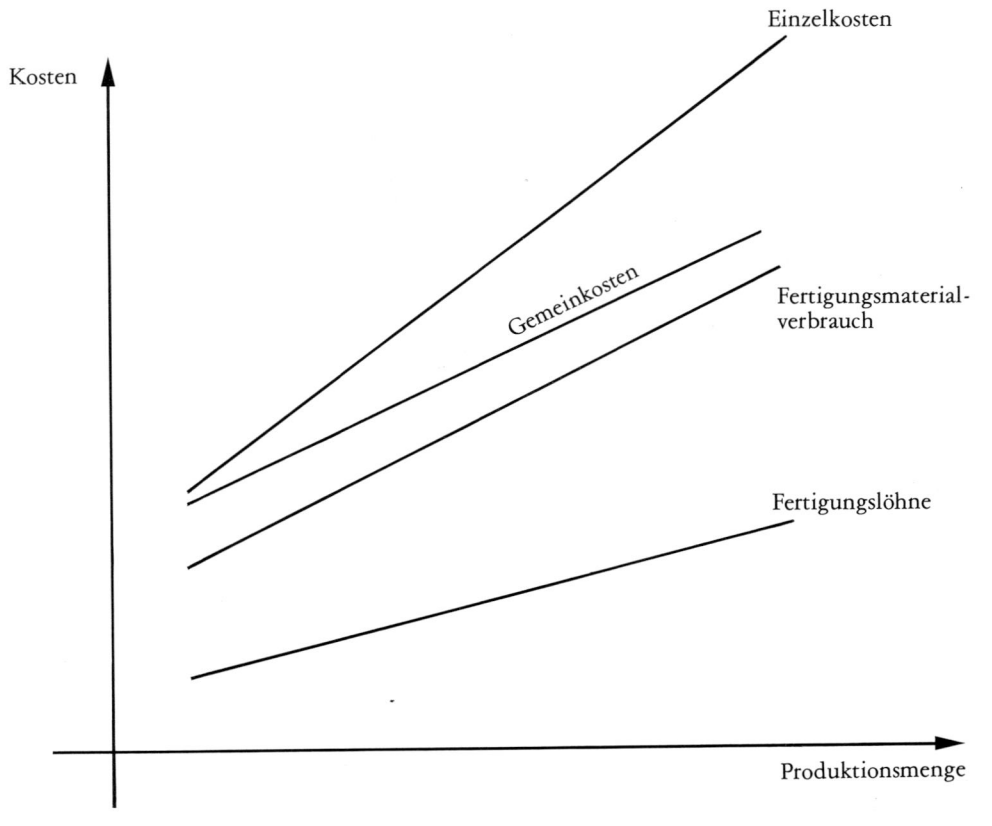

- Welche der alternativen Kalkulationen ist unter Berücksichtigung der dargestellten Kostenverläufe betriebswirtschaftlich vertretbar?

804 Differenzierende Zuschlagskalkulation

Ein Elektroinstallateur betreibt neben seinem Handwerksbetrieb noch ein Ladengeschäft für Elektroartikel. In der vergangenen Abrechnungsperiode sind insgesamt folgende Kosten angefallen:

Fertigungslöhne	3 000,—
Fertigungsmaterialverbrauch	1 000,—
Wareneinsatz	7 000,—
Einzelkosten	**11 000,—**
Gehälter	1 700,—
Stromkosten	200,—
Steuern	160,—
Abschreibungen	360,—
Sonstiges Material	300,—
Allgemeine Verwaltungskosten	280,—
Gemeinkosten	**3 000,—**

Es sollen die Selbstkosten für eine Stehlampe mit einem Einkaufspreis von 100,— DM und für eine Handwerksleistung festgestellt werden, bei der 70,— DM Fertigungslöhne und 20,— DM Fertigungsmaterial angefallen sind.

- 1. Welche Selbstkosten würden sich für die Werkstattleistung und welche für die Stehlampe ergeben, wenn der Handwerksmeister nur mit einem einzigen Zuschlagsatz auf der Basis der Einzelkosten kalkulieren würde?
- 2. Warum genügt es in diesem Betrieb nicht mehr, nur einen einzigen Zuschlagsatz bei allen Kalkulationen anzuwenden?
  3. Um eine zergliederte Zuschlagskalkulation zu ermöglichen, wurde die Aufgliederung der Kosten auf die Werkstatt und das Ladengeschäft festgestellt.

	Werkstatt	Ladengeschäft
Fertigungslöhne	3 000,—	
Fertigungsmaterialverbrauch	1 000,—	
Wareneinsatz		7 000,—
Einzelkosten	4 000,—	7 000,—
Gehälter		1 700,—
Stromkosten	120,—	80,—
Steuern	100,—	60,—
Abschreibungen	300,—	60,—
Sonstiges Material	300,—	
Allgemeine Verwaltungskosten	180,—	100,—
Gemeinkosten	1 000,—	2 000,—

- a) Stellen Sie für Werkstatt und Laden je einen Zuschlagsatz auf der Basis der Einzelkosten fest!
- b) Berechnen Sie die Selbstkosten für die Stehlampe und die Werkstattleistung!

805 Kostenstellenrechnung — Schlüsselung — Kalkulationsschema

Die folgende Tabelle zeigt die Gemeinkosten, wie sie in einem Fachgeschäft für Bilderrahmungen und Buchbinderarbeiten angefallen sind, dem ein Handelsgeschäft für Schreib- und Bürobedarf angeschlossen ist. In den Spalten „Werkstatt" und „Laden" ist für jede Kostenart angegeben, in welchem Verhältnis sie auf die Kostenstellen „Werkstatt" und „Laden" aufzuteilen ist.

	insgesamt (Zahlen der Buchhaltung)	Werkstatt	:	Laden
Gehälter	3 600,—	1	:	2
Soziale Aufwendungen	540,—	1	:	2
Abschreibungen	1 800,—	9	:	1
Versicherungen	360,—	5	:	1
Steuern	900,—	3	:	2
Bürokosten	270,—	2	:	1
Stromkosten	450,—	2	:	1
Summe der Gemeinkosten	7 920,—			

- 1. Verteilen Sie die Gemeinkosten auf die Kostenstellen Werkstatt und Laden!
- 2. Überlegen Sie für jede der in der Tabelle ausgewiesenen Kostenarten, auf welcher Grundlage die Aufschlüsselung der Kosten auf Werkstatt und Laden geschätzt werden kann!
  3. In der Werkstatt sind Einzelkosten in Höhe von 9 600,— DM angefallen, der Einstandspreis der verkauften Waren beträgt 14 400,— DM.
- Berechnen Sie die Gemeinkostenzuschlagsätze für die Werkstatt und das Ladengeschäft auf der Grundlage der Einzelkosten!
- 4. Berechnen Sie die Selbstkosten, den Nettopreis und den Bruttopreis!
    a) Bilderrahmung: Gewinnzuschlag 25%,
       Mehrwertsteuer 14%, Einzelkosten 90,— DM.
    b) Globus: Gewinnzuschlag $33^1/_3$%,
       Mehrwertsteuer 14%, Einstandspreis 80,— DM.

806 Differenzierende Zuschlagskalkulation — Einführung in den Betriebsabrechnungsbogen

Ein Betrieb der Metallbranche hat in einem Abrechnungszeitraum folgende Kosten:

Fertigungslöhne	400 000,—
Fertigungsmaterial	300 000,—
Gehälter	450 000,—
Hilfslöhne	150 000,—
Hilfsstoffe	200 000,—
Abschreibungen	100 000,—
Steuern	120 000,—
Versicherungen	30 000,—

Es sind die Selbstkosten für die Herstellung einer massiven Grundplatte für eine Pumpe festzustellen, bei der für 250,— DM Fertigungslöhne und für 750,— DM Fertigungsmaterial aufgewendet wurden.

- Beurteilen Sie, welche der drei dargestellten Kalkulationen dem Zweck der Kostenrechnung am besten gerecht wird!

Kalkulation 1

a) Berechnung des Zuschlagsatzes:

Einzelkosten	700 000,— DM	= 100%
Gemeinkosten	1 050 000,— DM	= x%
Gemeinkostenzuschlagsatz (GKZ)		= 150%

b) Kalkulation:

Fertigungslöhne	250,— DM
Fertigungsmaterial	750,— DM
Einzelkosten	1 000,— DM
+ 150% GKZ	1 500,— DM
Selbstkosten	2 500,— DM

Kalkulation 2

a) Berechnung des Zuschlagsatzes:

Fertigungslöhne	400 000,— DM	= 100%
Gemeinkosten	1 050 000,— DM	= x%
GKZ		= 262,5%

b) Kalkulation:

Fertigungslöhne	250,— DM
Fertigungsmaterial	750,— DM
Einzelkosten	1 000,— DM
+ 262,5% GKZ	656,25 DM
Selbstkosten	**1 656,25 DM**

Kalkulation 3

Die Gemeinkosten wurden auf vier betriebliche Bereiche verteilt, dann wurden vier Zuschlagsätze berechnet und in der Kalkulation angewendet.

	insgesamt	Fertigung	Material	Verwaltung	Vertrieb
Gehälter	450 000,—	327 000,—	15 000,—	73 000,—	35 000,—
Hilfslöhne	150 000,—	128 000,—	5 000,—	—	17 000,—
Hilfsstoffe	200 000,—	195 000,—	—	—	5 000,—
Abschreibungen	100 000,—	80 000,—	2 000,—	12 000,—	6 000,—
Steuern	120 000,—	50 000,—	5 000,—	60 000,—	5 000,—
Versicherungen	30 000,—	20 000,—	3 000,—	5 000,—	2 000,—
Summe der Gemeinkosten	1 050 000,—	800 000,—	30 000,—	150 000,—	70 000,—
		Fertigungslöhne	Fertigungsmaterial	Herstellkosten	Herstellkosten
Zuschlagsgrundlage		400 000,—	300 000,—	1 530 000,—	1 530 000,—
Zuschlagsatz		200%	10%	9,8%	4,6%

Kalkulation der Grundplatte:

Fertigungslöhne	250,—	
Fertigungsgemeinkostenzuschlag (FGZ) 200%	500,—	750,—
Fertigungsmaterial	750,—	
Materialgemeinkostenzuschlag (MGZ) 10%	75,—	825,—
Herstellkosten		1 575,—
Verwaltungsgemeinkostenzuschlag 9,8%	154,35	
Vertriebsgemeinkostenzuschlag 4,6%	72,45	226,80
Selbstkosten		**1 801,80**

---

807   *Betriebsabrechnungsbogen — Unterteilung des Fertigungsbereichs — Einführung in die Vorkalkulation*

Ein Unternehmen stellt Küchengeschirr aus Metall her, z. B. Siebe und Schöpflöffel. Bei diesem Unternehmen trifft die Anfrage eines Herstellers von Elektroherden ein. Es wird angefragt, ob und zu welchem Preis aufgrund eines für eine bestimmte Zeit abzuschließenden Liefervertrags mit Abnahmegarantie Backbleche für Elektroherde geliefert werden können. In der Kalkulationsabteilung wird festgestellt, daß für 100 Bleche für 70,— DM Fertigungsmaterial benötigt wird und 80,— DM Fertigungslöhne anfallen.

1. Der Betriebsabrechnungsbogen des Unternehmens für Küchengeschirr ist in vier Bereiche unterteilt. Dabei ergaben sich als Ergebnis der letzten Abrechnungsperiode folgende Zuschlagsätze:

Fertigungsgemeinkostenzuschlag 300,0 %
Materialgemeinkostenzuschlag 80,0 %
Verwaltungsgemeinkostenzuschlag 2,4 % auf die Herstellkosten
Vertriebsgemeinkostenzuschlag 3,6 % auf die Herstellkosten

- Stellen Sie die Selbstkosten für 100 Backbleche fest!

2. Die Unternehmensleitung der Metallwarenfabrik legt großen Wert auf die neue Geschäftsverbindung. Sie sieht darin eine Möglichkeit, die Beschäftigung des Unternehmens gleichmäßig zu gestalten. Die Unternehmensleitung ist sich bewußt, daß sie als Zulieferer eines großen Elektrounternehmens scharf kalkulieren muß, um den Auftrag zu erhalten.

   Das Ergebnis der Vorkalkulation wird in einer Sitzung der Geschäftsleitung besprochen. Der Leiter der Fertigung zweifelt das Ergebnis der Vorkalkulation an. Er weist darauf hin, daß die Backbleche im Fabrikationsprozeß nicht alle Fertigungsstellen des Betriebs durchlaufen, die von den Küchengeräten im Produktionsprozeß in Anspruch genommen werden. Es sei nicht richtig, wenn der einheitliche Zuschlagsatz für den Fertigungsbereich, so wie er bisher auf Küchengeräte angewendet wurde, auch bei der Kalkulation der Backbleche angewendet würde; von den vier Bereichen der Fertigung Zuschneiderei, Stanzerei, Schweißerei und Verchromerei würden nur die ersten drei von den Backblechen durchlaufen.

- Nehmen Sie zu dieser Argumentation Stellung!

3. Aufgrund der Einwendungen in der Sitzung der Geschäftsleitung verfeinert die Betriebsabrechnung die Kalkulationsgrundlagen.

Ergebnisse des bisherigen BAB:

	Fertigung	Material	Verwaltung	Vertrieb
Gemeinkosten	750 000,—	500 000,—	50 000,—	75 000,—
Zuschlagsgrundlage	Fertigungslöhne 250 000,—	Fertigungsmaterial 625 000,—	Herstellkosten 2 125 000,—	Herstellkosten 2 125 000,—
Zuschlagsatz	300 %	80 %	2,4 %	3,6 %

Ergebnisse der Aufteilung des Fertigungsbereichs:

	Fertigung insgesamt	davon			
		Zuschneiderei	Stanzerei	Schweißerei	Verchromerei
Gemeinkosten	750 000,—	120 000,—	200 000,—	180 000,—	250 000,—
Fertigungslöhne	250 000,—	40 000,—	70 000,—	90 000,—	50 000,—
Zuschlagsatz	(300 %)	300 %	285,7 %	200 %	500 %

a) Von den 80,— DM Fertigungslöhnen, die nach der Schätzung der Vorkalkulation für 100 Stück Backbleche anfallen, entstehen 20,— DM in der Zuschneiderei, 50,— DM in der Stanzerei und 10,— DM in der Schweißerei.

- Kalkulieren Sie mit Hilfe der verfeinerten Kalkulationsunterlagen die Selbstkosten eines Backbleches!

- b) Unter welchen Voraussetzungen würde die Aufteilung des Fertigungsbereichs zu keiner Änderung des Kalkulationsergebnisses führen?

808 Platzkostenrechnung (Maschinenstundensatzrechnung)

Eine kleine Maschinenfabrik hat für Zwecke der Kostenrechnung den Fertigungsbereich in die Kostenstellen Dreherei und Bohrerei unterteilt und die Fertigungsgemeinkosten bisher mit einem Zuschlagsatz für jede dieser Kostenstellen verrechnet.

In dem Unternehmen soll geprüft werden, ob es zweckmäßig ist, die maschinenabhängigen Gemeinkosten in der Kalkulation besonders zu berücksichtigen um die Genauigkeit der Kostenrechnung zu erhöhen. Für diesen Zweck wurden im Betriebsabrechnungsbogen der letzten Abrechnungsperiode für den Bereich Fertigung die maschinenabhängigen Kosten festgestellt. Der Auszug aus dem Betriebsabrechnungsbogen zeigt das Ergebnis in Tsd. DM:

	Fertigungsstellen					
	Dreherei			Bohrerei		
	insgesamt	maschinen-abhängig	Rest	insgesamt	maschinen-abhängig	Rest
Hilfsstoffe	16	—	16	17	—	17
Betriebsstoffe	20	—	20	21	—	21
Energiekosten	5	4	1	3	2	1
Hilfslöhne	15	—	15	12	—	12
Sozialkosten	12	—	12	12	—	12
Gehälter	28	—	28	25	—	25
Instandhaltungskosten	35	10	25	30	6	24
Betriebssteuern	20	—	20	15	—	15
Raumkosten	14	3	11	20	4	16
Abschreibungen	26	15	11	30	14	16
Kalkulatorische Zinsen	4	3	1	5	4	1
Summe der Gemeinkosten	195	35	160	190	30	160
Fertigungslöhne	130			118,75		
Maschinenstunden im Abrechnungszeitraum	2 000 Std.			2 000 Std.		
Zuschlagsatz auf Fertigungslöhne	150%			160%		

- 1. Berechnen Sie den Gemeinkostenbetrag, der je Laufstunde der Maschine in der Dreherei und in der Bohrerei in der Kalkulation zu verrechnen wäre!
- 2. a) Berechnen Sie die Zuschläge für die noch verbleibenden Rest-Gemeinkosten in der Dreherei und der Bohrerei, die auch bei Verrechnung von Maschinenstundensätzen noch auf der Basis der Fertigungslöhne zu berücksichtigen wären!
- b) Ist es Ihrer Ansicht nach in der gegebenen betrieblichen Situation vertretbar, bei Verrechnung von Maschinenstundensätzen nur noch einen einheitlichen Zuschlagsatz für die Dreherei und die Bohrerei zu verwenden?
- 3. Durch eine Vergleichsrechnung soll festgestellt werden, ob die Einführung der Maschinenstundensätzrechnung in dieser Maschinenfabrik zweckmäßig ist.
  Vergleichen Sie die Abrechnung eines Auftrags unter Anwendung von Maschinenstundensätzen mit dem Ergebnis der Abrechnung des gleichen Auftrags nach dem Kostenrechnungsverfahren, das bisher in dem Unternehmen verwendet wurde!
- a) Führen Sie die Vergleichsrechnung durch!

  Angaben zu dem abrechnenden Auftrag:

	Dreherei	Bohrerei
Fertigungslöhne	6 500,—	3 565,—
Maschinenstunden	100	60

  Fertigungsmaterialverbrauch: 10 000,— DM, Materialgemeinkostenzuschlag 5 %.

- b) Kann Ihrer Ansicht nach aufgrund dieser einen Kontrollrechnung entschieden werden, ob die Einführung der Maschinenstundensatzrechnung die Genauigkeit der Kalkulation nennenswert erhöht?

- 4. Welche der folgenden Behauptungen zur Maschinenstundensatzrechnung ist richtig, welche ist falsch?

   Begründen Sie Ihr Urteil!

   a) Bei der Kalkulation mit Maschinenstundensätzen werden alle an einem Maschinen-Arbeitsplatz anfallenden Einzel- und Gemeinkosten erfaßt und mit Hilfe der Gesamtlaufzeit der Maschine wird dann ein Stundensatz errechnet.
   Beanspruchungszeit der Maschine × Stundensatz ergibt die Gesamtkosten eines Auftrags.

   b) Bei der Kalkulation mit Maschinenstundensätzen werden die gesamten Fertigungsgemeinkosten statt auf der Basis der Fertigungslöhne auf der Grundlage der beanspruchten Maschinenzeit berechnet und den Kosten des Auftrags zugeschlagen.

   c) Die Maschinenstundensatzrechnung ist dann sinnvoll, wenn in einer Kostenstelle vollkommen gleichartige und gleichwertige Maschinen stehen, die jedoch unterschiedlich in Anspruch genommen werden.

   d) Die Maschinenstundensatzrechnung ist dann sinnvoll, wenn in einer Kostenstelle verschiedenartige Maschinen stehen, die unterschiedlich in Anspruch genommen werden.

   e) Die Kalkulation mit Maschinenstundensätzen hat vor allem die Aufgabe, die Kostenrechnung zu vereinfachen.

809 — Vor- und Nachkalkulation — Normalzuschlagsätze — Istzuschlagsätze

Ein Unternehmen betreibt den Innenausbau von Ladengeschäften. Nach den Plänen eines Innenarchitekten soll ein Ladenausbau durchgeführt werden.

Zur Erstellung des Preisangebots werden auf der Grundlage der Zeichnungen und der Beschreibungen des Architekten folgende Werte festgestellt:

Fertigungslöhne	6 000,—
Fertigungsmaterial	4 000,—

Die Vorkalkulation rechnet aufgrund der Ergebnisse des Betriebsabrechnungsbogens für die letzte Abrechnungsperiode mit folgenden Zuschlagsätzen:

Fertigungsgemeinkostenzuschlag	150 %
Materialgemeinkostenzuschlag	8 %
Verwaltungs- und Vertriebsgemeinkostenzuschlag	12 % auf der Basis der Herstellkosten

1. Der Wettbewerber bietet den gleichen Ladeneinbau zum Preis von 26 000,— DM (ohne Mehrwertsteuer) an. Das Unternehmen will den Wettbewerber um 500,— DM unterbieten.

- Wieviel % Gewinn kann das Unternehmen unter den bei ihm gegebenen Kostenverhältnissen höchstens erreichen?

2. Nach der Durchführung des Auftrags ergibt die Abrechnung, daß die Fertigungslöhne tatsächlich 7 500,— DM und der Fertigungsmaterialverbrauch 5 000,— DM betragen. Der tatsächliche Zuschlagsatz für den Abrechnungszeitraum der Auftragsdurchführung beträgt für die Fertigungsgemeinkosten 155 %, für die Materialgemeinkosten 9 % und für die Verwaltungs- und Vertriebsgemeinkosten 14 %.

- a) Wie läßt sich die Abweichung der für die Vorkalkulation benutzten Normalzuschlagsätze von den Istzuschlagsätzen der Nachkalkulation erklären?

- b) Wie groß war der mit dem Auftrag erzielte Erfolg tatsächlich?

c) Wie groß hätte der endgültige Verkaufspreis sein müssen, wenn das Unternehmen den Verkaufspreis mit dem im Unternehmen sonst üblichen Gewinnzuschlag von 20% kalkuliert hätte?

810   Kalkulation mit Sondereinzelkosten und Skonto

Eine Eisengießerei hat im vergangenen Abrechnungszeitraum drei Aufträge ausgeführt. Die folgende Tabelle zeigt die Kosten des Abrechnungszeitraums und ihre Aufteilung auf die drei Aufträge:

	Kosten des Abrechnungszeitraums	Kosten je Auftrag		
		Auftrag 1	Auftrag 2	Auftrag 3
Fertigungsmaterialverbrauch	270 000,—	90 000,—	60 000,—	120 000,—
Materialgemeinkosten 5%	13 500,—	4 500,—	3 000,—	6 000,—
Fertigungslöhne	90 000,—	30 000,—	20 000,—	40 000,—
Fertigungsgemeinkosten 300%	270 000,—	90 000,—	60 000,—	120 000,—
Sondereinzelkost. der Fertigung*	6 500,—	6 500,—	—	—
Herstellkosten	650 000,—	221 000,—	143 000,—	286 000,—
Verwaltungs- und Vertriebsgemeinkosten 10%	65 000,—	22 100,—	14 300,—	28 600,—
Sondereinzelkosten des Vertriebs	3 000,—	900,—	700,—	1 400,—
Selbstkosten	718 000,—	244 000,—	158 000,—	316 000,—
Gewinn 20%	143 600,—	48 800,—	31 600,—	63 200,—
Bar-Verkaufspreis	861 600,—	292 800,—	189 600,—	379 200,—
Skonto 2%	17 584,—	5 976,—	3 869,—	7 739,—
Zielverkaufspreis	879 184,—	298 776,—	193 469,—	386 939,—

* Kosten für ein Gußmodell

1. Es wird der Vorschlag gemacht, die Kosten des Gußmodells bei der Kalkulation dem Fertigungsmaterialverbrauch zuzurechnen.
- Untersuchen Sie, wie sich die Berücksichtigung dieses Vorschlags in der Kalkulation auswirken würde und entscheiden Sie unter Berücksichtigung betriebswirtschaftlicher Gesichtspunkte über diesen Vorschlag!

2. Der Auftraggeber für den Auftrag 1 nimmt den Skonto nicht in Anspruch.
- Beurteilen Sie, ob sich die Nichtinanspruchnahme des Skontos ganz oder teilweise auf den Gewinn der Abrechnungsperiode auswirkt!

811   Normalkosten — Istkosten — Kostenüberdeckung, Kostenunterdeckung

Ein Unternehmen des Maschinenbaus produziert in Einzelfertigung und hat in der vergangenen Abrechnungsperiode alle hergestellten Produkte zu den kalkulierten Verkaufspreisen absetzen können. Die kalkulierten Verkaufspreise hätten zu einem Gewinn von 30 388,— DM führen müssen. Tatsächlich wurden 24 944,— DM Gewinn erzielt. In der vergangenen Abrechnungsperiode sind folgende Kosten angefallen:

Gemeinkosten

im Fertigungsbereich	80 000,—
im Materialbereich	2 000,—
im Verwaltungsbereich	4 260,—
im Vertriebsbereich	5 680,—

Einzelkosten

Fertigungslöhne	40 000,—
Fertigungsmaterial	20 000,—

Zur Kalkulation der Verkaufspreise wurden folgende Zuschlagsätze verwendet:

Fertigungsgemeinkostenzuschlag	180 %
Materialgemeinkostenzuschlag	12 %

auf der Grundlage der Herstellkosten des Abrechnungszeitraums:

Verwaltungsgemeinkostenzuschlag	4 %
Vertriebsgemeinkostenzuschlag	5 %

1. Die Geschäftsleitung fordert einen Bericht über die Ursache der Gewinndifferenz an.
- Erstellen Sie diesen Bericht!
- 2. Läßt eine Kostenunterdeckung der Gemeinkosten den sicheren Schluß zu, daß dem Betrieb in der Abrechnungsperiode Verlust entstanden ist?

812 Normalkostenrechnung — Betriebsergebnis

In einem Unternehmen ergaben sich aus der Normalkostenkalkulation Selbstkosten in Höhe von 100 000,— DM. Die Istkostenkalkulation erbrachte für den gleichen Zeitraum Selbstkosten in Höhe von 80 000,— DM. Die Umsatzerlöse ohne Mehrwertsteuer betrugen im Abrechnungszeitraum 120 000,— DM.

- 1. Berechnen Sie das Betriebsergebnis!
- 2. Stellen Sie fest, ob Über- oder Unterdeckung vorliegt!
- 3. Entwickeln Sie eine Regel, nach der sich das Betriebsergebnis aus der Normalkostenrechnung entwickeln läßt!

813 Betriebsergebnisrechnung — Kostenträgerzeitblatt

In einer Kofferfabrik sollen die Auswirkungen von Bestandsveränderungen auf das Betriebsergebnis untersucht werden. Zu diesem Zweck werden die folgenden betrieblichen Situationen analysiert.

1. Im Abrechnungszeitraum fielen 90 000,— DM Herstellkosten an. In diesem Zeitraum wurden 3 000 Koffer fertiggestellt und der Bestand an fertigen Koffern ist um 30 000,— DM (zu Herstellkosten) gestiegen.
- Wie hoch sind die Herstellkosten eines Koffers?

2. Die Herstellkosten des Abrechnungszeitraums betrugen 100 000,— DM. Der Lagerbestand an Koffern wurde erhöht um 20 000,— DM (zu Herstellkosten).
- Wie groß sind die Herstellkosten der umgesetzten Erzeugnisse?

3. Die Herstellkosten des Abrechnungszeitraums betrugen 120 000,— DM. Der Bestand an Fertigerzeugnissen zu Herstellkosten nahm im Abrechnungszeitraum um 10 000,— DM ab.
- Wie hoch sind die Herstellkosten der umgesetzten Erzeugnisse?

4. Im Abrechnungszeitraum sind 100 000,— DM Herstellkosten angefallen. Der Bestand an unfertigen Erzeugnissen (gestanzte Lederteile, teilweise mit Beschlägen versehen) erhöhte sich um 10 000,— DM, der Bestand an Fertigerzeugnissen zu Herstellkosten erhöhte sich um 5 000,— DM.
- a) Wie hoch sind die Herstellkosten der fertiggestellten Erzeugnisse?
- b) Wie hoch sind die Herstellkosten der umgesetzten Erzeugnisse?

5. Die Herstellkosten des Abrechnungszeitraums betrugen 150 000,— DM. Der Bestand an unfertigen Erzeugnissen verminderte sich um 10 000,— DM, der Bestand an Fertigerzeugnissen um 20 000,— DM (bewertet zu Herstellkosten).
- a) Wie hoch sind die Herstellkosten der fertiggestellten Erzeugnisse?
- b) Wie hoch sind die Herstellkosten der umgesetzten Erzeugnisse?

6. Die Herstellkosten des Abrechnungszeitraums betrugen 140 000,— DM. Der Bestand an unfertigen Erzeugnissen verringerte sich um 15 000,— DM, der Bestand an Fertigerzeugnissen erhöhte sich um 25 000,— DM. (Unfertige Erzeugnisse und Fertigerzeugnisse bewertet zu Herstellkosten.)
- a) Wie groß sind die Herstellkosten der fertiggestellten Erzeugnisse?
- b) Wie groß sind die Herstellkosten der umgesetzten Erzeugnisse?

- 7. a) Berechnen Sie in einer Staffelrechnung
    — die Herstellkosten des Abrechnungszeitraums,
    — die Herstellkosten der fertiggestellten Erzeugnisse,
    — die Herstellkosten der umgesetzten Erzeugnisse,
    — die Selbstkosten des Umsatzes!

    Fertigungsmaterialverbrauch 20 000,— DM, Fertigungslöhne 30 000,— DM, Fertigungsgemeinkostenzuschlag 150%, Materialgemeinkostenzuschlag 10%, Verwaltungsgemeinkostenzuschlag 8% auf der Basis der Herstellkosten des Abrechnungszeitraums, Vertriebsgemeinkostenzuschlag 4% auf der Basis der Herstellkosten der umgesetzten Erzeugnisse, Bestandserhöhung Fertigerzeugnisse 15 000,— DM, Bestandsverminderung Halberzeugnisse 5 000,— DM, jeweils zu Herstellkosten.

- b) Halten Sie es für sinnvoll, daß die Verwaltungsgemeinkosten auf der Basis der Herstellkosten des Abrechnungszeitraums, die Vertriebsgemeinkosten aber auf der Basis der Herstellkosten der umgesetzten Erzeugnisse berechnet werden?

| 814 | *Kostenüberdeckung — Kostenunterdeckung — Betriebsergebnis* |

- 1. Berechnen Sie aus den unten angegebenen Daten (Seite 252) die Kostenüber- bzw. Kostenunterdeckung des Betriebs in der Abrechnungsperiode!
- 2. Berechnen Sie in einer übersichtlichen Staffelrechnung mit genauer Bezeichnung aller Zwischenwerte das in der Abrechnungsperiode erzielte Betriebsergebnis!

Daten der Abrechnungsperiode

Tatsächlich angefallene Gemeinkosten:
Fertigungsgemeinkosten	400 000,—
Materialgemeinkosten	15 000,—
Verwaltungsgemeinkosten	112 500,—
Vertriebsgemeinkosten	37 500,—

Tatsächlich angefallene Einzelkosten:
Fertigungslöhne	200 000,—
Fertigungsmaterial	150 000,—

Zuschlagsgrundlagen:
Die Fertigungsgemeinkosten wurden auf der Grundlage der Fertigungslöhne, die Materialgemeinkosten auf der Grundlage des Fertigungsmaterials, die Verwaltungs- und Vertriebsgemeinkostenzuschläge auf der Basis der Herstellkosten des Umsatzes berechnet.

Zuschlagsätze:
Der Betrieb kalkuliert mit folgenden Normalsätzen:
Fertigungsgemeinkostenzuschlag	150 %	
Materialgemeinkostenzuschlag	15 %	
Verwaltungsgemeinkostenzuschlag	18 %	auf die Herstellkosten
Vertriebsgemeinkostenzuschlag	3 %	der umgesetzten Erzeugnisse

Auszug aus der Buchhaltung:

Fertigerzeugnisse
Anfangsbestand	400 000,—	Schlußbestand	350 000,—
		Bestandsveränderung	50 000,—
	400 000,—		400 000,—

Unfertige Erzeugnisse
Anfangsbestand	200 000,—	Schlußbestand	235 000,—
Bestandsveränderung	35 000,—		
	235 000,—		235 000,—

Umsatzerlöse
Betriebsergebnis	1 500 000,—	Verschiedene Konten	1 500 000,—

815 Betriebsergebnisrechnung

Aufwendungen	Gewinn- und Verlustrechnung (in Tsd. DM)		Erträge
Roh-, Hilfs- und Betriebsstoffe	190	Umsatzerlöse	1 250
Fremdstrom	10	Bestandsveränderung Fertigerzeugnisse	90
Löhne und Gehälter	500	Erträge aus Beteiligung	110
gesetzliche soziale Aufwendungen	50	Zinserträge	20
freiwillige soziale Aufwendungen	30		
Abschreibung auf Maschinen	330		
Zinsaufwendungen	60		
Steuern	20		
Bestandsveränderung an unfertigen Erzeugnissen	20		
Einstellung in die Rücklagen	60		
Gewinn	200		
	1 470		1 470

Ausschnitt aus dem Betriebsabrechnungsbogen (in Tsd. DM)

Kostenart	Summe	Material-bereich	Fertigungs-bereich	Verwaltungs-bereich	Vertriebs-bereich
Gemeinkostenmaterial	20	2	12	4	2
Fremdstrom	10	1	6	2	1
Gemeinkostenlöhne	160	10	120	20	10
Gehälter	100	10	20	60	10
gesetzliche soziale Aufwendungen	50	6	30	10	4
freiwillige soziale Aufwendungen	30	4	20	4	2
Abschreibung auf Maschinen	330	30	280	10	10
sonstige Gemeinkosten	80	20	30	20	10
Summe der Gemeinkosten	780	83	518	130	49

- 1. Berechnen Sie
    a) die Herstellkosten des Abrechnungszeitraums,
    b) die Herstellkosten der fertiggestellten Erzeugnisse,
    c) die Herstellkosten der umgesetzten Erzeugnisse,
    d) die Selbstkosten des Umsatzes!

  2. Der Betrieb rechnete in der Abrechnungsperiode mit Normalgemeinkostenzuschlägen
    für Fertigungsgemeinkosten (auf Fertigungslöhne) mit 210%
    für Materialgemeinkosten (auf Fertigungsmaterial) mit 40%
    für Verwaltungsgemeinkosten (auf die Herstellkosten des Abrechnungszeitraums) mit 15%
    für Vertriebsgemeinkosten (auf die Herstellkosten des Abrechnungszeitraums) mit 5%

- Wie groß war die Über- oder Unterdeckung in DM in jedem der vier Kostenbereiche des BAB?

Buchhalterische Abschreibung

816 *Abschreibungstaktik und ihre Wirkung — Abschreibungsverfahren (ohne Berücksichtigung steuerlicher Wirkung)*

Ein privater Omnibusunternehmer schafft einen neuen Überland-Reisebus an. Der Bus hat einen Anschaffungswert von 800 000,— DM. Nach den Erfahrungen des Busunternehmers kann je Jahr durchschnittlich mit einem Erlös von 340 000,— DM gerechnet werden. Es sollen Überlegungen über die Auswirkung verschiedener Abschreibungsverfahren auf den Gewinn angestellt werden.

- 1. Stellen Sie fest, welcher Erfolg sich
    — in jedem der 5 erwarteten Nutzungsjahre und
    — in der Nutzungszeit insgesamt
  bei jedem der 3 in der untenstehenden Tabelle dargestellten Abschreibungsverfahren ergeben würde. Nehmen Sie an, daß neben den Abschreibungen jährlich 100 000,— DM sonstige Kosten anfallen!

Jahr	Abschreibungsbeträge in DM (Restwert: 10 000,— DM)		
	lineare Abschreibung	arithmetisch-degressiv	geometrisch-degressive Abschreibung
1	158 000,—	263 333,—	466 979,—
2	158 000,—	210 667,—	194 392,—
3	158 000,—	158 000,—	80 921,—
4	158 000,—	105 333,—	33 686,—
5	158 000,—	52 667,—	14 022,—

- 2. Begründen Sie die folgende Regel:
  Die Wahl des Abschreibungsverfahrens beeinflußt nur den Periodengewinn, hat aber auf den Totalgewinn des Unternehmens keine Auswirkung.

- 3. Unterstellen Sie, der Bus soll in 4 Jahren abgeschrieben werden, obwohl er tatsächlich 5 Jahre genutzt wird.

  Wie groß wäre
    — bei linearer und bei arithmetisch-degressiver Abschreibung der Periodengewinn in jedem der 5 Jahre und
    — der Totalgewinn in der Nutzungszeit.

- 4. Begründen Sie die folgende Regel:
  Eine Veränderung der angenommenen Nutzungsdauer bei der Berechnung von Abschreibungen beeinflußt nur den Periodengewinn, hat aber auf den Totalgewinn der Unternehmung keine Wirkung.

- 5. Der Bus wurde in den 5 Jahren seiner Nutzungsdauer in folgendem Umfang genutzt:

  Jahr 1   100 000 km
  Jahr 2   110 000 km
  Jahr 3   120 000 km
  Jahr 4   130 000 km
  Jahr 5   140 000 km

- Urteilen Sie vom betriebswirtschaftlichen Standpunkt unter Berücksichtigung der dargestellten betriebswirtschaftlichen Situation über Vor- und Nachteile einer Abschreibung nach der tatsächlichen Beanspruchung!

817 — *Abschreibungsrückfluß — Abschreibung als Finanzierungsquelle*

In einem Unternehmen mit der Rechtsform der OHG wird 5 Jahre lang in jedem Jahr ein gleichbleibender Erlös von 850 000,— DM erzielt und bar realisiert. Die Abschreibungen betragen je Jahr gleichbleibend 200 000,— DM. Neben den Abschreibungen fallen je Jahr gleichbleibend 500 000,— DM Kosten an; sie sind allesamt auch Ausgaben. Die beiden Gesellschafter haben im Gesellschaftsvertrag vereinbart, daß jeder Gesellschafter jährlich höchstens 50 000,— DM Gewinn entnimmt. Der Restbetrag bleibt für betriebliche Erweiterungen im Betrieb.

- 1. Wie entwickelt sich der Kassenbestand des Unternehmens in den 5 Jahren? Anfangsbestand: 100 000,— DM.
- 2. Wie hätte sich der Kassenbestand in den Jahren 1—3 entwickelt, wenn bei unveränderter Abschreibung und unveränderten sonstigen Kosten der Erlös nur 600 000,— DM betragen hätte?
- 3. Stellen Sie folgende Aussage richtig:

  In Höhe der buchhalterischen Abschreibungen fließen dem Betrieb flüssige Mittel zu, die für die Ersatzbeschaffung der abgenützten Anlagen bereitstehen.
- 4. Die Gesellschafter überlegen, ob zur Beschleunigung der Betriebserweiterung statt der bisher linearen Abschreibung ein anderes Abschreibungsverfahren angewendet werden soll.
- Nehmen Sie zu dem Problem Stellung!

Kalkulatorische Kosten

818 — *Notwendigkeit der Berechnung kalkulatorischer Kosten*

Der Wäschereibesitzer Bauer bekommt Konkurrenz durch eine Großwäscherei (GmbH). Er meint, er sei der Großwäscherei überlegen, weil er mit geringeren Kosten arbeite. Er beschäftigt kein Personal, da er und seine Familienangehörigen mitarbeiten. Auch ist seine Betriebseinrichtung ausschließlich mit Eigenkapital finanziert, so daß keine Zinsen zu zahlen sind.

- Welchen Denkfehler begeht Bauer?

819 — *Zweck der kalkulatorischen Kosten*

Eine Fensterfabrik hatte einen Brandschaden in der Werkstatt. Der Schadensfall ist durch Versicherungen nicht abgedeckt. In der GmbH wird vorgeschlagen, die Preise bis zur Deckung des Schadens um 10% zu erhöhen.

- Beurteilen Sie diesen Vorschlag!

820 — *Kalkulatorischer Unternehmerlohn*

Der Hotelbesitzer Körber erkundigt sich, was der Geschäftsführer einer Hotelkette verdient. Er setzt diesen Betrag als kalkulatorischen Unternehmerlohn für sich in die Kostenrechnung ein und berücksichtigt diesen Posten bei der Kalkulation seiner Preise.

- Beurteilen Sie das Vorgehen bei der Festlegung des kalkulatorischen Unternehmerlohns!

821 Kalkulatorische Abschreibung

In der Großwäscherei Edelweiß fallen die folgenden Probleme bei der Berechnung und Verrechnung von Abschreibungen an. Setzen Sie sich mit diesen Fragen auseinander und begründen Sie Ihre Entscheidung betriebswirtschaftlich!

- 1. Ist es vom Standpunkt der Kostenrechnung vertretbar, die Betriebseinrichtung aus Vorsichtsgründen und zur Gewinnung von Liquidität in 6 Jahren abzuschreiben, obwohl sie wahrscheinlich eine Nutzungsdauer von 10 Jahren hat?

  2. Die Großwäscherei besitzt 6 Reinigungsautomaten, kann aber wegen nachhaltigem Auftragsrückgang nur noch 5 auslasten.

- Sollen 5 oder 6 Reinigungsautomaten
  a) in die buchhalterische,
  b) in die kalkulatorische Abschreibung
  einbezogen werden?

  3. Die Großwäscherei hat für die beiden zuletzt beschafften Reinigungsautomaten 30% mehr zahlen müssen als für die früher beschafften.

- Welche Wertansätze würden Sie bei der Berechnung
  a) der buchhalterischen,
  b) der kalkulatorischen Abschreibung
  zugrunde legen?

- 4. Wie wirken sich 10 000,— DM buchhalterische Abschreibung und 6 000,— DM kalkulatorische Abschreibung auf das Betriebsergebnis und das Unternehmensergebnis aus?
  Weisen Sie Ihre Lösung durch Verbuchung auf Konten und Abschluß dieser Konten nach!

  5. Es wurde ein Bügelautomat im Wert von 10 000,— DM gekauft und mit 10% abgeschrieben. Nach 5 Jahren stellte sich heraus, daß der Bügelautomat noch eine Nutzungsdauer von 10 Jahren hat.

- Würden Sie den Satz zur Berechnung der kalkulatorischen Abschreibung umstellen?

  6. Das Unternehmen hat in den letzten 5 Jahren mit Gewinn gearbeitet. In diesem Zeitraum betrugen die buchhalterischen Abschreibungen insgesamt 50 000,— DM, die kalkulatorischen 30 000,— DM.

- Welcher Betrag wurde im Betrieb aus Abschreibung für die Ersatzbeschaffung angesammelt, wenn der Gewinn immer voll ausgeschüttet wurde?

822 Kalkulatorische Zinsen

In einem Unternehmen wurden folgende Jahresdurchschnittswerte festgestellt: Anlagen 60 000,— DM, Kasse 9 000,— DM, Forderungen 12 000,— DM, Vorräte 19 000,— DM, Eigenkapital 60 000,— DM, Verbindlichkeiten aus Warenlieferungen 8 000,— DM, Rückstellungen 6 000,— DM, Darlehen 26 000,— DM.

Die Anlagenkartei zeigt, daß das durchschnittlich gebundene Anlagevermögen nach der kalkulatorischen Abschreibung noch einen Restwert von 80 000,— DM hat. Das Umlaufvermögen betrug in diesem Jahr im Durchschnitt 40 000,— DM, in den vergangenen Jahren 30 000,— DM, 35 000,— DM, 30 000,— DM, 25 000,— DM.

Das Darlehen ist mit 6% (so landesüblich) zu verzinsen.

Die Verbindlichkeiten aus Warenlieferungen bestehen aus Handwerkerleistungen, für die kein Skonto eingeräumt wird.
- Welcher Zinsbetrag ist in der Kostenrechnung zu berücksichtigen?

823 Kalkulatorische Wagnisse

Ein Unternehmen hat für die lagernden Vorräte keine Feuerversicherung abgeschlossen, berücksichtigt aber seit 20 Jahren dafür angemessene kalkulatorische Wagnisse.
Im letzten Jahr entstand ein großer Brandschaden an den lagernden Vorräten.
- Kann der Brandschaden durch die in den vergangenen Jahren berücksichtigten kalkulatorischen Wagnisse so gedeckt werden, daß er den ausschüttungsfähigen Gewinn dieses Jahres nicht beeinflußt?
Beweisen Sie die von Ihnen vertretene Meinung!

824 Kalkulatorische Kosten — Betriebsergebnis — Neutrales Ergebnis

In der Jahres-Gewinn- und Verlustrechnung eines Unternehmens sind die folgenden kalkulatorischen Kosten noch nicht berücksichtigt:
1. Kalkulatorische Zinsen: betriebsnotwendiges Anlagevermögen 1 700 000,— DM, betriebsnotwendiges Umlaufvermögen 560 000,— DM, zinsfreies Fremdkapital 335 000,— DM, Verzinsung von vergleichbaren Anlagen 5%.
2. Kalkulatorische Wagnisse 9 600,— DM.
3. Die kalkulatorischen Abschreibungen liegen $12\frac{1}{2}\%$ über den buchhalterischen.
4. Der Unternehmertätigkeit entspricht eine Angestelltenvergütung von monatlich 7 000,— DM.
- Lösen Sie die Gewinn- und Verlustrechnung unter Berücksichtigung der kalkulatorischen Kosten in die Konten Betriebsergebnis und neutrales Ergebnis auf!

Gewinn- und Verlustrechnung

Rohstoffverbrauch	675 000,—	Erlöse aus betrieblichen Leistungen	2 030 000,—
Hilfs- und Betriebsstoffverbrauch	45 000,—	Bestandsveränderung	37 000,—
Energie, Gas, Wasser	28 000,—	Wertpapiererträge	19 000,—
Löhne und Gehälter	900 000,—	Sonstige betriebsfremde Erträge	26 000,—
Reparaturen	56 000,—		
Allgemeine Verwaltungskosten	17 000,—		
Gewerbesteuer	9 000,—		
Sonstige Kosten	11 000,—		
Bezahlte Fremdzinsen	8 000,—		
Eingetretener Wagnisverlust	14 000,—		
Bilanzmäßige Abschreibung	84 000,—		
Unternehmungsgewinn	265 000,—		
	2 112 000,—		2 112 000,—

| 825 | *Verrechnungspreise (Standardkosten)*

In einem Unternehmen ist der Gewinn gesunken. Eine Analyse ergab, daß der Erlös aufgrund unveränderter Verkaufspreise und einer unveränderten Absatzmenge konstant geblieben ist.

Der Gewinn ist deshalb gesunken, weil die Preise der zu beschaffenden Rohstoffe gestiegen sind.

- 1. Überlegen Sie, ob der gesunkene Gewinn ein sicheres Zeichen dafür ist, daß die Leistungserstellung im Betrieb unökonomischer geworden ist!

- 2. Das Unternehmen hat in dem vergangenen Abrechnungszeitraum 2 000 kg eines Rohstoffes zum Preis von 10,— DM je kg beschafft. Davon wurden für die Fertigung 1 200 kg entnommen und mit 9,50 DM je kg verrechnet.

    Die Verbuchung ist in den untenstehenden Konten dargestellt.

Rohstoffe (Kl. 3)	Preisdifferenzen (Kl. 2)	Rohstoffverbrauch (Kl. 4)
Bank 19 000,— | Rohstoff- verbrauch 11 400,—	Bank 1 000,— |	Rohstoffe 11 400,— |

- Mit welchem Wert geht der Rohstoffverbrauch aufgrund der hier vorgenommenen Buchung in das Betriebsergebniskonto, in welcher Höhe in das Unternehmensergebnis ein?

- 3. Urteilen Sie darüber, ob die hier vorgenommene Bewertung des Rohstoffverbrauchs betriebswirtschaftlich berechtigt ist!

Geldrechnung — Erfolgsrechnung — Kostenrechnung

| 826 | *Kosten — Ausgabe*

Ein städtisches Straßenbahnunternehmen hat im vergangenen Geschäftsjahr 10 Mio. DM zur Erweiterung seines Wagenparks investiert. Das Straßenbahnunternehmen erhöht seine Tarife und verweist als Begründung darauf, daß die 10 Mio. DM über die Tarife wieder hereingeholt werden müßten.

- Nehmen Sie Stellung zu dieser Argumentation!

| 827 | *Ausgabe — Aufwand — Kosten*

- Berechnen Sie die Ausgabensumme, die Aufwandsumme und die Kostensumme, die sich aus den folgenden 16 Geschäftsfällen ergibt!

    1. Zahlung von Fertiglohn, bar   DM 5 000,—
    2. Überweisung der einbehaltenen Sozialversicherungsbeiträge   2 500,—
    3. Kauf einer Drehbank gegen bar   10 000,—
    4. Überweisung der Einkommensteuer für den Geschäftsinhaber   4 000,—

5.	Buchhalterische Abschreibung	DM 4 500,—
	Kalkulatorische Abschreibung	3 000,—
6.	Mietwert der eigenen Geschäftsräume	1 000,—
7.	Einlösung eines Akzepts	400,—
8.	Zahlung von Frachtkosten, bar, davon sind 14,— DM für Umsatzsteuer	114,—
9.	Zahlung der Grundsteuer durch Banküberweisung	450,—
10.	Arbeitgeberanteil an der Sozialversicherung	1 200,—
11.	Material vom Lager zur Verarbeitung gegeben	650,—
12.	Zahlung von Verbindlichkeiten durch Banküberweisung	700,—
13.	Gewerbesteuerrückstellung	2 000,—
14.	Verminderung des Bestandes an unfertigen Erzeugnissen	1 200,—
15.	Kalkulatorischer Unternehmerlohn	1 500,—
16.	Privatentnahme in Waren	500,—

828 Ausgabe — Kosten

Folgende Beziehungen zwischen Kosten und Ausgaben sind denkbar.

1. **Ausgabe, nicht Kosten**

    1.1. Ausgabe, niemals Kosten

    1.2. Ausgabe, noch nicht Kosten

    1.3. Ausgabe größer als die Kosten

2. **Kosten, nicht Ausgabe**

    2.1. Kosten, niemals Ausgabe

    2.2 Kosten, noch nicht Ausgabe

    2.3 Kosten größer als die Ausgaben

3. **Kosten = Ausgabe**

- Ordnen Sie jeden der nachfolgenden Geschäftsfälle der oben angeführten Beziehung zwischen Ausgaben und Kosten zu, für die er als Beispiel stehen kann!

    1. Kauf eines unbebauten Grundstücks
    2. Kauf einer Maschine, bar
    3. Privatentnahme, bar
    4. kalkulatorischer Unternehmerlohn
    5. Vorauszahlung für Miete
    6. Gewinnauszahlung
    7. Material wird dem Lager für die Fertigung, bewertet zum Verrechnungspreis von 800,— DM, entnommen; der Bezugspreis betrug 1 000,— DM und wurde bar bezahlt.
    8. Banküberweisung der Grundsteuer (der Betrieb verrechnet kalkulatorische Miete)
    9. Verbrauch noch nicht bezahlten Materials im Fertigungsprozeß
    10. Material wird dem Lager für die Fertigung, bewertet zum Verrechnungspreis von 1 200,— DM, entnommen; der Bezugspreis betrug 1 000,— DM und wurde bar bezahlt.
    11. Zahlung von Fertiglöhnen

829 | Aufwand — Kosten

Das untenstehende Bild stellt die Beziehung zwischen den Begriffen Aufwand und Kosten dar.

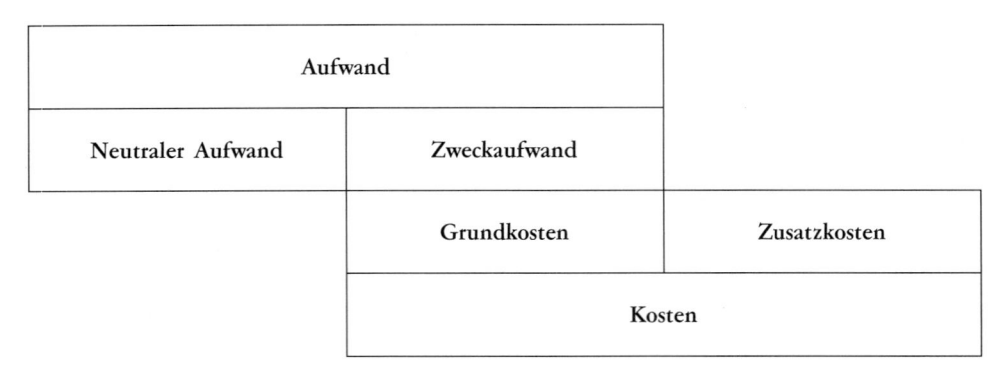

Aufwand			
Neutraler Aufwand	Zweckaufwand		
	Grundkosten	Zusatzkosten	
	Kosten		

- Stellen Sie fest, zu welcher der in dem Bild ausgewiesenen Teilgruppen die folgenden Geschäftsfälle gehören:

1. Barzahlung von Grundsteuer (der Betrieb verrechnet kalkulatorische Miete).
2. Barzahlung von Fertigungslöhnen.
3. Überweisung für Körperschaftsteuer.
4. Kalkulatorischer Unternehmerlohn.
5. Brandschaden am unversicherten, lagernden Material.
6. Verkauf eines Personenkraftwagens zu 1 000 DM. Er steht mit 1 200 DM zu Buch.
7. Die Ausschußproduktion wurde auf 1 000 DM geschätzt und in dieser Höhe verrechnet.
   Im Verrechnungszeitraum ist tatsächlich Ausschuß in Höhe von 1 200 DM eingetreten.
8. Auszahlung von Urlaubslöhnen.
9. Spende des Unternehmens für eine politische Partei.

830 | Neutraler Aufwand — Zweckaufwand — Grundkosten — Zusatzkosten

Die Beziehungen zwischen den Begriffen Aufwand und Kosten sind bei Aufgabe 829 grafisch dargestellt.

- 1. Berechnen Sie aus den folgenden Geschäftsfällen a) bis c) die Zahlenwerte für jeden im Schaubild genannten Begriff!

    a) Abschreibungen: buchhalterische 13 000 DM,
       kalkulatorische 8 000 DM.

    b) Zinsen: tatsächlich gezahlte 2 000 DM, kalkulatorisch 5 000 DM

    c) tatsächlich eingetretener Wagnisverlust 20 000 DM,
       kalkulatorische Wagnisse 22 000 DM

    d) kalkulatorischer Unternehmerlohn 24 000 DM.

2. Aus der Verbuchung von buchhalterischen und kalkulatorischen Abschreibungen ergab sich ein Zweckaufwand von 10 000,— DM; neutraler Aufwand und Zusatzkosten ergaben sich nicht.

- Wie groß waren die buchhalterischen und wie groß die kalkulatorischen Abschreibungen?

3. Aus der Verbuchung eines kalkulatorischen Unternehmerlohns ergaben sich Zusatzkosten in Höhe von 18 000,— DM.

- Wie hoch ist der kalkulatorische Unternehmerlohn?

Kosten und Beschäftigungsgrad

831 *Fixe Kosten — Variable Kosten — Gesetz der Massenproduktion*

Ein Versandhaus plant die Verteilung eines Katalogs. Es muß entschieden werden, ob dieser Katalog in der hauseigenen Druckerei hergestellt oder der Auftrag außer Haus gegeben werden soll. Auf Anforderung geht ein Angebot einer Druckerei ein; bei einer Auflagenhöhe von 100 000 Stück fordert diese Druckerei für einen Katalog 6,— DM.

Die hauseigene Druckerei rechnet mit Satzkosten von 20 000,— DM und Kosten für den Druck und das Material von 5,— DM je Stück.

- 1. Stellen Sie fest, ob es günstiger ist, den Katalog außer Haus drucken zu lassen oder in der hauseigenen Druckerei herstellen zu lassen!
- 2. Stellen Sie den Verlauf der Gesamtkosten und den Verlauf der durchschnittlichen Stückkosten der hauseigenen Druckerei bis zu einer Auflagenhöhe von 100 000 Stück graphisch dar!
- 3. Für den Druck des Katalogs geht ein zweites Angebot ein, in dem 5,— DM je Katalog gefordert werden.
- Warum kann die hauseigene Druckerei bei keiner Auflagenhöhe mit diesem Angebot konkurrieren?

832 *Sprungkosten*

In der Gründungsphase eines Unternehmens wird folgende Personalstruktur im Fertigungsbereich geplant:
Dem Betriebsleiter unterstehen die Meister. Jeder Meister hat in seiner Gruppe bis zu 30 Arbeiter; wird der 31. Arbeiter eingestellt, dann muß auch ein neuer Meister eingestellt werden.
Jeder Arbeiter kann monatlich 20 Einheiten herstellen. Bei Ausweitung der Produktion um 20 Einheiten wird ein weiterer Arbeiter eingestellt.
Der Betriebsleiter erhält ein Gehalt von 8 000,— DM monatlich, ein Meister bezieht ein Einkommen von 4 500,— DM, ein Arbeiter von 3 000,— DM monatlich.
Die technische und räumliche Auslegung des Betriebs läßt die Beschäftigung von höchstens 90 Arbeitern zu.

- 1. Stellen Sie die Entwicklung der Lohnkosten insgesamt im Fertigungsbereich von der Produktionsmenge 20 bis zur Kapazitätsgrenze graphisch dar!
- 2. Begründen Sie, warum die Lohnstückkosten für die Herstellung der 601. Einheit höher sind als die für die Herstellung der 600. Einheit und warum die Lohnkosten für die 1 200. Einheit niedriger sind als die für die 600. Einheit!

833 Graphische Kostenauflösung

In einem Unternehmen soll der Trend der Entwicklung der Gesamtkosten festgestellt werden. Im Unternehmen wurde bisher folgende Entwicklung der Gesamtkosten bei verschiedenen Produktionsmengen beobachtet:

Produktionsmenge	1	2	3	4	5	6	7
Gesamtkosten (in Tsd. DM)	325	375	475	525	675	825	925

- 1. Tragen Sie die bei den verschiedenen Produktionsmengen angefallenen Produktionskosten als Punkte in ein Koordinatensystem ein!
- 2. Legen Sie durch die eingetragenen Punkte eine Trendgerade und schätzen Sie mit Hilfe dieser Geraden die fixen Kosten des Unternehmens!

834 Grenzkosten — Durchschnittliche Stückkosten

Ein Unternehmen hat ein modernes Fotokopiergerät in Gebrauch, das vom Hersteller vermietet wird. Die Zahl der Kopien wird durch ein Zählwerk erfaßt. Die Kopien werden dem Benutzer monatlich in Rechnung gestellt. Auf dem Zählwerk wird nicht nach der Stückzahl, sondern nach Impulsen gezählt.

Für die Kopien 1—5 von einer Vorlage werden je Kopie 8 Impulse, für die Kopien 6—25 je Kopie 2 Impulse, von der 26. Kopie ab je Kopie 1 Impuls gezählt.

Für 1 Impuls werden 4 Pfennig berechnet.

1. Es werden 4 Kopien von einer Vorlage hergestellt.
- Wie hoch sind die durchschnittlichen Kosten je Kopie?

2. Es werden 5 Kopien von einer Vorlage hergestellt.
- a) Wie groß sind die Grenzkosten für die 5. Kopie?
- b) Wie groß sind die durchschnittlichen Kosten je Kopie?

3. Es werden 6 Kopien von einer Vorlage hergestellt.
- a) Wie groß sind die Grenzkosten für die 6. Kopie?
- b) Wie groß sind die durchschnittlichen Kosten je Kopie?

- 4. Welche Beziehung besteht zwischen der Veränderung der Grenzkosten und der Veränderung der durchschnittlichen Stückkosten?

5. Von einem Blatt sollen 450 Kopien hergestellt werden. Das Unternehmen hat neben dem Photokopiergerät noch eine Kleindruckstation zur Verfügung.

Um die Vervielfältigung auf der Kleindruckstation durchzuführen, müßte zunächst eine Druckfolie hergestellt werden. Die Folie kann mit der Kleindruckstation hergestellt werden. Die Druckfolie kostet 0,20 DM. Mit der Druckfolie können bis zu 500 Abzüge hergestellt werden. Die sonstigen Kosten (Farbe, Wartung) betragen 0,02 DM je kopierter Seite. Die Papierkosten sind beim Photokopierverfahren und bei der Kleindruckstation gleich groß.

- Mit welchem Verfahren können die 450 Kopien am kostengünstigsten hergestellt werden?

835   *Fixe Kosten — Variable Kosten — Nutzenschwelle — Kapazität — Beschäftigungsgrad*

Ein Fertigungsbetrieb kann bei voller Auslastung seiner Kapazität monatlich 8 000 Einheiten seines Produktes herstellen. Die Gesamtkosten betragen monatlich

bei einer Produktion von 6 600 Einheiten 67 800,— DM,
bei einer Produktion von 7 400 Einheiten 74 200,— DM.

Je Produktionseinheit kann ein Preis von 12,— DM erzielt werden. Die variablen Kosten verlaufen proportional.

- 1. Wieviel DM betragen die variablen Stückkosten?
- 2. Wie hoch sind die fixen Kosten je Monat insgesamt?
- 3. Von welcher Produktionsmenge ab erzielt der Betrieb Gewinn?
- 4. Berechnen Sie den Gewinn in DM und in Prozent des Umsatzerlöses für einen Beschäftigungsgrad von 50% und einen Beschäftigungsgrad von 100%!
- 5. Bei welcher Ausbringungsmenge hat dieser Betrieb seinen maximalen Gewinn?
- 6. Stellen Sie in 2 untereinanderliegenden Koordinatensystemen die Entwicklung der Gesamtkosten und der Stückkosten graphisch dar!
  Bestimmen Sie in beiden Darstellungen auf graphischem Weg die Nutzenschwelle!

836   *Leerkosten — Nutzkosten — Betriebsoptimum*

Ein Betrieb kann bei Auslastung seiner Kapazität 100 000 Stück herstellen. Seine fixen Kosten betragen 200 000,— DM. Die variablen Kosten je Stück (v) betragen konstant 20,— DM.

- 1. Produziert werden 70 000 Stück.
  Ermitteln Sie den Teil der fixen Kosten, der auf nicht genutzte Kapazität entfällt!
- 2. Wie groß sind die Leerkosten, wie groß die Nutzkosten bei einer Produktionsmenge von 60 000 Stück?
- 3. Untersuchen Sie den Zusammenhang zwischen dem Verhältnis von Leer- und Nutzkosten und der Entwicklung der durchschnittlichen Stückkosten am Beispiel der Verhältnisse dieses Betriebes!
- 4. Bei welcher Produktionsmenge erreicht der Betrieb sein Betriebsoptimum?
- 5. Kann sich in einem Unternehmen Verlust ergeben, wenn die gesamten fixen Kosten zu Nutzkosten geworden sind?

837   *Vergleich von Produktionsverfahren — Ersatz noch produktionsbereiter Anlagen*

In einem Unternehmen ist eine Anlage vorhanden, deren Anschaffungswert 300 000,— DM, deren Buchwert 120 000,— DM und deren Restnutzungsdauer 4 Jahre beträgt.
Wird die Anlage noch 4 Jahre genutzt, dann sind die Demontagekosten so groß wie der Schrotterlös.
Im Betrieb wird geprüft, ob diese Anlage durch eine moderne Anlage ersetzt werden soll. Die moderne Anlage hat einen Anschaffungswert von 360 000,— DM und eine voraussichtliche Nutzungsdauer von 10 Jahren. Die noch leistungsfähige alte Anlage müßte bei Anschaffung der modernen verschrottet werden. Der Schrotterlös übersteigt die Demontagekosten um 12 000,— DM.

Mit der alten Anlage sind mit 36 000,— DM Lohnkosten 20 000 Stück im Jahr herzustellen. Mit der modernen Anlage können mit 24 000,— DM Lohnkosten 25 000 Stück hergestellt werden.
(Bei den folgenden Vergleichsrechnungen sollen Zinsen nicht berücksichtigt werden.)

- 1. Welche der beiden Anlagen arbeitet wirtschaftlicher?
  Der Betrieb kann auf Dauer jährlich 20 000 Stück verkaufen.
- 2. Halten Sie es vom Gesichtspunkt der Auswirkung auf die Kosten für richtig, in diesem Augenblick die alte Anlage durch die moderne zu ersetzen?
  Gehen Sie davon aus, daß der Betrieb auf Dauer 20 000 Stück je Jahr verkaufen kann.
- 3. Würden Sie die Anlage durch die moderne ersetzen, wenn der Betrieb auf Dauer jährlich 25 000 Stück verkaufen könnte?

838 *Gewinnmaximum — Betriebsminimum — Verfahrensvergleich*

Eine Metallwarenfabrik stellt zusammenklappbare Wäschespinnen her. Zwei Produktionsverfahren stehen zur Wahl.

	variable Kosten je Stück (konstant)	fixe Gesamtkosten
Verfahren A (Handarbeit)	90,—	24 000,—
Verfahren B (Maschinenarbeit)	30,—	48 000,—

Die Kapazitätsgrenze liegt in beiden Fällen bei 1000 Stck. Für die Wäschespinnen wird derzeit ein Stückpreis von 120,— DM erzielt.

- 1. Bei welcher Produktionsmenge sind die Stückkosten für Hand- und Maschinenarbeit gleich groß?
- 2. Von welcher Produktionsmenge ab lohnt sich (bei dauernder Beschäftigungsmöglichkeit) der Übergang zur Maschinenarbeit? Begründung!
- 3. Bei welcher Produktionsmenge liegt das Gewinnmaximum (Nutzenmaximum) bei Verwendung des Verfahrens A? Begründung!
- Bei welcher Produktionsmenge liegt das Gewinnmaximum bei Verwendung des Verfahrens A? Begründung!
- 4. Der Hersteller bietet die Wäschespinnen auf einem Markt mit vollkommener Konkurrenz an. Gegenwärtig besteht ein so großer Konkurrenzdruck, daß er seine Preise senken muß. Der Hersteller rechnet jedoch damit, daß sich diese Situation in absehbarer Zeit wieder ändert und die jetzt bestehenden Preise auf dem Markt wieder erzielt werden können.
- Wie weit darf der Preis bei Anwendung des Verfahrens B auf dem Markt vorübergehend sinken, bevor Sie dem Unternehmer raten würden, die Fabrikation auch vorübergehend einzustellen? Begründung!

839 *Gesetz der Massenproduktion — Ertragsgesetzlicher Kostenverlauf — Grenzkosten — Nutzenschwelle — Nutzengrenze — Betriebsoptimum — Gewinnmaximum*

In einem Unternehmen soll der Zusammenhang zwischen der Kostenentwicklung und der Gewinnentwicklung als Grundlage betrieblicher Entscheidungen untersucht werden.

Im Unternehmen besteht folgende Kostensituation:

Stückzahl	Gesamtkosten	Stückkosten	Grenzkosten	Gesamtertrag	Bemerkungen
0	1 000	—	—	—	
1	2 200	2 200,0	1 200	750	
2	3 000	1 500,0	800	1 500	
3	3 300	1 100,0	300	2 250	
4	3 500	875,0	200	3 000	
5	3 650	730,0	150	3 750	
6	4 000	667,0	350	4 500	
7	4 700	671,0	700	5 250	
8	5 800	725,0	1 100	6 000	
9	7 800	867,0	2 000	6 750	

- 1. Bestimmen Sie die Nutzenschwelle, die Nutzengrenze, das Betriebsoptimum und das Gewinnmaximum!

  Tragen Sie den entsprechenden Begriff in der Spalte „Bemerkungen" in der Zeile der dazugehörigen Menge ein!

  (Die Untersuchung soll davon ausgehen, daß es wirtschaftlich nur sinnvoll ist, die kritischen Kostenpunkte auf ganze Produktionseinheiten zu beziehen.)

- 2. Welche Kostengruppe entscheidet darüber, daß es neben der Nutzenschwelle auch eine Nutzengrenze gibt?

- 3. Warum gibt es keine Nutzengrenze, wenn das Ertragsgesetz den Kostenverlauf nicht mitbestimmt?

840   Kritische Kostenpunkte (Betriebsoptimum, Gewinnmaximum)

In einer Spezialfabrik für Damen-Jerseykleider sind in der letzten Abrechnungsperiode bei der Herstellung von 500 Kleidern 50 000,— DM Kosten angefallen. Der Verkaufspreis je Kleid beträgt 150,— DM. Für die durch Schnittverlust anfallenden Stoffreste wurden 400,— DM erlöst.

- 1. Wie hoch sind die Selbstkosten für 1 Jerseykleid?
- 2. Zur Verwertung der als Zuschneideverlust anfallenden Stoffreste hat sich die Kleiderfabrik eine Werkstätte für Kinderkleidung kleiner Größen angegliedert. Die Kinderkleidung wird ohne Markenbezeichnung verkauft.

  Im Abrechnungszeitraum, in dem die Fabrikation der Kinderkleidung neu aufgenommen wurde, wurde die Kleiderproduktion auf 510 Stück erhöht. Die Gesamtkosten bei der Herstellung der Damenkleider betrugen 51 200,— DM. Der Verkaufspreis für die Damenkleider blieb unverändert.

  In der Werkstätte für die Kinderkleidung wurden aus den Stoffresten 200 Kinderhosen hergestellt. In dieser Werkstatt fallen ohne Berücksichtigung der Stoffreste Gesamtkosten in Höhe von 2 200,— DM an. Die Hosen werden zu 17,— DM je Stück verkauft.

- a) Welche Grenzkosten würden sich bei der Produktionsausweitung von 500 auf 510 Damenkleider ergeben, wenn die Produktion der Kinderhosen nicht aufgenommen worden wäre und die Erlöse für die Stoffreste unverändert 400,— DM betragen würden?

- b) Hat der Betrieb ohne Berücksichtigung der Kinderkleiderproduktion sein Betriebsoptimum schon erreicht?
  Begründung!

- c) Wie hoch dürfen in diesem Unternehmen die Grenzkosten steigen, ohne daß das Unternehmen bei Ausweitung der Produktion von Damenkleidern den Bereich zunehmenden Gesamtgewinns verläßt?
- d) Berechnen Sie die durchschnittlichen Stückkosten für ein Kleid nach Inbetriebnahme der Werkstätte für Kinderkleidung!
- e) Welcher Mindestpreis muß für die Kinderhosen erzielt werden, damit die Fabrikation von Kinderhosen lohnend ist?

Deckungsbeitragsrechnung

841 *Deckungsbeitrag*

Eine Ziegelei stellt Dachziegel und Waben-Ziegelsteine her. In der letzten Abrechnungsperiode erzielte das Unternehmen für Dachziegel einen Erlös von 100 000,— DM und für Wabenziegel einen Erlös von 60 000,— DM.

Bei der Erzeugung der Dachziegel entstanden variable Kosten in Höhe von 40 000,— DM, bei der Erzeugung der Wabenziegel von 50 000,— DM. Das Unternehmen hatte in der Abrechnungsperiode fixe Kosten in Höhe von 50 000,— DM.

- 1. Welchen Beitrag zur Deckung der fixen Kosten erbrachte die Dachziegel, welchen Beitrag erbrachten die Wabenziegel?
- 2. Wie groß ist der Erfolg des Unternehmens in der Abrechnungsperiode?
- 3. Das Unternehmen verzichtet darauf, den Gesamterfolg des Unternehmens auf die Produkte Dachziegel und Wabenziegel aufzuschlüsseln.
- Suchen Sie nach einer Begründung!

842 *Direktkosten — Deckungsbeitrag — Gesamtgewinn und Deckungsbeiträge — Zweck der Deckungsbeitragsrechnung*

Ein Straßenbauunternehmen hatte in der vergangenen Abrechnungsperiode Selbstkosten von insgesamt 800 000,— DM, davon 250 000,— DM fixe Kosten. In dieser Abrechnungsperiode führte das Straßenbauunternehmen einen Auftrag A aus, bei dem 150 000,— DM Selbstkosten entstanden, der Erlös jedoch nur 110 000,— DM betrug. Bei der Ausführung dieses Auftrages entstanden 70 000,— DM variable Kosten. Für die restlichen Aufträge wurden insgesamt 750 000,— DM erlöst.

- 1. Wie groß sind die dem Auftrag A direkt zurechenbaren Kosten?
- 2. Welchen Deckungsbeitrag erbringt Auftrag A?
- 3. Welchen Deckungsbeitrag erbringen die restlichen Aufträge?
- 4. Berechnen Sie den Erfolg des Straßenbauunternehmens aus dem Deckungsbeitrag der Abrechnungsperiode!
- 5. Wie groß wäre der Erfolg des Unternehmens in der Abrechnungsperiode gewesen, wenn das Unternehmen den Auftrag A nicht angenommen, die Kapazität des Unternehmens aber nicht eingeschränkt hätte?

843 *Deckungsbeitrag, Auswahl bei der Neuaufnahme von Produkten*

Ein Unternehmen möchte zur Auslastung der vorhandenen Kapazität neue Produkte auf den Markt bringen. Zur Auswahl stehen die Produkte A und B.

Für Produkt A entstehen 40,— DM variable Kosten je Stück. Auf dem Markt können 1 000 Stück zu einem Preis von 50,— DM abgesetzt werden. Bei der Produktion des Produktes B entstehen 60,— DM variable Kosten je Stück, auf dem Markt können 400 Stück zu einem Preis von 80 abgesetzt werden.

Die absetzbaren Mengen der Produkte A und B können ohne Neuinvestitionen produziert werden.

- Welches Produkt würden Sie in die Produktion aufnehmen?
  Begründen Sie Ihre Entscheidung aus den vorliegenden Zahlen!

844 *Erzeugnisfixkosten — Unternehmungsfixkosten — Restdeckungsbeitrag — Gewinnmaximierung durch Sortimentsgestaltung*

Ein Unternehmen stellt 4 Produkte her. Die Kosten- und Erlössituation zeigt die folgende Tabelle:

	A	B	C	D
variable Kosten je Produktionseinheit	20	40	60	15
Erzeugnis-Fixkosten (produktspezifische Fixkosten)	40 000	20 000	120 000	0
erzielbarer Preis	40	50	90	30
Absatzmenge	5 000	30 000	3 000	2 000

Unternehmungsfixkosten: 200 000,— DM

- 1. Welchen Deckungsbeitrag bringt jedes der 4 Produkte zu den Unternehmungsfixkosten?
- 2. Wie groß ist der Gesamtgewinn des Unternehmens?
- 3. Jedes Produkt kann auf jeder Maschine des Betriebs hergestellt werden. Ein Wechsel der Maschinen ist kostenneutral.
- Welche Folgerungen würden Sie aus der dargestellten betrieblichen Situation für die Sortimentsgestaltung des Unternehmens ziehen?
  Begründen Sie Ihre Entscheidung aus den vorliegenden Zahlen!

Vermögen und Kapital

845 *Begriff des Vermögens*

Ein Möbeleinzelhändler will seine Bilanz erstellen. Er betreibt sein Geschäft in einem Gebäude, das im Grundbuch auf seinem Namen eingetragen und mit einer Hypothek von 300 000,— DM belastet ist, von der 80 000,— DM bereits zurückgezahlt sind. Das Gebäude hat einen Wert von 1 200 000,— DM. Der Wert der Geschäftsausstattung ist mit 200 000,— DM, der Wert der Geschäftsfahrzeuge mit 120 000,— DM anzusetzen. Es bestehen Forderungen aus Warenlieferungen und Leistungen in Höhe von 120 000,— DM. Von den Warenvorräten im Werte von 900 000,— DM wurden 100 000,— DM unter Eigentumsvorbehalt geliefert, der noch wirksam ist.

- Wie groß ist der Wert des zu bilanzierenden Geschäftsvermögens?
  Begründen Sie bei jeder Position, warum und mit welchem Wertansatz Sie den Vermögensposten in Ihre Aufstellung aufnehmen!

846 *Gliederung des Vermögens*

In der Bilanz eines Unternehmens muß das Vermögen so übersichtlich dargestellt werden, daß die Aufstellung einem sachverständigen Dritten einen Überblick über die

Vermögenslage vermitteln kann. Dafür kann ein Gliederungsschema verwendet werden, wie es in dem untenstehenden, vereinfachten Grundschema für die Vermögensaufstellung einer Unternehmung zu erkennen ist.

1		Konzessionen, Geschäftswert
2	2.1	Grundstücke mit Geschäftsgebäuden Maschinen und technische Anlagen Betriebs- und Geschäftsausstattung
	2.2	Beteiligungen an anderen Unternehmen Ausleihungen an verbundene Unternehmen
3	3.1	Roh-, Hilfs- und Betriebsstoffe unfertige Erzeugnisse Fertigerzeugnisse
	3.2	Forderungen aus Lieferungen und Leistungen Wechsel Kassenbestand

- 1. Was haben die Positionen der Gruppe 1 gemeinsam?
- 2. Was haben die Positionen der Gruppe 2 gemeinsam?
- 3. Was haben die Positionen der Gruppe 3 gemeinsam?
- 4. Wodurch unterscheiden sich die Einzelposten der Untergruppen 2.1 und 2.2?
- 5. Wodurch unterscheiden sich die Einzelposten der Untergruppen 3.1 und 3.2?
- 6. Welchen Gruppen und Untergruppen sind die folgenden Positionen zuzuordnen?
    a) Kraftfahrzeuge in einer Getränkegroßhandlung,
    b) Fräsmaschinen in einer Metallwarenfabrik,
    c) Drehbank in einer Werkzeuggroßhandlung,
    d) Von Kunden einem Reisebüro übergebene und noch nicht der bezogenen Bank vorgelegte Schecks,
    e) Festverzinsliche Wertpapiere, in denen ein Industrieunternehmen Abschreibungsrückflüsse bis zur notwendigen Ersatzbeschaffung angelegt hat,
    f) Kredite an Belegschaftsmitglieder (auf 20 Jahre gewährt), zur Finanzierung einer Eigentumswohnung oder eines Eigenheims.
    g) Patentrechte.

847 Ausgewiesenes und tatsächliches Eigenkapital

Die Kapitalverhältnisse einer Aktiengesellschaft sollen analysiert werden.

Bilanz einer Aktiengesellschaft (vereinfacht) in Tsd. DM

Ausstehende Einlagen auf das Grundkapital	100	Gezeichnetes Kapital	500
Anlagevermögen	500	gesetzliche Gewinnrücklagen	70
Umlaufvermögen	500	andere Gewinnrücklagen	30
Rechnungsabgrenzung	50	Bilanzgewinn	60
		Rückstellungen	50
		Verbindlichkeiten aus Warenlieferungen und Leistungen	400
		Rechnungsabgrenzung	40
	1 150		1 150

- 1. Berechnen Sie das ausgewiesene Eigenkapital!
- 2. Berechnen Sie das ausgewiesene Gesamtkapital!
  3. Das Anlagevermögen wurde sehr vorsichtig bewertet und hat einen Tageswert von 1 000.
- a) Wie groß ist das tatsächliche Eigenkapital?
  b) Die 100,— DM Aktie dieses Unternehmens wird an der Börse gegenwärtig mit 190,— DM gehandelt.
- Welche Gründe dafür läßt die Analyse der Kapitalverhältnisse erkennen?

848 Eigenkapital — Gesamtkapital — Haftungskapital — Rückgriffkapital

Ein Großlieferant analysiert die Kapitalverhältnisse eines Kunden, dessen Unternehmen in der Rechtsform einer Kommanditgesellschaft betrieben wird.

Bilanz einer Kommanditgesellschaft (vereinfacht) in Tsd. DM

Anlagevermögen	400	Kapital Komplementär A	200
Umlaufvermögen	600	Kapital Komplementär B	250
Rechnungsabgrenzung	100	Kapital Kommanditist C	150
		Rückstellungen	50
		Verbindlichkeiten aus Warenlieferungen und Leistungen	350
		Rechnungsabgrenzung	100
	1 100		1 100

Privatvermögen Komplementär A 180, Privatvermögen Komplementär B 220, Privatvermögen Kommanditist C 300. C hat laut Gesellschaftsvertrag noch eine Einlage von 50 zu leisten.

- 1. Wie groß ist das ausgewiesene Eigenkapital?
- 2. Wie groß ist das ausgewiesene Gesamtkapital?
- 3. Wie groß ist das haftende Kapital?
- 4. Wie groß ist das Rückgriffskapital?

849 Gliederung des Vermögens und des Kapitals nach Aktienrecht

Eine Aktiengesellschaft der chemischen Industrie hat für die Erstellung ihrer Bilanz (nach Zuführung zu den Rücklagen, aber vor dem Beschluß über die Verwendung des Bilanzgewinns) folgende Werte festgestellt (in Millionen DM):
Sachanlagen 250; Finanzanlagen 50; Vorräte 150; Forderungen und sonstige Vermögensgegenstände des Umlaufvermögens 250; Rechnungsabgrenzung (aktive) 80; Gezeichnetes Kapital 150, davon 20 noch nicht eingezahlt; gesetzliche Gewinnrücklagen 70 (einschließlich der Zuführung zu den Rücklagen für das vergangene Geschäftsjahr); Rückstellungen 80; Verbindlichkeiten aus Lieferungen und Leistungen 250; sonstige Verbindlichkeiten 100; Eventualverbindlichkeiten aus der Weitergabe von Wechseln 20. In den Finanzanlagen sind Wertpapiere mit dem Bilanzwert von 15 enthalten, die einer Bank zur Sicherung von Krediten übergeben wurden.

HGB §§ 266, 268, 270

- 1. Erstellen Sie die Bilanz nach dem Gliederungsschema für Kapitalgesellschaften!

2. In den Bilanzpositionen der unter 1. erstellten Bilanz ist bereits die Verrechnung eines Verlustvortrags von 20 und eine Zuführung zu den offenen Rücklagen von 10 berücksichtigt.

Akt(
§ 15

- Wie groß ist der Jahresüberschuß der Abrechnungsperiode, die dieser Schlußbilanz vorausging?

| 850 | *Bilanzverlust* |

- Beurteilen Sie den folgenden Vorschlag!

Die Bilanz einer Aktiengesellschaft weist einen Bilanzverlust von 1 000 000,— DM aus. Es wird der Vorschlag gemacht, den Verlust durch Aufnahme eines langfristigen, durch Hypotheken abzusichernden Kredits, auszugleichen.

| 851 | *Rücklagen* |

- Beurteilen Sie die folgende Behauptung:

HGł
§§ 266,

Die Bildung freiwilliger Rücklagen für Zwecke einer später vorzunehmenden Erweiterungsinvestition ist nutzlos. Durch die Rücklagenbildung wird zwar formal das ausgewiesene Eigenkapital erhöht. Das nützt jedoch nichts! Wenn die Erweiterungsinvestitionen vorgenommen werden sollen, dann kommt es allein darauf an, daß flüssige Mittel vorhanden sind! Zur Bereitstellung flüssiger Mittel leistet die Rücklagenbildung aber keinen Beitrag!

| 852 | *Rückstellungen — Rücklagen — Rechnungsabgrenzung* |

In einer Aktiengesellschaft, in der die Jahresbilanz erstellt werden soll, ist der Gewerbesteuerbescheid noch nicht eingegangen. Die noch ausstehende Gewerbesteuerschuld wird auf 50 000,— DM geschätzt.

§§ 249,

- 1. Warum darf die ausstehende Gewerbesteuerschuld in der Bilanz nicht als Rücklage ausgewiesen werden?
- 2. Warum darf die ausstehende Gewerbesteuerschuld in der Bilanz nicht als Rechnungsabgrenzung ausgewiesen werden?

Gewinn- und Verlustrechnung der Kapitalgesellschaften

| 853 | *Gewinn- und Verlustrechnung der Kapitalgesellschaft: Umsatzerlöse* |

Eine Textilfabrik in der Rechtsform der Aktiengesellschaft hatte in der vergangenen Abrechnungsperiode folgende Erlöse: Umsatzerlöse für hergestellte und abgesetzte Textilwaren 2 500 000,— DM, den Kunden in Rechnung gestellte Fracht- und Verpackungskosten 200 000,— DM, Mieteinnahmen aus Werkswohnungen 20 000,— DM.

§§ 275,

Den Kunden wurden Preisnachlässe auf den Bruttopreis in Höhe von 150 000,— DM gewährt.

- Wie groß ist der in der Erfolgsrechnung einzusetzende Umsatzerlös?

854 Gewinn- und Verlustrechnung der Kapitalgesellschaft: betriebliche Erträge

Ein Unternehmen des Maschinenbaus hat in der vergangenen Abrechnungsperiode einen Umsatzerlös von 300 000,— DM erzielt. In dieser Abrechnungsperiode hat sich im Unternehmen der Bestand an unfertigen Erzeugnissen um 50 000,— DM erhöht, der Bestand an fertigen Erzeugnissen ist um 30 000,— DM gesunken. Im Abrechnungszeitraum wurde eine Maschine im Wert von 50 000,— DM hergestellt, die im Unternehmen selbst verwendet wird.

HGB
§ 275

- Wie groß ist die Summe der in dem Unternehmen im Abrechnungszeitraum angefallenen betrieblichen Erträge?

855 Gewinn- und Verlustrechnung der Kapitalgesellschaft: Ergebnis der gewöhnlichen Geschäftstätigkeit

Ein Unternehmen erzielt in der vergangenen Abrechnungsperiode einen Umsatzerlös von 500 000,— DM. Im gleichen Zeitraum wurde Fertigungsmaterial im Werte von 200 000,— DM und Gemeinkostenmaterial im Wert von 60 000,— DM verbraucht. Durch einen Lagerbrand wurde lagerndes Material im Wert von 40 000,— DM vernichtet; von dem Schaden wurden von der Versicherung wegen Unterversicherung nur 30 000,— DM ersetzt.

- Wie groß ist das Ergebnis der gewöhnlichen Geschäftstätigkeit dieses Unternehmens?   § 275

856 Gewinn- und Verlustrechnung der Kapitalgesellschaft: Betriebsergebnis — Finanzergebnis — Ergebnis der gewöhnlichen Geschäftstätigkeit — außerordentliches Ergebnis — Jahresüberschuß

In einer Aktiengesellschaft soll für die vergangene Abrechnungsperiode die Gewinn- und Verlustrechnung in Staffelform erstellt werden. Die Zahlen sollen aus dem noch nicht abgeschlossenen Gewinn- und Verlustkonto entnommen werden.

§ 275

Gewinn- und Verlustkonto (in Tausend DM)

Aufwendungen für Roh-, Hilfs- und Betriebsstoffe	950	Umsatzerlöse	6 200
Fremdstrom	50	Erhöhung des Bestandes an Fertigerzeugnissen	400
Löhne und Gehälter	2 500	Erträge aus Beteiligungen	300
Soziale Abgaben	150	Zinserträge	100
Aufwendung für Altersversorgung und Unterstützung	250	Erlös aus Grundstücksverkäufen	50
Abschreibungen auf Sachanlagen	1 400	außerordentliche Erträge	50
Zinsen	300		
Steuern	100		

- Erstellen Sie die Gewinn- und Verlustrechnung gem. § 275 HGB und weisen Sie dabei folgende Zwischenergebnisse aus:
  — Betriebsergebnis
  — Finanzergebnis
  — Ergebnis der gewöhnlichen Geschäftstätigkeit
  — Außerordentliches Ergebnis.

Bewertung nach Handelsrecht

857 *Zweck der Aktivierung — Anschaffungswert — Tageswert — Wiederbeschaffungswert*

Ein Transportunternehmer hat zu Beginn des Geschäftsjahres einen neuen Lastwagen gekauft.

In der Preisliste des Herstellerwerkes wird den Händlern ein Verkaufspreis für diesen Lastwagen in Höhe von 150 000,— DM empfohlen. Der Händler gewährt dem Transportunternehmen einen Rabatt von 4% auf den Listenpreis, da dieser in regelmäßigen Abständen Lastwagen bei ihm kauft. Hinzu kommen 1 200,— DM Überführungs- und Zulassungskosten.

HG §§ 253

Der Transportunternehmer zahlt durch Banküberweisung.

- 1. Mit welchem Wert wird die Anschaffung des Lastwagens verbucht?
- 2. Begründen Sie, warum die Anschaffungskosten des Lastwagens nicht auf dem Konto „Kraftfahrzeugkosten" verbucht werden dürfen!
- 3. Am Ende des Geschäftsjahres prüft der Transportunternehmer mit welchem Wert er den Lastwagen in die Bilanz einsetzen soll.

   Das Herstellerwerk hat den Listenpreis des Lastwagens auf 158 000,— DM erhöht. Die Überführungs- und Zulassungskosten bleiben unverändert.

   In einem Handbuch, in dem sich Gebrauchtwagenhändler beim Ankauf orientieren, ist der Lastwagen dieser Marke, dieses Typs und mit dieser Ausstattung nach einem Jahr Nutzung mit 105 000,— DM ausgewiesen. Andererseits ist ein solcher Lastwagen bei Gebrauchtwagenhändlern nicht unter 115 000,— DM zu bekommen. Aufgrund seiner Erfahrung und unter Berücksichtigung der Art und des Umfangs der Nutzung des Lastwagens will der Transportunternehmer den Lastwagen in 4 Jahren abschreiben. Er berücksichtigt dabei einen Restwert von 18 000,— DM.

- a) Wie hoch ist am Ende des ersten Anschaffungsjahres

   — der fortgeführte Anschaffungswert,

   — der fortgeführte Anschaffungswert unter Berücksichtigung des gestiegenen Neupreises (Überführungs- und Zulassungskosten bleiben unverändert),

   — der Tageswert auf dem Beschaffungsmarkt für Gebrauchtfahrzeuge,

   — der Tageswert auf dem Verkaufsmarkt für Gebrauchtfahrzeuge?

- b) Entscheiden Sie, welchen Wert Sie in der Bilanz für den Lastwagen ansetzen würden!

   § 2?

   Begründen Sie Ihre Entscheidung und nehmen Sie dabei zu jedem der unter a) festgestellten Wertansätze Stellung!

858 *Ertragswert*

Der Inhaber eines Fachgeschäftes für Haushalts- und Porzellanwaren will sein Geschäft altershalber aufgeben. Einem Interessenten legt er bei den Verkaufsverhandlungen eine Vermögensaufstellung vor, in der das Geschäftsvermögen mit 500 000,— DM bewertet ist. Der Kaufinteressent stellt fest, daß diese Schätzung anerkannt werden kann. Das Geschäft ist schuldenfrei.

Außerdem zeigt der bisherige Geschäftsinhaber dem Interessenten die Gewinn- und Verlustrechnung des Einzelunternehmens für das letzte Jahr. Darin ist ein Gewinn von 105 000,— DM ausgewiesen. Eine Überprüfung ergibt, daß der Gewinn richtig ermittelt wurde.

Verkäufer und Interessent einigen sich, daß bei den weiteren Verhandlungen für alle Überlegungen ein Zinssatz für langfristiges Kapital von 7% zugrundegelegt werden soll.

Daraufhin schlägt der Geschäftsinhaber als Verhandlungsgrundlage für den Verkaufspreis des Geschäftes den sogenannten Ertragswert vor, den er mit 1,5 Millionen DM berechnet hat. Er argumentiert: Wenn 7% Verzinsung unterstellt werden, dann benötigt man

$$\frac{105\,000 \times 100}{7} = 1\,500\,000,\text{— DM}$$

um jährlich 105 000,— DM Gewinn zu erzielen. Das ist der Ertragswert und damit der angemessene Kaufpreis für mein Geschäft.

Der Kaufinteressent erkennt diese Argumente nicht uneingeschränkt an.

- Welche sachgerechten Argumente kann der Kaufinteressent dem Verkäufer entgegenhalten?

859 *Substanzwert — Ertragswert — Unternehmenswert — Geschäftswert*

Eine Spezial-Metalldrückerei wurde von 3 Brüdern gemeinsam aufgebaut und geführt.

Zwei der Brüder sind bereits verstorben, der dritte will sich altershalber zurückziehen und das gesamte Unternehmen seinem Sohn übergeben, der schon bisher im Unternehmen tätig war. Die Erben der durch Tod ausgeschiedenen Gesellschafter haben schon bisher kein Interesse an einer tätigen Mitarbeit im Unternehmen. Da sie ihrem im Unternehmen tätigen Verwandten nicht viel zutrauen, was sie ihm auch offen sagen, wollen sie als Gesellschafter ausscheiden und abgefunden werden.

Die letzte Jahres-Schlußbilanz des Unternehmens sieht wie folgt aus (zusammengefaßt):

Schlußbilanz (in Tausend DM)

Sachanlagen	1 500	Eigenkapital	1 000
Vorräte	600	Hypotheken	700
Forderungen aus Warenlieferungen	300	Verbindlichkeiten aus Warenlieferungen und Leistungen	750
flüssige Mittel	100	Wertberichtigungen auf Forderungen	50
	2 500		2 500

Der Reproduktionsaltwert (Tagespreis bei Wiederbeschaffung ./. Abschreibung) der Sachanlagen beträgt 2 000 000,— DM, der Tageswert der Vorräte 750 000,— DM. In den letzten 6 Jahren wurden folgende Gewinne erzielt: 150 000,— DM, 155 000,— DM, 201 000,— DM, 201 000,— DM, 201 000,— DM, 201 000,— DM.

Langfristiger Zinsfuß: 6%

Unternehmerlohn im Abrechnungszeitraum: 60 000,— DM.

- 1. Als erster Orientierungspunkt für die Berechnung der Abfindungssumme soll der sogenannte Substanzwert des Unternehmens (Vermögen — Schulden) berechnet werden. Die abzufindenden Gesellschafter schlagen vor, die Vermögensteile dabei mit Wiederbeschaffungswerten anzusetzen.
    - a) Halten Sie es für gerechtfertigt, bei der Berechnung des Substanzwertes Wiederbeschaffungswerte anzusetzen?
    - b) Berechnen Sie den Substanzwert der Metalldrückerei!

- 2. Halten Sie den Substanzwert des Unternehmens als alleinige Grundlage für die Berechnung der Abfindungssumme geeignet? Begründung!
- 3. Für die Berechnung der Abfindungssumme soll auch der Ertragswert berücksichtigt werden. Die ausscheidenden nichttätigen Gesellschafter wollen, daß bei der Berechnung des Ertragswerts statt des in den letzten Jahren durchschnittlich erzielten Gewinns der Gewinn in Höhe von 201 000,— DM zugrundegelegt wird, der in den letzten 4 Jahren konstant erzielt wurde.
- a) Halten Sie das für gerechtfertigt?   b) Berechnen Sie den Ertragswert!
- 4. Stellen Sie den Unternehmenswert fest, der für die Berechnung der Abfindungsanteile zugrundegelegt werden kann!
- 5. Erstellen Sie die Bilanz der Spezial-Metalldrückerei nach der Auseinandersetzung. (Die Auszahlungen an die abgefundenen Gesellschafter erfolgten aus dem Privatvermögen des übernehmenden Gesellschafters.)

860   *Niederstwertprinzip — Realisationsprinzip — Wertaufholung*

In der Bremer Kaffee-Großrösterei AG sind folgende Bewertungsprobleme zu entscheiden: HGB § 253

1. Die Rösterei hat vor Monaten einen Posten Roh-Kaffee zu 400 000,— DM gekauft. Bis zum Bilanzstichtag ist der Marktpreis auf 300 000,— DM gesunken. Experten in dem Unternehmen rechnen damit, daß der Preis für Roh-Kaffee wieder gestiegen ist, bis dieser Posten Roh-Kaffee geröstet und auf den Markt gebracht wird.

- a) Mit welchem Wert würden Sie den Roh-Kaffee in der Bilanz ansetzen?
- b) Welche Wirkung hat Ihre Entscheidung auf die Gewinn- und Verlustrechnung?

2. Der Marktpreis für Roh-Kaffee ist tatsächlich wieder gestiegen, so wie es die Marktexperten des Unternehmens auch erwarteten. Der Posten Roh-Kaffee hat jetzt einen Tageswert von 390 000,— DM. Das Unternehmen hatte den Wertansatz in der Bilanz aus Vorsichtsgründen von 400 000,— DM Anschaffungswert auf 300 000,— DM Tageswert herabgesetzt.

Auch jetzt soll streng nach dem unter Kaufleuten üblichen Vorsichtsprinzip bewertet werden. Danach dürfen nichtrealisierte Gewinne nicht ausgewiesen werden; nichtrealisierte Verluste müssen aber ausgewiesen werden.

- a) Welchen Bewertungsmöglichkeiten für den Posten Roh-Kaffee gibt es für das Unternehmen, wenn dieses Prinzip streng angewendet werden soll?
- b) Prüfen Sie, ob der unter a) festgelegte Wertansatz für den Posten Roh-Kaffee nach dem HGB erlaubt oder gar vorgeschrieben ist!   §§ 253,

3. Die Großrösterei hat für 200 000,— DM vor Jahren ein Grundstück gekauft, das unmittelbar an ihr Betriebsgelände angrenzt. Man war der Meinung, daß dieses Gelände Baugelände wird und für eine vorgesehene Betriebserweiterung verwendet werden kann.

Nach dem Kauf wurde ein Bebauungsplan festgestellt, der dieses Gelände jedoch als Gartenland auswies. Unter diesen Umständen war der Wert des Geländes höchstens 50 000,— DM. Der Bilanzansatz dieses Geländes wurde deshalb auf 50 000,— DM herabgesetzt.

- a) Prüfen Sie, ob die Aktiengesellschaft aufgrund der gesetzlichen Bewertungsvorschriften diesem Wertansatz verpflichtet war!   § 25
- b) Nach dem HGB sind Wertminderungen des Anlagevermögens anders zu behandeln als Wertminderungen des Umlaufvermögens.
  Urteilen Sie darüber, ob diese unterschiedliche Behandlung des Anlage- und des Umlaufvermögens begründet ist!

4. Der Bebauungsplan für das Gebiet, in dem das für die Betriebserweiterung vorgesehene Grundstück der Großrösterei liegt, wurde nochmals geändert. Der jetzt vorliegende, bereits rechtsgültig verabschiedete Bebauungsplan weist dieses Gelände als Gewerbegelände aus. Wegen der in den letzten Jahren gestiegenen Bodenpreise hat das Gelände jetzt mindestens einen Wert von 320 000,— DM.
- a) Welcher Wertansatz entspräche in dieser Situation dem Grundsatz der Wahrheit?
- b) Welcher Wertansatz wäre höchstens möglich, wenn das Realisationsprinzip beachtet werden soll?
- c) Welche Wertansätze läßt das HGB für das Baugelände in dieser Situation zu?
- d) Läßt das HGB für diese Situation eine Bewertung zu, die stille Rücklagen entstehen läßt?

861 fifo- und lifo-Methode

In einem Auto-Ersatzteillager lassen sich aus der Lagerkartei für ein bestimmtes Ersatzteil folgende Lagerzugänge feststellen:

Zeitpunkt der Beschaffung	1	2	3	4	5
Beschaffungspreis	5,—	6,—	7,—	6,—	6,50
beschaffte Menge	40	40	25	25	30

Lagerendbestand: 80
Der Marktpreis hat sich seit dem letzten Lagerzugang nicht verändert.

1. Unterstellen Sie, daß die zuerst bezogenen Ersatzteile auch zuerst aus dem Lager abgegeben wurden (fifo-Methode = first in, first out).
- a) Ermitteln Sie den Wert des Lagerbestandes von 80 nach der fifo-Methode!
- b) Prüfen Sie, ob in diesem Fall die Anwendung der fifo-Methode zu einem Ergebnis führt, das dem Niederstwertprinzip entspricht!
2. Unterstellen Sie, daß die zuletzt beschafften Ersatzteile zuerst aus dem Lager abgegeben wurden (lifo-Methode = last in, first out).
- a) Ermitteln Sie den Wert des Lagerbestandes von 80 nach der lifo-Methode!
- b) Prüfen Sie, ob in diesem Fall die Anwendung der lifo-Methode zu einem Ergebnis führt, das dem Niederstwertprinzip entspricht!
3. Läßt sich aus den Beispielen 1 und 2 als Ergebnis ableiten:
- a) das lifo-Verfahren entspricht dem Niederstwertprinzip,
- b) das fifo-Verfahren entspricht *nicht* dem Niederstwertprinzip.
4. Überprüfen Sie, welche der unter 1 a) und 2 a) festgestellten Wertansätze für die Ersatzteile handelsrechtlich erlaubt sind! HGB 256

Auswertung der Bilanz und der Erfolgsrechnung

862 Rentabilität des Eigenkapitals — Umsatzrentabilität

In einem Unternehmen soll die Gewinnentwicklung beurteilt werden.
Auszug aus der Rechnungslegung dieses Unternehmens:

	Jahr 1	Jahr 2
durchschnittlich gebundenes Eigenkapital	500 000,—	580 000,—
Gewinn	40 000,—	63 000,—
Umsatzerlös	800 000,—	2 100 000,—

- 1. Berechnen Sie die Rentabilität des Eigenkapitals für die Jahre 1 und 2!
- 2. Berechnen Sie den Gewinn auf 100,— DM Umsatzerlös (Umsatzrentabilität) für die Jahre 1 und 2!
- 3. Wie ist es zu erklären, daß trotz sinkender Umsatzrentabilität die Rentabilität des Eigenkapitals doch steigen konnte?

863 — Feststellung des durchschnittlich gebundenen Eigenkapitals für die Berechnung der Rentabilität

Bilanz einer Einzelfirma (vereinfacht)

	Jahr 1	Jahr 2		Jahr 1	Jahr 2
Anlagevermögen	400 000,—	450 000,—	Verbindlichkeiten aus Warenlieferungen und Leistungen	350 000,—	370 000,—
Umlaufvermögen	600 000,—	650 000,—	Rückstellungen	100 000,—	80 000,—
			Darlehen	100 000,—	150 000,—
			Eigenkapital	450 000,—	500 000,—
	1 000 000,—	1 100 000,—		1 000 000,—	1 100 000,—

Der Gewinn im Jahr 2 betrug 35 625,— DM.

- 1. Welche Erklärungsmöglichkeit gibt es dafür, daß der Gewinn im Jahr 2 nicht gleich ist der Differenz zwischen dem Eigenkapital des Jahres 2 und dem Eigenkapital des Jahres 1?
- 2. Warum ist es betriebswirtschaftlich nicht vertretbar, die Rentabilität für das Jahr 2 auf der Basis des in der Schlußbilanz des Jahres 2 ausgewiesenen Eigenkapitals zu berechnen?
- 3. Welche Angaben müßten gegeben sein, um exakt nach den Regeln der Zinsrechnung die Rentabilität des Eigenkapitals zu berechnen?
- 4. Berechnen Sie die Rentabilität des Eigenkapitals mit der bei den gegebenen Daten möglichen Genauigkeit!

864 — Rentabilität des Gesamtkapitals — Zusammenhang der Rentabilität des Eigenkapitals mit der Rentabilität des Gesamtkapitals

Auszug aus der Rechnungslegung einer Einzelunternehmung:

	Jahr 1	Jahr 2
durchschnittlich gebundenes Eigenkapital	1 320 000,—	1 610 000,—
durchschnittlich gebundenes Fremdkapital	280 000,—	290 000,—
durchschnittlich gebundenes Gesamtkapital	1 600 000,—	1 900 000,—
Zinssatz für Fremdkapital	10%	10%
Zinsaufwendungen	28 000,—	29 000,—
Jahresgewinn	100 000,—	180 000,—

- 1. Berechnen Sie die Rentabilität des Eigenkapitals für die Jahre 1 und 2!
  2. Der Unternehmer überprüft, wie sich die Rentabilität des Eigenkapitals verändern würde, wenn er durch Einlage von bisher privaten Mitteln das gesamte Fremdkapital zurückzahlen und damit in Eigenkapital umwandeln würde.
- Wie groß wäre unter diesen Umständen die Rentabilität des Eigenkapitals im Jahre 2 gewesen?
- 3. Begründen Sie, warum bei der Berechnung der Rentabilität des Gesamtkapitals die Zinsaufwendungen zum Gewinn zugeschlagen werden!
- 4. Berechnen Sie die Rentabilität des Gesamtkapitals für die Jahre 1 und 2!
  5. Welche Auswirkung auf Finanzierungsentscheidungen des Unternehmens hat es
- a) wenn der Zinssatz für das Fremdkapital über der Rentabilität des Eigenkapitals liegt,
- b) wenn der Zinssatz für das Fremdkapital unter der Rentabilität des Eigenkapitals liegt?

865 — *Rentabilität des Eigenkapitals — Rentabilität des Gesamtkapitals — Gewinnfeststellung*

Zusammengefaßte Rechnungslegung einer Aktiengesellschaft (in Tausend DM):

Aktiva	Jahr 1	Jahr 2	Jahr 3
Anlagevermögen	85	85	75
Umlaufvermögen	175	200	220
	260	285	300

Passiva			
Gezeichnetes Kapital	110	110	110
Gesetzliche und andere Gewinnrücklagen	45	50	55
Bilanzgewinn	15	20	30
Rückstellungen	40	50	55
Verbindlichkeiten aus Warenlieferungen und Leistungen	50	55	50
	260	285	300

Gewinn- und Verlustrechnung

Aufwendungen			
Löhne	295,0	324,5	460,0
Materialverbrauch	171,0	180,0	240,0
Abschreibungen auf Anlagen	9,0	10,0	10,0
Zinsaufwendungen	6,0	5,5	5,0
Zuführung zu den Rücklagen	4,0	5,0	5,0
	485,0	530,0	720,0

Erträge			
Umsatzerlös	500,0	550,0	750,0
Bilanzgewinn	15,0	20,0	30,0

- 1. Berechnen Sie die Rentabilität des Eigenkapitals für die Jahre 2 und 3!
  2. Um den Trend der Gewinnermittlung zu beurteilen, soll auch die Rentabilität des Eigenkapitals für das Jahr 1 errechnet werden. Zur Feststellung des durchschnittlich gebundenen Eigenkapitals fehlt Ihnen aber die Bilanz des Vorjahres.
- Auf welchem Weg läßt sich dennoch das durchschnittlich gebundene Eigenkapital ermitteln?
  3. Für Finanzierungsentscheidungen soll noch die Rentabilität des Gesamtkapitals berechnet werden.
- a) Berechnen Sie die Rentabilität des Gesamtkapitals für die Jahre 2 und 3!
- b) Ist in dieser Situation der Ersatz von Fremdkapital durch Eigenkapital zu empfehlen?

866 *Return-on-Investment (ROI)*

In einem Unternehmen ist als Unterlage für die Geschäftspolitik die folgende Tabelle aufgestellt worden:

Situation	1 Umsatz DM	2 Kapital- einsatz DM	3 Gewinn DM	4 Kapital- umschlag (Sp. 1 : Sp. 2)	5 Umsatz- rentabilität (Sp. 3 x 100 : Sp. 1)	6 Kapital- rentabilität (Sp. 3 x 100 : Sp. 2)
1	100	1 000	20	0,1	20%	2%
2	200	1 000	40	0,2	20%	4%
3	300	1 500	90	0,2	30%	6%
4	400	4 000	120	0,1	30%	3%
5	500	5 000	100	0,1	20%	2%
6	600	3 000	30	0,2	5%	1%
7	700	7 000	105	0,1	15%	1,5%

- 1. Untersuchen Sie die Ursachen für die in der Tabelle dargestellten Veränderungen der Kapitalrentabilität!
- 2. Welche der folgenden Aussagen sind zutreffend, welche nicht? Welcher Denkfehler steckt in den nicht zutreffenden Aussagen?
  a) Nur wenn die Umsatzrentabilität steigt, erhöht sich auch die Kapitalrentabilität;
  b) immer wenn die Umsatzrentabilität steigt, erhöht sich die Kapitalrentabilität;
  c) wenn die Kapitalumschlagsziffer steigt, muß auch die Kapitalrentabilität steigen;
  d) wenn die Kapitalumschlagsziffer sinkt, muß auch die Kapitalrentabilität sinken;
  e) steigt die Kapitalumschlagsziffer und die Umsatzrentabilität, dann steigt auch die Kapitalrentabilität;
  f) steigt die Kapitalumschlagsziffer und die Umsatzrentabilität, dann sinkt die Kapitalrentabilität;
  g) sinkt die Kapitalumschlagsziffer und steigt die Umsatzrentabilität, dann hängt es vom Verhältnis beider Veränderungen zueinander ab, ob die Kapitalrentabilität steigt oder sinkt.
  3. Bei der Berechnung der Kapitalrentabilität lassen sich die Einflußgrößen sichtbar machen. Dazu wird die Return-on-Investment-Formel verwendet:

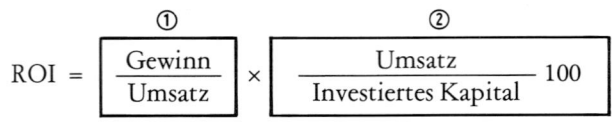

$$\text{ROI} = \boxed{\frac{\text{Gewinn}}{\text{Umsatz}}}^{①} \times \boxed{\frac{\text{Umsatz}}{\text{Investiertes Kapital}}}^{②} \cdot 100$$

- Welcher Spalte der Tabelle entspricht der mit ① bezeichnete Teil der Formel, welcher der mit ② bezeichnete?

867 — Betriebskoeffizient — Wirtschaftlichkeit — Betriebsergebnis — Neutrales Ergebnis — Umsatzrentabilität bei betriebsfremden Erträgen

Ein Unternehmen der Schmuckwarenindustrie wird als Einzelunternehmen geführt und stellt Modeschmuck her. Die Gewinn- und Verlustrechnung der beiden letzten Geschäftsjahre zeigt folgendes Bild (in Tausend DM):

Gewinn- und Verlustrechnung

	Jahr 1	Jahr 2		Jahr 1	Jahr 2
Materialkosten	98	110	Umsatzerlös	400	450
Fertigungslöhne	150	200	Bestandsveränderungen	80	40
sonstige Personalkosten	100	120	Erlös aus dem Verkauf von Gegenständen des Anlagevermögens	20	110
buchhalter. Abschreibungen	40	56			
Fremdzinsen	10	11			
eingetretene Wagnisse	5	4			
außerordentl. Aufwendungen	25	25			
Gewinn	72	74			
	500	600		500	600

1. In dem Unternehmen wird jährlich die Entwicklung der Wirtschaftlichkeit der betrieblichen Leistungserstellung überprüft.
- Untersuchen Sie, ob eine Berechnung nach der Formel $\dfrac{\text{Ertrag}}{\text{Aufwendungen}}$ für diesen Zweck aussagekräftig ist!
- 2. Zerlegen Sie die Gewinn- und Verlustrechnungen der Jahre 1 und 2 jeweils in ein Konto Betriebsergebnis und ein Konto Neutrales Ergebnis!

Dabei sind zu berücksichtigen:	Jahr 1	Jahr 2
Kalkulatorische Abschreibungen	30	40
Kalkulatorische Zinsen	50	55
Kalkulatorische Wagnisse	20	20

- 3. Berechnen Sie aus der Betriebsergebnisrechnung den Betriebskoeffizienten (betriebliche Erträge zu betrieblichen Aufwendungen) für die Jahre 1 und 2!
- 4. Wie hat sich die Wirtschaftlichkeit verändert?
- 5. Es wird nach den Ursachen der Veränderung der Wirtschaftlichkeit gesucht. In dem Unternehmen wurden zur Vorbereitung dieser Analyse zwei Berechnungen aufgestellt:

Berechnung 1:

	Jahr 1	Jahr 2
Materialkosten	21,9%	20,2%
Fertigungslöhne	33,5%	36,7%
sonstige Personalkosten	22,3%	22,0%
kalkulatorische Abschreibung	6,7%	7,3%
kalkulatorische Zinsen	11,2%	10,1%
kalkulatorische Wagnisse	4,4%	3,7%
Summe der Kosten	100,0%	100,0%
	Jahr 1	Jahr 2
Umsatzerlös	83,3%	91,8%
Bestandsveränderung	16,7%	8,2%
Gesamtleistung	100,0%	100,0%

Berechnung 2:

	Anteil der Kosten an der Gesamtleistung in %	
	Jahr 1	Jahr 2
Materialkosten	20,4%	22,4%
Fertigungslöhne	31,3%	40,8%
sonstige Personalkosten	20,8%	24,4%
kalkulatorische Abschreibung	6,3%	8,2%
kalkulatorische Zinsen	10,4%	11,2%
kalkulatorische Wagnisse	4,2%	4,1%

- a) Stellen Sie die Ursachen der Wirtschaftlichkeitsveränderung fest!
- b) Begründen Sie, warum die Berechnung 2 aussagekräftiger für die Analyse der Ursachen einer Wirtschaftlichkeitsveränderung ist!
- 6. Beurteilen Sie die Aussage:
  „Dieser Betrieb arbeitet unwirtschaftlich. Das ist dadurch bewiesen, daß der Betriebskoeffizient kleiner als 1 ist."
- 7. a) Berechnen Sie die Umsatzrentabilität für die Jahre 1 und 2!
- b) Sind die Ursachen für die Veränderung der Umsatzrentabilität aus den hier bekannten Daten eindeutig erkennbar?

868 Produktivität — Wertschöpfung

Die **Phono-Aktiengesellschaft** hat im Anhang zum Jahresabschluß gem. § 284 HGB auch die Entwicklung des Materialverbrauchs und der Lohnaufwendungen in den letzten beiden Jahren graphisch dargestellt. Auch in einer Kurzfassung des Geschäftsberichts für die Belegschaft, der in der Werkszeitung veröffentlicht wurde, ist diese Graphik enthalten.

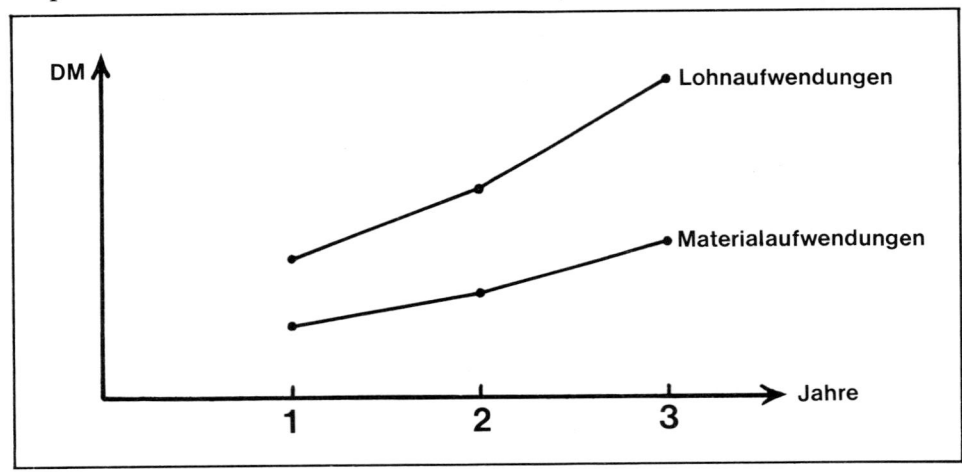

Der Betriebsratsvorsitzende tritt an die Geschäftsleitung mit dem Anliegen heran, sowohl in dem offiziellen Geschäftsbericht als auch in der Kurzfassung für die Belegschaft nicht nur die Lohnentwicklung, sondern auch die Entwicklung der Produktivität darzustellen. Die Lohnentwicklung allein sage nichts aus, sie sei sogar irreführend.

Es kommt zu einem Gespräch mit der Geschäftsleitung. In diesem Gespräch behauptet die Geschäftsleitung, es sei unmöglich die Arbeitsproduktivität für ein Unternehmen zu berechnen, welches Farbfernsehgeräte, Schwarz-Weiß-Fernsehgeräte, Radiogeräte, Plattenspieler, Verstärker und Lautsprecher herstelle, und dies alles in verschiedenen Preisklassen.

- 1. Halten Sie den Einwand des Betriebsrats für berechtigt?
- 2. Überprüfen Sie den Einwand der Geschäftsleitung!
  3. Der Betriebsratsvorsitzende schlägt vor:
     Die Arbeitsproduktivität soll nach der folgenden Formel berechnet werden.

     $$\text{Arbeitsproduktivität} = \frac{\text{Wertschöpfung}}{\text{eingesetzte Arbeitszeit}}$$

     Die **Phono-Aktiengesellschaft** hatte in den beiden vergangenen Jahren folgende Wertschöpfung:

	Jahr 1 (in 100 000 DM)	Jahr 2 (in 100 000 DM)
Betriebliche Erträge	2 800	2 650
Erträge aus Beteiligungen	15	20
	2 815	2 670
Materialaufwendungen	640	655
Abschreibungen	140	150
Steuern	65	70
Wertschöpfung	1 970	1 795

     Beschäftigte im Jahr 1: 2 800, im Jahre 2: 2 500.

- a) Berechnen Sie für die Jahre 1 und 2 die Arbeitsproduktivität als Wertproduktivität!
- b) Urteilen Sie über die Aussagefähigkeit der so berechneten Wertproduktivität!
- c) Handelt es sich nach Ihrer Meinung bei dieser Berechnung noch um eine Produktivitätskennziffer oder schon um eine Wirtschaftlichkeitskennziffer?
  4. Betriebsrat und Geschäftsleitung einigen sich, daß für Zwecke der Produktivitätsberechnung nur die betrieblichen Erträge und die betrieblichen Aufwendungen berücksichtigt werden sollen.

     Der Vergleich der buchhalterischen Abschreibungen und der tatsächlich eingetretenen Wagnisverlusten mit den entsprechenden kalkulatorischen Kosten ergibt Zusatzkosten (in 100 000,— DM) im Jahr 1 von 25, im Jahr 2 von 60 und im Jahr 3 ebenfalls von 60.

- a) Berechnen Sie die Arbeitsproduktivität für die Jahre 1—3 als Wertproduktivität auf der Grundlage des Betriebsergebnisses! (GuV-Rechnung siehe Seite 282).
- b) Halten Sie das Ergebnis der Berechnung 3a oder der Berechnung 4a für aussagefähiger?
  5. Zwischen Betriebsrat und Geschäftsleitung wird vereinbart, daß künftig nicht nur die Entwicklung der Produktivität im Geschäftsbericht erwähnt werden soll, sondern auch die Verteilung der Wertschöpfung. Es soll also die Verteilung des in der Aktiengesellschaft entstandenen Einkommens auf die Gruppen Mitarbeiter, Fremdkapitalgeber, Eigenkapitalgeber und auf das Unternehmen selbst dargestellt werden.

a) Der Betriebsrat fordert, daß für die Verteilungsrechnung die neutralen Erträge und damit auch die neutralen Aufwendungen mit berücksichtigt werden sollen; er will also je nach Zweck eine Wertschöpfung aus der eigentlichen Betriebsaufgabe und eine Wertschöpfung des Unternehmens unterscheiden.

- Halten Sie die Forderung des Betriebsrats für sachlich begründet?
- b) Berechnen Sie für die Jahre 1—3 unter Verwendung der Gewinn- und Verlustrechnung die Wertschöpfung des Unternehmens. Stellen Sie die Verteilung in einer Tabelle nach dem folgenden Muster dar!

	Jahr 1	Jahr 2	Jahr 3
Mitarbeiter Fremdkapitalgeber Eigenkapitalgeber Unternehmen			
Wertschöpfung des Unternehmens			

Zahlen aus der Gewinn- und Verlustrechnung der Phono-Aktiengesellschaft für die Jahre 1—3 (Zahlen in 100 000,— DM).

	Jahr 1	Jahr 2	Jahr 3
Umsatzerlös	2 800	2 650	2 620
Erträge aus Anlageverkäufen	—	—	10
Aufwendungen für Roh-, Hilfs- und Betriebsstoffe	640	655	640
Rohergebnis	2 160	1 995	1 990
Löhne	600	630	620
soziale Abgaben	100	110	115
Abschreibungen auf Sachanlagen	140	150	155
	1 320	1 105	1 135
Erträge aus Beteiligungen	15	20	35
Zinsaufwendungen	90	75	45
	1 245	1 050	1 090
Steuern	65	70	70
Jahresüberschuß	1 180	980	1 020
Zuführung zu den Rücklagen	230	30	60
Bilanzgewinn	950	950	960
Beschäftigte (die durchschnittliche Arbeitszeit je Beschäftigten blieb unverändert)	2 800	2 500	2 500

869 Liquidität

In der Baustoff-Großhandels-GmbH wird in regelmäßigen Abständen unter Verwendung eines Vordrucks (siehe Seite 283) die Liquidität des Unternehmens überprüft.

Die Buchhaltung hat die Zahlen für die Liquiditätskontrolle in Bilanzform vorbereitet.

Bilanz der Baustoff-Großhandels-GmbH für Zwecke der Liquiditätskontrolle
(Zahlen in 100 000 DM)

	Jahr 1	Jahr 2		Jahr 1	Jahr 2
Zahlungsmittel	10	12	Verbindlichkeiten aus Warenlieferungen und Leistungen	20	18
Forderungen aus Lieferungen und Leistungen	40	35	kurzfristige Bankschulden	10	13
sonstige Forderungen	3	4	Akzepte	0	2
Warenbestand	31	27	sonstige Verbindlichkeiten	5	4
(davon schwer verkäuflich)	(2)	(1)	von Kunden erhaltene Anzahlungen	2	1
Anlagevermögen	6	5	langfristige Darlehen	11	6
			Rückstellungen		
			kurzfristige	5	6
			langfristige	9	3
			Eigenkapital	28	30
	90	83		90	83

Betriebliches Schema zur Kontrolle der Liquidität

Flüssige Mittel
Zahlungsmittel
Lieferforderungen
./. Wertberichtigung

Abzügliche Verbindlichkeiten
Warenschulden
kurzfristige Rückstellungen
Akzepte
Bankschulden
sonstige Verbindlichkeiten

ÜBERDECKUNG I
+ Warenbestand (ohne schwer verkäufl. Ware)
./. von Kunden erhaltene Anzahlungen
+ sonstige Forderungen

ÜBERDECKUNG II
+ schwer verkäufliche Warenvorräte
./. langfristige Schulden
  und langfristige Rückstellungen

ÜBERDECKUNG III
Anlagevermögen
+ auf Anlagebeschaffung gegebene Anzahlg.
Eigenkapital

- 1. Stellen Sie aus den Bilanzen die Liquiditätsberechnung für die Jahre 1 und 2 unter Verwendung des betrieblichen Vordrucks auf!
- 2. Wie würden Sie bei der Liquiditätsberechnung nach diesem Schema folgende Bilanzpositionen berücksichtigen?
    a) Wertberichtigung auf Sachanlagen
    b) Wertpapiere des Umlaufvermögens
    c) Beteiligungen
    d) aktive Rechnungsabgrenzung
    e) passive Rechnungsabgrenzung

- 3. Prüfen Sie, ob die Überdeckung I als Barliquidität, die Überdeckung II als einzugsbedingte Liquidität und die Überdeckung III als umsatzbedingte Liquidität bezeichnet werden kann!
- 4. Warum werden die Anzahlungen von Kunden bei der Berechnung der Überdeckung III vom Warenbestand abgezogen?
- 5. Beurteilen Sie die Liquidität der Baustoff-Großhandels-GmbH!
- 6. Halten Sie eine Liquiditätsberechnung für aussagefähig, die nur in der Bilanz ausgewiesenen Positionen berücksichtigt, nicht aber die nur aus der Gewinn- und Verlustrechnung erkennbaren laufenden Betriebsausgaben z. B. für Löhne?

870 Finanzierungsbild — Bewegungsbilanz

Eine als Aktiengesellschaft geführte Metallwarenfabrik hatte in den beiden letzten Jahren die folgenden Bilanzen (alle Zahlen in 100 000 DM):

Bilanz der Metallwaren-AG

	Jahr 1	Jahr 2		Jahr 1	Jahr 2
Anlagevermögen	120	110	Gezeichnetes Kapital	180	180
Vorräte	50	70	Rücklagen	30	40
Forderungen aus Warenlieferungen und Leistungen	60	70	Langfristige Darlehen	20	30
Flüssige Mittel	40	50	Verbindlichkeiten aus Warenlieferungen und Leistungen	15	20
			Bilanzgewinn	25	30
	270	300		270	300

1. In der Bilanz der Metallwaren-AG wurde im Jahre 2 das Sachvermögen um 10, das Finanzvermögen um 20 erhöht.
- Weisen Sie diese beiden Beträge nach!
- 2. a) Weisen Sie nach, auf welche Weise die Vergrößerung des in der Bilanz ausgewiesenen Vermögens finanziert wurde!
  b) Im Anhang zur Bilanz gem. § 268 Abs. 2 HGB ist im sogen. Anlagespiegel (Anlagengitter) dargestellt, wie sich die einzelnen Posten des Anlagevermögens entwickelt haben: Dabei ergeben sich folgende Summen:

	Anschaffungs- oder Herstellungskosten zu Beginn des Geschäftsjahres	Zugänge	Abgänge	Umbuchungen	Zuschreibungen des Geschäftsjahres	Abschreibungen in ihrer gesamten Höhe (Kumulierte Abschreibungen)	Abschreibungen des Geschäftsjahres	Schlußbestand (Buchwert)
Jahr 1	200	—	—	—	—	80	25	120
Jahr 2	200	20	—	—	—	110	30	110

Nur im Anlagenspiegel ist erkennbar, daß in der Metallwaren-AG im Jahr 2 Zugänge erfolgten.
- Wie wurden diese Zugänge finanziert?
- c) Halten Sie die Art wie die Vergrößerung des Vermögens finanziert wurde, für betriebswirtschaftlich vertretbar?

871 Bewegungsbilanz — Finanzierungsbild

Die Finanzierung der Investitionen, die von der Westdeutschen Elektrizitätsgesellschaft im Jahr 2 durchgeführt wurden, soll beurteilt werden (alle Zahlen in 100 000 DM).

Bilanzen der Westdeutschen Elektrizitäts-Aktiengesellschaft

	Jahr 1	Jahr 2		Jahr 1	Jahr 2
Anlagevermögen	500	550	Grundkapital	400	400
Vorräte	80	90	Rücklagen	200	210
Forderungen aus Warenlieferungen und Leistungen	90	70	langfristige Darlehen	50	90
Flüssige Mittel	80	90	Verbindlichkeiten aus Lieferungen und Leistungen	40	30
			Bilanzgewinn	60	70
	750	800		750	800

Gewinn- und Verlustrechnung der Westdeutschen Elektrizitäts-Aktiengesellschaft (Jahr 2)

Materialaufwendungen	800	Umsatzerlöse	1 400
Personalaufwendungen	360		
Zinsaufwendungen	10		
Abschreibungen auf Anlagen	50		
sonstige Aufwendungen	100		
Zuführung zu den Rücklagen	10		
Bilanzgewinn	70		
	1 400		1 400

- 1. Beweisen Sie aus den Veränderungen der Bilanzansätze vom Jahr 1 zum Jahr 2, daß für Bewegungsbilanzen die folgende Gleichung gilt:

  Zunahme der Aktivbestände + Abnahme der Passivbestände = Zunahme der Passivbestände + Abnahme der Aktivbestände

- 2. a) Rekonstruieren Sie das Konto Anlagevermögen für das Jahr 2!
  b) Stellen Sie fest, in welcher Höhe in dem Unternehmen Anlageinvestitionen durchgeführt wurden! (Im Jahre 2 wurden keine Anlagen verkauft.)

- 3. Stellen Sie in einer Übersicht zusammen,
  — in welcher Höhe sich im Jahre 2 in dem Unternehmen das Sachvermögen und das Finanzvermögen verändert hat und
  — wie diese Investitionen finanziert werden.

- 4. Beurteilen Sie die Finanzierung der Investitionen im Jahre 2.

872 Konstitution

Zwei Unternehmen stellen dasselbe Produkt her und haben im vergangenen Abrechnungszeitraum beide in der gleichen Höhe von (in Tausend DM) 2 000 betriebliche Erträge erzielt.

(alle Zahlen in Tausend DM)	Unternehmen 1	Unternehmen 2
Sachanlagen	15	20
Finanzanlagen	5	5
Vorräte	30	80
monetäres Umlaufvermögen	10	20
Gesamtvermögen	60	125

- Berechnen Sie die Anlagequote und die Vorratsquote der beiden Unternehmen und beurteilen Sie die Aussagekraft dieser Kennzahl!

873   *Externe Bilanz- und Erfolgsbeurteilung*

Die Deutsche Automobilfabrik AG veröffentlichte in mehreren großen Regionalzeitungen ihren Jahresabschluß.

Bilanz der Deutschen Automobilfabrik AG

in Mio. DM	Jahr 1	Jahr 2	Trendkennziffer	Veränderung der Bilanzposition in DM entstandener Kapitalbedarf (Verwendg. der Mittel) +	Finanzierung (Beschaffung der Mittel) ./.
AKTIVA					
Grundstücke einschließlich Geschäfts- u. Wohngebäuden auf diesen Grundstücken	95	105	1,1052		
Fabrikgebäude, einschließlich Grundstücken	570	746	1,309	176	
unbebaute Grundstücke	9	19	2,111	10	
Maschinen und technische Anlagen	424	509	1,201	85	
Betriebs- und Geschäftsausstattung	22	26	1,182	4	
Anlagen im Bau	97	58	0,598		39
Anzahlungen auf Neuanlagen	79	37	0,468		42
Beteiligungen	1	3	3,00	2	
Wertpapiere der Anlagevermögen	—	23	—	23	
Ausleihungen	16	21	1,313	5	
(Anlagevermögen)	(1 313)	(1 547)	1,178		
Vorräte	395	398	1,008	3	
Anzahlungen auf Vorräte	2	—	—		2
Forderungen aus Lieferungen und Leistungen	21	24	1,143	3	
davon mit einer Restlaufzeit unter 1 Jahr	(21)	(24)	(1,143)	—	—
flüssige Mittel	7	1	0,143		6
sonstige Forderungen	29	28	0,966		1
(Umlaufvermögen)	(454)	(451)	0,993		
Summe der Aktive	1 767	1 998		321	90 231
				321	321

286

in Mio. DM	Jahr 1	Jahr 2	Trend-kennziffer	Veränderung der Bilanzposition in DM	
				entstandener Kapitalbedarf (Verwendg. der Mittel)	Finanzierung (Beschaffung der Mittel)
PASSIVA				./.	+
Gezeichnetes Kapital	600	600	1,000	—	—
gesetzliche Rücklage	60	60	1,000	—	—
Rücklage für Ersatzbeschaffung	2	—	—	2	
andere Gewinnrücklagen	295	363	1,231		68
(Rücklagen insgesamt)	(357)	(423)	1,185		
Pensionsrückstellungen	72	83	1,153		11
sonstige Rückstellungen	241	233	0,967	8	
(Rückstellungen insgesamt)	(313)	(316)	1,010		
Verbindlichkeiten mit Restlaufzeiten von über 1 Jahr (langfristige Darlehen)	2	106	53,000		104
Verbindlichkeiten aus Lieferungen u. Leistungen	243	217	0,893	26	
Verbindlichkeiten gegenüber verbundenen Unternehmen	1	68	68,000		67
kurzfristige Bankschulden	44	114	2,591		70
sonstige Verbindlichkeiten	128	73	0,570	55	
Rechnungsabgrenzungsposten	7	9	1,286		2
Bilanzgewinn	72	72	1,000	—	—
Summe der Passiva	1 767	1 998		91 231	322
				322	322

In den Erläuterungen zum Jahresabschluß (Anhang) gem. §§ 284, 285 HGB sind u. a. folgende Angaben enthalten:

	Jahr 1	Jahr 2
1. Produktionszahl (Pkw und Kombi)	865 858	959 773
2. Beschäftigte	59 130	66 792
3. Börsenkurse am Bilanzstichtag	391,— DM für eine 50,— DM Aktie	
4. Dividende	12,— DM für eine 50,— DM Aktie	

5. Von den Rückstellungen sind 30% kurzfristig und 30% mittelfristig.

Erfolgsrechnung der Deutschen Automobilfabrik AG

	(in Mio. DM)	Jahr 1	Jahr 2	Trendkennziffer
1	Umsatzerlös	3 932	4 422	1,1246
2	Bestandsveränderungen an fertigen und unfertigen Erzeugnissen	+ 40	+ 1	0,025
3	andere aktivierte Eigenleistungen	45	65	1,4444
4	sonstige betriebliche Erträge	53	65	1,2264
	(davon Erträge aus der Auflösung von Rückstellungen)	(1)	(2)	2,0
	(Erträge aus Anlageverkäufen)	(8)	(13)	1,625
5	betriebliche Erträge	4 070	4 553	1,1186
6	Materialaufwendungen und entsprechende Fremdleistungen	2 408	2 758	1,1453
7	Rohergebnis	1 662	1 795	1,0740
8	Löhne und Gehälter	500	563	1,1260
9	soziale Abgaben	56	65	1,1607
10	freiwillige soziale Aufwendungen	16	17	1,0625
11	Abschreibungen auf Sachanlagen	239	305	1,2762
12	Abschreibungen auf Umlaufvermögen	19	11	0,5789
13	sonstige betriebliche Aufwendungen	319	301	0,9435
	(davon Verluste aus Anlageabgängen	(4)	(4)	
14	Betriebliches Ergebnis (7 minus Summe 8—13)	513	533	1,0974
15	Erträge aus Beteiligungen	7	8	1,1429
16	Erträge aus anderen Finanzanlagen	—	1	
17	Zinsen und ähnliche Erträge	12	8	0,6666
18	Abschreibungen auf Finanzanlagen	80	68	0,85
19	Zinsen und ähnliche Aufwendungen	7	13	1,8951
20	Finanzergebnis (Summe 15—17 minus Summe 18—19)	—68	—64	0,9411
21	Ergebnis der gewöhnlichen Geschäftstätigkeit (14 minus 20)	445	469	1,0539
22	außerordentliche Erträge	30	25	0,8333
23	außerordentliche Aufwendungen	20	10	0,5
24	außerordentliches Ergebnis (22 minus 23)	+ 10	+ 15	1,5
25	Zwischensumme (21 minus 24)	455	484	
26	Steuern vom Einkommen, Ertrag und Vermögen	286	266	0,9301
27	sonstige Steuern	71	81	1,1409
28	Jahresüberschuß (24 minus Summe 25, 26)	98	137	
29	Gewinnvortrag	—	1	
30	Entnahmen aus Rücklagen	7	2	
31	Zuführungen zu Rücklagen	33	68	
32	Bilanzgewinn	72	72	

Kapital- und Vermögensstruktur im Kraftfahrzeugbau.
Durchschnittszahlen der Branche.

Anlagevermögen	41,9%	Eigenkapital	44,2%
Vorräte	29,1%	Fremdkapital	69,4%
Forderungen	20,5%		
Sonstige Akt.	8,5%		
	100,0%		100,0%

A Formelle Bilanzkritik
- 1. Welche Positionen der Bilanz müssen nach HGB weiter unterteilt werden? § 266
- 2. Welche Positionen der Bilanz können nach HGB zusammengefaßt werden?

B Aufbereitung der Bilanz und der Gewinn- und Verlustrechnung
- Fassen Sie die Bilanz und die Erfolgsrechnung des Jahres 2 der Automobilfabrik zu folgenden Positionen zusammen:

BILANZ

Aktiva	DM	%	Passiva	DM	%
Sachanlagen			Eigenkapital		
Finanzanlagen			langfr. Fremdmittel		
Vorräte			sonstige Fremdmittel		
monetäres Umlaufvermögen					
		100%			100%

Gewinn- und Verlustrechnung

Aufwand	DM	%	Ertrag	DM	%
Personalaufwendungen			Umsatzerlös		
Materialaufwendungen			Bestandsveränderungen		
Zinsen (sald.)			aktivierte Eigenleistungen		
Anlagekost.(Sachanlag.)			sonstige Erträge		
Steuern			außerordentliche Erträge		
sonstige Aufwendungen					
außerordentliche Aufwendungen					
Aufwendungen insgesamt		100%	Erlöse insgesamt		100%
Einstellungen in die Rücklagen			Gewinnvortrag		
Bilanzgewinn			Entnahme a. d. Rücklagen		

C Beurteilung der Bilanz
I. Finanzierung
- 1. Errechnen Sie die folgenden betrieblichen Kennziffern

  a) $\dfrac{\text{Eigenkapital} \times 100}{\text{Gesamtkapital}}$

  b) $\dfrac{\text{langfristige Fremdmittel} \times 100}{\text{Fremdkapital}}$

  c) $\dfrac{\text{Rücklagen} \times 100}{\text{Grundkapital}}$

  d) $\dfrac{\text{Eigenkapital} \times 100}{\text{Grundkapital}}$

- 2. Überprüfen Sie jede der Kennziffern a—d auf ihre Aussagekraft!
- 3. Vergleichen Sie die Ergebnisse mit dem Durchschnittswert der Branche. Welches Urteil läßt das Ergebnis zu?

II. Investierung
1. Berechnen Sie die folgenden Beziehungszahlen!

   a) $\dfrac{\text{Eigenkapital} \times 100}{\text{Anlagevermögen}}$ b) $\dfrac{\text{Eigenkapital} \times 100}{\text{Anlagevermögen} + \text{Vorräte}}$

2. Überprüfen Sie jede Beziehungszahl auf ihre Aussagekraft!
3. Vergleichen Sie die Ergebnisse mit dem Durchschnittswert der Branche. Welches Urteil läßt das Ergebnis zu?

III. Bewegungsbilanz
Erstellen Sie die Bewegungsbilanz für das Unternehmen. Fassen Sie die Bewegungsbilanz zu einem übersichtlichen Nachweis der Investitionen und ihrer Finanzierung zusammen. Darin soll das Vermögen in die Gruppen Sachanlagen, Finanzanlagen, Vorräte und anderes Umlaufvermögen zusammengefaßt werden. Jede Finanzierungsart soll nur in einem Betrag ausgewiesen werden.

IV. Rentabilität
Berechnen Sie für das Jahr 2
1. die Rentabilität des Eigenkapitals,
2. die Rentabilität des Gesamtkapitals,
3. die Umsatzrentabilität und
4. die Rendite der Aktie!

V. Wirtschaftlichkeit
Die Wirtschaftlichkeitskennziffer betrug für das erste Jahr 1,031 und für das zweite Jahr 1,024.

Sie sollen die Ursachen der Wirtschaftlichkeitsveränderung suchen!
Berechnen Sie zu diesem Zweck die folgenden Kennziffern:

$\dfrac{\text{Personalaufwendungen} \times 100}{\text{Gesamtleistung}}$ $\dfrac{\text{Vorräte} \times 100}{\text{Gesamtleistung}}$

$\dfrac{\text{Materialaufwendungen} \times 100}{\text{Gesamtleistung}}$

VI. Produktivität
In einem Zeitungsbericht wird der Abschluß der Deutschen Automobilgesellschaft besprochen und dabei die Entwicklung der Produktivität wie folgt dargestellt:

	Jahr 1	Jahr 2
Produktionszahl (Pkw + Kombi)	865 858	959 773
Beschäftigte	59 130	66 792
Produktivität	14,6433	14,3696

Beurteilen Sie diese Berechnung!

VII. Liquidität
Beurteilen Sie die Liquidität des Unternehmens für das Jahr 2!

VIII. Debitorenumschlag
1. Berechnen Sie mit der Genauigkeit, die dieser veröffentlichte Jahresabschluß zuläßt, den Debitorenumschlag und schließen Sie daraus auf die durchschnittliche Kreditdauer, die dieses Unternehmen ihren Kunden gewährt!
2. Welche Angaben fehlen zur exakten Berechnung?

IX. Kreditorenumschlag und durchschnittliche Kreditdauer
1. Berechnen Sie mit der Genauigkeit, die dieser veröffentlichte Jahresabschluß zuläßt, den Kreditorenumschlag und schließen Sie daraus auf die durchschnittliche Kreditdauer, die diesem Unternehmen von seinen Lieferanten eingeräumt wird!
2. Welche Angaben fehlen für eine exakte Berechnung?

Steuern
Steuern vom Einkommen

874

Werbungskosten — Sonderausgaben — Außergewöhnliche Belastung — Einkünfte — Einkommen — Zu versteuernder Einkommensbetrag — Steuerprogression — Steuergerechtigkeit

Der Ingenieur **Max Weiler**, verheiratet, 2 Kinder (10 und 12 Jahre) ist in einem Unternehmen des Maschinenbaus tätig. In der Mittagspause unterhält er sich mit Arbeitskollegen über die hohe Besteuerung der Einkommen. Dabei stellt **Weiler** fest, daß ihm wesentlich mehr Steuern abgezogen werden, als seinem Arbeitskollegen **Haag**, welcher nahezu das gleiche Bruttogehalt hat wie er. Weiler kümmerte sich bisher kaum um die Besteuerung seines Einkommens. Nach dem Gespräch mit seinen Kollegen nimmt er sich vor, sich demnächst mit der Besteuerung seines Einkommens näher zu befassen. Bei einem Besuch bei seiner Bank erhält er die Broschüre „Weniger Steuern zahlen".

1. Er entnimmt dieser Broschüre, daß Aufwendungen zur Erwerbung, Sicherung und Erhaltung der Einnahmen (Werbungskosten) vor der Versteuerung seines Brutto-Gehalts abgezogen werden dürfen. Der verbleibende Rest wird in der Sprache des Einkommensteuerrechts Einkünfte aus nichtselbständiger Arbeit genannt.

- Welche der folgenden Aufwendungen sind als Werbungskosten abzugsfähig?   EStG §9
  Gebühren für den Besuch eines Informatik-Kurses; Beitrag zur Gewerkschaft; Fahrtkosten 1. Klasse vom Wohnort zum Arbeitsort; Kosten eines Anzugs, den er nachweislich nur im Geschäft trägt; Kosten eines Buches „Die Betriebsabrechnung im Maschinenbau"; Kosten eines Volkshochschulkurses „Malerei des XX. Jahrhunderts".

2. In der Broschüre liest **Weiler**, daß von den Einkünften noch Aufwendungen abgezogen werden können, die mit diesen Einkünften in keinem wirtschaftlichem Zusammenhang stehen (Sonderausgaben).

- Welche der folgenden Aufwendungen sind als Sonderausgaben in voller Höhe (unbeschränkt), welche bis zu einem bestimmten Höchstbetrag (beschränkt), welche sind überhaupt nicht abzugsfähig?   § 10
  Beiträge zur Sozialversicherung; Beiträge zu einer privaten Haftpflichtversicherung; Beiträge zu einer privaten Lebensversicherung; Schuldzinsen für einen Kredit zum Erwerb eines Klaviers; gezahlte Kirchensteuer; gezahlte Kraftfahrzeugsteuer; Einzahlungen auf Bausparverträge; Beiträge zur Kfz-Haftpflichtversicherung; Beiträge zur Hausratversicherung.

3. Jeder Steuerpflichtige kann von seinem Einkommen solche zwangsläufig entstandene größere Aufwendungen abziehen, die er mehr hat als die überwiegende Mehrzahl der Steuerpflichtigen gleicher Einkommensverhältnisse, gleicher Vermögensverhältnisse und gleichen Familienstandes. Nach Abzug dieser außergewöhnlichen Belastungen vom Einkommen ergibt sich das zu versteuernde Einkommen.

- Welche der folgenden Ausgaben des Ingenieurs **Weiler** sind dem Grunde nach außergewöhnliche Belastungen: § 33
  Zusätzliche Kosten für Magendiät; Stallmiete für sein Reitpferd; Hundesteuer; monatliche Unterstützung für seine unverheiratete, mittellose Schwester; Kosten des Führerscheins für seine Frau; Kosten einer ihm vom Arzt verordneten Heilkur?

- 4. Vervollständigen Sie eine Zusammenstellung nach folgendem Muster durch Einsetzen der fehlenden Begriffe!

Einnahmen
./. _____
Einkünfte
./. _____
Einkommen
./. _____
zu versteuernder Einkommensbetrag

5. **Weiler** könnte Werbungskosten, Sonderausgaben und außergewöhnliche Belastungen zum Jahresbeginn vom Finanzamt schon auf der Lohnsteuerkarte eintragen lassen. Er könnte aber auch am Jahresende einen Antrag auf Lohnsteuer-Jahresausgleich stellen und die jetzt genau bekannten abzugsfähigen Beträge einsetzen.

- Wie würden Sie anstelle **Weilers** verfahren?

6. **Weiler** hat insgesamt 2 325,— DM Werbungskosten, die von dem für ihn zuständigen Finanzamt anerkannt werden. Von der Lohnsteuerstelle dieses Finanzamtes werden ihm auf der Lohnsteuerkarte 325,— DM eingetragen.

- a) Warum werden nicht die gesamten Werbungskosten *Weilers* als Freibetrag auf die Lohnsteuerkarte eingetragen?
- b) Welche Absicht verfolgt der Gesetzgeber mit der Verwendung von Pauschbeträgen?

7. **Weiler** besitzt eine Lohnsteuertabelle. In den ihn interessierenden Einkommensgruppen findet er folgende Zahlen:

Beispiel einer Monatslohnsteuertabelle (Auszug)

Monats- arbeits- lohn in DM bis	Steuer in Steuer- klasse	DM	in Steuer- klasse	Steuer in DM Zahl der Kinderfreibeträge						
				0	0,5	1	1,5	2	2,5	3
2 039,99	V VI	542,00 586,50	I II III IV	280,60 — 172,10 280,60	256,50 173,10 148,30 267,80	233,50 150,40 126,60 256,50	210,80 127,60 102,80 244,50	188,00 104,90 81,10 233,50	165,20 82,00 57,30 221,70	142,50 59,30 35,50 219,80
4 042,49	V VI	1 756,30 1 811,50	I II III IV	974,10 — 574,50 974,10	929,80 774,00 548,50 950,90	886,10 733,20 525,30 929,80	843,30 693,20 500,80 907,00	801,10 654,10 479,00 886,10	759,70 615,90 455,90 863,70	719,20 578,70 433,50 843,30
5 041,49	V VI	2 394,10 2 447,60	I II III IV	1 430,50 — 842,10 1 430,50	1 381,30 1 204,70 809,60 1 404,80	1 332,40 1 157,50 780,30 1 381,30	1 283,90 1 110,80 749,00 1 355,70	1 235,80 1 064,60 721,00 1 332,40	1 118,30 1 019,00 691,00 1 307,00	1 141,20 974,10 664,30 1 283,90
6 035,99	V VI	3 006,80 3 058,50	I II III IV	1 920,50 — 1 170,30 1 920,50	1 868,40 1 680,10 1 135,30 1 893,30	1 816,50 1 629,50 1 097,60 1 868,40	1 764,90 1 578,50 1 063,50 1 841,30	1 713,50 1 528,10 1 027,00 1 816,50	1 662,40 1 478,10 994,00 1 789,50	1 611,50 1 428,50 958,50 1 764,90
7 025,99	V VI	3 604,00 3 655,60	I II III IV	2 427,00 — 1 544,50 2 427,00	2 373,50 2 179,00 1 505,30 2 399,00	2 320,00 2 126,00 1 463,00 2 373,50	2 266,70 2 073,30 1 424,30 2 345,50	2 213,60 2 020,70 1 383,00 2 320,00	2 160,50 1 968,20 1 345,50 2 292,20	2 107,70 1 916,00 1 304,80 2 266,70

Weiler ist 40 Jahre alt. Seine Frau ist nicht berufstätig. Sie haben zwei Kinder.

- a) Wieviel Prozent seines zu versteuernden Einkommens hätte **Weiler** als Lohnsteuer bei einem Monatseinkommen von 2 039,— DM; von 4 042,— DM; von 6 035,— DM und von 7 025,— DM zu zahlen?
- b) Halten Sie eine progressive Besteuerung für berechtigt?
- c) Wieviel Prozent seines Einkommens müßte **Weiler** bei einem zu versteuernden Monatseinkommen von 5 041,— DM für Lohnsteuer zahlen, wenn er
  aa) ledig, bb) verheiratet ohne Kinder, cc) verheiratet mit drei Kindern wäre?

8. Zeigen Sie, wie der Gesetzgeber im Einkommensteuerrecht soziale Gesichtspunkte zu berücksichtigen sucht!

9. Statt der Auszahlung von Kindergeld durch die Arbeitsämter werden Freibeträge für die Kinder bei der Berechnung der Einkommensteuer berücksichtigt.

- Welche Lösung halten Sie für sozial gerechter?

| 875 | *Einkunftsarten — Lohnabzugsverfahren* |

Der Fabrikant **Gustav Ritter** hatte im letzten Jahr folgende Einkünfte: Gewinn aus seiner Jagdwaffenfabrik; Einnahmen aus der Verpachtung eines Bauernhofes; Lottogewinn; Zinsen aus einem von ihm gewährten Darlehen; Gewinnanteil als Kommanditist eines Sportartikelgeschäftes; Spekulationsgewinn aus Wertpapiergeschäften.

EStG
§ 2, 15

1. **Ritter** gibt beim Finanzamt seine Einkommensteuer-Erklärung ab.
- Zu welchen der in § 2 EStG genannten Einkunftsarten zählen die einzelnen Einkünfte Ritters aus dem vergangenen Jahr?
2. Laut Einkommensteuer-Bescheid hat **Ritter** eine Einkommensteuerschuld von 32 000,— DM, Vorausbezahlt hat er bereits 30 000,— DM. Die Restschuld überweist er durch die Bank.
- Wie heißt der Buchungssatz?
3. Die Buchhaltung des Jagdwaffenbetriebes hat folgenden Lohnabrechnungsbelegt zu verbuchen (Beträge in DM für 1 Monat):

Bruttolohn	Lohnsteuer	Kirchensteuer	Soz.-Vers.-Beiträge	Barauszahlung
3 700,— DM	345,83 DM	27,66 DM	647,50 DM	2 679,01 DM

- Wie heißt der Buchungssatz?
- 4. Warum wäre ein zur Einkommensteuer veranlagter Steuerzahler gegenüber einem Lohnsteuerpflichtigen bevorzugt, wenn er keine Vorauszahlungen zu leisten hätte?

| 876 | *Kapitalertragssteuer — Körperschaftsteuer* |

Der Aktionär **Dieter Helder** erhält von seiner Bank folgenden Beleg:

DIVIDENDENGUTSCHRIFT UND STEUERBESCHEINIGUNG

Depot 1544 % Berliner Waldbräu AG

Kenn-Nr.	St.**	Div.Sch. Nr.	Nennwert/Stück	Div. DM per Stück	Zins in %	Div. Anteil bei Investm.	Div. für/Zinsen per
558400	2	43	ST 50,--/32	5,50			1991

Gutkonto 85982776 Zahl- bzw. Ex-Tag 04.07.92 Wert 04.07.92

	DM
Brutto-Betrag	176,00
25,00 %K Steuer	44,00
vergütete Körperschaftsteuer:	0,00
./. Spesen	0,00
Gutschriftsbetrag in DM	**132,00**

85982776
00

Dividende für/Zinsen per 1991	176,00
anrechenbare Körperschaftsteuer	99,00
zu versteuernde Einnahmen:	275,00
anrechenbare Kapitalertragssteuer:	44,00
Zahlungstag:	04.07.92

Stuttgart, 05.07.92

Stadtsparkasse

Herrn
Dieter Helder
Walchenseestr. 25 A

7000 Stuttgart 50

Blatt	Depot-Nr.	Gutschrift auf Konto	Gutschriftsbetrag	Mehrzweckfeld	Text
01	1544	0085982776	00000013200	10000000	70

1. Wieviel Prozent des auf ihren Aktienbesitz ausgeschütteten Gewinns erhalten die Aktionäre der Waldbräu AG?
2. a) Mit wieviel DM Steuern wurde der Wertpapierertrag im vorliegenden Falle belastet?
   b) Wieviel Prozent des auf diesen Aktienbesitz ausgeschütteten Gewinns macht diese Steuerbelastung aus?
   c) Weisen Sie aus den Steuerprozentsätzen für Kapitalertragsteuer und Körperschaftsteuer nach, daß die Steuerabzüge für diese Steuern stets 52 % des ausgeschütteten Gewinns einer AG ausmachen müssen!
3. Der Aktionär **Helder** zahlt auf sein Einkommen einen Einkommensteuersatz von 35 %.
   Weisen Sie nach, daß es vorteilhaft für ihn ist, wenn er seine Dividendenerträge in seiner Einkommensteuererklärung angibt!
4. Nicht ausgeschüttete Gewinne von Aktiengesellschaften werden mit 56 % Körperschaftsteuer belastet.
   a) In welchem Umfang unterscheidet sich die Steuerbelastung des ausgeschütteten Gewinns von der des nichtausgeschütteten Gewinns?
   b) Was bezweckt der Gesetzgeber mit dieser unterschiedlichen Belastung?

Umsatzsteuer

877 *Mehrwertsteuerverfahren — Vorsteuer — Zahllast*

Umsätze gegen Entgelt, z. B. Lieferungen und sonstige Leistungen und Eigenverbrauch, sind im allgemeinen mit 14 % des Entgelts zu versteuern. Bei der Abführung der geschuldeten Umsatzsteuer an das Finanzamt können die auf den Eingangsrechnungen angegebenen Umsatzsteuerbeträge (Vorsteuer) abgezogen werden. Jeder Unternehmer muß für seine Leistungen an andere Unternehmen Rechnungen ausstellen. Diese müssen das Entgelt für seine Leistung (Nettopreis) enthalten und den Umsatzsteuerbetrag, der auf das Entgelt entfällt.

1. Eine Ware wird in der Fabrikation ohne Vorlieferungen hergestellt. Die Fabrikation liefert die Ware für 1 000,— DM an den Großhandel. Der Großhandel verkauft die Ware für 1 200,— DM an den Einzelhandel. Der Einzelhandel verkauft sie für 1 600,— DM an die Verbraucher.
   a) Vervollständigen Sie eine Tabelle nach folgendem Muster!

		1 Fabrikation	2 Großhandel	3 Einzelhandel	4
A	**Verkaufspreis** (Warenwert)	1 000,—	1 200,—	1 600,—	✕
B	an den Kunden in Rechnung gestellte **Umsatzsteuer** (14 % des Warenwerts)	140,—			✕
C	Gesamtpreis	1 140,—			✕
D	an den Vorlieferanten gezahlte **Vorsteuer**	0	140,—		✕
E	**Zahllast** an das Finanzamt (B—D)	140,—			Summe der Spalten 1-3
F	Wertschöpfung = Mehrwert	1 000,—	200,—		Summe der Spalten 1-3

- b) Prüfen Sie, ob die Summe der Zahllast tatsächlich 14% des Einzelhandelsverkaufspreises ausmacht!
2. In der Fabrikation, von der oben ausgegangen wurde, erfolgt eine Spezialisierung. Ein Teil der Fabrikation wird an einen Vorlieferungsbetrieb vergeben. An der Herstellung der Ware sind damit zwei Betriebe beteiligt.
- a) Vervollständigen Sie eine Tabelle nach folgendem Muster!

		1 Fabrikation Stufe I (Vorlief. von II)	2 Stufe II	3 Großhandel	4 Einzelhandel	5
A	Verkaufspreis	200,—	1 000,—	1 200,—	1 600,—	
B	an den Kunden in Rechnung gestellte Umsatzsteuer (14% des Warenwerts)					
C	Gesamtpreis					
D	Vorsteuer					
E	Zahllast					Summe der Spalten 1-4
F	Wertschöpfung (Mehrwert)					Summe der Spalten 1-4

- b) Prüfen Sie, ob der Verbraucher dadurch stärker mit Umsatzsteuer belastet wird, daß eine zusätzliche Fabrikationsstufe eingeschaltet wird!

878 Steuerbare Umsätze

Die Jagdwaffenfabrik **Gustav Ritter** entrichtet ihre Umsatzsteuer nach vereinbarten Entgelten.

- Kreuzen Sie in einer Tabelle nach folgendem Muster an, welche der Geschäftsfälle nach dem Umsatzsteuergesetz steuerbare Umsätze sind!

Geschäftsfälle	Steuerbare Umsätze nach vereinbartem Entgelt
Barverkauf von Jagdwaffen	
Zielverkauf von Jagdmunition, die der Betrieb nicht selbst herstellt, an einen Großhändler	
Kunde zahlt seine Verbindlichkeiten bar	
Kunde macht Vorauszahlung für einen Großauftrag	
Barerlös für Reparaturleistungen des Betriebes	

Geschäftsfälle	Steuerbare Umsätze nach vereinbartem Entgelt
Der Inhaber entnimmt dem Lager eine Jagdwaffe als Geschenk für seinen Sohn	
Der Inhaber entnimmt der Kasse Geld für seinen Privathaushalt	
Der Betriebselektriker repariert die private Tiefkühltruhe des Inhabers	
Barverkauf eines zum Betriebsvermögen gehörenden gebrauchten Pkw an einen Handelsvertreter des Unternehmens	
Der Inhaber verkauft unmittelbar aus einer Erbschaft ein Gemälde	
Warenverkauf gegen Akzept des Kunden	
Der Inhaber gibt den Wechsel seiner Bank zum Diskont	
Mieteinnahmen für die Hausmeisterwohnung	
Zins- und Dividendenerträge aus Wertpapieren	
Barverkauf von Zielfernrohren, die von einer optischen Fabrik fertig bezogen werden, an Einzelhändler	

879   *UST als durchlaufender Posten*

In der Jagdwaffenfabrik Gustav Ritter geht am 2. 5. d. J. eine Eingangsrechnung für 100 Zielfernrohre zum Preise von je 180,— DM ein; zusätzlich werden 14% Umsatzsteuer in Rechnung gestellt. Der Gesamtbetrag wird durch die Bank dem Lieferer überwiesen. Dabei werden laut Kaufvertrag 2% Skonto abgezogen.

Ritter verkauft die Zielfernrohre noch im gleichen Monat an ein größeres Fachgeschäft für Jagdbedarf und stellt die 100 Zielfernrohre mit insgesamt 25 000,— DM zuzüglich 14% Umsatzsteuer in Rechnung (Ziel drei Monate).

- 1. Verbuchen Sie auf den Konten Handelswaren-Einkauf, Verbindlichkeiten, Vorsteuer, Bank, Handelswaren-Verkauf, Forderungen, Umsatzsteuer-Verbindlichkeiten, Liefererskonti

    a) den Einkauf der Fernrohre auf Ziel,

    b) die Überweisung an den Lieferer unter Abzug von Skonto (berücksichtigen Sie dabei, daß die Minderung des Entgelts an den Vorlieferer auch die in Rechnung gestellte Vorsteuer vermindert!),

    c) den Weiterverkauf der Zielfernrohre,

    d) die Überweisung der Umsatzsteuer an das Finanzamt (verrechnen Sie vorher die Konten Vorsteuer und Umsatzsteuer-Verbindlichkeiten miteinander!)!

    2. **Ritter** hat 1 030,40 DM an das Finanzamt abgeführt. Der Steuersatz betrug 14%.

- a) Berechnen Sie den Grundwert!
- b) Warum wird die Umsatzsteuer als „Mehrwertsteuer" bezeichnet?
- c) Beweisen Sie daß die Umsatzsteuer kein Kostenfaktor, sondern ein durchlaufender Posten ist!

    d) **Ritter** unternahm eine Geschäftsreise mit der Bundesbahn. Nach Beendigung der Reise legt er der Buchhaltung als Beleg die Fahrkarte über 171,— DM vor.

- da) Welchen Vorsteuerbetrag darf **Ritter** abziehen?
- db) Wie lautet der Buchungssatz für die Verbuchung des Belegs?

Gewerbesteuer

880 — *Gewerbeertrag — Gewerbekapital — Hebesatz*

Es wird behauptet:

„Die Gewerbesteuer ist eine wirtschaftsfeindliche Steuer. Sie bestraft den Unternehmer, der Arbeitsplätze schafft. Für den Unternehmer, der investiert, ist nicht sicher, ob er mit seiner Investition Gewinn erwirtschaftet; sicher ist dagegen, daß er Gewerbesteuer zahlen muß."

- Überprüfen Sie die Berechtigung dieser Behauptung an folgendem Beispiel:

Ein Unternehmer erzielt einen Gewerbeertrag von 2 Mio. DM und setzt dabei ein Gewerbekapital in Höhe von 5 Mio. DM ein.

Der Unternehmer plant zur Erweiterung des Betriebes, 1 Mio. DM in Maschinen und Anlagen zu investieren. 80% dieser Investitionen sollen mit Fremdkapital finanziert werden, das mit 10% verzinst werden muß.

1. Berechnen Sie die Gewerbesteuer für den Fall,
   a) daß die Investition nicht durchgeführt wird;
   b) daß die Investition durchgeführt wird, eine Erhöhung des Ertrags aber noch nicht eingetreten ist.

   GewStG §§ 8, 11, 12, 13, 14, 16

   Der Hebesatz für die Gewerbesteuer beträgt in der Gemeinde, in der das Unternehmen ansässig ist, 300%.

   Benutzen Sie hierfür ein Schema nach folgendem Muster:

		Meßzahl
Gewerbeertrag		
./. Freibetrag 36 000,—		
=	davon 5% =	....
Gewerbekapital		
./. Freibetrag 120 000,—		
=	davon 2‰ =	....
	Einheitlicher Meßbetrag	....
	Gewerbesteuerschuld*) bei einem Hebesatz von 300%	....

2. Nehmen Sie aufgrund der Ergebnisse Ihrer Berechnung Stellung zur oben genannten Behauptung!

---

*) Abzugsfähigkeit der Gewerbesteuerschuld am Gewerbeertrag noch nicht berücksichtigt.

Steuerarten

| 881 | *Steuerberechtigter — Gegenstand der Besteuerung — Wirkung auf Bilanz und Erfolgsrechnung* |

- Kreuzen Sie in einem Schema nach folgendem Muster jeweils die zutreffende Spalte an!

	Steuer-berechtigter			Gegenstand der Besteuerung			Wirkung auf Bilanz und Erfolgsrechnung			
	Bund	Land	Gemeinde	Besitz	Verkehr	Verbrauch	Kosten	Aktivierungs-pflichtig	neutraler Aufwand	Durchlaufender Posten
Einkommensteuer										
Körperschaftssteuer										
Vermögensteuer										
Erbschaftsteuer										
Grundsteuer										
Gewerbesteuer										
Umsatzsteuer										
Grunderwerbsteuer										
Vergnügungssteuer										
Hundesteuer										
Kraftfahrzeugsteuer										
Zuckersteuer										
Salzsteuer										
Tabaksteuer										
Biersteuer										
Kaffeesteuer										
Schaumweinsteuer										
Teesteuer										
Getränkesteuer										
Lohnsteuer										

9 Betriebliche Finanzwirtschaft

Die Geldanlage

Geldeinlagen bei der Bank

901 *Spar- und Girokonto*

Heinz Mitterer hat vor zwei Jahren seine Lehre abgeschlossen. Er will sich selbständig machen. Das dazu notwendige Geld will er sich ersparen.

Von seinem Einkommen kann er monatlich 800,— DM zurücklegen. Er zieht die folgenden Sparformen in Erwägung:

— Aufbewahrung des gesparten Betrages in Bargeld
— Einzahlung auf ein Girokonto
— Einzahlung auf ein Sparkonto mit gesetzlicher Kündigungsfrist (drei Monate, 4% Zins)
— Einzahlung auf ein Sparkonto mit zwölfmonatiger Kündigungsfrist (4,5% Zins)
— Anlage in Gold.

- Überprüfen Sie die Eignung dieser Anlageformen für den beabsichtigten Zweck!

902 *Bausparen*

Im Werbebrief einer Bausparkasse werden die Vorteile des Bausparens erläutert. Wer für wohnwirtschaftliche Zwecke spart, erhält bis zu einem bestimmten Jahreshöchstbetrag für jede Einzahlung vom Staat eine Prämie oder steuerliche Vergünstigungen. Als Alleinstehender kann er z.B. bis zum jährlichen Höchstbetrag von 800,— DM für jede Einzahlung eine Prämie von 10% erhalten. Nach 7 Jahren kann das in dieser Zeit eingesparte Geld und die Prämien auch für andere als wohnwirtschaftliche Zwecke wie ein gewöhnliches Sparguthaben verwendet werden. Als Zinssatz für die Einzahlungen auf das Bausparkonto werden 3% angegeben.

Es soll errechnet werden, ob eine Geldanlage mit zwölfmonatiger Kündigungsfrist zu 6% oder das Bausparen günstiger ist (Zinseszins und Zins für die Prämien sollen dabei nicht berücksichtigt werden).

1. Gehen Sie davon aus, daß die im ersten Jahr eingezahlten 800,— DM 7 Jahre gebunden sind. Dafür erhält der Sparer einmal 10% Prämie und zehnmal 3% Zinsen.

- Mit wieviel Prozent verzinsen sich jährlich die im ersten Jahr eingezahlten 800,— DM im Durchschnitt des Festlegungszeitraumes von sieben Jahren?

2. Die im zweiten Jahr eingezahlten 800,— DM sind dann noch für sechs Jahre festgelegt. Der Sparer erhält dafür einmal 10% Prämie und sechsmal 3% Zinsen.

- Mit wieviel Prozent verzinsen sich jährlich die im zweiten Jahr eingezahlten 800 DM im Durchschnitt des Festlegungszeitraumes von sechs Jahren?

3. Machen Sie die gleichen Berechnungen auch für die weiteren Einzahlungen vom dritten bis zum zehnten Jahr!

4. Wieviel Prozent beträgt die Verzinsung der prämienbegünstigt angelegten Bausparbeträge im Durchschnitt?

5. Nehmen Sie an, die Kaufkraft der DM würde im langfristigen Durchschnitt jährlich um 5% sinken. (Der Lebenshaltungskosten-Index steigt also jährlich um 5%).

- Erstellen Sie eine Tabelle nach folgendem Muster!

Jahr	Prämie aus DM 800,- Jahreseinzahlung	Festlegung in Jahren	in % je Jahr	Verlust durch Geldentwertung			Prämie minus Entwertungsverlust in DM
				in % in der gesamten Sparzeit Spalte 3 mal Spalte 4)	in DM insgessamt (%-Satz Spalte 5 aus DM 800,-)		
1	2	3	4	5	6		7
1	80,—	7	5	35 %	280,—		200,—
2	80,—	6	5				
3	80,—	5	5				
4	80,—	4	5				
5	80,—	3	5				
	560,—						

- Prüfen Sie, ob die Prämie von 10 % auf den Sparbetrag bei siebenjähriger Festlegung zum Ausgleich des Kaufkraftschwundes ausreicht!
- 6. Warum gibt es bei einem Zinssatz von 6 % für Spareinlagen mit zwölfmonatiger Kündigungsfrist und einem Zinssatz von 3 % für Bauspareinlagen dennoch Bausparer?

903   *Bankbilanz — Depositeneinlagen*

Die Bilanz der **Aktien-Bank** enthält folgende Posten in Millionen DM:

Forderungen an Kunden mit vereinbarter Laufzeit oder Kündigungsfrist von
  a) weniger als vier Jahren   2 987
  b) vier Jahren oder länger   1 550

Verbindlichkeiten gegenüber Kreditinstituten
  a) täglich fällig   685
  b) mit vereinbarter Laufzeit oder Kündigungsfrist von   1 456
    ba) weniger als drei Monaten   573
    bb) mindestens drei Monaten aber weniger als vier Jahren   751
    bc) vier Jahren oder länger   132

Forderungen an Kreditinstitute
  a) täglich fällig   159
  b) mit vereinbarter Laufzeit oder Kündigungsfrist von   639
    ba) weniger als drei Monaten   124
    bb) mindestens drei Monaten, aber weniger als vier Jahren   195
    bc) vier Jahren oder länger   161

Kassenbestand   98
Wechsel, darunter   2 133
  a) bundesbankfähig   1 898
  b) eigene Ziehungen   235

Eigene Akzepte und Solawechsel im Umlauf
Verbindlichkeiten aus dem Bankgeschäft gegenüber anderen Gläubigern (Kundeneinlagen)
  a) täglich fällig   2 524
  b) mit vereinbarter Laufzeit oder Kündigungsfrist von   3 161
    ba) weniger als drei Monaten   1 762
    bb) mindestens drei Monaten, aber weniger als vier Jahren   768
    bc) vier Jahren oder länger   631
  c) Spareinlagen   2 475
    ca) mit gesetzlicher Kündigungsfrist   1 983
    cb) sonstige   492

Bilanzgewinn   39
Rechnungsabgrenzungsposten (aktive)   1
Guthaben bei der Deutschen Bundesbank   1160

Schatzwechsel und unverzinsliche Schatzanweisungen		515
a) des Bundes und der Länder	360	
b) sonstige	155	
Grundstücke und Gebäude		138
Betriebs- und Geschäftsausstattung		0
Sonstige Vermögensgegenstände		31
Postgiroguthaben		24
Wertpapiere, soweit sie nicht unter anderen Posten auszuweisen sind		1260
a) börsengängige Anteile und Investmentanteile	983	
b) sonstige Wertpapiere	277	
darunter: Besitz von mehr als dem zehnten Teil der Anteile einer Kapitalgesellschaft oder bergrechtlichen Gewerkschaft ohne Beteiligungen	173	
Beteiligungen		105
Anleihen und Schuldverschreibungen		
a) mit einer Laufzeit bis zu vier Jahren		165
aa) des Bundes und der Länder	74	
ab) von Kreditinstituten	33	
ac) sonstige	58	
b) mit einer Laufzeit von mehr als vier Jahren		227
ba) des Bundes und der Länder	142	
bb) von Kreditinstituten	64	
bc) sonstige	21	
darunter: beleihbar bei der Deutschen Bundesbank	186	
Ausgleichsforderungen gegen die öffentliche Hand		119
Schecks, fällige Schuldverschreibungen, Zins- und Dividendenscheine sowie zum Einzug erhaltene Papiere		57
Gezeichnetes Kapital		245
Rückstellungen		283
a) Pensionsrückstellungen	177	
b) andere Rückstellungen	116	
Sonstige Verbindlichkeiten		10
Rechnungsabgrenzungsposten (passive)		2
Gewinnrücklagen		380
a) Gesetzliche Rücklage	365	
b) Rücklage für eigene Anteile	15	
Verbindlichkeiten aus Bürgschaften, Wechsel- und Scheckbürgschaften sowie aus Gewährleistungsverträgen (Avale)		1070
Indossamentsverbindlichkeiten aus weitergegebenen Wechseln		256

*) Außerhalb der Bilanzsumme gesondert ausweisen!

- 1. Erstellen Sie aus diesen Posten die Bilanz der Bank!

    Bei Bankbilanzen wird die Aktivseite so geordnet, daß die am leichtesten zu verflüssigenden Posten zuerst stehen, und die Passivseite so, daß sie nach der Fälligkeit gegliedert ist. Beginnen Sie dabei auf der Passivseite mit den zuerst fälligen Passivposten und unter diesen mit denen, die Kreditinstitute betreffen.

    2. In welcher Höhe enthält diese Bilanz
- a) Sichteinlagen,
- b) Termingelder,
- c) Depositen

    3. In den Passiva der Bank sind Kündigungs- und Festgelder enthalten.
- a) Unter welchen Positionen der Bankbilanz sind sie ausgewiesen?
- b) Wie unterscheiden sie sich?

Wertpapiere

904 *Anlageprinzipien — Investmentfonds*

Ein Sparer hat auf seinem Sparkonto 15 000,— DM angespart. Er möchte vermeiden, daß ihm seine Ersparnisse ebenso verloren gehen, wie seinem Vater durch die Währungsreform 1948. Deshalb ist er in Sorge, daß das von ihm gesparte Geld von Jahr zu Jahr an Kaufkraft verliert.

Er erhält einen Prospekt der **COMMERZ-UNION-Kapitalanlage-GmbH**

Schon für weniger als 100,- DM
SIND SIE AN 125 EUROPÄISCHEN UNTERNEHMEN BETEILIGT,
wenn Sie **EUROFONDS**-Anteile erwerben!

Für Sie wählen dann Börsenfachleute erfolgversprechende Aktien und festverzinsliche Wertpapiere des In- und Auslandes aus fast allen Branchen aus. Der **EUROFONDS** hat ein Vermögen von 177,5 Millionen DM. Dafür wurden 2,8 Millionen Investment-Anteile ausgegeben und verkauft.

Durch den Erwerb von **EUROFONDS**-Anteilen werden auch Sie Miteigentümer dieses Vermögens. Das **EUROFONDS**-Investment-Zertifikat verbrieft Ihr Miteigentum. Das Zertifikat können Sie jederzeit verkaufen.

Die für das Fondsvermögen eingegangenen Zinsen und Dividenden sowie die realisierten Kursgewinne und Bezugsrechtserlöse werden jährlich im August ausgeschüttet.

Zu Ihrer Unterrichtung werden vierteljährlich Berichte oder nach Wertpapieren gegliederte Vermögensaufstellungen veröffentlicht.

Für sachgemäßen Einsatz der Mittel des **EUROFONDS** garantieren 20 Banken, die die Gesellschafter der **COMMERZ-UNION**-Kapitalanlagegesellschaft mbH sind. Die **COMMERZ-UNION-Kapitalanlage-GmbH** verwaltet das Vermögen des **EUROFONDS**.

Ihre Bank gibt Ihnen gerne weitere Auskünfte über **EUROFONDS**.

COMMERZ-UNION-Kapitalanlage-GmbH
6000 Frankfurt (Main), Postfach 3

Der Sparer vergleicht die Möglichkeit der Geldanlage in Investmentzertifikaten mit der in Gold oder in Aktien einer Automobilfabrik.

- 1. Überprüfen Sie die genannten Anlageformen im Hinblick auf Risiko und Gewinnmöglichkeiten!
- 2. Halten Sie es für einen entscheidenden Nachteil, daß der Kauf von Investmentzertifikaten kein Stimmrecht verschafft, während es der Käufer von Aktien erhält?
-   3. Der Ausgabepreis für einen **EUROFONDS**-Anteil ist 65,— DM, der Rückkaufpreis sei der Inventarwert eines Anteils (Fondsvermögen durch Anzahl der ausgegebenen Anteile).
- Prüfen Sie mit Hilfe der Angaben des abgedruckten Prospektes der **COMMERZ-UNION** nach, ob ein Investmentzertifikat des **EUROFONDS** einen Inventarwert von 65,— DM hat!
-   4. Nehmen Sie an, daß sich einige Zeit später für ein **EUROFONDS**-Zertifikat ein Inventarwert von 68,— DM ergibt. Neue Zertifikate wurden in der Zwischenzeit nicht ausgegeben und neue Wertpapiere für den Fonds nicht erworben.
- a) Berechnen Sie den neuen Wert des Fondsvermögens!
- b) Worauf ist die Wertveränderung zurückzuführen?

905 *Pfandbrief*

In den Veröffentlichungen des Gemeinschaftsdienstes der **Boden- und Kommunalkreditinstitute** findet sich folgende Information:

„WERTPAPIERE MIT VERBRIEFTER SICHERHEIT"

Eine alte Börsenregel sagt: ‚Wer ruhig schlafen will, legt sein Geld in festverzinslichen Wertpapieren an!' Sie brauchen sich also als zukünftiger Besitzer von Pfandbriefen oder Kommunalobligationen keine Gedanken um Ihr Geld zu machen.
Es ist ein Höchstmaß an Sicherheit vorhanden!

Erste Sicherheit:
Reale, beständige Deckungswerte, wie Grundstücke und Gebäude bei Pfandbriefen oder das Vermögen und die Steuerkraft von Städten und Gemeinden bei Kommunalobligation, stehen als „Pfand" hinter Ihren Ersparnissen.

Zweite Sicherheit:
Die ausgebende Bank haftet mit ihrem gesamten Vermögen für die in Pfandbriefen oder Kommunalobligationen angelegten Ersparnisse und die hierfür fälligen Zinsen.

Dritte Sicherheit:
Es dürfen nur so viel Pfandbriefe ausgegeben werden, wie erststellige Hypotheken auf Grundstücke und Gebäude im Deckungsregister eingetragen sind. Darüber wachen staatlich bestellte Treuhänder. Entsprechendes gilt für Kommunalobligationen.

Vierte Sicherheit:
Die Finanzierungsobjekte müssen vorher von der Bank sorgfältig auf ihre Wertbeständigkeit geprüft werden und dürfen nur bis zu höchstens 60% ihres Wertes beliehen werden.

Fünfte Sicherheit:
Nur bestimmte Banken, die den gesetzlichen Vorschriften entsprechen und besonderen Kontrollen unterliegen, besitzen das Recht, Pfandbriefe und Kommunalobligationen auszugeben.

Ergebnis:
PFANDBRIEFE UND KOMMUNALOBLIGATIONEN SIND WERTPAPIERE MIT VERBRIEFTER SICHERHEIT!

- 1. Untersuchen Sie, ob auch Aktien die im Prospekt genannten fünf Sicherheiten gewähren!
- 2. Sie kaufen am 2. Januar d. J. 60 Stück 6%-Pfandbriefe zum Kurs von 96% (Nennwert eines Stückes: 100,— DM).

- a) Wieviel DM Zins erbringt ein Pfandbrief im Jahr?
- b) Welcher Zinsfuß ergibt sich daraus für das eingesetzte Kapital? (Kosten bleiben unberücksichtigt!)
- c) Sie verkaufen die Pfandbriefe nach 6 Monaten wieder zum gleichen Kurs, wie Sie diese gekauft haben.

  Die Bank hat 34,26 DM Spesen für den Kauf der Pfandbriefe berechnet.
- Berechnen Sie (bis auf 2 Dezimalen) unter Berücksichtigung dieser Bankspesen die Rendite (effektive Verzinsung) des in Pfandbriefen angelegten Kapitals (Kauf- und Verkaufsspesen sind gleich hoch)!
- d) Wie hoch wäre die Rendite (2 Dezimalen) unter der Voraussetzung von c), wenn Sie die Pfandbriefe nach 5 Jahren verkaufen würden?
  3. Sie wollen weitere 6%ige Pfandbriefe kaufen, der landesübliche Zinsfuß ist aber auf 7% gestiegen.
- Wieviel dürfen Sie für einen 6%igen Pfandbrief zahlen, damit 6,— DM einer Verzinsung von 7% entsprechen (Kosten sind nicht zu berücksichtigen)?
- 4. Warum sinkt der Kurs für 6%ige Pfandbriefe, wenn 7%ige ausgegeben werden?
  5. Der Kurs von Pfandbriefen, deren Zinssatz unter dem landesüblichen Zins liegt, ist in der Regel kleiner als 100%.
- Warum nähert sich der Kurs dieser Pfandbriefe gegen Ende ihrer Laufzeit immer mehr 100%?
- 6. Warum gewähren Hypothekenbanken den Käufern ihrer Pfandbriefe einen geringeren Zinssatz, als sie für die an ihre Kreditnehmer gegebenen Hypotheken verlangen?

906 Pfandbrief — Kommunalobligation

- Vervollständigen Sie eine Tabelle nach folgendem Muster!

	Pfandbrief	Kommunalobligation
Gläubiger der Hypothekenbank		Investor
Schuldner der Hypothekenbank	Grundbesitzer	
Sicherheit für die Hypothekenbank		

907 Wertpapiere (Effekten)

Eine Definition für Wertpapiere lautet: „Wertpapiere sind Urkunden, die ein Recht so verbriefen, daß das Recht ohne die Urkunde weder geltend gemacht, noch übertragen werden kann."

● 1. Welche der nachfolgend aufgeführten Urkunden sind Wertpapiere, welche nicht?

	Wertpapier	kein Wertpapier
Zeugnis		
Schuldschein		
Frachtbrief		
Führerschein		
Scheck		
Überweisungsauftrag		
Quittung		
Garderobemarke		
Fahrkarte		
Ladeschein		
Rechnung		
Geldschein		
Sparbuch		
Sparbrief		

● 2. Stellen Sie die gemeinsamen Kennzeichen von Effekten aus der nachfolgenden Tabelle fest!

Wertpapierarten / Kennzeichnung	Sparbrief	Sparbuch	Konnossement	Ladeschein	Order-Lagerschein	Banknote	Überbringerscheck	Rektawechsel	Grundschuldbrief	Hypothekenbrief	Effekten					
											Schuldverschreibung	Pfandbrief	Kommunalobligation	Investmentzertifikat	Kux	Aktie
Urkunde																
Inhaberpapier																
Orderpapier																
Rektapapier																
Warenwert																
Geldwert																
Kapitalwert																
Teilhaberrechte																
Gläubigerrechte																
ohne Ertrag																
mit schwankendem Ertrag																
mit festem Ertrag																
vertretbar																
nicht vertretbar																

Effektenbörse und Beurteilung von Wertpapieren

908 *Effektenkauf — Kursermittlung — Kurszettel*

Rainer Gerlach, Schloßstr. 14, **6000 Frankfurt (Main)**, gibt seiner Bank den Auftrag, Berliner Waldbräu-Aktien im Nennwert von 1 000,— DM zu kaufen. Der Schalterbeamte bittet ihn um Angabe des Limits, d. h. um Angabe des Kurses, bis zu dem **Gerlach** bereit ist, das Wertpapier zu übernehmen.

Gerlach könne aber auch den Auftrag geben, das Papier „billigst" zu erwerben. Das Papier werde dann auf jeden Fall unverzüglich zu dem Kurs gekauft, mit dem es an der Börse notiert wird.

Gerlach gibt seiner Bank folgenden Kaufauftrag:

KAUFAUFTRAG

An die
**HELVETIA-BANK
AKTIENGESELLSCHAFT**

6 Frankfurt (Main)
Zimmerweg 4—6

(Bei allen Geschäften in amtlich **nicht** notierten Wertpapieren ist die Bank Eigenhändler)

Ich/Wir bitte/n Sie, gültig bis _ultimo_, für mich/uns zu kaufen:

Genaue börsenmäßige Bezeichnung des Wertpapiers	Nennwert Stück	Limit	Für Vermerke der Bank					
			Art der Verwahr.	Weitergabe an	am	Ausführung Kurs	am
Waldbräu-Aktien	20	220,-					

Ich/Wir verzichte/n auf die telegrafische oder telefonische Ausführungsanzeige. Eine schriftliche Anzeige genügt mir/uns.
Die Stücke wollen Sie mir/uns auf _Sammel_-Depot-Nr. _827_ gutschreiben/ausliefern.

6 Frankfurt/M. den _18. Sept. 1988_

Rainer Gerlach
(Unterschrift)

Name und Anschrift des Auftraggebers in Druckschrift:
Rainer Gerlach, Schloßstr. 14, 6000 Frankfurt/Main

1. Führt die Bank den Auftrag aus, wenn der Kurs
   a) 215,— DM
   b) 225,— DM beträgt?
2. Würde die Bank den Auftrag in den vorhergehenden Fällen ausführen, wenn er „billigst" erteilt worden wäre?
3. Welche Vorteile hat es, wenn der Auftrag
   a) limitiert,
   b) „billigst" erteilt wird?
4. Der Börsenvertreter der **HELVETIA-BANK** besucht in der Börsenzeit (11.30—13.30 Uhr) die Effektenbörse. Dort gibt er zusammen mit anderen Aufträgen auch den **Gerlachs** an den Kursmakler, der die Berliner Waldbräu-Aktie betreut. Ein „Kursmakler" ist ein amtlich bestellter Makler, der vom Börsenvorstand ausgewählt und der Landesregierung vorgeschlagen wird. Diese bestellt und vereidigt ihn auf sein Amt. Er darf im Gegensatz zum freien Makler keine Geschäfte auf eigene Rechnung machen. Seine Aufgabe besteht darin, einen Kurs festzulegen, bei dem der größte Umsatz für ein Wertpapier erzielt wird. Dieser Kurs wird täglich veröffentlicht.

Für die Berliner Waldbräu-Aktie liegen an diesem Tage folgende Aufträge vor:

Verkaufsaufträge

Verkäufer	Nennwert in DM	Kurslimit in DM (für 50 DM Nennwert)
A	700,—	225,—
B	300,—	223,50
C	900,—	220,—
D	1 200,—	220,—
E	600,—	217,50
F	200,—	217,50
G	300,—	215,—
H	900,—	215,—
I	1 000,—	bestens
K	200,—	bestens
L	800,—	bestens

Kaufaufträge

Käufer	Nennwert in DM	Kurslimit in DM (für 50 DM Nennwert)
V	500,—	216,—
U	200,—	217,50
T	500,—	217,50
S	1 400,—	220,—
R	700,—	220,—
Q	600,—	222,50
P	2 000,—	225,—
O	400,—	billigst
N	600,—	billigst
M	300,—	billigst

a) Ermitteln Sie mit Hilfe der folgenden Tabelle für jeden Kurs den möglichen Umsatz!

Kurs nom. 50,— DM	Nennwert der möglichen		
	Verkäufe	Käufe	Umsätze
215	3 200,—	7 200,—	3 200,—
216			
217½			
220			
222½			
223½			
225			

- b) Zu welchem Kurs wird **Gerlachs** Auftrag ausgeführt?

c) Im Kurszettel sind manche Kurse durch Zusätze gekennzeichnet; z. B.:

b (bez)	=	bezahlt; zum genannten Kurs wurden alle Aufträge vollständig ausgeführt.
G	=	Geld = Nachfrage; zum genannten Kurs war aber kein Angebot vorhanden.
B	=	Brief = Angebot; zum genannten Kurs war aber keine Nachfrage vorhanden.
bG (bezG)	=	bezahlt Geld; die Kaufaufträge konnten nicht vollständig ausgeführt werden. Alle Verkäufe wurden ausgeführt.
bB (bezB)	=	bezahlt Brief; die Verkaufsaufträge konnten nicht vollständig ausgeführt werden. Alle Kaufaufträge wurden ausgeführt.

- Welchen Zusatz muß die Berliner Waldbräu-Aktie im Kurszettel haben?

909 — Beurteilung von Wertpapieren

Die Tageszeitung enthält folgenden Börsenbericht:

KURSE AUSGEWÄHLTER DEUTSCHER WERTPAPIERE (jeweils Heimatbörse)			
Aktien Name	Dividende in DM	27.5.	13.5.
AEG	0	317	305
BASF	9	325 etw bG	321 bz
Berliner Waldbräu	8,5	220 bB	216
Daimler-Benz	10,5	1254 bG	1257,5 etw G
Deutsche Bank	12	770 bB rep.	770
Dortmunder Union	8	261,5 T	275
Verein. Kammgarn	0	55 B	57 var
Höchst	8,5	316 ex Div	315
Jute Bremen x	0	—G	160 B
Maschinen Buckau	6	—B	133 ex BR
Preussag	9	206	199 B
Siemens	10	602 var	605
Württ. Feuer Namen	12	1665	1650
x = Freiverkehr			

Festverzinsliche Werte

Zins in %	Titel	Zinstermine	Laufzeit Tilgung	27. 5.	13. 5.
6	Bund v. 86	J/J	1. 7. 86/98	100 etw b	99,5
6	RWE v. 87	M/S	1. 3. 87/97	100,50	100,50
6	Pfandbriefe		30—40 J.	ca. 93	ca. 93
7	Kommunalobligationen		30—40 J.	ca. 102,1	ca. 102,1

Aktien: Zum Monatsbeginn ergab sich an der Börse eine schon lange geplante interne Änderung im Verwaltungs- und Abrechnungswesen. Die Börse wurde über einen Satellitenrechner an ein Rechnerverbundsystem angeschlossen. Vorteil dieses Systems: Schlußnoten müssen nicht mehr mühsam von Hand erstellt werden und eventuelle Differenzen können noch während der Börsenzeit geklärt werden.

Zum Wochenbeginn wurde die Aktienbörse eindeutig beherrscht durch die Oelphantasie. Die Börse war auf allen Marktgebieten gut behauptet. Heimische Papiere blieben weiterhin freundlich, allerdings verhielt man sich wegen des ungewissen Ausgangs der Zentralbankratssitzung abwartend. Bei den Neben- und Spezialpapieren war die Tendenz uneinheitlich. Die Unternehmungslust wurde beeinträchtigt durch die schwache Börsenverfassung in New York. Zahlreiche Standardpapiere wurden im Verlauf bis zu 3,50 DM pro Aktie zurückgenommen. Der variable Handel verlief schleppend. Ausgesprochene Börsenfavoriten waren Daimler und Siemens. Fest lagen vor allem Hypothekenbanken. Versicherungen waren wenig verändert, meistens ebenfalls gebessert. Gegen Börsenschluß gaben auch die Standardwerte etwas stärker nach. Das Hauptgeschäft wurde vom Berufshandel getragen. Die Kulisse verhielt sich zurückhaltend.

Renten: Am Rentenmarkt haben die Konditionen der neuen Bundesanleihe nicht enttäuscht, denn mit diesen Obligationen geht der Bund unter die Grenze einer Nominalverzinsung von sechseinhalb Prozent, was vom Markt schon seit Tagen erwartet wurde. Die Anleihe blieb mit 99,50 bereits um 0,50 über dem Emissionskurs gesucht. Die Bundesbank gab aus ihren Interventionsbeständen etwa 11 Millionen DM nominal ab.

Nachbörse: Weiter freundlich. Im Telefonverkehr bewegten sich die zu hörenden Kurstaxen etwa auf amtlicher Schlußbasis.

- 1. Berechnen Sie für die Berliner Waldbräu-Aktie, die Dortmunder Union und die RWE-Anleihe die Effektivverzinsung (bei Aktien Dividenden- oder Aktien-Rendite genannt) wobei die Steuergutschrift außer acht gelassen werden soll! Kauf am 27. 5. Entnehmen Sie den Kurs dem abgedruckten Kurszettel. Gebühren sind nicht zu berücksichtigen.

- 2. Warum sinken Aktienkurse bei gleichbleibendem Aktienkapital und gleichem Dividendensatz, wenn der Effektivzins für verbriefte Kredite (z.B. Schuldverschreibungen) steigt?

- 3. Die **Berliner Waldbräu-AG** hat einen Jahresüberschuß von 2,4 Mio. DM und ein Grundkapital von 12 Mio. DM.
  - a) Berechnen Sie die Gewinnrendite (Jahresüberschuß in Prozent des Kurswerts des Aktienkapitals (Grundkapital) am 13. 5.!
  - b) In welchem Falle muß die Effektivverzinsung gleich der Gewinnrendite sein?
  - c) Warum interessiert den Großaktionär mehr die Gewinnrendite, den Kleinaktionär mehr die Dividendenrendite (Effektivverzinsung)?

Verwahrungs- und Verwaltungsgeschäfte

910   *Wertpapierdepotverwaltung — Sammel- und Streifbandverwahrung — Selbsteintritt*

Hauser hat seine Wertpapiere der **HELVETIA-Bank** zur Aufbewahrung und Verwaltung übergeben.

- 1. Welche Verwaltungsarbeit ist mit Wertpapierbesitz verbunden?
- 2. Warum behält **Hauser** seine Wertpapiere nicht zu Hause?
- 3. **Hauser** hat seine Obligationen von 1982, die ab 1. 3. 1997 zur Rückzahlung ausgelost werden, der Bank zur Streifbandverwahrung übergeben. Seine Papiere werden durch ein Streifband von denen anderer Einleger getrennt.
- Warum legt **Hauser** Wert darauf, daß seine Obligationen nicht mit denen anderer Hinterleger vermischt werden?
- 4. **Hauser** hat auch seine Inhaber-Aktien der Bank zur Verwahrung gegeben.   Depot
  - a) Darf die Bank **Hausers** Aktien mit Wertpapieren der gleichen Gattung vermischen, wenn **Hauser** keine besondere Anweisung gegeben hat?   § 5
  - b) Warum ist für Inhaber-Aktien die Streifbandverwahrung nicht erforderlich?
- 5. **Hauser** möchte seine der Bank zur Sammelverwahrung übergebenen Waldbräu-Aktien mit den Nummern 35—185 verkaufen.
  - a) Ist die Bank verpflichtet, ihm dieselben Stücke herauszugeben?   § 7
  - b) Darf die Bank die Wertpapiere zum Tageskurs selbst kaufen, ohne die Börse einzuschalten, an der die Waldbräu-Aktien gehandelt werden?   HGB § 40

911   *Verwahrungsarten*

- Bestimmen Sie die für die in der Tabelle aufgeführten Sachen geeignete Verwahrungsart!

Verwahrungsart Verwahrungssachen	Geschlossenes Depot		Offenes Depot	
	Schrankfach (Safe)	verschlossene Einlage	Sonderverwahrung (Streifband)	Sammelverwahrung
1. Patentschrift				
2. Briefmarkensammlung				
3. Namensaktien				
4. Unbearbeitete Edelsteine				
5. Pfandbriefe				
6. Beweismaterial eines Anwaltes				
7. Druckstöcke zur Herstellung von Banknoten				
8. Inhaberaktie				

Investitionsentscheidungen

Statische Investitionsrechnungen

912 *Rentabilitäts- und Gewinnvergleich — Wiedergewinnungszeit*

Ein Unternehmer hat sein Bereitschaftskapital in Höhe von 600 000,— DM in 6,5% Schuldverschreibungen angelegt. Die Obligationen wurden zu 96 erworben und werden unverändert zu diesem Kurs gehandelt.

Der Unternehmer untersucht, ob es für ihn vorteilhafter ist, diese 600 000,— DM zur Beschaffung einer Betriebsanlage zu verwenden. Er schätzt, daß es möglich ist, den Jahresabsatz der in seinem Betrieb hergestellten Erzeugnisse von 200 000 Stück auf 250 000 Stück auszudehnen.

Bei der für die Produktionserweiterung erforderlichen Anlage sind folgende Daten von Bedeutung:

Anschaffungsausgabe	600 000,— DM
Nutzungsdauer	5 Jahre
Mit der Anlage verbundene jährliche Fixkosten	200 000,— DM
Die anfallenden variablen Kosten sind proportional	20,— DM/Stück
Erzielbarer Marktpreis für die Erzeugnisse	25,— DM/Stück

Die Anleihe hat eine Gesamtlaufzeit von 10 Jahren und im Entscheidungszeitpunkt eine Restlaufzeit von 5 Jahren.

- 1. Vergleichen Sie die Rentabilität der Anlage in Obligationen mit der Rentabilität der in Aussicht genommenen Betriebserweiterung!
- 2. a) Stellen Sie fest, in welchem Zeitraum die Anschaffungsausgabe für die eventuelle Erweiterungsinvestition über den mit ihr erzielbaren Einnahmeüberschuß wieder in das Unternehmen zurückgeflossen ist!
   b) Die beiden Anlagealternativen sollen unter dem Gesichtspunkt der Wiedergewinnungszeit beurteilt werden.
- Muß dafür die Gesamtlaufzeit oder die Restlaufzeit zugrundegelegt werden?
- 3. Vergleichen Sie die Gewinnchancen der beiden Anlagealternativen!
- 4. Welche Anlagealternative halten Sie für vorteilhafter?

913 *Kostenvergleichsmethode*

Ein Unternehmen stellt von einem Produkt im Jahr 100 000 Stück her. Aufgrund einer Marktanalyse kommt die Unternehmensleitung zu dem Schluß, künftig 200 000 Stück absetzen zu können. Deshalb soll die Kapazität des Betriebes von 100 000 Stück auf 200 000 Stück im Jahr erweitert werden. Dabei wird geprüft, ob es vorteilhafter ist, von der bisherigen maschinellen Fertigung zu einer halbautomatischen überzugehen.

Dem Vergleich werden folgende Daten zugrundegelegt:

	Stückzahl	Maschinelle Fertigung	Halbautomatische Fertigung
Fixkosten pro Jahr		640 000,—	1 000 000,—
		Gesamtkosten	
	100 000	1 840 000,—	2 000 000,—
	200 000	3 040 000,—	3 000 000,—
	300 000	4 240 000,—	4 000 000,—
	400 000	5 440 000,—	5 000 000,—
Erzielbarer Stückerlös: 18,50 DM			

1. Mit Investitionen können u. a. die Ziele Gewinnmaximierung und Verminderung des Risikos angestrebt werden.
- Untersuchen Sie, inwieweit jede der beiden von der Unternehmensleitung in Betracht gezogenen Investitionsalternativen diesen Zielen dienen kann!

2. Überprüfen Sie, ob die von Ihnen unter 1. abgegebene Beurteilung noch zutrifft, wenn
- a) das Unternehmen im Jahresdurchschnitt wider Erwarten nur 140 000 Stück absetzen kann;
- b) sich die variablen Kosten wegen Kostenerhöhungen auf dem Beschaffungsmarkt für beide Verfahren um 1,— DM je Stück erhöhen bei einem Absatz von 200 000 Stück zu 18,50 DM Stückerlös;
- c) sich als Marktpreis für ein Stück nur 17,— DM bei Absatz von 200 000 Stück erlösen lassen!
- 3. Welcher Mindestabsatz muß gesichert sein, damit die unter Aufgabe 1 getroffene Investitionsentscheidung noch richtig ist?
- 4. Welche Annahmen liegen dem bei Aufgabe 1 angewendeten Modell des Kostenvergleichs für Investitionsentscheidungen zugrunde?

914 Rentabilitätsvergleichsmethode

Für eine neu aufzunehmende Fertigung sollen die Einrichtungen ausgewählt werden, mit denen für die eingesetzten Finanzmittel die beste Verzinsung erwirtschaftet werden kann.

Zur Auswahl stehen zwei Aggregate mit folgenden Merkmalen:

Aggregat	A	B
Anschaffungsausgabe	100 000,— DM	60 000,— DM
Nutzungsdauer in Jahren	4	5
Kalkulatorischer Zins in %	8	8
Sonstige Fixkosten	11 000,— DM	1 600,— DM
Proportionale Kosten je Stück	10,— DM	10,50 DM
Maximale Kapazität in Stück je Jahr	50 000	40 000

- 1. Welches der beiden Aggregate arbeitet am kostengünstigsten, wenn der ganze Ausstoß abgesetzt werden kann?

- 2. Wie hoch verzinst sich das durchschnittlich gebundene Kapital bei Einsatz des Aggregats A, wie hoch bei Einsatz des Aggregats B, wenn sich der gesamte Ausstoß zu einem Stückpreis von 11,— DM absetzen läßt?
- 3. Auf Grund der Marktforschungsdaten rechnet das Unternehmen mit einem Absatz von 40 000 Stück zu einem Stückpreis von 11,— DM.
- Wie hoch verzinst sich das durchschnittlich gebundene Anlagekapital bei jedem der beiden Aggregate, wenn die Marktforschungsdaten zutreffen?
- 4. Wie hoch ist die Verzinsung der eingesetzten Eigenmittel, wenn die Anschaffungskosten für jedes der beiden Aggregate zu einem Viertel mit Fremdkapital zu 6% finanziert wurden? Der erzielbare Stückpreis ist 11,— DM. Der gesamte Ausstoß kann abgesetzt werden.

915 *Amortisationsrechnung*

In einem Unternehmen stehen drei Investitionsalternativen zur Auswahl. Es soll festgestellt werden, bei welcher Alternative die darin gebundenen Finanzmittel am schnellsten wieder für andere betriebliche Zwecke zur Verfügung stehen.

	Anlage A	Anlage B	Anlage C
Anschaffungsausgabe in DM	100 000,—	120 000,—	90 000,—
Nutzungsdauer in Jahren	5	4	6
Abschreibungen in DM			
buchhalterisch (linear)	20 000,—	30 000,—	15 000,—
kalkulatorisch	25 000,—	24 000,—	12 000,—
Aus diesen Anlagen erzielbarer Jahresüberschuß in DM bei voller Auslastung	5 000,—	6 000,—	3 000,—

1. In welcher Zeit stehen bei jeder der drei Anlagen die eingesetzten Finanzmittel dem Unternehmen wieder zur Verfügung,
- a) wenn der erwartete Jahresüberschuß erzielt und jeweils voll ausgeschüttet wird;
- b) wenn der erwartete Jahresüberschuß erzielt wird und voll im Unternehmen verbleibt?
2. Prüfen Sie, ob die Amortisation der für die Anlagen eingesetzten Finanzmittel davon abhängig ist,
- a) daß mit den Anlagen Gewinn erzielt wird,
- b) daß ein erzielter Gewinn ausgeschüttet wird!
3. Die Ergebnisse der Amortisationsmethode werden als Maßstab für das mit jeder Investition verbundene Risiko angesehen.
- Nehmen Sie dazu Stellung!

Dynamische Investitionsrechnungen

916 *Aufzinsungsformel*

Ein Berufskraftfahrer hat 40 000,— DM bei seiner Bank angelegt. Dieses Geld bringt ihm 10% Zins. Er überlegt, ob es vorteilhafter ist, sich für das Geld einen Personenkraftwagen zu kaufen, um sich als Taxi-Unternehmer selbständig zu machen.

- 1. Wie hoch ist sein Guthaben bei der Bank einschließlich Zins nach 1 Jahr?
  2. Bezeichnen Sie das Guthaben bei der Bank mit A_0, den Zinsfuß $\frac{p}{100}$ mit i und das Guthaben einschließlich Zins mit E_1.
- Wie würde dann die formelmäßige Darstellung von E_1 lauten?
  3. Nehmen Sie das Guthaben plus Zins nach 1 Jahr und errechnen Sie daraus das Guthaben nach 2 Jahren!
  4. Der Ausdruck $E_1 = A_0 + A_0 i$ läßt sich umformen zu $A_0 (1 + i)$.
  (1 + i) ist in dieser Formel der Ausdruck für den Zins aus A_0.
- Wie lautet die analoge formelmäßige Darstellung des Guthabens nach 2 Jahren (E_2), wenn für E_1 der Ausdruck $A_0 (1 + i)$ eingesetzt wird?
- 5. Wie lautet die Aufzinsungsformel für n Jahre?
- 6. Es soll geprüft werden, welche Anlagealternative vorteilhafter ist. Warum führt es nicht zu einem aussagekräftigen Ergebnis, Zins und Zinseszins der Geldanlage bei der Bank mit der Summe der während der Nutzungsdauer des Taxis erzielten Gewinne zu vergleichen?

917 Abzinsungsformel und Gegenwartswert

Ein Unternehmen verkauft Reservegrundstücke. Dadurch entsteht ein außerordentlicher Ertrag in Höhe von 3 Mio. DM.

Das Unternehmen plant eine Betriebserweiterung, die in 2 Jahren durchgeführt werden und 2 420 000,— DM kosten soll. Der außerordentliche Ertrag soll, soweit notwendig, zur Finanzierung dieser Erweiterungsinvestition eingesetzt werden. Es soll festgestellt werden, in welcher Höhe für diesen Zweck eine Rücklage zu bilden ist.

1. Aus der Aufzinsungsformel läßt sich der Gegenwartswert A_0 berechnen, wenn der Zukunftswert E_n und der Zinsfuß bekannt sind. Dazu wird die Aufzinsungsformel nach A_0 aufgelöst. In dieser Form wird sie Abzinsungsformel genannt.
- a) Wie lautet die Abzinsungsformel?
- b) Berechnen Sie mit Hilfe der Abzinsungsformel, wieviel DM in die Rücklage für die Betriebserweiterung eingestellt werden müssen, um in 2 Jahren 2 420 000,— DM einschließlich Zins und Zinseszins zur Verfügung zu haben! Die durch die Rücklage gebundenen Mittel werden zu 10% verzinslich angelegt.
- 2. Wieviel DM müssen der Rücklage heute zugeführt werden, wenn die Investition erst in 4 Jahren durchgeführt werden soll und die Mittel zu 10% angelegt werden können?

Benutzen Sie zur Lösung die folgende Abzinsungstabelle:

Abzinsungsfaktoren $\left(AZF = \frac{1}{(1+i)^n} \right)$

Jahre (n)	Zinssätze			
	8%	10%	11%	12% usw.
1	0,926	0,909	0,901	0,893
2	0,857	0,826	0,812	0,797
3	0,794	0,751	0,732	0,712
4	0,735	0,683	0,660	0,636
5	0,681	0,621	0,595	0,567

- 3. Warum müssen der Rücklage weniger Mittel zugeführt werden, als für die geplante Erweiterungsinvestition erforderlich sind?
- 4. Wieviel DM müssen der Rücklage zugeführt werden, wenn der Zinssatz 8 % beträgt und die Erweiterungsinvestition in 4 Jahren durchgeführt werden soll?

918 — Kapitalwertmethode

Ein Unternehmer hat aus den Gewinnen früherer Jahre 200 000,— DM finanzielle Mittel in seinem Unternehmen angesammelt. Diese Mittel sind bankmäßig angelegt und erzielen eine Rendite von 5 %.

Der Unternehmer überlegt, ob er die angesammelten Mittel verwenden soll, um damit einen Automaten zu kaufen, der die Produktionskapazität erweitern würde.

- 1. Wieviel Gewinn muß der Unternehmer jährlich mit dem Automaten erzielen können, wenn die Investition vorteilhafter sein soll, als die bankmäßige Anlage der angesammelten finanziellen Mittel?
- 2. Warum wird der Unternehmer die bankmäßige Anlage vorziehen, solange er aus dem Verkauf der mit dem Automaten hergestellten Produkte gleichmäßig jährlich nicht nennenswert mehr als 10 000,— DM Gewinn erzielen kann?
- 3. Dem Unternehmer wird ein gebrauchter Automat angeboten, für den er als Anschaffungsausgabe 200 000,— DM bezahlen muß. Dieser Automat hat eine voraussichtliche Restnutzungsdauer von 2 Jahren. Der landesübliche Zins beträgt im Zeitpunkt des Angebots 6 %.

    Der Unternehmer schätzt, daß ihm aus der Verwertung der Leistungen des Automaten im ersten Jahr 106 000,— DM, im zweiten Jahr 127 000,— DM Einnahmeüberschüsse zufließen werden.

- a) Wie groß ist der Gegenwartswert der Einnahmeüberschüsse des ersten Jahres?
- b) Wie groß ist der Gegenwartswert der Einnahmeüberschüsse des zweiten Jahres?
- 4. Errechnen Sie die Differenz (den Kapitalwert) zwischen dem Gegenwartswert der Einnahmeüberschüsse und dem Gegenwartswert der Ausgabe für die Anschaffung des Automaten!

    Entscheiden Sie, ob die Investition für den Unternehmer vorteilhaft ist!

- 5. Was besagt ein Kapitalwert,
- a) der gleich 0 ist,
- b) der negativ ist,
- c) der größer als 0 ist?
- 6. Unter welchen Voraussetzungen kann die Kapitalwertmethode Entscheidungshilfe bei der Vornahme von Investitionen sein?

Finanzplanung

919 — Kapitalbedarf — Riegersche Formel — Stundungsprozesse

Ein Bäckermeister verkauft die Betriebseinrichtung seiner Bäckerei, um in dem freiwerdenden Betriebsgebäude eine Nudelfabrikation zu beginnen.

Er möchte zunächst nur Bandnudeln herstellen. Die Einrichtungen für das Fertigungsband verursachen Anschaffungsausgaben in Höhe von 1 Mio. DM. Außerdem entstehen Anschaffungsausgaben für Trocknungskessel in Höhe von 100 000,— DM, für Silos in Höhe von 100 000,— DM, sowie für eine Verpackungsmaschine in Höhe von 300 000,— DM.

Mit dieser Betriebseinrichtung können täglich 22 t Hartweizengries zu Bandnudeln verarbeitet werden.

Für die Einführungswerbung sind 500 000,— DM anzusetzen. Als Eiserner Bestand soll ein Vorrat gehalten werden, der die Aufrechterhaltung der Produktion für drei Tage ermöglicht.

Die Tonne Hartweizengries kostet 1 200,— DM, der Eizusatz —,40 DM je kg verarbeiteter Hartweizengries.

- 1. Wie hoch ist der Kapitalbedarf zur Herstellung der Betriebsbereitschaft?
  2. Es wird geschätzt, daß der bezogene Hartweizengries 5 Tage lagert, ehe er in die Produktion gelangt. Die Bandnudel-Linie wird innerhalb eines Tages durchlaufen. Danach trocknen die fertigen Nudeln 2 Tage im Zwischensilo. Anschließend werden sie verpackt. Die fertig verpackte Ware lagert 5 Tage, ehe sie in den Versand geht. 5 Tage nach Versand der Ware wird mit dem Eingang der Bezahlung gerechnet. Die Rohstofflieferer gewähren ein Zahlungsziel von 14 Tagen.

     Die Herstellung der Bandnudeln würde täglich folgende Umlaufmittel erforderlich machen:

     Rohstoffeinsatz: 20 t Hartweizengries sowie Eizusatz für —,40 DM je kg verarbeiteten Hartweizengries,

Fertigungslöhne:	2 500,— DM
Fertigungsgemeinkosten (ohne Abschreibungen):	2 000,— DM
Materialgemeinkosten:	6 400,— DM
Verwaltungs- und Vertriebsgemeinkosten:	9 000,— DM
Von den Gemeinkosten sind nicht ausgabenwirksame Gemeinkosten:	500,— DM
Der tägliche Abschreibungsbetrag ist:	400,— DM

Es wird angenommen, daß die Planung von zutreffenden Annahmen ausgeht.

- a) Stellen Sie die Entwicklung des Kapitalbedarfs für die Bandnudelherstellung in einer Übersicht nach folgendem Schema für die ersten 20 Tage dar!

Ausgaben \ Tag	1	2	...	20
Ausgaben für die Herstellung der Betriebsbereitschaft				
Ausgaben für die laufende Betriebstätigkeit: Materialkosten Fertigungskosten Verwaltungs- und Vertriebskosten				
Abzugsposten: Abschreibungen Sonstige Gemeinkosten				
Summe des Tageskapitalbedarfs				

In der Kapitalbedarfsrechnung wird der tägliche Rückfluß aus Umsatzerlösen mit 60 000,— DM angesetzt.

Fortsetzung der Tabelle von Seite 316

Kapitalfluß \ Tag	1	2	...	20
Kapitalbedarf des Vortages + Auszahlungen des Tages — Rückfluß (Einzahlungen) Entstandener Kapitalbedarf		MUSTER		
Neuer Stand des Kapitalbedarfs				

- b) Stellen Sie die Entwicklung des Kapitalbedarfs für die ersten 20 Tage in Zeitgeraden dar!

- c) Tragen Sie in ein Schema nach folgendem Muster für jede ausgabenwirksame Kostengruppe ein, wieviel Tage sie für jede Prozeßphase bei der Kapitalbedarfsrechnung zu berücksichtigen ist!

Ausgabenwirksame Kostengruppen \ Prozeßphasen	Lagerdauer, / Liefererziel (Material)	Fertigungsdauer (einschließl. Trocknen)	Lagerdauer (Fert.-Prod.)	Kundenziel	Tage insgesamt
Materialkosten Fertigungskosten Verwaltungs- und Vertriebsgemeinkosten			MUSTER		

- d) Der Kapitalbedarf für den Leistungsprozeß läßt sich mit folgender Formel berechnen:

  (Fertigungsmaterialverbrauch für Tagesausbringung + MGK) x (Lagerdauer für Material / Liefererziel + Fertigungsdauer + Lagerdauer der fertigen Erzeugnisse + Kundenziel),

  + (Tagesbedarf für Fertigungslöhne + FGK) x (Fertigungsdauer + Lagerdauer der fertigen Erzeugnisse + Kundenziel),

  + (Durchschnittlicher Tagesbedarf für Verwaltungs- und Vertriebsgemeinkosten) x (Lagerdauer für Material + Fertigungsdauer + Lagerdauer der fertigen Erzeugnisse + Kundenziel).

  Errechnen Sie den Kapitalbedarf für die Bandnudelherstellung nach dieser Formel!

- e) Erklären Sie, warum sich aus der Anwendung der Formel für die Berechnung des Kapitalbedarfs der höchste in der Tabelle ausgewiesene Kapitalbedarf ergeben muß!

920 Wesen der Finanzplanung — Finanzielles Gleichgewicht

In einer Maschinenfabrik verursacht eine Investition eine Anschaffungsausgabe von 100 000,— DM.

Das damit hergestellte Erzeugnis führt zu folgenden Kosten, die am gleichen Tag zu Ausgaben werden:

Erster Tag: 2 000,— DM, zweiter Tag: 1 000,— DM, dritter Tag: 1 500,— DM. Dieser Rhythmus wiederholt sich fortlaufend. Es kann stets nur 1 Stück bearbeitet werden.

Jeden vierten Tag wird ein neues Stück begonnen. Einen Tag nach Fertigstellung kann es in der Regel verkauft werden. Für den Rückfluß werden 4 500,— DM je Stück eingesetzt, weil der Gewinn sofort ausgeschüttet und die Abschreibungsrückflüsse für den Ersatz der Anlagen angesammelt werden.

- 1. Zeigen Sie die Entwicklung des Finanzmittelbedarfs für die ersten 7 Tage in einer Tabelle!
- 2. In welcher Höhe muß das Unternehmen Kredite aufnehmen, um zahlungsfähig zu bleiben? Eigene Mittel sind in Höhe von 90 000,— DM vorhanden.
- 3. Erfahrungsgemäß stockt der regelmäßige Absatz höchstens 6 Tage.
- Welche Folgerung muß für die Finanzmittelversorgung daraus gezogen werden, wenn finanzielles Gleichgewicht angestrebt und für einen solchen Fall vorgesorgt werden soll?
- 4. Welche Wirkung hat die Möglichkeit der Inanspruchnahme eines Lieferzieles von 12 Tagen für die Finanzplanung?
  Der Anteil der Materialkosten, für die Lieferziel in Anspruch genommen werden soll, beträgt 20% der täglichen Kosten.
- 5. Soll der Verkaufs- oder der Selbstkostenpreis für die Finanzplanung verwendet werden, wenn der Gewinn
- a) laufend entnommen werden soll,
- b) im Unternehmen verbleiben soll?

921 Kurzfristige Finanzplanung

Ein Fertigungsbetrieb soll auf die Herstellung eines neuen Artikels umgestellt werden. Die Geschäftsleitung will feststellen in welchem zeitlichen Verhältnis die dadurch verursachten Geldaus- und -eingänge stehen, und ob sie die bisher gegebene Zahlungsbereitschaft (das finanzielle Gleichgewicht) beeinträchtigen.

Ausgangspunkt der Überlegungen ist folgende zusammengefaßte vorläufige Bilanz:

Aktiva	Bilanz des Unternehmens zum 31. Dez. d. J. in Tsd. DM		Passiva
Anlagevermögen	1 000,—	Gezeichnetes Kapital	1 000,—
Roh-, Hilfs- und Betriebsstoffe	400,—	Verbindlichkeiten aus Lieferungen und Leistungen	1 300,—
Fertigerzeugnisse	200,—	Bilanzgewinn	51,—
Forderungen aus Lieferungen und Leistungen	600,—		
Bankguthaben	150,—		
Bargeld	1,—		
	2 351,—		2 351,—

Monatliche Kosten der Herstellung des neuen Artikels (in DM):

Fertigungsmaterial 30 000,— Fertigungslöhne 20 000,—
Materialgemeinkosten 10 000,— Fertigungsgemeinkosten 40 000,—
Verwaltungs- u. Vertriebsgemeinkosten 15 000,— (Sondereinzelkosten fallen nicht an)

Die Roh-, Hilfs- und Betriebsstoffe werden kontinuierlich sofort nach Eingang verarbeitet, also nicht gelagert.

In den Gemeinkosten sind als nicht ausgabewirksame Kosten nur Abschreibungen in Höhe von 15 000,— DM enthalten.

Zahlungsmittelfluß:

Mit der Fertigung des neuen Artikels wird im Januar begonnen. Es wird damit gerechnet, daß alle Fertigerzeugnisse kontinuierlich abgesetzt werden können. Als Gewinn sollen 20% der Selbstkosten des Abrechnungszeitraumes erzielt werden. Die Kunden erhalten ein Zahlungsziel von 2 Monaten.

Die Lieferer von Roh-, Hilfs- und Betriebsstoffen gewähren ein Zahlungsziel von 1 Monat.

Sowohl Kunden- wie Liefererzahlungsziele werden stets in Anspruch genommen.

Mit dem Eingang der vorhandenen Forderungen kann wie folgt gerechnet werden:
Januar 100 000,— DM, Februar 300 000,— DM, März 200 000,— DM.

Von den vorhandenen Verbindlichkeiten werden bezahlt
im Januar 200 000,— DM, im Februar 600 000,— DM und im März 500 000,— DM.

Der vorhandene Bestand an Fertigerzeugnissen kann im Januar und im Februar je zur Hälfte gegen sofortige Kasse abgesetzt werden.

Alle Zahlungen werden über das Bankkonto abgewickelt.

- 1. Errechnen Sie den Stand des Bankkontos zum 30. 4.!

    Verwenden Sie dazu eine Aufstellung nach folgendem Muster:

Berechnungsgrundlage	Einzahlungen	Auszahlungen	Bankkonto
Stand des Bankkontos Anfang Januar:			150 000,—
....			
....			
.			
.			
.			
Stand des Bankkontos Anfang Februar:			
.			
.			
usw.			

- 2. Welche Folgerungen muß die Geschäftsleitung aus den Ergebnissen des Finanzplans ziehen?

| 922 | *Langfristiger Finanzplan* |

Für eine Möbelfabrik soll ermittelt werden, wie sich eine Sortimentserweiterung auf die Finanzstruktur des Unternehmens auswirkt. Deshalb wird ein Grundplan für die langfristige Finanzierung aufgestellt. Zu diesem Zweck wird eine Bestandsaufnahme aller verfügbaren bzw. bereits zugesagten Finanzmittel sowie aller vorhandenen Zahlungsverpflichtungen vorgenommen.

Zahlungsverpflichtungen:

Für bereits vorgenommene Investitionen sind im laufenden und im folgenden Jahr je 450 000,— DM zu zahlen.

Der Erwerb einer Beteiligung zur Stärkung der Marktposition des Unternehmens steht bevor und wird im nächsten Jahr 500 000,— DM erforderlich machen.

In den Vorräten werden durchschnittlich 600 000,— DM gebunden.

Für die Tilgung und Verzinsung der bereits laufenden Kredite müssen im laufenden Jahr 180 000,— DM, im folgenden Jahr 80 000,— DM und im übernächsten Jahr 30 000,— DM bereit gestellt werden.

Zur Erledigung des laufenden Zahlungsverkehrs müssen durchschnittlich 5 Mio. DM jährlich verfügbar sein.

Der durchschnittliche Jahresgewinn aus dem bisherigen Sortiment in Höhe von 400 000,— DM wird jeweils am Jahresende ausgeschüttet.

Die Sortimentserweiterung verursacht Anschaffungsausgaben in Höhe von 150 000,— DM.

Von dem für die Sortimentserweiterung anfallenden monatlichen Fertigungsaufwand sind 272 000,— DM Ausgaben.

Die Hausbank hat für die Sortimentserweiterung einen Kredit in Höhe von 140 000,— DM zugesagt, der mit 10% zu verzinsen ist. Er würde mit Beginn des laufenden Jahres voll in Anspruch genommen.

Die Tilgung dieses Kredits soll in 2 aufeinanderfolgenden gleichen jährlichen Raten vorgenommen werden. Die erste Rate ist im nächsten Jahr zu zahlen. Der Zins wird jährlich abgebucht.

Finanzierungsdeckung

Im Jahr werden aus dem Verkauf des bisherigen Sortiments im Durchschnitt 4 Mio. DM eingenommen. Mit diesen Einnahmen wird auch weiterhin gerechnet.

Das Unternehmen kann nach Ablauf der vereinbarten Kündigungsfrist zu Beginn des nächsten Jahres über Festgelder von 500 000,— DM verfügen.

Aus Lieferantenkrediten stehen jährlich im Durchschnitt 300 000,— DM zur Verfügung.

Die Hausbank hat von früher zugesagten Krediten in diesem Jahr 1,5 Mio. DM, im nächsten Jahr 2 Mio. DM und im übernächsten Jahr 1,5 Mio. DM auszuzahlen.

Der monatliche Absatz für die Sortimentserweiterung wird mit 300 Einheiten und einem Verkaufspreis von 1 500,— DM je Einheit geplant. Im Preis je Einheit sind 500,— DM Gewinn enthalten, die jährlich ausgeschüttet werden. Mit dem Absatz soll mit dem Anfang des laufenden Jahres begonnen werden.

- 1. Erstellen Sie den Finanzplan für 3 Jahre!

  Verwenden Sie dazu eine Aufstellung nach folgendem Muster:

Auszahlungen	Laufendes Jahr	nächstes Jahr	übernächstes Jahr
. . .			
Summe der Auszahlungen			

Einzahlungen	Laufendes Jahr	nächstes Jahr	übernächstes Jahr
⋮			
Summe der Einzahlungen			
Überschuß/Fehlbetrag			

- 2. Wie unterscheidet sich eine Finanzplanung von einer Kapitalbedarfsrechnung?

923 Cash Flow

Eine Aktiengesellschaft des Lebensmittelgroßhandels benötigt einen Investitionskredit in Höhe von 1,0 Mio. DM, der mit 10% zu verzinsen ist. Er soll in 5 gleichen aufeinanderfolgenden Jahresraten getilgt werden. Die erste Tilgungsrate ist nach einjähriger Laufzeit fällig. Die Jahreszinsen werden zusammen mit den Tilgungsraten bezahlt.

Tilgung und Verzinsung sollen aus dem Cash-Flow, d.h. dem Teil der Umsatzerlöse eines Abrechnungszeitraumes bezahlt werden, der nicht zur Bezahlung der für den Betriebsprozeß erforderlichen Güter und Dienste verwendet werden muß oder im Unternehmen zurückbehalten wird.

Das Unternehmen ist schuldenfrei.

- 1. Berechnen Sie, wieviel DM an flüssigen Mitteln nach Ablauf des ersten Jahres für Zins und Tilgung verfügbar sein müssen!
- 2. In der AG wurde die Erfolgsrechnung zur Vorbereitung der Entscheidung über die Kreditaufnahme wie folgt aufbereitet:

Aufwand	Gewinn- und Verlustkonto		Erträge
Aufwendungen	1 120 000,—	Umsatzerlöse	1 420 000,—
davon			
Abschreibungen	80 000,—		
Pensionsrückstellung.	44 000,—		
Jahresüberschuß	300 000,—		
	1 420 000,—		1 420 000,—

Zuweisung	Jahresüberschuß-Verteilungskonto		Herkunft
Gewinnrücklagen	160 000,—	Erfolgsrechnung	300 000,—
Bilanzgewinn	140 000,—		
	300 000,—		300 000,—

- a) Berechnen Sie, wieviel DM der Umsatzerlöse dieses Abrechnungszeitraumes dem Unternehmen für die Tilgung und Verzinsung des Kredits zur Verfügung stehen!
- b) Berechnen Sie, wieviel Prozent der Umsatzerlöse als Cash-Flow zu bezeichnen sind!

Finanzierungsentscheidungen

Außenfinanzierung durch Beteiligung

924 *Eigenfinanzierung bei der Einzelunternehmung und der Kommanditgesellschaft*

Das Testament eines Bauunternehmers bestimmt, daß seine gesamte Hinterlassenschaft auf seine drei Kinder aufzuteilen ist.

Die Tochter erhält das gesamte Privatvermögen, die beiden Söhne das gut ausgestattete Baugeschäft im Wert von 1 000 000,— DM je zur Hälfte. Bei der Berechnung dieses Gesamtwertes des Baugeschäftes wurde berücksichtigt, daß kurzfristige Geschäftsverbindlichkeiten von 80 000,— DM bestehen. Da nur einer der Söhne das Bauhandwerk erlernt hat, soll dieser das Geschäft weiterführen. Seinem Bruder, der noch studiert, zahlt er 200 000,— DM bar aus. Dazu verwendet er sein gesamtes Privatvermögen. Zum Ausgleich des Restbetrages bietet ihm der studierende Bruder zwei Möglichkeiten an:

— Der Restbetrag verbleibt als Darlehen mit 10% Verzinsung auf 5 Jahre im Baugeschäft,

— der Restbetrag wird als Kommanditanteil in das Baugeschäft eingebracht!

- 1. Stellen Sie die Übernahmebilanz für das Baugeschäft für jede der beiden Alternativen auf!

    Das Vermögen ist nicht aufzugliedern. Auf der Passivseite soll ausgewiesen werden, welche Teile des Vermögens mit eigenen und welche mit fremden Mitteln finanziert wurden!

- 2. Für welche Alternative würden Sie sich anstelle des Sohnes entscheiden, der das Baugeschäft übernimmt?

  3. Für das Baugewerbe gehen aus statistischen Veröffentlichungen folgende Branchenkennzahlen hervor:

Sachanlagen	20%	Eigenkapital einschließlich Rücklagen	10%
Vorräte	6%	langfristiges Fremdkapital	9%
Forderungsvermögen einschließlich Kassenmittel	74%	kurzfristiges Fremdkapital	76%

    Eigenmittel in % der Sachanlagen 40%; Eigenmittel und langfristige Verbindlichkeiten in % der Sachanlagen 120%.

    Im Vermögen des Baugeschäftes sind für 200 000,— DM Sachanlagen und für 120 000,— DM Vorräte enthalten.

- Überprüfen Sie die von Ihnen in Frage 2 getroffene Entscheidung an den Branchenkennzahlen!

925 *Kapitalerhöhung gegen Einlagen — Bezugsrecht — Obligation — Vorzugsaktie — Kapitalrücklage*

Die **Kessel- und Apparatebau Aktiengesellschaft Dortmund** hat ein Grundkapital von 20 Millionen DM. Sie benötigt für eine Betriebserweiterung 6 Millionen zusätzliches Kapital. Vom Vorstand wird in der Hauptversammlung der Vorschlag gemacht, das Grundkapital im Verhältnis 4 (altes Grundkapital) : 1 (Zunahme des Grundkapitals) zu erhöhen. Die jungen Aktien mit einem Nennwert von 100,— DM sollen zu einem Kurs von 160,— DM ausgegeben werden. Die Aktien der Gesellschaft werden gegenwärtig zu 180,— DM gehandelt.

1. Prüfen Sie:
- a) Um wieviel D-Mark erhöht sich das Grundkapital?
- b) Wieviel D-Mark flüssige Mittel erhält der Betrieb?

2. Die Aktiengesellschaft hat bisher 12% Dividende gezahlt.
   - a) Wieviel DM wurden bisher ausgeschüttet?
   - b) Die AG will auch künftig den gleichen DM-Betrag (siehe 2a) ausschütten. Soweit der Gewinn größer ist als der auszuschüttende Betrag, soll er der Gewinnrücklage zugeführt werden und damit der Selbstfinanzierung dienen.
   - Wieviel % Dividende kann die Gesellschaft künftig auf das erhöhte Grundkapital ausschütten?
3. Ein Aktionär hatte vor der Kapitalerhöhung eine Beteiligung von 30% am Grundkapital der Gesellschaft.
   - a) Hätte er allein die Kapitalerhöhung verhindern können?   AktG § 182
   - b) Mit wieviel % wäre er am Grundkapital der Gesellschaft nach der Kapitalerhöhung beteiligt, wenn er keine jungen Aktien beziehen würde?
   - c) Warum gibt das Akt.-Ges. dem Aktionär bei Kapitalerhöhung ein Recht auf den Bezug junger Aktien?   § 186
4. Der Börsenkurs von 180,— DM vor der Kapitalerhöhung entsprach genau dem Bilanzkurs (Eigenkapital in % des Grundkapitals).
   - a) Ermitteln Sie Grundkapital, Rücklagensumme, Eigenkapital und Bilanzkurs vor und nach der Kapitalerhöhung! Halten Sie die Ergebnisse nach folgendem Tabellenmuster fest!

	Grundkapital	Rücklagensumme	Eigenkapital	Bilanzkurs
Vor der Kapitalerhöhung	20 Mio. DM			180
nach der Kapitalerhöhung				

   - b) Auf welches Rücklagenkonto ist das für die jungen Aktien zu zahlende Agio zu verbuchen?   HGB § 272 (2)
   - c) Warum bezeichnet man die durch die Kapitalerhöhung eingetretene Veränderung des Bilanzkurses als Verwässerung des Eigenkapitals?
   - d) Um wieviel D-Mark erhält der Aktionär die junge Aktie gegenüber dem neuen Bilanzkurs billiger?
   - e) Wieviel D-Mark des Gewinns beim Bezug einer jungen Aktie entfallen auf eine alte (Rechnerischer Wert des Bezugsrechts)?
   - f) Kontrollieren Sie das Ergebnis von d) durch eine Berechnung des Bezugsrechts!

   $$B = \frac{K - k}{\frac{a}{j} + 1}$$

   (a = Zahl der alten, j = Zahl der jungen Aktien, K = Kurs der alten, k = Kurs der jungen Aktien)

5. In der Hauptversammlung macht eine Gruppe von Aktionären den Vorschlag, statt der Kapitalerhöhung festverzinsliche Schuldverschreibungen auszugeben. Diese Obligationen sollen mit 8% verzinst und durch erstrangige Hypotheken auf die Betriebsgrundstücke gesichert werden. Die Laufzeit soll 20 Jahre betragen.
   - a) Die **Kessel- und Apparatebau Aktiengesellschaft** hat bisher regelmäßig 12% Dividende gezahlt und hofft auch künftig 12% Dividende zu erwirtschaften.
   - Beurteilen Sie, ob es in dieser Situation für das Unternehmen günstiger ist, das Grundkapital zu erhöhen oder zur Kapitalbeschaffung Obligationen auszugeben!
   - b) Einige Aktionäre haben kein Geld zur Verfügung und können deshalb vom Bezugsrecht keinen Gebrauch machen.

- Warum ziehen diese Aktionäre die Ausgabe von festverzinslichen Gläubigerpapieren der Erhöhung des Grundkapitals vor?

  c) Von Aktiengesellschaften können auch Schuldverschreibungen ausgegeben werden, die in eine Aktie umgetauscht werden können (Wandelschuldverschreibung).   AktG § 221

- Warum ziehen manche Käufer Wandelschuldverschreibungen der Aktie vor?

6. Der Verwaltung der Gesellschaft liegt noch ein anderer Vorschlag vor. Danach soll das Grundkapital erhöht werden, die neuen Aktien sollen aber kein Stimmrecht erhalten. Dafür sollen die neuen Aktien mit einem Dividendenvorteil ausgestattet werden. Soweit Gewinn vorhanden, sollen die Vorzugsaktien bei der Gewinnverteilung zunächst 12% bekommen, bevor der Gewinnrest auf die Stammaktien verteilt wird; oder die Vorzugsaktien sollen jeweils 1% Dividende mehr als die Stammaktien bekommen.   § 139

- a) Beurteilen Sie den Vorschlag vom Standpunkt eines Großaktionärs, der mangels flüssiger Mittel von seinem Bezugsrecht keinen Gebrauch machen kann.
- b) Beurteilen Sie den Vorschlag vom Standpunkt der Geschäftsleitung der Gesellschaft!
- c) Warum müssen Vorzugsaktien in der Bilanz besonders ausgewiesen werden?

926   *Bezugsrecht — Aktie — Obligation*

- 1. Berechnen Sie die in der Tabelle fehlenden Werte! Die jungen Aktien sind voll dividendenberechtigt.

Kurs der alten Aktien	Kurs der jungen Aktien	Bezugsverhältnis	Bezugsrecht
180	160	4 : 1	
245	210	5 : 2	
360		7 : 3	6
	160	5 : 3	3,75

- 2. Vergleichen Sie Aktie und Obligation!
  Zur Lösung können Sie eine Tabelle nach folgendem Muster verwenden.

	Teilhaberpapier (z. B. Aktie)	Gläubigerpapier (z. B. Obligation)
Vergütung für das überlassene Kapital		
Anteil des Kapitalgebers am Vermögenszuwachs		
Mitbestimmung in der Gesellschaft durch den Kapitalgeber		
Bezugsrecht des Kapitalgebers bei Kapitalerhöhung		
Rückzahlungspflicht der Gesellschaft für das Kapital an die Kapitalgeber		
Sicherheitsleistung der Gesellschaft für die Kapitalgeber		
Anspruch des Kapitalgebers im Falle des Konkurses		

927 Umwandlung einer Genossenschaft in eine Aktiengesellschaft — Vinkulierte Namensaktie

Die **Molkereigenossenschaft Ahornweiler** soll in eine Aktiengesellschaft umgewandelt werden, weil sich der Geschäftsumfang sehr stark ausgeweitet hat.

- 1. Welche Vorteile entstehen durch die Umwandlung der Molkereigenossenschaft in eine Aktiengesellschaft?
- 2. Die Summe der Geschäftsanteile der Genossen beträgt 200 000,— DM. Laut Beschluß der Gesellschafterversammlung sollen alle Geschäftsanteile in vinkulierte Namensaktien umgewandelt werden.

  Warum wurde diese Aktiengattung gewählt? AktG § 68 II

- 3. Nach der Umwandlung in eine Aktiengesellschaft soll der Kapitalbedarf für eine neue Anlage durch eine Kapitalerhöhung von 180 000,— DM beschafft werden.

  Warum ist für diese Kapitalerhöhung die Inhaberaktie besser geeignet als die vinkulierte Namensaktie?

- 4. Wieviel dieser Inhaberaktien zum Nennwert von 100,— DM müßten die Inhaber der vinkulierten Namensaktien erwerben, um eine Sperrminorität durch andere Aktionäre auszuschließen?

928 Genehmigtes Kapital

Die **Lebensmittelhandels-AG** hat ein Grundkapital von 50 Mio. DM. Sie plant, durch Übernahme bestehender Lebensmittelhandelsketten zu expandieren. Dafür will der Vorstand im geeigneten Augenblick die erforderlichen Finanzmittel verfügbar haben. Er möchte deshalb einen Beschluß der Hauptversammlung herbeiführen, der ihm den notwendigen Handlungsspielraum gibt.

- 1. Halten Sie eine sofortige Kapitalerhöhung gegen Bareinlage geeignet für diesen Zweck?
- 2. Der Vorstand möchte für die vorgesehene Expansion einen finanziellen Dispositionsfonds von 25 Mio. DM schaffen. Er schlägt deshalb der Hauptversammlung vor, ihn zu ermächtigen, im Bedarfsfall das Grundkapital bis zum Nennbetrag von 20 Mio. DM durch Ausgabe neuer Aktien gegen Bareinlagen zu erhöhen. Die Festlegung der Ausgabebedingungen soll ihm überlassen bleiben.
  - a) Wie ist es zu erklären, daß der Vorstand das Grundkapital nur um 20 Mio. DM erhöhen will, obwohl er sich einen Dispositionsbetrag von 25 Mio. DM schaffen will?
  - b) Mit welchem Argument könnte der Vorstand seinen Vorschlag begründen, daß ihm die Ausgabebedingungen der neuen Aktien überlassen bleiben sollen? § 204 I, 2
- 3. Die Hauptversammlung stimmt dem Vorschlag des Vorstandes zu.

  Welche Mehrheit ist dafür erforderlich?
- 4. Der Vorstand benötigt zum Kauf einer Handelskette 10 Mio. DM. Zur Finanzierung will er aus dem genehmigten Kapital Aktien zum Kurs von 125,— DM je 100,— DM Nennwert ausgeben.
  - a) In welcher Nennwerthöhe wird er Aktien ausgeben?
  - b) Im Hauptversammlungsbeschluß für das genehmigte Kapital wurde das gesetzliche Bezugsrecht der Aktionäre nicht ausgeschlossen. Aus den Übernahmeverhandlungen für die Handelskette ergibt sich, daß die Frist für die Ausübung des Bezugsrechts nicht abgewartet werden kann.

    Welche Möglichkeiten sehen Sie für den Vorstand, dieses Finanzierungsproblem zu lösen? § 186 IV V

929 Kapitalerhöhung aus Gesellschaftsmitteln

Die Baumaschinen-AG hat folgende Bilanz (zusammengefaßt in Mio. DM):

Aktiva		Passiva	
Vermögen	15,01	Gezeichnetes Kapital	10
		gesetzliche Rücklagen	2
		andere Gewinnrücklagen	3
		Gewinnvortrag	0,01
	15,01		15,01

Die Aktien werden mit 1 000,— DM je 100,— DM Nennwert gehandelt. Im letzten Geschäftsjahr wurden 20% Dividende auf das Grundkapital ausgeschüttet.

Der Vorstand weist in der Hauptversammlung darauf hin, daß sich der hohe Börsenkurs nachteilig auf den Handel der Baumaschinen-Aktie auswirke. Er schlägt deshalb vor, soviel Gewinnrücklagen der Gesellschaft in Grundkapital umzuwandeln, wie das Aktiengesetz zuläßt.

- 1. Wieviel DM Gewinnrücklagen der Baumaschinen-AG können in Grundkapital umgewandelt werden?
- 2. Stellen Sie die Bilanz nach der Durchführung der Kapitalerhöhung aus Gesellschaftsmitteln auf, wenn soviel Gewinnrücklagen in Grundkapital umgewandelt werden, wie nach dem Aktiengesetz möglich ist!
- 3. Berechnen Sie den Bilanzkurs vor und nach der Kapitalerhöhung aus Gesellschaftsmitteln!
- 4. Nach der Kapitalerhöhung soll der gleiche DM-Betrag an Dividende ausgeschüttet werden, wie im vorausgegangenen Geschäftsjahr.
  Wie hoch ist jetzt die Dividende in Prozent?
- 5. Berechnen Sie das in der AG vorhandene Eigenkapital vor und nach der Kapitalerhöhung und beurteilen Sie, ob es richtig ist, die Umwandlung von Rücklagen in Aktien als Ausgabe von „Gratisaktien" an die Altaktionäre zu bezeichnen?
- 6. Berechnen Sie den Wert des Bezugsrechts für die Berichtigungsaktien, wenn diese sofort voll dividendenberechtigt sind!

Akt§ 2(

930 Bedingtes Kapital — Belegschaftsaktien

Der Vorstand der Chemie-AG macht aus Anlaß des hundertjährigen Firmenjubiläums in der Hauptversammlung den Vorschlag, die 20 000 Belegschaftsmitglieder am Unternehmen zu beteiligen. Die Hauptversammlung beschließt, an die Belegschaft einen Jubiläumsbonus in Form einer einmaligen Gewinnbeteiligung in Höhe von 2 Mio. DM auszuschütten. Der Beschluß sieht vor, daß jedes Belegschaftsmitglied die Möglichkeit hat, seinen Anteil an der Gewinnbeteiligung ganz oder teilweise zum Kauf von Aktien der Chemie-AG zu verwenden. Diese Aktien werden der Belegschaft zu 110,— DM je 50,— DM Nennwert angeboten. Der Börsenkurs beträgt 250,— DM je 50,— DM Nennwert.

- 1. Welche Vorteile hat die Ausgabe von Belegschaftsaktien gegenüber der Barausschüttung des Gewinnanteils für das Unternehmen?

- 2. Beurteilen Sie die beiden Möglichkeiten, über den Gewinnanteil zu verfügen, vom Standpunkt eines Arbeitnehmers!
- 3. a) Wer entscheidet aufgrund eines Hauptversammlungsbeschlusses darüber, ob und in welchem Maße das Kapital der Chemie-AG erhöht wird?   AktG § 199
- b) Welche Bedingung muß gegeben sein, damit das Grundkapital der Chemie-AG erhöht werden kann?   § 192 II, III
- 4. Wie unterscheidet sich die bedingte von der genehmigten Kapitalerhöhung?   §§ 192, 202

931   Finanzierungsmöglichkeiten: Erwerb eigener Aktien — Abschreibungsrückflüsse — Reservebildung

Lesen Sie den folgenden Zeitungstext!

Metallgesellschaft

Bewegte Zukunft

Drei Transaktionen wird Westdeutschlands größter Nichteisenmetall-Konzern (Umsatz: 4,6 Milliarden Mark) in den nächsten Wochen und Monaten durchführen: das Kapital erhöhen, ein genehmigtes Kapital schaffen und eine Anleihe auflegen. Denn die Frankfurter Metallgesellschaft, die gleichzeitig Rohstoffe fördert, handelt, produziert und Bankgeschäfte betreibt, hat viel vor. In fünf Jahren sollen 1,15 Milliarden DM investiert werden, davon rund 80 Prozent in Sachanlagen. Das Ziel: Verstärkung der Rohstoffseite und Ausbau der Verarbeitungskapazität. Die Finanzierung soll mit 650 Millionen Mark aus Abschreibungen kommen, die restliche halbe Milliarde aus Reservebildungen, Kapitalerhöhungen und langfristiger Fremdfinanzierung.

Eine erste Kapitalaufstockung (um 25 auf 200 Millionen Mark) wird der Hauptversammlung am 5. Mai vorgeschlagen. Im Verhältnis 7 zu 1 zu 125 Mark je 50-Mark-Aktie (derzeitiger Börsenkurs bei 570). Die Kapitalerhöhung ist bereits so gut wie genehmigt, denn über die Hälfte des Metallgesellschaftskapitals gehört mit jeweils einer Schachtel der Dresdner Bank und einer Holding von Siemens, Deutsche Bank und Allianz. Etwa 16 Prozent besitzt eine schweizerische Gesellschaft, so daß für freie Aktionäre — es sind rund 5000 — noch 20 bis 35 Prozent übrigbleiben. Die nächste Kapitalerhöhung in wahrscheinlich zwei Jahren ist bereits avisiert.

Daneben möchte man Aktien zur Verfügung haben, um „beispielsweise Anteile an Unternehmen eintauschen zu können, mit denen eine enge Kooperation sinnvoll erscheint". Die Metallgesellschaft will sich für diesen Zweck ein genehmigtes Kapital von 10 Millionen Mark schaffen. Ein kleiner Teil davon soll bereits den Minderheitsaktionären der Stolberger Zink AG angedient werden. Die dritte Transaktion schließlich, die „Auflegung einer Anleihe als naheliegendes Finanzierungsinstrument", steht noch nicht fest. Die Verwaltung prüft zur Zeit die Höhe, die Währung und die Ausstattung.

Die Aktionäre der Metallgesellschaft sehen so einer bewegten Zukunft entgegen. Um sie bei Laune zu halten, erhöhte das Unternehmen die Dividende für das abgelaufene Geschäftsjahr um ein auf 19 Prozent, nachdem fünf Jahre lang 18 Prozent gezahlt worden waren.   *Eh*

1. Zur Finanzierung der Investitionsvorhaben will die Metallgesellschaft-AG 650 Mio. DM aus Abschreibungen verwenden.
- Halten Sie es für wahrscheinlich, daß es sich dabei um die Gesamtsumme der Abschreibungen des Unternehmens handelt?
- 2. Welche Voraussetzung muß gegeben sein, damit die geplante Finanzierung über Reservebildung realisiert werden kann?   AktG § 150
- 3. Beurteilen Sie, ob der Ankauf eigener Aktien für diesen Zweck rechtlich möglich und als Alternative zum genehmigten Kapital empfehlenswert ist!   § 71

Außenfinanzierung durch langfristige Fremdmittel

932 *Schuldscheindarlehen — Ratentilgung*

Die **Halbleiter-AG** will ein Fabrikgebäude im Wert von 2 Mio. DM erstellen und durch Aufnahme langfristiger Fremdmittel finanzieren.

Die Geschäftsleitung wendet sich an eine Versicherungsgesellschaft, bei der sie alle Betriebsversicherungen abgeschlossen hat. Die Versicherungsgesellschaft ist bereit, ein Darlehn über 2 Mio. DM gegen Ausstellung eines Schuldscheins durch die Halbleiter-AG zu gewähren.

Die **Halbleiter-AG** könnte den Investitionskredit auch von ihrer Hausbank ohne Ausstellung eines Schuldscheins bekommen.

1. Das Darlehn der Versicherungsgesellschaft soll jährlich mit 20% getilgt werden. Der Zinssatz beträgt 6%, die Auszahlung des Darlehens erfolgt zu 100%.

- Errechnen Sie die jährliche Gesamtrate, die die Halbleiter-AG nach den Kreditbedingungen an die Versicherungsgesellschaft zu zahlen hat in einer Tabelle nach folgendem Muster:

1	2	3	4	5
Jahr	Darlehnsschuld	Zinsbetrag	Tilgungsbetrag	Gesamtrate
		(6% aus Sp. 2)	(20% aus Sp. 2)	(Sp. 3 + Sp. 4)
1 2 3 4 5				

2. In der Halbleiter-AG wird eine Vergleichsrechnung über die beiden Kreditbeschaffungsmöglichkeiten aufgestellt. Für den Bankkredit ergibt sich ein Effektivzins von 6,3%.

- Welche der beiden Kreditbeschaffungsmöglichkeiten hat den günstigeren Effektivzins?

- 3. Kann es für die Halbleiter-AG ein berechtigter Grund sein, den Kredit bei der Bank aufzunehmen, weil die Versicherungsgesellschaft die Ausstellung eines Schuldscheins fordert, die Bank aber nicht?

- 4. Welche Gründe könnten den Vorstand veranlaßt haben, die Fremdfinanzierung über ein Darlehn zu wählen, statt einer Kapitalerhöhung gegen Einlagen?

933 *Damnum — Disagio — Ratentilgung*

Die **Maschinenbau-AG** nimmt zur Erweiterung ihres Lagerplatzes von einem Finanzmakler ein Darlehen in Höhe von 1,2 Mio. DM zu folgenden Konditionen auf:

Auszahlung 96% durch Bankscheck, Zins 6%, Tilgung jährlich mit 25% der Anfangsschuld, erstmals am Ende des zweiten Jahres, Maklergebühr 5‰ aus der Darlehnssumme, sonstige Kosten 18 000,— DM.

Maklergebühr und sonstige Kosten sind bei Vertragsschluß durch Bankscheck zu begleichen. Das Aufnahme-Abgeld wird linear während der Laufzeit des Darlehns abgeschrieben.

- 1. Errechnen Sie die Gesamtrate für Tilgung und Verzinsung des Darlehns!
- 2. Berechnen Sie, mit wieviel Prozent das Darlehn effektiv zu verzinsen ist!
- 3. Verwenden Sie die Konten

  Geldverkehrsnebenkosten, Bank, aktiviertes Damnum, Darlehensschuld, Darlehenszinsaufwand, Abschreibung

  und verbuchen Sie

  a) den Abschluß des Darlehensvertrages (Kreditnebenkosten)
  b) die Auszahlung des Kredits,
  c) die Zahlung von Zins und Tilgung und die Verteilung des Damnums in den ersten drei Jahren!

934 Effektivverzinsung bei wechselndem Auszahlungskurs und wechselndem Zins

Karl Rust möchte bauen. Er erkundigt sich bei mehreren Banken nach den Bedingungen für ein Baudarlehen. Dabei stellt er fest, daß sich diese sowohl hinsichtlich des Damnums als auch hinsichtlich der geforderten Zinsen unterscheiden. Bei seinen Erkundigungen werden ihm Auszahlungskurse von 96%, 98% und 100%, sowie Zinssätze von 8,5%, 9% und 10% genannt bei einer Laufzeit von 20 Jahren.

Um sich einen Überblick zu verschaffen, stellt er eine Tabelle nach folgendem Muster auf:

Zinssatz in % \ Auszahlungskurs in %	96	98	100
8,5			
9,0		MUSTER	
10,0			

- Errechnen Sie die Effektivverzinsung für jeden Auszahlungskurs zu jedem Nominalzinsfuß!

935 Annuitätentilgung

Ein Angestellter will bei seiner Bank ein Darlehn über 100 000,— DM aufnehmen. Ihm ist daran gelegen, daß die Belastung aus Tilgung und Verzinsung während der Laufzeit des Darlehns gleich bleibt, d. h. er wünscht sich gleichbleibende Annuitäten.

In der Bank wird ihm als Zinssatz für das Darlehn 8% genannt. Es soll in 5 Jahren getilgt sein. Am Ende jedes Jahres ist eine Annuität fällig.

Bei der Bank wird zur Berechnung der Annuität die nachfolgende Tabelle verwendet:

II. Zinsrechnung und Geldverkehr
b) Zinseszins-, Renten-, Tilgungs-, Versicherungsrechnung
3. Tilgungsrechnung

Annuitätenfaktor

$$= \frac{1}{\text{Rentenbarwertfaktor}} = \frac{1}{a_n} = \frac{q^n \cdot (q - 1)}{q^n - 1}; \quad q = 1 + \frac{p}{100}$$

Tilgungs-Raten n	Zinssatz = p							
	1%	1,5%	2%	2,5%	3%	3,5%	4%	4,5%
1	1,0100	1,0150	1,0200	1,0250	1,0300	1,0350	1,0400	1,0450
2	0,5075	0,5113	0,5150	0,5188	0,5226	0,5264	0,5302	0,5340
3	0,3400	0,3434	0,3468	0,3501	0,3535	0,3569	0,3603	0,3638
4	0,2563	0,2594	0,2626	0,2658	0,2690	0,2723	0,2755	0,2787
5	0,2060	0,2091	0,2122	0,2152	0,2184	0,2215	0,2246	0,2278
6	0,1725	0,1755	0,1785	0,1815	0,1846	0,1817	0,1908	0,1939
7	0,1486	0,1516	0,1545	0,1575	0,1605	0,1635	0,1666	0,1697
8	0,1307	0,1336	0,1365	0,1395	0,1425	0,1455	0,1485	0,1516
9	0,1167	0,1196	0,1225	0,1255	0,1284	0,1314	0,1345	0,1376
10	0,1056	0,1084	0,1113	0,1143	0,1172	0,1202	0,1233	0,1264
11	0,0965	0,0993	0,1022	0,1051	0,1081	0,1111	0,1141	0,1172
12	0,0888	0,0917	0,0946	0,0975	0,1005	0,1035	0,1066	0,1097
13	0,0824	0,0852	0,0881	0,0910	0,0940	0,0971	0,1001	0,1033
14	0,0769	0,0797	0,0826	0,0855	0,0885	0,0916	0,0947	0,0978
15	0,0721	0,0749	0,0778	0,0808	0,0838	0,0860	0,0899	0,0931
16	0,0679	0,0708	0,0737	0,0766	0,0796	0,0827	0,0858	0,0890
17	0,0643	0,0671	0,0700	0,0729	0,0760	0,0790	0,0822	0,0854
18	0,0610	0,0638	0,0667	0,0697	0,0727	0,0758	0,0790	0,0822
19	0,0581	0,0609	0,0638	0,0668	0,0698	0,0729	0,0761	0,0794
20	0,0554	0,0582	0,0612	0,0641	0,0672	0,0704	0,0736	0,0769

Tilgungs-Raten n	Zinssatz = p							
	5%	5,5%	6%	6,5%	7%	7,5%	8%	8,5%
1	1,0500	1,0550	1,0600	1,0650	1,0700	1,0750	1,0800	1,0850
2	0,5378	0,5416	0,5454	0,5493	0,5531	0,5569	0,5608	0,5646
3	0,3672	0,3707	0,3741	0,3776	0,3811	0,3845	0,3880	0,3915
4	0,2820	0,2853	0,2886	0,2919	0,2952	0,2986	0,3019	0,3053
5	0,2310	0,2342	0,2374	0,2406	0,2439	0,2472	0,2505	0,2538
6	0,1970	0,2002	0,2034	0,2066	0,2098	0,2130	0,2163	0,2196
7	0,1728	0,1760	0,1791	0,1823	0,1856	0,1888	0,1921	0,1954
8	0,1547	0,1579	0,1610	0,1642	0,1675	0,1707	0,1740	0,1773
9	0,1407	0,1438	0,1470	0,1502	0,1535	0,1568	0,1601	0,1634
10	0,1295	0,1327	0,1359	0,1391	0,1424	0,1457	0,1490	0,1524
11	0,1204	0,1236	0,1268	0,1301	0,1324	0,1367	0,1401	0,1435
12	0,1128	0,1160	0,1193	0,1226	0,1259	0,1293	0,1327	0,1362
13	0,1065	0,1097	0,1130	0,1163	0,1197	0,1231	0,1265	0,1300
14	0,1010	0,1043	0,1076	0,1109	0,1143	0,1178	0,1213	0,1248
15	0,0963	0,0996	0,1030	0,1064	0,1098	0,1133	0,1168	0,1204
16	0,0923	0,0956	0,0990	0,1024	0,1059	0,1094	0,1130	0,1166
17	0,0887	0,0920	0,0954	0,0989	0,1024	0,1060	0,1096	0,1133
18	0,0855	0,0889	0,0924	0,0959	0,0994	0,1030	0,1067	0,1104
19	0,0827	0,0862	0,0896	0,0932	0,0968	0,1004	0,1041	0,1079
20	0,0802	0,0837	0,0872	0,0908	0,0944	0,0981	0,1019	0,1057

aus: M. Radke: Betriebswirtschaftliche Formelsammlung, München 1973, Seite 41

- 1. Welchen Betrag hat der Angestellte jährlich zu zahlen?
- 2. Wieviel DM hat er insgesamt nach 5 Jahren gezahlt?
- 3. Errechnen Sie für das erste und das zweite Jahr, wieviel DM der Annuität auf Zins und wieviel auf Tilgung entfallen!
  4. Dem Angestellten wird von der Bank angeboten, daß er das Darlehn auch in 5 gleichen Raten von je 20 000,— DM zuzüglich Zins aus der jeweiligen Restschuld zurückzahlen könne.
- Wieviel DM zahlt er in diesem Falle insgesamt zurück?
- 5. Wie hoch ist die Effektivverzinsung bei jeder der beiden Tilgungsformen?
- 6. Welcher Gesichtspunkt wird die Entscheidung des Angestellten für die eine oder die andere Tilgungsform bestimmen?

936 *Fremdfinanzierung — Vergleich Darlehn und Industrie-Obligation*

Die **Industrie-AG** hat einen umfangreichen Auslandsauftrag übernommen. Die Geschäftsleitung schätzt, daß zur Ausführung Investitionen von 10 Mio. DM erforderlich sind. Die **Industrie-AG** will diese mit Fremdkapital finanzieren. Die Bilanz der **Industrie-AG** weist unbelasteten Grundbesitz in Höhe von 15 Mio. DM aus.

Die Hausbank hat sich zur Gewährung eines Darlehns zu folgenden Bedingungen bereit erklärt (siehe Formblatt auf den Seiten 332 und 333!):

Im Vorstand wird geprüft, ob es nicht günstiger wäre, eine Anleihe mit folgender Ausstattung aufzulegen:

Anleihebetrag	10 Mio. DM
in Teilschuldverschreibungen von nom. 100,—, 1 000,— und 10 000,— DM;	
Verzinsung	6% jährlich
Laufzeit	15 Jahre
Emissionskurs	98%
Rückzahlungskurs	101%
Tilgung in gleichen Jahresraten, beginnend nach fünfjähriger Laufzeit erstmals am Ende des 6. Jahres.	
Emissionskosten	600 000,— DM

- 1. Vergleichen Sie die beiden Finanzierungsmöglichkeiten vom Standpunkt der Industrie-AG!
  Berücksichtigen Sie dabei folgende Gesichtspunkte:
  — Einflußnahme der Gläubiger
  — Stabilität des Zinssatzes
  — Genehmigungsverfahren

Landesgirokasse

Landesgirokasse Postfach 386 7000 Stuttgart 1

Landessparkasse-Girokasse
öffentliche Bank
Königstraße 3-5, Postfach 386
7000 Stuttgart 1
Fernschreiber 07-23868
Aktienhandel 07-22743
Rentenhandel 07-22691
Auslandsgeschäft 07-23566

Telegramme Landesgirokasse
Bankleitzahl u. Kto.-Nr. 600 501 01
für Kontoverbindungen
Landeszentralbank Stuttgart
Landesbank Stuttgart
Weitere Kontoverbindung
Postscheckamt Stuttgart
(BLZ 600 100 70) Kto. 84 00-701

Girokonto Nr.　　Unser Zeichen (bitte angeben)　　Datum　　Vermittlung (0711) 2 06 11
　　　　　　　　　　　　　　　　　　　　　　　　　　　　　　　　　　　　Durchwahl　20 61

Kreditangebot

Wir erlauben uns, Ihnen die Einräumung/Erhöhung/Verlängerung eines/Ihres Kredits in laufender Rechnung in Höhe von
DM **10.000.000,--** auf DM **Zehn Mio.** Deutsche Mark
anzubieten.
Für das Kreditverhältnis sollen die nachstehenden Vereinbarungen Anwendung finden:

1 Laufzeit
Der Kredit wird bis auf weiteres – bis zum　　　　　　　　　　　　eingeräumt.
Für den Kredit wird folgende Rückzahlungsvereinbarung getroffen: **Rückzahlbar in 10 gleichen Jahresraten beginnend nach fünfjähriger Laufzeit.**

Unbeschadet der vorstehenden Vereinbarung sind Sie und wir berechtigt, den Kredit jederzeit ohne Einhaltung einer Frist zu kündigen.

2 Zinssatz
Für die von Ihnen im Rahmen des vereinbarten Kredits beanspruchten Beträge berechnen wir z. Z. einen Zinssatz von
6 % pro Jahr. Daneben erheben wir eine Kreditprovision von **0,4** % pro Jahr aus dem zugesagten Kreditbetrag.
Unberührt von dieser Vereinbarung können wir diese Bedingungen aufgrund der Entwicklung am Geldmarkt jederzeit durch schriftliche Erklärung neu festsetzen.

3 Besondere Vereinbarungen　　**Keine**

4 Sicherstellung
Für den Kredit werden neben anderen (einzelvertraglicher oder Sicherheiten aufgrund unserer Allgemeinen Geschäftsbedingungen) folgende Sicherheiten gestellt:

Eintragung einer Grundschuld an erster Stelle in Höhe von 20 Mio. DM auf den Grundbesitz des Schuldners.

Die vorgenannten Sicherheiten dienen auch zur Sicherung aller weiteren Ansprüche, die uns aus der Geschäftsverbindung mit Ihnen bereits zustehen oder künftig zustehen werden, sei es durch Kreditgewährung jeder Art oder durch Diskontierung von Wechseln, sowie solcher Ansprüche, die kraft Gesetzes oder Rechtsgeschäfts auf uns übergehen oder solche aus Wechseln, die von Dritten hereingegeben werden, und zwar jeweils wegen Haupt- und Nebenansprüchen.

470 8/77 (3)

5 Kosten
Alle Kosten, welche aus diesem Kreditverhältnis entstehen oder schon entstanden sind, werden von Ihnen übernommen.

6 Gesamtschuldner
Treten mehrere Kreditnehmer auf, haften sie als Gesamtschuldner.

7 Anderweitige Verpflichtungen
Wir gehen davon aus, daß Sie uns über alle von Ihnen anderweitig eingegangenen Kredit- und Bürgschaftsverpflichtungen bzw. über deren Veränderungen unterrichten, und nicht ohne unser Wissen weitere wesentliche Verbindlichkeiten dieser Art eingehen. Wenn Sie Dritten irgendwelche Sicherheiten zugestehen oder Ihren Grundbesitz veräußern oder belasten wollen, werden Sie vorher mit uns Kontakt aufnehmen.

8 Auskünfte und Bilanzen
Mit dem Zustandekommen des Kreditvertrages erklären Sie sich damit einverstanden, uns auf Wunsch jederzeit Auskunft über Sie, Ihr Unternehmen sowie Ihr Privatvermögen zu erteilen; Sie gestatten uns auch die Einsichtnahme in Ihre Geschäftsbücher und Unterlagen. Die Jahresbilanz mit Gewinn- und Verlustrechnung Ihres Betriebes werden Sie uns jeweils nach Fertigstellung testiert und unaufgefordert zusenden.

9 Erfüllungsort/Gerichtsstand
Erfüllungsort und Gerichtsstand ist für im Handelsregister eingetragene Kreditnehmer Stuttgart.

10 Allgemeine Geschäftsbedingungen
Ergänzend gelten unsere Allgemeinen Geschäftsbedingungen. Sie liegen in den Kassenräumen unserer Geschäftsstellen zur Einsichtnahme auf.

11 Annahme
An unser Angebot halten wir uns für einen Monat gebunden; danach erlischt es. Im Falle Ihres Einverständnisses bitten wir Sie, die beiliegende Durchschrift, wie vorgesehen, verbindlich unterzeichnet alsbald an uns zurückzusenden.

12 Inanspruchnahme
Der Kredit kann von Ihnen nach Eingang Ihrer Annahmeerklärung bei uns in Anspruch genommen werden — wenn sämtliche Sicherheitsurkunden — und die sonst benannten Unterlagen — ordnungsgemäß bei uns vorliegen. Solange dies nicht der Fall ist, sind wir berechtigt, von unserem Angebot bzw. dem zustandegekommenen Kreditvertrag zurückzutreten.

Wir verbinden mit unserem Kreditangebot den Wunsch nach einer weiteren vertrauensvollen Zusammenarbeit mit Ihnen und empfehlen uns

mit freundlichen Grüßen

Landesgirokasse

Anlagen

An die
Landesgirokasse
Postfach 386

7000 Stuttgart 1

Annahmeerklärung

Der Kredit wird wie angeboten angenommen.

Datum

Kreditnehmer

f.d.R.: Sachbearbeiter/Zweigstellenleiter

Mithaftungserklärung

Ich/Wir trete(n) sämtlichen Verbindlichkeiten des Kreditnehmers bei, die aus umstehender **Krediteinräumung, Wechseldiskontierungen** sowie aus **Kontoüberziehungen** gegenüber der Landesgirokasse bereits entstanden sind oder **künftig** entstehen werden. Soweit in Ziffer 4 des obigen Kreditvertrages von mir/uns gestellte Sicherheiten genannt sind, haften sie in dem dort angegebenen Umfang.

Datum

1.

2.

3.

2. Geschäftsleitung und Aufsichtsrat der Industrie-AG entscheiden sich für die Auflegung einer Anleihe.

Sie gehen von folgendem Tilgungsplan aus:

Jahres-ende	Zins- und Tilgungsleistungen			Anleihe-schuld	Aufgeld-schuld	Abschreibung des fiktiven Aktivums von 300 000,— DM
	Tilgung	6% Zins	Aufgeld			
1. Jahr		600 000,—		10 Mio.	100 000,—	20 000,—
2. Jahr		600 000,—		10 Mio.	100 000,—	20 000,—
3. Jahr		600 000,—		10 Mio.	100 000,—	20 000,—
4. Jahr		600 000,—		10 Mio.	100 000,—	20 000,—
5. Jahr		600 000,—		10 Mio.	100 000,—	20 000,—
6. Jahr	1 Mio.	600 000,—	10 000,—	9 Mio.	90 000,—	20 000,—
7. Jahr	1 Mio.	540 000,—	10 000,—	8 Mio.	80 000,—	20 000,—
8. Jahr	1 Mio.	480 000,—	10 000,—	7 Mio.	70 000,—	20 000,—
9. Jahr	1 Mio.	420 000,—	10 000,—	6 Mio.	60 000,—	20 000,—
10. Jahr	1 Mio.	360 000,—	10 000,—	5 Mio.	50 000,—	20 000,—
11. Jahr	1 Mio.	300 000,—	10 000,—	4 Mio.	40 000,—	20 000,—
12. Jahr	1 Mio.	240 000,—	10 000,—	3 Mio.	30 000,—	20 000,—
13. Jahr	1 Mio.	180 000,—	10 000,—	2 Mio.	20 000,—	20 000,—
14. Jahr	1 Mio.	120 000,—	10 000,—	1 Mio.	10 000,—	20 000,—
15. Jahr	1 Mio.	60 000,—	10 000,—	—	—	20 000,—
		6 300 000,—				300 000,—

- a) Weisen Sie rechnerisch das Zustandekommen des Aufgeldes nach!
- b) Weisen Sie rechnerisch das Zustandekommen des fiktiven Aktivums nach!
- c) Wie heißt der Buchungssatz für die Emission der Anleihe und die Begleichung der Emissionskosten?
  Verwenden Sie dazu folgende Konten: Konto der Obligationäre, fiktives Aktivum, Emissionskosten, Anleiheschuld, Aufgeldschuld, Bank, Anleihezinsaufwand.
- d) Wie heißen die Buchungssätze, die sich aus den Anleiheverpflichtungen am Ende des 8. Jahres ihrer Laufzeit ergeben?
- e) Warum hat die Industrie-AG die Anleihe nicht mit einem einheitlichen Abschlag von 3% begeben, sondern die 3% in Agio und Disagio aufgeteilt?
- 3. Welches Ziel verfolgt die Industrie-AG, wenn sie für die Anleihe die Deckungsstockfähigkeit, die Lombardfähigkeit und die Mündelsicherheit anstrebt?
  4. Im Prospekt für die Anleihe soll die Effektivverzinsung angegeben werden.
- a) Wieviel DM muß dem Käufer einer Obligation von nom. 100,— DM in der Gesamtlaufzeit der Anleihe aus Agio und Disagio gezahlt werden?
- b) Warum darf die Summe aus Agio und Disagio nicht zu den 6,— DM Jahreszins addiert werden, wenn die jährliche Gesamtbelastung für nom. 100,— DM der Anleihe errechnet werden soll?
- c) Agio und Disagio verteilen sich aufgrund der Rückzahlungsbedingungen auf 10 Jahre. Die Belastung aus Agio und Disagio tritt in 10 gleichen Raten vom Ende des 6. bis zum Ende des 15. Jahres auf.
- Zu welchem Termin wäre Agio und Disagio in einem Betrag zurückzuzahlen, wenn durch diese einmalige Zahlung für die Industrie-AG weder ein Zinsvorteil noch ein Zinsnachteil entstehen soll?

| **937** | *Emission, Übernahme und Unterbringung von Effekten — Konsortium* |

Die **Ferrit-AG** hat zur Finanzierung dringender Investitionen die Auflegung einer Anleihe in Höhe von 90 Mio. DM beschlossen.

1. Der Vorstand verhandelt mit der Hausbank, der **CONTINENTAL-Bank AG**, wegen der Emission der Schuldverschreibungen. Die Hausbank soll die Anleihe in voller Höhe von 90 Mio. DM zum Kurs 98% fest übernehmen.
   - a) Welchen Vorteil hätte die **Ferrit-AG** bei fester Übernahme der Anleihe durch die Bank,
   - b) welche Chancen und Risiken hätte dabei die Bank?

2. Die Hausbank erklärt sich wegen ihrer Liquiditätslage und der Situation am Kapitalmarkt außerstande, die Anleihe allein zu übernehmen. Sie bringt jedoch zu diesem Zweck ein Bankenkonsortium unter ihrer Führung zusammen, d. h. mehrere Banken vereinbaren, mit der **Continental-Bank AG** vorübergehend zusammenzuarbeiten, um die Schuldverschreibungen zu plazieren.   BGB §705
   - Welche Gesellschaftsform hat ein Konsortium?

3. Auch das Konsortium ist zunächst nur bereit, die Emission kommissionsweise zu besorgen. Der Vorstand der **Ferrit-AG** hat jedoch in Verhandlungen erreicht, daß das Konsortium ein Drittel der Schuldverschreibungen zum Kurs von 98% fest übernimmt und auf den Rest eine Option erhält. Damit hat es für den Fall, daß seine Kunden mehr Papiere kaufen sollten, als das fest übernommene Drittel ausmacht, das Recht, weitere Schuldverschreibungen zum Kurs von 98% von der **Ferrit-AG** anzufordern.
   - a) Welchen Vorteil hätte es dem Konsortium gebracht, wenn es die Schuldverschreibungen nur kommissionsweise übernommen hätte?
   - b) Welchen Vorteil bietet ihm das Optionsrecht gegenüber der festen Übernahme?

4. Die Mitglieder des Konsortiums legen die Anleihe zur Zeichnung auf. Sie fordern ihre Kunden durch Zeitungsanzeigen und Prospekte zum Kauf der Schuldverschreibungen auf. Interessenten sollen Zeichnungsscheine unterschrieben bei ihrer Bank einreichen.
   Während der Zeichnungsfrist werden für 100 Mio. DM Schuldverschreibungen gezeichnet.
   - a) Warum ist das Konsortium nicht verpflichtet, allen Zeichnern die von ihnen gezeichnete Schuldverschreibungssumme zu verschaffen?
   - b) Muß jeder Zeichner die von ihm gezeichneten Schuldverschreibungen abnehmen?

| **938** | *Wandelschuldverschreibungen — Umfinanzierung* |

Die Investitionsplanung einer Maschinenbau-AG ist langfristig ausgerichtet. Die Ungewißheit der konjunkturellen Entwicklung verunsichert die traditionellen Käufer von Aktien. Deshalb schlägt der Vorstand der Maschinenbau-AG der Hauptversammlung vor, eine Wandelanleihe aufzulegen.

Nachdem die Hauptversammlung diesem Vorschlag zugestimmt hat, veröffentlicht der Vorstand folgenden Prospekt:

Die ordentliche Hauptversammlung unserer Gesellschaft vom 18. Juni d. J. hat die Ausgabe einer unkündbaren 6% Wandelanleihe von 30 000 000,— DM unter Ausschluß des gesetzlichen Bezugsrechtes der Aktionäre zum Kurs von 100% beschlossen.

Ein Bankenkonsortium unter Führung der Deutsche Bank Aktiengesellschaft hat die Anleihe mit der Verpflichtung übernommen, den Inhabern der 110 000 000,— DM Aktien die Wandelteilschuldverschreibungen im Verhältnis 11:3 zum Kurs von 100% zuzüglich Börsenumsatzsteuer zum Bezug anzubieten.

Die Wandelanleihe hat folgende Ausstattung:

Stückelung:
Die Anleihe ist eingeteilt in unter sich gleichberechtigte, auf den Inhaber lautende Teilschuldverschreibungen im Nennbetrag von je 1 000,— DM und 100,— DM.

Verzinsung:
Die Anleihe ist mit Beginn des der Emission folgenden Jahres mit 6% jährlich zu verzinsen. Die Zinsen werden jährlich am 2. Januar des folgenden Jahres bezahlt. Die Zinsen unterliegen der Kapitalertragssteuer.

Tilgung:
Die nach Ablauf von zehn Jahren seit dem Ende des Emissionsjahres noch umlaufenden Wandelteilschuldverschreibungen werden am Ende des zehnten Jahres zum Nennbetrag zurückgezahlt. Ein Kündigungsrecht besteht weder für die Anleiheschuldnerin noch für die Inhaber der Wandelteilschuldverschreibungen.

Umtauschrecht:
(1) Die Inhaber der Teilschuldverschreibungen haben nach Ablauf von drei Jahren seit dem Ende des Emissionsjahres nach Maßgabe der nachstehenden Wandlungsbedingungen das unentziehbare Recht, ihre Teilschuldverschreibungen in Inhaberaktien unserer Gesellschaft umzutauschen.

Wird von dem Wandelrecht Gebrauch gemacht, so können jeweils Teilschuldverschreibungen im Nennbetrag von 4 000,— DM bzw. 400,— DM in Inhaberaktien unserer Gesellschaft im Nennbetrag von 1 000,— DM bzw. 100,— DM unter Zuzahlung der in Absatz 2 festgelegten Beträge umgetauscht werden.

(2) Die Zuzahlungen betragen für jede aus der Wandlung hervorgehende Aktie im Nennbetrag von

	DM 1 000,—	DM 100,—
bei Umtausch nach Ablauf von		
3 Jahren seit Ende des Emissionsjahres	900,—	90,—
6 Jahren seit Ende des Emissionsjahres	1 200,—	120,—
9 Jahren seit Ende des Emissionsjahres	1 500,—	150,—

(3) Das Wandelrecht kann nach Ablauf von drei Jahren seit Ende des Emissionsjahres jederzeit ausgeübt werden.

(4) Aus der Wandlung hervorgehende Aktien sind für das gesamte Geschäftsjahr unserer Gesellschaft, in dem umgetauscht wird, dividendenberechtigt. Im Falle der Wandlung stehen dem Inhaber der Teilschuldverschreibungen Zinsen von dem der Wandlung unmittelbar vorausgehenden 1. Januar bis zum Tage der Wandlung nicht zu.

(5) Zur Ausübung des Wandelrechtes muß der Inhaber von Teilschuldverschreibungen eine schriftliche Umtauscherklärung unter Benutzung der bei den Umtauschstellen erhältlichen Vordrucke gegenüber unserer Gesellschaft durch Vermittlung einer Umtauschstelle abgeben; Umtauschstellen sind die weiter unten genannten Banken und deren Niederlassungen. Die Erklärung ist bindend. Bei der Abgabe der Erklärung sind die nach den Wandlungsbedingungen fälligen Zahlungen zu leisten und die Teil-

> schuldverschreibungen mit allen noch nicht fälligen Zinsscheinen einzureichen; der Betrag fehlender Zinsscheine ist vom Inhaber der Teilschuldverschreibungen zu erstatten.
> Die aus der Wandlung hervorgehenden Aktien werden innerhalb einer Frist von 14 Tagen nach Eingang der Erklärung zur Verfügung gestellt.
>
> **Bedingtes Kapital:**
> Zur Gewährung von Umtauschrechten aus der Wandelschuldverschreibung hat die Hauptversammlung vom 18. Juni d. J. eine bedingte Kapitalerhöhung um 7 500 000,— DM gemäß §§ 159 ff. Akt.-Ges. beschlossen.

- 1. Warum wählt der Vorstand der Maschinenbau-AG diesen Weg der Kapitalbeschaffung, statt das Grundkapital zu erhöhen?
- 2. Warum können Wandelanleihen mit einer niedrigeren Verzinsung ausgestattet werden als gewöhnliche Anleihen?
- 3. Berechnen Sie, welche Mittel der Maschinenbau-AG zufließen, wenn in der ersten Umtauschphase Wandelschuldverschreibungen von nom. 16 Mio. DM, in der zweiten von nom. 10 Mio. DM und in der dritten von nom. 4 Mio. DM umgetauscht werden!
- 4. Wandelobligationen können entweder mit Umtauschrecht in Aktien (Konversionsanleihe) ausgestattet sein oder ein Bezugsrecht auf Aktien (Optionsanleihe) gewähren.
- a) Welche Art der Wandelanleihe liegt hier vor?
- b) Untersuchen Sie die Finanzierungswirkung dieser beiden Arten der Wandelanleihe!

939 Leasing (Full — Service)

Der Inhaber einer Handelsvertretung hat im vergangenen Jahr neue Lagerräume bauen lassen. Deshalb fällt es ihm schwer, einen benötigten Geschäftswagen aus eigenen Mitteln zu finanzieren. Er überlegt, ob er den Wagen im Wert von 22 750,— DM nicht bei einem Leasing-Unternehmen mieten soll, statt ihn zu kaufen.

In einer Fachzeitschrift findet er folgende Anzeige:

Leasing

1. Keine Kapitalbindung.
   Ihr Eigenkapital wird nicht eingesetzt.

2. Keine Investitionen.
   Sie zahlen Monat für Monat nur für den erbrachten Nutzen.

3. Rationellere Verwaltung.
   Mieten Sie mit vollem Service.
   Sie sparen Verwaltungsaufwand und Zeit.

4. Sie sparen Steuern.
   Leasing-Gebühren sind Betriebskosten.

5. Immer den modernsten Wagen.
   Sie übernehmen fabrikneue Fahrzeuge bei uns.

6. Kein Kummer mit dem alten Wagen.
   Um den Absatz der gebrauchten Wagen kümmern wir uns.

Bedeutende Unternehmen leasen bei uns — und wissen warum!

Transportmittel-Leasing-GmbH

Der Handelsvertreter holt bei der Transportmittel-Leasing-GmbH ein Angebot ein. Das Leasing Unternehmen fordert für den in Erwägung gezogenen Wagen beim Full-Service Leasing je Monat 893,— DM Leasinggebühr. Benzinkosten in Höhe von rd. 13,— DM je 100 km gehen extra.

Zum Vergleich ermittelt der Handelsvertreter die überschlägigen Kosten desselben Wagens für 1 Jahr, wenn er ihn kauft:

Einkaufspreis 22 750,— DM, landesüblicher Zins 6%, durchschnittlicher jährlicher Wertverlust eines Neuwagens in den ersten 2 Jahren nach Schätzung des DAT 7 400,— DM (er entspricht der Abschreibung!), Kosten für Steuer, Haftpflicht- und Vollkaskoversicherung im Jahr 2 200,— DM (mit 650,— DM Selbstbeteiligung), laufende Betriebskosten nach Berechnungen des ADAC rd. 25,— DM je 100 km.

- 1. Vergleichen Sie die Kosten bei Leasing mit denen bei Kauf für 1 Jahr bei einer jährlichen Fahrtstrecke von 20 000 km!
- 2. Was muß bei der Vergleichsrechnung bedacht werden, wenn im Jahr mehr als 20 000 km gefahren werden?
  3. Der Handelsvertreter entscheidet sich für Leasing.
- Prüfen Sie, ob die in der Anzeige genannten Argumente für das Leasing zu seiner Entscheidung geführt haben können!

940 Privatleasing

Ein Privatmann erhält von der Leasing- und Handelsgesellschaft Schwaben mbH den „Leasing-Spiegel". Darin ist folgendes Berechnungsbeispiel abgedruckt:

	Kauf							Leasing			Vergleich Kauf – Leasing					
1	2	3	4	5	6	7	8	9	10	11	12	13	14	15	16	17
Jahr	Bezugskosten	Verwaltungskosten	Afa (25% p.a.)	Steuerminderung d. Afa und Verwaltungskosten 50% (=50% v. 3 + 4)	Gewerbekapitalsteuer (0,6% v. 2 − Σ 4)	Vermögenssteuer (0,6% v. 2 − Σ 4)	Gesamtausgaben am jeweiligen Jahresende (2 + Σ 3 − Σ 5 + Σ 6 + Σ 7)	Mietzahlungen	Steuerminderung d. Leasing (50% v. 9)	Gesamtausgaben am jeweiligen Jahresende (9 − 10)	Liquiditätsplus bzw. -minus bei Leasing (8 − 11)	Zinsgewinne aus freigestelltem Kapital aus Vorjahr (17)	Freigestelltes Kapital (12 + 13)	Erwartete Nettorendite in % des freigestellten Kapitals	Zinsgewinn des freigestellten Kapitals in DM (15 × 14)	Zinsgewinn kumulativ (Vorjahr 16 + lfd. Jahr 16)
1	30 000	180	7 500	3 840	135	135	26 610	10 800	5 400	5 400	21 210	0	21 210	8	1 697	1 697
2		198	7 500	3 849	90	90	23 139	10 800	5 400	10 800	12 339	1 697	14 036	8	1 123	2 820
3		218	7 500	3 859	45	45	19 588	10 800	5 400	16 200	3 388	2 820	6 208	8	497	3 316
	30 000	596	22 500	11 548	270	270	19 588	32 400	16 200	16 200						3 316

Berechnungsbasis: 30 000 km/Jahr

- Ist die oben dargestellte Vergleichsrechnung auch für einen Privatmann zutreffend?

941 Kreditantrag — Kreditwürdigkeit — Kreditfähigkeit

Der Prokurist Peter Vogt sammelt Antiquitäten. Wenn er ein interessantes Stück findet, kann er es sich nur sichern, wenn er sofort bar bezahlt. Seine Ersparnisse legt er langfristig an. Sie sind deshalb nicht rechtzeitig verfügbar. Er will sich deshalb einen Kredit über 20 000,— DM bereitstellen lassen, um die nötige Entscheidungsfreiheit zu gewinnen.

Die Volksbank Aldingen, bei der er Mitglied ist, erklärt sich bereit, ihm den Kredit zu 7% Zins zuzüglich 0,5% Bereitstellungsprovision pro Jahr zu gewähren.

1. Vogt erklärt dem Kreditsachbearbeiter der Volksbank Aldingen, daß er mit diesem Kreditvorschlag einverstanden ist. Der Sachbearbeiter händigt ihm daraufhin ein Formblatt „Antrag auf Gewährung eines Darlehns" aus.

Antrag auf Gewährung eines Darlehens

Mitglied Nr. 3489
Konto-Nr. 65239

VOLKSBANK ALDINGEN e.G.
7141 Aldingen
Krs. Ludwigsburg

Antragsteller: Peter Vogt   Geb. am: 25. März 1935
Beruf / Geschäftszweig: Prokurist   Zahl der unterhaltsberechtigten Personen: drei
Anschrift: Silcherstrasse 18   verheiratet mit: Carla Sachs
7148 Remseck 3   geb. am: 18.4.1940
Kunde seit: 1960   Güterstand: gesetzlich
Bankverbindungen: Kredit-Bank Stuttgart   Firma gegründet / übernommen im Jahre: entfällt

Verwendungszweck: Die Darlehensvaluta soll zur Anschaffung nachstehender Gegenstände verwandt werden.

Anzahl	genaue Bezeichnung (Typ, Baujahr, bei Kfz. ggf. pol. Kennzeichen / Fabrikat)	Preis
	Verfügungskredit	

Die vorstehend aufgeführten Gegenstände sind der Bank zu übereignen.
Der Darlehnsbetrag soll
a) dem Konto Nr. 65239 gutgeschrieben werden.   **Beantragtes Darlehen** 20.000,- DM
b) an den Verkäufer
auf dessen Konto Nr. _____ bei der _____ überwiesen werden.

Angaben über Vermögensverhältnisse und Einkommen:

Monatliches Einkommen:		Monatliche Aufwendungen:	
Lohn oder Gehalt (netto)	3.000,- DM	Miete:	600,-- DM
Geschäftseinkünfte	DM	Abzahlungen	DM
Mieteinnahme (netto)	- DM	an	
Einkünfte der sonstigen Familienangehörigen	- DM	Sonstige Aufwendungen, Lebensunterhalt, Kfz.	2.000,- DM
Renten	- DM	monatlich	DM ab 10,-
		Schulden:	
		Rückständige Miete	- DM
		Rückständige Steuern	- DM

Angaben über sonstiges Vermögen:
1. Sparguthaben: (Name, Betrag, Konto Nr.)
   selbst Nr. 3827   10.000,-
2. Wertpapiere: (Gattung, Nennwert, Kurswert, Lagerort)
   Pfandbriefe von nom. 20.000,-
3. Lebensversicherung: (Versicherungsgesellschaft, Police-Nr., Versicherungssumme, abgeschlossen im Jahre)
   Albinga, Nr. 18-2867 üb. 30.000,- ad. J. 1975
4. Kraftfahrzeug: (Typ, Baujahr)
   Mercedes 230 v. Vorjahr

Aufgenommene Darlehen   - DM
Sonstige Schulden   - DM
Übernommene Bürgschaften in Höhe von
0 DM für
5. Grundbesitz: Landw. Grundstücke 50 Ar
Langer Hang, Markung (Lage)
Verkehrswert: 20.000 DM Belastungen: keine DM

- Hat Vogt mit der Übergabe dieses Kreditantragsformblattes an ihn Anspruch auf Auszahlung des Kredits?
2. Die Bank prüft die Kreditfähigkeit und die Kreditwürdigkeit des Antragstellers u. a. anhand der Angaben im Kreditantrag.
- Welche dieser Eigenschaften wird im Kreditantrag vorwiegend erfaßt?

Bestehen Lohn- / Gehaltspfändungen oder -abtretungen, schwebt ein Klage- oder Mahnverfahren? (Wenn ja, nähere Angaben)

    nein

Vom Antragsteller vorgeschlagene Sicherheiten:

A. Lohn- oder Gehaltsabtretung

    nein

(Name bzw. Firma und Anschrift des Arbeitgebers)

B. Bürgen

Vor- und Zuname: Hans Hörner

Alter: 50   Familienstand: verh.

Kinder unter 18 Jahren: zwei

monatliches Netto-Einkommen: 3.500,- DM

Beruf und Geschäftszweig: Selbst. Handwerker

Haus- oder Grundbesitz: ja/nein

Anschrift: Bergstrasse 14

    7148 Aldingen

Wird ein Konto bei einer Bank unterhalten?

ggf. wo? bei Ihnen

Der Bürge kann diese Angaben auf Wunsch auch unmittelbar der Bank machen.

C. Sonstige Sicherheiten

Verpfändung von Sparguthaben oder Wertpapieren, Abtretung von Lebensversicherungsansprüchen, Übereignung eines Kraftfahrzeuges. (Vorgesehene Sicherheit ggf. unterstreichen.)

Ich versichere hiermit, die vorstehenden Fragen vollständig und wahrheitsgemäß beantwortet und nichts verschwiegen zu haben. Ich ermächtige Sie, die von mir gemachten Angaben nachzuprüfen, insbesondere Auskünfte über mich einzuholen und zu erteilen. Mir ist bekannt, daß bei unrichtigen Angaben der beantragte Kredit nicht bewilligt oder ein bereits bewilligter Kredit fristlos zurückgefordert werden kann. Für das Kreditverhältnis gelten Ihre Allgemeinen Geschäftsbedingungen, die ich erhalten habe und als verbindlich anerkenne. Ferner verpflichte ich mich, die Mitgliedschaft bei Ihnen zu erwerben.

Ich und meine Rechtsnachfolger sind verpflichtet, Änderungen ihrer rechtlichen Verhältnisse (Aufnahme von Teilhabern, Änderungen der Rechtsform des Unternehmens, Todesfälle usw.) Ihnen unverzüglich mitzuteilen; eine Verletzung dieser Anzeigepflicht berechtigt Sie zur fristlosen Kündigung des Kreditverhältnisses und zur sofortigen Rückforderung des Kredites.

    7148 Remseck 3

(Ort, Datum)   (Unterschrift des Antragstellers)

Bearbeitungsvermerke der Bank – nicht vom Antragsteller auszufüllen.

1. Dem Antrag sind folgende Unterlagen beigefügt:
Nachweis über das Arbeitsverhältnis – Gehalts- / Lohnnachweis für die letzten 3 Monate – Auskunft*)

Folgende Unterlagen wurden vom Sachbearbeiter eingesehen:
a) Personalausweis, soweit nicht persönlich bekannt

b) _____

c) _____

3. Sicherheiten:

4. Der Kredit kann gewährt werden in Höhe von _____ DM mit einer Laufzeit von _____ Monaten.

einmalige Bearbeitungsgebühr _____ DM

(_____ % v. Darl.-Betrag)

Laufzeitinsen

_____ % f. _____ Monate _____ DM

geschuldeter Betrag _____ DM

Tilgung

1. Rate _____ DM am _____

_____ Raten _____ DM ab _____

letzte Rate _____ DM am _____

*) Möglichst von der Schutzgemeinschaft für allgemeine Kreditsicherung (Schufa)

(Unterschrift des Sachbearbeiters)

3. Nach einer Woche teilt die Volksbank Aldingen Vogt schriftlich mit, daß sie den Kredit zu den besprochenen Bedingungen gewähre.
Sie verlangt von Vogt eine schriftliche Annahmeerklärung für den Kredit.
- Warum?

Kreditsicherungen

942 *Bürgschaft*

Der angestellte Textilingenieur **Max Kuhl**, Hermaringer Str. 9, **7927 Giengen (Brenz)**, kauft die Betriebseinrichtung eines stillgelegten kleinen Textilbetriebes in Niederstraße 5, 4040 Neuss. Da er über die notwendige Erfahrung und einige Ersparnisse verfügt, will **Kuhl** selbständig Textilwaren herstellen. Seine Barmittel reichen aber nicht aus, um alle erforderlichen Rohstoffe sofort bar bezahlen zu können. Andererseits kann er alsbald in ausreichender Menge Aufträge erhalten.

Sein wichtigster Lieferer, die **Webgold GmbH**, Weingartstraße 1, **5100 Aachen**, verlangt von **Kuhl**, daß er für eine Anlaufzeit einen Bürgen stellt. Erst dann will sie ihm Ware auf Ziel liefern. Er wendet sich deshalb an den mit ihm persönlich bekannten Direktor der **Handelsbank AG, Otto Leutz**, Schubertstraße 7, **7927 Giengen (Brenz)**, Landgerichtsbezirk Heidenheim. Dieser ist bereit, für ihn mit seinem Privatvermögen zu bürgen. **Kuhl** bittet ihn, dies seinem wichtigsten Lieferer, der **Webgold GmbH**, sofort fernmündlich mitzuteilen, um keine Zeit zu verlieren.

1. **Leutz** meint, daß diese fernmündliche Erklärung keine Bürgschaftsverpflichtung entstehen läßt.   BGB § 766
- Sehen Sie im Gesetz nach, ob **Leutz** recht hat!
2. **Leutz** füllt heute den nachstehenden Vordruck für eine Bürgschaftserklärung mit 10 000,— DM aus!

Bürgschaft

Hierdurch verbürge ich mich für die vertragsgemäße Erfüllung aller Verpflichtungen bis zum

Betrag von _____ DM, die Herr _____

für _____

mit der Firma _____ eingeht.

Für alle Rechtsstreitigkeiten aus dieser Bürgschaft soll das _____

_____ als Gerichtsstand zuständig sein.

_____, den _____

(Unterschrift des Bürgen)

- Wie lautet die Bürgschaftserklärung?
- 3. Hätte **Leutz** die Bürgschaft mündlich übernehmen können, wenn er dies im Namen seiner Bank getan hätte?   HGB §§ 1, 350, 343, 344
- 4. Die Lieferfirma **Webgold GmbH** verlangt von **Leutz** Bezahlung ihrer Forderungen gegen **Kuhl**, nachdem dieser auf mehrfache Mahnungen nicht reagierte.   BGB § 771
- Muß **Leutz** zahlen?
Müßte die Handelsbank zahlen, wenn **Leutz** in ihrem Namen gebürgt hätte?   HGB § 349

- 5. Wie lange ist **Leutz** verpflichtet, aus der Bürgschaft für **Kuhl** zu haften?
- 6. Bei einem Geschäftsabschluß **Kuhls** mit einem anderen Lieferer will **Leutz** die Bürgschaft über 30 000,— DM nicht allein übernehmen. Deshalb verbürgt sich **Leutz** zusammen mit zwei Freunden **Kuhls** privat für diesen Betrag.

    Nehmen sie an, der Gläubiger verlange nach fruchtloser Pfändung bei **Kuhl** den ganzen Betrag von 30 000,— DM von **Leutz**.   BGB
- a) Müßte **Leutz** den gesamten Betrag bezahlen?   §§ 769, 4
- b) Nehmen Sie an, **Leutz** hätte die 30 000,— DM bezahlt.   §§ 769, 4
    Wie könnte er seinen Schaden vermindern?
- 7. Prüfen Sie, wann die Forderungen der Bürgen gegen **Kuhl** verjähren würden!   §§ 195, 1

943   *Zession*

Der Textilfabrikant **Max Kuhl**, Niederstraße 5, **4040 Neuss**, hat von der **Nähmaschinenfabrik Fahrner KG**, Neustadter Straße 8, **6750 Kaiserslautern**, am 15. 7. d. J. 10 Spezialnähmaschinen zu je 2 500,— DM bezogen. **Kuhl** kann das bei der **Nähmaschinenfabrik Fahrner KG** übliche Zahlungsziel von 30 Tagen nicht einhalten. Er kann erst in 3 Monaten zahlen, weil er zu diesem Zeitpunkt 30 000,— DM von seinem Kunden **Ernst Haug**, Leinestraße 9, **3000 Hannover**, fordern kann.

1. Die **Fahrner KG** ist bereit, ein Ziel von 3 Monaten zu gewähren, verlangt aber, daß **Kuhl** eine Forderung gegen **Haug** an sie abtreten soll. Für die über das übliche Zahlungsziel hinausgehende Kreditdauer werden 6% Zins berechnet.

- Was müßte am 15. 7. d. J. in die nachfolgende Abtretungserklärung eingetragen werden (Gerichtsstand Kaiserslautern)?

Abtretungserklärung

Der **Firma Fahrner KG**, Neustadter Straße 8, **6750 Kaiserslautern**, steht gegen ihren

Schuldner _____, _____ eine

Forderung aus Warenlieferung/Reparatur/ _____

in Höhe von _____ DM nebst _____ % Zinsen

seit _____ zu.

Dem Schuldner der **Firma Fahrner KG** steht gegen _____

_____ eine Forderung aus _____

in Höhe von _____ DM zu.

Der Schuldner der **Firma Fahrner KG, 6750 Kaiserslautern**, tritt hiermit an diese den vorbezeichneten Anspruch gegen den Drittschuldner ab.

Die **Firma Fahrner KG, 6750 Kaiserslautern**, ist berechtigt, dem Drittschuldner von dieser Abtretung sofort Kenntnis zu geben.

Die **Fahrner KG** wird wegen des gegen den Schuldner begründeten Anspruchs nur in soweit befriedigt, als sie vom Drittschuldner Zahlung erhält.

Gerichtsstand für alle Ansprüche aus diesem Vertrag ist _____

_____, den _____

_____

- 2. Wer ist Drittschuldner, wer Zedent, wer Zessionar?
- 3. Die **Nähmaschinenfabrik Fahrner KG** hat dem Drittschuldner die Zession noch nicht angezeigt. **Haug** zahlt an **Kuhl**.
  - a) Hat die **Nähmaschinenfabrik Fahrner KG** aufgrund der Zession das Recht, von **Haug** noch einmal Bezahlung zu verlangen?   BGB § 407
  - b) Nehmen Sie an, daß die **Fahrner KG** die stille Zession rechtzeitig in eine offene umgewandelt hat.   §§ 407, 398
  - Hat sie dann dieses Recht?
  - c) Welche Gefahren bestehen bei der stillen Zession?   § 408
- 4. Prüfen Sie, ob die **Fahrner KG** berechtigt ist, bei Fälligkeit die Forderung bei **Haug** direkt einzuziehen!   §§ 398, 409, 410
- 5. **Haug** verweigert am Fälligkeitstage teilweise die Bezahlung, weil die gelieferte Ware vom Lieferer **Kuhl** anerkannte Mängel hatte.   § 404
  - Muß auch die **Fahrner KG** diese Einwendungen gegen sich gelten lassen?
- 6. In der Abtretungserklärung der **Fahrner KG** ist folgender Satz enthalten: „Die **Fahrner KG** wird wegen des gegen den Schuldner begründeten Anspruchs nur insoweit befriedigt, als sie vom Drittschuldner Zahlung erhält."
  - Was will sie damit erreichen?   §§ 445, 437
- 7. Wodurch unterscheidet sich die Rechtsstellung eines Gläubigers, der eine Forderung durch Zession erworben hat, von der eines Gläubigers, der eine Wechselforderung hat?

944   *Faustpfand*

Der Textilfabrikant **Max Kuhl**, Niederstraße 5, **4040 Neuss (Rh.)**, möchte für die Anlaufzeit seines Betriebes Stundung der Miete für die Geschäftsräume erlangen. Seine Ehefrau schlägt deshalb dem Vermieter **Gustav Schöll**, Weingartstraße 3, **4040 Neuss (Rh.)**, vor, ihm eine aus 155 gleichmäßigen Perlen bestehende Halskette im Taxwert von 6 000,— DM als Sicherheit zu übergeben, die sie sich vom Geldgeschenk ihres Vaters zur Hochzeit selbst gekauft hat. **Schöll** willigt ein, Stundung bis zum Betrag von 5 000,— DM zu gewähren. Frau **Kuhl** übergibt ihm dafür die Kette.

- 1. a) Warum stundet der Vermieter **Schöll** nur bis zum Betrag von 5 000,— DM, obwohl die Perlenkette auf 6 000,— DM geschätzt wurde?
- b) Wie groß ist die Marge?
- 2. Die Frau des Vermieters **Schöll** möchte diese Halskette bei einem Opernbesuch tragen.
  - a) Darf sie das?   BGB § 1213
  - b) Wer ist Eigentümer der Kette?
- 3. Der Vermieter **Schöll** fragt sich, ob er das Pfandrecht auch dann erwerben würde, wenn der Juwelier die Kette an Frau **Kuhl** unter Eigentumsvorbehalt verkauft hätte, weil sie noch nicht vollständig bezahlt ist.
  - Prüfen Sie, ob er das Pfandrecht erworben hätte, wenn er bei der Übergabe der Kette an ihn von dem Eigentumsvorbehalt
    - a) gewußt,   § 1207
    - b) nicht gewußt hätte!   §§ 1207, 932
- 4. Darf der Vermieter **Schöll** das Pfand verwerten, wenn die Mietforderungen auf 8 000,— DM aufgelaufen sind?   §§ 1228 II, 1234

5. Könnte der Vermieter **Schöll** nach Eintritt der Pfandreife die Perlenkette §§ 1228 1235
- a) selbst behalten,
- b) an einen Bekannten durch einen öffentlich ermächtigten Makler für 7 000,— DM verkaufen lassen, §§ 1235 1221
- c) öffentlich versteigern lassen? § 1235

6. Nehmen Sie an, daß bei der Pfandverwertung der Pfanderlös vom geschuldeten Betrag abweicht.
- Prüfen Sie
    a) ob für den Pfandgläubiger **Schöll** 1 000,— DM endgültig verloren sind, wenn nur 7 000,— DM erzielt werden; § 1247
    b) ob der Pfandgläubiger **Schöll** 2 000,— DM behalten darf, wenn nach Abzug der Kosten 10 000,— DM erzielt werden!

945 *Lombardkredit*

Ein Bauunternehmer hat einen Auftrag erhalten, für den er erst nach einem Vierteljahr vom Auftraggeber eine Abschlagszahlung verlangen kann. Er muß deshalb 50 000,— DM vorfinanzieren. Seine Bank ist bereit, ihm die Summe gegen Verpfändung von Wertpapieren als Kredit für ein Vierteljahr zur Verfügung zu stellen.

Zu den in der Bilanz ausgewiesenen Wertpapieren des Anlagevermögens gehören:

115 Stück Daimler-Benz Aktien in Stücken von nom. 50,— DM zum Kurs von 550,— DM je nom. 50,— DM;

nom. 10 000,— DM 7% VEW-Anleihe von 1987 in Stücken von nom. 500,— DM zum Kurs 94;

nom. 20 000,— DM 10% Bundesbahnanleihe von 1986 in Stücken von nom. 200,— DM zum Kurs von 90.

Die Bank beleiht Aktien mit 75% und Schuldverschreibungen mit 80% des Kurswertes.

- 1. Wie hoch ist der Beleihungswert dieser Wertpapiere insgesamt?
- 2. Der Bauunternehmer will zunächst die Aktien verpfänden.
- Wieviele Schuldverschreibungen muß er außer den Aktien verpfänden, um die Kreditsumme für die Bank abzusichern, wenn er nicht mehr Wertpapiere zum Pfand geben will, als unumgänglich nötig ist?

3. Die Bank fordert für das Darlehn einen Zins von 10%.
   Für die Aktien ist eine Dividende von 15% für das Jahr anzusetzen.
- Wieviel DM bleiben von den Erträgen der verpfändeten Wertpapiere nach Abzug der Darlehnszinsen übrig?

946 *Sicherungsübereignung*

Der Textilfabrikant **Max Kuhl**, Niederstraße 5, **4040 Neuss (Rh.)**, kauft am 18. 7. d. J. bei der Stoffabrik **Melau & Co.**, Amalienstraße 11, **3300 Braunschweig**, für 9 000,— DM Stoffe. Da seine Liquidität angespannt ist, wird ihm gegen Sicherheitsleistung zugestanden, die Ware innerhalb eines halben Jahres in regelmäßigen Raten jeweils am 1. d. M. abzuzahlen, beginnend mit dem 1. 8. d. J.

Sicherungsübereignungsvertrag

Zwischen _____ als Gläubiger und Sicherungs-

nehmer, nachstehend mit Gläubiger bezeichnet, und _____
als Schuldner und Sicherungsgeber, weiterhin einfach Schuldner genannt, wurde heute folgender Vertrag vereinbart:

1. Der Schuldner erklärt hiermit, dem Gläubiger _____ DM
   (in Worten)
   aus _____ zu schulden und verpflichtet

   sich, diesen Betrag in regelmäßigen Raten von _____ DM

   beginnend mit dem _____ 19_____ zu begleichen.

2. Zur Sicherstellung dieser Schuld übereignet der Schuldner dem Gläubiger _____
   _____ lt. beigefügtem Verzeichnis, das Bestandteil dieses Vertrages ist und die übereigneten Sachen genau kennzeichnet.

3. Die übereigneten Gegenstände befinden sich in den Fabrikationsräumen des Schuldners
   in _____ Str. _____
   Der Schuldner versichert, daß sich die Sachen zur Zeit in seinem Besitz befinden und ihm zu unbestrittenem, unbelastetem Eigentum gehören. Er versichert ferner, daß er noch weitere pfändbare Gegenstände außer den übereigneten Sachen zu freiem Eigentum besitzt.

4. Die Vertragsparteien sind darüber einig, daß das Eigentum an den übereigneten Sachen mit dem heutigen Tage an den Gläubiger übergeht.

5. Die zur Eigentumsübertragung erforderliche Übergabe wird durch die Vereinbarung ersetzt, daß der Schuldner während der Geltung des Vertrages als Entleiher die vorerwähnten Sachen in seinem Besitz behalten soll.

6. Der Schuldner hat die übereigneten Sachen sachgemäß zu behandeln und Ersatz zu leisten, falls ein Stück in Verlust gerät. Der Gläubiger ist berechtigt, die übereigneten Sachen jederzeit zu besichtigen.

7. Der Schuldner hat auf seine Kosten die vorgenannten, ihm leihweise überlassenen Sachen ausreichend gegen Feuer und Einbruchdiebstahl zu versichern, und dafür zu sorgen, daß während der Dauer der Sicherungsübereignung alle Rechte aus dieser Versicherung dem Gläubiger zufallen.

8. Der Schuldner hat dem Gläubiger unverzüglich anzuzeigen, falls die vorerwähnten Gegenstände von dritter Seite gepfändet oder sonst mit Beschlag belegt werden sollten und den Dritten auf das Eigentumsrecht des Gläubigers hinzuweisen.

9. Kommt der Schuldner mit der Erfüllung seiner Verpflichtungen länger als eine Woche in Rückstand, so ist der Gläubiger berechtigt, die übereigneten Sachen herauszuverlangen und zu verwerten. Etwaiger Überschuß ist dem Schuldner herauszuzahlen.

10. Mit vollständiger Bezahlung des geschuldeten Betrages erwirbt der Schuldner wieder unbeschränktes Eigentum an den übereigneten Gegenständen.

11. Gerichtsstand für alle etwaigen Ansprüche aus diesem Vertrag soll _____
    _____ sein.

_____, den _____

_____ als Schuldner   _____ als Gläubiger

Kuhls Unternehmen hat bei Abschluß des Vertrages folgende Bilanz:

Aktiva		Passiva	
Betriebsausstattung	5 000,— DM	Verbindlichkeiten	
Maschinen	30 000,— DM	a./Warenlieferungen	61 000,— DM
Material-Vorräte	3 200,— DM	Eigenkapital	20 000,— DM
Fertigwaren	6 000,— DM		
Zahlungsmittel	1 800,— DM		
Forderungen	35 000,— DM		
	81 000,— DM		81 000,— DM

In diesen Zahlen sind enthalten: Für 25 000,— DM noch nicht bezahlte neue Nähmaschinen, die ohne besonderen Vorbehalt übergeben worden sind, und 30 000,— DM Forderungen, die an die **Nähmaschinenfabrik Fahrner KG** abgetreten worden sind.

- 1. Prüfen Sie, ob es **Kuhl** möglich ist, an seinen **Gläubiger Melau & Co.** zur Sicherheit Faustpfänder aus seinem Betriebsvermögen zu übergeben!
- 2. Der Gläubiger **Melau & Co.** ist damit einverstanden, daß ihm **Kuhl** das Eigentum an Maschinen im Werte von 10 000,— DM überträgt, mit den Maschinen jedoch weiterarbeiten darf.
- a) Prüfen Sie, ob **Kuhl** Maschinen mit diesem Buchwert übereignen kann!
- b) Was müßte in den Sicherungsübereignungsvertrag eingetragen werden (siehe vorige Seite)?
- 3. Nehmen Sie an, der Vertrag würde nur aus den ersten vier Punkten bestehen und **Kuhl** sei mit seinen Verpflichtungen gegenüber **Melau & Co.** nicht im Rückstand.
- Prüfen Sie, ob dann **Kuhl** befürchten müßte, daß der Sicherungseigentümer **Melau & Co.** die Herausgabe der übereigneten Maschinen während der Geltungsdauer des Vertrages verlangen kann!
- 4. a) Warum wird in Punkt 2 des Sicherungsübereignungsvertrages die genaue Kennzeichnung der übereigneten Maschinen in einem besonderen Verzeichnis verlangt? BGB §§ 930, 9
- b) Entwerfen Sie die Kopfspalte dieses Verzeichnisses!
- c) Ist die Sicherungsübereignung der Maschinen aus der nächsten Bilanz von **Kuhls** Unternehmen erkennbar?
- 5. Bei **Kuhl** sind die an den Gläubiger **Melau & Co.** übereigneten Maschinen zusammen mit anderen Gegenständen des Betriebsvermögens zugunsten eines Dritten gepfändet worden. ZPO § 771
- Wie kann der Gläubiger **Melau & Co.** seine Rechte wahren?
- 6. **Kuhl** zahlt bei Fälligkeit nicht.
- Wie kommt **Melau** zu seinem Geld? BGB §§ 1233

| 947 | *Grundbuch — Vorkaufsrecht — Grunddienstbarkeit* |

Das Unternehmen des Textilfabrikanten **Max Kuhl**, Niederstraße 5, **4040 Neuss (Rh.)**, entwickelt sich gut. Aus verschiedenen Gründen möchte er die Herstellung in eigene Räume nach Süddeutschland verlegen. Er sucht deshalb durch eine Anzeige in der „**Stuttgarter Zeitung**" Baulichkeiten mit ausreichenden Erweiterungsmöglichkeiten.

- 1. Entwerfen Sie die Anzeige!
- 2. **Carl Schuhler**, Gartenstraße 8, **7050 Waiblingen**, bietet **Kuhl** ein Wohn- und Geschäftshaus mit ausbaufähigen Werkstatt- und Lagerräumen für 450 000,— DM an. Auf Anforderung erhält **Kuhl** von **Schuhler** einen Grundbuchauszug (s. Seite 348 und 349). Gelöschte Eintragungen sind im Grundbuch rot unterstrichen.
- Prüfen Sie in Abteilung I dieses Grundbuchauszuges

    a) wann und auf welche Weise **Schuhler** das Grundstück erworben hat,

    b) ob er noch Eigentümer ist!
- 3. Prüfen Sie aufgrund der Eintragungen in Abt. II, ob **Kuhl** sämtliche Räume des Hauses für Geschäftszwecke verwenden kann!

    4. Wegen des in Abt. II für Gebäude Nr. 7, Dammstraße, eingetragenen Vorkaufsrechtes setzt sich **Kuhl** mit dem Vorkaufsberechtigten **Hans Frock** in Verbindung.
- a) Wer würde das Grundstück erhalten, wenn **Frock** 430 000,— DM und **Kuhl** 450 000,— DM als Kaufpreis anbieten würde?

    b) **Frock** erklärt **Kuhl**, daß er am Kauf des Gebäudes Nr. 9, Dammstraße, nicht interessiert sei.
- Kann sich **Kuhl** auf diese Erklärung **Frocks** verlassen?

BGB
§§ 1094,
1098 I,
505 II, 510

948   *Grundpfandrechte: Hypothek — Grundschuld*

Nach Einsichtnahme in den Grundbuchauszug vereinbart **Max Kuhl** mit **Carl Schuhler**:
„Der Kaufpreis für Grundstücke und Gebäude 7050 Waiblingen, Dammstraße 9, beträgt 450 000,— DM. Sie werden mit allen Belastungen übernommen."

Alle Gläubiger stimmen dieser Regelung zu. Auf die Hypothek **Möhles** sind 10 000,— DM zurückbezahlt worden. **Schuhler** übergibt **Kuhl** die darüber ausgestellte Quittung mit Löschungsbewilligung.

- 1. Wer sind die im Grundbuch eingetragenen Gläubiger?
- 2. Wieviel D-Mark zahlt **Kuhl** an **Schuhler**, um den Kaufvertrag zu erfüllen?
- 3. Verbuchen Sie den Kauf des Grundstücks! Über den auszuzahlenden Betrag stellt **Kuhl** einen Scheck aus. Die Kosten des Grundstückskaufs bleiben unberücksichtigt. Verwenden Sie folgende Konten: Grundstücke und Gebäude, Zahlungsmittel, langfristige Verbindlichkeiten!
- 4. Welchen Vorteil hat **Kuhl** davon, daß er die Belastungen übernehmen darf?
- 5. Prüfen Sie,

    a) ob **Kuhl** befürchten muß, daß er **Möhle** die im Grundbuch eingetragenen 100 000,— DM ganz zahlen muß, § 1113

    b) ob **Kuhl** den vollen Betrag der Grundschuld zurückzahlen müßte, wenn **Schuhler** auf die Grundschuld der Bausparkasse bereits 10 000,— DM zurückbezahlt und **Kuhl** die Quittung übergeben hätte! § 1191

    6. Die Schuldner der Bank können bei der Ablösung der Grundschuld etwa zuviel bezahlte Beträge durch eine Klage wegen ungerechtfertigter Bereicherung zurückfordern.

    Warum verlangen Banken trotzdem zur Sicherung ihrer Forderungen meist die Eintragung von Grundschulden und nicht von Hypotheken?

Seite 1

Abteilung I. Verzeichnis der

Laufende Nummer	Akten-Nachweisung	Gemarkung		Bezeichnung des Grundstücks				Zeit und Grund des Erwerbs	Erwerbspreis und sonstige Wertangaben
		Karte Nr.	Flurstück Nr.	Lage Nutzungsart	Fläche				
					ha	a	qm		
1	2	3		4	5			6	7
1	Heft 22 I 3	12	Geb. Nr. 9	Dammstr. Wohn-u. Geschäfts-haus mit Werkstatt- u. Lager-räumen		12	40	a) 18. Februar 1956 Erbfolge. Den 7. Mai 1956 *Frank* b) Carl Schuhler: Auflassung vom 4. März 1964 auf Grund Erbtei-lungsvertrages. Den 25.März 1964 *Zinser*	

Seite 3

Abteilung III. Hypotheken, Grund-

Laufende Nummer	Betrag		Bezeichnung der belasteten Grundstücke nach der laufenden Nummer der Abteilung I - Mitbelastete Grundstücke -	Art der Belastung (Hypothek, Grund- oder Rentenschuld)
	DM	Pf		
1	2		3	4
1	100000,	--	Nr. 1	Hypothek ohne Brief für ein Darlehn des Wilhelm Möhle, Bauer in Wüstenhausen, von Hunderttausend Deutsche Mark-verzinslich zu 7% jährlich. Unter Bezug-nahme auf die Bewilligung vom 7. März 1963 Den 11. März 1963. *Zinser*
2	30000,	--	Nr. 1	Hypothek für ein Darlehn des Max Reiner, Kaufmann in Heilbronn, von Dreißigtausend Deutsche Mark-verzinslich zu 9% jährlich. Unter Bezug-nahme auf die Bewilligung vom 8. September 1963. *Zinser*
3	60000,	--	Nr. 1	Grundschuld für die Bausparkasse Mainz in Mainz über Sechzigtausend Deutsche Mark-, verzins-lich zu 5% jährlich, sofort vollstreckbar gegen den jeweiligen Eigentümer. Unter Bezugnahme auf die Bewilligung vom 25. November 1964. *Zinser*

Grundstücke		Abteilung II. Lasten und Beschränkungen des Eigentums		Seite 2
Rechte, die dem jeweiligen Eigentümer des Grundstücks zustehen	Änderungen und Löschungen	Art der Belastung — Mitbelastete Grundstücke —		Änderungen und Löschungen
8	9	1		2
		a) Wohnungsrecht für Irma Kökel in Waiblingen, geb. am 17. Mai 1923, für die Dauer ihres ledigen Standes. Unter Bezugnahme auf die Bewilligung vom 4. März 1964. Den 25. März 1964. *[Unterschrift]*		
		b) Vorkaufsrecht für Geb. Nr. 7, Dammstr., Gemarkung Waiblingen 31o qm. Unter Bezugnahme auf die Bewilligung vom 18. Juni 1965. Den 19. Juni 1965. *Noller*		

Grundschulden, Rentenschulden					Seite 4
Veränderungen				Löschungen Zu Spalte 1 bis 4	
Betrag DM	Pf	Eintragung von Veränderungen	Löschung von Veränderungen	Betrag DM	Pf	Eintragung
5		6	7	8	9
100000,	--	Löschungsvormerkung nach § 1179 BGB für den jeweiligen Gläubiger der Hypothek Nr. 2. Den 27. November 1964. *[Unterschrift]*			

7. **Möhle** benötigt 90 000,— DM. Er kann sie von **Kuhl** nicht sofort bekommen, weil dieser auf der vereinbarten Laufzeit des Darlehns besteht. Deshalb kauft ihm die Bank die Forderung ab und läßt sich die Hypothek übertragen.

   a) Wie wird das Eigentum an dieser Hypothek auf die Bank übertragen? — BGB § 873

   b) Wie hätte die Bank Eigentum an der Hypothek erlangt, wenn es sich um eine Briefhypothek gehandelt hätte? — §§ 1154, 1117

   c) Woran erkennt man die Briefhypothek im Grundbuch? — § 1116

8. Wie würde bei einer Zwangsversteigerung der Versteigerungserlös auf die durch Grundbucheintragung gesicherten Gläubiger verteilt, wenn er

   a) 160 000,— DM — § 879 I

   b) 320 000,— DM betragen würde? — § 1181

9. Wer bekommt bei einer Rückzahlung der I. Hypothek die Rechte des ersten Ranges,

   a) wenn keine Löschungsvormerkung im Grundbuch eingetragen ist; — § 1177

   b) im vorliegenden Fall? — §§ 883, 1179

949 *Sicherung eines Kontokorrentkredits*

Horst Lemcke vereinbart mit seiner Bank, der **Commerz- und Creditbank Hanau**, einen Kredit in laufender Rechnung über 20 000,— DM.

Das Konto **Lemckes** zeigt folgende Zahlen:

Dat.	Text	Soll	Haben	Saldo
01.04.	Abhebung	20.000,--		S 20.000,--
12.04.	Einzahlung		15.000,--	S 5.000,--
28.04.	Überweisung	3.000,--		S 8.000,--
06.05.	Zuweisung		8.000,--	- -
19.05.	Zuweisung		10.000,--	H 10.000,--
30.05.	Überweisung	12.000,--		S 2.000,--

Prüfen Sie, welches Grundpfandrecht zur Sicherung dieses Kredites in laufender Rechnung am besten geeignet wäre!

950 *Kreditsicherungsmerkmale*

- Erstellen Sie eine vollständige Tabelle nach folgendem Muster!

Bezeichnung / Merkmal	Bürgschaftskredit	Zessionskredit	Faustpfandkredit	Sicherungsübereignung	Hypothek	Grundschuld
Was dient als Sicherheit?	Zahlungsfähigkeit des Bürgen		Zwei Beispiele: 1. .... 2.	Zwei Beispiele: 1. .... 2.		
Persönliche Haftung, dingliche Sicherung	Persönliche Haftung				Persönliche Haftung und dingliche Sicherheit	
Formvorschriften für die Sicherheitsleistung	Kaufmann im Rahmen eines Handelsgewerbes: .... Nichtkaufmann schriftlich		formfrei			
Wer ist Eigentümer, wer Besitzer der Sicherheit?	✗		Schuldner ist: .... Gläubiger ist:	ist Eigentümer .... ist Besitzer	✗	✗
Unterarten der Sicherheitsleistung	....		✗	✗	Verkehrshypothek	Briefgrundschuld ....
Gefahr für den Gläubiger		Zessionar muß Mängel des Grundgeschäfts anerkennen		✗	✗	✗

Außenfinanzierung durch kurzfristige Fremdmittel

951 *Kontokorrentkredit — Wechselkredit*

Der Südfrüchte-Importeur **Carlos Schultz** erhält ein Angebot über eine Sendung Orangen für 20 000,— DM frei Lager des Verwenders. Der Rechnungsbetrag kann gegen eine 3-Monats-Tratte oder bar innerhalb von 10 Tagen mit 2% Skonto beglichen werden.

Schultz nimmt das Angebot an, weil er die gesamte Sendung noch am selben Tag an die **Früchteverwertungs-GmbH** weiterverkaufen kann. Diese fordert ein Zahlungsziel von 60 Tagen bei unveränderter Preisstellung.

Schultz glaubt, daß sich das Geschäft für ihn lohnt, obwohl er den Rechnungsbetrag nicht verfügbar hat. Ihm steht aber ein Kontokorrentkredit bei seiner Bank zu einem Sollzins von 8% zur Verfügung. Freie Mittel kann er jederzeit zu 5% anlegen.

- Untersuchen Sie, ob es für **Schultz** vorteilhafter ist,
    1. mit einer 3-Monats-Tratte bei einem Diskontsatz von 6% oder
    2. bar mit 2% Skonto zu zahlen!

952 *Kontokorrentkredit — Factoring*

Die **Fränkische Saatgut-GmbH, Bamberg,** handelt vorwiegend mit Saatkartoffeln. Dieses Saisongeschäft hat zwei Absatzspitzen im Jahr. Daraus entsteht zweimal im Jahr ein außerordentlich hoher Finanzmittelbedarf. Die Finanzmittel werden benötigt für die Beschaffung des Saatgutes, für die Bezahlung der während der Saison zusätzlich eingestellten Aushilfskräfte und der für die Auslieferung erforderlichen zusätzlichen Transportleistungen. Die Abnehmer zahlen meist erst nach der Ernte.

Mit jeder Bezahlung des gelieferten Saatgutes durch die Abnehmer und jeder Lieferung durch die Saatzuchtanstalten ändert sich der Finanzmittelbedarf.

- 1. Halten Sie zur Finanzierung des saisonal eintretenden Finanzmittelbedarfs
    — Eigenmittel,
    — Darlehn oder
    — einen Kontokorrentkredit für besser geeignet?

   2. Sie finden folgende Anzeige (siehe nächste Seite!):
- Prüfen Sie, ob Factoring zur Lösung der Finanzprobleme der **Fränkischen Saatgut-GmbH** geeignet ist!

    Berücksichtigen Sie bei Ihrem Urteil folgende Erfahrungsdaten des Unternehmens:
    — uneinbringlich werdende Forderungen im Durchschnitt: 0,5% der verkauften Forderungen,
    — Mahn- und Inkassokosten der **Fränkischen Saautgut-GmbH**: 2% des Umsatzes,
    — Zinssatz des Factoring-Krediles: 4,5% über dem Diskontsatz der Bundesbank,
    — Zinssatz für Inanspruchnahme von Bankkrediten: 4% über dem Diskontsatz der Bundesbank.

1. Experten-Auskunft der
Württ. Finanz-AG:
<u>Was bietet Factoring?</u>

Der Praktiker fragt:

Was bringt Factoring dem Unternehmer?

Die Antwort hat 3 Sterne:
- **Erhöhte Liquidität (1)**
- **Risikoentlastung (2)**
- **Verwaltungsvereinfachung (3)**

Sie wollen wissen, wie das im einzelnen möglich ist:

(1) Durch Ankauf von Forderungen, besonders aber durch deren sofortige Bezahlung wird dem Hersteller die Ausnutzung von Skonti bei eigenem Einkauf ermöglicht, Umsatzsteigerungen und Erweiterung der Produktion erleichtert, seine Liquidität verbessert.

(2) Wir übernehmen das volle Ausfallrisiko. Die Regreßmöglichkeit gegenüber dem Hersteller fällt weg.

WÜRTT. FINANZ AG KREDITBANK
Urbanstr. 36, 7000 Stuttgart 1
Tel.: 07 11/24 73 31-33
Ein Tochterunternehmen der
Württ. Landeskommunalbank, Girozentrale

(3) Prüfung der Kreditwürdigkeit, Führung der Debitorenkonten, Erledigung des Mahnverfahrens für unsere Factoring-Kunden. Durch unsere Statistik ermöglichen wir ihm ständig exakte Übersicht und Kontrolle über seine Geschäftspartner.

Und das kostet?

Beispielsweise für ein Unternehmen mit 4 Mio. Umsatz 500 ständig wiederkehrenden Kunden und Außenständen von durchschnittlich DM 500 000,—?

Wenn Sie mit uns arbeiten:
1,5% vom Umsatz

FACTORING — ein Angebot der

Innenfinanzierung

| 953 | *Rücklagenbildung — Finanzwirtschaftliche Bewegungsbilanz (Finanzierungsbild) — Rücklagenpolitik — Arten der Finanzierung* |

Für den Lagebericht soll der Abschnitt Finanzierung vorbereitet werden. Folgende Daten stehen zur Verfügung (in Mio. DM):

AKTIVA	Jahr 1	Jahr 2	Mittelherkunft	Mittelverwendung
I. Anlagevermögen:				
Unbebaute Grundstücke	100	100		
Gebäude	800	750		
Betriebseinrichtungen	1 600	1 350		
Finanzanlagen	2 500	3 000		
II. Umlaufvermögen				
Vorräte	1 200	1 300		
Forderungen	1 800	2 100		
Flüssige Mittel	500	700		
Bilanzsumme	8 500	9 300		
PASSIVA				
Gezeichnetes Kapital	1 700	2 000		
Gewinnrücklagen	2 100	2 300		
Rückstellungen	1 800	1 600		
Verbindlichkeiten	2 750	3 200		
Bilanzgewinn	150	200		
Bilanzsumme	8 500	9 300		

Abschreibungen
— auf Gebäude 10
— auf Betriebseinrichtungen 190

- 1. a) Stellen Sie für jede Position fest, ob die Veränderung von Jahr 1 auf Jahr 2 eine Mittelherkunft oder eine Mittelverwendung anzeigt!
- b) Warum müssen die Summen aus Mittelverwendung und die aus Mittelherkunft gleich groß sein?
- 2. Gliedern Sie die Summe der Mittelherkunft in
    — Eigenfinanzierung,
    — Selbstfinanzierung,
    — Fremdfinanzierung und
    — Finanzierung durch Umschichtung!
- 3. Nehmen Sie zu der Behauptung Stellung, daß Rücklagenbildung als Finanzierungsinstrument der Grundkapitalerhöhung vorzuziehen sei, weil sie nicht mit Dividendenanspruch verbunden ist!
- 4. Die unbebauten Grundstücke wurden aufgrund zwingender gesetzlicher Bewertungsvorschriften mit 100 Mio. DM bilanziert, obwohl der Tageswert schon seit langem 140 Mio. DM beträgt.
- Wie ändert sich bei Berücksichtigung dieses Sachverhaltes die Gesamtsumme der Mittelherkunft und welcher Finanzierungsart ist die Differenz zuzuordnen?

- 5. Wie beurteilen Sie eine Unternehmenspolitik, die auch ohne gesetzlichen Zwang Vermögensgegenstände bewußt wegen der damit verbundenen Finanzierungswirkung unter ihrem tatsächlichen Wert ansetzt?

954 Abschreibungsrückfluß und Investition

Nehmen Sie an:

Ein Unternehmen wird bei seiner Gründung mit 10 gleichen Maschinen ausgestattet. Jede Maschine kostet 20 000,— DM und hat eine Lebensdauer von 5 Jahren. Die Abschreibung erfolgt linear ohne Berücksichtigung eines Restwertes. Aufgrund der Marktsituation soll die Kapazität des Unternehmens in den folgenden Jahren ausgeweitet werden. Sobald aus Abschreibungen die notwendigen Mittel vorhanden sind, soll zu Beginn des folgenden Jahres eine neue Maschine gekauft werden. Das Unternehmen verkauft nur gegen bar und arbeitet mit Gewinn.

- 1. Zeigen Sie die Entwicklung bis zum Beginn des 6. Jahres in einer Tabelle mit folgenden Spalten:

Jahr	Maschinenzahl	Anschaff.-wert des Maschinenbestandes	Jahresabschreibungen	Restwert des Maschinenbestandes	Investit.-bereite Abschreibungen	Neuanschaffung. Anzahl	Wert	Nicht verbrauchte Abschreibungen	Summe aus Restwert u. invest.-ber. Abschreib. am Jahresende
Beginn 1 Ende 1									
Beginn 2 Ende 2									
usw.									

- 2. Beweisen Sie aus der Tabelle, daß die Abschreibung den Nominalwert des Betriebsvermögens nicht verändert!
- 3. Mit einer Maschine können im Jahr 100 000 Stück hergestellt werden.
  Stellen Sie dar, wie sich die Kapazität des Betriebs infolge der beständigen Reinvestition der zurückgeflossenen Abschreibungsbeträge von Jahr zu Jahr verändert hat!
- 4. a) Wieviel Stück könnte der Betrieb mit den zu Beginn des Jahres 1 vorhandenen Maschinen in der Gesamtnutzungszeit der Maschinen insgesamt herstellen?
  b) Wieviel Stück könnte der Betrieb in der Restnutzungszeit der Maschinen mit den zu Beginn des Jahres 6 vorhandenen Maschinen herstellen?
- 5. Erklären Sie, warum durch Reinvestition der Abschreibungsrückflüsse die Kapazität eines Unternehmens vergrößert wird!
- 6. Formulieren Sie die Erkenntnisse, die Sie aus den Ergebnissen zu den Aufgaben 1—4 für Voraussetzungen und Wirkungen der Reinvestition von Abschreibungserlösen ziehen können!

955 Pensionsrückstellungen — Gewinnbeteiligung

In einem Unternehmen soll eine betriebliche Altersversorgung eingerichtet werden. Dazu werden in der Betriebsversammlung mehrere Vorschläge gemacht.

— Es soll ein Versicherungsvertrag mit einer der großen Versicherungsgesellschaften abgeschlossen werden, aus dem jeder Mitarbeiter einen Anspruch auf Betriebsrente hat.
— Aus den Jahresüberschüssen des Unternehmens soll Pensionskapital angesammelt werden. Die Anlage dieses Kapitals soll nur in festverzinslichen Wertpapieren erfolgen. Diese sind gesondert zu verwalten. Die Erträge werden dem Pensionskapital hinzugefügt.
— Aus den Jahresüberschüssen des Unternehmens soll „Sozialkapital" in Form von Pensionsrückstellungen gebildet werden. Die in der Bilanz ausgewiesenen Pensionsrückstellungen sind mit 1% über dem Diskontsatz der Deutschen Bundesbank zu verzinsen. Der Zins ist dem Sozialkapital hinzuzufügen.

- Beurteilen Sie die Vorschläge unter dem Gesichtspunkt der Unternehmensleitung!

956 Finanzierung durch Umschichtung (Rationalisierung)

In der Betriebszeitung einer Metallwarenfabrik werden für die Belegschaft die zusammengefaßten Bilanzen der letzten zwei Geschäftsjahre veröffentlicht und die Geschäftsentwicklung erläutert.

	Jahr 1	Jahr 2		Jahr 1	Jahr 2
Anlagevermögen	200 000,—	200 000,—	Eigenkapital	400 000,—	400 000,—
Roh-, Hilfs- und Betriebsstoffe	400 000,—	400 000,—	langfristige Darlehn	200 000,—	200 000,—
Unfertige und fertige Erzeugnisse	150 000,—	100 000,—	Verbindlichkeiten aus Lieferungen und Leistungen	450 000,—	450 000,—
Forderungen	300 000,—	400 000,—	Gewinn	50 000,—	165 000,—
Sonstiges Umlaufvermögen	50 000,—	15 000,—			
	1 100 000,—	1 115 000,—		1 100 000,—	1 115 000,—

Aus den Erläuterungen: Die Gesamtleistung unseres Unternehmens hat sich im letzten Jahr von 1,5 Mio. DM auf 2 Mio. DM erhöht. Dabei blieben die Preise auf den Beschaffungs- und den Absatzmärkten unverändert.

Mit dieser Steigerung der Gesamtleistung konnte die Kapazität unseres Unternehmens voll ausgelastet werden, ohne daß zusätzliche finanzielle Mittel beschafft werden mußten.

- Erläutern Sie am Beispiel der Situation dieser Metallwarenfabrik, auf welche Weise die Mittel für diese Produktionserweiterung beschafft wurden!

Finanzierungsoptimierung

957 Leverage Effect — Umfinanzierung — Finanzierungsgrundsätze

Ein Unternehmer hat sein Unternehmen ausschließlich mit Eigenkapital finanziert. Mit 100 000,— DM Eigenkapital erzielt er eine Rendite von 20%.

Er überlegt, wie es sich auf die Rentabilität des Eigenkapitals auswirkt, wenn er 50 000,— DM des Eigenkapitals durch Fremdkapital ersetzt. Für Fremdmittel müssen 10% Zins gezahlt werden.

- 1. Berechnen Sie die Rentabilität des Eigenkapitals nach der Umfinanzierung!
- 2. Errechnen Sie die Rentabilität des Eigenkapitals für den Fall, daß 25 000,— DM Eigenkapital und 75 000,— DM Fremdkapital unter sonst gleichen Bedingungen im Unternehmen eingesetzt werden!
- 3. Unter welcher Bedingung tritt beim Ersatz von Eigen- durch Fremdkapital die Wirkung ein, daß sich die Rentabilität des Eigenkapitals erhöht.
- 4. Gegen welche Finanzierungsgrundsätze würde der Unternehmer verstoßen, wenn er aus Rentabilitätsgründen sein Unternehmen ganz mit Fremdkapital finanzieren wollte?

958 *Leverage Effect — Finanzierungsziele — Finanzierungsgrundsätze*

Ein Unternehmen benötigt für Investitionen 2 Mio. DM zusätzliche Finanzmittel. Dafür wird die günstigste Finanzierungsweise gesucht. Die Bilanz zeigt folgende zusammengefaßte Zahlen:

Aktiva		Passiva	
Anlagevermögen	20 Mio. DM	Gezeichnetes Kapital	10 Mio. DM
Umlaufvermögen	25 Mio. DM	Gewinnrücklagen	11 Mio. DM
		Rückstellungen	0,1 Mio. DM
		Verbindlichkeiten	22,5 Mio. DM
		Jahresüberschuß	1,4 Mio. DM
	45 Mio. DM		45 Mio. DM

1. Junge Aktien können zu einem Kurs von 100,— DM je nom. 50,— DM untergebracht werden, Obligationen zu einem Kurs von 100% bei einem Zinssatz von 6%.
- Beurteilen Sie, welche Finanzierungsart sich günstiger auf die Liquidität des Unternehmens auswirkt.
2. Die Investition soll nach den Planungen den Jahresüberschuß um 0,5 Mio. DM erhöhen. In diesem Betrag sind die bei Fremdfinanzierung anfallenden Fremdzinsen nicht enthalten.
- a) Untersuchen Sie für beide Finanzierungswege, wie sie sich im folgenden Jahr auf die Rentabilität des Eigenkapitals dieses Unternehmens auswirken werden!
- b) Beurteilen Sie die beiden vorgeschlagenen Finanzierungsarten hinsichtlich ihrer Entsprechung zu den Finanzierungsgrundsätzen Stabilität, Liquidität und Rentabilität!

959 *Finanzierungsgrundsätze — Goldene Finanzierungsregel (Goldene Bankregel) — Goldene Bilanzregel*

In einem Transportunternehmen soll ein Lkw beschafft werden. Der Kaufpreis beträgt 100 000,— DM. Die betriebliche Nutzungsdauer wird auf 4 Jahre geschätzt.

- Die folgenden Finanzierungsmöglichkeiten sollen auf ihre Eignung zur Finanzierung dieser Investition untersucht werden:
  — Der Lieferer kreditiert den Gesamtpreis auf 2 Jahre. Der Preis ist in dieser Zeit in 4 Raten zu 25 000,— DM zu bezahlen. Über die Raten werden 4 Wechsel zu je 25 000,— DM ausgestellt, deren Verfalltage mit der Fälligkeit der Raten übereinstimmen;
  — Aufnahme eines stillen Gesellschafters mit einer Einlage von 100 000,— DM;
  — Aufnahme eines Bankkredits über 100 000,— DM mit jährlicher Tilgung von 25 000,— DM.

Sachwortverzeichnis

	Fall-Nr.	Seite
Abandonierung	617	194
ABC-Analyse	115, 116	64, 66
Abbuchungsauftrag	507	168
Ablaufdiagramm	019	34
(Ablaufmatrix)	101	44
	102	49
	331	119
Ablauforganisation	019—024	34 ff
	101	44
	330	117
Absatzkontrolle	313	102
Absatzplan	305	95
Absatzpolitik	305—327	95—114
Absatzmethoden	302	92
Absatzrisiko	305	95
Abschreibung		
−buchhalterische	816, 817	254 ff
−Finanzierungsquelle	817	255
−kalkulatorische	821	256
−Rückfluß	817	255
	954	355
−Taktik	816	254
−Verfahren	816	254
Abbuchungsauftrag	507	168
Abzahlungskauf	419	138
Abzinsungsformel	917	314
Akkordkarte	201	74
Akkordlohn	719—721	225, 226
Akkreditiv	325	112
(Dokumentenakkreditiv)		
Aktie	613	190
	926	324
−Belegschaftsaktien	930	326
−Gratisaktie	929	326
−Vinkulierte Namensaktie	927	325
−Vorzugsaktie	925	322
Aktiengesellschaft (AG)	613—616	190—193
	618—620	194—197
−Aktie	613	190
−Aktionär	620	197
−Aufsichtsrat	614	192
−Bilanzgewinn	615	192
−Effektivverzinsung	616	193
−Eigenkapital	613	190
−Grundkapital	613	190
−Gründung	613	190
−Hauptversammlung	614	192
−Jahresüberschuß	615	192
−Rechnungslegung	616	193
−Verlustvortrag	615	192
−Vorstand	614	192

	Fall-Nr.	Seite
Aktivierung	857	272
Allgemeine Geschäftsbedingungen	422	141
Allgemeine Handlungsvollmacht	460	160
	463	163
Amortisationsrechnung	912	311
	915	313
Analytische Arbeitsbewertung	723	227
Anfechtbarkeit	414—418	136, 137
Anfrage	101	44
Angebot	101	44
	420—421	139
Angebotsvergleich	101	44
	118	67
Anlageprinzipien	904	301
Annahme eines Vertragsantrages	401	130
Annahmeverzug	446—449	154, 155
Annuitätentilgung	935	329
Anschaffungswert	857	272
Antrag auf Abschluß eines Vertrages	401	130
Arbeitsanweisung	024	39
Arbeitsgerichtsbarkeit	709	219
Arbeitskampf	714—716	222—224
Arbeitslosenversicherung	727	238
	729	239
Arbeitschutzgesetze	704—708	217—219
	717	224
Arbeitsteilung, volkswirtschaftliche	001	13
Arbeitsvertrag	427	145
	702, 703	215, 216
	717	224
Arbeitsvorbereitung	201	74
Arbeitswertstudien	723	227 ff
Arbeitszeitschutz	704	217
Artvollmacht	460	160
Aufbauorganisation	014—018	25—33
	121	72
Aufbereitung der Bilanz	873	286
Aufgabenanalyse (Aufgabengliederung)	014	25
Aufgabengliederung (Aufgabengliederungsplan)	014	25
	121	72
Aufgabenverteilung	015	26
Aufsichtsrat (AG)	614	192
Aufwand und Kosten	827	258
	829	260
Aufzinsungsformel	916	313
Ausbildungsverhältnis	701	214
Ausgabe und Kosten	826—828	258, 259
Ausgleichswechsel	520	176
Auskunft	330	117
Ausnahmetarif	334	121
Aussperrung	714	222

	Fall-Nr.	Seite
Außenfinanzierung	924—941	322
	951, 952	352
—Beteiligung	924—931	322—327
—kurzfristige Fremdmittel	951, 952	352
—langfristige Fremdmittel	932—941	328—338
Auswertung der Bilanz	862—873	275—286
Automation	204	84
Balkendiagramm	020	35
Bankbilanz	903	300
Bankgebühren	515	174
Bankregel (goldene)	959	357
Bedarfsmeldeschein	101	44
Beschäftigungsgrad	835	263
Beschaffung	101—105	44—55
Beschaffungskosten	104, 105	50—55
	107	57
Beschaffungsmenge	103	50
Beschaffungsorganisation	121	72
Beschaffungsziele	116	65
Bestellbestand	108, 109	57, 58
Bestellmenge	104	50
	110	58
	114	62
Bestellrhythmus	109	58
Bestellung	101	44
Bestellzeitpunkt	109	58
Betrieblicher Leistungsprozeß	005	17
Betriebliche Produktionsfaktoren (Produktionsfaktoren)	003	15
Betriebsabrechnung	801—815	240—253
Betriebsabrechnungsbogen	806, 807	244, 245
Betriebsergebnis	812—814	250, 251
	824	256
	867	279
Betriebskoeffizient	867	279
Betriebsminimum	838	264
Betriebsoptimum	836	263
	839, 840	264, 265
Betriebsrat	710—713	220—222
Betriebsvereinbarung	711	221
	717	224
Bewegungsbilanz	870, 871	284
	953	354
Bewertung	857—861	272—275
Bezugsquellenkartei	101	44
Bezugsrecht	925, 926	322, 324
Bilanzanalyse	873	286
Bilanzgewinn	615	192
	856	271
Bilanzregel (goldene)	959	357
Bilanzverlust	850	270

	Fall-Nr.	Seite
Börse		
−Effekten	908, 909	306, 308, 322
−Waren	321—323	109, 111
Bürgschaft	942	341
Cash Flow	923	321
Damnum	933	328
Darlehn	427	145
	428	146
	936	331
Dauerauftrag	506, 507	168
Dauerüberweisung	517	175
Debitorenumschlag	873	286
Deckungsbeitragsrechnung	312	101
	326	113
	841—844	266, 267
Deckungskauf	441	152
Depositen	903	300
Dienstleistungsbetriebe	001	13
Direktkosten	842	266
Direktorialsystem	016	30
	018	33
Disagio	933	328
Dispositive Faktoren	003	15
Distributionspolitik	313—325	102—112
	327	114
Diversifikation	312	101
Dokumentenakkreditiv	120	71
	325	112
Durchschnittliche Stückkosten	834	262
Effekten	907, 908, 937	304, 306, 335
−Emission	937	335
−Kauf	908	306
−Kennzeichen	907	304
−Übernahme	937	335
−Unterbringung	937	335
Effektivverzinsung	616	193
	934	329
Eidesstattliche Versicherung	453	157
Eigenfinanzierung	924	322
Eigenkapital	613	190
	848	269
−durchschnittlich gebundenes	863	276
Eigenschaften (zugesicherte)	436	150
Eigendatum		
−an beweglichen Sachen	404	132
	406	133
−an geliehenen Sachen	405	133
−an Grundstücken	407	133
Einfuhrverfahren	118	67
Einkaufsplanbedarf (Verbrauchsbedarf)	103	50
Einkaufskommissionär	117	66

	Fall-Nr.	Seite
Einkommensteuer	874, 875	291—293
−Außergewöhnliche Belastung	874	291, 292
−Einkommen	874	291, 292
−Einkunftsarten	875	293
−Lohnabzugsverfahren	875	293
−Sonderausgaben	874	291, 292
−Steuergerechtigkeit	874	291, 292
−Steuerprogression	874	291, 292
Einlassungsfristen	454	158
Einliniensystem	017, 018	30, 33
Einschreibebrief	503	165
Einschreibung	320	109
Einstandspreis	101	44
	105	55
Einwilligung	409	134
Einzahlungsüberweisung	517	175
Einzelhandel	318	108
Einzelkosten	801	240
Einzelvollmacht	460	160
Einzugsermächtigung	507	168
Eiserner Bestand	110	58
Elementarfaktoren	003	15
Emission (Effekten)	937	335
Entlohnungsverfahren	718—723	224—227
Entscheidungssysteme	016—018	30—33
Erfüllungsort	402	131
Erfüllungszeit	402	131
Ertragsgesetz	839	264
Ertragswert	858, 859	272, 273
Erzeugnisfixkosten	844	267
Euroscheck	512, 514	172, 173
Export	325	112
Factoring	952	352
Faustpfand	944	343
Fehlmengenkosten	101, 106, 107	47, 56, 57
Fertigungsablaufformen	205	85
Fertigungsplanung	202	79
Fertigungstypen	205	85
Fertigungsverfahren	203—205	83—85
Fifo-Methode	861	275
Finanzielles Gleichgewicht	920	317
Finanzierung	873	286
Finanzierungsbild	870, 871	284
	953	354
Finanzierungsentscheidungen	601	182
	924—959	322—357
−Außenfinanzierung	924—941	322—338
	951, 952	352
−Finanzierungsoptimierung	957—959	356, 357
−Innenfinanzierung	953—956	354, 356
−Kreditsicherungen	942—950	341—351
Finanzierungsgrundsätze	957, 958	356, 357

	Fall-Nr.	Seite
Finanzierungsmöglichkeiten	931	327
Finanzierungsoptimierung	957—959	356, 357
−Finanzierungsgrundsätze	957	356
	959	357
−Finanzierungsziele	958	357
−Goldene Bankregel	959	357
−Goldene Bilanzregel	959	357
−Goldene Finanzierungsregel	959	357
−Leverage Effect	957, 958	356, 357
−Umfinanzierung	957	356
Finanzierungsregel (goldene)	959	357
Finanzierungsziele	958	357
Finanzplanung	919—923	315—321
−Cash-Flow	923	321
−Finanzplan (kurzfristig)	921	318
−Finanzplan (langfristig)	922	319
−Kapitalbedarf	919	315
−Riegersche Formel	919	315
−Stundungsprozesse	919	315
Finanzwirtschaft (betriebliche)	901—959	299—357
−Geldanlage	901—911	299—310
−Investitionsentscheidungen	912—923	311—321
−Finanzierungsentscheidungen	924—959	322—357
Firma	602, 603	183, 184
Fixe Kosten	831	261
	835	263
Fixkauf	443	153
Fließbandfertigung	204	84
Fließfertigung	204	84
Formale Beziehungen	017	30
Formelle Bilanzkritik	873	286
Frachtbrief	332	120
Frachtbriefdoppel	339, 340	124, 125
Frachtkosten	336	122
Frachttarife	334—336	121, 122
Frachtvertrag	332, 333	120, 121
Fremdfinanzierung	932—952	328—352
−Kreditsicherungen	942—950	341—351
−kurzfristig	951, 952	352
−langfristig	932—941	328—338
Führung	003	15
	012	22
Führungsprinzipien	012	22
Garantie	438	151
Gattungskauf	437	150
Gebrauchsmuster	210	88
Gefahrenübergang	402	131
Gegenwartswert	917	314
Geldanlage	901—911	299—310
−Effektenbörse	908, 909	306, 308
−Geldeinlagen bei der Bank	901—903	299, 300
−Verwahrung und Verwaltung von Wertsachen	910, 911	310
−Wertpapiere	904—907	301—304

	Fall-Nr.	Seite
Gemeinkosten	801	240
Gemeinschaftswerbung	309	99
Genehmigung	409	134
Genossenschaft	619, 620	196, 197
−Firma	619	196
−Genosse	620	197
−Geschäftsanteil	619	196
−Geschäftsguthaben	619	196
−Gründung	619	196
−Haftsumme	619	196
−Organe	619	196
Gerichtsinstanzen	455	158
Gerichtsstand	402	131
Gesamtkapital	848	269
Gesamtleistung	854	271
	856	271
Gesamtprokura	462	163
Geschäftsfähigkeit	408−410	133, 134
Geschäftsführung	608	185
Geschäftswert	859	273
Geschmacksmuster	210	88
Gesellschaft des bürgerlichen Rechts	604, 605	184
	607	185
	610	189
−Gesellschaftsvertrag	604	184
−Haftung	605	184
−Kündigung	605	184
−Vertretung	605	184
Gesellschaft mit beschränkter Haftung (GmbH)	617, 618	194
−Abandonierung	617	194
−Einmann-GmbH	617	194
−Firma	617	194
−Geschäftsführung	617	194
−Kaduzierung	617	194
−Mindestkapital	617	194
−Vertretung	617	194
Gesetz der Massenproduktion	831	261
Gesetzliche Rücklagen	851, 852, 953	270, 354
Gesundheitsschutz	706	218
Gewährleistungsfristen	434	148
Gewerbesteuer	880	297
Gewinnbeteiligung	723	227
	930	326
	955	355
Gewinnmaximum	838−840	264, 265
Gewinnrücklage	615, 616	192, 193
	953	354
Gewinn- und Verlustrechnung nach Aktienrecht	853−856	270, 271
Gewinnvergleichsmethode	912	311
Gezeichnetes Kapital	613	190
	617	195
	903	300
Girokonto	901	299
Grenzkosten	834	262
	839	264

	Fall-Nr.	Seite
Großhandel	318	108
Grundbuch	947	346
Grunddienstbarkeit	947	346
Grundfunktionen, betriebliche	005	17
Grundkapital (AG)	613	190
Grundkosten	830	260
Grundschuld	948, 949	347, 350
Gründung eines Unternehmens	601—603	182—184
Gruppenakkord	721	226
Güterverkehr	332—340	120—125
Haftung des Frachtführers	333	121
Handelsgeschäfte (ein- und zweiseitige)	425	142
Handelsverbot	702	215
Handelsvertreter	313, 314	102, 104
	319	108
Handlungsvollmacht (siehe Allgemeine Handlungsvollmacht)		
Hauptversammlung (AG)	614	192
Havarie	118	67
Hedgegeschäft	322	111
Höchstbestand	109	58
Holdinggesellschaft	631	200
Hypothek	948	347
Import	118—120	67—71
Importkalkulation	118	67
Improvisation	013	23
Incoterms	118	67
	325	112
Informale Beziehungen	017	30
Innenfinanzierung	953—956	354—356
—Abschreibungsrückflüsse	954	355
—Pensionsrückstellungen	955	355
—Rücklagenbildung	953	354
Instanzenbreite	017	30
Instanzentiefe	017	30
Investierung	873	286
Investitionsentscheidungen	912—923	311—321
	954	355
—Dynamische Investitionsrechnung	916—918	313—315
—Finanzplanung	919—923	315—321
—Statische Investitionsrechnung	912—915	311—313
Investitionsrechnung (dynamische)	916—918	313—315
—Abzinsungsformel	917	314
—Aufzinsungsformel	916	313
—Gegenwartswert	917	315
—Kapitalwertmethode	918	315
Investitionsrechnung (statische)	912—915	311—313
—Amortisationsrechnung	915	313
—Gewinnvergleichsmethode	912	311
—Kostenvergleichsmethode	913	311
—Rentabilitätsvergleichsmethode	912, 914	311, 312
—Wiedergewinnungszeit	912	311

	Fall-Nr.	Seite
Investmentfonds	904	301
Istkosten	811	249
Jahresüberschuß	615	192
	856	271
Jugendarbeitsschutz	705	217
Kaduzierung	617	194
Kalkulationsschema	801	240
Kalkulatorische Abschreibung	821	256
Kalkulatorische Kosten	818—825	255—258
−Notwendigkeit der Berechnung	818	255
−Zweck	819	255
Kalkulatorische Unternehmerlohn	820	255
Kalkulatorische Wagnisse	823	257
Kalkulatorische Zinsen	822	256
Kapazität	835	263
Kapital	847—849	268—269
−genehmigtes	928	325
−gezeichnetes	903	300
−bedingtes	930	326
Kapitalbedarf	601	182
	919	315
Kapitalerhöhung	925	322
	929, 930	326
−ordentliche	925	322
−aus Gesellschaftsmitteln	929	326
−bedingte	930	326
Kapitalertragsteuer	876	293—294
Kapitalrücklage	613	190
	925	324
Kapitalwertmethode	918	315
Kartelle	621—630	197—200
	633	202
−Absprache	627	199
−anmeldepflichtige	630	200
−Exportkartell	626	199
−genehmigungspflichtige	630	200
−Konditionenkartell	623	198
−Marktbeherrschende Unternehmen	629	199
−Normenkartell	622	198
−Preisbindungsverträge	628	199
−Rationalisierungskartell	625	199
−Strukturkrisenkartell	624	198
−Verbot	621	199
Kaufmann	429—433	146, 147
−Formkaufmann	432	147
−Kannkaufmann	431	147
−Minderkaufmann	433	147
−Mußkaufmann	429	146
−Sollkaufmann	430	146
−Vollkaufmann	433	147
Kaufvertrag nach BGB	402, 403	131, 132
	426	143
Klage	454, 455	158
Klageschrift	454	158

	Fall-Nr.	Seite
Körperschaftsteuer	876	293, 294
Kollegialsystem	016	30
	018	33
Kommanditgesellschaft	611, 612	189, 190
	620	197
−Firma	611	189
−Geschäftsführung	611	189
−Gewinnverteilung	611	189
	612	190
−Kommanditist	612	190
−Komplementär	620	197
	611	189
−Kontrollrechte	611	189
−Privatentnahmen	611	189
−Vertretung	611	189
−Wettbewerbsverbot	611	189
Kommissionär	117, 315, 316	66, 106, 107
Kommunalobligation	906	304
Konkurrenzanalyse	301	90
Konkurs	642—648, 653	207—210, 213
−Antrag	643	207
−Absonderung	645	209
−Aussonderung	645	209
−Bevorrechtigte Forderungen	648	210
−Quote	646	210
−Massekosten	647	210
−Masseschulden	647	210
−Verfahren	644	208
−Voraussetzungen	642	207
Konsortium	937	335
Konstitution	872	285
Konto	504, 505	165, 166
−Auszug	505	166
−Einzahlung	504	165
−Eröffnung	505	166
−Gegenbuch	505	166
Konsumgüterbetriebe	001	13
Kontokorrentkredit	949, 951, 952	350, 352
Konventionalstrafe	444	153
Konzern	633	202
Kosten		
−fixe	831	261
	835	263
−kalkulatorische	818—825	255—258
−losgrößenabhängige	207	86
−losgrößenunabhängige	207	86
−und Ausgaben	826—828	258, 259
−und Beschäftigungsgrad	831—840	261—265
−variable	831	261
	835	263
Kostenauflösung	833	262
−grafische	813	250
Kostenträgerzeitblatt	811	249
Kostenüberdeckung	814	251

367

	Fall-Nr.	Seite
Kostenunterdeckung	811	249
	814	251
Kostenvergleich von Produktionsverfahren	837, 838	263, 264
Kostenvergleichsmethode	913	311
Krankenversicherung	725	233
	729	239
Kredit	941	338
−Antrag	941	338
−Kreditfähigkeit	941	338
−Kreditwürdigkeit	941	338
−Sicherungen	942—950	341—351
Kreditkaufsystem	419	138
Kreditorenumschlag	873	286
Kreditsicherungen	942—950	341—361
−Merkmale	950	351
−persönliche	942, 943	341, 342
−dingliche	944—949	343—350
Kündigung	703	216
Kündigungsschutz	707, 708	218, 219
Kumulative Zuschlagskalkulation	801—803	240, 241
Kurs (Wertpapiere)	908	306
−Ermittlung	908	306
−Zettel	909	308
Ladeschein	325, 340	112, 125
Lagerbestand, durchschnittlicher	111	59
Lagerdauer	111	59
Lagerhalter	339, 340	124, 125
Lagerhaltungskostensatz	112, 113	61
Lagerkarte	101	44
Lagerkontrolle	111—113	59—61
Lagerkosten	106, 107	55, 57
Lagerschein	339, 340	124, 125
Lagerwirtschaft	106—113	55—61
Lagerzins	106	55
	113	61
Lastschriftverfahren	507	168
Laufkarte	201	74
Leasing	939, 940	337, 338
Leerkosten	836	263
Leihvertrag	427, 428	145, 146
Leistungsprozeß (betrieblicher Leistungsprozeß)	005	17
Leverage Effect	957, 958	356, 357
Lieferungsbedingungen	422, 423	140, 142
Lieferungsverzug	440—445	151—154
Lifo-Methode	861	275
Liquidität	869	282
	873	286
Lkw-Fernverkehr	337	123
Lombardkredit	945	344
Lohnarten	718—723	224—231

	Fall-Nr.	Seite
Losgrößenabhängige Kosten	207	86
Losgrößenunabhängige Kosten	207	86
Mängelarten	434	148
Mängelrüge	434	148
Mahnbescheid	450, 454	155, 158
Mahnverfahren (kaufmännisches-gerichtliches)	450	155
Makler	317	107
	319	108
	324	111
Management by Exception	012	22
Management by Objektives	012	22
Marktforschung	301—304	90—93
Maschinenbelegungsplan	020	35
Maschinenstundensatz	808	246
Massenproduktion	203	84
Materialentnahmeschein	201	74
Mehrwertsteuer-Verfahren	877	294
Mietvertrag	427, 428	145, 146
Minderjährige	410	134
Minderkaufmann	433	147
Mindestbestand	108, 109	67, 68
Mitbestimmung	711	221
	713	222
Mitwirkung	711	221
Motivforschung	303, 304	92, 93
	310	99
Nachfrageanalyse	301	90
Nachkalkulation	809	248
Neutraler Aufwand	830	260
Neutrales Ergebnis	824	257
	867	279
Netzplan	021—022	36—39
	202	79—83
Nichtigkeit	411—413	135
	418	137
Niederstwertprinzip	860	274
Normalkosten	811, 812	249, 250
Normung	206	85
Nutzengrenze	839	264
Nutzenschwelle	835	263
	839	264
Nutzkosten	836	263
Obligation	925, 926	322
	936	331
Offene Handelsgesellschaft (OGH)	608—610	185—189
—Ausscheiden eines Gesellschafters	609	187
—Firma	608	185
—Geschäftsführung	608	185
—Gewinn- und Verlustverteilung	609	187

	Fall-Nr.	Seite
−Haftung	608	185
−Vertretung	608	185
Optimale Bestellmenge	114	62
	116	65
Optimale Losgröße	207—209	86—88
Organigramm	017, 018	30, 33
	121	72
Organisation	003	15
	013	23
	014—024	25—39
	328—331	115—119
Organisatorisches Gleichgewicht	013	23
Pachtvertrag	427, 428	145, 146
Patent	210	88
Pensionsrückstellungen	955	355
Pfandbrief	905, 906	303, 304
Pfändung	452, 453	156, 157
Pfändungsgrenzen	452	156
Planung	003	15
	010, 011	21
	103	50
	305	95
Planperiode	103	50
Platzkostenrechnung	808	246
Polaritätsprofil	304	93
Postanweisung	503	165
Postscheck	517, 518	175
Postsparbuch	514	173
Postüberweisung	517, 518	175
Potentialfaktoren	003	15
Prämienlohn	722	226
Preisdifferenzierung	326	113
Preispolitik	326, 327	113, 114
Primärforschung	303	92
Produktionsgüterbetriebe	001	13
Produktionsfaktoren, betriebliche	003, 004	15, 16
Produktivität	868	280
Produktmanagement	329	116
Produktpolitik	312	101
Produktstrategie	312	101
	327	114
Prokura	461—463	162, 163
Quittung	501, 502	165
Rationalisierung der Fertigung	206—209	85—88
Ratentilgung	932, 933	328
Ratenzahlung	419	138
Realisationsprinzip	860	274

	Fall-Nr.	Seite
Rechnungsabgrenzung	852	270
Rechnungskontrolle	101	44
Refa-System	201	74
Regeltarife	334	121
Reihenfertigung	204	84
Reisender	313	102
	319	108
Reisescheck	513, 514	173
Rembourskredit	118	67
	120	71
Rendite	873	286
Rentabilität		
−des Eigenkapitals	862—865	275—277
	873	286
−des Gesamtkapitals	864—865	276, 277
	873	286
Rentabilitätsvergleichsmethode	912	311
	914	312
Rentenversicherung	726	235
	729	239
Repetierfaktoren	003	15
Reservebestand (eiserner Bestand)	110	58
Return-on-Investment	866	278
Riegersche Formel	919	315
Rohertrag	855, 856	271
Rückgriffkapital	848	269
Rücklagen	851, 852	270
	953	354
Rückstellung	852	270
Rügefristen	439	151
Rügepflicht	435	150
Rüstzeit	201	74
Sanierung	634—641	203—205
−Alternativsanierung	640	205
−Kennzeichen	634	203
−Maßnahmen	634	203
−Möglichkeiten	641	205
−Rückkauf eigener Aktien	637	204
−Unterbilanz	635	204
−Ursachen	634	203
−Zusammenlegung des Grundkapitals	636	204
−Zusammenlegung und Kapitalerhöhung	639	205
−Zuzahlung	638	204
Schadenberechnung (konkrete)	442	152
Schadenersatz	436	150
	442	152
Scheck	508—514	169—173
−Bestandteile	509	170
−Bestätigter Scheck	511	172
−Einlösung	508	169
−Eurocheque	512	172
−Nichteinlösung	510	171

	Fall-Nr.	Seite
—Scheckkarte	512	172
—Reisescheck	513, 514	173
—Verlust	510	171
—vordatierter Scheck	510	171
—Weitergabe	508	169
	510	171
Schlichtung	714	222
Schlüsselung bei Zuschlagskalkulation	805	243
Schuldscheindarlehen	932	328
Seefrachtbrief	325	112
Selbstfinanzierung	953	354
Selbsthilfeverkauf	446	154
Sicherungsübereignung	946	344
Skonto	810	249
Sondereinzelkosten	810	249
Sonderkartell	627	199
Sortimentsgestaltung	844	267
Sortimentspolitik	312	101
Sozialpartner	712	222
Sozialunterstützung		
—Prinzipien	724	232
Sozialplan	711	221
Sozialversicherung	724—729	232—239
Sparkonto	901, 902	299
Spediteur	338	123
Spezialisierung	206	85
Sprungkosten	832	261
Stabliniensystem	017, 018	30, 33
Standardkosten	825	258
Standort (Gründung)	601	182
Standort (innerbetrieblicher)	203	83
Stellenbeschreibung	015	26
	024	39
Stellenbildung	015	26
Steuerarten	881	298
Steuerbescheinigung	876	293, 294
Steuergutschrift	876	293, 294
Stille Gesellschaft	612	190
Streik	714, 716	222, 224
Streugebiet	306,	97
Streukreis	306	97
Stückkosten	834	262
Stückliste	201	74
Stückzeit	201	74
Stundungsprozesse	919	315
Substanzwert	859	273
Tageswert	857	272
Tarifvertrag	714, 715	222, 223
	717	224
Tarifwesen (Güterverkehr)	334—336	121, 122

	Fall-Nr.	Seite
Taschengeld (Rechtsgeschäfte mit)	408, 409	133, 134
Termingeschäft	323	111
Terminplanung	202	79
Terminüberwachung	202	79
Transferstraße	204	84
Transportversicherung	118	70
Trust	633	202
Typung	206	85
Überweisung	505	166
Umfinanzierung	957	356
Umsatzerlös	853	270
Umsatzrentabilität	835, 862, 867	263, 275, 279
Umschichtungsfinanzierung	956	356
Umschlagshäufigkeit	111, 113	59, 61
Umsatzsteuer	877, 878, 879	294—296
—Mehrwertsteuer	877	294—295
—Steuerbare Umsätze	878	295—296
—Vorsteuer	877	294—295
—Zahllast	877	294—295
Umwandlung	927	325
Unbestellte Ware	420	139
Unfallschutz	706	218
Unfallversicherung	728, 729	238
Unlauterer Wettbewerb	311	100
Unternehmen (verbundene)	631—633	200—202
—Abhängige Unternehmen	631	200
—Fusion	632	202
—Herrschende Unternehmen	631	200
—Holding	631	200
—Konzern	633	202
—Trust	633	202
Unternehmenswert	859	273
Unternehmenszusammenschlüsse	621—633	197—202
Unternehmung (notleidende)	634—653	203—213
—Konkurs	642—648	207—210
—Sanierung	634—641	203—205
—Vergleich (außergerichtlich)	649	210
—Vergleich (gerichtlich)	650, 651	211, 212
—Zwangsvergleich	652, 653	212, 213
Unternehmungsfixkosten	844	267
Urkundenprozeß	510	171
	524	179
Urproduktionsbetriebe	001	13
Variable Kosten	831	261
	835	263
Verbrauchsbedarf	103	50
Verein (eingetragener)	606, 607	185
—Ausscheiden eines Mitglieds	606	185
—Gründung	606	185
—Haftung	606	185
—Vertretung	606	185

	Fall-Nr.	Seite
Verflechtungsmatrix	002	14
Vergleich		
−außergerichtlich	649	210
	651	212
−gerichtlich	650, 651	211, 212
Verjährung	456—459	159, 160
−Alltagsschulden	457	159
−Geschäftsschulden	456	159
−Hemmung	458	159
−Regelmäßige Verjährungsfrist	458	159
−Unterbrechung	457	159
−Wirkung	456	159
Verkauf (freihändiger)	447	154
Verkaufskommissionär	315, 316	106, 107
	319	108
Verkaufsorganisation	328—331	115—119
Vermögen	845, 846	267
	849	269
Verrechnungspreise	825	258
Versandkosten	402	131
Versteigerung	320	109
Verträge		
−Abschluß	420	139
−Annahme	401	130
−Antrag	401	130
−Arten	427	146
−Merkmale	426, 428	145
−Störungen	434—451	148—156
Zustandekommen	401	130
Vertretung	608	185
Verzollung	119	71
Volkswirtschaft	001	13
Vollkaufmann	433	147
Vollmachten	460—463	160—163
−Artvollmacht	460	160
−Einzelvollmacht	460	160
−Handlungsvollmacht	460, 463	160, 163
Vollstreckbarkeitserklärung	452	156
Vorgabezeit	201	74
Vorkalkulation	807, 809	245, 248
Vorkaufsrecht	947	346
Vorstand (AG)	614	192
Vorzugsaktie	925	322
Wandelschuldverschreibungen	938	335
Warenbörse	321—323	109—111
Wareneingangsmeldung	101	44
Wechsel	519—527	176—181
−Akzept	522	177
−Arten	525	180
−Bestandteile	519	176
−Diskontierung	520	176
−Einlösung	521	177

	Fall-Nr.	Seite
−Indossament	522	177
−Klage	524	179
−Kredit	951	352
−Notifikation	523	178
−Prolongation	527	181
−Protest	523	178
−Ratenzahlung	526	181
−Rückrechnung	523	178
−Verjährung	524	179
−Zentralbankfähigkeit	522	177
−Ziehung	519	176
Wechselkurs	325	112
Weisungssysteme	017, 018	30, 33
Werbeerfolgskontrolle	310	99
Werbeetat	308	98
Werbegrundsätze	307	98
Werbemittel	308	98
Werbepolitik	306—311	97—100
	327	114
Werbung	306—311	97—100
Werkvertrag	427, 428	145, 146
Werklieferungsvertrag	427, 428	145, 146
Werkstättenfertigung	203	83
Wertaufholung	860	274
Wertbrief	503	165
Wertklassen (Eisenbahngütervekehr)	334	121
Wertpapiere	904—909	301—308
−Beurteilung	909	308
−Kauf	908	306
−Kurs	908	306
−Verwahrung	910, 911	310
Wertschöpfung	868	280
Wettbewerbsverbot		
−Personengesellschaft	611	189
−Arbeitsverhältnis	702	215
Widerspruchsfrist	452	156
Wiederbeschaffungswert	857	272
Wiedergewinnungszeit	912	311
	915	313
Willenserklärung	401	130
Wirtschaftlichkeit	867	279
	873	286
Zahlungsbedingungen	422, 424	140, 142
Zahllast	877	294
Zahlschein	504, 516—518	165, 174, 175
Zahlungsverzug	451	156
Zeichnungsentnahmeschein	201	74
Zeitlohn	718	224
	720	226
Zergliederte Zuschlagskalkulation	804—806	242—244
Zession	943	342

	Fall-Nr.	Seite
Zeugnis	703	216
Zielausmaß	006	17
Zielbeziehungen	007—009	18—20
Zielerreichung, Stufen der...	010, 011	21
Zielformulierung	006	17
	018	33
Zielinhalt	006	17
Zielkomplementarität	007—009	18—20
Zielkonkurrenz	007—009	18—20
Zielkontrolle	010, 011	21
Zielrealisation	010, 011	21
Zielsetzung, unternehmerische	006—009	17—20
Zielzeit	006	17
Zölle (Verzollung)	119	71
Zusatzkosten	830	260
Zuschlagsbasis	803	241
Zuschlagskalkulation	801—815	240—253
−kumulative	801—803	240, 241
−zergliederte	804—806	242—244
Zuschlagssatz	802	240
Zuständiges Gericht	454	158
Zwangsvergleich	652, 653	212, 213
Zweckaufwand	830	260

EUROPA-FACHBUCHREIHE
für wirtschaftliche Bildung

Liebold – Reip – Weber

Problemlösungen
mit Entscheidungsbegründungen

zum

Lehraufgaben-Programm Betriebswirtschaftslehre

Lehraufgaben-Programm für eine entscheidungs- und problemorientierte Betriebswirtschaftslehre

7. Auflage

VERLAG EUROPA-LEHRMITTEL · Nourney, Vollmer GmbH & Co.
Düsselberger Straße 23 · Postfach 2160 · 5657 Haan-Gruiten

Europa-Nr.: 97127

Verfasser:

Professor Gotthold Liebold, Dipl.-Kfm., Dipl.-Hdl.

Professor Hubert Reip, Diplomvolkswirt,

Oberstudiendirektor Dr. oec. Hans Weber, Dipl.-Hdl.

Lektor:

Dr. Hans Weber

Dieses Lösungsheft gibt nicht die Lösungen an, wie sie von Schülern erwartet werden. Sie sind eine Arbeitshilfe für den Lehrer.

7. Auflage 1992
Druck 5 4 3 2 1
Alle Drucke derselben Auflage sind parallel einsetzbar.

ISBN 3-8085-9737-2

Alle Rechte vorbehalten. Das Werk ist urheberrechtlich geschützt. Jede Verwertung außerhalb der gesetzlich geregelten Fälle muß vom Verlag schriftlich genehmigt werden.

© 1992 by Verlag Europa-Lehrmittel, Nourney, Vollmer GmbH & Co., 5657 Haan-Gruiten
Satz und Druck: IMO-Großdruckerei, 5600 Wuppertal 2

Vorschläge für den Einsatz des LAP

1. Frontalunterricht mit dem LAP

Ein Schüler liest den einleitenden Text des Falles. Die im Fall geschilderten Sach- bzw. Rechtsbeziehungen werden an der Tafel skizziert. Erst wenn die Schüler die Zusammenhänge sicher erfaßt haben, wird an die Erarbeitung der Fragen gegangen. Bei einer Frage rechtlichen Inhalts liest der Schüler den dafür in Frage kommenden Gesetzestext. Die zur Lösung erforderlichen Paragraphen sind bei jeder Frage angegeben. Der Schüler muß sich zunächst den Inhalt des gelesenen Gesetzestextes klarmachen und danach die Antwort und ihre Begründung formulieren.

Die übrigen Schüler suchen ebenfalls eine Lösung und begründen abweichende Ergebnisse. Die Klasse diskutiert solche Differenzen und sucht nach einer zufriedenstellenden Lösung.

Der Lehrer überwacht die Antworten und führt die Schüler notfalls zur richtigen Lösung.

Diese wird von den Schülern niedergeschrieben. Das Allgemeingültige der gefundenen Lösungen wird an der Tafel festgehalten. So entsteht der Tafelanschrieb organisch aus dem Ablauf des Unterrichts und enthält nur noch den reinen Merkstoff.

2. Gruppenunterricht mit dem LAP

Das LAP ermöglicht Gruppenunterricht. Leistungsstarke Schüler können in der Gruppe leistungsschwächere stützen. Es können aber auch leistungsstarke Schüler zusammengefaßt werden, um sie besonders zu fördern.

Jede Gruppe muß einen Gruppenverantwortlichen haben und sollte aus drei bis fünf Schülern bestehen. Der Gruppenverantwortliche muß dafür sorgen, daß die von der Gruppe in gemeinsamer Arbeit gefundenen Lösungen klar formuliert und schriftlich festgehalten werden.

Im letzten Drittel der Unterrichtsstunde tragen die Gruppenverantwortlichen diese Lösungen vor und müssen sie gegenüber abweichenden Lösungen anderer Gruppen vertreten. Kommen einzelne Schüler dabei zu neuen Erkenntnissen, dann werden auch diese verwertet.

Die Aufgabe des Lehrers während des Gruppenunterrichts besteht im helfenden und beratenden Eingreifen in die Arbeit der Gruppen. Beim abschließenden Vergleich der von den einzelnen Gruppen gefundenen Ergebnisse leitet der Lehrer die Diskussion. Notfalls muß er auch hier die Schüler zur richtigen Lösung führen.

Das Allgemeingültige der Lösungen wird auch hier an der Tafel als Merkstoff festgehalten und von den Schülern in ihr Arbeitsheft übernommen.

3. Sinnvolle Hausaufgaben durch das LAP

Für den Lehrer, der konventionell unterrichtet, gibt das LAP die Möglichkeit, zu prüfen, ob der in der Stunde durchgenommene Lehrstoff von allen Schülern verstanden wurde. Das geschieht, indem die Schüler zu Hause allein die Aufgaben des LAP zu diesem Stoff zu lösen haben. Ist das Unterrichtsziel wirklich erreicht worden, muß den Schülern die Lösung glücken. Darüber hinaus kann der Lehrer auf diese Weise die Kenntnisse seiner Schüler vertiefen und sie dazu bringen, das Gelernte sinnvoll anzuwenden.

Der Lehrer kann aber auch den im Lehrplan vorgeschriebenen Stoff schneller bewältigen, indem er neue Stoffgebiete von den Schülern durch das häusliche Lösen der Lehraufgaben vorbereiten läßt. Der Schüler wird durch das LAP bei dieser Vorbereitung methodisch geführt. Beim Schüler wird die Fähigkeit entwickelt, sich selbst in ein neues Fachgebiet einzuarbeiten. Der Schüler fühlt dabei, daß er eine echte Leistung vollbringt.

0 Ziele, Aufbau und Funktionen des Betriebes
Der Betrieb in der arbeitsteilig verflochtenen Volkswirtschaft

001 *Urproduktionsbetriebe — Produktionsgüterbetriebe — Konsumgüterbetriebe — Dienstleistungsbetriebe*

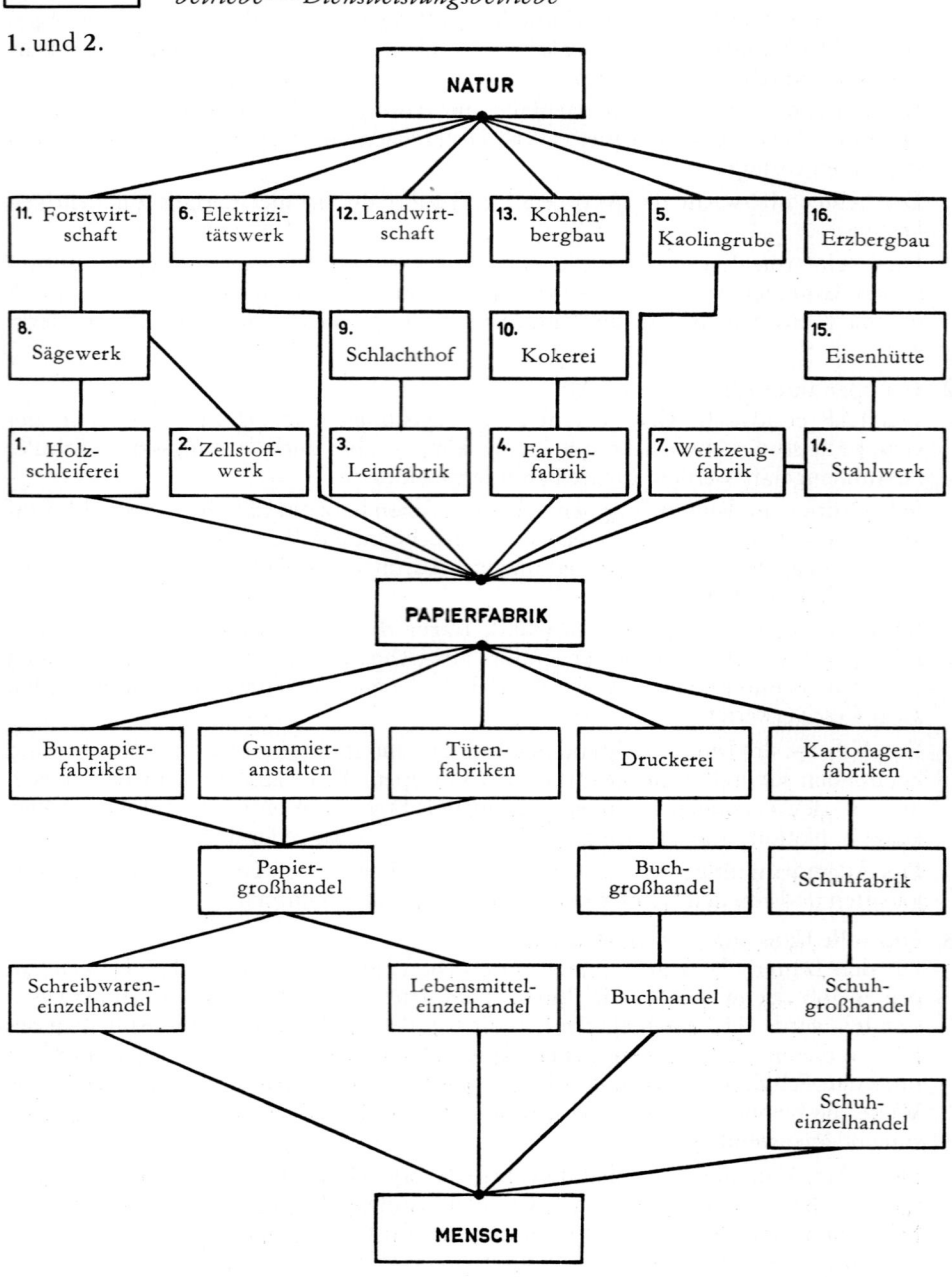

1. und 2.

```
                              NATUR
   ┌──────┬─────────┬──────────┼──────────┬──────────┬──────────┐
11. Forst-  6. Elektrizi-  12. Landwirt-  13. Kohlen-  5. Kaolin-  16. Erz-
   wirt-      täts-           schaft        bergbau     grube       bergbau
   schaft    werk

 8. Säge-              9. Schlacht-  10. Kokerei             15. Eisen-
    werk                  hof                                    hütte

 1. Holz-   2. Zellstoff-  3. Leim-  4. Farben-  7. Werkzeug-  14. Stahl-
    schleiferei  werk        fabrik     fabrik      fabrik         werk

                          PAPIERFABRIK

 Buntpapier-  Gummier-  Tüten-    Druckerei   Kartonagen-
 fabriken     anstalten fabriken              fabriken

              Papier-              Buch-      Schuhfabrik
              großhandel           großhandel

 Schreibwaren- Lebensmittel-  Buchhandel  Schuh-
 einzelhandel  einzelhandel               großhandel

                                          Schuh-
                                          einzelhandel

                          MENSCH
```

(Beispiel in Anlehnung an: Erich Schäfer, Die Unternehmung)

3.

	Beispiele aus dem Schaubild	andere Beispiele
Urproduktions-betriebe	Forstwirtschaft, Landwirtschaft, Kohlenbergbau, Kaolingrube, Erzbergbau, Elektrizitätswerk.	Fischerei, Steinbruch, Ziegelei.
Produktionsgüter-betriebe	Sägewerk, Kokerei, Stahlwerk, Eisenhütte, Holzschleiferei, Werkzeugfabrik, Papierfabrik, Zellstoffwerk, Leimfabrik, Farbenfabrik, Kartonagenfabriken.	Maschinenfabriken, Lkw-Fabriken, Motorenfabriken, Büromöbelfabriken.
Konsumgüter-betriebe	Buntpapierfabriken, Gummieranstalten, Tütenfabriken, Druckereien, Schuhfabriken, Papierfabriken.	Bekleidungsindustrie, Lebensmittelindustrie, Wohnmöbelfabriken.
Dienstleistungs-betriebe	Papiergroßhandel, Schreibwareneinzelhandel, Lebensmitteleinzelhandel Buchgroßhandel, Buchhandel, Schuhgroßhandel, Schuheinzelhandel.	Kino- und Theaterbetriebe, Textilhandel Friseur, Banken, Versicherungen, Gaststätten.

Bei der Entscheidung, ob es sich bei einem Gut um ein Konsumgut oder um ein Produktionsgut handelt, ist der Verwendungszweck maßgeblich. Konsumgüter dienen dem unmittelbaren Verbrauch zu Konsumzwecken; Produktionsgüter werden zur Herstellung anderer Güter eingesetzt. Demnach produzieren zahlreiche Produktionsbetriebe auch Konsumgüter und Konsumgüterbetriebe auch Produktionsgüter.

002 Verflechtungsmatrix

1.

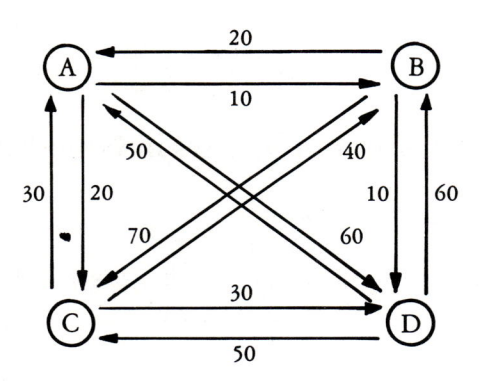

2.

	A	B	C	D
Empfangene Leistungen	100	110	140	100
Abgegebene Leistungen	90	100	100	160

3. D empfängt 100; gibt ab 160 (= gesamtes Produktionsergebnis);
   Differenz ergibt sich aus Löhnen, Zinsen, Gewinnen, Abschreibungen, indirekten Steuern ·/. Subventionen, Importen (Primär-Inputs).

Die betrieblichen Produktionsfaktoren

| 003 | *Dispositive Faktoren — Elementarfaktoren* |

1. a) Betriebsmittel (maschinelle Apparatur, über die der Betrieb verfügt): Pumpe, Öltanks, Mischbottich, Kirne, Kühltrommel, Transportkran, Knetmaschine, Mischmaschine, Packmaschine, Kühlhaus.
   b) Werkstoffe: Speiseöle, Butterfarbe, sonstige Zutaten.
   c) z. B. im Mischbottich, in der Kirne, in der Knetmaschine.
2. Ausführende Arbeit.
3. Von links nach rechts: ausführende Arbeit, Betriebsmittel, Werkstoffe.
4. a) Planen b) Führen (Zielsetzung) c) Organisieren, d) Führen (Entscheiden).
5. Repetierfaktoren (Verbrauchspotential) entsprechen den Werkstoffen, Potentialfaktoren (Nutzungspotential), den Betriebsmitteln und Arbeitskräften.

| 004 | *Produktionsfaktoren* |

Grundstücke und Gebäude, Maschinen, Fahrzeuge, Roh-, Hilfs- und Betriebsstoffe, unfertige Erzeugnisse.

Die Gliederung des Leistungsprozesses in Grundfunktionen

| 005 | *Die fünf Grundfunktionen* |

1. Beschaffung — Einsatzlager — Herstellung — Absatzlager — Absatz.

2. a) — e)

	Beschaffung	Einsatzlager	Herstellung	Absatzlager	Absatz
Handelsbetrieb	Handelswaren	Handelswaren	Dienstleistungen (Verteilung)	Verkaufslager, Laden	Verkauf und Auslieferung
Transportunternehmen	überwiegend Transportmittel und Treibstoffe	Treibstoffe	Dienstleistung (Transport)	—	Dienstleistung (Transport)
Steuerberatungsbüro	überwiegend Büromaterial	unbedeutend	Dienstleistung (Vorbereitung u. Erstellung von Steuererklärungen)	—	Dienstleistung (Vorbereitung u. Erstellung von Steuererklärungen)
Bankbetrieb	Geld und Kapitalmittel	Geld und Kapitalmittel	Dienstleistung (Zahlungsverkehr, Kreditgewährung)	Geld und Kapitalmittel	Dienstleistung (Zahlungsverkehr, Kreditgewährung)
Bauunternehmen	Baumaterial	Baumaterial	Erstellen von Bauwerken	—	Erstellen von Bauwerken

Die Zielsetzung der Unternehmung und die Stufen der Zielerreichung

Die Formulierung von Zielen

006 *Zielausmaß — Zielinhalt — Zielzeit*

1. Zielformulierung der zentralen Geschäftsleitung.
2. Marketing-Bereich: Steigerung des Absatzes an Küchenmaschinen, Kühlschränken, Waschmaschinen und Spülmaschinen im folgenden Geschäftsjahr um jeweils 15 %.
Technischer Bereich: Senkung der Produktionskosten im folgenden Geschäftsjahr um ca. 6 % durch Rationalisierung und voller Kapazitätsauslastung unter Beibehaltung der bisherigen Qualitätsnormen.
3. Operational formulierte Ziele ermöglichen eine Feststellung des Grads der Zielerreichung. Sie sind Orientierungsdaten für die Erfüllung einer Aufgabe.

Zielbeziehungen

007 *Zielkomplementarität — Zielkonkurrenz*

Komplementäre Zielbeziehungen: Durch Bildung von autonomen Arbeitsgruppen wurde die Abwechslung in der Arbeitstätigkeit erhöht, die Entscheidungsmöglichkeit für den einzelnen Arbeitnehmer vergrößert und somit seinem Prestigebedürfnis Rechnung getragen.

Gleichzeitig konnten die Produktionskosten gesenkt werden, da die Stillstandszeiten am Fließband und die Fehlzeiten zurückgingen, wie auch der Zeitaufwand für Korrekturarbeiten sank.

008 — Zielbeziehungen zwischen Absatz, Umsatz, Gewinn und Rentabilität

1.

Periode	Umsatz	Gewinn	Rentabilität
1	420 000	21 000	11,05 %
2	600 000	23 000	10,45 %
3	600 000	20 000	8,89 %
4	760 000	10 000	4,35 %

2. a)

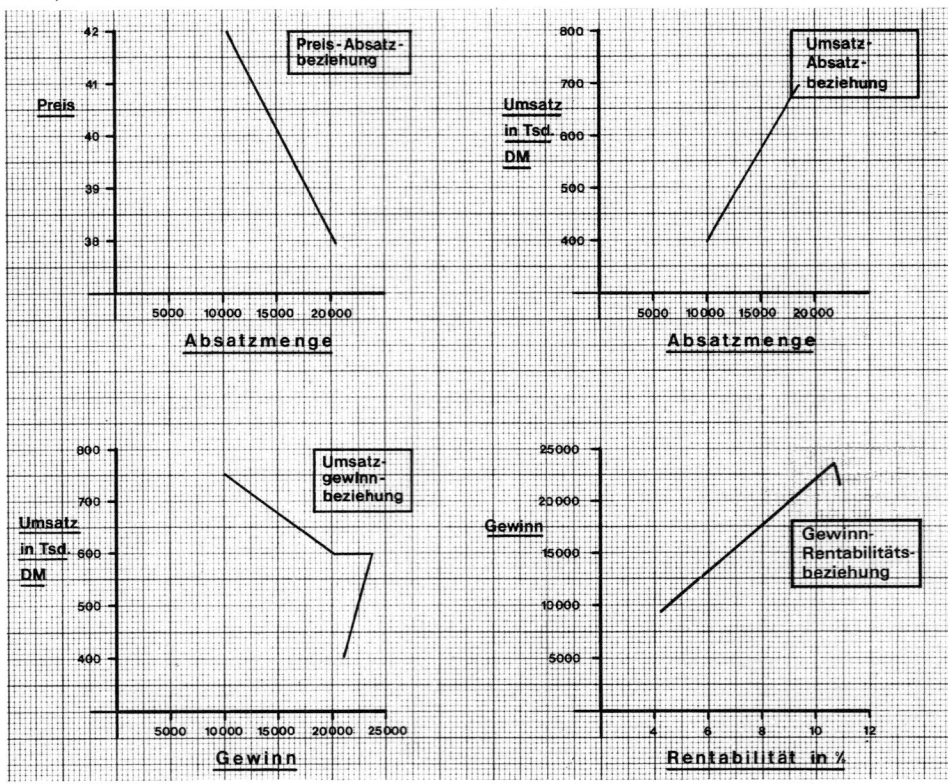

[Vier Diagramme: Preis-Absatz-Beziehung, Umsatz-Absatz-Beziehung, Umsatz-Gewinn-Beziehung, Gewinn-Rentabilitäts-Beziehung]

b) + c)

Zielkomplementarität

Preis/Absatz: Preissenkung bewirkt Absatzsteigerung (entspr. Verlauf der Nachfrage nach einem Gut); Umsatz/Absatz: Absatzsteigerungen bewirken Umsatzsteigerungen bei angenommener Preisentwicklung; Umsatz/Gewinn v. Periode 1 auf 2: Preiselastizität der Nachfrage größer als 1.

Zielkonkurrenz

Umsatz/Gewinn v. Periode 2 auf 3 und 3 auf 4: Preiselastizität der Nachfrage kleiner als 1; Gewinn/Rentabilität: im 2. Jahr wurde durch Absatzsteigerung und Preissenkung zwar eine Gewinnsteigerung erzielt, jedoch nur in Verbindung mit einer Eigenkapitalerhöhung und Kostenerhöhungen; die weiterhin fallende Rentabilität im 3. und 4. Jahr ist auf weitere Kostensteigerungen und Eigenkapitalerhöhung zurückzuführen.

| **009** | *Zielkomplementarität — Zielkonkurrenz* |

Graphik I: Zielkonkurrenz
Graphik II: Zielkomplementarität

Die Stufen der Zielerreichung: Planung, Realisation und Kontrolle

| **010** | *Planung, Realisation und Kontrolle im Lagerbereich* |

1. Bestellbestand 10 t

2.

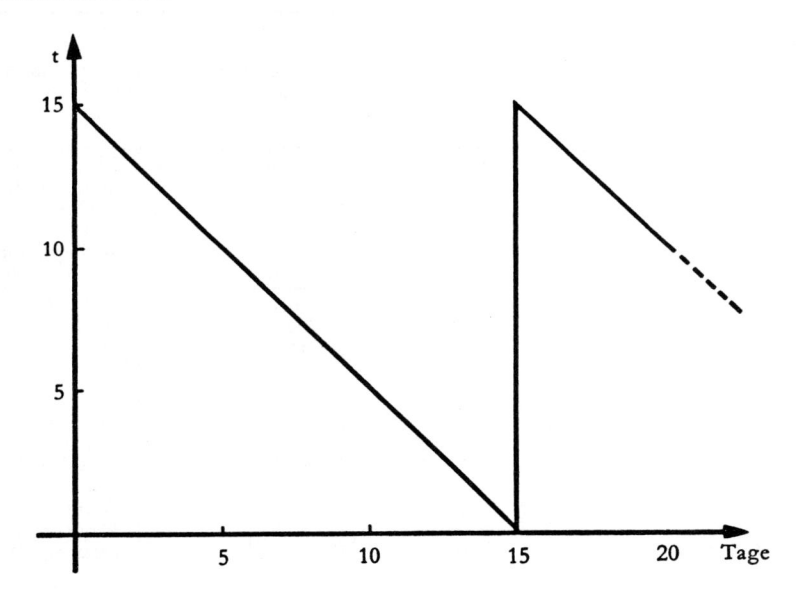

3.

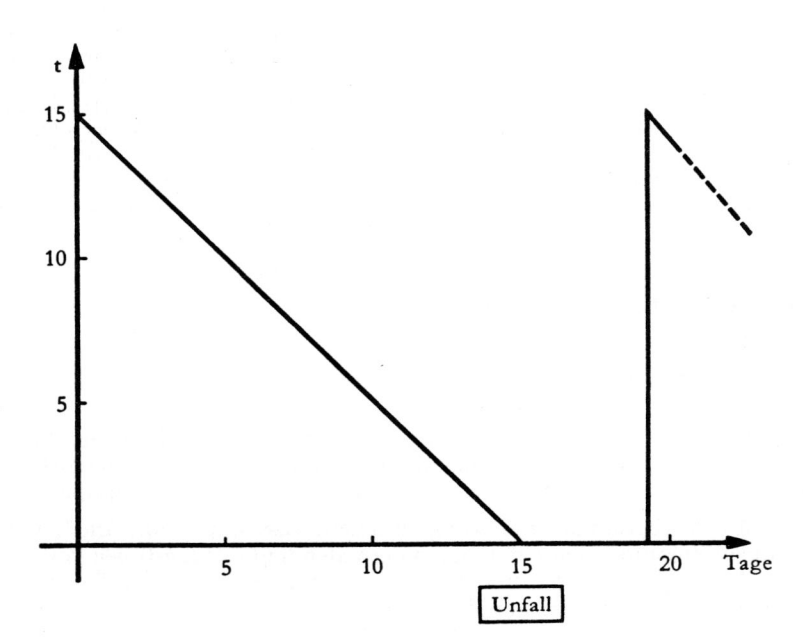

Unfall

4. Einplanung eines eisernen Bestandes.
5. Die Kontrolle des Lagerbestandes zeigt, daß es bei der Durchführung der Aufträge durch unvorhersehbare Ereignisse zu Abweichungen von der ursprünglichen Planung kommen kann. Das Ergebnis der Kontrolle wirkt sich hier so auf die zukünftige Planung aus, daß ein Reservebestand für unvorhersehbare Fälle berücksichtigt wird.

011 *Planung, Realisation und Kontrolle innerhalb der Grundfunktionen*

Teilaufgaben (Grundfunktionen) \ Stufen der Aufgabenerfüllung	Planung	Durchführung	Kontrolle
Beschaffung	Berechnung des Materialbedarfs nach Zeichnung	Bestellung	Ablage der Bestelldurchschläge zur Terminkontrolle — Erfassung der Bewegungen und Bestände
Werkstofflager (Einsatzlager)	Planung zur Bereitstellung von Lagerraum aufgrund der Mitteilung der Einkaufsabteilung	Einlagerung des eingegangenen Materials	Prüfung des eingehenden Materials
Herstellung	Berechnung der benötigten Arbeitsstunden und der Beanspruchung der benötigten Betriebsmittel — Fertigungsbeginn	Herstellung der Hotelmöbel	Vergleich der fertiggestellten Teile mit den Zeichnungen — Vergleich des Fortgangs der Fertigung mit Terminplan
Fertigwarenlager (Absatzlager)	Planung zur Bereitstellung von Lagerraum	Einlagerung der fertiggestellten Teile	Erfassung der Bewegungen und Bestände
Absatz	Auslieferungstermin — Bereitstellung der Fahrzeuge mit Auslieferung	Auslieferung	Bearbeitung der unterschriebenen Lieferscheine

Führungsprinzipien

012 *Management by Exception — Management by Objectives*

Management by Objectives ist eine Form der Unternehmungsführung, bei der die Abteilungsleiter ihr Handeln nach eindeutig und nachprüfbaren Zielen ausrichten. Die Abteilungsleiter tragen dann die volle Verantwortung für die Zielerreichung.

Management by Exception heißt Führung nach dem Auswahlprinzip. Alle Entscheidungen, welche im Zusammenhang mit einem normalen und störungsfreien Betriebsablauf notwendig sind, werden unterhalb der obersten Führungsebene getroffen. Gerber entscheidet dann nur noch in Ausnahmefällen.

Durch Anwendung beider Führungssysteme kann Gerber erheblich entlastet werden. Seine Tätigkeit erstreckt sich danach auf die Festsetzung von Oberzielen und deren Kontrolle sowie auf Ausnahmeentscheidungen. Dadurch besteht die Chance zur Verbesserung der Unternehmenssituation, weil

— die Selbständigkeit und Verantwortungsbereitschaft der Mitarbeiter gefördert werden
— die Leistungsbereitschaft gestärkt wird
— eine Leistungsbeurteilung durch Soll-Ist-Vergleich ermöglicht wird.

Die Organisation als Mittel zur Verwirklichung der Ziele

013 *Organisation — Improvisation — Organisatorisches Gleichgewicht*

1. Ursachen: Eingehende Aufträge werden nicht in eine Terminplanung übernommen. Bei der Festlegung der Reihenfolge der Auftragsausführung wird improvisiert.

    Die Aufträge werden nicht nach zugesagten Ausführungsterminen abgelegt. Grundsätzliche Regelungen über Vertretungen scheinen entweder überhaupt nicht getroffen worden zu sein oder werden nicht immer eingehalten.

2. Wirtschaftliche Folgen: Unausgeglichene Beschäftigung; Kundenverlust; höhere Kosten, bedingt z. B. durch vermeidbare Überstundenlöhne; Schadenersatz wegen Leistungsverzug.

3. Organisiert: Ablage der Angebote und Aufträge nach dem Alphabet;

    Improvisiert: Ausführung der Aufträge. Es ist anzunehmen, daß auch alle anderen Entscheidungen improvisiert werden. Die Organisation hat offensichtlich nicht mit dem Wachstum des Betriebes Schritt gehalten.

4.

	Dispositionen	
	improvisiert	organisiert
Vorteile	Fähigkeit zur unmittelbaren Anpassung an veränderte Situationen	Übersicht über Betriebsaufbau und Betriebsablauf
Nachteile	Probleme sind immer wieder neu zu durchdenken; größere Fehlerhäufigkeit	Verzögerte Anpassung an veränderte Situationen

5. a) Die Zahl der fallweisen Entscheidungen nimmt mit fortlaufender Betriebstätigkeit ab und wird durch organisatorische Dauerregelungen ersetzt. Das hat seinen Grund darin, daß im Laufe der Zeit gleichartige Widerholungsvorgänge erkannt und generell geregelt werden können. Wächst der Betrieb mit fortlaufender Betriebstätigkeit, so ergibt sich auch daraus eine Tendenz zu generellen Regelungen. Jedoch ist ein ausgewogenes Verhältnis zwischen Stabilität (Organisation) und Flexibilität (Improvisation) im Betriebsablauf anzustreben (Organisatorisches Gleichgewicht).

    b) Die im Betrieb Schetters eingetretenen Folgen fehlender Organisation bestätigen die im Schaubild dargestellte Behauptung. Schetter hätte seine Organisation mit wachsender Betriebsgröße ausbauen müssen.

Der organisatorische Aufbau des Betriebes

Aufgabengliederung

014 *Gliederung nach dem Objekt und nach der Verrichtung — Aufgabengliederungsplan*

1. Werben, Adressen von Vermietern und Verkäufern beschaffen und speichern; Adressen von Mietern und Käufern sammeln und speichern; vermitteln; Hauszeitschrift herstellen; Zahlungen und Überweisungen entgegennehmen und ausführen; Beschaffung von Büromaterial; verbuchen aller Geschäftsvorgänge.

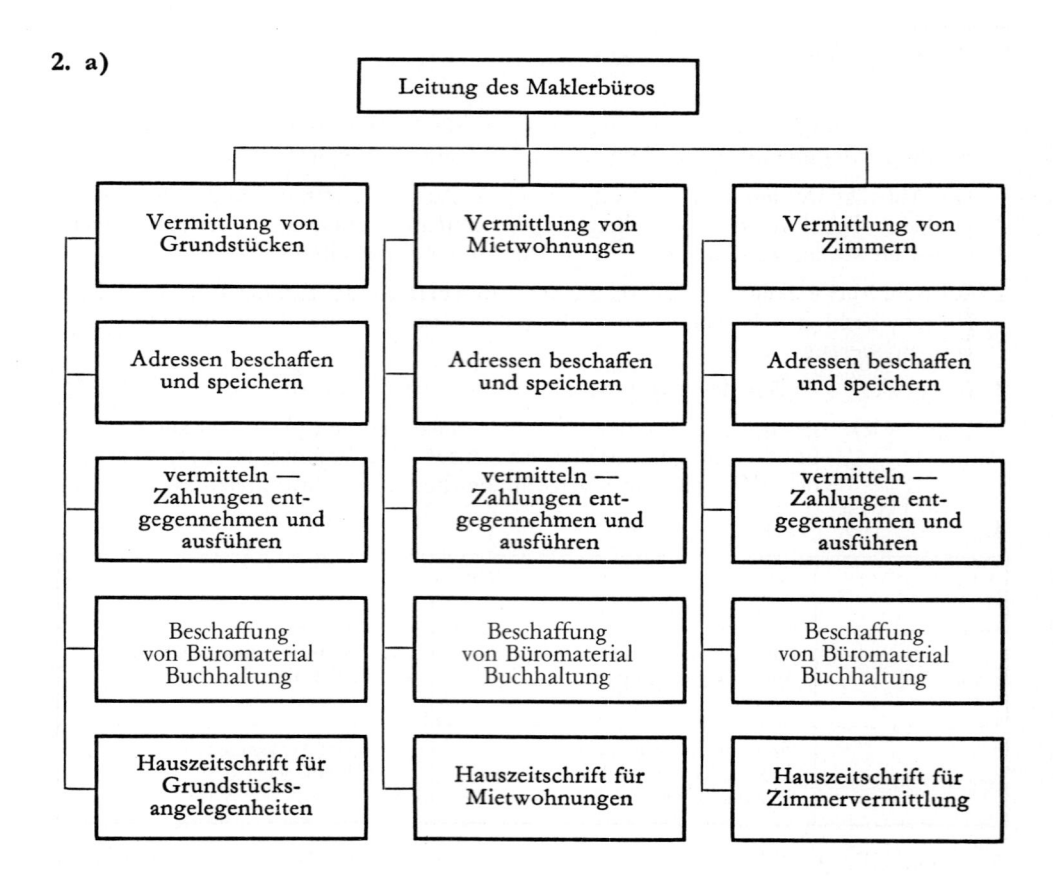

2. a)

```
                    ┌─────────────────────────┐
                    │  Leitung des Maklerbüros │
                    └─────────────────────────┘
         ┌───────────────────┼───────────────────┐
┌─────────────────┐ ┌─────────────────┐ ┌─────────────────┐
│ Vermittlung von │ │ Vermittlung von │ │ Vermittlung von │
│  Grundstücken   │ │  Mietwohnungen  │ │     Zimmern     │
└─────────────────┘ └─────────────────┘ └─────────────────┘

┌─────────────────┐ ┌─────────────────┐ ┌─────────────────┐
│Adressen beschaffen│ │Adressen beschaffen│ │Adressen beschaffen│
│  und speichern  │ │  und speichern  │ │  und speichern  │
└─────────────────┘ └─────────────────┘ └─────────────────┘

┌─────────────────┐ ┌─────────────────┐ ┌─────────────────┐
│   vermitteln —  │ │   vermitteln —  │ │   vermitteln —  │
│  Zahlungen ent- │ │  Zahlungen ent- │ │  Zahlungen ent- │
│ gegennehmen und │ │ gegennehmen und │ │ gegennehmen und │
│    ausführen    │ │    ausführen    │ │    ausführen    │
└─────────────────┘ └─────────────────┘ └─────────────────┘

┌─────────────────┐ ┌─────────────────┐ ┌─────────────────┐
│   Beschaffung   │ │   Beschaffung   │ │   Beschaffung   │
│ von Büromaterial│ │ von Büromaterial│ │ von Büromaterial│
│   Buchhaltung   │ │   Buchhaltung   │ │   Buchhaltung   │
└─────────────────┘ └─────────────────┘ └─────────────────┘

┌─────────────────┐ ┌─────────────────┐ ┌─────────────────┐
│Hauszeitschrift für│ │Hauszeitschrift für│ │Hauszeitschrift für│
│   Grundstücks-  │ │  Mietwohnungen  │ │ Zimmervermittlung│
│  angelegenheiten│ │                 │ │                 │
└─────────────────┘ └─────────────────┘ └─────────────────┘
```

b) Mit zunehmender Geschäftsgröße würde das Ausmaß der Teilaufgaben für jedes Objekt so groß, daß für jedes Objekt so viel Arbeitskräfte eingesetzt werden, daß sie sich auf eine Verrichtung spezialisieren können.

c)

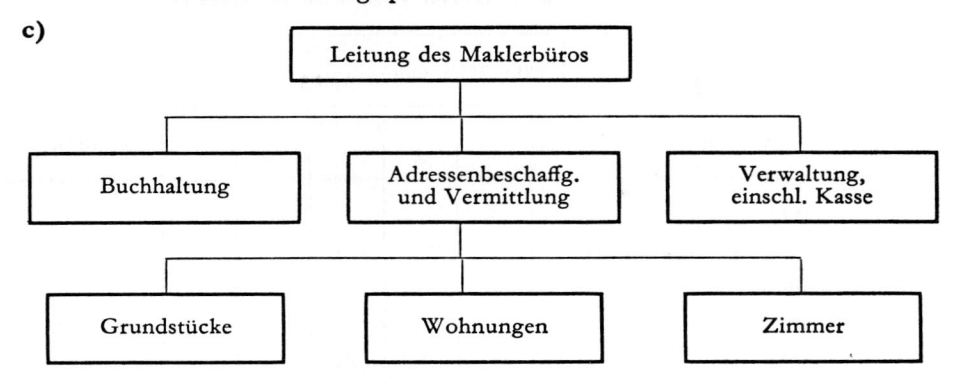

```
                    Leitung des Maklerbüros
           ┌────────────────┼────────────────┐
      Buchhaltung    Adressenbeschaffg.   Verwaltung,
                     und Vermittlung      einschl. Kasse
                  ┌────────┼────────┐
              Grundstücke  Wohnungen  Zimmer
```

Die Untergliederung der Buchhaltung und der Verwaltung einschließlich Kasse erfolgt wie die Untergliederung der Adressenbeschaffung und Vermittlung.

3.
```
                         Leitung des Maklerbüros
          ┌──────────────┬──────────────┬──────────────┐
      Vermittlg. von  Vermittlg. von  Vermittlg. von  Verwaltung,
       Grundstücken   Mietwohnung.    Zimmern         einschl. Buchh.,
                                                      Kasse,
                                                      Hausdruckerei
      Annahme und    Annahme und    Annahme und
      Speicherung    Speicherung    Speicherung

      Vermittlung    Vermittlung    Vermittlung
```

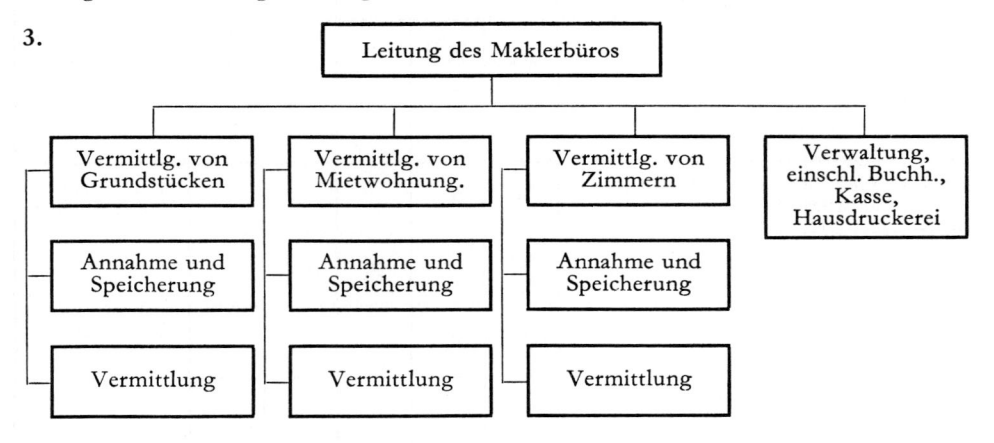

Stellenbildung, Aufgabenverteilung und Stellenbeschreibung

015 *Aufgabenliste — Aufgabenverteilungsplan — Zuteilung von Befugnissen — Stellenbildung — Stellenbeschreibung*

1. In Aufgabenliste eintragen: 148 Std.
   In Aufgabenverteilungsplan Gesamt-Std. je Aufgabe eintragen und quer addieren zur Kontrolle.
   Gesamtstunden je Stelle feststellen und addieren: $37 + 43 + 31 + 27 + 10 = 148$ Std.
2. Ziele festlegen, Entscheidungen treffen.
3. Stelle 4 erfordert bei der Besetzung eine gelernte Stenokontoristin, Stelle 5 ist die Stelle einer ungelernten Bürohilfskraft.
4. $148 : 37 = 4$ Stellen.
5. Vier beliebige Namen eintragen; Stelle 4 und 5 werden von einer Person besetzt.
6. Im Grunde wäre es wohl die beste Lösung, das Verkaufsgebiet A zu verkleinern und einige Orte dem Verkaufsgebiet B zuzuschlagen. Dann müßten Arbeiten, die zweckmäßigerweise innerhalb einer Stelle erledigt werden, nicht auseinandergerissen werden.

7.

PSG		ZUTEILUNG VON BEFUGNISSEN					
Abteilung/Gruppe:		Verkaufsabteilung					
Nr.	Bezeichnung	Stellen					Bemerkung
		1	2	3	4	5	
1	Prokura	X					
2	Handlungsvollmacht						
3	Sachgebietsvollmacht		X	X			
4	Urlaubsscheine für Mitarbeiter	X	X[1]				[1] in Vertr. der Stelle 1
5	Überstunden	X	X[1]				[1] in Vertr. der Stelle 1
6	Benutzung privater Kfz	X					
7	Gen. Reiseanträge und -kostenabrechnungen	X	X[1]				[1] in Vertr. der Stelle 1
8	Bewirtung im Hause	X	X	X			
9	Bewirtung außer Hause	X	X[1]				[1] in Vertr. der Stelle 1
10	Einstellung/Entlassung von Mitarbeitern						
11	Individuelle Lohn- und Gehaltsveränderung	X					
12	Investitionen geringwertige Wirtschaftsgüter (bis 800,— DM)	X					
13	Investitionen Anlagegüter Büromaschinen und Büroeinrichtungen über DM 800,—						
14	Büromaterial	X	X[1]				[1] in Vertr. der Stelle 1

8.

PSG	Stellenbeschreibung

Name des Stelleninhabers: .... (vom Schüler festgelegt)
Bezeichnung der Stelle: Leiter Verkauf

1 Eingliederung der Stelle

1.1. Name und Stelle
des Vorgesetzten: v. Strutz, Geschäftsführer

1.2. Namen der direkt
unterstellten Mitarbeiter: (4 Namen, vom Schüler festgelegt)

1.3. Stellvertretung:
vertritt: Leiter der Einkaufsabteilung

wird vertreten: Sachbearbeiter Verkaufsgebiet A

2 Stellenaufgabe

2.1. Gesamtaufgabe: Leitung der Verkaufsabteilung

2.2. Einzelaufgaben: Kundenkontakt, Einstellung von Vertretern u.
                            Betreuung, Marktforschung und Werbung,
                            Auswertung der Statistik, Personalführung

3 Befugnisse   1, 4, 5, 6, 7, 8, 9, 11, 12, 14 des Formblatts

4 Stellenanforderungen

4.1. Vorbildung
und Kenntnisse: kfm. Ausbildung (möglichst Betriebswirt grad.)
                            Verkaufspraxis in der Branche

4.2. Persönlichkeitsmerkmale: kontaktstark, verhandlungsgeschickt,
                            Führungseigenschaften

9. a) Nennung der direkt unterstellten Mitarbeiter, Regelung der Vertretung und der Befugnisse, Persönlichkeitsmerkmale.
   b) Stellenaufgaben,
   c) Vorgesetzte und unterstellte Mitarbeiter,
   d) Stellenanforderungen.

Entscheidungs- und Weisungssysteme

| 016 | *Direktorialsystem — Kollegialsystem* |

1. Verwirklicht ist das Direktorialprinzip, da der Seniorchef sich alle Entscheidungen vorbehalten hat.
2. Es ist sehr schwer, bei einem Unternehmen dieser Größe grundsätzlich eine Entscheidung zu treffen. Es kommt deshalb nur darauf an, daß Vor- und Nachteile überlegt und gegenübergestellt werden:

	Vorteile	Nachteile
Direktorial-prinzip	rasche, eindeutige Entscheidung — klare Führungsbefugnis	es werden zu wenig Meinungen berücksichtigt, vor allem die Meinung von Fachleuten nicht ernsthaft gehört
Kollegial-prinzip	demokratische Meinungsbildung — auch Meinungen anderer müssen gehört und berücksichtigt werden	langwieriges Diskutieren statt rascher Entscheidungen

Hier gibt es jedoch Anhaltspunkte, das Kollegialprinzip vorzuziehen. Das Kollegialprinzip kann Schwierigkeiten verhindern, die sonst beim Ausscheiden des Seniorchefs entstehen könnten; außerdem erhält das Fachwissen des Tiefbauingenieurs Hans Körner und des Betriebswirts Schwarz bei der Entscheidungsfindung größeres Gewicht.

| 017 | *Einlinien-, Mehrlinien-, Stabliniensystem — Instanzentiefe und -breite — Formale und informale Beziehungen* |

1. Dr. Blanz.
2. Hofmann, Becker, Spitler, Wirth.
3. Liniensystem.
4. Nein; der Einkauf ist in der SPA nur in die kfm. Abteilung eingegliedert.
5. 5 Stellen für die kaufmännische Leitung, 3 für die technische Leitung.
6. Insgesamt gibt es 4 Führungsebenen.
7. a) Organisationsstelle: Untersuchungen und Vorschläge zur Aufbau- und Ablauforganisation des Betriebes für die Geschäftsleitung erstellen.

   Rechtsabteilung: Vertragsausarbeitungen und Vertragsentwürfe für die Geschäftsleitung, Gutachten über anhängende rechtliche Streitfragen für die Geschäftsleitung.

   b) Ja; die Organisationsstelle sollte unbedingt direkt der Geschäftsleitung unterstellt werden, damit nicht eine Abteilung mit der ihr unterstellten Organisationsstelle Sonderinteressen verfolgen kann.

   Auch die Rechtsabteilung ist eine typische Stabsstelle, die zur Unterstützung der Geschäftsleitung arbeitet und von dieser deshalb auch unmittelbar die Anweisungen und Aufträge erhalten sollte.

8. a) Turek an Gemeinhard (Leitung Produktion), Gemeinhard an Blumer (gesamte technische Leitung), Blumer an Dr. Blanz (Geschäftsleitung), Dr. Blanz an Kern (kaufmännische Leitung), Kern an Kosske (Leitung Verkauf), dem auch der Fuhrpark unterstellt ist, Kosske an Kirchner als Leiter des Fuhrparks.

   Prommer an Rinnert (Leitung Fertigungskontrolle), Rinnert an Blumer (technische Leitung) usw.

   b) Zeit- und Arbeitsersparnis, Entlastung der oberen Ebene von Formalitäten.

9. Solange die Fertigungskontrolle der technischen Leitung unterstellt ist, besteht die Gefahr, daß z. B. bei Terminschwierigkeiten die technische Leitung auf die Kontrolle Druck ausübt, Produkte abzunehmen, die beanstandet werden müßten.

10.

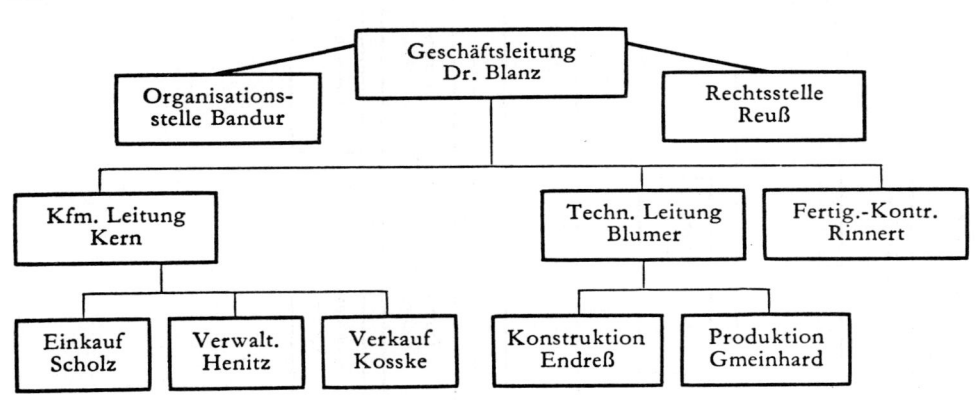

```
                    ┌──────────────────┐
                    │ Geschäftsleitung │
    ┌───────────────│    Dr. Blanz     │───────────────┐
    │               └──────────────────┘               │
┌───────────────┐                              ┌───────────────┐
│ Organisations-│                              │ Rechtsstelle  │
│ stelle Bandur │                              │    Reuß       │
└───────────────┘                              └───────────────┘
    ┌─────────────────────────┬──────────────────────┐
┌───────────┐          ┌──────────────┐      ┌──────────────┐
│Kfm.Leitung│          │Techn.Leitung │      │Fertig.-Kontr.│
│   Kern    │          │   Blumer     │      │   Rinnert    │
└───────────┘          └──────────────┘      └──────────────┘
  ┌────┬────┐              ┌────┬────┐
┌──────┐┌──────┐┌──────┐┌──────────┐┌──────────┐
│Einkauf││Verwalt.││Verkauf││Konstruktion││Produktion│
│Scholz ││Henitz ││Kosske││  Endreß   ││Gmeinhard │
└──────┘└──────┘└──────┘└──────────┘└──────────┘
```

11. Einkaufsabteilung (Lieferfristen);

    Produktion (Nachbesserung terminlich möglich);

    Fertigungskontrolle (Nachbesserung ist technisch zur Zufriedenheit der Fertigungskontrolle möglich).

12. Der Fall bestätigt die Auffassung von Galbraith. Die oberste Firmenleitung kann nur entscheiden, wenn die notwendigen Informationen durch untere Ebenen vorliegen. Letztlich bestimmen sogar der Meister oder der Facharbeiter an der Werkbank, ob eine Nachbesserung möglich ist.

13. Siehe Bild Seite 18.

14. Vorteile: Erfüllung des Wunsches nach Anerkennung, Gedankenaustausch, Ideenaustausch, Ausgleich für uninteressante Arbeit, persönliches Sicherheitsgefühl, Entstehung von betrieblichem Gemeinschaftsgeist, Umgehung formaler Informationswege.

    Nachteile: Störung betrieblicher Anordnungen, leistungshemmende Rivalitäten zwischen betrieblichen Gruppen, Unterdrückung individueller Initiativen, Umgehung der formalen Informationswege.

zu Fall 017

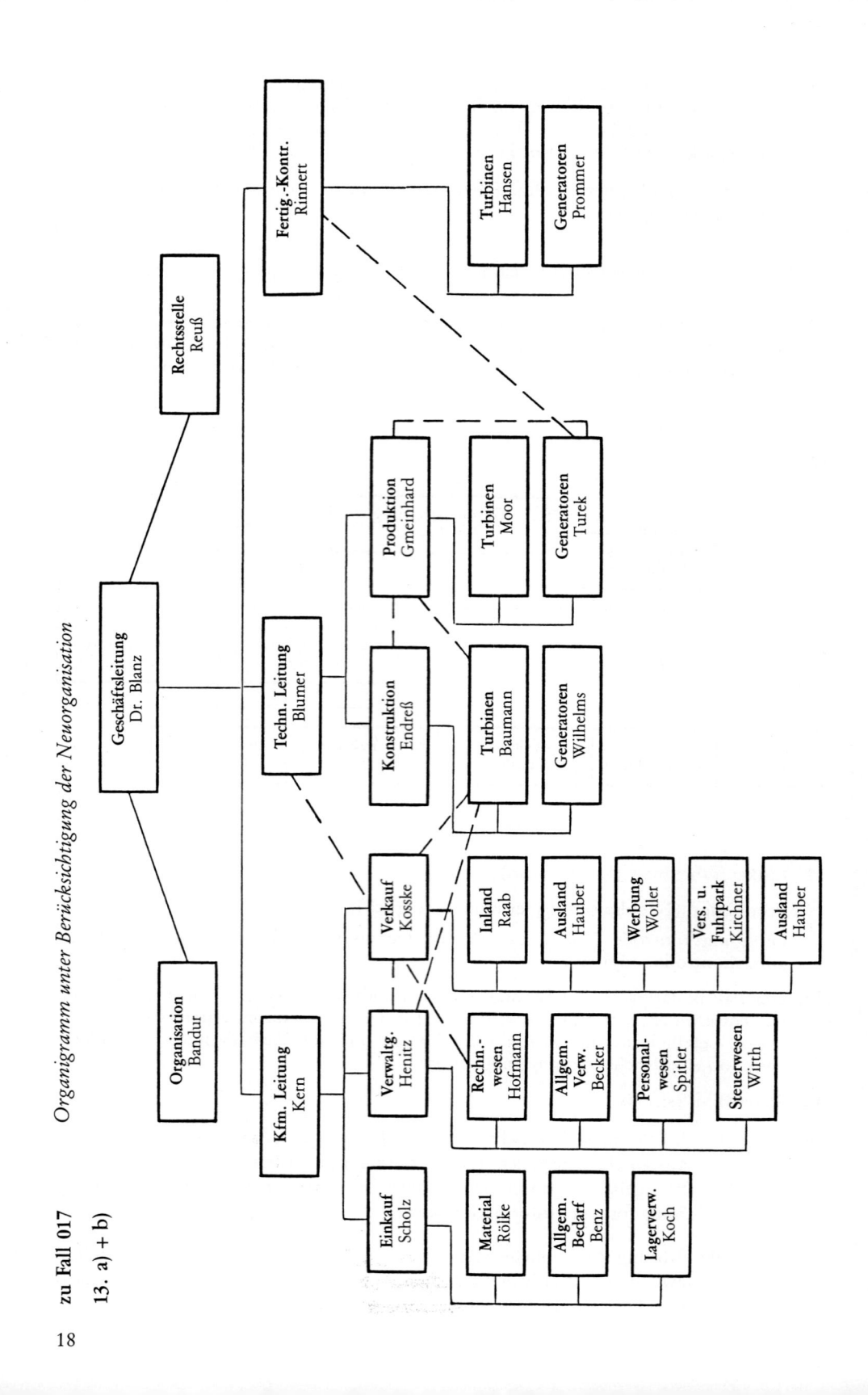

13. a) + b)   Organigramm unter Berücksichtigung der Neuorganisation

Geschäftsleitung
Dr. Blanz

Stabsstellen
- **Rechtsstelle** – Reuß
- **Organisation** – Bandur

Fertig.-Kontr.
Rinnert
- Turbinen – Hansen
- Generatoren – Prommer

Techn. Leitung
Blumer
- **Produktion** – Gmeinhard
  - Turbinen – Moor
  - Generatoren – Turek
- **Konstruktion** – Endreß
  - Turbinen – Baumann
  - Generatoren – Wilhelms

Kfm. Leitung
Kern

- **Verkauf** – Kosske
  - Inland – Raab
  - Ausland – Hauber
  - Werbung – Woller
  - Vers. u. Fuhrpark – Kirchner
  - Ausland – Hauber

- **Verwaltg.** – Henitz
  - Rechn.-wesen – Hofmann
  - Allgem. Verw. – Becker
  - Personalwesen – Spitler
  - Steuerwesen – Wirth

- **Einkauf** – Scholz
  - Material – Rölke
  - Allgem. Bedarf – Benz
  - Lagerverw. – Koch

18

018   *Aufbauorganisation einer Margarinefabrik*

I. Lageanalyse

1. Organigramm der bestehenden Organisation

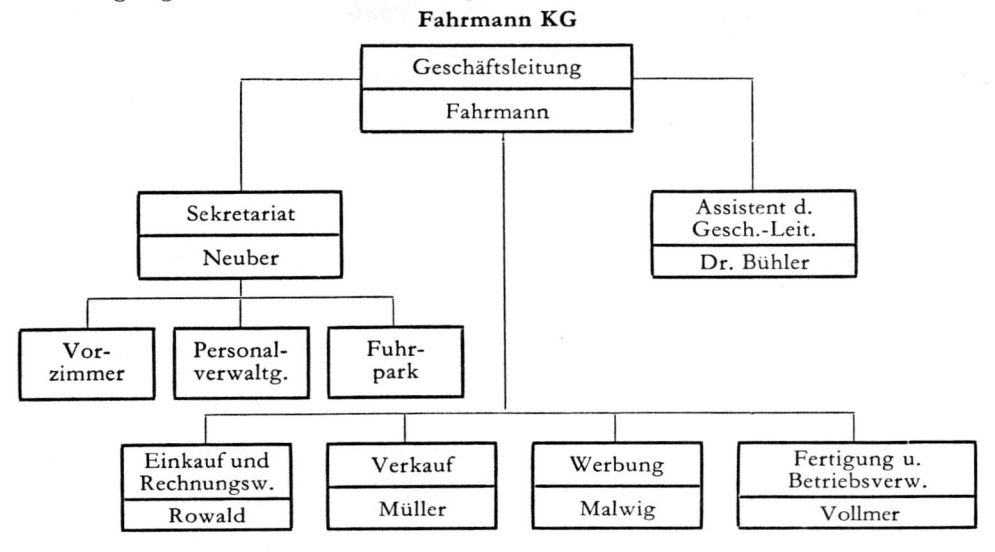

Fahrmann KG

```
                    Geschäftsleitung
                    Fahrmann
        ┌──────────────────┼──────────────────┐
   Sekretariat                          Assistent d.
   Neuber                               Gesch.-Leit.
                                        Dr. Bühler
   ┌────┬────────┬────────┐
 Vor-  Personal- Fuhr-
 zimmer verwaltg. park
   ┌────────┬────────┬────────┐
 Einkauf und  Verkauf  Werbung  Fertigung u.
 Rechnungsw.                    Betriebsverw.
 Rowald       Müller   Malwig   Vollmer
```

2. Entscheidungssystem: Direktorialprinzip; Fahrmann steht alleinige Entscheidungsgewalt zu.

Weisungssystem: Einliniensystem mit Stabsstelle (Assistent der Geschäftsleitung).

3.

	ungünstige Verhältnisse	günstige Verhältnisse
Allgemein	—	wirtschaftliche Lage
Geschäftsleitung (Fahrmann)	Zersplitterung in Kleinigkeiten. — Vermeidet Entscheidungen	Verhandlungsgeschick
Sekretariat (Neuber)	Sachbearbeiter für Personalfragen ist mit Tätigkeit unzufrieden. — Unterstellung des Fuhrparks	25jährige Firmenerfahrung der Leiterin, Frau Neuber
Assistent (Dr. Bühler)	Mit seinem Aufgabenbereich unzufrieden	Für Aufgabengebiet Marketing geeignet
Einkauf und Rechnungswesen (Rowald)	Überlastung des Leiters	Sehr gute fachliche Qualifikation des Leiters, Herrn Rowald
Verkauf (Müller)	Bei Kunden nicht beliebt	Besondere organisatorische Fähigkeiten des Leiters
Werbung (Malwig)	Herr M. erledigt kfm. Arbeiten nur widerwillig. — Differenzen mit Fahrmann	—
Fertigung und Betriebsverwaltung (Vollmer)	V. kein Interesse an Betriebsverwaltung. — Mangelhafter Informationsfluß zur Betriebsabrechnung	Moderne Gestaltung des Fertigungsprozesses

II. Zielsetzung

Die Neuorganisation soll

— die evtl. Nachfolgeschaft Fahrmanns vorbereiten, damit sich Änderungen in der Nachfolgeschaft auf das Unternehmen nicht nachteilig auswirken;

— dem Schwiegersohn, Herrn Vollmer, größeren Entscheidungsspielraum gewähren;

— die Wirtschaftlichkeit des Unternehmens steigern, indem

— Spannungen zwischen Mitarbeitern beseitigt werden,

— Mitarbeiter ihren Fähigkeiten und Neigungen entsprechend eingesetzt werden,

— Kompetenzen und Verantwortung zur Deckung gebracht werden,

— Informationswege verkürzt werden.

III. Maßnahmen

1. Vorschlag für denkbare Maßnahmen

    a) Entscheidungssystem

    Es wird empfohlen, das Direktorialprinzip grundsätzlich beizubehalten. Herr Fahrmann behält die letzte Entscheidungsgewalt. Er delegiert jedoch Entscheidungsbefugnisse weitgehend an seinen Schwiegersohn, Herrn Vollmer, der die technische Leitung übernimmt, und an Herrn Rowald, dem er die kaufmännische Leitung anvertraut.

    Entscheidungen der Herren Vollmer und Rowald werden erst durch Gegenzeichnung wirksam.

    b) Weisungssystem

    Das Stabliniensystem wird zu einem reinen Liniensystem umgestaltet. Die Funktionen des Assistenten der Geschäftsleitung wird von der neu einzurichtenden Stelle des kaufmännischen Leiters mitübernommen. (Das Sekretariat unter Frau Neuber ist keine Stabsstelle, da sie Weisungsbefugnisse gegenüber den Stellen Telefonzentrale, Personalverwaltung und zentrales Schreibbüro hat.)

    c) Die Kompetenzen nach der Neuorganisation sind aus dem nachstehenden Organigramm ersichtlich.

    Zusätzliche Erläuterungen:

    Herr Fahrmann befaßt sich überwiegend mit der Pflege des Kontakts zu Lieferern und Kunden.

    Es wird empfohlen, die Kündigung Herrn Malwigs anzunehmen.

    Für die Betriebsverwaltung sollte ein erfahrener jüngerer Fachmann eingestellt werden.

    Dem bisher Frau Neuber als Personalsachbearbeiter unterstellten Industriekaufmann wird die Abteilung Einkauf übertragen.

    Herr Müller soll Leiter der Allgemeinen Verwaltung (einschließlich Rechnungswesen) werden.

Anmerkung:

Diese Fallanalyse bietet weiterhin Material für problembezogenes Unterrichten folgender Themen der Aufbauorganisation:

Aufgabengliederung nach der Verrichtung und nach dem Objekt — Stellenbildung und Aufgabenverteilung — Stellenbeschreibungen.

zu Fall 018

2. Organigramm der Neuorganisation

Geschäftsleitung
Fahrmann

Sekretariat
Neuber

- | Telefonzentrale | | Personalverwaltg. | | Zentrales Schreibb. |

Techn. Leitung
Vollmer

- | Entwicklung u. Arbeitsvorb. | | Fertigung | | Betriebsverwaltung |
  | Vollmer | | Vollmer | | N. N. |

Kfm. Leitung
Rowald

- | Einkauf, Hausverw. u. Fuhrpark | | Verkauf u. Werbung | | Allgemeine Verwaltg.- u. Rechnungswes. |
  | N. N. | | Dr. Bühler | | Müller |

21

Die Organisation des Arbeitsablaufs

Darstellung von Arbeitsabläufen

019 *Bearbeitung einer Rechnung, Ablaufdiagramm*

1.

Abteilung: Einkauf		Arbeitsvorgang: Rechnungskontrolle			
Zeichen: Bearbeitung O Weiterleiten ⇒ Überprüfen □ Verzögerung D Ablage ▽ Bearbeiten u. Überprüfen ⌷		erstellt am:	geprüft:	gilt ab:	
		Arbeitsstellen			
Nr.	Tätigkeiten	Posteingang	Buchhaltung	Kasse	Einkauf
1	Aufdruck des Tagesstempels	O			
2	Weitergabe an Buchhaltung	⇒			
3	Eintrag ins Rechnungskontrollbuch		O		
4	Numerierung u. Anheften d. Rechnungskontrollzettels		O		
5	Weitergabe an Einkaufsabteilung		⇒		
6	Eintrag in die Lieferer- und Bestellkartei				O
7	Sachliche Prüfung der Rechnung				□
8	Rechnerische Prüfung der Rechnung				□
9	Anweisung zur Zahlung				O
10	Weitergabe an Buchhaltung				⇒
11	Kontieren und Verbuchen der Rechnung		O		
12	Weitergabe an Kasse		⇒		
13	Auszahlung			O	
14	Auszahlungsbeleg wird an Buchhaltung weitergegeben			⇒	
15	Verbuchen der Zahlung		O		
16	Austrag im Rechnungskontrollbuch		O		
17	Ablegen der Rechnung		▽		

2.

Abteilung: Einkauf		Arbeitsvorgang: Rechnungskontrolle				
Zeichen:		erstellt am:	geprüft:		gilt ab:	
Bearbeitung ○ Weiterleiten ⇒ Überprüfen □ Verzögerung D Ablage ▽ Bearbeiten u. Überprüfen ⌀		Arbeitsstellen				
Nr.	Tätigkeiten	Posteingang	Buchhaltung	Kasse	Einkauf	
1	Aufdruck des Tagesstempels	○				
2	Weitergabe an Buchhaltung	⇒				
3	Eintrag ins Rechn.-Kontrollb. und Numerierung		○			
4	Anweisung zur Zahlung Kopieren der Rechnung		○			
5	Weitergabe der Originalrechnung an Kasse		⇒			
6	Auszahlung			○		
7	Kontieren und Verbuchen der Rechnung (Kopie)		○			
8	Ablage des Buchungsbeleges (Kopie)		▽			
9	Weiterg. d. Orig.-Rechnung m. Auszahl.-Bel. an Buchhaltung			⇒		
10	Verbuchen der Zahlung u. Ablage d. Ausz.- Beleges		○▽			
11	Austrag im Rechnungskontrollbuch		○			
12	Anhängen des Rechnungskontrollzettels		○			
13	Weiterg. d. Orig.-Rechnung an Einkaufsabteilung		⇒			
14	Eintrag in die Lieferer- und Bestellkartei				○	
15	Sachliche Prüfung der Rechnung				□	
16	Rechnerische Prüfung der Rechnung				□	
17	Ablage der Originalrechnung				▽	

| 020 | *Balkendiagramm — Maschinenbelegungsplan* |

Nein. Aus diesem Balkendiagramm kann nur abgelesen werden, wie lange eine Maschine belegt ist, Abhängigkeiten und Verknüpfungen von Arbeitsgängen dagegen nicht.

Netzplantechnik

| 021 | *Einfacher Netzplan* |

1. Lösungen zu den Aufgaben 1, 3, 6, 9 und 10:

1	2	3	4	5	6	7	8	9	10
Vorgang		Dauer in Tagen	Vor- gänger	Nach- folger	frühester		spätester		Gesamt- puffer
					An- fangs- zeitpunkt	End- zeitpunkt	An- fangs- zeitpunkt	End- zeitpunkt	
Nr.	Bezeichnung				FAZ	FEZ	SAZ	SEZ	GP
1	Entscheidung	0	—	2, 3	0	0	0	0	0
2	Marktanalyse	30	1	5	0	30	0	30	0
3	Entwurf	14	1	4	0	14	8	22	8
4	Einzelzeichng.	8	3	5	14	22	22	30	8
5	Werbevorb.	10	2, 4	—	30	40	30	40	0

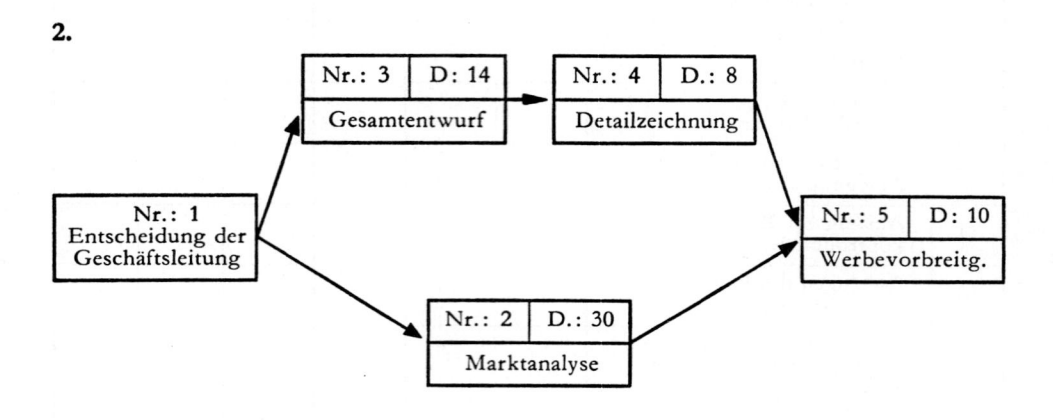

2.

```
                    ┌─────────────────┐     ┌─────────────────┐
                    │ Nr.: 3 │ D: 14  │ ──▶ │ Nr.: 4 │ D.: 8  │
                    │  Gesamtentwurf  │     │  Detailzeichnung │
                    └─────────────────┘     └─────────────────┘
                           ▲                        │
                           │                        ▼
┌──────────────────────┐                       ┌─────────────────┐
│      Nr.: 1          │                       │ Nr.: 5 │ D: 10  │
│  Entscheidung der    │ ─────────────────────▶│  Werbevorbreitg.│
│   Geschäftsleitung   │                       └─────────────────┘
└──────────────────────┘                              ▲
                           │                          │
                           ▼                          │
                    ┌─────────────────┐               │
                    │ Nr.: 2 │ D.: 30 │ ──────────────┘
                    │  Marktanalyse   │
                    └─────────────────┘
```

3. siehe 1.!

4. Nach den Eintragungen zu Aufgabe 4 sieht der Netzplan folgendermaßen aus:

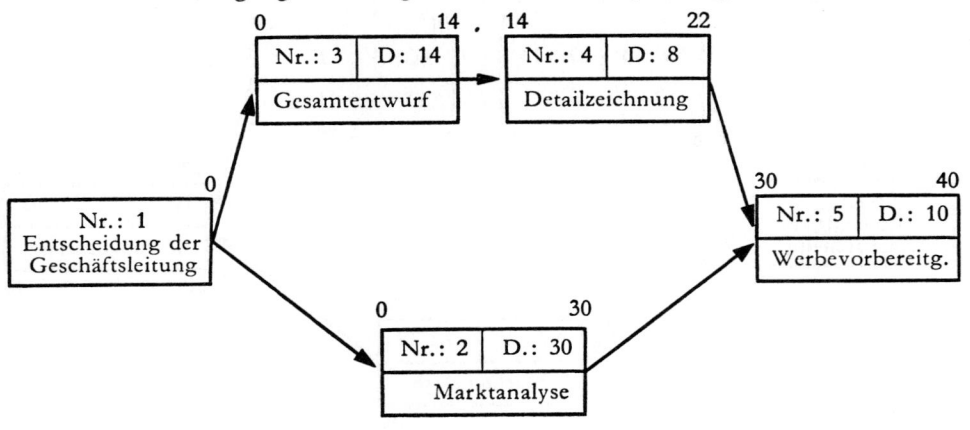

```
         0        14   14        22
       ┌──────┬──────┐ ┌──────┬──────┐
       │Nr.: 3│D: 14 │ │Nr.: 4│ D: 8 │
       ├──────┴──────┤ ├──────┴──────┤
       │Gesamtentwurf│ │Detailzeichnung│
       └─────────────┘ └─────────────┘

  0                                      30        40
┌──────────────┐                        ┌──────┬──────┐
│   Nr.: 1     │                        │Nr.: 5│D.: 10│
│Entscheidung der│                      ├──────┴──────┤
│Geschäftsleitung│                      │Werbevorbereitg.│
└──────────────┘                        └─────────────┘
                  0            30
                ┌──────┬──────┐
                │Nr.: 2│D.: 30│
                ├──────┴──────┤
                │ Marktanalyse│
                └─────────────┘
```

5. Am 40. Tag.

7. Die Detailzeichnungen müssen spätestens am 30. Tag beendet sein, da an diesem Tag mit der Werbevorbereitung begonnen werden muß. Da für die Detailzeichnung 8 Tage benötigt werden, ist der späteste Anfangszeitpunkt (SAZ) der 22. Tag.

8. Nach den Eintragungen zu Aufgabe 8 sieht der Netzplan folgendermaßen aus:

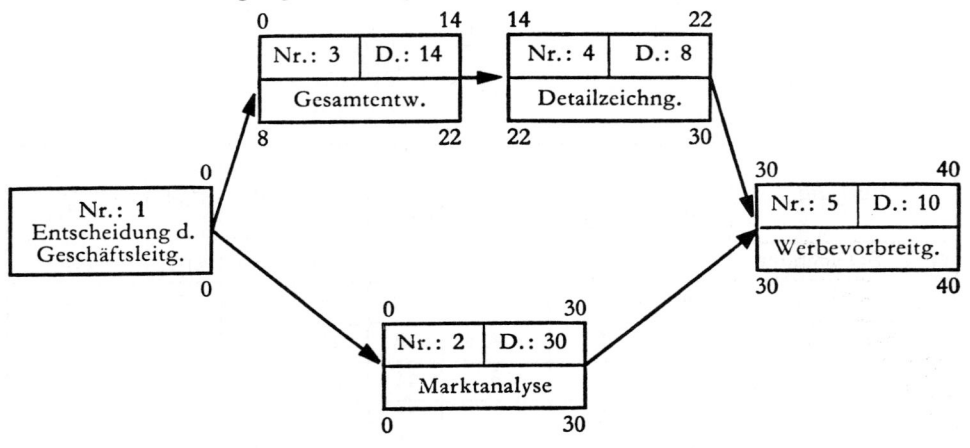

```
         0        14   14        22
       ┌──────┬──────┐ ┌──────┬──────┐
       │Nr.: 3│D: 14 │ │Nr.: 4│ D: 8 │
       ├──────┴──────┤ ├──────┴──────┤
       │ Gesamtentw. │ │Detailzeichng.│
       └─────────────┘ └─────────────┘
         8        22    22        30

  0                                      30        40
┌──────────────┐                        ┌──────┬──────┐
│   Nr.: 1     │                        │Nr.: 5│D.: 10│
│Entscheidung d.│                       ├──────┴──────┤
│Geschäftsleitg.│                       │Werbevorbreitg.│
└──────────────┘                        └─────────────┘
  0                                       30        40
                  0            30
                ┌──────┬──────┐
                │Nr.: 2│D.: 30│
                ├──────┴──────┤
                │ Marktanalyse│
                └─────────────┘
                  0            30
```

9. und 10. siehe 1.!

11. Nach den Eintragungen von Aufgabe 11 sieht der Netzplan folgendermaßen **aus:**

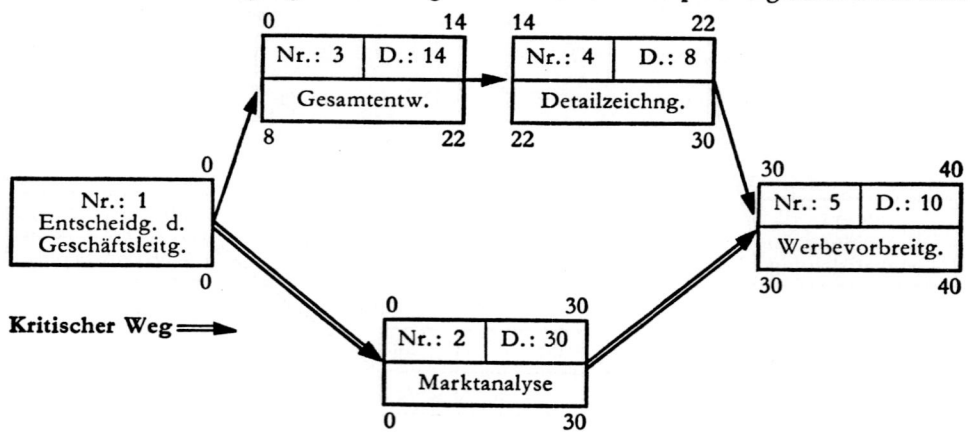

```
              0           14    14           22
           ┌─────────────────┐ ┌─────────────────┐
           │ Nr.: 3 │ D.: 14 │ │ Nr.: 4 │ D.: 8  │
           │   Gesamtentw.   │▶│  Detailzeichng. │
           └─────────────────┘ └─────────────────┘
              8           22    22           30
        0                                              30           40
  ┌──────────────┐                                  ┌─────────────────┐
  │   Nr.: 1     │                                  │ Nr.: 5 │ D.: 10 │
  │ Entscheidg. d.│                                 │  Werbevorbreitg.│
  │ Geschäftsltg. │                                 └─────────────────┘
  └──────────────┘                                     30           40
        0            0           30
                   ┌─────────────────┐
 Kritischer Weg ⟹ │ Nr.: 2 │ D.: 30 │
                   │   Marktanalyse  │
                   └─────────────────┘
                      0           30
```

12. Der frühestmögliche Endzeitpunkt kann nicht erreicht werden.

| 022 | *Erweiterter Netzplan* |

1. und 3.

Vorgang		Dauer in Tagen	Vor-gänger	Nach-folger	frühester An-fangs-zeitpunkt FAZ	End-zeitpunkt FEZ	spätester An-fangs-zeitpunkt SAZ	End-zeitpunkt SEZ	Gesamt-puffer GP
Nr.	Bezeichnung								
1	Detailzeichng.	8	—	2	0	8	0	8	0
2	Stücklist. erst.	3	1	3, 4, 5	8	11	8	11	0
3	Arbeitsvorber.	10	2	6	11	21	31	41	20
4	Materialbesch.	30	2	6	11	41	11	41	0
5	Kalkulation	2	2	6	11	13	39	41	28
6	Einzelteilfert.	12	3, 4, 5	7	41	53	41	53	0
7	Zusammenbau	1	6	8	53	54	53	54	0
8	Kontrolle	1	7	—	54	55	54	55	0

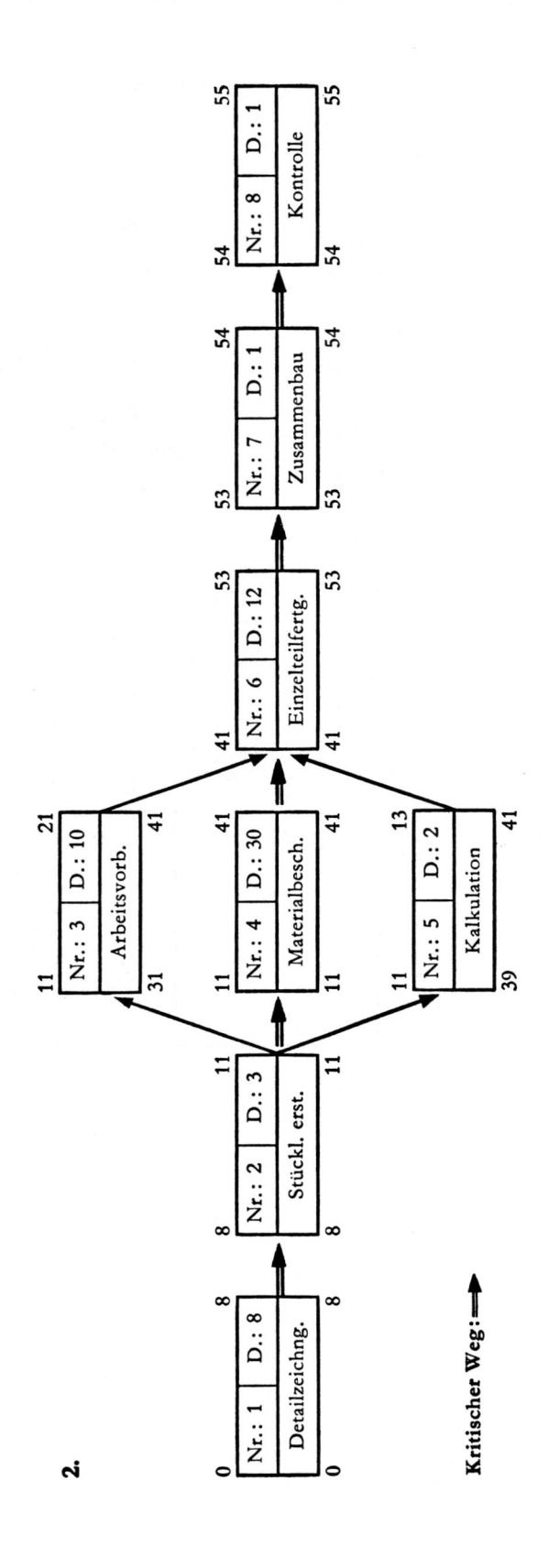

2.

```
  0  ┌─────┬──────┐  8         8  ┌─────┬──────┐ 11
     │Nr.:1│ D.:8 │               │Nr.:2│ D.:3 │
     │ Detailzeichng.│       ⟹   │ Stückl. erst.│
  0  └─────┴──────┘  8         8  └─────┴──────┘ 11
```

```
 11  ┌─────┬──────┐ 21       11  ┌─────┬──────┐ 41       11  ┌─────┬──────┐ 13
     │Nr.:3│D.:10 │              │Nr.:4│D.:30 │              │Nr.:5│ D.:2 │
     │ Arbeitsvorb. │              │ Materialbesch.│            │ Kalkulation │
 31  └─────┴──────┘ 41       11  └─────┴──────┘ 41       39  └─────┴──────┘ 41
```

```
 41  ┌─────┬──────┐ 53       53  ┌─────┬──────┐ 54       54  ┌─────┬──────┐ 55
     │Nr.:6│D.:12 │              │Nr.:7│ D.:1 │              │Nr.:8│ D.:1 │
     │ Einzelteilfertg.│          │ Zusammenbau │              │ Kontrolle │
 41  └─────┴──────┘ 53       53  └─────┴──────┘ 54       54  └─────┴──────┘ 55
```

Kritischer Weg: ⟹

023

Netzplan eines komplexen Projekts

1. und 2.

Kritischer Weg: ⇒

zu 1.

Vorgang		Dauer in Tagen	Vor-gänger	Nach-folger	frühester Anfangszeitpunkt	frühester Endzeitpunkt	spätester Anfangszeitpunkt	spätester Endzeitpunkt	Gesamt-puffer
Nr.	Bezeichnung				FAZ	FEZ	SAZ	SEZ	GP
1	2	3	4	5	6	7	8	9	10
1	Entscheidung	—	—	2, 3	0	0	0	0	0
2	Marktanalyse	30	1	13	0	30	0	30	0
3	Gesamtentwurf	14	1	4	0	14	12	26	12
4	Detailzeichng.	8	3	5	14	22	26	34	12
5	Stücklistenerst.	3	4	6, 7, 8	22	25	34	37	12
6	Kalkulation	2	5	9	25	27	65	67	40
7	Mat.-Beschaffg.	30	5	9	25	55	37	67	12
8	Arbeits-vorbereitung	10	5	9	25	35	57	67	32
9	Einzelteilfertg.	12	6, 7, 8	10	55	67	67	79	12
10	Zusammenbau	1	9	11	67	68	79	80	12
11	Kontrolle	1	10	12	68	69	80	81	12
12	Lagerbildung	4	11	15	69	73	81	85	12
13	Werbevor-bereitung	10	2	14	30	40	30	40	0
14	Werbe-kampagne	45	13	15	40	85	40	85	0
15	Auswertung	—	12, 14	—	85	—	85	—	0

Arbeitsanweisung

| 024 | *Arbeitsanweisung — Stellenanforderungen — Stellenbeschreibung*

Vorbildung: Industriemeister mit Refa-Schein oder Fachhochschulingenieur mit Refa-Schein. Erfahrungen im Rohrleitungsbau.

Kenntnisse: Technik des Rohrleitungsbaus, Methoden der Terminplanung, Arbeitsbewertungs- und Lohnsysteme.

Persönlichkeitsmerkmale: Kontaktfähigkeit, Urteilsfähigkeit, Fähigkeit zur Menschenführung, Fähigkeit und Bereitschaft zur Zusammenarbeit, Koordinationsgabe.

1 Beschaffung und Lagerung

Ablauf des Beschaffungsvorganges

101 *Lagerkarte — Bedarfsmeldeschein — Bezugsquellenkartei — Anfrage — Angebotsvergleich — Bestellung — Wareneingang — Rechnungskontrolle*

1. Jan. 30. WA 34, (Ausg.) 15, (Best.) 47.
2. Abt. Einkauf, BMS 1, (Teilebez.) 150 usw., (angef.) 30. 1. (Liefertermin) 12. 2.
3. Nein, 27. 1.
4. Neuer Eintrag: Zahnradfabrik Aschaffenburg usw.
5. Branchenadreßbücher, Branchen-Verz. der Fernsprechbücher, Sammlung von Prospekten und Katalogen.
6. — Mit der Karte fest verbunden: Farbe, Farbstrich und Farbpunkt auf Kartenrand, Kerbschnitt, Tabs.,
   — mit Karte lösbar verbunden: Reiter, Signal, Sichtstreifen,
   — selbständige Trennkarten (Leitkarten),
   — gelochte Kartenränder (Randlochkarten).
7. a) Auf schnellste Lieferung hinweisen!
   b) Hinweise für die Gestaltung von Vordrucken:
      — Feststellung der ständig wiederkehrenden Schreibarbeiten
      — Feststellung der notwendigen Vordruckgröße (DIN-Formate)
      — Anpassung an das jeweilige Schreibverfahren (Ausfüllen von Hand oder mit Schreibmaschine)
      — evtl. Angabe von allg. Einkaufsbedingungen (Rückseite der Anfrage).
   c) Ja. Änderungen der Verkaufsbed. der Lieferer, Eintrag neuer Bezugsquellen, schnelleres Auffinden der Bezugsquelle (statt Suchen in der Prospektsammlung oder Liefererablage.)
8. Entsprechende Daten dem Angebot entnehmen und den einzelnen Spalten der Bezugsquellenkartei zuordnen!
9. Da sofortige Lieferung dringend notwendig, nur Angebotsvergleich zwischen Dörken & Mantel und Gulde.

Angebotsvergleich			
Angebotsvergleich-Nr.	Betr.: (s. Aufg. 2!)		Menge: 150
	1. Dörken u. Mantel	2. Gulde KG	3.
Grundpreis (netto)	9 780,—	9 960,—	
+ Sonderzuschläge	782,40	498,—	
Rechnungspreis	10 562,40	10 458,—	
./. Skonti	—	313,74	
Einkaufspreis	10 562,40	10 144,26	
+ Verpackungskosten	105,62	34,86	
+ Fracht und Rollgeld	211,24	—	
Einstandspreis insgesamt	10 879,26	10 179,12	
Einstandspreis je Einheit	72,53	67,86	
Bemerkung			
Bestellvorschlag des Sachbearbeiters:	Entscheidung der Einkaufsleitung:	Bestellt am: durch:	

10. a) Gulde ist billigster Lieferer unter den zuverlässigsten und lieferbereiten L.
    b) 498 ./. 14,94 (= 3% Skonto) = 483,06 DM; Verpackungskosten werden davon nicht berührt.
11. Schnellste Beförderungsart verlangen! Für Lieferung Termin setzen, weil Bedarf in etwa 10—14 Tagen (siehe Lagerkartei)!
12. a) Ablage der Bestelldurchschläge (zeitlich nach Lieferterminen) in Terminmappen oder Terminordnern mit Tageseinteilung.
    b) Terminkalender, Terminkartei, Terminreiter am oberen Rand der Lieferer- und Bestellkartei, Bestellbuch, Terminschränke mit Tagesfächern.
    c) Vermeidung eigener Lieferverzögerungen, Aufrechterhaltung des geordneten Betriebsablauf.
13. Best. am 4. 2., 150 Stck. . . . . bei Gulde usw.
14. a) Siehe Angebot von Gulde und Lagerkartei! Reiter auf G, Markierung auf II und 14.
    b) Lieferer- und Bestellkartei: nach Lieferern geordnet, für jeden Lieferer eine Karteikarte mit Einzelangaben, Terminüberwachung.
    Bezugsquellenkartei: nach Waren bzw. Artikeln geordnet, je Art eine Karte. Einzelangaben über die Ware.
15. 8. 2. 19 . . in Spalte „Auftragsbestätigung" mit Hinweis: Versandanzeige.
16. a) u. b) Ausfertigung und Eintragung aufgrund der Daten des Bestellvorgangs.
    c) Terminüberwachung; Vermeidung von Mahnungen.

17. a) Angebot, Bestellung, Wareneingangsmeldung, Rechnung.
    b) Buchhaltung, Kasse, evtl. Rechnungsabteilung, Statistik.

102 — Ablaufmatrix: Einkaufsabwicklung

1.

Tätigkeiten / Bearbeitende Abteilungen	Einkauf	Lager	Warenannahme	Buchhalt.	Kasse
Führung der Lagerkartei		X			
Schreiben des Bedarfsmeldescheins		X			
Feststellung der möglichen Bezugsquellen	X				
Auswahl der geeigneten Lieferer	X				
Schreiben der Anfrage	X				
Durchführung des Angebotsvergleichs	X				
Schreiben der Bestellung	X				
Eintrag in die Liefer- und Bestellkartei	X				
Empfang und Bearbeitung der Versandanzeige	X				
Schreiben der Wareneingangsmeldung			X		
Verbuchen des Wareneingangs in der Lagerkarte		X			
Prüfung der Rechnung	X			(X)	
Ausfüllen des Rechnungseingangsstempels	X	X	X	X	X
Verbuchen des Wareneingangs				X	
Anweisung zur Zahlung	X			(X)	
Zahlung des Rechnungsbetrages					X
Verbuchen der Zahlung				X	

2. Feststellung der möglichen Lieferer; Auswahl der geeigneten Lieferer nach ihrer Leistungsfähigkeit und Zuverlässigkeit.

Planung der Beschaffungsmenge

103 *Planperiode — Verbrauchsbedarf — Beschaffungsmenge (Einkaufsplanbedarf)*

1. 1 500 Stück
2. 1 570 Stück; (1 500 + 120 ./. 50)
3.

E-Motore (Periode 1)

AB	50	Verbr.	1 500
Besch.-Menge	1 570	SB	120
	1 620		1 620

4. 2 430 Stück

Grillgeräte (Periode 2)

AB	50	Verk.	2 000
Herst.	2 300	SB	350
	2 350		2 350

E-Motore (Periode 2)

AB	120	Verbr.	2 300
Besch.-**Menge**	**2 430**	SB	250
	2 550		2 550

5. Geplanter Verbrauchsbedarf + geplante Lagerbestandsveränderung = Beschaffungsmenge.

Kosten der Beschaffung

104 *Unmittelbare Beschaffungskosten — Mittelbare Beschaffungskosten — Bestellmenge*

1. **Unmittelbare Beschaffungskosten:** Konten der Klasse 3: Stoffe.
   Die unmittelbaren Beschaffungskosten errechnen sich aus Beschaffungsmenge × Einstandspreis.
   Einstandspreis: Marktpreis ./. Mengenrabatte + Transport- und Verladekosten, Provisionen, Versicherungen, Zölle.
   Mittelbare Beschaffungskosten: Personalkosten; Raumkosten; verschiedene Kosten (4 921, 4 922, 4 931, 4 932, 4 962, 4 963, 4 980).
   Mittelbare Beschaffungskosten entstehen mit der Durchführung des Einkaufs (Bearbeitung der Bedarfsmeldung, Ermittlung der Bezugsquellen, Schreiben der Anfragen, Vergleich der Angebote, Schreiben der Bestellung, Ergänzung der betreffenden Karteien, Bearbeitung der Versandanzeige, Prüfung der eingehenden Ware, evtl. Bearbeitung der Rechnung). Siehe auch Fälle 101 und 102!

2. a) 60 360 DM ./. 60 030 DM = 330 DM. Mengenrabatte bleiben im vorliegenden Falle unberücksichtigt.

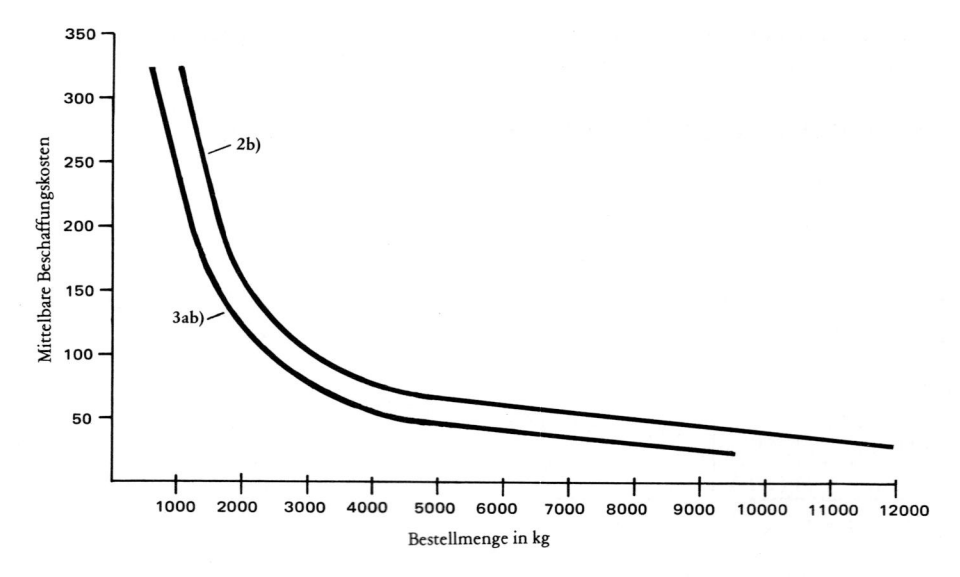

[Diagramm: Mittelbare Beschaffungskosten in Abhängigkeit von der Bestellmenge in kg; Kurven 2b) und 3ab)]

c) Bei der Entscheidung über die Beschaffungsmenge sind u. a. noch zu berücksichtigen:

Die Verderblichkeit des Materials; Mengenrabatte; Lagermöglichkeiten und Lagerkosten; Produktions- und Lagerverhältnisse des Lieferers; allgemeine Situation auf dem Beschaffungsmarkt.

3. a) Siehe Lösung 2b)!

   b) Mittelbare Beschaffungskosten sind abhängig von der Aufteilung der jährlichen Beschaffungsmenge in verschiedene Bestellmengen bzw. von der Anzahl der Bestellungen.

   c) Die mittelbaren Beschaffungskosten oder „Bestellmengen - unabhängige Kosten" treten bei jeder Bestellung in gleicher Höhe auf. Je höher die Zahl der Bestellungen ist um so größer sind die gesamten mittelbaren Beschaffungskosten und je kleiner die Zahl der Bestellungen ist um so geringer sind die gesamten mittelbaren Beschaffungskosten.

4. a) Der Kostenanteil je Einheit wird kleiner, wenn die Beschaffungsmenge größer wird und umgekehrt.

   b) Der Kostenanteil je Einheit wird kleiner, wenn die Anzahl der Bestellungen sinkt und umgekehrt.

5. Die Ursache liegt in gestaffelten Mengen-Rabattsätzen und Frachtkosten.

105 Einstandspreis — Mittelbare- und unmittelbare Beschaffungskosten

1. Grundpreis (17 000 × 100,—)   1 700 000,—
   ·/. 10% Rabatt   170 000,—
   Rechnungspreis   1 530 000,—
   ·/. 3% Skonto   45 900,—
   Einkaufspreis   1 484 100,—
   + Verp.-Kstn. (170 × 20,—)   3 400,—
   + Fracht (1% v. 1 484 100,—)   14 841,—
   Einstandspreis   1 502 341,—

2. Mittelbare Beschaffungskosten
Briefporto
Mietkosten
Personalkosten
Abschreibungen
Büromaterial

Unmittelbare Beschaffungskosten
Rechnungspreis der Rohstoffe
Transportversicherung
Verpackung
Importzoll

Lagerwirtschaft

Lagerkosten

106 *Lagerkostenarten — Lagerzins*

1. a) 99 Geräte
   b) 99 ·/. 80 = 19 Geräte
   c) Kurzfristig lieferunfähig; Kaufinteressenten wenden sich an Konkurrenz; Image-Minderung; Gewinnverminderung; geringere Fixkostendeckung.
2. Zukauf von 100 Stck. zu vorhandenem Lagerbestand bringt Gefahr, daß Geräte veralten; hohe Lagerkosten; zu geringe Sortimentstiefe bei Fernsehern. Preissenkung wird keine entsprechende Erhöhung der Nachfrage hervorrufen.
3. a) Alle Kosten, mit Ausnahme der Kosten der Werbung.
   b) Lagereinrichtung: Miete, Sachkosten für Geschäftsräume, Zinsaufwendungen, Abschreibungen, Versicherungen.
   Lagerverwaltung: Löhne, Gehälter, sonstige Geschäftskosten.
   Lagervorräte: Zinsaufwendungen, Versicherungen.
4. Der Geschäftsfreund würde damit in Höhe der Lagerkosten auf die zinsbringende Anlage seines Eigenkapitals verzichten.

107 *Kosten des Materialbereichs*

Zu Beschaffungskosten: mittelbare Beschaffungskosten.
Zu Lagerkosten: Kosten der Lagereinrichtung, Kosten der Lagervorräte.

Lagerbestand

108 *Lieferbereitschaft — Bestellbestand — Mindestbestand*

1. 2 400 Tonnen, (200 × 12).
2. a) ab 18. 1., 5 Tage.
   b) Aufträge gehen verloren, Stammkunden beziehen von der Konkurrenz.
   c) 3 400 Tonnen, 12 Tage normale Lieferfrist, 5 Tage Verzögerung.
   d) Hochwasser, Niedrigwasser, Naturkatastrophen, Unfälle, Streik, politische Ereignisse.
   e) 4 000 Tonnen.

| **109** | *Bestellbestand — Höchstbestand — Bestellzeitpunkt — Bestellrhythmus — Mindestbestand — Bestellbestand — Bestellmenge* |

1. $(150 \times 14) + (150 \times 6) = 3\,000$ Tonnen.
2. $U \times T + R =$ Bestellbestand
   (Tagesabsatz × Lieferfrist in Tagen + eiserner Bestand).
3. Mindestbestand: 900; Höchstbestand: 4 050; Bestellbestand: 3 000; Bestellmenge: 3 150; Bestellzeitpunkt; Tag 1, Tag 22; Bestellrhythmus; 21 Tage.

| **110** | *Eiserner Bestand — Bestellmenge* |

Unregelmäßig eintretenden Ereignissen im Beschaffungsbereich kann nur durch Vergrößerung des Reservebestandes begegnet werden. Bestimmungsgründe für die Bestellmenge dagegen sind die Bestellkosten, Lagerkosten und die Fehlmengenkosten.

Lagerkontrolle

| **111** | *Durchschnittlicher Lagerbestand — Umschlagshäufigkeit — Lagerdauer — Lagerzins* |

1. u. 2. $\dfrac{10 + 15 + 8 + 17 + 1 + 5 + 17 + 17 + 13 + 22 + 19 + 14 + 18}{13} = 13{,}5$

3. $\dfrac{121}{13{,}5} = 8{,}96 \approx 9$

4. Verbrauchsgut, schneller Umschlag; Gebrauchsgut, langsamer Umschlag.

5. Offsetdrucker: $\dfrac{360}{9} = 40$ Tage; Spezialpapier: $\dfrac{360}{50} = 7{,}2$ Tage.

6. $\dfrac{360}{\text{Umschlaghäufigkeit}} =$ durchschn. Lagerdauer.

7. a) 688 000,— DM,
   b) Warenverkauf an Wareneinkauf,
   c) durchschnittlicher Lagerbestand 99 577,—,
      Umschlagshäufigkeit: $\dfrac{688\,000}{99\,577} = 6{,}9$;
      durchschnittliche Lagerdauer: $\dfrac{360}{6{,}9} = 52{,}2$ Tage
      Bei Nr. 4 handelt es sich um die Lagerkennziffer einzelner Artikel des Sortiments, dagegen bei Nr. 7 um die Kennziffer des gesamten Sortiments,
   d) Umschlagshäufigkeit $= \dfrac{\text{Wareneinsatz}}{\text{durchschn. Lagerbestand}}$

8. Branchendurchschnitt günstiger. Ursachen für Abweichung: zu hohe Mindestbestände, Ladenhüter durch techn. Fortschritt, andere Zusammensetzung des Sortiments als im Durchschnitt der Branche.

9. a) 60,—   b) 15,—   c) $\dfrac{6 \times 90}{360} = 1{,}5\,\%$

   d) Lagerzinssatz $= \dfrac{\text{Zinsfuß} \times \text{durchschn. Lagerdauer}}{360}$

112 Lagerhaltungskostensatz

1. Die Lagerkosten sind im Verhältnis zum durchschnittlichen Lagerbestand gestiegen. Die Entwicklung ist ungünstig.

2. Lagerhaltungskostensatz = $\dfrac{\text{Lagerkosten} \times 100}{\text{durchschnittlicher Lagerbestand}}$

113 Umschlagskennzahlen — Lagerzins — Lagerhaltungskostensatz

1. a) und b)

Branche	Lagerdauer	Lagerzinssatz	Begründung (Unterschiede)
Textileinzelh.	90 Tage	1,5 %	Saison
Blumengeschäft	12 Tage	0,2 %	kurze Lebensdauer der Blumen
Uhren- u. Schmuckhandel	180 Tage	3,0 %	überwiegend Artikel mit sehr hohem Wert, lange Lagerdauer

c) Kontrolle des Warenein- und -ausgangsdatums auf der Auszeichnungskarte.

d) Warenabsatz: verkaufte Menge; Wareneinsatz: verkaufte Ware zum Einstandspreis; Warenumsatz: verkaufte Waren zum Verkaufspreis.

2.

	Handelsbetrieb X	Branche
Umschlagshäufigkeit	8	10
durchschn. Lagerdauer	45 Tage	36 Tage
Lagerzinsfuß	0,75 %	0,6 %
Zinsaufwand f. durchschn. Lagerbest. v. 400 000,— f. durchschn. Lagerdauer	3 000,—	2 400,—
Mehrzins je durchschn. Lagerbest.	600,—	
Mehrzins im Jahr	4 800,— (= 0,15 % v. 3 200 000,—)	

Erläuterung:
Der Handelsbetrieb schlägt seinen durchschnittlichen Lagerbestand von 400 000,00 im Jahr 8 mal um; er erreicht damit also einen Umsatz von 3 200 000,00. Die (effektive oder kalkulatorische) Zinsbelastung beträgt für den durchschnittlichen Lagerbestand bei einem Zinssatz von 6 % je Jahr 24 000,00 DM.
Könnte der Handelsbetrieb seine Lagerwirtschaft so verbessern, daß er die in der Branche übliche Umschlagshäufigkeit von 10 erreichen würde, dann könnte er seinen Jahresumsatz von 3 200 000,00 mit einem durchschnittlichen Lagerbestand von 3 200 000,00 : 10 = 320 000,00 erzielen. Seine jährliche Zinsbelastung würde damit 6 % von 320 000,00 = 19 200,00 betragen. Der Handelsbetrieb könnte mit einer Rationalisierung im Bereich der Lagerwirtschaft damit seine Kosten um 4 800,00 (Zinskosten) senken.

3. $\dfrac{360}{36}$ = Umschlagshäufigkeit 10

$\dfrac{10 \text{ Mio.}}{10}$ = durchschnittlicher Lagerbestand 1 Mio. DM

Lagerbetriebskosten	100 000,—	
+ Lagerzins	100 000,—	= 10 % v. durchschn. Lagerbestand
ges. Lagerkosten	200 000,—	= 20 % v. durchschn. Lagerbestand

Optimale Bestellmenge

114   *Tabellarische Berechnung — Graphische Ermittlung — Formel*

1. Optimale Bestellmenge: 200 Mengeneinheiten

Alternative Bestellmengen	Anzahl der Bestellungen im Jahr	Durchschnittlicher Lagerbestand in DM	Lagerhaltungskosten im Jahr	Mittelbare Beschaffungskosten im Jahr	Summe mittelbare Beschaffungskosten und Lagerhaltungskosten im Jahr	Unmittelbare Beschaffungskosten im Jahr	Gesamte Kosten der Materialwirtschaft im Jahr	Kosten der Materialwirtschaft je Einheit
1	2	3	4	5	6	7	8	9
50	20	312,50	50,—	800,—	850,—	12 500,—	13 350,—	13,35
100	10	625,—	100,—	400,—	500,—	12 500,—	13 000,—	13,—
125	8	781,25	125,—	320,—	445,—	12 500,—	12 945,—	12,95
200	5	1 250,—	200,—	200,—	400,—	12 500,—	12 900,—	12,90
250	4	1 562,50	250,—	160,—	410,—	12 500,—	12 910,—	12,91
500	2	3 125,—	500,—	80,—	580,—	12 500,—	13 080,—	13,08
1000	1	6 250,—	1 000,—	40,—	1 040,—	12 500,—	13 540,—	13,54

2. Die Summe aus Beschaffungskosten und Lagerhaltungskosten ist bei einer Bestellmenge von 200 Mengeneinheiten am geringsten: Schnittpunkt der Lagerkostenkurve mit der Kurve der mittelbaren Beschaffungskosten.

3. $\sqrt{\dfrac{200 \times 40 \times 1000}{12,50 \times 16}} = 200$ Mengeneinheiten

4. a) Aufteilung der jährlichen Beschaffungsmenge in gleichbleibende Bestellmengen:

   Produktionsaufträge sind oft abhängig von der jeweiligen Nachfrage; Lieferer können nicht immer die für den Käufer optimale Bestellmenge liefern.

   Unabhängigkeit der Einstandspreise von der Bestellmenge und dem Bestellzeitpunkt:

   Gewährung gestaffelter Rabattsätze durch Lieferer; sich verändernde Marktpreise zu einzelnen Bestellzeitpunkten.

   Gleichbleibender Lagerabgang:

   Nur bei Vorratsproduktion möglich; Abhängigkeit der Produktion von der Auftragslage.

   Eintreffen der neuen Lieferung zum Zeitpunkt des Aufbrauchs des Lagerbestandes:

   Abhängig von den Produktionsverhältnissen des Lieferers; unvorhersehbare Ereignisse, welche bei Festsetzung des Reservebestandes nicht berücksichtigt werden konnten.

Gleichbleibende Lager- und Bestellkosten:
Problem der exakten Kostenermittlung; Schwankungen der Kosten aufgrund sich verändernder Marktdaten (z. B. Arbeitsmarkt).

b) Eine unter den angenommenen Bedingungen ermittelte optimale Bestellmenge ist zumindest ein Anhaltspunkt für beschaffungspolitische Entscheidungen. Die optimale Bestellmenge hat den Charakter einer Zielgröße, wodurch die Kosten des Beschaffungsbereiches in gewisse vorgegebene Grenzen gehalten werden können.

ABC-Analyse

115 A-, B- und C-Güter — Schwerpunkte der Lagerkontrolle

1.

Artikel-Nr. geordnet nach der Größe des Verbrauchswertes	Wert des Verbrauchs im Jahr	Wert des Verbrauchs in % des Gesamtverbrauchswertes	A-, B-, C-Gruppe
W 4	760 000,—	38,0%	A
W 10	740 000,—	37,0%	A
W 7	128 000,—	6,4%	B
W 5	104 000,—	5,2%	B
W 2	68 000,—	3,4%	B
W 1	56 000,—	2,8%	C
W 8	49 600,—	2,5%	C
W 9	38 400,—	1,9%	C
W 6	32 000,—	1,6%	C
W 3	24 000,—	1,2%	C
	2 000 000,—	100%	

2. Die A-Güter haben zusammen einen Anteil von 75% am Gesamtverbrauchswert. Deshalb ist es zweckmäßig, für diese Güter optimale Bestellmengen, Bestellzeitpunkte und Meldebestände zu ermitteln, weil angenommen werden kann, daß der Verbrauch regelmäßig ist und die Lieferbedingungen auf die Bedürfnisse des Abnehmers ausgerichtet sind. Außerdem wäre eine permanente Kontrolle der Bestände und des Verbrauchs sinnvoll.

116 Optimale Bestellmenge — ABC-Analyse — Beschaffungsziele

1. $\sqrt{\dfrac{200 \times 100 \times 20\,000}{1 \times 16}} = 5\,000$ Stück

mittelbare Beschaffungskosten je Bestellung: $\dfrac{400}{4} = 100$

jährl. Beschaffungsmenge: $5\,000 \times 4 = 20\,000$

Einstandspreis je Mengeneinheit: $\dfrac{20\,000}{20\,000} = 1{,}—$

Lagerhaltungskostensatz: $\dfrac{400 \times 100}{2\,500} = 16\%$

2.

Artikel-Nr. geordnet nach der Größe des Verbrauchswertes	Wert des Verbrauchs im Jahr	Wert des Verbrauchs in % des Gesamt-Verbrauchswertes	A-, B-, C-Gruppe
5001	405000	36,0%	A
«006	303750	27,0%	A
5009	191250	17,0%	A
5007	101250	9,0%	B
5002	67500	6,0%	B
5005	15750	1,4%	C
5003	11250	1,0%	C
5010	11250	1,0%	C
5008	11100	1,0%	C
5004	6720	0,6%	C
	1124820	100,0%	

3. a) Zielkonflikt b) Zielharmonie c) Zielkonflikt
4. Bereitstellung von 10 000 Stück Art. Nr. 5002 bis zum 15. 3. d. J.; Zahlungs- und Lieferungsbedingungen wie bisher; Grundpreis höchstens 1,5% über dem Preis der letzten Lieferung.

Einkaufskommissionär

117 *Wirtschaftliche Bedeutung — Kommissionsvertrag*

1. a) Kenter-Draxler; K. handelt i. eig. Namen, § 383 HGB.
  b) Kenter.
  c) Ja; K. verfügt als Eigentümer d. Hopfens,
2. Kenntnis d. Bezugsquellen, Verkäufer, Waren, Qualitäten, Arbeitsersparnis.
3. a) Nein, K. ist Vertragspartner,
  b) Nein, die Bärenbräu-AG hat keine direkte Rechtsbeziehung zu Draxler.
4. Ja, § 396 II HGB, § 670 BGB.

Import

118 *Incoterms — Angebotsvergleich — Remboursktedit — Einfuhrverfahren — Havarie — Importkalkulation*

1. a)

Angebotspreis		Verlad. See	Seefracht	Versichg.	cif-Preis
cif	300,—				300,—
fob	292,—		1,70	17,77	311,47
fas	288,—	0,93	1,68	17,58	308,19

Angebot F. Köksal am günstigsten.

b) Weil Seefrachten, Verladekosten und Versicherung ganz verschiedene Beträge sein können.

2. a) Weil er den Wechsel erst am Verfalltag einlösen muß, also möglicherweise den Gegenwert der Ware bereits für die Bezahlg. verwenden kann (Akzeptkred. seiner Bank); D/P: Zahlung bereits bei Eingang d. Dok., also eher;

  b) 90 Tage nach Eingang d. Dokumente,

  c) Auch die Bank ist erst f. d. Verfalltag verpflichtet. Lieferer ist aber im Vertrauen auf die Kreditwürdigkeit von Banken zu dieser Kreditierung bereit, vor allem auch weil er seinerseits ein Bankakzept sofort durch Diskontierung verwerten kann.

3. Bestellung an Ahmed F. Köksal, Izmir, gemäß Angebot.

4. a) Beim Einzelgenehmigungsverfahren, weil jeder einzelne Auftrag staatl. Kontrolle unterliegt,

  b) EWG-Länder,

  c) Stärkeres Wirksamwerden internat. Wettbewerbs sowohl bei Preis, wie Qualität, wie Sorten.

5. a) Verschiffgs.Dokumente

  b) Erst mit Eingang d. Dok. Sicherheit durch Verfügg.recht üb. schwimmende Ware.

6. $ 15 012   zum Kurs 2,00   = 30 024,— DM
    + 0,75⁰/₀₀ Devis.Geb.   =   22,52 DM
    + 0,25 %   Abwicklg.Geb.   =   75,06 DM
    +   Porto   =   1,70 DM
                Bank-Abrechnungsbetrag: 30 123,28 DM

7. a) + b) Formulierungen entsprechend Informationen aus Aufgabe Nr. 7.

8. Formulierung entsprechend Informationen aus Aufg. Nr. 8.

9. Newe & Co., da Gefahr mit Übergabe an Reederei auf Newe übergeht.

10. Verringerg. der Warensendg. durch Entnahme vor Verzollung;
    Verringerg. des Zollwertes durch Austausch mit geringwertigen Gütern.

11. Bankrechnung: 30 123,28 DM
    + Platzspesen (55,6 · 15,10)   839,56 DM
    + Transportversichg.   168,— DM
    + Fracht   754,50 DM
                                       31 885,34 DM
    ./. Versichg. Entschädg.
        für 1000 kg   8 520,— DM
    Bezugspreis für 4005 kg   23 365,34 DM
    Bezugspreis für 100 kg   583,40 DM

119 *Verzollung*

1. a) 2 160,— DM b) 423,— DM x 4,8 = 2 030,40 DM,
   c) 6 000,— DM x 0,45 = 2 700,— DM, in beiden Fällen, d) Gewichtszoll.
2. a) Weil sie zollfrei sind,
   b) Zollbelastung erst bei Entnahme; Zinsgewinn; keine vorzeitige Schmälerung d. Liquidität durch Zollzahlung,
   c) Zollgutläger stehen unter Mitverschluß d. Zollbehörde.

120 *Rembourskredit — Dokumentenakkreditiv*

1. Akzeptzusage Bank Importeur; Abschluß Kaufvertrag; Ziehg. Exporteur auf Bank Imp.; Weitergabe Tratte u. Dok. durch Exp. an seine Bank; Übersendg. Tratte u. Dok. an Bank Imp.; Akzept Bank Imp. an Bank Exp.; Aushändg. Dok. an Imp.; Einlösg. Akzept durch Bank Importeur.
2. Auftrag auf Stellung eines bestätigten befristeten Akkr. durch Imp. an seine Bank mit Angabe d. Akkr.stelle u. d. Begünstigten; Eröffng. bei Akkr.stelle; Bestätg. durch Akkr.bank od. Akkr.stelle; Abschluß Kaufvertrag; Übersendg. d. Ware a. d. Käufer; Dok. an Akkr.stelle; Bezahlung durch Akkr.stelle an Exp.; Dok. von Akkr.stelle an Akkr.bank; Aushändigg. d. Dok. an Imp. geg. Bezahlg. od. Kreditgewährg. dch. Akkr.bank.

Aufbau-Organisation der Materialwirtschaft

121 *Organigramm — Verrichtungs- und Objektgliederung*

Lösungsvorschlag siehe Seite 43.

Anmerkungen: — Werkzeuge, Labormaterial und Sonstiges (Gruppe S) werden von den zuständigen Verbrauchsstellen direkt beschafft und gelagert.
— Die Lager für Betriebsstoffe der Fertigung und des Fuhrparks werden den für den Verbrauch zuständigen Bereichen standortmäßig zugeordnet, jedoch von der zentralen Lagerverwaltung mitverwaltet.
— Die Anlagenbeschaffung und -Verwaltung wird dem Bereich „Betriebswirtschaft" zugeteilt. Dieser Bereich erscheint nicht in dem Organigramm-Entwurf.

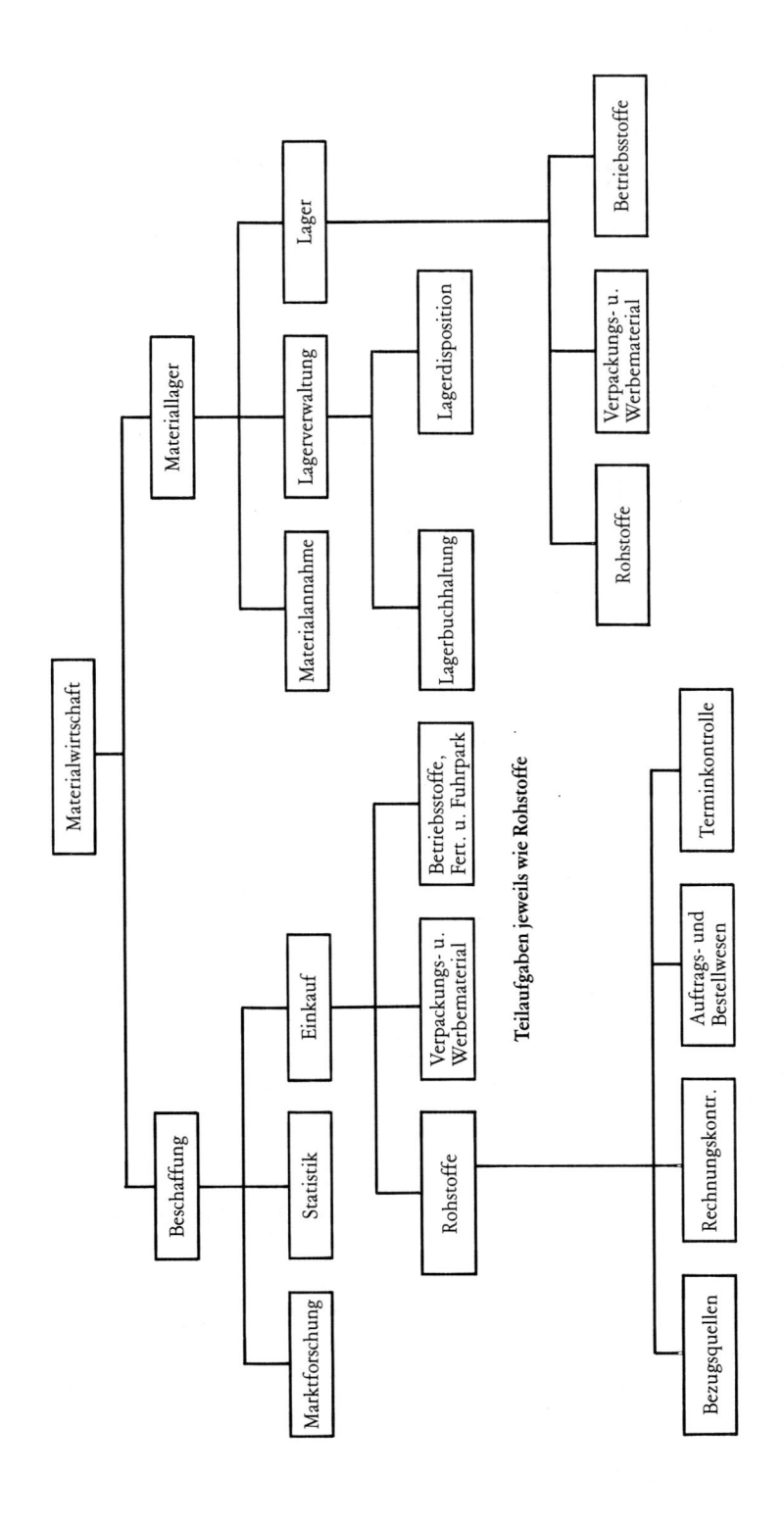

Materialwirtschaft

Beschaffung

- Marktforschung
- Statistik
- Einkauf
  - Verpackungs- u. Werbematerial
  - Betriebsstoffe, Fert. u. Fuhrpark
- Rohstoffe
  - Bezugsquellen
  - Rechnungskontr.
  - Auftrags- und Bestellwesen
  - Terminkontrolle

Teilaufgaben jeweils wie Rohstoffe

Materiallager

- Materialannahme
- Lagerverwaltung
  - Lagerbuchhaltung
  - Lagerdisposition
- Lager
  - Rohstoffe
  - Verpackungs- u. Werbematerial
  - Betriebsstoffe

2 Fertigung

Arbeitsvorbereitung

201 *Stückliste — Arbeitsplan-Laufkarte — Akkordkarte — Materialentnahmekarte — Zeichnungs-Entnahmeschein*

1.

Statistik	Betriebsabrechnung	Lohnbüro	Fertigung	Materiallager	Arbeitsvorbereitung	Abteilung	
					×	Erstellung	Stückliste
						Vervollständigung	
×	×			×		Auswertung	
					×	Erstellung	Arbeitsplan-Laufkarte
						Vervollständigung	
×	×		×			Auswertung	
					×	Erstellung	Material-Ent-nahmekarte
				×		Vervollständigung	
×	×			×		Auswertung	
					×	Erstellung	Akkordkarte
						Vervollständigung	
×	×	×				Auswertung	
					×	Erstellung	Zeichnungs-Entnahmeschein
						Vervollständigung	
			×			Auswertung	

2. Arbeitsplan-Laufkarte
3. Die Betriebsabrechnung verwendet die Daten der Material-Entnahmekarte für die Kalkulation. Die Materialverwaltung verwendet die Daten der Material-Entnahmekarte zur Beobachtung und Kontrolle des Lagerstandes und damit als Informationsgrundlage für Lagerdispositionen (Nachbestellungen z. B.).
4. Zur Rüstzeit zählen die Zeiten für folgende Arbeitsgänge: Lesen des Auftrages und der Zeichnung, Einstellung der Maschine, Rückgabe der Arbeitsmittel.
5. 80 (Rüstzeit) + 5 x 150 (Stückzeit) = 830 (Vorgabezeit).

Fertigungsplanung

| 202 | *Terminplanung und Terminüberwachung – Netzplan* |

1. 178 Tage
2. a) Endtermin nach dem Fabrikkalender: Tag 234 (056 + 178 = 234).
   b) Starttermin: 08. 03. 19 . . ; Endtermin: 22. 11. 19 . .
3. (Start-Termin: 056)

Tätigkeit	Termin
0105	061
0507	172
0515	172
0520	224
0525	066
4060	177
6080	227
8090	232
9099	234

4. a) Keine Auswirkung. Die nachfolgende Tätigkeit „Materialbereitstellung prüfen" kann erst 116 Tage nach dem Starttermin beginnen, weil erst dann das Rohmaterial beschafft ist. Die Verzögerung beim Schreiben der Stücklisten kann durch eine Pufferzeit von 106 Tagen aufgefangen werden.

   b) Beispiele:

   Verkauf: Unvollständige technische Angaben
   Unvollständige kaufm. Angaben
   Nachträgliche Änderungen durch den Auftraggeber
   Unklare Zahlungsangelegenheiten

   Konstruktion: Verzögerte Weitergabe von Stücklisten durch die Konstruktionsabteilung
   Konstruktionsänderungen
   Fehlende Zeichnungen

Einkauf:	Verspätetes Eintreffen von fremdbezogenen Rohteilen oder Handelsteilen
	Ausschuß bei fremdbezogene Rohteilen oder Handelsteilen
Betrieb:	Falsche oder verspätete Materialdisposition
	Ausschuß
	Fehlende Vorrichtungen oder Werkzeuge
	Schwierigkeiten nach Kontrolle/Probelauf

5. Es werden keine frühesten Anfangszeitpunkte und spätesten Anfangszeitpunkte und damit auch keine frühesten Endzeitpunkte und spätesten Endzeitpunkte ausgewiesen: Für eine Aktivität ist im Netzplan nur ein Termin benannt.

   Pufferzeiten werden damit im allgemeinen aus dem Netzplan nicht erkennbar; alle Wege sind als kritische Wege ausgewiesen.

Fertigungsverfahren

203 *Innerbetrieblicher Standort – Werkstättenfertigung – Massenfertigung*

1. Es gibt mehrere gleichwertige Lösungen. Vorschlag für einen günstigen innerbetrieblichen Standort der Werkstätten:

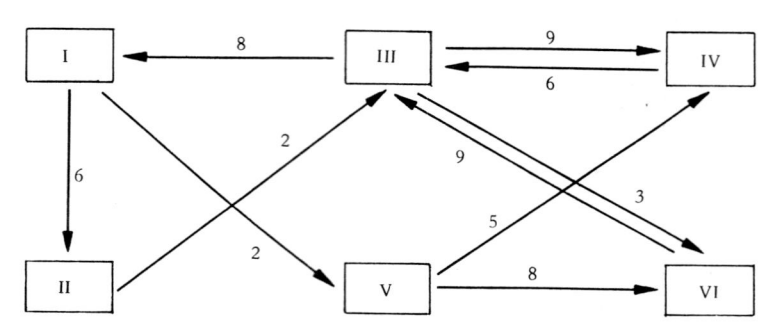

Transporte zwischen nicht unmittelbar benachbarten Werkstätten			
Vor der Umorganisation			Nach der Umorganisation
von	nach	Menge	
III	I	8	
III	IV	9	Transporte zwischen nicht unmittelbar benachbarten
IV	III	6	Werkstätten kommen nicht mehr vor.
		23	0

2. Bei Massenfertigung wird stets das gleiche Produkt in großer Zahl hergestellt. Der Fertigungsprozeß wird also ohne Veränderung fortlaufend wiederholt. Dann ist es zweckmäßig, die Maschinen in der Reihenfolge aufzustellen, wie sie im Fertigungsprozeß benötigt werden. Der Ablauf der Produktion kann den Standort der Maschinen und Arbeitsfolge bestimmen.

   Bei der Werkstattfertigung, bei der Maschinen und Arbeitsplätze mit gleichartigen Arbeitsverrichtungen in einer Werkstatt zusammengefaßt werden, muß das Werkstück zu der Werkstatt transportiert werden, in der die zur Bearbeitung notwendige Maschine steht. Das kann nur dann sinnvoll sein, wenn es in dem Betrieb immer wieder wechselnde Produktionsvorgänge gibt.

204 *Fließfertigung (Reihenfertigung, Fließbandfertigung, Transferstraße)*

1.

Reihenfolge	Anordnungsmöglichkeiten					
	A	B	C	D	E	F
1	Bohren	Drehen	Fräsen	Bohren	Bohren	Drehen
2	Gewindeschneiden	Bohren	Bohren	Fräsen	Fräsen	Bohren
3	Drehen	Gewindeschneiden	Gewindeschneiden	Drehen	Gewindeschneiden	Fräsen
4	Fräsen	Fräsen	Drehen	Gewindeschneiden	Drehen	Gewindeschneiden

2. Anordnungsmöglichkeit B oder F unter 1. oben.

3.

	Fließfertigung		Transferstraße (vollautomatische Fließfertigung)
	Reihenfertigung	Fließbandfertigung	
Vorteile	Arbeitszeiten für die verschiedenen Verrichtungen können unterschiedlich groß sein. Arbeiter kann in gewissen Grenzen Arbeitstempo selbst bestimmen. Die Fertigungsplanung ist flexibler.	Wegen der Taktzeit des Bandes muß die Arbeitszeit für jede der Verrichtungen gleich groß sein oder ein ganzes Vielfaches dieser Zeit sein.	Arbeitskraft hat nur noch überwachende Funktion und ist von jeder langweiligen und schweren Arbeit befreit. Es entsteht weniger Ausschuß.
Nachteile		Arbeiter muß sich der Taktzeit unterordnen.	Besonders hoher Kapitalbedarf macht Unternehmen empfindlich gegenüber Beschäftigungsschwankungen.

205 *Fertigungsablaufformen, Fertigungstypen*

Werkstattfertigung:

Verursacht längere Transportwege. Werkstücke müssen u. U. mehrmals zu den gleichen Werkstätten befördert werden. Zwischenlager werden notwendig. Die Werkstattfertigung ist deshalb nur dann zweckmäßig, wenn im Betrieb ständig unterschiedliche Produktionsgänge vorkommen.

Das ist bei Einzelfertigung der Fall, bei der in der Regel von einem Produkt nur 1 Einheit hergestellt wird.

Fließfertigung:

Die Anordnung der Betriebsmittel und der Arbeitsplätze nach dem Produktionsablauf bringt Kostenvorteil: die Durchlaufzeiten durch den Betrieb werden verkürzt, es gibt keine Wartezeiten zwischen den einzelnen Arbeitsgängen.

Die mit Fließfertigung verbundene Spezialisierung der Arbeitskräfte führt zu einer Beschleunigung des Arbeitstempos.

Die Voraussetzungen für die Fertigungsablaufform der Fließfertigung sind nur bei der Mehrfachfertigung gegeben.

Gruppenfertigung:

Bei der Gruppenfertigung werden Maschinen, die für einen Fertigungsgang benötigt werden, in Gruppen vereinigt, z. B. können 1 Bohrmaschine, 2 Drehmaschinen und 1 Fräsmaschine zu einer Gruppe zusammengefaßt werden. Der Fertigungsablauf wird dann in dieser Maschinengruppe nach dem Prinzip der Fließfertigung organisiert.

Die Gruppenfertigung ist dann eine geeignete Fertigungsablaufform, wenn ein Betrieb mit vielfältigem Fertigungsprogramm und kleinen Serien für die Fließfertigung nicht geeignet ist, wenn aber bestimmte Einzelteile für alle oder viele Produkte des Betriebs benötigt werden.

Rationalisierung der Fertigung

206   *Normung, Typung, Spezialisierung*

Normung: 2, 3,

Typung: 4, 6,

Spezialisierung: 1, 5,

207   *Losgrößenabhängige und losgrößenunabhängige Kosten, optimale Losgröße*

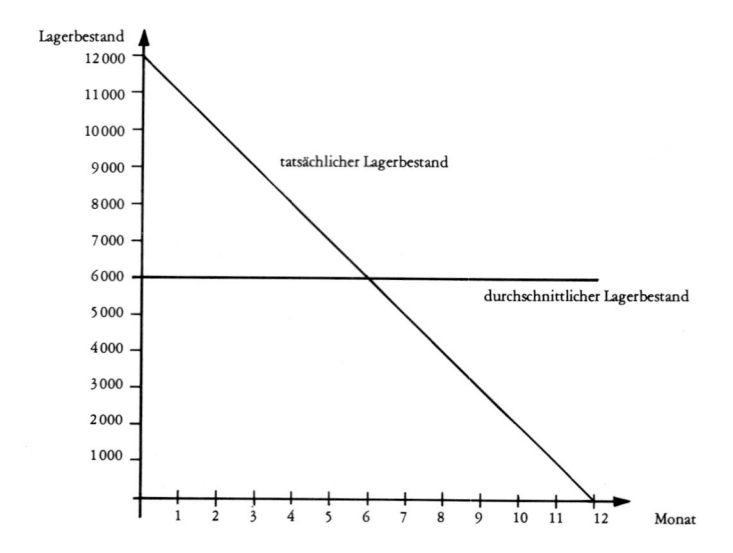

1. Durchschnittlicher Lagerbestand $\left(\frac{\text{Anfangsbestand} + \text{Schlußbestand}}{2}\right)$:

   32 000 : 2 = 16 000,— DM

   Lagerdauer 180 Tage

   Zinsen: $\frac{16\,000 \times 10 \times 180}{100 \times 360}$ = 800,— DM

2. a)

b) Durchschnittlicher Lagerbestand:
12 000 : 2 = 6 000 Stück
oder
62 000 : 2 = 31 000,— DM.

c) Lagerumschlagshäufigkeit:

$$\frac{\text{Jahresabsatz}}{\text{durchschnittlicher Lagerbestand}} = \frac{12\,000}{6\,000} = \underline{\underline{2}}$$

Durchschnittliche Lagerdauer:

$$\frac{360}{\text{Umschlagshäufigkeit}} = \underline{\underline{180 \text{ Tage}}}$$

d) Lagerzinssatz:

$$\frac{10 \times 180}{360} = \underline{\underline{5\,\%}}$$

e) Kosten bei Druck eines Jahresbedarfs:

	insgesamt	je Stück
Kosten der Druckvorbereitung	2 000,—	0,167
Druckkosten (einschließlich Material)	60 000,—	5,000
Zinskosten der Lagerhaltung	3 100,—	0,258
Summe der Kosten	65 100,—	5,425

Methode 1:
Durchschnittlicher Lagerbestand: 62 000 : 2 = 31 000,— DM
Lagerdauer des durchschnittlichen Lagerbestandes: 360 Tage
Jahreszinssatz: 10 %

$$\frac{31\,000 \times 10}{100} = \underline{\underline{3\,100,\text{— DM}}} \text{ Lagerzins je Jahr.}$$

Lagerzins je Stück: 3 100 : 12 000 = $\underline{\underline{0,258,\text{— DM}}}$

Methode 2:
Die Stückkosten ohne Zins betragen 0,167 + 5,000 = 5,167 DM
5 % (Lagerzinssatz) von 5,167 = 0,258 DM Lagerzins.

Der Lagerzinssatz ist ein Hilfsmittel zur Kalkulation der Lagerzinsen je Stück. Er berücksichtigt die durchschnittliche Lagerdauer. Würde der Lagerzinssatz bei der hier durchzuführenden Rechnung auf den durchschnittlichen Lagerbestand zur Berechnung der gesamten Lagerzinsen je Jahr angewendet, dann würde das zu einem falschen Ergebnis führen, weil mit der durchschnittlichen Lagerdauer bereits die Veränderungen des tatsächlichen Lagerbestandes berücksichtigt sind.

f) Von den **Gesamtkosten** sind
    losgrößenabhängig: Zinskosten
    losgrößenunabhängig: Kosten für die Druckvorbereitung, Druckkosten

g) Von den Stückkosten sind

   losgrößenabhängig: Kosten für die Druckvorbereitung, Zinskosten,

   losgrößenunabhängig: Druckkosten

h)

		Druck eines Halbjahresbedarfs	Druck eines Jahresbedarfs
losgrößen-abhängige Kosten	Zinskosten	0,133	0,258
	Kosten der Druckvorbereitung	0,333	0,167
losgrößen-unabhängige Kosten	Druckkosten	5,000	5,000
	Stückkosten	<u>5,466</u>	<u>5,425</u>

Es ist günstiger, den Jahresbedarf drucken zu lassen.

3.

		Druck eines Zweijahresbedarfs
losgrößenabhängige Kosten	Zinskosten[1]	0,508
	Kosten der Druckvorbereitung	0,083
losgrößenunabhängige Kosten	Druckkosten	5,000
	Stückkosten	<u>5,591</u>

1) Berechnung der Zinskosten:

24 000 Stück wurden gedruckt. Gesamtkosten $(5 \times 24\,000) + 2\,000 = 122\,000,-$ DM.

Lagerbestand während der 2 Jahre durchschnittlich $61\,000,-$ DM.

Zins für die Lagerdauer von 2 Jahren bei einem Jahreszinssatz von $10\% = 2 \times 10\%$ von $61\,000,-$ DM $= 12\,200,-$ DM.

Lagerzinskosten je Stück $= \dfrac{12\,200}{24\,000} = 0{,}508$ DM

oder:

Durchschnittlicher Lagerbestand: $24\,000 : 2 = 12\,000,-$ DM.

Jahresumsatz: $12\,000,-$ DM

Lagerumsatzhäufigkeit: $\dfrac{12\,000}{12\,000} = 1$

Durchschnittliche Lagerdauer: $\dfrac{360}{1} = 360$ Tage.

Lagerzinssatz: $\dfrac{10 \times 360}{360} = 10\%$

10% von 5,083 (Kosten ohne Zins) = <u>0,508,— DM</u>.

Der Druck eines Jahresbedarfs ist kostengünstiger als der Druck eines Zwei-Jahresbedarfs.

4. Die drei Vergleichsrechnungen bestätigen diese Regel:

losgrößenabhängige Kosten		
Druck eines Halbjahresbedarfs	Druck eines Jahresbedarfs	Druck eines Zweijahresbedarfs
0,466	0,425	0,591

Daß dies so sein muß, ist unmittelbar einsichtig:
Der Vorteil der größeren Losgröße liegt darin, daß die fixen Kosten je Los sich auf eine größere Produktionsmenge verteilen. Die fixen Kosten je Los sind auf das Stück bezogen losgrößenabhängig.
Der Nachteil der größeren Losgröße liegt darin, daß die Zinskosten der Lagerhaltung steigen, oder durch das Risiko der Lagerhaltung.
Auch diese Kosten sind losgrößenabhängige Kosten. Da die Losgrößenunabhängigen Kosten je Stück konstant bleiben, ist die Losgröße dann optimal, wenn die losgrößenabhängigen Kosten je Stück am geringsten sind.

208 Optimale Losgröße

Aus den Angaben können die Umstellungskosten und die Zinskosten in die Berechnung einbezogen werden. Es werden nur die losgrößenabhängigen Kosten verglichen, da die Losgröße bei der Produktionsmenge optimal ist, bei der die losgrößenabhängigen Kosten am niedrigsten sind (siehe Fall 207).

Vorschlag 1			Vorschlag 2		
Produktion des Gutes A (10 000 Stück)	Kosten insgesamt	Kosten je Stück	Produktion des Gutes B (30 000 Stück)	Kosten insgesamt	Kosten je Stück
Umstellungskosten	5 000,—	0,500	Umstellungskosten	5 000,—	0,167
Zins	550,—	0,055	Zins	4 650,—	0,155
losgrößenabhängige Kosten	5 550,—	0,555	losgrößenabhängige Kosten	9 650,—	0,422
Produktion des Gutes B (4 000 Stück)			Produktion des Gutes B (12 000 Stück)		
Umstellungskosten	3 000,—	0,75	Umstellungskosten	3 000,—	0,25
Zins	110,—	0,0275	Zins	810,—	0,0675
losgrößenabhängige Kosten	3 110,—	0,7775	losgrößenabhängige Kosten	3 810,—	0,3175

Der Vorschlag 2 ist kostengünstiger!

Berechnung der Zinsen; am Beispiel Vorschlag 1, Gut A:
Von Gut A werden 10 000 Stück hergestellt. Da der Jahresbedarf von 60 000 Stück kontinuierlich abgesetzt wird, reichen die 10 000 Stück für 2 Monate. In diesen 2 Monaten liegen durchschnittlich 5 000 Stück auf Lager. Diese 5 000 Stück haben einen Wert von:

$$\frac{5\,000 + 5 \times 10\,000}{2} = 27\,500,— \text{ DM.}$$

Von diesen 27 500,— DM sind die Zinsen für 2 Monate bei einem Jahreszinsfuß von 12% zu berechnen.

$$\frac{27\,500 \times 12 \times 60}{100 \cdot 360} = \underline{550,\text{— DM}}$$

Lagerzinsen je Stück: 550,— : 10 000 = $\underline{0{,}055\ \text{DM}}$

oder:

Durchschnittliche Lagerdauer: 30 Tage

$$\text{Lagerzins}: \frac{12 \times 30}{360} = \underline{\underline{1\%}}$$

Kosten ohne Zinsen:	variable Kosten	5,— DM
	anteilige Umstellungskosten	0,500 DM
		5,500 DM
	davon 1% Lagerzin =	0,055 DM

209 Optimale Losgröße (mathematische Berechnung)

Das Ergebnis aus der Berechnung nach dieser Formel ist nur dann richtig, wenn der Absatz tatsächlich vollkommen gleichmäßig verläuft, es darf also keine saisonalen oder konjunkturellen Schwankungen geben.

Es muß auch daran gedacht werden, daß es neben den Herstellungskosten und Lagerkosten noch andere Gesichtspunkte gibt, die bei der Festlegung der Losgrößen von Bedeutung sind.

Eine wesentliche Rolle spielen z. B. die Erwartungen der Unternehmensleitung. Rechnet man mit steigenden Preisen, dann wird man eine größere Stückzahl produzieren, als sich aus der Rechnung nach der Formel ergibt, bei der Erwartung sinkender Preise weniger.

In die Entscheidung über die Losgröße gehen auch Erwartungen über Nachfrageveränderungen und über zu erwartende technische Veränderungen ein.

Schließlich ist die Festlegung der Losgröße und damit die Entscheidung über den Lagerbestand auch ein Finanzierungsproblem. Ob das berechnete Optimum der Losgröße auch realisiert werden kann, hängt davon ab, ob der sich daraus ergebende Lagerbestand finanziert werden kann.

Rechtsschutz der Erzeugnisse

210 Patent, Gebrauchsmuster, Geschmacksmuster

1. Nach § 1 PatG. können für Stoffe, die auf chemischem Wege hergestellt werden, seit 1. Januar 1968 Patente erteilt werden.
2. Nach § 1 können nunmehr auch Arzneimittel selbst patentiert werden.
3. Nach § 3 PatG. gilt ein Verfahren nicht als neu, wenn es zur Zeit der Anmeldung in öffentlichen Druckschriften aus den letzten 100 Jahren bereits derart beschrieben wurde, daß danach die Benutzung durch andere Sachverständige möglich erscheint.
4. Nach § 3 PatG. gilt eine Erfindung nicht als neu, wenn sie im Inland bereits offenkundig benützt wird.

5. § 16 PatG. besagt, daß der Patentschutz nach 20 Jahren abläuft. Diese Zeit beginnt mit dem Tage, der auf die Anmeldung der Erfindung folgt.
   In dem genannten Beispiel lief der Patentschutz am 20. Dezember 1991, 24 Uhr, ab.
6. Die Erfindung bezieht sich auf ein Arbeitsgerät. Daher ist nach § 1 a Gebrauchsmustergesetz ein Schutz als Gebrauchsmuster möglich.
7. Das Gerät dürfte nach § 1 PatG. keine gewerbliche Verwendung gestatten. Dazu ist der Preis viel zu hoch, vor allem im Hinblick auf viel billigere und wirksamere Fliegenschutzmittel.
8. Nein. Keine Erfindung im Sinne des PatG. (§ 1 Abs. 2)
9. Nein, denn es handelt sich um eine Erfindung, deren Anwendungsmöglichkeit den Gesetzen und den guten Sitten zuwiderläuft.
10. a) Es handelt sich um ein Geschmacksmuster.
    b) 3 Jahre; Verlängerung um jeweils 3 Jahre bis auf höchstens 15 Jahre.

3 Die Verwertung der betrieblichen Leistungen

Marktforschung

Gegenstand der Marktforschung

301 *Nachfrage- und Konkurrenzanalyse*

1. a) Entwicklung der Wohnbevölkerung und der Erwerbstätigen; Erschließung der Wohnbaugrundstücke; Differenzierung der Erwerbstätigen; Standort der Arbeitsplätze; Entwicklung des Fremdenverkehrs; bisher überwiegender Kauf von Photoartikeln in der Landeshauptstadt.
   b) Drogerie am Ort, die übliches Filmmaterial und Billig-Kameras verkauft; zahlreiche Photo-Fachgeschäfte und Kaufhäuser mit Photo-Abteilungen in der Landeshauptstadt; Zeitungs- und Prospektwerbung des Photo-Handels der Landeshauptstadt.
2. Einkommensdifferenzierung, potentielle Konsumenten, Kaufmotive, Marktvolumen, Bedürfnisstrukturen, Bedeutung des Versandhandels für den Einkauf, konjunkturelle Entwicklung.
3. Die Marktforschung hat die Aufgabe, die für die absatzpolitischen Entscheidungen notwendigen Informationen zu liefern. Über die Wahrscheinlichkeit bestimmter künftiger Situationen hat der Entscheidungsträger lediglich Vorstellungen. Er entscheidet somit unter Risiko. Häufig fehlen jedoch sogar Wahrscheinlichkeitsvorstellungen. Grundsätzlich sind die Informationen der Marktforschung unvollständig, weil sie nur mit vorliegenden Fakten und mit Annahmen arbeitet, die nur zur Zeit als wahrscheinlich betrachtet werden können. Die Vornahme von Neuinvestitionen ist aber nur dann wirtschaftlich vertretbar, wenn sie langfristig gewinnbringend genutzt werden können.

302 *Absatzmethoden — Nachfrageanalyse*

— Alters-, geschlechts-, einkommens-, erwerbs- und berufsmäßige Zusammensetzung der Bewohner des Wohngebiets.
— Verkehrslage des Wohngebiets im Hinblick auf Verbrauchermärkte im Stadtgebiet bzw. am Stadtrand.
— Standortmöglichkeiten des „Tante-Emma-Ladens" im Hinblick auf die Nähe von Straßenbahn- und Bushaltestellen, von Kurzparkplätzen und Betrieben.
— Zahlengrößen über Laufkundschaft.
— Kraftfahrzeugdichte des Wohngebiets; Zweitwagen in Familien.
— Ausstattung der Haushalte mit Gefriereinrichtungen.
— Bedarf der in Frage kommenden Käufer (breites, aber flaches Sortiment).
— Motive der Käufer für den Kauf in kleinen Lebensmittelgeschäften mit individueller Bedienung.
— Preisbewußtsein der möglichen Käufer.

Methoden der Marktforschung

303 *Primärforschung*

Empfehlungen zur Lösung:
1. 1) Treibstoffverbrauch eines Mofas relativ gering.
   2) Preissteigerungen relativ unwirksam auf Betriebskosten eines Mofas.
   3) Mofa-Käufer an Umweltschutz evtl. wenig interessiert.
   4) Mode der jungen Frauen relativ anpassungsfähig.
   5) Dort wo Zweitwagen vorhanden, dürfte E-Roller keine Bedeutung haben; Lademöglichkeiten des E-Rollers für Einkaufsfahrten zu Verbrauchermärkten zu gering.
   6) Jugend wünscht rasantere und evtl. auch geräuschvollere Fahrzeuge.
   7) Auf Grund großer Ausstattungsdifferenzierung bei Mofas großes Preisspektrum.
2. a) Eine Vollerhebung ist auf Grund der hohen Zahl von interessierenden Personen nicht sinnvoll. Deshalb muß eine Auswahl der zu Befragenden erfolgen. Die Testpersonen müssen mit der Struktur der Grundgesamtheit möglichst weitgehend übereinstimmen.

   Als Personenkreis für die Umfrage wäre denkbar: Jugendliche beiderlei Geschlechts und jüngere Frauen. Bei den Jugendlichen sollten größtenteils Schüler (geringes Einkommen), bei den jüngeren Frauen größtenteils Nichtberufstätige befragt werden (z. B. Einkauf, Fahrten zu Freizeiteinrichtungen).

   b) Eine Fragebogenaktion erbringt erfahrungsmäß eine relativ geringe Rücklaufquote, es sei denn, sie wird mit einem Preisausschreiben oder die Vergabe von Geschenkartikeln verbunden. Dadurch wird die schriftliche Umfrage ebenfalls kostspieliger.

   Die mündliche Befragung ist im allgemeinen sehr kostspielig, liefert aber auch bessere Ergebnisse. Der Interviewer kann das Gespräch in die gewünschte Richtung führen. Andererseits muß der ausgewählte Personenkreis aus Kosten- und Zeitgründen kleiner als bei der schriftlichen Umfrage sein.

| 304 | *Polaritätsprofil* |

1. Die Lösung ist davon abhängig, wie die Teilnehmer der Lerngruppe die beiden Produkte persönlich einschätzen.
2. Das Polaritätsprofil liefert Erkenntnisse über Ansprüche und Erwartungen der Käufer. Daraus können Folgerungen für die Produktpolitik, Preispolitik und Werbepolitik gezogen werden.

Anmerkung:
Den Eintragungen in der Ergebnistabelle liegt folgender Rechenweg zugrunde:
Beispiel: Zeile „Prestigewert", Pocketkameras

Nr. d. Sp. × Anzahl der Meinungen = gewichtete Meinungen
1	×	3	=	3
2	×	1	=	2
3	×	2	=	6
4	×	15	=	60
5	×	9	=	45
6	×	25	=	150
7	×	45	=	315
		100		581

581 : 100 = 5,81 → Eintrag an das rechte Ende der fünften Spalte.

Absatzpolitik

Absatzplan

| 305 | *Planungsstufen — Absatzstrategische Alternativen — Absatzrisiko* |

1. Alternative 2:
   Die Nachfrage nach A nimmt mit sinkenden Preis zu (elastische Nachfrage). B wird teilweise durch A substituiert (Substutuionsgüter).
   Alternative 3:
   A- und B-Absatzsteigerung liegt jeweils bei 100 000 Stück gegenüber Alternative 1. Preise bleiben unverändert, so daß Absatzsteigerung als eine Reaktion auf die erhöhten Werbeausgaben angenommen werden kann.

2. a)

	Alternative 1			Alternative 2		
	A	B	C	A	B	C
Var. Kosten	90 000	125 000	70 000	108 000	115 000	72 000
Fixe Kosten	250 000	200 000	200 000	250 000	200 000	200 000
	340 000	325 000	270 000	358 000	315 000	272 000
Kosten ohne Werbung		935 000			945 000	
Werbung		50 000			50 000	
Ges.-Kosten		985 000			995 000	
Erlöse	375 000	400 000	332 500	396 000	368 000	342 000
Ges.-Erlös		1 107 500			1 106 000	
Gewinn		122 500			111 000	

	Alternative 3			Alternative 4		
	A	B	C	A	B	C
Var. Kosten	120 000	175 000	74 000	135 000	162 500	72 000
Fixe Kosten	250 000	232 000	200 000	285 000	232 000	200 000
	370 000	407 000	274 000	420 000	394 500	272 000
Kosten ohne Werbung	1 051 000			1 086 500		
Werbung	150 000			150 000		
Ges.-Kosten	1 201 000			1 236 500		
Erlöse	500 000	560 000	351 500	495 000	520 000	342 000
Ges.-Erlös	1 411 500			1 357 000		
Gewinn	210 500			120 500		

b) Jede Entscheidung für eine bestimmte Alternative eines Absatzplanes hat zur Folge, daß alle Aktivitäten des Beschaffungs-, Produktions-, Absatz-, Finanz- und Personalbereichs an den geplanten Daten der gewählten Alternative orientiert werden müssen.

Die Entscheidung für Alternative 3 bedeutet demnach eine auf Grund der angenommenen Marktsituation (Bedürfnisstruktur, Kaufwille, Kaufkraft, Konkurrenzstrategie, saisonale und witterungsbedingte Situationen) erwartete Reaktion auf bestimmte absatzpolitische Maßnahmen.

Die Entscheidung für eine Alternative erfolgt somit immer unter Risiko, welches sich im Beschaffungsbereich (Mengen- und Preisrisiken beim Einkauf, Lagerrisiko), im Produktionsbereich (z. B. ungenügende Ausnutzung der Betriebskapazität) und im Finanzierungsbereich (Ausrichtung der Kapitalbedarfsrechnung und der Finanzierung auf die gewählte Alternative) fortsetzt.

Die Werbung

306 *Anzeigenwerbung — Streugebiet — Streukreis*

Zahl	Kosten (Pfg.)
4 800	2,08
17 100	1,16
34 300	0,35
10 800	18,52
32 400	1,85
30	50,00
3	500,00
3 000	2,67

Vorderpfälzische Landwirtsch. Zeitung; bei keiner Zeitung werden mehr als 34 300 pfälz. Landwirte angesprochen; gleichzeitig geringste Kosten; Bayr. Landw. Blatt, weil nächst kostengünstig; wahrscheinl. keine Doppelleser mit Vorderpfälz. Landw. Zeitung.

307 *Werbewirksamkeit — Werbebrief*

1. Verstoß gegen die Grundsätze der Klarheit und Wahrheit.

2. Vermeiden Sie dabei die im folgenden Text unterstrichenen Begriffe bzw. Formulierung.

„ . . . Gönnen Sie sich eine Freude! Machen Sie einen Versuch mit unseren <u>Brassica oleracea capitata alba</u> — Saaten mit dem <u>Plus-Effekt!</u> Sie erzielen nur <u>Riesenfrüchte,</u> und ernten <u>ohne jede Mühe!</u> Unsere Saaten bilden dicke Köpfe und bringen <u>sichere Erträge.</u> Sie sind raschwüchsig und <u>dauerhaft,</u> so daß sie als frühe Sorte besondere Bedeutung haben . . ."

308 — Werbe-Etat — Werbemittel

1. Häufig geht die Praxis davon aus, daß ein Zusammenhang zwischen der Höhe des Werbeetats und dem Umsatz besteht. Deshalb ist es üblich, den Werbeetat aus dem erwarteten Jahresumsatz zu ermitteln. Die Zugrundelegung des Werbeetats auf der Basis des durchschnittlichen Lagerbestandes ist abzulehnen, weil der durchschnittliche Lagerbestand in seiner Höhe von den Lieferzeiten, den Bestellmengen, den jeweiligen Preisen auf dem Beschaffungsmarkt und den Lagerkosten abhängig ist. Ein Zusammenhang besteht somit nur mittelbar.
2. Zur Beurteilung beider Vorschläge sind folgende Gesichtspunkte wesentlich:
   — Mit Hilfe der Werbung sollen die effektiven und potentiellen Käufer informiert, Bedürfnisse geweckt und gesteigert sowie Präferenzen gebildet, erhalten und gefördert werden.
   — Der Einsatz der Werbemittel muß nach dem Grundsatz der Wirtschaftlichkeit erfolgen.
   Vorschlag 2 wird obigen Anforderungen eher gerecht als Vorschlag 1.

309 — Gemeinschaftswerbung

1. Beispiel.: Man geht nicht mehr ohne Hut; Eßt mehr Obst.
2. Der Fachverband.
3. Schaffung eines günstigen Klimas f. d. Firmenwerbung durch „Einstimmung" d. Umworbenen; Kosteneinsparung; Konzentration von Mitteln bei Kleinunternehmen.

310 — Werbeerfolgskontrolle — Motivforschung — Wirkungsanalyse absatzpolitischer Instrumente — Umfrage

1. a) 10, 11, 12, 13, 19, 21
   b) 1, 2, 3, 4, 5, 6, 7, 8, 9, 14, 15, 16
2. Verbindung mit einem Preisausschreiben; Ankündigung eines Geschenks.

311 — UWG — RabG — ZugabeVO — PreisangabeVO

1. a) Irreführung üb. d. Preis. Stets unzulässig, im Schaufenster besonders preiswerte Waren anzubieten, wenn im Laden selbst keine Waren dieser Art vorhanden.

b) Erlaubt; keine Preisschleuderei; Verkauf unter Selbstkosten ist grundsätzlich erlaubt. Wettbewerblich ist Preisbemessung nur von Belang, wenn sie irreführt.

c) Unerlaubt; Unzulässige, unwahre Grundangabe i. d. Ankündigung einer „Geschäftsaufgabe", wenn ein Nachfolger das Gesch. mit Aktiven und Pass. übernommen hat § 8 UWG; damit auch Verletzung nach §§ 3, 4 UWG „unrichtige Angaben (mit Unterlassungsanspruch u. Strafandrohung nach § 4 UWG).

d) Unerlaubt § 8 UWG; wer im Wb sein Untern. dadurch zu förd. sucht, daß er zunächst einmal d. Mitbewerber a. d. Wege räumt, handelt wettbewerbswidrig; weil durch Beseitigung d. Mitbewerbers zugleich der Bestand d. Wb gefährdet wird.

e) Irreführung; Vorratsmenge darf weder zu hoch noch zu niedrig angegeben werden; zu niedrig täuscht großen Absatz vor.

f) Irreführende Abbildung ist unzulässig; B-H zu § 3 UWG Anm. 176.

g) Zulässig; Preisgegenüberstellungsverbot bezieht sich nicht auf die Gegenüberstellung von eigenen Preisen mit der unverbindlichen Preisempfehlung des Herstellers.

h) Unerlaubt; weil unnötige Herabsetzung d. Leistung d. Mitbewerbers; auf Wahrheit od. Unwahrheit kommt es nicht an; nur wenn Unterschied anders nicht deutlich zu machen, ist wahrer Vergleich notwendig.

i) Erlaubt; rechtswidrig nur, wenn Testveranstalter nicht neutral, Angaben unrichtig od. Grenzen sachlicher Kritik überschritten werden.

k) Barzahlungsrabatte an Letztverbraucher dürfen 3% nicht übersteigen; 4% also unzulässig für Einzelhandel; Rabattges. §§ 1,2.

l) Erlaubt, da Rabatt-G. nur Abgabe an Letztverbraucher regelt.

m) Irreführung üb. geschäftl. Verhältnisse; Unrichtige Angaben geschäftl. Art, die geeignet sind, den Anschein eines besonders günstigen Angebots hervorzurufen, sind verboten.

n) Verbotene Verwertung von Geschäftsgeheimnissen. Als ein unredlicher Kenntniserwerb ist die Benutzung jedes den Belangen d. Dienstherrn nicht dienlichen und nicht üblichen Weges anzusehen! Strafandrohung für Geheimnisweitergabe u. Verwertung.

o) Erlaubt, da Name f. Verhalten des Wettbewerbers unerheblich.

p) Unerlaubt: „Beim Gutscheinsystem muß die auf eine Anzahl von Gutscheinen gewährte Ware od. Leistung eine geringwertige Kleinigkeit sein. Dafür maßgebend Verkehrsauffassung.

q) Erlaubt, da die unentgeltliche Zuwendung bei objektiver Betrachtung als nicht geeignet erscheint, den Umworbenen so zu beeinflussen, daß er nicht umhin kann, die Ware zu kaufen; hier kaum gegeben.

2. a) Klage auf Unterlassung: a, c, d, e, f, h, k, m, p

b) Klage auf Schadenersatz: d, h, n, p

c) Strafantrag: k, n, p

zu b) u. c): maßgeblich ist, ob vorsätzlich oder fahrlässig gehandelt wurde.

Produktstrategie

| 312 | *Produktionsprogramm — Handelssortiment — Sortimentsbreite und -tiefe — Diversifikation — Produktplanung — Deckungs-Beitragsrechnung* |

1. a) Der bisherige Abnehmerkreis stellt keinen Bezugspunkt für die Aufnahme des neuen Produkts dar. Unabhängig davon kann Storz aber davon ausgehen, daß Kunden beim Einkauf in seinem Möbelgeschäft auf das Sportgerät aufmerksam werden.

    Die Materialtreue ist gegeben, weil der Rohstoff Holz auch für das Sportgerät verarbeitet werden muß.

    Ebenso ist bei Storz das entsprechende Fach- und Erfahrungswissen für die Herstellung eines Sportgerätes aus Holz vorhanden.

    b) Ja; bei Orientierung an diese Grundsätze werden bei Einführung eines neuen Produkts Kosten-, Qualitäts-, Investitions- und technische Risiken eingeschränkt.

2. Die Aufnahme des neuen Produkts steht im vorliegenden Falle in einem lockeren, aber technisch sinnvollen Zusammenhang mit dem bisherigen Leistungsprozeß des Unternehmens. Storz wird mit dem Sportgerät auf einem neuen Markt tätig, indem er seine Kenntnisse, Erfahrungen und vorhandene Organisation für die Herstellung und den Absatz des neuen Produkts verwertet. Mit der Diversifizierung wird das Absatzrisiko, das mit der Festlegung auf eine bestimmte Sortimentsstruktur verbunden ist, vermindert.

3. Storz will mit den bisherigen Abnehmern im Geschäft bleiben und die vorhandenen Produktionsanlagen noch ausnützen. Auch im vorliegenden Fall entstehen mit der Aufnahme des neuen Produkts Risiken, z. B. wenn
    — die Konkurrenz mit einem ähnlichen Produkt früher auf den Markt kommt,
    — sich die Herstellung des Produkts als zu teuer erweist,
    — die allgemeine wirtschaftliche Entwicklung rückläufig wird,
    — sich die Bedürfnisstruktur der Konsumenten ändert.

4. Typ R 01, weil er den geringsten Anteil zur Abdeckung der fixen Kosten, d. h. in diesem Falle der nicht produktspezifischen Kosten, beibringt.

Distributionspolitik

| 313 | *Einsatz von Vertretern und Reisenden — Absatzkontrolle* |

1. a) 2.799 + 1 625 + 30 = 4.454 : 2.100 = 3 Vertreter (weil 2 nicht ausreichen).
    b) Der Besuch v. Großkunden ist f. Untern. u. Vertr. lohnender.
2. a) $\frac{20x}{100} = 4600{,}—$; $x = 23 000{,}—$,

b)

KOSTEN

23 000,—   UMSATZ

c)

KOSTEN

30 000,—   UMSATZ

$$\frac{20x}{100} = 3\,000,- + \frac{10x}{100}; \quad x = 30\,000,-.$$

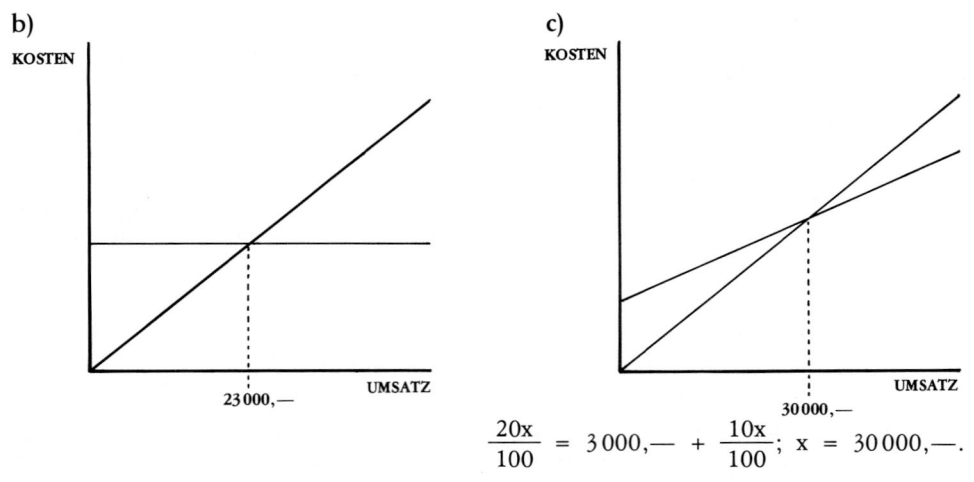

3. Das V. bringt DM 50,— Gewinn je Stck. Der Absatzrückgang an V. bringt deshalb einen so großen Gewinnrückgang, daß selbst die Absatzsteigg. der S. das nicht mehr ausgleichen kann, da die S. nur DM 25,— Gewinn je Stck. bringen.

4. a) Da die Prov. vom Verk. Preis berechnet wird, erhält d. Vertr. eine höhere Prov., wenn er viele S. verkauft, weil diese einen höheren Endpreis haben.
   b) Der Gewinnanteil des V. ist höher als der des S. Die Vertr. werden also V. forcieren u. damit auch d. Interesse von Storz wahren (höherer Stückgewinn bei Velobil).

314 Rechtsstellung des Handelsvertreters

1. Utz; Bundesrepublik räumlich zu groß, dadurch zu geringe Besuchshäufigkeit.
2. a) Nein, da keine Interessenkollision.
   b) Nein; oft sogar Vorteile, z.B. hier durch Vertretung v. Sicherheitsschlössern bereits in den Fachgeschäften eingeführt.
3. Ja; § 86 II HGB „unverzüglich".
4. a) aa) Hdl. Vertr. hat i. Zweifel nur Vermittlungsvollm. (§ 91a HGB); Griebel machte Antrag, Ladis nahm durch Lieferung an (konkludentes Handeln),
   bb) Ladis vertreten durch Utz machte Antrag, Griebel nahm durch Auftragserteilung an.
   b) Nein. Ausbleiben d. Leistung d. Dritten, hier Griebel, „steht nicht fest". Bloße erfolglose Mahnung beweist nicht endgültiges Ausbleiben d. Leistung; wenn endgültiges Ausbleiben feststeht, erfolgt Kürzung der Provision.
5. Ja, § 87 II HGB.
6. a) Ja. Unmöglichkeit muß feststehen, hier gegeben. Unmöglichkeit ist durch Ladis zu vertreten, wenn „Schwierigkeiten im eig. Betrieb", od. z.B. „Rohstoffmangel" der Grund sind.
   b) Vom Zielverkaufspreis, § 87b II, HGB. Hier also von DM 6 720,— ./. 10% (672,—) Rabatt = DM 6 048,—.
   c) Monatlich, § 87c I HGB, da vertraglich nichts anderes vereinbart, spätestens aber zum Ende des nächsten Monats.
7. Nein; §§ 84, 86 I HGB. Selbständigkeit: Arb. Pensum od. Tagesplan, od. Mindestarbeitszeit kann nicht aufgegeben werden.

8. Es bestehen begründete Zweifel an der Vollständigkeit d. Abrechng. Deshalb kann Utz nach § 87c IV HGB verlangen, daß nach Wahl Ladis ihm oder einem von ihm zu bestimmenden Wirtschaftsprüfer Einsicht in die Geschäftsbücher gewährt wird.

9. Ja (grundsätzlich); schnellerer Zahlungseingang; Kenntnis d. Kunden erleichtert Prüfung v. dessen Kreditwürdigkeit; jedoch scheinen Provisionen zu hoch (Delkredereprov. § 86 b HGB).

10. a) Bis 6 Wochen f. d. Schluß d. Quartals, § 89 I HGB, weil keine vertragl. Vereinbarung.

    b) Bis 3 Mon. auf Quartalsende, § 89 II HGB.

11. a) Nein, § 89b III HGB, Untern. hat durch Ablehng. d. Ford. nach Delkredere und Inkassovollm. keinen Anlaß zur Künd. gegeben.

    b) Weil d. Hdl. Vertr. ursächlich a. d. weiteren Aufträgen beteiligt ist; deshalb unbillig, wenn keinen Anteil am Erfolg.

    c) 68 000,— + 116 000,— + 120 000,— + 104 000,— + 92 000,— = 500 000,— : 5 = = 100 000,—. Berechnungsgrundlage f. durchschnittl. Prov. (Höchstanspruch) § 89b II HGB.

---

315 *Verkaufskommissionär — Rechte und Pflichten*

1. a) Vermeidet Verkaufsrisiko.
   b) Eigentümer die Künstler, Besitzer Pieroth; Baumbach-Duden zu § 383 HGB, Anm. 3 F.

2. a) Pieroth-Axer; Erklärungen jeweils i. eig. Namen.
   b) Axer; P. war bevollmächtigt; § 383 HGB.

3. a) § 384 II HGB „unverzügliche Benachrichtigung u. Herausgabe d. Kaufpr.".
   b) Nein; § 392 I HGB.

4. a) $2\,000,— \cdot/. 50,— \cdot/. x = 1\,350,—$; $x = 600,—$; $\frac{100 \times 600}{2\,000} = 30\%$

   b) Nein, Verwaltungsunkosten darf er nicht berechnen, § 396 II HGB.

---

316 *Kommissionsgeschäft*

1. Nach d. Recht d. Kommissionärs, § 406 I HGB.

2. Nein, nicht gewerbsmäßiger Verkauf v. Waren i. eig. Namen f. Rechng. eines andern, § 383 HGB.

---

317 *Rechte und Pflichten des Zivilmaklers*

1. Makler besitzt Markt- und Sachgebietskenntnisse, Kundenkartei; übernimmt evtl. notwendige Werbung; berät Käufer und Verkäufer; erledigt die Formalitäten; Vermittelt Finanzierungen.

2. Nein, § 652 BGB. Anspruch erst nach Zustandekommen des Geschäfts.

3. a) 23. 6. § 313 BGB, notarielle Beurkundung.
   b) Käufer ist Struve, Anello weist nur Gelegenheit zum Abschluß eines Vertrags nach, § 652 BGB.
   c) 23. 6. § 652 BGB. Zustandekommen des Vertrags.

4. a) §§ 652—656 BGB.   b) §§ 93—104 HGB.
5. St. ist Auftraggeber, deshalb zahlungspflichtig, § 652 BGB, evtl. zusätzlich noch der Käufer, wenn er wußte od. wissen mußte, daß d. Makler von ihm Vergütung erwartete.

318   Einzelhandel — Großhandel

1. Einsparungen bei: Fertigwarenlager (kleiner); Werbung (weil teilweise vom Großhandel übernommen); Verkauf (weniger Vertreter u. Reisende erforderlich); einfacherer Versand an wenige Großabnehmer, deshalb kleinerer Fuhrpark erforderlich; Buchhaltung, Mahnabteilung (weniger Rechnungen, deshalb weniger Arbeitsanfall).
2. a) — Verringerung der Vertriebskosten (s. Nr. 1).
   — Gleichmäßigere Beschäftigung, weil Großhandel längerfristig vorausbestellt.
   — Vermindertes Lagerrisiko.
   — Beschränkung des Produktionsprogramms auf weniger Artikel (Großserien mit Kostendegression).
   b) Leichtere und schnellere Ergänzung des eigenen Warenlagers aus dem Sortiment des Großhändlers; Kreditgewährung durch Großhändler.
3. Großhändler übernimmt Funktionen, die sonst der Hersteller oder Einzelhändler übernehmen muß. Die Großhandelsbetriebe wirken an der Umgruppierung des Güterstromes mit, indem sie als Aufkaufgroßhändler sammeln und verteilen oder als Absatzgroßhändler eine sortimentsbildende Tätigkeit ausüben.

319   Reisender — Handelsvertreter — Verkaufskommissionär — Makler — Handel

1.

	Verhältnis zum Auftraggeber		handelt					ist beauftragt			übernimmt		erhält		
			in		für										
	abhängig	selbständig	eigenem Namen	fremden Namen	fremde Rechnung	eigene Rechnung	vermittelt	schließt ab	ständig	nicht ständig	Absatzrisiko	kein Absatzrisiko	Provision	Gehalt	Gewinn
Reisender	×			×	×		(×)	×	×			×		×	
Handelsvertreter		×		×	×		×	(×)	×			×	×		
Verkaufskommissionär		×	×		×			×		×	×		×		
Makler		×		×	×		×			×		×	×		
Händler		×	×			×		×			×				×

2. Der **Reisende** (Handlungsreisender) ist ein Angestellter (Handlungsgehilfe), der gegen Entgelt ständig damit betraut ist, für einen Unternehmer (Arbeitgeber) Geschäfte zu vermitteln oder in dessen Namen abzuschließen.

Handelsvertreter ist, wer als selbständiger Gewerbetreibender ständig damit betraut ist, für einen anderen Unternehmer Geschäfte zu vermitteln oder in dessen Namen abzuschließen; § 84, 1 HGB, im Zweifel darf er nur vermitteln.

Verk.-Kommissionär ist, wer es gewerbsmäßig übernimmt, Waren oder Wertpapiere für Rechnung eines anderen (des Kommittenten) in eigenem Namen zu ... verkaufen; § 383 HGB.

Handelsmakler ist ein Kaufmann, der gewerbsmäßig für andere Personen von Fall zu Fall Verträge über Gegenstände des Handelsverkehrs vermittelt.

Händler ist, wer selbständig in eigenem Namen für eigene Rechnung Geschäfte abschließt unter Übernahme des Absatzrisikos in Erwartung von Gewinn.

320 Versteigerung — Einschreibung

1. Versteigerung: Der Käufer erfährt vom Versteigerer zunächst den erwarteten Preis; daraufhin werden die Gebote durch Zuruf abgegeben. Dabei hat der Käufer die Möglichkeit des Vergleichs seiner Preisvorstellung mit denen der anderen Gebote.

   Einschreibung: Durch die Abgabe seines Preisgebots in einem verschlossenen Umschlag hat der Käufer keine Vergleichsmöglichkeit, so daß er sein Gebot nicht der jeweiligen Situation anpassen kann.

2. Land- und forstwirtschaftliche Erzeugnisse unterliegen häufig einer veränderlichen Qualität und sind meist auch verderblich. Industrieerzeugnisse dagegen ermöglichen eine längere Lagerung und besitzen eine gleichbleibende Qualität.

321 Warenbörse (Angebot, Nachfrage, Gleichgewichtspreis)

1. a) 4,70   b) 4,60; 4,70

2.
Preis in DM je kg	Angebot in Tausend kg	Nachfrage in Tausend kg	Umsatz in Tausend kg
4,40	30	140	30
4,50	40	110	40
4,60	80	110	80
4,80	100	90	90
4,90	100	70	70
5,—	100	50	50
5,10	150	40	40

   bei 4,80 DM größter Umsatz.

3. Börsenhdl. mit Metallen u. solchen landw. Erzeugnissen, die durch bestimmte Standard- od. Durchschnittsqualitäten eindeutig festlegbar, weil Vertragsschluß ohne anwesende Ware bzw. üb. vertretbare Ware möglich.

322 Hedgegeschäft

1. a) L. benötigt Rohstoffe für Januarliefrg.; außerdem möchte er seine Kalk. Grundlage geg. die oftmals großen Preisschwankungen an internat. Rohstoffmärkten sichern,

   b) Preis kann bis z. Liefertermin fallen, dann für ihn Verlust.

2. a) Marktsituation im Okt. bezgl. Menge u. Qualität d. angebotenen wie nachgefragt. Ware noch ungewiß.
   b) Muster bezieht sich auf Eigenschaften einer ganz bestimmten begrenzten Warenmenge, deren Vorhandensein am Liefertermin ungewiß, deshalb f. Termingesch. nicht geeignet, weil Terminkontrakte an Warenbörsen auf 6, 7 u. mehr Monate Lieferfrist abgeschlossen.
3. Verkäufer gewonnen, K. verloren, jeweils 2 409,— DM
4. Etwaiger Verlust beim Termin-**Kauf**geschäft würde durch entspr. Gewinn beim Termin-**Verkaufsgeschäft** ausgeglichen, da beim Termingeschäft anstelle effektiver Warenliefrg. Ausgleich in Geld möglich. Hedge-Geschäft ist also nicht auf Spekulationsgewinn gerichtet.

| 323 | *Termingeschäft* |

Der Spek. erwartet steigende Preise, da er sonst im Dez. mit einem Promptgeschäft billiger zu seiner Ware käme; Promptgeschäft: Gesch. in sofort verfügbarer Ware.

| 324 | *Handelsmakler* |

1. Lohmann — Petersen.
2. Schlußnote f. jede Partei; § 94 I HGB; Tagebuch-Eintragung u. Auszüge daraus; §§ 100—102 HGB.
3. Wenn nichts vereinbart von L. u. P. je zur Hälfte (§ 99 HGB) am 20. 6. nach Zustandekommen d. Geschäfts; § 652 BGB.
4. Bis zur Erledigung d. Geschäfts durch Annahme der Ware durch den Käufer; Verjährung d. Gewährleistungsanspruchs; Unterlassen einer Rüge; Aufhebung im gegenseitigen Einvernehmen; danach darf und muß er Probe zurückgeben (wenn sie nicht wertlos ist).
5. Sicherung eines Beweismittels f. längere Zeit (10 Jahre).

| 325 | *Export (direkt, indirekt), Liefer- und Zahlungsbedingungen, Wechselkurs, Seefrachtbrief, Ladeschein* |

1. Mangelnde Kenntnis d. Absatzgebietes u. der dortigen Rechtsverhältnisse; Verringerung d. Risikos.
2. a) Erledigg. d. notwendigen Zoll- u. Hafenformalitäten u. sonstige Importdeklarationen; Weiterleitg. d. Maschinen nach Lima od. einen anderen ihm von Harris genannten Bestimmungsort, sowie Erledigg. aller damit zusammenhäng. Arbeiten (Auswahl d. Frachtführer, Auswahl d. günstigsten Beförd.weges, Abschluß d. Frachtvertrages, Verladg.),
   b) Beförderungskosten bis Callao trägt Iversen; Verpackg., Ausladekosten und Lagergeld in Callao, Verladekosten u. Bahnfracht Callao-Lima trägt Harris.

3. a) Akkr.steller: Harris; Akkr.-Bank: Banca di Peru; Akkr.stelle: Hansa-Bk.; Begünstigter: Iversen,
   b) Verkäufer soll zur Einhaltung d. vereinbart. Lieferfrist veranl. werden,
   c) Iversen möchte Sicherheit, daß er Gegenleistg. auch wirklich erhält,
   d) Konossement,
   e) Warenwertpapier; §§ 450, 650 HGB.
4. Nein; die Hansa-Bank hat Errichtg. d. Akkr. bestätigt. Damit hat sie eine selbständige Verpflichtung zur Einlösg. d. Dokumente neben der Akkr.Bank in Lima übernommen.
5. a) Zahlungsrisiko; will sichern, daß Gegenwert d. gelieferten Ware wirklich eingeht.
   b) L/C, weil Geld sofort auf seinem Konto verfügbar, während bei D/P erst nach Postlaufzeit von Dokumenten plus der des Geldes vorhanden.
6. a) $\frac{72\,000 \times 5}{100} = 3\,600,-$ DM
   b) $\frac{72\,000 \times 4{,}50}{100} = 3\,240,-$ DM
   c) $\frac{3\,600 \times 100}{4{,}50} = 80\,000,-$ Inti

326 Preisdifferenzierung — Deckungsbeitrag

1. a) 900,— DM; max. Gewinn: 1 200 000,— DM.
   b) 2 400 000,— DM; (Erlös 3 600 000,— DM ·/. var. Kosten 1 200 000,— DM = = 2 400 000,— DM).
2. a) 450 000,— DM (Erlös 750 000,— DM ·/. var. Kosten 300 000,— = 450 000,—.
   b) Ges. Deckungsbeitrag   2 850 000,—
      ·/. Fixkosten   1 200 000,—
      Gesamtgewinn   1 650 000,—
3. Solange Verkauf weiterer „preisdifferenzierter Produkte" einen Deckungsbeitrag erbringt.

327 Produkt-, Preis-, Distributions- und Werbepolitik einer Fabrik für Kinder- und Jugendbekleidung

Vorbemerkung: Primäres Ziel dieser Fallanalyse ist es, den Lernenden aktiv an einem Entscheidungsfindungsprozeß zu beteiligen. Es kommt dabei darauf an, daß der Lernende die Probleme und Zusammenhänge erkennt, Schlußfolgerungen zieht, sinnvolle Entscheidungen fällt und deren mögliche Auswirkungen erkennt. Es gibt jedoch — wie es für die Fallmethode typisch ist — keine eindeutigen Erkenntnisse über die Richtigkeit einer Entscheidung, zumal diese oft von der gesamtwirtschaftlichen Situation abhängig ist. Unter diesen Gesichtspunkten sind die folgenden Lösungsversuche nur als Empfehlungen zu behandeln.

1. a) Die Aufnahme von Herrenhemden ermöglicht eine Sortimentsverbreiterung mit den Vorteilen der Risikominderung im Absatzbereich. Die technischen und wirtschaftlichen Voraussetzungen können als gegeben angenommen werden. Dabei sollte eine Spezialisierung auf Freizeithemden — zumindest in der Phase des Eindringens in den Hemdenmarkt — vorgenommen werden.
   Hinsichtlich der Einschränkung des Programms an Kinderkleidung sind ebenfalls Überlegungen anzustellen: Geburtenentwicklung, Entwicklung z. B. des Absatzes an Haushalt-Nähmaschinen usw.

b) Unter Berücksichtigung des guten Firmenimages ist es ratsam, den hohen Qualitätsstandard trotz des großen Marktanteils der Billighemden, beizubehalten. Die bisherige Preispolitik des Unternehmens erlaubt die Verwendung besten Rohmaterials und eine hohe Verarbeitungsqualität. Für die Beantwortung der Frage, ob Impulskäufe überwiegend bei Billighemden vorgenommen werden, fehlen entsprechende Informationen. In diesem Zusammenhang bietet sich die Möglichkeit einer Umfrage durch Schüler an.

c) Soweit die bisher direkt belieferten Fachgeschäfte nicht nur auf Kinderbekleidung spezialisiert sind, empfiehlt sich die Beibehaltung dieses Absatzweges (Bekanntheitsgrad des Unternehmens und seiner Vertreter), zumal 50% aller Hemden in Textilfachgeschäften verkauft werden. Die Frage, inwieweit die für das Unternehmen tätigen Handelsvertreter nicht bereits schon andere Hersteller von Herrenhemden vertreten, kann hier mangels Informationen nicht beantwortet werden. Gerade bei Einführung eines neuen Produktes ist jedoch der Einsatz von Vertretern dem von Reisenden vorzuziehen.

d) Junge Männer bis Männer mittleren Alters; Frauen als Käuferinnen von Geschenken.

e) Auch hier steht sicher die Schaufensterwerbung der Fachgeschäfte im Vordergrund, zumal zu den bisherigen 4800 Fachgeschäften noch weitere hinzukommen werden. Aus Kostengründen wäre zunächst diese Werbestrategie zu empfehlen.

Inwieweit Anzeigen in Illustrierten kostengünstig und wirksam sind, hängt vom bisherigen Bekanntheitsgrad des Firmennamens bzw. des Warenzeichens ab.

2. Die Entscheidung dieser Frage hängt von der jeweiligen gegenwärtigen gesamtwirtschaftlichen Lage und der Bevölkerungsentwicklung ab. Geburtenrückgänge bedeuten für das Unternehmen auf jeden Fall ein Signal für eine entsprechende Anpassung an die veränderte Situation. Jedoch muß die starke Konkurrenz (20 Hersteller haben einen Marktanteil von 75%) berücksichtigt werden.

Für eine brauchbare Entscheidungsfindung bedarf es einer intensiven Primärforschung sowie der Auswertung umfangreichen wirtschafts- und bevölkerungsstatistischen Materials.

Organisation des Verkaufs

| 328 | *Organisation des Vertretereinsatzes* |

Die bisherige Organisationsstruktur basiert auf einer Einteilung der Vertreterbezirke nach geografischen Gesichtspunkten. Sie ist zwar in der Praxis sehr verbreitet und im allgemeinen auch kostengünstig, muß aber nicht gleichzeitig besonders erfolgswirksam sein.

Bei der geplanten Organisationsstruktur werden die Vertreter zu Fachvertretern. Sie spezialisieren sich auf die einzelnen Abnehmergruppen und deren besonderen betriebswirtschaftlichen Belange. Damit wird aber die Bildung von Vertreterbezirken nicht ausgeschlossen. Die Bezirke werden größer und jeweils von mehreren Fachvertretern betreut.

| 329 | *Produktmanagement*

1. Einkauf, Entwicklung, Vertrieb, Absatzplanung, Werbung, Produktpolitik, Kostenrechnung.

2. Die Produktmanagerin hat die Aufgabe, alle mit dem Absatz der Produkte im Zusammenhang stehenden Maßnahmen zu koordinieren und auf Grund ihrer Spezialkenntnisse gestaltend auf das System des Marketing einzuwirken.

   Die Stelle des Produktmanagements hat meistens den Charakter einer Stabsstelle. Die Produktmanagerin hat außerhalb der eigenen Stelle keine Linienkompetenz. Durch Beschaffung von Informationen und Beratungen bereitet sie die Entscheidungen der Marketing-Leitung vor. Die Durchsetzung einer einheitlichen Produktkonzeption hängt entscheidend von dem Grad der Zusammenarbeit zwischen den Abteilungen und von der Überzeugungsfähigkeit der Produktmanagerin ab.

| 330 | *Ablauforganisation — Auskunft*

1. a) Nein, Annahme mit Abänderung gilt als Ablehnung, verbunden mit neuem Antrag, §§ 150 II, 154 I, BGB.
   b) Geschäftsfreunde, Handelsregister, Industrie- und Handelskammer, gewerbsmäßige Auskunftei, Außendienstverkäufer.
   c) R. & Co. sind Lieferer v. T. & Sohn; keine Kosten.
2. a) Liquiditätsschwierigkeiten durch Umbau verursacht; vermutlich auf Grund günstigen Absatzes Geschäftserweiterung; künftiger Kunde.
   b) Vertragsannahme, § 150 II BGB.
3. a)

Bezeichnung d. Schriftstücke	Inhalt					
	Anschrift	Warenbez.	Menge	Preis je Einheit DM	Ges. Preis DM	Sonst. Bedingungen
Auftragsbestätigung	×	×	×	×	×	×
Rechnung	×	×	×	×	×	×
Versandanweisung	×	×	×	×		×
Versandauftrag	×	×	×			×
Versandanzeige	×	×	×			×
Begleitpapiere	×	×	×			×

   b) Vordrucksätze; Erstellung von Durchschriften oder einer Umdruck-Matrize.
4. a) Nein, unentgeltliche Auskunft, Auskunftgeber haftet nur für Vorsatz, §§ 676, 826 BGB.
   b) Ja, entgeltliche Auskunft, Auskunftgeber haftet für Vorsatz und Fahrlässigkeit, § 347 HGB u. §§ 676, 276 BGB.

331 *Ablaufmatrix: Auftragsabwicklung*

Art der Arbeit	Verkauf	Lager	Versand	Buchhalt.	Fakturier.
Prüfen der Anfrage u. Lieferfähigkeit	x	x			
Eintrag in die Kundenkartei	x				
Meldung der Lieferfähigkeit		x			
Schreiben des Angebots	x				
Prüfen der Bestellung u. Einholung v. Auskünften	x				
Schreiben d. Versandanweisung	x		(x)		
Schreiben d. Versandauftrages		x			
Schreiben d. Auftragsbest.	x				
Schreiben d. Versandanzeige u. d. Begleitpapiere			x		
Versand der Ware			x		
Schreiben d. Rechnung					x
Verbuchen des Warenausgangs (mengenmäßig)		x			
Verbuchen des Warenverkaufs				x	
Überwachung des Zahlungstermins				x	
Verbuchen der Zahlung durch den Kunden				x	
Verkaufsstatistik	x				

Gütertransport

Frachtvertrag

332 *Güternahverkehr — Frachtbrief — Frachtsatz*

Vorbemerkung zu den Fällen 332 und 333:
Die Allgemeinen Beförderungsbedingungen für den gewerblichen Güternahverkehr mit Kraftfahrzeugen (AGNB) werden nur Vertragsinhalt, wenn der Unternehmer ausdrücklich darauf hinweist. Sie sind keine staatlich festgelegten Tarife. Deshalb erfolgt hier die Lösung auch aus didaktischen Gründen nach HGB.

1. Bessere Auslastung durch Beiladung u. Rückfracht, Fuhrpark im Nahverkehr nicht voll ausgelastet, Spezialfahrzeuge nicht lohnend, fremde Fahrzeuge bei Spitzenbelastungen.
2. Ja, Beförderung erfolgte im Umkreis v. 50 km v. Mittelpunkt des Standorts § 2 GüKG.

3. a) Werkvertrag § 631 BGB. Erfolg durch Dienstleistung. Frachtvertrag § 425 HGB.
   b) Frachtführer und Absender (aus §§ 425 u. 426 III HGB).
   c) § 426 II HGB zählt auf: Ort u. Tag der Ausstellung, Name u. Wohnort des Frachtführers, Empfänger, Ort der Ablieferung, Bezeichnung des Gutes, Bezeichnung für zoll- oder steueramtl. Behandlung, Bestimmung über die Fracht, besonders getroffene Vereinbarungen (z. B. Beförderungszeit), Unterschrift des Ausstellers.
4. Nein. Nur im Güterfernverkehr keine Einzelabmachungen, im Güternahverkehr darf Tarif um 10% über-, und 30% unterschritten werden. (Tarif f. den Güternahverkehr mit Kraftfahrzeugen GNT, Verordnung TS 11/58 § 2).
5. a) Nein, keine vertragliche Bindung mit Empfänger. § 436 HGB,
   b) Ja, § 436 HGB.
6. Absender unverzüglich benachrichtigen, evtl. einlagern. § 437 HGB.

333 Haftung des Frachtführers

1. Sofort Tatbestandsaufnahme über Ursache, Zeitpunkt und Umfang des Schadens. § 438 II u. III HGB.
2. a) Nein. Auch durch Sorgfalt eines Frachtführers nicht abzuwenden. § 429 HGB.
   b) Auf mangelhafte Verpackung aufmerksam machen u. bestätigen lassen. § 429 HGB.
3. Ja, da schuldhaft. § 429 HGB. Abzug des Schrottwerts, Haftung für Gehilfen § 431 HGB. Niemals voller Ersatz einschließlich Gewinn, es sei denn, Vorsatz oder grobe Fahrlässigkeit liegen vor.
4. Ja. Nach Treu und Glauben raschere Beförderung zu erwarten. Haftung für vollen Schaden bei Überschreitung der Lieferfrist (§ 429 HGB), nicht eingeschränkt wie bei Verlust oder Beschädigung (§ 430 HGB).

Tarifwesen

334 Regel- und Ausnahmetarife (Wertklassen)

1. Aus volkswirtschaftlichen und sozialpolitischen Gründen sollen Massengüter billiger befördert (subventioniert) werden. Frachtkosten haben bei hochwertigen Gütern prozentual geringere Bedeutung.
2. Beförd. von Haus zu Haus; größere Schnelligkeit; Versendung auch in entlegene Gebiete; Einsparung von Umladekosten; einfachere Verpackung ist möglich; persönliche Wünsche beim Transport können berücksichtigt werden.

335 Wagenladungen

1. Kurvendiagramm.
2. a) 11,68; 17,52; 23,26; 29,20 DM.
   b) Die Kosten der Bundesbahn steigen prozentual nicht so schnell wie die km der Beförderungsstrecke. Z. B. sind Be- und Entladekosten fixe Kosten.
3. Die Kosten der Bundesbahn steigen nicht proportional zu dem Gewicht. Z. B. fallen die Abfertigungskosten für viele kleine Sendungen weg.

| **336** | *Frachtkosten bei Versendung als Stückgut und als Wagenladung* |

1. Gesicherte Ausnutzung des Wagens, Arbeitsersparnis (Lagerung, Be- und Entladen).
2. 319,50 ./. 120,45 = 199,05 DM.
3. 2 500 × 199,05 = 497 625,— DM.
4. Dringende Sendungen müssen sofort abgeschickt werden, z. B. Ersatzteile für Schiffe.
5. 1 204,50 DM (für den Wagen) : 319,50 DM (je t Stückgut) = 3,77 t.

LKW-Fernverkehr

| **337** | *Fernverkehrskonzession* |

1. Es wird angenommen, daß der Sohn entsprechend den gesetzlichen Voraussetzungen die notwendige Zuverlässigkeit, fachliche Eignung und finanzielle Leistungsfähigkeit besitzt. Die Genehmigung wird dem Sohn als Inhabergenehmigung erteilt und hat eine Geltungsdauer von acht Jahren. Danach kann der Inhaber der Konzession Antrag auf Wiedererteilung der Genehmigung stellen, welche dann grundsätzlich erteilt wird. Die Genehmigung ist nicht übertragbar, es sei denn, es erfolgt die Übertragung des Unternehmens im ganzen auf einen Dritten.
2. Keine Prüfung eines öffentlichen Verkehrsbedürfnisses, keine Kontingentierung wie bei Güterfernverkehr.

Spediteur

| **338** | *Speditionsvertrag — Frachtvertrag — Rechtsstellung des Spediteurs* |

1. Pfälzische Speditionsges.
2. Bundesbahn, übernimmt gewerbsmäßige Beförderung von Gütern zu Lande. § 425 HGB. Für Bundesbahn jedoch bes. Recht nach EVO.
3. a) Sped.ges. soll Güterversendung durch Frachtführer besorgen lassen (vermitteln). § 407 HGB.
    b) Bundesbahn soll Güterbeförderung durchführen. § 425 HGB.
4. a) Eigener Name: Spediteur ist Absender auf dem Frachtbrief. Fremde Rechnung: Abrechnung zeigt, daß Beförderungskosten dem Auftraggeber der Speditionsges. in Rechnung gestellt werden.
    b) 319,50 DM ./. 289,95 DM = 29,55 DM.
    c) 289,95 DM ./. 120,45 DM = 169,50 DM.
    d) Abholen des Gutes beim Auftraggeber, Lagerung und Verladen, Verwaltungskosten, Steuern,
    e) Verladekosten und Abfertigungsarbeiten fallen weg.

Lagerhalter

| **339** | *Lagerschein — Pflichten des Lagerhalters — Frachtbriefdoppel* |

1. a) Nur mit ausdrücklicher Genehmigung des Einlagerers. § 419 HGB.
    b) Dem Einlagerer sofort Nachricht geben. § 417 II HGB.
    c) Nein. Besichtigung und Entnahme v. Proben während der Geschäftszeit erlaubt. § 418 HGB.

d) Der Lagerhalter. Nach § 417 HGB Sorgfaltspflicht wie Kommissionär. Verlust war durch die Sorgf. eines ordentl. Kaufmanns abzuwenden. § 390 HGB.

2. a) Eigentümer ist Walzmühle. Übergabe des indossierten Lagerscheins vermittelt Eigentum (§ 424 HGB). Besitzer bleibt die Lagerhausgesellschaft.

b) Übergabe des Frachtbriefdoppels läßt nur Verfügungsrecht gegenüber der Bahn übergehen, §§ 61 V, 72 VII, XI EVO; kein Übergang des Eigentums.

Binnenschiffahrt

340 *Lagerschein — Ladeschein — Lagervertrag*

1. a) Entsprechender Vermerk unter Abschreibungen auf dem Lagerschein: 18. 3. 19 . ., Weizen 500 t,

b) höchstens 1000 t.

2. a) Grundsätzlich ja! Lager- und Ladeschein sind kfm. Orderpapiere. § 363 HGB. Mit dem Indossament gehen alle Rechte auf den Indossatar über. § 364 HGB. Vorsicht bei der Übertragung von Namensladescheinen! Über die Ware könnte zumindest teilweise schon vor Abtretung verfügt worden sein. Erwerb nur der Rechte, wie sie gegen den Frachtführer bei Abtretung bestehen!

b) Nein. Nur das Verfügungsrecht des Absenders gegenüber der Bahn ginge verloren. § 433 HGB, § 61 V EVO. Keine Übertragung des Verfügungsrechts an die Bank.

3. Am 16. 8. § 422 HGB.

4. Ges. Pfandrecht nach § 421 HGB. Androhung. Wartefrist nach § 368 HGB 1 Woche.

4 Die Rechtsbeziehungen der Unternehmung

Das Grundmodell für Verträge

Zustandekommen von Verträgen

401 *Antrag — Annahme — Willenserklärung*

1. Lindner: 50 Fl. „Escherndorfer . ." zu 6,30 innerhalb von 4 Wochen zu liefern; Obermooser: 50 Fl. „Escherndorfer . ." zu 6,30 abzunehmen u. zu bezahlen.

2. Nein, L. ist an sein Versprechen (6,30 DM) gebunden, § 145 BGB.

3. a) Antrag und Annahme,

b) Nein, kein Antrag, sondern Aufforderung an die Allgemeinheit zum Kauf.

c) Allgemeine Rechtssicherheit; Voraussetzung für eine arbeitsteilige Wirtschaft.

d) Übereinstimmende Willenserklärungen, Antrag und Annahme.

4. a) Nein, §§ 146 u. 147, II BGB, Antrag nicht rechtzeitig angenommen; **rechtzeitig:** normale Postlaufzeit des Antrags + Überlegungsfrist + normale Postlaufzeit der Bestellung.

b) Einem Anwesenden gemachter Antrag kann nur sofort angenommen werden (§ 147 BGB).

Kaufvertrag nach BGB

| 402 | *Erfüllungsort — Erfüllungszeit — Versandkosten — Gefahrenübergang — Gerichtsstand* |

1. Ja, § 271 BGB; **sofort**: so schnell als Schuldner nach Umständen leisten kann.
2. sofort, § 271 BGB.
3. a) Bonn, § 269 BGB.   b) Dr. B., §§ 269 u. 448 BGB.
4. a) Ja, § 448 BGB.
   b) Nein, § 448 BGB.
   c) Käufer, wenn Ware durch Transportunternehmen befördert wird; Verkäufer, wenn er Waren selbst oder durch eigene Leute zustellt.
5. a) Nein, § 447 I BGB,   b) Ja, § 276 BGB.
6. München, § 269 BGB und 29 ZPO.
7. Nein, § 270 I BGB.
8. Nein, § 270 I BGB.
9. Bonn, § 269 BGB u. § 29 ZPO.

| 403 | *Vertragsbedingungen nach BGB* |

Zeitpunkt: sofort; **Erfüllungsort**: Wohnsitz des Schuldners; **Verpackungskosten**: Käufer; **Transportkosten**: Käufer; **Transportrisiko mit Verschulden**: Verkäufer, **ohne Verschulden**: Käufer; **Kosten und Gefahr der Geldversendung**: Käufer; **Gerichtsstand**: Erfüllungsort.

Eigentum und Besitz

| 404 | *Eigentumsübertragung an beweglichen Sachen* |

1. Nein, § 603 BGB
2. a) Ja, S. ist Eigentümer, § 903 BGB
   b) R. hat die tatsächliche, S. die rechtliche Verfügungsgewalt.
   c) R. ist Besitzer, S. ist Eigentümer.
3. a) F. ist Eigentümer und Besitzer, § 929 BGB
   b) Ja, wegen § 935 BGB, kein gutgläubiger Erwerb nach § 932 BGB.

| 405 | *Eigentumserwerb an geliehenen Sachen* |

Nein, gutgläubiger Erwerb, § 932 BGB

406 *Eigentumserwerb an beweglichen Sachen*

1. Ja 2. Ja 3. H. ist Eigentümer und Besitzer, weil der Hund noch nicht übergeben wurde, § 929 BGB.
4. L. durch Einigung und Übergabe.
5. Nein, L. ist Eigentümer.

407 *Eigentumserwerb an Grundstücken*

1. Rechtswirksamkeit mit Beurkundung am 30. Nov., § 313 BGB
2. Einigung: Auflassung, § 925 BGB
3. Mit Eintragung ins Grundbuch am 30. März nächsten Jahres, § 873 BGB, weil bei Grundstücken körperliche Übergabe nicht möglich.

Geschäftsfähigkeit

408 *Rechtsgeschäfte mit Geschäftsunfähigen und beschränkt Geschäftsfähigen — Rechtsgeschäfte mit Taschengeld*

1. Nein, §§ 104 u. 105 BGB.
2. a) Nein, §§ 106, 107 u. 108 BGB,
   b) Ja, § 108 BGB, schwebend unwirksam bis zur Genehmigung durch den Vater.
3. Nein, § 110 BGB.

409 *Einwilligung — Genehmigung — Rechtsgeschäfte mit Taschengeld*

1. Ja, §§ 107 u. 108 BGB; über zukünftiges Taschengeld gibt es kein Verfügungsrecht.
2. Nein, § 110 BGB.

410 *Selbständiger Betrieb eines Erwerbsgeschäftes durch Minderjährige*

1. Nein, § 112 BGB
2. Hauskauf nicht geschäftlich bedingt, deshalb nicht durch Ermächtigung nach § 112 BGB abgedeckt.

Nichtigkeit und Anfechtbarkeit von Rechtsgeschäften

411 *Verstoß gegen ein Gesetz*

1. Nein, Besuch dieses Films gilt als Verstoß gegen das Jugendschutzgesetz, § 134 BGB; Verbot der Leistung (Besuch der Vorstellung) führt auch zur Nichtigkeit der Verpflichtung aus dem Kartenverkauf.
2. Ja, das Rechtsgeschäft ist von Anfang an ungültig; Anspruch aus ungerechtfertigter Bereicherung auf Grund § 812 BGB.

412 — Verstoß gegen die guten Sitten

1. A. verlangt 100% Zins, D. zahlt 20% Zins.
2. Darlehnswucher, § 138 II BGB.

413 — Verstoß gegen die Form

1. Nein, Formfehler, § 125 BGB; öffentliche Beurkundung des Kaufvertrages, § 313 BGB.
2. Ja, Kaufvertrag war noch nicht bindend, weil öffentliche Beurkundung fehlte; kein Schadenersatz-Anspruch aus Vertrag, da nichtig wegen Formmangel.
3. a) Geringere Steuern und Gebühren,
   b) Nach § 117 BGB ist der notarielle Vertrag als Scheingeschäft ungültig,
   c) Münchner Kaufmann, §§ 117, 313 BGB; durch Auflassung und Eintragung ins Grundbuch wird jedoch die „Ungültigkeit" durch das Scheingeschäft „geheilt", § 873 BGB
   d) 105 000,—, der wirklich gewollte Kauf ist gültig.

414 — Irrtum in der Erklärung

1. Ja, durch unverzügliche Anfechtung (§ 121 BGB) wegen Irrtums über den Inhalt der Willenserklärung (§ 119 BGB). Aus wettbewerbsrechtlichen Gründen sowie nach § 4 VerbrKrG hätte in der Anzeige auch der Barzahlungspreis, sowie der Teilzahlungsgesamtpreis angegeben werden müssen.
2. Ja, § 122, I BGB; falls R. das Inserat in seiner Bitte um Umtausch nicht erwähnte, wäre auch § 122, II BGB zu prüfen.

415 — Irrtum im Motiv

Nein, Irrtum im Beweggrund.

416 — Arglistige Täuschung

Arglistige Täuschung, § 123 BGB.

417 — Widerrechtliche Drohung

Zu Aufgabe 1—3: § 123 BGB; Widerrechtlichkeit liegt vor, wenn entweder das Mittel der Drohung widerrechtlich ist oder wenn die Drohung zur Erlangung einer Leistung, auf die ein Rechtsanspruch nicht besteht, ausgenützt wird. Nicht widerrechtlich ist die Drohung, ein Recht geltend machen zu wollen.

1. Nein, keine widerrechtliche Drohung des Albrecht. Er macht nur von den im Gesetz vorgesehenen Möglichkeiten Gebrauch.

2. Ja, Reber droht widerrechtlich.

3. Schwarz macht von seinem Recht als Vermieter Gebrauch, vom Mieter vertragsgemäßen Gebrauch der Mietsache zu fordern.

418 Nichtigkeit und Anfechtbarkeit

Nichtigkeit von Willenserklärungen: Verstoß gegen ein Gesetz (§ 134 BGB), Verstoß gegen die guten Sitten (§ 138 BGB), zum Schein abgegebene Willenserklärungen (§ 117 BGB). Nichtige Rechtsgeschäfte sind von Anfang an ungültig. Die Nichtigkeit eines Teils eines Rechtsgeschäftes macht meist das ganze Rechtsgeschäft ungültig (§ 139 BGB).

Anfechtbarkeit von Rechtsgeschäften: Arglistige Täuschung, widerrechtliche Drohung (§ 123 BGB).

Anfechtbare Rechtsgeschäfte sind zunächst gültig. Sie werden erst durch eine besondere Erklärung gegenüber dem Vertragspartner ungültig (§ 143 BGB). Diese Erklärung nennt man Anfechtung. Wer das Recht zur Anfechtung hat kann also wählen, ob er das Geschäft gelten lassen will oder nicht.

Anfechten kann wer sich auch bei der Abgabe der Erklärung versprochen oder verschrieben (§ 119 BGB) hat. Wenn die Post eine Erklärung falsch übermittelt, kann ebenfalls angefochten werden (§ 120 BGB). In diesen drei Fällen liegt ein Irrtum in der Erklärung vor. Irrtum im Beweggrund gibt dagegen kein Recht zur Anfechtung.

Der Anfechtende hat seinem Vertragspartner den Schaden zu ersetzen, der durch Irrtum in der Erklärung entstanden ist (§ 122 BGB).

Vorgang	Nichtigkeit der Erklärung	Anfechtbarkeit der Erklärung
Irrtum bei Abgabe einer Erklärung.		×
Willenserklärung eines Geschäftsunfähigen	×	
Eine Erklärung wird zum Schein abgegeben. Der andere weiß dies.	×	
Abgabe einer Willenserklärung aufgrund arglistiger Täuschung.		×
Eine Erklärung wird zum Scherz abgegeben. Der andere faßt sie auch als Scherz auf.	×	
Willenserklärungen, die gegen ein gesetzliches Verbot verstoßen.	×	
Willenserklärungen, bei denen eine vorgeschriebene Form nicht beachtet wird.	×	
Willenserklärungen, die gegen die guten Sitten verstoßen.	×	

Abzahlungsgeschäfte

419 *Inhalt des Ratenzahlungsvertrags — Kreditkaufsystem*

1. Der Effektivzins ergibt einen niedrigeren Prozentsatz, weil er sich auf den durchschnittlichen Darlehnsbetrag bezieht. Dieser ist niedriger als der Barzahlungspreis.

   Der durchschnittliche Darlehnsbetrag läßt sich mit folgender für jede Laufzeit geltende Formel errechnen:

   $$\text{Durchschnittl. Darlehnsbetrag} = \frac{\text{Darlehnsbetrag} + \frac{\text{Darlehnsbetrag}}{\text{Anzahl der Raten}}}{2}$$

   Dem Käufer werden im vorliegenden Falle während der gesamten Laufzeit des Ratengeschäftes 1 562,50 DM zur Verfügung gestellt. Für Zinsen und Bearbeitungsgebühren hat der Verkäufer 300,— DM berechnet. Diese ergeben auf den Durchschnittsdarlehnsbetrag bezogen den Effektivzins.

   Hier demnach: $\frac{300 \cdot 100 \cdot 12}{1\,562{,}50 \cdot 24} = 9{,}6\%$

   (Bei Verwendung der Formel nach der PreisVO u. Berechnung mit dem PC ergibt sich ein Effektivzinssatz v. 9,81%).

2. Der Gesetzgeber wollte mit der zwingenden Vorschrift des § 4 VerbrKrG, die Effektivverzinsung bei Ratengeschäften im Vertrag auszuweisen, zur Transparenz und zur leichteren Vergleichbarkeit solcher Geschäfte beitragen.

3. Nach § 7 VerbrKrG kann der Käufer binnen einer Woche nach Vertragsschluß widerrufen. Für den Verkäufer gilt § 326 BGB, d.h. nur bei Nichterfüllung der Vertragsabreden durch den Käufer ist Rücktritt vom Vertrag mit den daraus folgenden gesetzlichen Ansprüchen möglich.

4. Geringere Vertrautheit des Käufers mit den Risiken des Geschäftslebens.

5. Bei Kaufleuten wird vorausgesetzt, daß sie die erforderlichen Kenntnisse besitzen, um die im Geschäft liegenden Risiken richtig einschätzen zu können.

6. Ein Verkaufsunternehmen, das durch eine hauseigene Bankeinrichtung einen Kredit gewährt, um einen Abzahlungskauf zu finanzieren und ihn auf diese Weise als Barkauf erscheinen zu lassen, schließt ein sog. „verdecktes" Abzahlungsgeschäft ab. Daran ändert sich auch nichts, wenn diese hauseigene Bankeinrichtung zwar verbundenes Konzernunternehmen aber rechtlich selbständig ist. Verdeckte Abzahlungsgeschäfte unterliegen in allen Teilen dem Abzahlungsrecht wie jedes andere Abzahlungsgeschäft.

Verträge in der arbeitsteiligen Wirtschaft

Vertragsabschluß

420 *Zusendung unbestellter Ware an Kaufleute*

1. Nein, Anfrage war unverbindlich, Zusendung der Ware ist Antrag.
2. Aufbewahrung mit der Sorgfalt eines ordentlichen Kaufmanns.
3. S.: B. hat durch Zahlung des Angebotspreises den Vertragsantrag angenommen; Kaufvertrag dadurch zustandegekommen; Präzisia an Angebot gebunden. Brandt muß 130,— DM nicht nachzahlen.

4. a) Ja, B. ist Kaufmann, der mit Präzisia in ständiger Geschäftsverbindung steht. Sein Stillschweigen hat die Wirkung der Annahme, § 362 I HGB,

   b) Nein, Stillschweigen bedeutet in diesem Fall Ablehnung des Vertragsantrages, weil B. mit Benkieser bisher keine Geschäftsbeziehung hatte, § 362 I HGB.

421 Bindung an das Angebot

1. 23. 9., § 147 II BGB
2. a) Nein, § 150 II BGB,   b) 3%, Lieferung bedeutet Annahme.
3. a) Widerruf muß möglichst vor, spätestens gleichzeitig mit dem Angebot bei H. eingehen (Eilbrief, Ferngespräch, Fernschreiben, Telegramm), § 130 I BGB, Rückruf des Angebots nach PO § 44 hier nicht möglich; nur bei eingeschriebenen Sendungen oder Wertbriefen.

   b) H. wegen Bindung an Angebot auf jeden Fall beliefern. Den Großabnehmer ebenfalls mit restlichen 16 beliefern. Wegen Bindung an das Angebot an den Großabnehmer diesem weitere 4 Schränke — ebenfalls zum Sonderangebotspreis — liefern.
4. Nein, B. bestellte zu spät, § 147 II BGB.

   b) Möhringer muß 55 DM je Stück bezahlen. § 11 AGBG schützt nur Privatleute, nicht jedoch Kaufleute (§ 24 AGBG).

422 Zahlungs- und Lieferungsbedingungen beim Handelskauf — Allgemeine Geschäftsbedingungen (AGB)

1. a) Abwälzen des Preisrisikos auf den Käufer.

   b) Möhringer muß 55 DM je Stück bezahlen. § 11 AGBG schützt nur Privatleute, nicht jedoch Kaufleute (§ 24 AGBG).
2. a) Gesetzliche Regelung beim Versendungskauf: Kosten der Versendung und Gefahr sind vom Käufer zu tragen. Die Bedingung entspricht der gesetzlichen Regelung.

   b) Käufer trägt volles Transportrisiko ab Haus oder ab Fabrik.
3. a) In 1 Monat 2%, in 12 Monaten 24% = Jahreszinsfuß,

   b) Ja, Kreditkosten $\frac{7}{12}$ %.

   c) Skonto ist der Preis für die Kreditnutzung bzw. Vorfinanzierung, die bei der Warenlieferung dem Käufer gewährt wurde. Er soll dem Käufer einen Anreiz zur Barzahlung geben. Der schnellere Kapitalumschlag beim Verkäufer bringt diesem Zinskostenvorteile, die er über den Skonto an Käufer weitergibt. Vermindertes Forderungsrisiko.
4. a) Anpassung an das allgemeine Zinsniveau.

   b) 1% über dem heutigen Bundesbankdiskontsatz (§ 288 BGB, § 352 HGB).
5. Bei Nichtzahlung Anspruch auf Herausgabe seines Eigentums.
6. Weil sonst der Eigentumsvorbehalt durch Weiterveräußerung an einen gutgläubigen Dritten erlischt. Verlängerter Eigentumsvorbehalt, § 932 BGB.
7. Gerichtsstand Stuttgart, statt Schwäb. Gmünd.

8. **Bed. Nr. 1:** Preis bei Vertragsabschluß. **Bed. Nr. 2:** ab Haus oder Fabrik des Verkäufers. **Bed. Nr. 3:** Zahlung sofort bei Übergabe der Ware. **Bed. Nr. 4:** 5 % (§ 352 HBG), da zweiseitiges Handelsgeschäft. **Bed. 5 u. 6:** Käufer wird mit Übergabe der Ware Eigentümer. **Bed. Nr. 7:** Erfüllungsort für Lieferung Stuttgart und für Zahlung Schwäb. Gmünd.

9. Nein, die Bestellung ist die Annahme des Angebots in der Form, wie es übersandt wurde. Wenn es die Bedingungen nicht enthielt, gelten die gesetzlichen Regelungen.

10. a) aa) Nach § 448 BGB sind die Kosten der Schutz- und Versandverpackung Kosten der Abnahme. N. können sie demnach dem Käufer in Rechnung stellen.

    bb) Aufmachungsverpackung gehört zur Ware und ist im Kaufpreis enthalten. N. können sie dem Käufer nicht in Rechnung stellen.

    b) Nein, die Schutz- und Versandverpackung ist im vorliegenden Fall von sehr geringem Wert im Verhältnis zum Wert der Ware.

423 Lieferbedingungen

Lieferbedingungen	Kosten für				
	Anfuhr	Verladen	Fracht	Entladen	Zufuhr
ab Werk	K	K	K	K	K
ab Bahnhof hier	V	K	K	K	K
frachtfrei	V	V	V	K	K
frei dort	V	V	V	K	K
frei Werk dort	V	V	V	V	V
frei Haus	V	V	V	V	V
ab hier	V	K	K	K	K
frei Bahnhof dort	V	V	V	K	K
ab Lager	K	K	K	K	K
unfrei	V	K	K	K	K
frei Waggon	V	V	K	K	K

424 Zahlungsbedingungen

Gründe liegen in Kreditwürdigkeit und Bekanntheitsgrad des Käufers, Absatz- und Wettbewerbspolitik des Verkäufers, allgemeiner Wirtschaftslage, u. ä.

425 Zustandekommen von Kaufverträgen

	Käufer		Verkäufer		Kaufvertrag	
	Antrag	Annahme	Antrag	Annahme	Ja	Nein
1. Der Käufer bestellt, der Verkäufer lehnt die Lieferung ab.	×					×
2. Der Verkäufer sendet unbestellte Ware zu. Der Käufer nimmt sie in Gebrauch.		×	×		×	
3. Der Käufer bestellt ohne vorausgehendes Angebot. Der Verkäufer schweigt. a) Käufer und Verkäufer stehen in ständiger Geschäftsverbindung	×			×	×	
b) Käufer und Verkäufer hatten bisher keine Geschäftsverbindung	×					×
4. Der Verkäufer unterbreitet ein Angebot, der Käufer bestellt.		×	×		×	
5. Der Verkäufer macht ein freibleibendes Angebot, der Käufer bestellt.	×					×
6. Der Verkäufer macht ein bindendes Angebot, der Käufer bestellt daraufhin. a) zu spät	×		×			×
b) zu geänderten Bedingungen	×		×			×

Rechtserhebliche Merkmale von Kaufverträgen

426 *Einteilungsmerkmale für Kaufverträge*

Art des Kaufs	Vorgang								
	1	2	3	4	5	6	7	8	9
Nach dem Berufsstand der Vertragspartner	—	—	—	—	—	—	—	—	—
Bürgerlicher Kauf	×								
Einseitiger Handelskauf			×			×		×	
Zweiseitiger Handelskauf		×		×	×		×		×
Nach der Auswahl der Ware	—	—	—	—	—	—	—	—	—
Stückkauf	×		×			×		×	
Gattungskauf		×		×	×		×	×	
Kauf auf Probe			×						
Kauf nach Probe				×					
Kauf zur Probe								×	
Kauf nach Besichtigung	×		×			×			
Bestimmungskauf					×				
Nach dem Zahlungszeitpunkt	—	—	—	—	—	—	—	—	—
Kauf gegen Vorauszahlung					×				
Barkauf	×	×	×	×			×	×	×
Zielkauf						×			
Ratenkauf						×			
Nach der Lieferzeit	—	—	—	—	—	—	—	—	—
Tages- oder Sofortkauf	×		×			×	×	×	×
Terminkauf					×				
Fixkauf		×							
Kauf auf Abruf				×					
Teillieferungskauf					×				

Vertragsarten

427   *Werkvertrag — Werklieferungsvertrag — Dienstvertrag — Arbeitsvertrag — Mietvertrag — Pachtvertrag — Leihvertrag — Darlehnsvertrag*

1. a) Werkvertrag, §§ 631, 633 BGB   b) Nein, der Anzug ist das Werk, auf das der Vertrag gerichtet ist. Die mangelnde Paßform mindert seine Tauglichkeit zu dem im Vertrag vorgesehenen Gebrauch. § 633 BGB.
2. a) Werklieferungsvertrag, § 651 BGB,
   b) Nein. Der Hersteller trägt die Gefahr bis zur Abnahme des Werkes. § 644 BGB.
3. a) Dienstvertrag, § 611 BGB.
   b) Ja. Beim Dienstvertrag steht nicht der Arbeitserfolg sondern die Arbeit, die Tätigkeit als solche, im Vordergrund.
   c) Beim Werkvertrag handelt es sich um einen geschuldeten Arbeitserfolg, der über die bloße Arbeitsleistung hinausgeht.
4. a) Arbeitsvertrag. Durch ihn verpflichtet sich eine Person für einen anderen gegen Entgelt Leistungen unter dessen Leitung und nach dessen Anweisungen zu erbringen.
   b) Ja, hier besteht ein Arbeitsverhältnis, das mit der Einordnung des Arbeitnehmers in den Arbeitsbereich des Arbeitgebers beginnt.
   c) Der Rechtsanwalt übt eine selbstbestimmte, der Kellner eine fremdbestimmte Tätigkeit aus.
5. **Miete:** Gebrauchsüberlassung des Kinosaales für nicht gewerbliche Zwecke gegen Vergütung, § 535 BGB.
   Pacht: Hier kommt das Recht auf den „Fruchtgenuß", den Ertrag des gepachteten Kinos hinzu, § 581 BGB.
6. a) Leihvertrag, weil die Überlassung des Mobiliars unentgeltlich erfolgt.
   b) Eigentümerin ist die Waldbräu KG, Besitzer der Gastwirt.
   c) Ja, §§ 598 und 604 I BGB.
7. a) Darlehnsvertrag, § 607 BGB.
   b) Beim Leihvertrag muß dieselbe Sache, beim Darlehnsvertrag müssen Sachen gleicher Art, Güte und Menge zurückgegen werden (§ 607 I BGB).

428   *Vertragsmerkmale*

1. **Werkvertrag:** Anfertigung eines Maßanzuges, Reparatur am Auto, chemische Untersuchung eines Stoffes; Radwechsel durch eine Tankstelle;
   Werklieferungsvertrag: Anfertigung eines Maßanzuges aus Stoff und Material, das der Schneider selbst beschafft, Herstellung einer Geburtstagstorte aus vom Konditor beschafften Backzutaten; Maßschuhanfertigung;
   Dienstvertrag: Heiratsvermittler, Wohnungsvermittler, Heimarbeit; ärztliche Beratung eines Privatpatienten;
   Leihvertrag: Einem Freund wird das Fahrrad unentgeltlich überlassen, ein Buch wird unentgeltlich zum Lesen gegeben.

2. a) Kaufvertrag, b) Werkvertrag, c) Werkvertrag, d) Mietvertrag
3. **Formzwang:** Mietvertrag auf länger als ein Jahr.
   Formlos: Kaufvertrag im Einzelhandelsgeschäft.

Kaufmannseigenschaft

429 *Mußkaufmann*

1. Ja, § 1 II Ziff. 2 HGB. Sein Geschäftsbetrieb besteht in der Anschaffung und Weiterveräußerung von Waren.
2. Es kommt darauf an, ob er ein Kleingewerbe betreibt (Minderkaufmann) oder ob sein Geschäft nach Art und Umfang einen in kaufmännischer Weise eingerichteten Geschäftsbetrieb erfordert (Vollkaufmann). Dafür ist die Höhe des Umsatzes nicht entscheidend. Ist er Minderkaufmann, dann gelten u. a. die Vorschriften über die Firma für ihn nicht (§ 4 I HGB). Dann ist auch § 29 HGB nicht anwendbar und er muß sein Unternehmen nicht zum Handelsregister anmelden.

430 *Sollkaufmann*

1. a) Herabsetzung der Vertragsstrafe gem. § 343 BGB nur für Nichtkaufleute möglich, § 348 HGB. Der Bauunternehmer ist nicht Kaufmann nach § 1 HGB (Mußkaufmann), sondern Sollkfm. nach § 2, wenn sein Gewerbebetrieb eine kfm. Organisation erfordert. Er wird durch Eintragung Kaufmann. Ohne Eintrag im Handelsregister kann eine unangemessen hohe Vertragsstrafe herabgesetzt werden.
   b) Nach Eintragung ist er Kfm. Eine Herabsetzung der Vertragsstrafe ist nicht mehr möglich.
2. Sollkaufmann durch Eintragung im Handelsregister, § 2 HGB. Bei 30 Arbeitern ist wohl eine kfm. Organisation erforderlich.

431 *Kannkaufmann*

1. Nein. St. ist weder Kfm. nach § 1 noch nach § 2. § 1 gilt für Landwirte nicht und die nach § 3 in Verbind. mit § 2 mögliche Eintragung wurde nicht herbeigeführt. Deshalb kein Firmenschutz. §§ 17, 30 HGB.
2. Nein. § 38 gilt nur für Kaufleute. Jedoch Mindestbuchführung schon für steuerliche Zwecke notwendig. AO § 161.

432 *Formkaufmann*

1. Die GmbH ist juristische Person und deshalb Kaufmann (§ 6 HGB). Nach dem HGB, §§ 105 ff sind OHG, KG, KGaA und GmbH Handelsgesellschaften. Deshalb ist eine mündlich gegebene Bürgschaft gültig (§ 350 HGB). Weil die Bürgschaft für die GmbH ein Handelsgeschäft ist, hat sie kein Recht der Vorausklage (§ 349 HGB).
2. Die GmbH erlangt durch Eintragung ins Handelsregister die Kaufmannseigenschaft, weil diese mit dieser Rechtsform verbunden ist. (§ 6 HGB, § 11 GmbHG).

| 433 | Vollkaufmann — Minderkaufmann |

1.

	Vollkaufmann (Muß-, Soll-, Kann-, Formkaufmann)	Minderkaufmann (immer Mußkaufmann)
Kaufmännische Organisation des Betriebes	*wenn kfm. Organisation erforderlich*	wenn kaufmännische Organisation nicht erforderlich
Eintragung im Handelsregister	*muß eingetragen werden*	keine Eintragung im Handelsregister
Firma	*hat Recht zur Führung einer Firma u. Firmenschutz*	keine Firma
Ernennung von Bevollmächtigten	*Recht zur Ernennung von Prokuristen*	kann Bevollmächtigte haben, aber keine Prokuristen
Bürgschaften	*formfrei, d. h. auch mündlich, im Zweifel selbstschuldnerisch*	nur schriftlich, im Zweifel Ausfallbürgschaft
Buchführungspflicht nach §§ 38 ff HGB	*Buchführungspflicht nach Handelsrecht*	keine, *jedoch Mindestbuchführung nach Steuerrecht*
Klage auf Herabsetzung von Vertragsstrafen	*nicht möglich*	Anfechtung von Vertragsstrafen möglich

2. Der Minderkfm. ist immer Mußkfm. nach § 1 HGB. Dabei sind auch Gewerbebetriebe, deren Umfang eine kfm. Organisation nicht erfordert. Es wäre unbillig, ihnen die vollen Rechte und Pflichten eines Kfm. aufzuerlegen.

Die gestörte Erfüllung von Verträgen

Die mangelhafte Lieferung

| 434 | *Arten der Mängel — Rechte und Pflichten des Käufers — Gewährleistungsfristen* |

1.

Richard Völkle
Seifenhaus - Parfümerie - Drogerie - Fotodienst - Spirituosen
78 Freiburg (Breisgau) - Feldbergstraße 38 - Ruf 81 55

Firma

König & Eiselt
Rheinstraße 10
785 Lörrach

Freiburg, den *(heute)*

Ihre Lieferung vom:	*(heute)*
Ihre Zeichen:	*K/L*
Ihre Rechnung vom:	*(gestern)* Nr.: *342*
Meine Bestellung vom:	*(vor 8 Tagen)* Nr.: *163*

Beim Auspacken Ihrer Sendung stellte ich folgende **Mängel** fest:	Ich bitte um **Gutschrift — Umtausch — Nachlieferung — Ersatzlieferung — Preisnachlaß**
Es fehlen: *5 Pakete Lilia*	*Nachlieferung* *(o. Gutschrift)*
Es sind zerbrochen oder beschädigt: *1 Fl. Zürs*	*Ersatzlieferung* *(o. Gutschrift)*
Es wurde falsch geliefert: *100 Reg. Tagescreme statt* *100 Nachtcreme*	*Umtausch*
Sonstige Beanstandungen: *1. 1 Paket Nährflocken verdorben* *2. 3 Badetaschen angeschmutzt*	*Ersatzlieferung (o. Gutschrift)* *25 % Preisnachlaß* *(o. Ersatzlief., o. Gutschrift)*

Bestätigung der Richtigkeit der gemachten Angaben:
Lager: *(Zeichen)*
Einkauf: *(Zeichen)*

Mit freundlichen Grüßen

(Unterschrift)

2. a) Zerbrochene Flasche Likör, verdorbene Nährflocken, angeschmutzte Badetaschen.
   b) **Wandlung**, § 462 BGB: Gutschrift; **Minderung**, § 462 BGB: Preisnachlaß; **Lieferung einer mangelfreien Sache**, § 480 BGB: Ersatzlieferung, (Gattung ist eine Sachgruppe mit gemeinschaftlichen und sich dadurch von Sachen anderer Art abhebenden Merkmalen). Umtausch und Nachlieferung sind ein Erfüllungsanspruch.
3. Ware einstweilen aufbewahren (Distanzkauf) und dem Verkäufer zur Verfügung stellen, §§ 379, 343 HGB.
4. a) Ja, §§ 459, 462, 480 BGB, Ansprüche des Käufers verjähren in 6 Monaten, § 477 BGB.
   b) Ja, § 377 I, II HGB; unverzüglich: ohne schuldhaftes Zögern (§ 121 BGB).
   c) Umtausch (Kundendienst).
5. a) Nein, Völkle haftet aus Kaufvertrag, § 459 BGB.
   b) Ja, verdeckter Mangel, § 377 III HGB.
6.

Pflichten	bürgerlicher Kauf	zweiseitiger Handelskauf
Prüfpflicht	nicht unverzügl.	unverzüglich
Rügepflicht	nicht unverzüglich, jedoch innerhalb 6 Monaten nach Ablieferung	unverzüglich, bei versteckten Mängeln spätestens 6 Monate nach der Ablieferung

435   Untersuchungs- und Rügepflicht

1. Ja. § 477 BGB. Verjährung erst nach 6 Monaten. Nur bei zweiseitigem Handelskauf unverzügliche Prüfung, § 377 HGB.
2. a) Ja. § 1 II Ziff. 2 HGB. Anschaffung und Weiterveräußerung von Waren.
   b) Ja. Die Lieferung des Anzugs gehörte zu seinem Handelsgewerbe. HGB § 343.
   c) Nein. Bei sorgfältiger Prüfung wäre der Mangel erkennbar gewesen. Kaufleute müssen offene Mängel unverzüglich rügen, § 377 HGB.
3. Der Gesetzgeber setzt voraus, daß ein Kfm. eine größere Sach- und Warenkenntnis hat und fordert deshalb eine größere Sorgfalt von ihm.

436   Fehlen der zugesicherten Eigenschaft — Schadenersatz

Ja, § 480 BGB. Zugesicherte Eigenschaft: Verhältnisse, die nach ihrer Art und Dauer nach der Verkehrsanschauung Einfluß auf Wertschätzung oder Brauchbarkeit der Sache zu üben pflegen.

437 Rechte beim Gattungskauf

1. Nein, § 459 BGB; H. trägt nach § 446 I BGB die Gefahr bis Übergabe an S. H. haftet auch für ein evtl. Verschulden seines Fahrers, der **Erfüllungsgeh.** ist (Person, der sich der Schuldn. zur Erf. bedient, d.h. die Person muß mit Willen des Schuldners rein tatsächlich bei Erfüllung tätig werden.)
2. a) u. b) Innerhalb 6 Monate, § 477 I BGB (einseit. Handelsgeschäft, § 345 HGB); jedoch darf S. Mängelrüge nicht ungebührlich verzögern, § 242 BGB.
3. a) Sessel u. Schreibtisch sind **Gattungssachen**. S. kann deshalb auf Neulief. eines gleichen Sessels bestehen, § 480 I BGB.
   b) S. kann Neulief. des Schreibtisches nicht verlangen. Kratzer sind geringfügige, leicht zu beseitigende Mängel, deren Beseitigung S. dem H. gestatten muß; siehe auch § 226 BGB! S. kann weg. Ölbild auf Wandelung bestehen, § 462 BGB. **Speziessache**: nicht vertretbare Sache, d.h. diese Sachen werden im Verkehr als bestimmte Einzelstücke behandelt und nach individuellen Maßstäben bezeichnet.

438 Garantie

1. Das Versandhaus. Zwar können gem. § 11, Abs. 10 b AGBG die gesetzlichen Gewährleistungsansprüche gegenüber Nichtkaufleuten durch Allgemeine Geschäftsbedingungen nicht völlig ausgeschlossen werden. Zulässig ist es jedoch, in den AGB zu vereinbaren, daß erst Nachbesserung versucht werden muß und erst bei fehlgeschlagener Nachbesserung die gesetzlichen Gewährleistungsansprüche in Anspruch genommen werden können.
2. Frau Kürle hat den Vorteil, daß die Garantieerklärung von 1 Jahr über die Dauer der gesetzlichen Gewährleistungsansprüche (6 Monate) hinaus wirkt.

439 Rügefristen

1.

	Handelskauf		bürgerl. Kauf
	einseitig	zweiseitig	
offene Mängel	innerh. 6 Monate	unverzügl.	wie beim einseitig. Handelskauf
versteckte M.	innerh. 6 Monate	unverzügl. n. Entd., innerh. 6 Monate	
argl. verschw. Mängel	innerh. 30 Jahren	unverzügl. n. Entd., innerh. 30 Jahren	

2. Wandelung, Minderung, Ersatzlieferung bei Gattungssachen, Schadenersatz wegen Fehlens einer zugesicherten Eigenschaft oder arglistigem Verschweigen eines Mangels.

Lieferungsverzug

440 — *Voraussetzungen des Lieferungsverzugs — Rechte des Käufers*

1. Ja. Verschulden liegt vor (§ 276 BGB). Auch ist die Fälligkeit für die Leistung nach dem Kalender bestimmbar (§ 284 BGB).
2. Wenn die Ware teurer geworden ist: Erfüllung des Vertrags. Wenn die Ware billiger geworden ist: Rücktritt vom Vertrag (§ 326 BGB) nach einer angemessenen Nachfrist. Der Lieferer muß noch die Möglichkeit haben, die Lieferung zu bewirken, ohne erst Ware beschaffen oder anfertigen zu müssen.

441 — *Deckungskauf*

1. T. ist in Verzug geraten, § 284 II BGB.
2. Nein; T. ist zwar in Verzug geraten (Fälligkeit, Verschulden, jedoch hat B. das Recht auf Schadenersatz wegen Nichterfüllung nur dann, wenn er eine angemessene Nachfrist setzt, § 326 I BGB; § 326 II BGB ist hier nicht anzuwenden: Interessenwegfall f.B. zu diesem Zeitpunkt nicht gegeben. B. hätte im Falle des Interessenwegfalls T. vor Abschluß des neuen Kaufvertrags eindeutig und begründet davon in Kenntnis setzen müssen, daß er ihm keine Nachfrist stellen werde, sondern Schadenersatz wegen Nichterfüllung verlangen werde.
3. Rechtslage siehe 2.!

442 — *Schadenersatz wegen Nichterfüllung — konkrete Schadenberechnung*

1. Nein, § 284 II BGB.
2. Lieferung der Möbel und Ersatz des Verspätungsschadens fordern, weil die Mindestlieferfristen anderer Hersteller 6 Monate betragen. Bestellung bei diesen würde L. nichts nützen, weil er seine Gäste unterbringen möchte.
3. a) Pensionspreis abzügl. ersparte Aufwendungen.
   b) Nein, § 284 BGB.

443 — *Lieferungsverzug beim Fixkauf*

1. Voraussetzungen des Lieferungsverzugs: Fälligkeit, § 376 HGB; Verschulden, §§ 276, 278, 284 II BGB. Unfall des Fahrers ist vom Unternehmer zu vertreten, Voraussetzungen sind gegeben.
2. Nein, § 376 HGB. Bei Fixgeschäft muß keine Nachfrist gesetzt werden.

444 — *Konventionalstrafe*

Vertragsstrafe, §§ 340, 341 BGB. 348 HGB. Schuldner wird sich bemühen, vertragsgemäß zu leisten. Geeignetes Schutzmittel gegen Nachlässigkeit des Schuldners. Gläubiger bleibt Beweis eines entstandenen Schadens erspart; er kann Strafe auch dann beanspruchen, wenn ihm kein oder nur geringer Schaden entstanden ist. Mahnung und Nachfrist fallen weg.

| 445 | *Lieferungsverzug* |

1. Fälligkeit, kalendermäßig bestimmbar.
   Mahnung, soweit Fälligkeit nicht kalendermäßig bestimmt.
   Ein vom Schuldner zu vertretender Umstand.
2. Erfüllung des Vertrags.
   Erfüllung und Ersatz des Verspätungsschadens. Nach angemessener Nachfrist: Rücktritt v. Vertrag oder Schadenersatz wegen Nichterfüllung. Nachfrist nicht erforderlich, wenn spätere Leistung f. Gläubiger sinnlos ist oder wenn Schuldner erklärt, daß er auch später nicht liefern werde.

   Sonderregelung beim Fixkauf: Erfüllung, jedoch sofortige Mitteilung. Rücktritt, ohne Nachfrist, auch ohne Verschulden; Schadenersatz wegen Nichterfüllung, ohne Nachfrist, jedoch nur bei Verschulden.
   (Fixkauf als bürgerl. Kauf, § 361 BGB; bei Verschulden alle Rechte aus Leistungsverzug; ohne Verschulden, Rücktritt ohne Nachfristsetzung.)

Annahmeverzug

| 446 | *Selbsthilfeverkauf* |

1. Sie benötigt diese Informationen, um mitbieten und evtl. Versteigerungserlös erhöhen zu können, bzw. einen Mindererlös nicht tragen zu müssen.
2. a) Kosten der Androhung und Benachrichtigung (eingeschriebener Brief mit Rückschein), Kosten der Einlagerung, der Versicherung und Beförderung, Gebühren und Auslagen d. Auktionators.
   b) Käufer, § 373 III HGB.
   c) Käufer.
3. Ja, 373 II HGB; Ware mit „laufendem Preis", die zum „lauf. Preis" verkauft wurde.

| 447 | *Freihändiger Verkauf* |

1. Mehl, Aktien, Eier, Schreibmaschinenpapier, Bauholz, Gemüse.
2. Androhung aber keine Benachrichtigung über Zeit und Ort des Verkaufs; evtl. schnellerer Verkauf, weil kein Versteigerungstermin festzusetzen ist.
   Kosten der Versteigerung werden gespart.
3. Alle dem Verderb ausgesetzten Waren, z.B. frische Erdbeeren, Frischfisch u.ä.

| 448 | *Rechte bei schuldhaftem Annahmeverzug — Haftung des Schuldners* |

1. Nein, H. ist vom Vertrag zurückgetreten, § 326 I BGB.
2. H. aus erweiterter Haftung nach §§ 293, 287 BGB.

449   *Voraussetzungen des Annahmeverzugs — Rechte des Lieferers*

1. Fälligkeit (§ 296 BGB) und tatsächliches Angebot der Leistung (§ 294 BGB), keine Mahnung, kein Verschulden.
2. a) Ware in sicherer Weise einlagern u. auf Abnahme klagen; Selbsthilfeverkauf (Ware versteigern oder freihändig verkaufen, wenn Ware Börsen- oder Marktpreis hat).
   b) Rechte aus Leistungsverzug (v. prakt. Bedeutung nur Rücktritt v. Vertrag).

Mahnverfahren bei Zahlungsverzug

450   *Kaufmännisches Mahnverfahren — Gerichtliches Mahnverfahren*

1. Nicht empfehlenswert, wenn Interesse an Fortdauer der Geschäftsverbindung besteht; Risiko jedoch bei schneller Verschlechterung der wirtschaftlichen Situation des Schuldners.
2. a) Amtsgericht Karlsruhe   689 ZPO.
   b) Hauptforderung: 1 856,—; Vorgerichtl. Kosten: 30,— + (7% a/ 1 856,— für 60 Tage) + 2,50. (In Baden-Württemberg werden Mahnbescheide von einer dafür besonders eingerichteten Stelle beim Amtsgericht Stuttgart erlassen und zugestellt.)
   c) Durch Mahnung entstandene Verwaltungskosten des Gläubigers kommen zu den reinen Portokosten hinzu.
3. a) ZPO §§ 692 I 3, 694. Die Widerspruchsfrist beträgt 2 Wochen seit der Zustellung des Mahnbescheids.
   b) Nein, Widerspruch wäre sinnlos, da Zahlungspflicht besteht und keine berechtigten Einwendungen erkennbar sind.

451   *Zahlungsverzug*

1. **Fälligkeit**; Verschulden nicht Voraussetzung, da Geldschulden Gattungsschulden sind.
2. **Erfüllung d. Vertrages. Erfüllung und Schadenersatz** (Verzugszinsen). **Rücktritt v. Vertrag** (v. prakt. Bedeutung b. Lief. unter Eigentumsvorbehalt), **Schadenersatz wegen Nichterfüllung** (bei Lief. unter Eigentumsvorbehalt und Ersatz d. entstandenen Schadens).

Pfändung und eidesstattliche Versicherung

452   *Vollstreckungsbescheid — Widerspruchsfrist — Pfändbares und unpfändbares Vermögen*

1. Ja, nach Ablauf der Widerspruchsfrist kann Gläubiger binnen 6 Monaten Antrag auf Vollstreckbarkeit des MB stellen, sonst verliert MB seine Kraft, § 701 ZPO.

2. a) Widerspruch zwecklos; Verpfl. zur Rückzahlung eindeutig aus Sachverhalt gegeben,
   b) VB steht einem f. vorläufig vollstreckbar erklärten, auf Versäumnis erlassenen Endurteil gleich. Einspruchsfrist 7 Tage ab Zustellung, §§ 700, 338, 508 II, 339 I ZPO.
3. a) Briefmarkensammlung, Perserbrücke, § 811 ZPO,
   b) Briefmarkensammlung (Kostbarkeit), § 808 II ZPO.
4. Pfandsiegel, § 808 II ZPO.
5. a) Widerspruchsklage, wenn Gegenstände gepfändet wurden, die sich nicht im Eigentum des Schuldners befinden; Gelegenheit zur Begleichung der Schuld,
   b) Um entspr. Versteigerungserlös durch zahlreiche Bieter zu erhalten; Gläubiger und Schuldner können mitbieten.
6. Kernfrage: Ist Rücksichtnahme auf bisherigen Lebensstandard des Schuldners sozial? Gefahr: Gesetz sichert Schuldner höheren Lebensstandard als Gläubiger.

453 — Eidesstattliche Versicherung

1. Schuldner soll in einem von ihm ausgestellten Vermögensverzeichnis nach bestem Wissen sein Vermögen so vollständigkeit angeben, als er dazu imstande ist, § 807 ZPO. Es besteht die Möglichkeit, daß Schuldner noch Vermögensteile besitzt, die Gerichtsvollzieher nicht bekannt sind.
2. Mit Freiheitsstrafe bis zu 3 Jahren oder mit Geldstrafe.
3. Jedermann erhält auf Antrag Auskunft über die Eintragung des beim Amtsgericht geführten Verz. aller Schuldner, die die eidesstattliche Versicherung geleistet haben, § 915 ZPO; Nachweis d. Interesses nicht erforderlich. Beeinträchtigung der Kreditwürdigkeit des Eingetragenen.
   Löschung, wenn Gläubiger befriedigt oder 3 Jahre verstrichen, § 915 II ZPO.
4. Gültige Rechtsvorschriften müssen durchgesetzt werden, wenn der Staat in seiner Schutzfunktion für den Bürger glaubwürdig bleiben soll. ZPO §§ 901, 907—909, 911, 913.
5. Nein, Art 12 (2) GG.

Die Klage

454 — Klageschrift — Zuständigkeit des Gerichts — Einlassungsfristen

1. Werkvertrag für die zu leistende Arbeit, § 631 BGB und Kaufvertrag für Schmiermittel u. Motorenöl.
2. Weil er mit Widerspruch des H. rechnet.
3. Amtsgericht Kempten (29 ZPO).
4. Bez. d. Parteien u.d. Gerichts, Grund d. erhob. Anspr., Streitgegenstand, Angabe d. gewünschten Entscheidung („bestimmter Antrag"), § 253 ZPO.
5. a) Freitag, 8. 8.; Zwischen Zustellung d. Klageschrift und dem Termin d. mündl. Verhandlung muß ein Zeitraum v. mind. 3 Tagen liegen, § 499 ZPO. Bei Einlassungsfristen sind der Tag der Zustellung und der des Termins nicht einzurechnen.
   b) Vorbereitungszeit für Beklagten; evtl. Erfüllung des Anspr. des Klägers.

6. Einlegen der Berufung beim Landgericht, § 511 ZPO, § 72 GVG. Berufung ist Rechtsmittel, das den Eintritt d. Rechtskraft hemmt. Revision nicht möglich, wenn Amtsgericht 1. Instanz, § 545 ZPO.

455 Instanzen der Zivilgerichtsbarkeit

Rechtsmittel	Instanzen	Gerichte	
Klage	I.	Amtsgericht	Landgericht (Berufungssumme über 6 000,— DM)
Berufung	II.	Landgericht	Oberlandesgericht
Revision (Streitwert 60 000,— DM)	III.	—	Bundesgerichtshof

Die Verjährung

456 Frist bei Geschäftsschulden

1. Ja, §§ 196, 222 BGB.
2. Wahrung d. Rechtsfriedens. Schuldner erhält durch Verjährung ein von den durch den Zeitablauf verursachten Beweisschwierigkeiten unabhängiges Schutzmittel gegen vermutlich unbegründete Angriffe. Dabei wird in Kauf genommen, daß Gläubiger um sein Recht gebracht wird.

457 Frist bei Alltagsschulden — Unterbrechung

1. 31. 12. 89, §§ 196 Ziff. 1; 201 BGB.
2. a) Verjähr. wird unterbrochen v. Schuldner durch Anerkennung seiner Schuld, § 208 BGB; v. Gläubiger durch gerichtliche Geltendmachung des Anspr., § 209 BGB, jedoch nicht durch außergerichtliche Mahnung.
   b) 15. 12. 91 nach Unterbrechung beginnt Verjährungsfr. von neuem zu laufen (§ 217 BGB) und zwar v. Tag der Unterbrechung an.

458 Regelmäßige Verjährungsfrist — Hemmung der Verjährung

1. 5. 5. 2022, §§ 195, 198 BGB (Palandt zu § 198 BGB).
2. 5. 11. 2022, Verjährungsfrist wird um Zeitraum d. Hemmung (6 Monate) verlängert (§ 205 BGB), weil Leistung gestundet wurde, § 202 BGB.

459 *Verjährungstabelle*

Ansprüche	Verjährungsfrist	Beginn der Verjährungsfrist	
		mit Entstehung des Anspruchs	am Schluß des Jahres, in dem Anspruch entstand
aus Darlehen	30 J.	× (Fälligkeit)	
des Handelsvertreters auf Provision	4 J.		×
des Handwerkers gegenüber Privatpersonen und	2 J.		×
gegenüber Gewerbebetrieben	4 J.		×
der Kaufleute gegenüber Privatpersonen und	2 J.		×
gegenüber Gewerbebetrieben	4 J.		×
des Vermieters aus Mietrückständen	4 J.		×
des Verpächters wegen Pachtrückständen	4 J.		×
aus Renten	4 J.		×
aus Gehaltsforderungen	2 J.		×
aus Zinsen	4 J.		×
der Frachtführer für Transportleistungen	2 J.		×
aus Urteilen	30 J.	× (Rechtskraft)	
Wechsel: des Ausstellers gegen Akzeptanten	3 J.	× (Verfalltag)	
des letzten Wechselinhabers bei Protest gegen Aussteller	1 J.	× (Protesttag)	
Indossanten gegen Vormänner	6 Mon.	× (Einlös.)	
aus mangelhafter Lieferung	6 Mon.	× (Ablief.)	

Vollmachten

460 Einzelvollmacht — Artvollmacht — Allgemeine Handlungsvollmacht

1. **Vorbemerkung**: Von Geschäften mit begrenztem, leicht zu überschauenden Risiko darf man im allgemeinen annehmen, daß sie als gewöhnliche Geschäfte im Sinne des § 54 HGB anzusehen sind. Der Handlungsbevollmächtigte darf all das nicht tun, was ungewöhnlich und selten ist. Was darunter zu verstehen ist, richtet sich nach der Natur des betreffenden Handelsgewerbes, der Stellung des Bevollmächtigten, den Verkehrsbedürfnissen und den kfm. Gebräuchen.
    a) Ja,   b) ja,   c) Nein. § 54 II, HGB,   d) Ja,   e) Ja,
    f) Nein. § 54 II,   g) Ja,   h) Nein. § 54 II,   i) Nein. Außergew.
2. a) Nein. Der Vertrag ist gültig. § 54 HGB. Veith hatte Einzelvollmacht für den Verkauf. Der Handlungsbevollmächtigte darf Untervollmacht erteilen (wenn nach Lage der Dinge der Geschäftsherr kein Interesse an der persönlichen Ausführung durch den Bevollmächtigten hat).
    b) Nein. Veith hatte Einzelvollmacht, die erloschen ist.
3. a) Ja, weil Untervollmacht.
    b) Nein. Hat nur Artvollmacht für den Verkauf.
4. Ja. Zur Bedienung des Fernsprechers bestellte Angestellte gelten in der Regel als ermächtigt zum Empfang von Erklärungen, die nach Brauch fernmündlich abgegeben werden können.

461 Prokura

1. a) Ja. Auch außergewöhnliche Geschäfte sind dem Prokuristen erlaubt. § 49 HGB,
    b) Ja,   c) Nein. Dazu bedarf es besonderer Vollmacht. § 49 II HGB,
    d) Ja. § 49 I,   e) Nein. Dazu bedarf es Sondervollmacht, selbst bei geringem Wert, obwohl er Grundstücke mit großem Wert kaufen kann. § 49 I, II HGB.
2. Umfang der Prokura nicht einschränkbar. § 50 I HGB.
3. Nein. Er kann keine Gesellschafter aufnehmen.
4. a) Nein,   b) Ja.
    zu a) und b): Die Eintragung des Prokuristen im Handelsregister muß Riel gegen sich gelten lassen, wenn der Dritte nicht weiß, daß die Prokura erloschen ist. § 15 HGB. Für das Erlöschen der Prokura gelten grundsätzlich die Regeln des BGB. §§ 164—172 BGB. Hier §§ 170, 171 BGB.

462 Gesamtprokura

1. Rechtliche Beurteilung:
    Verträge werden nur wirksam, wenn sie von beiden Prokuristen gemeinsam abgeschlossen worden sind. Die beiden Prokuristen kontrollieren sich gegenseitig.
    Organisatorische Beurteilung:
    Es ist zweckmäßig, daß sich der Leiter der Einkaufsabteilung und der Leiter der Verkaufsabteilung bei ihren Entscheidungen miteinander absprechen müssen, da diese Entscheidungen sich gegenseitig beeinflussen und voneinander abhängen.
2. a) 1. 10., § 167 BGB   b) ab 1. 10., § 171 BGB

463 Handlungsvollmacht, Prokura

1.

	Unterschiede zwischen	
	allgemeiner Handlungsvollmacht	Prokura
Eintrag im Handelsregister	kein Eintrag	*Eintrag ins Handelsregister*
Erteilung	Durch Vollkaufmann, Minderkaufmann und Prokurist möglich	*nur durch Vollkaufmann*
Umfang	alle g e w ö h n l i c h e n Geschäfte d i e s e s Geschäftszweiges sind ihm erlaubt	*alle gewöhnl. u. außergewöhnl. Geschäfte irgendeines Handelsgewerbes*
	Er darf keine Grundstücke kaufen	*darf Grundstücke kaufen*
	Er darf keine Wechsel unterschreiben	*darf Wechsel unterschreiben*
	Er darf keine Prozesse führen	*darf Prozesse führen*
	Er darf keine allgemeine Handlungsvollmacht erteilen	*darf allgem. Handlungsvollmachten erteilen*
Zeichnung	i. V., i. A.	*pp., ppa.*

464 *Umfang von Handlungsvollmacht und Prokura*

	a) Handlungsvollmacht	b) Prokura
(1) Einkauf von Obst und Gemüse	+	+
(2) Verkauf eines gebrauchten Pkw	+	+
(3) Einstellung eines Arbeiters	+	+
(4) Kauf von Aktien	—	+
(5) Kauf eines Geschäftsgrundstücks für 1.000.000 DM	—	+
(6) Verkauf einer Parzelle von 100 qm zu 1.000 DM	—	—
(7) Entgegennahme einer Mängelrüge	+	+
(8) Einkauf eines Schreibtisches	+	+

	a) Handlungs-vollmacht	b) Prokura
(9) Akzeptierung eines Wechsels über 40.000 DM	—	+
(10) Vertrag mit einem Dachdeckermeister, das Dach des Geschäftshauses zu reparieren	+	+
(11) Bilanz unterschreiben	—	—
(12) Einlösung eines auf das Geschäft gezogenen Wechsels	+	+
(13) Antrag auf Zahlungsbefehl gegen einen Schuldner	+	+
(14) Erteilung von allgemeiner Handlungsvollmacht (Generalvollmacht)	—	+
(15) Vermietung einer Garage	+	+
(16) Einkauf von Putzmitteln für die Bodenpflege	+	+
(17) Anmeldung der Umwandlung einer Einzelfirma in eine OHG beim Handelsregister	—	—

5 Die Zahlung

Zahlung mit Bargeld

Quittung

501 *Quittungsbestandteile*

1. Ja, § 368 BGB.
2. Erforderliche Bestandteile: Angabe des Betrags in Worten, Empfänger, Grund der Zahlung, Ort und Tag der Zahlung, Unterschrift des Empfängers mit Empfangsbescheinigung.
   Die Quittung dient als Beweismittel, daraus ergeben sich die erforderlichen Bestandteile:

502 *Quittung als Vollmacht*

Nein. Nach § 370 BGB gilt der Überbringer einer Quittung als ermächtigt, die darauf bestätigte Leistung zu empfangen.

Barzahlungswege

503 *Postanweisung — Einschreibebrief — Wertbrief — Telegrafische Postanweisung*

1. a) Verlustgefahr, kein Beweis für geleistete Zahlung.
   b) Ersatz nur 40,— DM, § 12 Gesetz über das Postwesen.
   c) umständlich (versiegeln) und im allgemeinen auch teuer.
   d) Haftung der Post, wenn an Nichtberechtigte ausgezahlt wird, § 15 Postgesetz; Bar eingezahlter Betrag (bis 3 000,—) wird dem auf dem vorgeschriebenen Formular genannten Empfänger ausgezahlt, Nachweis der Zahlung durch beim Einzahler verbleibenden Abschnitt des Formulars. Verhältnismäßig teuer.
2. Telegrafische Postanweisung. Betrag wird telegrafisch überwiesen und am Bestimmungsort unverzüglich zugestellt.

Zahlung durch Vermittlung der Kreditinstitute

Der Zahlschein

504 *Bareinzahlung auf ein Konto*

1. Bei der Bank bar einzahlen.
2. Empfangsabschnitt wird von der Bank quittiert und ist Nachweis der geleisteten Zahlung.

Die Überweisung

505 *Kontoeröffnung — Kontoauszug — Kontogegenbuch*

1. § 163 AO soll Eröffnung von Konten auf falschen Namen u. Steuerhinterziehung verhindern; außerdem evtl. Prüfung d. Geschäftsfähigkeit ermöglichen, da Konto-Eröffnung ein Vertragsabschluß; Unterschriftsprobe, um bei Verfügungen üb. d. Konto Berechtigung nachprüfen zu können, weil Kreditinstitut für mangelnde Sorgfalt haftet.
2. Eintrag: 18. 4. Bareinzahl., Gutschr. 50,—, H,
   30. 4. Gehalt, Gutschrift, 4 860,—, Kontostand 4 910,—, H.
3. a) 5. 6. Honorar K., Lastschrift 120,—, Kontostand 4 790,—,
   b) Unterschrift wurde vergessen.
4. Eintrag.: 5. 6. Barabhebung, Lastschrift 300,—, Kontostand 4 490,—.
5. Kontoauszug zeigt, daß nicht ausgeführte Überweisung abgebucht wurde.
6. Kontostand ist vor Eingang der Kontoauszüge bekannt.

Der Dauerauftrag

506 *Regelmäßig wiederkehrende Zahlungen in gleicher Höhe*

1. Meist Formular der beauftragten Bank, Datum der erstmaligen Ausführung angeben!
2. Keine Terminversäumnisse, Arbeitsersparnis.

507 *Abbuchungsauftrag — Einzugsermächtigung*

Einzugsermächtigung, weil gegen unberechtigte Abbuchung innerhalb sechs Wochen bei kontoführender Bank Widerspruch möglich, auch wenn falsche Beträge angefordert wurden. Für Abbuchungsaufträge ist ein Widerspruch im Abkommen über den Lastschriftverkehr nicht vorgesehen. Wegen Einspruchsfrist mindestens alle vier Wochen Kontoauszüge prüfen.

Der Scheck

508 *Zahlung mit Scheck — Scheckeinlösung*

1. Scheck nur Anweisung an Bank, zu zahlen; gibt dem Empfänger kein Recht gegen angewiesene Bank; ersetzt Zahlung zunächst nicht (zahlungs- od. erfüllungshalber). Geschuldete Leistung erst mit Einlösg. erbracht.
2. Gefahr des Verzählens, Verlierens, Diebstahls; Verzinsung des Guthabens bis zum Zeitpunkt der Verfügung.
3. a) Gefahr, daß Deckung verloren geht; Zinsverlust; Verlust des Rückgriffsrecht; Art 41 Sch.Ges.
    b) Bis zum 26. Jan. d.J., sofern der letzte Tag kein Sonn- od. Feiertag ist; dann Verlängerung bis zum nächsten Werktag; Art 29 Sch.Ges.
    c) Einlösung kann nur Frau Beral fordern, weil Kontoinhaberin.
    d) Falls der eingereichte Scheck nicht gedeckt ist, erfolgt Rückbelastung mit Wertstellung der Gutschrift zuzügl. Kosten.

509 *Gesetzliche und kaufmännische Bestandteile des Schecks*

1. Nein, Ausstellungsort und -datum fehlen, Art. 1, 2 Scheckgesetz.
2. Ja, weil Name des Empfängers kein gesetzlicher Bestandteil, Art. 1 SchG.
3. Überbringerklausel ermöglicht der bezogenen Bank an jeden Vorzeiger des Schecks zu zahlen, macht also den Scheck zum Inhaberpapier, obwohl er ein geborenes Orderpapier ist. Sie läßt die Prüfung der Scheckberechtigung des Vorlegers fortfallen und beschleunigt so den Schalterverkehr. Auch schränken die Banken durch die Überbringerklausel ihr Fahrlässigkeitsrisiko ein.
    Banken haben deshalb in ihren ,,Allg. Geschäftsbedingungen" die Bestimmung, daß die Streichung des Zusatzes ,,oder Überbringer" als nicht erfolgt gilt (Siehe Aufdruck am unteren Rand des Schecks). Weil der Bankkunde die ,,Allg. Geschäftsbedingungen" als Grundlage der Kontoeröffnung anerkennen muß, kann die Bank einen Scheck, bei dem die Überbringerklausel gestrichen ist, einlösen, muß es aber nicht.
4. — Angabe des Scheckbetrags in Ziffern: Erleichtert die buchungsmäßige Bearbeitung. Jedoch hat die Betragsangabe in Buchstaben vor der in Ziffern Gültigkeit, bei mehrfacher Angabe in Buchstaben oder mehrmaliger Angabe in Ziffern gilt bei Abweichungen der kleinere Betrag.
    — Angabe des Empfängers: dient buchhalterischen Zwecken.
    — Schecknummer: Erleichtert Kontrolle bei Sperrung von Schecks.
    — Kontonummer: Dient buchhalterischen Zwecken der bezogenen Bank.
    — Bankleitzahl: Erleichtert die Bearbeitung des Schecks im Gironetz.
    Diese Angaben werden beim Euroscheckformular in maschinell lesbarer Form in der Codierzeile angegeben.

Bei anderen Scheckformularen ist die Zahlungsanweisung ergänzt durch die

— Guthabenklausel: Die Klausel „aus meinem Guthaben", soll den Scheckaussteller warnen, ungedeckte Schecks auszuschreiben. Deckung kann auch aus Kredit bestehen.

5. Einlösung kann nur der Kontoinhaber von der bezogenen Bank fordern, nicht der Vorleger, da es sich hier aber um einen Euroscheck handelt, garantiert die bezogene Bank die Einlösung bis zu 400,— DM, sofern auf der Rückseite die Nummer der Scheckkarte eingetragen ist.

6. Ein Euroscheck ohne Eintrag der Nummer der Scheckkarte verliert die Garantie der bezogenen Bank, ihn bis zum Betrag von 400,— DM einzulösen.
   Diese Garantie übernimmt die Bank durch die Ausgabe der Scheckkarte. Sie gilt gegenüber jedem Schecknehmer im Inland und gegenüber jedem Kreditinstitut im Ausland.
   Die Scheckkarte allein nützt also einem unberechtigten Inhaber nichts, das Formular allein ebensowenig. Die Scheckkarte wird aber als Legitimation angesehen, so daß auch ein unberechtigter Inhaber mit ihr und dem Euroscheckformular die Garantie ausnutzen kann.

| 510 | *Weitergabe eines Schecks — Scheckverlust — vordatierter Scheck — Nichteinlösung* |

1. Indossanten u. Aussteller haften als Gesamtschuldner f. d. Einlösung d. Schecks; Art. 40 Sch. Ges.

2. Nur zur Verrechnung; Nur zur Gutschrift; Art. 39 Sch. Ges.

3. Ja, Verrechnungsvermerk bindet nur d. bezog. Kred.-Institut; Grundlage ist Scheckvertrag, aber Spitzenverbände des Kreditgewerbes haben vereinbart, daß stets nur über Konto eingelöst wird.

4. Benachrichtigung d. Ausstellerin B.; diese benachr. d. bezog. Kred.-Institut davon, daß Scheckanweisg. widerrufen wird. Widerruf erst nach Ablauf der Vorlegungsfrist für bezog. Kred.-Institut bindend; Art. 32 I Sch. Ges.

5. a) Bankvermerk, Protesturkunde; Art. 40 Sch. Ges.,
   b) Nein, Scheck ist bei Sicht zahlbar; Art. 28 Sch. Ges.,
   c) Urkundenprozeß, §§ 602—605a ZPO.

| 511 | *Bestätigter Scheck* |

1. Gebote, die nicht bezahlt werden können, sollen verhindert werden.

2. Ja, Bestätigung gilt 8 Tage, Landeszentralbanken verpflichten sich durch den Bestätigungsvermerk zur Einlösung von Schecks ihrer Kunden, § 23 BBankG.

3. Während der Einlösungsfrist von 8 Tagen nach Ausstellungsdatum kann der mit Bestätigungsvermerk versehene Scheck wie eine Banknote umlaufen. Unkontrollierte Bestätigung könnte Währungspolitik der Zentralbank gefährden.

| 512 | *eurocheque — eurocheque-Karte* |

1. Der Scheck entspricht einem Gegenwert von 2 295,28 DM. Selbst bei Vorlage der Scheckkarte garantieren die Banken, die eine solche Karte an ihre Kunden ausgeben, aber nur die Einlösung bis zu 400,— DM. Die Befürchtung des Mechanikers ist also berechtigt, da er die Bonität von L. nicht kennt. L. könnte die Summe aber in 8 eurocheques bezahlen.

2. Die Scheckkarte wirkt nur zusammen mit eurocheque-Vordrucken als Garantie für die Einlösung. Das von L. vorgelegte Formular ist aber ein gewöhnlicher Scheckvordruck.

513 Reiseschecks

1. Sicherheit vor Diebstahl durch die Ausgestaltung d. Reiseschecks (Wiederholung d. Unterschrift vor einlösendem Beamten, Vorlage d. Passes od. Personalausweises). Bedingter Ersatz durch bezogene Bank.
2. 500,— DM gekauft z. K. 1,30 = Lit 359 712; Lit 359 712 verkauft z. K. 1,29 = 464,03 DM; 500,— DM ./. 464,03 DM = 35,97 DM Verlust.

514 Reisescheck — eurocheque — Postsparbuch

Reiseschecks kosten Gebühren und müssen vorfinanziert werden;

eurocheques mit Scheckkarte kosten Buchungsgebühren;

Postsparbuch verursacht keine Kosten, kann aber im Vergleich zu den beiden anderen Geldbeschaffungsmöglichkeiten nur in einigen Ländern benutzt werden.

Reiseschecks: Gebühren bei Verkauf, sofern sie auf DM lauten: 1% des Nennwerts, mindestens 5,— DM;
destens 3,— DM;
bei Einlösung von DM-Reiseschecks je nach Land verschieden hoch; bei Schecks auf Landeswährung keine Einlösungsgebühren.

EC: Kosten für Karte und Formulare;
Für die meisten europäischen Länder gilt, daß EC in Landeswährung ausgestellt werden können. Die Kosten für einen solchen EC werden erst bei dessen Umrechnung und Einlösung durch die bezogene deutsche Bank in Rechnung gestellt, also nicht schon bei der Auszahlung abgezogen. Dabei werden für einen EC, der in fremder Währung ausgestellt wurde, 1,75 % des Scheckbetrags, mindestens aber 2,50 DM berechnet. Davon werden 1,25 % an die ausländischen Kreditinstitute vergütet. Die restlichen 0,5 % sind Bearbeitungs- und Umrechnungskosten der „Deutschen eurocheque-Zentrale". In den übrigen Ländern müssen die EC auf DM ausgestellt und bei ihrer Auszahlung durch Banken im Ausland eine Ankaufs- oder Auszahlungsgebühr entrichtet werden.

Vorteil: Umtauschkurs = Devisenkurs, der meist günstiger als Sortenkurs ist; Belastung des Kontos erfolgt erst nachträglich, so daß Zinsersparnis eintritt.

Postsparbuch: Weder Spesen noch Gebühren; mehrere Bücher geben die Möglichkeit auch mehr als die Höchstsumme von 2 000,— DM in 30 Tagen, bzw. 1 000,— DM täglich abzuheben;
es ist diebstahlsicher — ohne Postsparkarte und Reisepaß bzw. Personalausweis und ohne vor dem Schalterbeamten vollzogener Unterschrift ist keine Abhebung möglich. (In Italien besondere Rückzahlungskarte sowie Rückzahlungsschein erforderlich.)

515 Bankgebühren

1. Monatliche Auszüge,
2. Sammelüberweisung.
3. Einlösung bei einer Kreissparkasse.
4. Einziehungsauftrag erteilen.
5. Einzahlung bei den Banken, bei denen die Berechtigten ihr Konto haben.

Die Zahlung durch Vermittlung der Postgiroämter

Der Zahlschein

516 *Inhalt und Vorteile des Zahlscheins*

1. Bei jedem Postamt; Nachweis durch Einlieferungsabschnitt.
2. Gutschrift auf einem PG-Konto.
3. a) Einfache, bequeme Zahlung; billiger als Postanweisung;
   b) Möglichkeiten unbarer Zahlung für Kunden, die kein Konto haben.

517 *Postüberweisung — Postscheck — Dauerüberweisung — Zahlkarte für das Konto des Einzahlers*

1. a) Postüberweisung.
   b) Postüberweisung auf Konto d. Gewerbebank; Gutschriftvermerk auf Rückseite Empfängerabschnitt.
   c) Postkassenscheck.
   d) Dauer-Überweisung; nur Hauptabschnitt einsenden mit Vermerk „Dauerauftrag".
   e) Post-Verrechnungsscheck,
   f) Zahlkarte f. d. Konto d. Einzahlers.
   g) Post-Barscheck.
2. Post-Einziehungsauftrag; Schriftl. Antrag.

518 *Zahlungsmöglichkeiten*

Absender \ Empfänger	Kein Konto	Girokonto	Postgirokonto
Kein Konto	Postanweisung	Zahlschein	Zahlkarte
Girokonto	Barscheck	Bank-Überweisung, Verrechnungsscheck	Bank-Überweisung
Postgirokonto	Postkassenscheck	Post-Verrechnungsscheck, Post-Überweisung	Post-Überweisung, Post-Verrechnungsscheck

Zahlung durch Wechsel

Die Bestandteile des Wechsels

519 *Wechselziehung — Gesetzliche und kaufmännische Bestandteile*

1. a) Wechsel an eigene Order.
   b) Nein; Unterschrift Aulers fehlt (gesetzl. Bestandteil), Art. 1 und 2 WG.
   c) Keine Verpflichtung für Auler.

2. a) Voll- oder Kurzakzept auf der Vorderseite, links, quer.
   b) Zahlstellenvermerk Vorderseite unten, Mitte.
   c) Wechsel-Avis an Volksbank; Begleitbrief mit Akzept an Auler.

3. 9 800,— DM; Art. 6 I WG.

4. 8 900,— DM; Art. 6 II WG.

5. — Ortsnummer: Entspricht der Bankleitzahl und erleichtert die Bearbeitung von Wechseln durch die Banken;
   — Wiederholung des Zahlungsortes vorn rechts oben: Erleichtert die Vorlegung;
   — Wiederholung des Verfalltages am oberen Rand: Dient Ablagezwecken und der Termineinhaltung;
   — „Erste Ausfertigung" (Duplikatklausel): Gibt die Zahl der Ausfertigungen an;
   — Wiederholung der Wechselsumme in Ziffern: Wird von der Bundesbank gefordert und erhöht die Lesbarkeit;
   — Zahlstellenvermerk (Domizilvermerk): Gibt an, wo der Wechsel eingelöst wird, wenn dies nicht beim Bezogenen geschieht;
   — Anschrift des Ausstellers: Wenn der Wechsel vom Bezogenen nicht eingelöst oder die Annahme verweigert wird, muß der letzte Wechselberechtigte den Aussteller davon benachrichtigen. Fehlt dessen Anschrift auf dem Wechsel entfällt diese Benachrichtigungspflicht.

6. a) Forderungen an Warenverkauf
      Wechselforderungen an Forderungen.
   b) Wareneinkauf an Verbindlichkeiten
      Verbindlichkeiten an Wechselschulden.

Der Wechseldiskont

520 *Wesen der Diskontierung — Wechselsteuer*

1. Wechsel ist erst am Verfalltag auf angegeb. Wechselbetrag angewachsen.

2. Zins 80, 10 statt 80,01; Barwert 8 817,41 DM.

3. Bank:
   Nebenkosten des Geldverkehrs und Zinsaufwendungen an Wechselforderungen.
   Forderungen an Zinserträge und außerordentliche Erträge.
   Umsatzsteuer bleibt außer Betracht.

4. We. fällig 18. 8. üb.   DM 8 989,90 (= 100%)
   ./. Diskont 60 / 6%   DM   89,90 (=   1%)
   Wert 18. 6.   DM 8 900,— (= 99%)

Die Einlösung des Wechsels

521 *Wechseltermine*

1. Am 18. 8. od. d. beiden darauf folgenden Werktagen; Art. 38 WG.
2. Verlust d. Rückgriffsrechts; Art. 53 I WG.
3. Bei der Volksbank Dortmund während der Geschäftsstunden; Art. 4, 87 WG.
4. Ja, Volksbank Dortmund gehört nicht zu d. ursprüngl. Parteien; „Unbedingte Anweisung"; abstraktes Schuldversprechen, losgelöst vom zugrundeliegenden Rechtsgeschäft, sofern nicht Partei; Art. 1, Ziff. 2 WG.

Das Akzept und das Indossament

522 *Akzept — Vollindossament — Blankoindossament — Inkassoindossament — Landeszentralbankfähiger Wechsel*

1. Gezogener Wechsel.
2. a) Bei Weitergabe des Wechsels durch Hahle müßte Fink an jeden neuen Wechselberechtigten 25 000,— DM zahlen, weil nur gegen Hahle Einrede des Quantitätsmangels möglich; Art. 17 WG.
   b) Akzept: Unterschrift: Erwin Fink (quer).
3. a) Für mich an die Order von Maschinenfabrik Georg Vehl, 4600 Dortmund, 4400 Münster i. W., den 8. März 19..,
      (Unterschrift: Max Lehr).
   b) Georg Vehl
   c) Abstand lassen, dann: Maschinenfabrik Georg Vehl,
                              4600 Dortmund, Westenhellweg 7
                              ppa.
   d) Jeder Inhaber, Art. 16 WG.
4. a) Restlaufzeit noch länger als 3 Monate, Zahlstellenvermerk § 19 Ziff. 1 BBankG.
   b) Kein Rediskont bei d. Bundesbank.
5. a) Für mich an die Order der Handelsbank Filiale Düsseldorf
      Wert zum Einzug
      4 Düsseldorf, den 20. Aug. 19..
      (Unterschrift: Fritz Beck), Art. 18 WG.
   b) Beck ist Eigentümer, Besitzer ist die Handelsbank Filiale Düsseldorf.

Die Benachrichtigung (Notifikation)

523 *Wechselprotest — Benachrichtigungsfristen — Rückrechnung*

1. Durch Protesturkunde, ausgestellt von Notar oder Gerichtsbeamten, Art. 79, 80, 81 WG. Postbeamter nicht, weil über 1 000,— DM.
2. Am 28. 8. d. J., bzw. den folgenden Geschäftstag, wenn der Verfalltag ein Feiertag ist, Art. 72 WG.
3. Alle Indossanten und der Aussteller Hahle, Art. 47 I WG.
4. a) Tatsache des Protestes und dessen Datum angeben.
   b) Vorleger benachrichtigt den Aussteller und den unmittelbaren Vormann innerhalb von 4 Werktagen nach dem Tag der Protesterhebung, Art. 45 I WG.

5. Innerhalb 2 Tagen nach Empfang d. Nachricht, damit Vormänner Geld beschaffen können; Art. 45 WG.
6. We.-Summe: 25 000,— DM Zins 4/6% 16,67 DM + 1/3% Prov. 83,33 DM + Protestkosten 35,— DM + Auslagen 1,20 DM + Mehrwertsteuer 14,98 DM = = 25 151,18 DM. Art. 48 WG.
7. Hilpert hat nicht indossiert. Art. 15, I WG.
8. a) Angabe einer Notadresse; Art. 55 WG; Anforderg. des We. (im Sprungrückgriff) sofort nach Erhalt d. Benachrichtigung.
   b) Weil Befriedigung durch den zahlungsunfähigen Bezogenen im Rückgriff fraglich ist.

Wechselklage

| 524 | *Gerichtsstand — Klagefristen — Urkundsprozeß — Verjährung wechselmäßiger Ansprüche* |

1. Landgericht Duisburg; § 603, 13 ZPO.
2. Innerhalb 3 Jahren vom 28. 8. (Verfalltag) ab; Art. 70 I WG.
3. Wechsel-Urkunde, Parteienvernehmung, Protesturkunde; §§ 592 II, III, 605 ZPO.
4. Im Wechselprozeß lt. § 604 ZPO 24 Std. Einlassungsfrist nach § 262 ZPO = Zeitraum zwischen Zustellung d. Klageschrift u. Termin d. mdl. Verhandlg.
5. a) u. b) Einwendung Finks wird anerkannt, dagegen können Indossanten Einwendungen nicht entgegengesetzt werden, die sich auf Beziehungen Finks (Bezogener) zu Hahle (Aussteller) gründen; Art. 17 WG.
   c) In einem Jahr vom Protesttage ab; Art. 70 II WG.
   d) Innerhalb von 6 Monaten vom Tage d. Einlösg. ab; Art. 70 III WG.
   e) Weil das zugrundeliegende Warengeschäft (Geschäftsschuld) nach § 196 BGB erst nach 4 Jahren verjährt, gerechnet v. Schluß d. Jahres, in dem der Anspruch entsteht.

Wechselformen

| 525 | *Rektaklausel — Solawechsel — Sichtwechsel — Bürgschafts- (Garantie-) wechsel* |

1. Löbe verliert keinen Zins u. kann mit dem Geld arbeiten.
2. a) Jederzeit innerhalb eines Jahres bei Sicht; Art. 34 WG.
   b) Nein, im Wechselprozeß kann Kläger nur Gemeinde Hochberg sein (Rektaklausel); diesen gegenüber kann er einwenden, daß kein Schaden vorhanden, Art. 11 II WG.
   c) Um den Protest zu vermeiden (sonst Kreditschädigung), müßte er jedem Dritten zahlen u. dann gegen die Gemeinde Hochberg klagen.
   d) Nein; Sichtwechsel müssen innerhalb eines Jahres nach Ausstellung zur Zahlung vorgelegt werden; Art. 34 WG; dann aber wäre Garantiefrist noch nicht abgelaufen.
   e) Weil Aussteller und Bezogener = eine Person (Solawechsel)
   f) aa) Sichtwechsel,   bb) Rektawechsel,
      cc) Solawechsel,   dd) Bürgschaftswechsel (Garantiewechsel).

| 526 | *Ratenzahlung mit Wechsel* |

1. Nein, D. müßte trotz Quittung auf Rechnung den Wechsel jedem Dritten bezahlen, oder Nachteile eines Protestes mangels Zahlung in Kauf nehmen; Art. 17 WG.

2. Sechs Wechsel üb. 200,— DM monatlich gestaffelter Fälligkeit oder Rektawechsel über die gesamte Summe.

Prolongation

527 *Prolongationswechsel (Kreditcharakter, Berechnung)*

1. Bitte um Prolongation.
2. Protest schädigt auch Kredit des Ausstellers, weil dieser bei Auswahl des Bezogenen nicht die erforderliche Sorgfalt angewendet hat; Kosten!
3. Wenn Plum nicht mehr kreditwürdig ist.
4. Pauly gewährt für die Prolongationsdauer einen Kredit, der angemessen verzinst werden soll.
5. Sicherheit für Pauly, daß das Angebot auch eingehalten wird; Beschleunigung der Abwicklung.
6. Akzeptschuld: 2 300,00 DM = 98%
   + Diskont 2 Mon./8% ($4/3$% vom Betrag
      des Prolongationswechsels)   31,29 DM ⎫
   + Prov. $2/3$% vom Betrag des Prolongationswechsels   15,65 DM ⎬ 2%
                                                                   ⎭
   Prolongationswechsel   2 346,94 DM = 100%

7. Auch schon vor Verfall kann Rückgriff auf den Bezogenen genommen werden, wenn der Bezogene seine Zahlungen eingestellt hat oder eine Zwangsvollstreckung in sein Vermögen fruchtlos verlaufen ist. Der Wechsel muß jedoch vorher dem Bezogenen zur Zahlung vorgelegt und Protest erhoben werden. Art. 44, Abs. V WG.
8. Nein; kann vorübergehende Liquiditätsschwäche sein.

6 Die Unternehmung

Die Gründung eines Unternehmens

601 *Standort — Kapitalbedarf — Finanzierung*

1. a) **Kellereigenossenschaft**: Weingärtner liefern Trauben ab (rohstofforientiert).
   Großwäscherei: bekommt leicht Arbeitskräfte (arbeitsorientiert), Grundstücke sind billiger, evtl. auch Arbeitslöhne niedriger (kostenorientiert).
   Lederwarenfabrik: arbeits- und/oder kostenorientiert.
   Landesproduktenhandel: Weingärtner und Obstbauern sind Abnehmer (absatzorientiert).

   b) Ja! Arbeitsgeräte für Obst- und Weinbauern und Haushaltsgeräte für 5 000 Einwohner sichern ausreichenden Absatz.

2. Kapitalbedarf: Für Einrichtung u. Vorbereitung
                      Geschäftsausst.   20 000,—
                      Einführungswerb.   10 000,—
                      Mietvorauszahl.   30 000,—   60 000,—
                      f. Waren   120 000,—
   Kommissionswaren verursachen keinen Kapitalbedarf.   180 000,—

3. a) $\dfrac{\text{Einsatz } 720\,000,—}{\text{durchschn. Lagerbest. } 120\,000} = 6$ (Umschlagshäufigkeit)

   $\dfrac{360}{6} = 60$ Tage (durchschn. Lagerdauer).

b) 1. 8.

c) 60 000,— (für Waren kein Kapitalbedarf, da Beyer das Geld von seinen Kunden bereits erhalten hat, bis er zahlen muß. Deshalb keine Vorauslage durch Beyer. Kapitalbedarf ist Vorauslage durch den Unternehmer).

4. a) 10. 8.

b) Zusätzlich 10 × 2 000,— DM = 20 000,— DM. (Insgesamt also 80 000,— DM),

c) Zusätzlich 10 × 200,— DM = 2 000,— DM.

d) Einrichtung u. Vorbereitung 60 000,— + Waren 2 000 × (60 — 60 + 10) = = 20 000,— DM + Geschäftskosten 200 × 10 = 2 000,— DM ergibt insgesamt 82 000 DM.

5. a) und b)

Gründungsbilanz

Gesch.ausst.	20 000,—	Eigenkapital	80 000,—
Waren	120 000,—	langfr. Darl.	20 000,—
Mietvorausz.	30 000,—	kurzfr. Darl.	70 000,—
	170 000,—		170 000,—

Eigenkapital 47%, Fremdkapital 53%.

c) Um den Kredit zurückzahlen zu können, müßte B seine Waren verflüssigen, ohne daß er neue Waren einkaufen könnte. Sein Sortiment würde kleiner, er könnte seinen Kunden nicht mehr so viel Auswahl bieten wie bisher; auch seine Lieferbereitschaft könnte wegen ungenügender Vorräte sinken.

602 *Gründung des Unternehmens — Firma des Einzelunternehmens*

1. Nein; die Gründung eines Einzelhandels für Eisenwaren bedarf keiner Genehmigung. Grundsätzlich Gewerbefreiheit. § 1 GO, GG Art. 12,1. Eine Entscheidung des Bundesverfassungsgerichts von 1966 hat jedoch die Forderung nach einem Nachweis von Sachkunde für verfassungswidrig erklärt (Handel mit Waffen, Milch oder Arzneimittel ausgenommen).

2. Bei der Ortsbehörde (§ 14 GO); da Vollkfm. b. Amtsger. Eintrag in Handelsregister (§ 29 HGB); Finanzamt (§ 138 AO); Berufsgenossenschaft (§ 661 RVO); b. Industrie- und Handelskammer.

3. Gerhard Beyer; Wilhelm Gerhard Beyer; Wilhelm Beyer, Eisenwarenfachgeschäft. (Familienname und ein ausgeschr. Vorname sind gefordert. Nicht erlaubt sind täuschende Zusätze jeder Art, sonst aber selbst Phantasiezusätze.) § 18 I, II HGB.

4. a) Von den erlaubten Bezeichnungen sind alle noch zu verwenden, da zweiter Vorname oder Branchenangabe ausreichende Unterscheidung. Auch Gerhard Beyer genügt, da Gerhard Beyer Landesproduktenhandlung sich deutlich unterscheidet (anders wäre es bei Tätigkeit in der gleichen Branche).

b) Eintrag schützt die Ausschließlichkeit der zuerst eingetragenen Firma für den Ort der Niederlassung;
Bei schriftlicher Anmeldung muß die Unterschrift notariell beglaubigt sein.

c) § 22 HGB erlaubt Fortführung der Firmenbezeichnung. Der wirtschaftliche Wert der Firmenbezeichnung soll erhalten werden. Unterschrift mit G. Beyer erlaubt.

5. Nein. Keine Verwechslungsgefahr bei Einzelhandelsgeschäft dieser Branche und dieser großen Entfernung. Bei Verwechslungsgefahr geht auf Grund des UWG Firmenschutz über Ort der Niederlassung hinaus. § 16 UWG.

| 603 | *Unternehmensgründung — Firmierungsgrundsätze* |

1. **Rechtlich**: ggf. persönliche Voraussetzungen; sachliche Voraussetzungen (Ungefährlichkeit der Anlagen z. B.).
   Wirtschaftlich: Geschäftszweig unter Berücksichtigung von Ertragsaussichten, Kapitalkraft und Fachkenntnissen auswählen, Standort unter Berücksichtigung der Bezugs- und Absatzkosten wählen; Finanzierung des Kapitalbedarfs, der in seiner Höhe abhängig ist vom Geschäftszweig und der Größe des Unternehmens, der Umschlagshäufigkeit der Waren u. dem Kunden- und Liefererziel.
2. **Wahrheit**: bei Personenfirmen müssen bürgerlicher Name und Handelsname übereinstimmen. § 18 I HGB.
   Klarheit: Vorname muß ausgeschrieben werden. Firmenzusatz darf nicht täuschen. § 18 HGB.
   Beständigkeit: Weiterführung einer Firmenbezeichnung bei Erwerb einer Firma (entgegen Prinzip der Wahrheit) um wirtschaftlichen Wert der Firmenbezeichnung zu erhalten. § 22 HGB.
   Ausschließlichkeit: Jede neue Firma am gleichen Ort muß sich deutlich unterscheiden. § 30 HGB.

Die Gesellschaft des bürgerlichen Rechts

| 604 | *Gesellschaftsvertrag* |

1. Ja. Gemeinsamer Zweck: Teilnahme an der Ausspielung der Lottogesellschaft. § 705 BGB.
2. Ja. Ges. BGB wurde aufgelöst, da Zweck erreicht. § 726 BGB. Gewinnanteil aus § 721 BGB fordern.

| 605 | *Vertretung — Haftung — Kündigung* |

1. Nein. Die Vertretungsmacht (Außenverhältnis) bei der Gesellschaft BGB richtet sich nach der Geschäftsführungsbefugnis. § 714 BGB. Ohne besondere Vereinbarung haben deshalb die Gesellschafter nur gemeinsam Vertretungsmacht. § 709 BGB.
2. a) Ja. Gesellschaftsschuld ist Gesamthandsverbindlichkeit. Deshalb haftet jeder Gesellschafter mit vollem Betrag. § 427 BGB.
   b) Er kann auch von Calmbach und Arnold den gesamten Betrag fordern, oder auch einen Anteil. § 427 BGB.
3. Kündigung ist jederzeit, fristlos und grundlos möglich, da die Gesellschaft auf unbestimmte Zeit abgeschlossen worden ist. § 723 BGB.

Der eingetragene Verein

| 606 | *Gründung — Vertretung — Haftung — Ausscheiden eines Mitgliedes* |

1. Nein. Vertretungsmacht hat der Vorstand, also nur Frech. § 26 BGB.
2. Nein. Verpflichtet ist nur der Verein als juristische Person.
3. a) Ja. Juristische Person. Zur Auflösung $3/4$ Mehrheit notwendig. § 41 BGB.
   b) Nein. Vermögen steht juristischer Person zu. Nur bei Auflösung fällt Vermögen an Mitglieder. § 45 III BGB.

4. Nur der Verein haftet nach § 836 BGB als Hausbesitzer. Juristische Person ist Träger von Rechten und Pflichten.

607 Gesellschaft des bürgerlichen Rechts — Rechtsfähiger Verein

1.

	Unterschiede zwischen	
	Gesellschaft BGB	rechtsfähiger Verein
Dauer des Zusammenschlusses	vorübergehend oder dauernd	*immer auf Dauer*
rechtliche Voraussetzung für die Entstehung	durch gegenseitigen Vertrag, auch mündlich	*Vertrag und behördliche Mitwirkung (Eintrag i. Vereinsreg.) 7 Personen*
Name	kein Gesamtname	*hat Gesamtname*
Organe	keine Organe	*hat Organe (Vorstand)*
Vertretungsbefugnis	Gesellschafter haben Gesamtvertretungsbefugnis	*Vorstand hat Gesamtvertretungsbefugnis*
Wirkung bei Ausscheiden eines Beteiligten	Gesellschaft wird aufgelöst	*Verein bleibt weiter bestehen*
Ansprüche bei Ausscheiden eines Beteiligten	Gesellschafter haben Anspruch auf Auseinandersetzungsguthaben	*Mitglieder ohne Anspruch auf Auseinandersetzungsguthaben*
Vermögen	steht Gesellschaftern zur gesamten Hand zu	*steht dem Verein zu*
Haftung	jeder Gesellschafter persönlich und unbeschränkt	*Verein*

2. Er ist Träger von Rechten und Pflichten wie eine natürliche Person (Haftpflicht, Steuerpflicht usw.).

Die offene Handelsgesellschaft (OHG)

| 608 | *Firma — Geschäftsführung — Vertretung — Haftung* |

1. Die Gesellschafter haften unbeschränkt.
2. Es entsteht eine OHG. § 105 HGB. Kröner und Löffler OHG. § 19 HGB.
3. OHG, da Wirksamwerden der OHG nach außen schon mit Geschäftsbeginn, auch schon vor der Eintragung, § 123 II HGB. Also am 15. 3. bereits OHG.
4. Ja. Einzelvertretungsmacht jedes Gesellschafters. § 125 HGB.
5. a) Ja. Zwar Einzelgeschäftsführungsbefugnis nach § 114 HGB, hier liegt aber ein außergewöhnliches Geschäft vor. Nicht nur die Art des Geschäfts, auch die Größe und Gefährlichkeit des Geschäfts ist erheblich. § 116 HGB.
   b) Ja. Jeder Gesellschafter ist zur Vertretung der Gesellschaft ermächtigt. Die Vertretungsmacht umfaßt gewöhnliche und außergewöhnliche Geschäfte. §§ 125, 126 HGB.
   c) Ja, weil er seine Geschäftsführungsbefugnis überschritten hat.
   d) Ja, der Kaufvertrag ist gültig. Eine Einschränkung des Umfangs der Vertretungsmacht ist Dritten gegenüber unwirksam. § 126 II HGB. Löffler muß den Schaden ersetzen, weil im Innenverhältnis (Geschäftsführungsbefugnis) die Einschränkung wirksam ist.
6. Aus § 128 HGB:
   a) Nein. Jeder Gesellschafter haftet als Gesamtschuldner.
   b) Nein. Gesellschafter haften persönlich (direkt).
   c) Nein. Gesellschafter haften mit ihrem gesamten Vermögen.
   d) Nein. Haftungsbeschränkung Dritten gegenüber unwirksam.

| 609 | *Gewinn- und Verlustverteilung — Ausscheiden eines Gesellschafters* |

1. a)

	A	B	C	insgesamt
Einlagen	600 000,—	800 000,—	1 200 000,—	2 600 000,—
4% Verzinsung	24 000,—	32 000,—	48 000,—	104 000,—
Restverteilung nach Köpfen	140 000,—	140 000,—	140 000,—	420 000,—
Gewinnanteil	164 000,—	172 000,—	188 000,—	524 000,—

b)

	A	B	C	insgesamt
Gewinnanteil	164 000,—	172 000,—	188 000,—	524 000,—
— Unternehmerlohn	72 000,—	72 000,—	72 000,—	216 000,—
Zinsertrag der Einleger	92 000,—	100 000,—	116 000,—	308 000,—
Einlagen der Gesellschafter	600 000,—	800 000,—	1 200 000,—	2 600 000,—
Verzinsung d. Einlagen	15,3%	12,5%	9,7%	

c) Weil die Arbeitsleistung nicht berücksichtigt werden würde. Bevorzugt würden die Gesellschafter, die verhältnismäßig viel Kapital eingelegt haben.

d) Weil dann die Kapitaleinlage nicht berücksichtigt werden würde. Bevorzugt wären die Gesellschafter mit der niedrigsten Kapitaleinlage.

e) Colm (mit der höchsten Kapitaleinlage) ist am meisten benachteiligt. Er erhält nur 4% Verzinsung, der Rest wird nach Köpfen verteilt, also ohne Berücksichtigung der höheren Kapitaleinlage Colms.

2. a)

	A	B	C	insgesamt
Einlagen zu Beginn des Jahres	600 000,—	800 000,—	1 200 000,—	2 600 000,—
6% Verzinsung	36 000,—	48 000,—	72 000,—	156 000,—
—6% Zins für Privatentnahmen	1 360,—	1 350,—	1 860,—	4 570,—
Zinsanteil	34 640,—	46 650,—	70 140,—	151 430,—
Restverteilung nach Köpfen	163 000,—	163 000,—	163 000,—	489 000,—
Gewinnanteil	197 640,—	209 650,—	233 140,—	640 430,—

b) 4%. § 121 I HGB,

c) Mit dem Zinsabzug für Privatentnahmen wird erreicht, daß jeder Gesellschafter im Laufe des Geschäftsjahres sein unterschiedlich hohes Eigenkapital nach den Regeln der Zinsrechnung verzinst bekommt.

3. a) — c) Da Colm nicht mehr mitarbeitet, muß den weiter mitarbeitenden Gesellschaftern für ihre Arbeitsleistung eine besondere Vergütung gegeben werden. Vorschlag: weiterhin 6% Verzinsung; vom Gewinnrest erhalten A und B je 72 000,— DM Unternehmerlohn im voraus.

	A	B	C	insgesamt
Einlagen zu Beginn des Jahres	600 000,—	800 000,—	1 200 000,—	2 600 000,—
6% Verzinsung	36 000,—	48 000,—	72 000,—	156 000,—
—6% Zins für Privatentnahmen	1 360,—	1 350,—	1 860,—	4 570,—
Zinsanteil	34 640,—	46 650,—	70 140,—	151 430,—
Arbeitsvergütung	72 000,—	72 000,—	—,—	144 000,—
Restverteilung nach Köpfen	115 000,—	115 000,—	115 000,—	345 000,—
Gewinnanteil	221 640,—	233 650,—	185 140,—	640 430,—

4. a) Ja. Entnahmerecht bis 4% des Kapitalanteils selbst bei Verlust. § 122 HGB,

b) Zu gleichen Teilen. § 121 III HGB, also je 20 000,— DM.

5. a) Bis 31. 12. des nächsten Jahres, da das laufende Geschäftsjahr nicht mehr 6 Monate dauert. § 132 HGB.

b) Ja. Er haftet noch 5 Jahre nach seinem Ausscheiden. § 159 I HGB.

c) Ja. Der neueintretende Gesellschafter haftet für bereits begründete Verbindlichkeiten. § 130 HGB.

---

610 *Gesellschaft des bürgerlichen Rechts — OHG*

	Unterschiede zwischen	
	Gesellschaft BGB	OHG
Zweck der Gesellschaft	Gründung zu jedem beliebigen, erlaubten Zweck	*nur zum Zweck eines Handelsgewerbes*
Firma	keine	*Personenfirma*
Eintragung im Handelsregister	keine Eintragung	*Eintragung*
Geschäftsführung	Gesamtgeschäftsführungsbefugnis	*Einzelgeschäftsführungsbefugnis jedes Gesellschafters*
Vertretung der Gesellschaft	Gesamtvertretungsbefugnis aller Gesellschafter	*Einzelvertretungsbefugnis jedes Gesellschafters*
Kündigung der Gesellschaft	Gesellschafter kann jederzeit kündigen. Ist die Gesellschaft auf best. Zeit geschlossen, dann nur bei wichtigem Grund.	*Kündigungsfrist 6 Monate zum Schluß des Geschäftsjahres*
Haftungsbeschränkung	Haftungsbeschränkung durch Vertrag auf Gesellschaftsvermögen möglich, wenn es der Dritte weiß.	*Dritten gegenüber Haftung nicht beschränkbar*

Kommanditgesellschaft (KG)

611 *Firma — Geschäftsführung — Vertretung — Gewinnverteilung — Wettbewerbsverbot — Privatentnahmen — Kontrollrecht*

Kommanditgesellschaft (KG)

1. **Vorteile einer Kreditaufnahme:** Keine Teilung des Gewinns mit Gesellschafter, Geschäftsführungs- und Vertretungsmacht bleibt allein bei ihm.

Vorteil der Aufnahme eines Gesellschafters: keine fixen Zinskosten. Gesellschaft wird kreditfähiger, Unterstützung durch einen Fachmann.

2. a) z. B. Fritz Huber, Sanitärgroßhandlung KG. §§ 161, 19 II HGB.
   b) Es würde vortäuschen, daß Gütermann voll haftet.
   c) Notarielle Beurkundung § 313 BGB, da Grundstück eingebracht wird.

3. Nein. Der Kommanditist hat keine Vertretungsmacht. Es ist kein Vertrag entstanden. § 170 HGB.

4. a)

Einlagen in DM	Huber 1 200 000,—	Gütermann 400 000,—	insgesamt 1 600 000,—
7% Verzinsung	84 000,—	28 000,—	112 000,—
Unternehmerlohn	72 000,—		72 000,—
Restverteilung 70 : 30	89 600,—	38 400,—	128 000,—
	245 600,—	66 400,—	312 000,—

   b) Die gesetzl. Regelung, daß der 4% des Kapitalanteils übersteigende Gewinn in angem. Verhältnis verteilt wird (§ 168 II HGB), ist zu unbestimmt und kann zu Unstimmigkeiten führen.
   c) Weil der Kommanditist weder mitarbeitet noch voll haftet wäre es ungerecht, den Mehrgewinn auf Vollhafter und Teilhafter mit gleichen Anteilen zu verteilen.

5. a) u. b) Gütermann will Vollhafter werden. Im Haftungsfalle könnte sein Kapitalanteil an der Gesellschaft mit Huber gepfändet werden, was die Gesellschaft, die Huber als Vollhafter mit Gütermann betreibt, in erhebliche finanzielle Schwierigkeiten bringen könnte. Trotzdem: Huber kann dem Kommanditisten Gütermann nicht verbieten, Vollhafter in einem Konkurrenzunternehmen zu werden. Das Wettbewerbsverbot gilt nicht für Kommanditisten. §§ 165, 112 HGB.

6. a) Nein. Für Vollhafter in KG gilt Wettbewerbsverbot. Er darf nicht Vollhafter in gleichartiger Handelsgesellschaft werden. §§ 165, 112 HGB,
   b) Ja. § 112 HGB,   c) Ja. Kein Wettbewerb. § 112 HGB.

7. Ja. Bei gewöhnlichen Geschäften hat der Kommanditist kein Widerspruchsrecht. § 164 HGB.

8. a) Ja. Huber ist Vollhafter und hat deshalb Vertretungsmacht, §§ 161 II, 125 und 126 II HGB. Danach ist eine Beschränkung der Vertretungsmacht Dritten gegenüber unwirksam.
   b) Ja. Schadenersatzanspruch Gütermanns gegen Huber. Geschäftsführung ohne Auftrag. Bei außergewöhnlichen Geschäften hat der Kommanditist ein Widerspruchsrecht. § 164 HGB. (Der Kommanditist hat bei außergewöhnlichen Geschäften nicht nur ein Widerspruchsrecht, er muß sogar gefragt werden.)

9. a) Ja. Entnahmerecht des Komplementärs wie in OHG. §§ 161 II, 122 HGB,
   b) Nein. Kein Entnahmerecht des Kommanditisten. § 169 HGB.

10. Nein. Er kann nur jhrl. die Richtigkeit der Bilanz durch Einsicht i. d. Bücher prüfen. Bei wichtigem Grund weitere Aufklärung nur durch gerichtlichen Beschluß. § 166 HGB.

612 *Stiller Gesellschafter — Kommanditist — Vollhafter*

	Stiller Gesellschafter (§§ 335-342 HGB)	Kommanditist	Vollhafter
Geschäfts-führungsbefugnis	keine Geschäftsführungsbefugnis, kein Widerspruchsrecht	keine Geschäftsführungsbefugnis, Widerspruchsrecht nur bei außergewöhnlichen Geschäften	Einzelgeschäftsführungsbefugnis
Vertretungsbefugnis	keine Vertretungsbefugnis	keine, nur über Handlungsvollmacht u. Prokuraerteilung möglich	Einzelvertretungsbefugnis
Gewinnbeteiligung	nach den Umständen angemessener Anteil	zunächst 4% des Kapitalanteils, vom Rest angem. Anteil	zunächst 4% des Kapitalanteils, vom Rest angem. Anteil (mehr als Kommanditist)
Verlustbeteiligung	nach den Umständen angemessener Anteil	angemessener Anteil	nach Köpfen
Haftung	keine Haftung gegenüber den Gesellschaftsgläubigern	gesamtschuldnerisch, direkt, beschränkt auf die Höhe der Einlage (auch rückständige Einlage)	gesamtschuldnerisch, direkt, unbeschränkt (Einlage und ges. Privatverm.), Dritten gegenü. unbeschränkbar
Konkurrenzverbot	kein Wettbewerbsverbot	kein Wettbewerbsverbot	er darf im Geschäftszweig weder Geschäfte machen noch Vollhafter sein.
Entnahmerecht	kein Recht auf Privatentnahmen	kein Entnahmerecht	hat Entnahmerecht bis zu 4% des Kapitalanteils, (auch bei Verlust)
Kontrollrecht	kann nur Mitteilung der Jahresbilanz verlangen und anhand der Bücher nachprüfen	kann nur Mitteilung der Jahresbilanz verlangen und an Hand der Bücher nachprüfen	selbst die durch Vertrag von der Geschäftsführung ausgeschlossenen Gesellschafter haben unbeschränktes Recht auf laufende Büchereinsicht

Die Aktiengesellschaft (AG)

613 *Gründung – Grundkapital (gezeichnetes Kapital) – Eigenkapital – Aktie – Kapitalrücklage*

1. Ja. Die Gründung ist möglich, da 5 Gründer genügen. § 2 AktG Mindestkapital 100 000,– DM erreicht. § 7 AktG
2. a) Weil die Firma der AG eine Sachfirma sein soll. § 4 AktG Eigener Vorschlag: Meßtechnik AG.
   b) Gesellschaft BGB. § 705 BGB.
   c) Nein, Gesamtvertretungsbefugnis §§ 714, 709 BGB.

3. a) Weil zumindest noch die Satzung und die Urkunden über die Bestellung des Vorstands und des Aufsichtsrats vorzulegen sind. §§ 36, 37 AktG
   b) Mit dem Zeitpunkt der Eintragung, also am 15.12. ist AG entstanden. § 41 AktG (Mit der Einzahlung am 25.8. wurde die AG zwar errichtet, aber das heißt nur, daß ein nicht rechtsfähiger Verein entstanden ist).

4. Gründungsbilanz

Bank	10 310 000,—	gezeichnetes Kapital	10 000 000,—
Rechnungsabgrenzungsposten	190 000,—	Kapitalrücklage	500 000,—
	10 500 000,—		10 500 000,—

Die Gründungskosten dürfen nach § 272 II HGB nicht mit der gesetzl. Rücklage verrechnet werden.

5. a) 10 Mill.   b) 10 310 000,—.   c) 103,1 %.   d) 51,55 DM.
6. a) 20 Aktien.   b) 51,55 DM.   c) 1031,— DM.

---

614 *Hauptversammlung — Aufsichtsrat — Vorstand*

1. Bestätigung der Deutschen Bank (oder jeder anderen, die die Aktien in Verwahrung hat).
2. Ja, Stimmrecht kann schriftlich übertragen werden. § 135 AktG
3. a) Mindestens 3, höchstens 15, da die Gesellschaft zwischen 3 und 20 Mill. Grundkapital hat. § 95 AktG
   b) Krieger 20, Günther 60; § 134 I AktG
   c) Ja. Produktion ist nur in der Zusammenarbeit zwischen Arbeitgeber und Arbeitnehmer möglich. Der Arbeitnehmer ist daher ein Partner, der mitbestimmen soll. § 96 AktG, § 76 BVG.
4. Er hat die Mehrheit in der Hauptversamml. bei der Wahl des Aufsichtsrats. §§ 134, 101 AktG. Der Aufsichtsrat wählt den Vorstand. § 84 AktG. Also kann er den Vorstand bestimmen, der unter eigener Verantwortung die Gesellschaft leitet. § 76 AktG. Die Wiederwahl des Vorstands hängt allein von ihm ab.
5. a) Ja, § 78 AktG.
   b) Nein. Zwar ist der Kaufvertrag gültig, denn der Vorstand hat Vertretungsmacht (§ 78 AktG), doch haftet der Aktionär Schulz nicht, weil der Vorstand nur die jur. Person verpflichtet hat. Die AG hat eigene Rechtspersönlichkeit. § 1 AktG.

| 615 | *Darstellung des Eigenkapitals in der Bilanz* |

1. Kapital an GuV
2. Eigenkapital
   I.   Gezeichnetes Kapital   10 000 000,–
   II. Kapitalrücklage   500 000,–
   III. Jahresfehlbetrag   3 000,–   10 497 000,–

3. ³/₄ Mehrheit des vertretenen Grundkapitals. § 222 AktG.
4. Nein. Der Betrag ist zu gering, um Kapitalherabsetzung durchzuführen. Abdeckung mit Gewinn künftiger Jahre zu erwarten.
5. Eigenkapital
   I.   Gezeichnetes Kapital   10 000 000,–
   II. Kapitalrücklage   500 000,–
   III. Verlustvortrag   193 000,–   10 307 000,–

6. a) 1 693 000,— DM.
   b) 16 %.
7. a) Jahresüberschuß   1 693 000,— DM
      ./. Verlustvortrag   193 000,— DM
                                                         1 500 000,— DM
      ./. 5 % ges. Gewinnrücklage   75 000,—
      ./. andere (freie) Rücklage   100 000,—   175 000,— DM
      Bilanzgewinn   1 325 000,— DM
   b) 13 %.
   c) 25 000,— DM.

| 616 | *Effektivverzinsung — Rechnungslegung der AG* |

1. a) 11,3 %
   b) 24,7 %
   c) Zuf. z. ges. und freien Rücklagen   449 850,— DM
      Gewinnvortrag   22 150,— DM
      Verlustvortrag   3 000,— DM
                                                        475 000,— DM

2. Aufnahme von Fremdkapital wird vermieden. Keine Zinsbelastung. Sicherheit des Unternehmens wird mit zusätzlichen eigenen Mitteln erhöht.
3. Kleinaktionäre sind auf die Auszahlung baren Geldes eher angewiesen, Großaktionäre mehr an der Anlage interessiert.
4. Gewinnverteilung ohne Fehler. Berechnung der ges. Rücklage nach § 150 AktG, da 10 % des Grundk. noch nicht erreicht. Freiwillige Rücklagen übersteigen nicht Höchstbeträge. § 58 AktG
5. a) Aktionäre können prüfen, ob Vorstands- und Aufsichtsratsbezüge in einem angemessenen Verhältnis zur Dividende stehen.
   b) Vorstand und Aufsichtsrat sind bei gewinnabhängiger Dividende an Erfolg des Unternehmens interessiert.

c) **Anhang,** im wesentlichen:
   - Auswirkungen von Bewertungsmethoden auf das Jahresergebnis;
   - Angaben zum Ansatz und zur Bewertung von Posten der Bilanz;
   - allgemeine Angaben zur Gliederung des Jahresabschlusses;
   - Aufgliederung und Erläuterung von Posten der Bilanz oder der Gewinn- und Verlustrechnung;
   - Beteiligungsgesellschaft;
   - Gesamtbezüge der Organe der Gesellschaft;

Lagebericht, im wesentlichen:
   - Darstellung des Geschäftsverlaufs;
   - Lage der Kapitalgesellschaft;
   - Vorgänge von besonderer Bedeutung nach Beendigung des Geschäftsjahres;
   - voraussichtliche Entwicklung der Kapitalgesellschaft;
   - Informationen zum Bereich Forschung und Entwicklung.

6. a) Ja; mittelgroßes Unternehmen
   b) Einreichung zum Handelsregister
   c) Information der Aktionäre, der Gläubiger und der Öffentlichkeit.

Die Gesellschaft mit beschränkter Haftung

617 *Mindestkapital — Firma — Geschäftsführung — Vertretung — Kaduzierung — Abandonierung*

1. a) Einzahlungsverpfl.konten A, B und C 100 000,– DM an gezeichnetes Kapital Zahlungsmittel 52 500,– DM an Einzahlungsverpfl.konten A, B, C. Ausstehende Einlagen 47 500,– DM an Einzahlungsverpflk. A, B, C.

Aktiva	Bilanz der GmbH		Passiva
Ausstehende Einlagen	47 500,—	gezeichnetes Kapital	100 000,—
Zahlungsmittel	52 500,—		
	100 000,—		100 000,—

   b) Stammkapital 100 000,—;   c) Stammeinlage A 45 000,—, B 45 000,—, C 10 000,—, zus. also 100 000,— DM; vgl. § 5 GmbHG.

2. Die Zahl der Gründer (notwendig 5, bei GmbH 1 oder mehrere) reicht nicht aus für Aktienges. (Akt.G §§ 2, 7, 36a).

3. Adler, Berthold und Clemens, Steuerberatungsgesellschaft m.b.H.
§ 4 GmbHG läßt nach freier Wahl Sach- oder Personenfirma zu, mit Zusatz GmbH (Andeutung irgendeines Gesellschaftsverhältnisses genügt nicht).

4. a) Ja. Geschäftsführer hat Vertretungsmacht. § 35 GmbHG.
   b) Nein. Mehrere Geschäftsführer haben Gesamtvertretungsmacht. § 35 II, 2 GmbHG.

5. a) Ja. § 29 GmbHG. Über Gewinnverteilung entscheiden Gesellschafter. § 46 GmbHG. Berthold und Clemens haben Mehrheit (11 : 9). § 47 GmbHG.

   b) A 450 Stimmen, B 450 Stimmen, C 100 Stimmen. Je 100,— DM Geschäftsanteil 1 Stimme. § 47 II GmbHG. Der Geschäftsanteil richtet sich nach der übernommenen Stammeinlage. § 14 GmbHG.

6. Einforderung von Einzahlungen a. d. Stammeinlage ist Recht der Gesellschafter. § 46 GmbHG. Adler und Berthold haben Mehrheit (900 : 100) § 47 GmbHG. Auf Grund des Kaduzierungsverfahrens geht Clemens nach einer Nachfrist v. 1 Monat seines Geschäftsanteils verlustig. § 21 GmbHG. Der Geschäftsanteil wird versteigert. Auch bei Mehrerlös hat Clemens keinen Anspruch auf den Überschuß. §§ 21, 23 GmbHG.

7. a) Nein. Die Gesellschafter beschließen über den Nachschuß. § 26 GmbHG.

   b) Er kann seinen Geschäftsanteil zu Befriedigung der Nachschußpflicht zur Verfügung stellen (abandonnieren), da die Nachschußpflicht unbeschränkt ist. Einen evtl. Überschuß bekommt Clemens. § 27 GmbHG.

8. a) Ja. Recht der Abandonnierung nur bei unbeschränkter Nachschußpflicht. § 27 GmbHG.

   b) Ja. Bei beschränkter Nachschußpflicht Kaduzierungsverfahren wie bei verzögerter Einzahlung der Stammeinlagen §§ 21, 28 GmbHG. Sie erklärt Clemens per Einschreibebrief, daß sie den Geschäftsanteil als zur Verfügung gestellt betrachtet.

9. a) Nein. Geschäftsanteile sind frei veräußerlich und vererblich. § 15 GmbHG.

   b) Nein. Es bedarf gerichtlicher oder notarieller Form. § 15 III GmbHG.

618 AG — GmbH

Unterschiede zwischen

	Aktiengesellschaft	GmbH
Mindestzahl d. Gründer	5	1 oder mehrere
Firma	Sachfirma	Sach- oder Personenfirma
Mindestkapital	100 000,— DM Grundkapital	50 000,— DM Stammkapital
Benennung des Gesellschaftsanteils	Aktie	Geschäftsanteil
Übertragung des Gesellschaftsanteils	grundsätzl. formlos (b. Inhaberaktie)	gerichtlich oder notarielle Beurkundung
Vertretungsmacht	Gesamtvertretungsmacht des Vorstandes	Gesamtvertretungsmacht der Geschäftsführer
Aufsichtsrat	immer notwendig	nur notwendig bei mehr als 500 Arbeitnehmern
Zeitdauer der Bestellung der Geschäftsleitung	5 Jahre	ohne Zeitbeschränkung
Bildung von gesetzlichen Rücklagen	gesetzl. Rücklage 5% des Jahresüberschusses, bis 10% des Grundkapitals erreicht	keine gesetzliche Rücklage
Nachschußpflicht der Gesellschafter	unmöglich	beschränkt oder unbeschränkt möglich

Die Genossenschaft

619 *Gründung — Firma — Organe — Geschäftsguthaben — Geschäftsanteil — Haftsumme*

1. Molkereigenossenschaft Ahornsweiler eGmbH. §§ 3 II GenG
2. Mind. 7 Genossen (§ 4), schriftl. Statut (§ 5), Wahl des Vorstands und Aufs.rats (§§ 24, 36), Eintrag i. Gen.reg. (§ 10) GenG
3. Vorstand besteht nicht aus 2 Mitgl. § 24 GenG
4. Ja. Vorstand hat Gesamtvertretungsmacht. § 24 GenG Vertretungsmacht ist unbeschränkt und unbeschränkbar. § 27 II GenG
5. a) u. b)

	Hahn	Graf	Basler
Anzahl der übernommenen Geschäftsanteile	1	1	2
Pflichteinzahlung DM	300,—	300,—	600,—
Haftsumme DM	1 500,—	1 500,—	2 000,—
Geschäftsguthaben DM	300,—	600,—	2 000,—
Nachschuß im Konkursfall DM	1 500,—	1 500,—	2 000,—

Im Konkursfall sind die Genossen verpflichtet, Nachschüsse zu leisten, wenn die Gläubiger aus der Konkursmasse nicht befriedigt werden können und das Statut solche Nachschüsse nicht ausdrücklich ausschließt. Grundsätzlich wird der nachzuschießende Betrag gleichmäßig („nach Köpfen") auf alle Genossen verteilt. § 105 GenG.

Jeder Genosse hat jedoch höchstens die im Statut festgelegte Haftsumme als Nachschuß zu leisten. § 119 GenG. Er muß nicht den Geschäftsanteil auffüllen. Nur wenn die Pflichteinlage noch nicht geleistet ist, ist zusätzlich zur Haftsumme noch der an der Pflichteinlage fehlende Betrag nachzuschießen.

Hahn und Graf haben deshalb höchstens die Haftsumme von 1 500,— DM zu leisten.

Ist ein Genosse mit mehr als einem Geschäftsanteil beteiligt, dann darf die Haftsumme nicht niedriger als der Gesamtbetrag der Geschäftsanteile sein. § 121 GenG. Da im Statut eine besondere Regelung fehlt, hat Basler höchstens einen Nachschuß von 2 000,— DM (Gesamtbetrag der beiden Geschäftsanteile zu je 1 000,— DM) zu leisten.

6. Nein, § 17 GenG. Im Genossenschaftsrecht gibt es keine direkte Haftung des Genossen gegenüber d. Gläubigern. Nur Nachschuß zur Konkursmasse (§ 105 GenG).
7. a) Je eine Stimme. § 43 GenG
   b) Bei der AktG Stimmrecht im Verhältnis der Aktiennennwerte (AktG § 134), bei der Genossenschaft nach Köpfen. § 43 GenG.
   c) Ja. Mehrheit der erschienenen Genossen entscheidet.
8. a) Hahn 350,—, Graf 650,—; Gewinn wird gutgeschrieben. Basler 2 000,— DM. Gewinn wird ausgezahlt. Es erfolgt solange keine Gewinnauszahlung, sondern Gutschrift, bis der Geschäftsanteil erreicht ist. § 19 I GenG.
   b) Hahn 240,—, Graf 540,—, Basler 1 880,— DM.

9. a) Schriftliche Beitrittserklärung. § 15 I GenG.
   b) Durch Eintragung in Liste der Genossen. § 15 III GenG.
10. Die Aktie ist ein Inhaberwertpapier, das an der Börse gehandelt wird. Solche Wertpapiere werden von Kapitalanlegern bevorzugt. Das Unternehmen erschließt sich mit der Ausgabe von Aktien den Zugang zum Kapitalmarkt.

620 — Genosse — Aktionär — Kommanditist

Gegenüberstellung

	Aktiengesellschaft	Genossenschaft
Mindestzahl der Gründer	5	7
Mindestkapital	Grundkap. 100 000,— DM	kein Mindestkapital
Benennung des Gesellschaftsanteils	Aktie	Geschäftsanteil
Haftung der Gesellschafter	Nur die Aktienges. als jur. Person haftet. Keine Nachschußpflicht	Keine unmittelbare Haftung der Genossen. Unbeschränkte oder beschränkte Nachschußpflicht für den Konkursfall kann im Statut festgelegt oder auch ausgeschlossen werden.
Übertragung eines Gesellschaftsanteils	Übertragung der Inhaberaktie formlos durch Einigung und Übergabe	Mitgliedschaftsrecht kann nicht übertragen werden
Vertretungsmacht	Vorstand hat Gesamtvertretungsmacht	Vorstand (mind. 2 Genossen) hat Gesamtvertretungsmacht
Zeitdauer der Bestellung der Geschäftsführung	5 Jahre	ohne Zeitbeschränkung
Rücklagenbildung	Bildung gesetzlicher Gewinnrücklagen von 5 % des Jahresüberschusses, bis die gesetzl. Gewinnrücklagen und die Kapitalrücklagen 10 % des Grundkapitals erreicht haben.	Satzung muß Bildung eines Reservefonds vorsehen. § 7 Gen.G.

2. **Rechte:**

   Aktionär: Anspruch auf Anteil am Reingewinn (Dividende); Anspruch auf Anteil am Liquidationserlös; Stimmrecht in der Hauptversammlung; Auskunftsrecht in der Hauptversammlung; Bezugsrecht;

   Kommanditist: lediglich Überwachungsrecht;

   Genosse: Anspruch auf Benutzung der satzungsgemäßen Einrichtungen; Stimmrecht; Anspruch auf satzungsgemäßen Gewinnanteil; Anspruch auf Auszahlung des nach der Bilanz vorhandenen Geschäftsguthabens.

   Pflichten:

   Aktionär: Leistung der übernommenen Anteile am Grundkapital einschließlich etwa vorgesehenen Agios (auch in Form von Sacheinlagen);

   Kommanditist: Haftung nur bis zur Höhe der übernommenen Kommanditeinlage;

   Genosse: Leistung der übernommenen Geschäftsanteile; evtl. Nachschußpflicht (Leistung der Haftsumme).

Unternehmenszusammenschlüsse

Kartelle und Gesetz gegen Wettbewerbsbeschränkungen

621 *Kartellbegriff — Kartellverbot*

1. Verringerung des Angebots, damit der Preis steigt. Steigerung des Gewinns der De-Beer-Gesellschaft.

2. Festlegung von Produktionsquoten oder Festlegung des Preises.

3. Rechtliche Selbständigkeit wird nicht eingeschränkt, wohl aber wirtschaftliche (Entscheidung über Preis- und Produktionsmenge).

4. Ja. Der Käufer ist sonst der Willkür der Unternehmer ausgesetzt und wird ausgebeutet.

5. Staatl. Monopole sind Bedarfsdeckungs- und Besteuerungsmonopole (Post, Spiritusmonopol). Bedarfsdeckungsmonopole haben meist die Versorgungsbetriebe. Diese haben zwei kennzeichnende Eigenschaften:

   1. Versorgung der Bevölkerung mit lebenswichtigen Gütern und Diensten zu kostendeckenden Preisen.

   2. Monopolbildung aus technischen Gründen. Es wäre wirtschaftlicher Unsinn, zwei parallele, Wettbewerbern gehörende Eisenbahnlinien zu betreiben.

   Auch staatliche Monopole haben alle wirtschaftlichen Machtmöglichkeiten eines Monopolisten. Sie werden aber durch öffentliche Kontrolle entschärft. Auch die Bevölkerung benutzt tagtäglich die Leistungen öffentlicher Monopole. Kontrolle privater Monopole durch Staatsaufsicht funktioniert schlechter (Kartellamtsprobleme).

   Es fehlt aber auch bei öffentlichen Monopolen der Zwang zu immer besserer Leistung, zu Rationalisierung und Innovation und zur Berücksichtigung der Verbraucherwünsche, der vom Wettbewerb ausgeht. Nach Eucken (Grundsätze der Wirtschaftspolitik) haben auch staatliche Monopole „regelmäßig die gleiche Politik getrieben wie private Monopole". Auch öffentliche Monopole schaffen Abhängigkeiten bei Zulieferern und Abnehmern.

622 *Normenkartell*

1. Herst. v. Rundfunkgeräten: Erleichterung des Einkaufs; wohl auch billiger, da in größeren Serien hergestellt.
   Röhrenhersteller: Rationalisierung wird ermöglicht, da nur noch wenige Normen hergestellt werden.
   Radioreparaturhandwerk: geringerer Lagervorrat ist notwendig.
   Käufer von Radiogeräten: Kann überall damit rechnen, daß für sein Gerät Ersatzröhren zu bekommen sind.

2. Ja. Es wird wirksam durch Anmeldung.

623 *Konditionenkartell*

1. Nein. Wettbewerb über Preis und Qualität bleibt erhalten.
2. Konditionenkartell durch Anmeldung ohne Widerspruch. § 2 GWB.

624 *Strukturkrisenkartell*

1. Durch Aufteilung der Quoten werden Preise dauernd hochgehalten. Der Wettbewerb zwischen den Mühlen fällt weg.
2. Ja. Strukturkrisenkartell. Kann erlaubt werden, weil Anpassung der Kapazitäten an den Markt erfolgt. § 4 GWB.

625 *Rationalisierungskartell*

1. Durch Spezialisierung auf Typen soll Rationalisierung erreicht werden.
2. Rationalisierungskartell, da nicht jede Unternehmung alle Typen herstellen darf. § 5 II GWB. Die Unternehmen verzichten in einem bestimmten Bereich auf eigene Aktivitäten. Dadurch unterscheidet sich das echte Rationalisierungskartell von der Sonderform des Normenkartells.
   Das Rationalisierungskartell bedarf ausdrücklicher Erlaubnis.
3. Der Einsatz von Automaten ist nur bei großen Serien wirtschaftlich. Der Automat sollte immer voll ausgelastet sein und Umbauzeiten sollten vermieden werden.

626 *Exportkartell*

Durch ausdrückliche Genehmigung. Das Ausfuhrkartell erfaßt auch den deutschen Markt, da andere inländische Exporthändler nicht beliefert werden. § 6 II GWB.

627 *Sonderkartelle*

Die Voraussetzungen für eine Erlaubnis gem. §§ 2-7 GWB liegen nicht vor. Das Kartell kann aber vom Bundeswirtschaftsminister als Sonderkartell gem. § 8 GWB genehmigt werden, wenn es aus Gründen des Gemeinwohls dringend geboten erscheint. (Ein derart strukturiertes Kartell wurde 1958 genehmigt.)

628 Preisbindungsverträge

1. Nein. Die Fotohändler werden durch die vom Hersteller der Farbfilme verlangte Bindung in ihrer Preisgestaltung beschränkt. § 15 GWB verbietet grundsätzlich die Preisbindung. 2. Hand (Verlagserzeugnisse ausgenommen, § 16 GWB).
2. Persönliche Stellungnahme.

629 Marktbeherrschende Unternehmen

Anzeige beim Kartellamt in Berlin. Dieses hat das Recht der Mißbrauchsaufsicht (zu hohe Preise, zu niedrige Preise, unbillige Bindungen) §§ 22, III/IV GWB. Bei Zuwiderhandlung gegen die Aufforderung, den Mißbrauch abzustellen, Geldbuße nach § 38 GWB.

630 Wirksamkeit von Kartellabsprachen

1. **Wirksamkeit durch Anmeldung:** Normen- und Typenkartell, Exportkartell ohne Inlandsregelung.

   Wirksamkeit durch ausbleibenden Widerspruch des Kartellamts (Widerspruchskartelle): Konditionenkartell, Rabattkartell.

   Wirksamkeit durch ausdrückliche Erlaubnis: Rationalisierungskartell, Exportkartell (das auch im Inland wirkt), Importkartell, Strukturkrisenkartell.

2. Das Grundgesetz sichert die Freiheit wirtschaftlicher Betätigung für einen Leistungs-Wettbewerb, nicht für einen unfairen Behinderungswettbewerb.

Verbundene Unternehmen

631 Verbundene Unternehmen: abhängige Unternehmen — herrschende Unternehmen — Konzern — Holdinggesellschaften

1. **Vorbemerkung:**

   Die VEBA OEL AG ist zu 100% eine Tochtergesellschaft der VEBA AG. Die VEBA OEL betreibt das Mineralöl- und Petrochemiegeschäft im VEBA-Konzern. Dazu gehört vor allem, Erdöl zu suchen und zu fördern, Rohöl zu verarbeiten und die fertigen Produkte — im wesentlichen Kraftstoff, Heizöl und chemische Grundstoffe — zu verkaufen.

   Wirtschaftliche Funktionen der verbundenen Unternehmen

   Exploration und Produktion

   DEMINEX, Deutsche Erdölversorgungsgesellschaft mbH — VEBA OIL Lybia — VEBA OIL Nederland

Versorgung

VEBA OIL INTERNATIONAL GmbH — VEBA Poseidon Schiffahrt GmbH — AETHYLEN ROHRLEITUNGSGES.mbH

Verarbeitung

RUHR OEL GmbH — Oberrheinische Mineralölwerke GmbH — Erdoel — Raffinerie Neustadt GmbH

Verkauf

RAAB KARCHER AG Essen — RAAB KARCHER AG Bochum — RAAB KARCHER Mineralölhandel GmbH Essen — AVS Aviation Fuel Services GmbH

2. a) VEBA OEL ist herrschende Gesellschaft.

   b) Nach der gesetzlichen Vermutung des § 17 Abs. 2 AktG sind Unternehmen abhängige Unternehmen, wenn sie in Mehrheitsbesitz eines anderen Unternehmens stehen. Dies trifft zu auf **VEBA OIL Lybia**, **VEBA OIL Nederland**, **DEMINEX**, VEBA OIL INTERNATIONAL, **VEBA POSEIDON**, **RAAB KARCHER AG** (mittelbar für RAAB KARCHER Mineralölhandel) und ARAL AG.

3. VEBA OEL kann Einfluß nehmen auf die abhängigen Unternehmen über die Wahl des Aufsichtsrats und des Vorstandes in der AG (§§ 119, 101, 111, 84 AktG) und die Bestellung des Geschäftsführers bei der GmbH (§ 46 GmbHG).

4. Abhängige Unternehmen sind Konzernunternehmen, wenn sie mit dem herrschenden Unternehmen unter einer einheitlichen Leitung zusammengefaßt sind. Die Aethylen-Rohrleitungsges. ist schon deshalb kein Konzernunternehmen, weil sie (bei 16,7% Beteiligung der VEBA) kein abhängiges Unternehmen ist.

5. DEMINEX und ARAL sind im Mehrheitsbesitz der VEBA OEL und damit nach der gesetzlichen Vermutung abhängige Unternehmen. Offensichtlich sind sie aber mit der VEBA OEL nicht unter einer einheitlichen Leitung zusammengefaßt. Deshalb sind sie keine Konzernunternehmen im Sinne des § 18 AktG.

6. a) VEBA OEL, RUHR OEL und RAAB KARCHER AG.

   b) Die VEBA OEL ist Dachgesellschaft. Sie erhält Aktien von den Unternehmen, die bestehen bleiben, und gibt darüber eigene Aktien aus. Sie ist eine Holdinggesellschaft, ohne eigenen Betrieb.
   Im gleichen Verhältnis stehen die RAAB KARCHER AG und die RUHR OEL GmbH zu ihren Tochtergesellschaften.

Fusion und Trust

632 — Fusion durch Übertragung

1. Übertragung; Werkzeugmaschinen AG ist das wirtschaftlich stärkere Unternehmen. Bilanz der Elektro-AG zeigt einen hohen Verlust, der günstigenfalls durch Sanierungsmaßnahmen auszugleichen wäre.

2. Elektro-AG: 80 %, Werkzeug-AG: 120 %.

3. 1 Aktie d. Elektro-AG verhält sich zu einer Aktie der Werkzeug-AG wie 2:3.

4. 2 Aktien.

5. $\dfrac{5\,100\,000}{3} = 1\,700\,000,\text{—DM}.$

6. Grunderwerbsteuer, Gebühren für die Eintragung ins HR und die notarielle Beurkundung des Verschmelzungsvertrages, Vergütung des Wirtschaftsprüfers, Druck neuer Aktien.

7. Rückstellungen dürfen nach § 249 HGB für ungewisse Verbindlichkeiten u. drohende Verluste aus schwebenden Geschäften gebildet werden. Im vorliegendem Fall handelt es sich bei den Fusionskosten um Schulden, die wohl ihrem Grunde, nicht aber ihrer Höhe und dem Zeitpunkt ihrer Fälligkeit nach bekannt sind.

8. Fusionsertrag durch Verminderung des
   Grundkapitals der Elektro-AG .... 1 700 000,— DM
   ./. Verlust der Elektro-AG .... 1 020 000,— DM
   ──
   .... 680 000,— DM
   ./. Kosten der Verschmelzung .... 200 000,— DM
   Buchgewinn .... 480 000,— DM

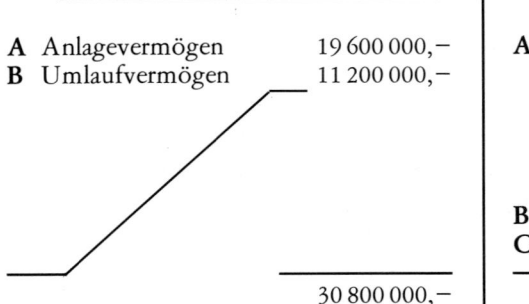

9. | Werkzeugmaschinen-AG

A Anlagevermögen	19 600 000,–	A Eigenkapital	
B Umlaufvermögen	11 200 000,–	I. Gezeichnetes Kapital	15 500 000,–
		II. Gewinnrücklagen	
		1. gesetzliche Rücklagen	2 080 000,–
		2. andere Gewinnrücklagen	800 000,–
		III. Gewinnvortrag	20 000,–
		B Rückstellungen	200 000,–
		C sonst. Fremdkapital	12 200 000,–
	30 800 000,–		30 800 000,–

10. Die Werkzeug-AG kann nach der Verschmelzung als Trust bezeichnet werden, weil die übertragende Gesellschaft ihre rechtliche und wirtschaftliche Selbständigkeit aufgegeben hat. Sie ist ein Betrieb des Trust geworden. Somit ist ein einheitliches Unternehmen entstanden.

Anm.: Für die Verschmelzung von Aktiengesellsch. gelten die §§ 339 —353 AktG.

---

633 *Kartell — Konzern — Trust*

	Kartell	Konzern	Trust
Grundlage für die Zusammenarbeit	Vertrag	*kapitalmäßige Beteiligung*	*durch Fusion*
rechtliche Selbständigkeit	*bleibt erhalten*	bleibt erhalten	*geht verloren*
wirtschaftliche Selbständigkeit	*bleibt größtenteils erhalten*	*geht ganz verloren*	geht verloren. Einheitliches Unternehmen ist entstanden. Frühere Unternehmen sind Betriebe des Trusts
Behandlung im GWB	Grundsätzlich verboten mit Ausnahme anmeldepflichtiger Kartelle (Konditionenkartell, Rabattkartell, Normen- reines Exportkartell) und genehmigungspflichtiger Kartelle (Strukturkrisenkartell, Rationalisierungskartell, Import- und Exportkartell, das auch im Inland wirksam wird.)	Grundsätzlich erlaubt. Wird das Unternehmen marktbeherrschend, dann steht es unter Mißbrauchsaufsicht.	

Die notleidende Unternehmung

Die Sanierung

634 *Kennzeichen der Sanierungsbedürftigkeit — Ursachen — Maßnahmen*

1. **Kennzeichen:** Umsatzrückgang, schlechter werdende Zahlungsfähigkeit.
2. **Ursachen:** *innerbetrieblich:* Kapitalmangel; *außerbetrieblich:* Nachfragerückgang durch Änderung der Verbrauchergewohnheiten.
3. **Maßnahmen:** *(personell)* neuer Direktor der Finanzabteilung und der Verkaufsabteilung; *(organisatorisch)* Werbeabteilung der Verkaufsabteilung unterstellt, Errichtung von Ladengeschäften; *(sachlich)* Aufgabe des Versandhandels für wertvolle Hausgeräte, Verkauf der Wohnungsbau AG und eines Teils des Versandgebäudes; *(finanziell)* Beschaffung flüssiger Mittel durch Forderungsabtretung, Beleihung der hauseigenen Druckerei, Kreditgewährung durch eine neue Hausbank.

635 *Ausgleich einer Unterbilanz durch Auflösen von Rücklagen*

1. ges. Rückl. 10 000,— DM, Verlust 0 sonst unverändert.
2. ges. Rückl. 90 000,— DM an Sanierungskonto, Sanierungskonto 90 000,— an Verlustvortrag.

636 *Sanierung durch Zusammenlegung des Grundkapitals*

1. Satzungsänderung bedarf ³/₄-Mehrheit des vertretenen Grundkapitals, § 222 AktG.
2. Vermögen

Vermögen	Bilanz nach der Sanierung	Schulden	
Flüssige Mittel	500 000,—	Gezeichnetes Kapital	1 800 000,—
Sonstiges Vermögen	2 200 000,—	Verbindlichkeiten	900 000,—
	2 700 000,—		2 700 000,—

3. Gezeichnetes Kapital an Sanierungskonto 200 000,—
   Sanierungskonto 200 000,— an Verlustvortrag 200 000,—.
4. Alte Aktien müssen im Verhältnis 10 : 9 in neue umgetauscht oder herabgestempelt werden.

637 *Sanierung durch Rückkauf eigener Aktien*

1. 90 %.   2. Zukunftsaussichten werden schlecht beurteilt.
3. Flüssige Mittel 700 000,—, Verlustvortrag 300 000,—, gezeichnetes Kapital 4 500 000,—, sonst unverändert.
4. Abnahme um 300 000,— DM.
5. Bei Zusammenlegung (Fall 636) unverändert, bei Rückkauf eig. Aktien (Fall 637) Abnahme der flüssigen Mittel.
6. Wenn für nächste Jahre Gewinn zur Verlustabdeckung zu erwarten oder wenn Verlust so groß, daß Auflösung einzig sinnvolle Maßnahme ist.

638 *Sanierung durch Zuzahlung*

1. Jeder betroffene Aktionär muß zustimmen. § 54 AktG.
2. Flüssige Mittel 1 450 000,— DM, Verlustvortrag 0, sonst unverändert.
3. Vorher 75%, danach 100% (Bilanzkurs).

639 *Sanierung durch Zusammenlegen und anschließende Kapitalerhöhung*

1. 75% des vertretenen Grundkapitals. §§ 222 und 182 AktG.
2. Sie sind evtl. nicht liquide, um zuzahlen zu können.
3. Flüssige Mittel 3 100 000,— DM, Kapitalrücklagen 200 000,— DM, Verlustvortrag 0, sonst unverändert.
4. In beiden Fällen Erhöhung des Bestandes an flüssige Mittel.

640 *Alternativsanierung*

1. 75% d. vertr. Grundkap. § 222 AktG. (Zuzahlung ist nicht Pflicht).
2. Es ist nicht bekannt, in welchem Umfang Aktionäre Zuzahlung wählen.
3. Flüssige Mittel 810 000,—, gezeichnetes Kapital 3 600 000,—, ges. Rückl. 200 000,—, Verlustvortrag 0. Was bei Kapitalherabsetzung gewonnen wurde und für Verlustabdeckung nicht benötigt wird, muß in die ges. Rücklage. § 272 HGB.
4. a) Diejenigen, die nicht zuzahlen können oder wollen, wären sonst benachteiligt.
   b) Durch Vorzugsaktien.

641 *Sanierungsmöglichkeiten*

Sanierungsmaßnahme	Beschlußfassung	Quelle des Sanierungsgewinns	Wirkung auf den Zahlungsmittelbestand	Wirkung auf den Bilanzkurs
Verrechnung mit den Rücklagen	Hauptversammlung mit einfacher Mehrheit	Gewinn früherer Jahre	keine	keine, da Eigenkapital u. Grundkapital sich nicht verändern
Zusammenlegung des Grundkapitals	$^3/_4$-Mehrheit der Hauptversammlung	Verzicht der Aktionäre	keine	steigt
Rückkauf eigener Aktien	Vorstand im Rahmen seiner Vertretungsmacht	Differenz zwischen Nennwert u. niedrig. Börsenwert	nimmt ab	steigt
Zuzahlung	alle betroffenen Aktionäre	Zuzahlung der Aktionäre	steigt	steigt
Alternativsanierung	$^3/_4$-Mehrheit der Hauptversammlung	Verzicht oder Zuzahlung der Aktionäre	ungewiß	steigt

Der Konkurs

642 — Voraussetzungen des Konkurses

1. Ja, bei A Grundkapital nicht ganz verloren. Aber Zukunftsaussichten entscheidend.
2. Unterbilanz liegt vor, wenn in der Jahresbilanz einer Kapitalgesellschaft ein Verlust ausgewiesen wird, der größer ist als die offenen Rücklagen sowie eines evtl. Gewinnvortrags. Überschuldung ist ein Fehlbetrag, der nicht durch Eigenkapital gedeckt ist (§ 268 HGB).
3. Da alle Unternehmen zahlungsfähig sind, ist nur das Vorliegen einer Überschuldung zu prüfen.
   Bei A: Voraussetzungen nicht gegeben: Überschuldung liegt nicht vor. § 207 KO.
   Bei B: Voraussetzung gegeben, da Überschuldung vorliegt. § 207 KO.
   Bei C: Voraussetzung nicht gegeben, da bei einer OHG Überschuldung kein Konkursgrund ist. § 102 KO.

643 — Antrag auf Konkurseröffnung

1. In beiden Fällen. Nachhaltige Zahlungsunfähigkeit ist immer Konkursgrund. § 102 KO.
2. In beiden Fällen kein Konkursgrund, da Zahlungsunfähigkeit vorübergehend. § 102 KO setzt dauerndes Unvermögen des Schuldners voraus.
3. Gemeinschuldner, ein oder mehrere Gläubiger. § 103 KO.
4. Privatvermögen haftet noch!

644 — Konkursverfahren

1. Ja. Nachhaltige Zahlungsunfähigkeit § 102 KO.
2. Amtsgericht Weiden, § 71 KO.
3. Anlagen: Verzeichnis der Gläubiger und Schuldner, Vermögensübersicht, § 104 KO.
4. Er hofft auf volle Befriedigung seiner Forderungen. Einzelvollstreckung jedoch nicht mehr möglich! § 14 KO,
5. Eintrag im Grundbuch. § 113 KO,
6. Nachweis von Höhe und Fälligkeit der Forderung und der Nichtbezahlung.
7. Haftstrafe nur bei Bankrott (fahrlässig oder vorsätzlich herbeigeführter Konkurs), §§ 239, 240 KO.
8. Verfügungsmacht über Konkursmasse verloren § 6 KO, Vollmachten erlöschen, er darf den Wohnort nicht verlassen § 101 KO, keine Geschäftspost öffnen § 121 KO, Ehrenämter ruhen.
9. Vertrag bleibt gültig, wenn Konkursverwalter Erfüllung verlangt. § 17 KO.
10. Alle Vermögensgegenstände mit Markt- oder Börsenpreis (2 000 Holzkisten). § 385 BGB.
11. a) 15 %.   b) Geyer erhält 1 800,— DM.

645 — Aussonderung — Absonderung

1. Restkaufpreis v. 1 000,— DM zahlen (§ 17 KO). Dadurch geht Aussonderungsanspruch mit dem Eigentumsvorbehalt unter. § 43 KO.
2. Sped. hat gesetzl. Pfandrecht § 410 HGB u. § 50 ADSp. Konkursverwalter soll dem Spediteur eine Frist für die Verwertung setzen. Mehrerlös ist in die Konkursmasse abzuführen. §§ 127 II, 64 KO (abgesonderte Befriedigung).

3. Kreissparkasse hat Recht auf abgesonderte Befriedigung gem. § 47 KO. Konkursverwalter soll versteigern (gemäß Vorschriften ü. d. Zwangsvollstreckung) § 127 I KO und 30 000,— DM an die Kreissparkasse überweisen.
4. Kreissparkasse zum Verkauf und Abführung des Mehrerlöses auffordern.
5. Nein. Der Sicherungsnehmer ist nicht aussonderungs-, sondern nur absonderungsberechtigt. Böhle-Strammschräder zu § 43 KO, Anm. 9. Nur abgesonderte Befriedigung.
6. 100 000,— DM werden aufgerechnet. § 53 KO. Restforderung 60 000,— DM zu 60% verloren. Abschreibung 36 000,— DM.
7. Schenkung nach § 32 KO anfechtbar.

| 646 | *Konkursquote* |

130 000,— DM ·/. 10 000,— DM Massekosten (§§ 57, 58 KO) = 120 000,— DM = 40%.

| 647 | *Masseschulden — Massekosten* |

90 000,— DM ·/. 15 000,— DM Masseschulden und Massekosten = 75 000,— DM = = 20%, §§ 57, 58, 59, 61 KO.

| 648 | *Bevorrechtigte Forderungen* |

590 000,— ·/. 150 000,— ·/. 100 000,— = 340 000,— ·/. 100 000,— (für Finanzamt) = = 240 000,— (stehen für gewöhnliche Forderungen zur Verfügung) = 68,57% Konkursquote. Das BAG hat am 30. 04. 84 entschieden, daß Absonderungsansprüche aus einem Sozialplan nicht zu den bevorrechtigten Konkursforderungen zu rechnen sind. Eine andere ges. Regelung, mit der der bisherige Rechtszustand wieder hergestellt wird, steht noch aus.

Der außergerichtliche Vergleich

| 649 | *Verfahren und Folgen des außergerichtlichen Vergleichs* |

1. Weiterführung des Geschäfts, Verfahren nicht öffentlich, rasche Durchführung, keine Gerichtskosten. Schuldner kann selbst weiter über Vermögen verfügen, Restschuld ist erlassen.
2. Quote höher, Kunden bleiben erhalten.
3. Forderungsverzicht ohne gerichtl. Verfahren nur bei Zustimmung jedes Betroffenen.
4. Erlaßvergleich. Gläubiger verzichten auf einen Teil ihrer Forderungen. Beim Stundungsvergleich wird Zahlung nur gestundet (Tilgungsplan).

Der gerichtliche Vergleich

| 650 | *Voraussetzungen und Folgen des gerichtlichen Vergleichs* |

1. Beteiligt sind Leonhard 20 000,— DM + Mathis 35 000,— DM + Krämer 20 000,— DM = 75 000,— DM §§ 25, 26 VO. Mehrheit (2 von 3) hat zugestimmt. Gesamtsumme der Forderungen der zustimmenden Gläubiger jedoch nicht 80% (§ 74 VO). Vergl. kommt deshalb nicht zustande.

2. Ja, Einzelkaufmann haftet auch mit Privatvermögen.
3. GmbH nein, OHG ja, KG nur Komplementär.

651 Außergerichtlicher Vergleich und gerichtlicher Vergleich

Unterschiede zwischen

	außerger. Vergleich	gerichtl. Vergleich
Antrag	durch jed. Gläub., auch durch Schuldner	nur durch Schuldner
gerichtliche Mitwirkung	ohne gerichtliche Mitwirkung	Mitwirkung des Amtsgerichts
Zustimmung	alle Gläubiger	Quote — erforderl. Zustimmung wenig. als 50% — 80% der Forderung 50% und mehr — 75% der Forderung und die Kopfzahlmehrheit der nicht bevorr. anwesenden o. schriftl. zustimm. Gläubiger
Durchführung	Inhaber selbst	Vergleichsverwalter
Mindestgebot	keine Mindestgrenze	35% binnen einem Jahr, 40% binnen 18 Monaten, für 40% übersch. Betrag auch länger
Öffentlichkeit	meist in Stille	Vergleichsbeschluß wird bekanntgegeben u. i. Handelsreg. eingetragen
Kosten	keine Gerichtskosten	Gerichtskosten

Der Zwangsvergleich

652 Voraussetzungen und Folgen des Zwangsvergleichs

1. 30 000,— DM — Massegl. 5 000,— DM = 25 000,— DM — bevorr. Ford. (siehe Fall 648) 15 000,— DM = 10 000,— DM.
   Quote 13,3% (von 75 000,— DM gewöhnl. Ford.).

2. a) Höhere Quote als bei Konkurs.
   b) Ja. K. hat mehr als 25% der nichtbevorrechtigten Forderungen (20 000,— DM von 75 000,— DM = 26,6%). Die restlichen Gläubiger können also nicht mehr die in § 182 KO geforderte Mehrheit von $^3/_4$ der Gesamtsumme aller zum Stimmen berechtigten Forderungen erreichen. Mindestquote und Kopfmehrheit wären erreicht. §§ 181, 182, 187 KO.
   c) Nur dann sind die restlichen Schulden seines Schwiegersohnes erlassen, der dann auch das Geschäft weiterführen darf.

| 653 | *Sanierung — Konkurs — Vergleich* |

1. a) **mit Hilfe der Gl.**: außerger. Vergleich, gerichtl. Vergleich, Zwangsvergleich;
   ohne Hilfe der Gl.: personelle, sachliche, organisatorische Maßnahmen; Auflösung der Rücklagen, Zusammenlegung des Grundkapitals, Rückkauf eigener Aktien, Zuzahlung, Zusammenlegung und anschließende Kapitalerhöhung, Alternativsanierung.

   b) **mit Zufluß barer Mittel**: Zuzahlung, evt. bei Alternativsan., Zusammenlegung m. anschl. Kapitalerh.
   ohne Zufluß barer Mittel: Auflösung von Rücklagen, Rückkauf eigener Aktien, evtl. bei Alternativsanierung.

2.

	Unterschiede zwischen		
	gerichtl. Vergleich	Zwangsvergleich	Konkurs
Zweck	Weiterf. des Unternehmens, Abwendung des Konkurses	Weiterf. des Unternehmens trotz eingeleiteten Konkursverfahrens	zwangsweise Aufl. d. Gesch. u. Verteilung des Vermögens
Antrag	nur durch Schuldner	nur durch Schuldner	Gemeinschuldner, einer o. mehrere Gläubiger
Voraussetzung	anhaltende Zahlungsunfähigkeit, bei jur. Pers. auch Überschuldung	Prüfungstermin des Konkursverfahrens wurde abgehalten	Zahlungsunfähigkeit, bei jur. Pers. auch Überschuldung
Mindestquote	35% binnen Jahr, 40% binnen 18 Monaten	20% für nicht bevorrechtigte Gläubiger. Bevorrechtigte Gläubiger volle Befriedigung	keine
Zustimmung	Mehrheit d. anwesenden oder schriftlich zustimmenden Gläubiger und 75% bzw. 80% der Forderungen	75% aller nicht bevorrechtigten Forderungen und die Mehrheit der anw. stimmber. Gläubi.	nur durch Gericht
Haftung f. Restschuld	Gläubiger haben Anspruch verloren	keine Haftung mehr. Gläubiger haben Anspruch verloren	30 Jahre
persönl. Folgen f. Gemeinschuldner	behält Verwaltungs- u. Verfügungsrecht, Vergleichsverwalter nur zur Überwachung und Unterstützung	behält Verwaltungs- u. Verfügungsrecht, keine persönlichen Folgen	verliert Verw.- u. Verfügungsrecht, darf Wohnort nicht verlassen, darf Geschäftspost nicht öffnen, Ehrenämter ruhen

7 Arbeits- und Sozialversicherungsrecht

Ausbildungsverhältnis

| 701 | *Abschluß, Inhalt, Kündigung des Ausbildungsvertrags* |

1. Petra ist minderjährig und bedarf der Einwilligung des ges. Vertreters. § 107 BGB, § 3 BerBiG.

2. a) Ausbildender prüft, ob der Auszubildende für den gewählten Beruf geeignet ist; Auszubildender prüft, ob Neigung vorhanden ist.

b) (1) Ja, 4 Wochen, § 15 II, 2 BerBiG anwendbar, da Petra in den Einzelhandel überwechselt.
(2) Ja. Aus wichtigem Grund. § 15 BerBiG.
(3) Nein. Kein Berufswechsel, kein wichtiger Grund.
(4) Ja. Wichtiger Grund. §§ 6 und 15 BerBiG.

3. a) Ja. Dem Auszubildenden dürfen nur Verrichtungen übertragen werden, die dem Ausbildungszweck dienen. § 6 II BerBiG.
b) Ja. Liegt im Rahmen des Ausbildungszwecks, wenn für angemessenen Zeitraum.
c) Ja, kein Arbeitsverhältnis, sondern ein Ausbildungs- und Erziehungsverhältnis. § 6 BerBiG.
d) Ja. Unerlaubte Handlung. § 823 BGB.
e) Nein, nicht grob fahrlässig oder böswillig.
f) Nein. Verletzung der Schweigepflicht ist sogar wichtiger Grund zur Kündigung. §§ 15 und 9 BerBiG.

4. Nein. Die Berufsschulzeit ist auf die Arbeitszeit anzurechnen. § 9 JArbSchG. An Samstagen dürfen Jugendliche nicht beschäftigt werden.

5. 6 Wochen, wie Angestellte. § 12 Abs. 1 Ziff. 2.

6. Ja. Arbeitgeber schuldet Gehilfenlohn. § 17 BerBiG.

Arbeitsvertrag

702 *Abschluß des Arbeitsvertrags, Handels- und Wettbewerbsverbot, Kündigung*

1. Am 25. 1.; der Arbeitsvertrag kann mündlich abgeschlossen werden. § 611 BGB.

2. a) Die Kündigung ist wirksam auf 30. 6.; zwar ist das nächste Quartalsende am 31. 1., aber vom 20. 2.—31. 3. sind es keine 42 Tage, § 622 BGB.
b) Schadenersatz (Mehrkosten für Ersatzkraft bis zu der mit Schnaitmann vereinbarten Kündigungsmöglichkeit, Kosten für Inserate).

3. a) Nein. § 60 HGB. Der Handlungsgehilfe darf kein Handelsgewerbe betreiben. Handelsvertretung ist Handelsgewerbe. § 1 II Ziff. 7 HGB.
b) Ja. Kein Handelsgewerbe und nicht im Geschäftszweig des Arbeitgebers. § 60 HGB.
c) Nein. Wettbewerbshandlungen sind auch „gelegentlich" verboten. § 60 HGB.
d) Nein. §§ 60, 74 HGB verbieten das. Vertraglich wurde die Weitergeltung nach dem Ausscheiden aus dem Arbeitsverhältnis schriftlich vereinbart. Gesetzlich besteht das Wettbewerbsverbot nur für die Dauer des Arbeitsverhältnisses.
e) § 61 HGB: Schadenersatz fordern. Bei Geschäften f. eigene Rechnung selbst in das Geschäft eintreten; bei Geschäften für fremde Rechnung Vergütung herausfordern; fristlose Kündigung § 626 BGB.

4. Nein, weil Arbeitnehmer längere Kündigungsfrist zugemutet wird und der Arbeitgeber nicht zu Ende eines Monats kündigen muß. § 622 BGB.

5. 6 Wochen. § 63 HGB. Krankheit ist unverschuldetes Unglück.

6. Ja. Grundsätzlich sind Sportunfälle unverschuldetes Unglück, wenn nicht grobe Fahrlässigkeit nachgewiesen werden kann.

703 — *Fristlose Kündigung, Zeugnis*

1. Technisch überholte Maschinen sind nicht mehr abzusetzen.
2. Ja, § 626 BGB. Verletzung der Schweigepflicht ist Vertrauensmißbrauch und Grund zur fristlosen Kündigung.
3. Nach § 73 HGB hat der Handlungsgehilfe Anspruch auf ein Zeugnis über Art und Dauer der Beschäftigung. Da nur auf Verlangen der Handlungsgehilfen das Zeugnis auch über Führung und Leistung Auskunft geben soll, hat Reinheimer Anspruch auf ein Zeugnis, das Angaben darüber nicht enthält.

Arbeitsschutzgesetze

704 — *Arbeitszeitschutz*

1. a) Nein. Die regelmäßige werktgl. Arbeitszeit darf 8 Std. nicht überschreiten, das sind 48 Std. in der Woche. § 3 AZO.
   b) Ja, wenn auch der Arbeitnehmer seinen Arbeitsvertrag frei abschließen kann, so ist er doch in der schwächeren Position gegenüber dem Arbeitgeber.
2. 48 Std. : 5 Tg. = 9,6; § 4 I AZO.
3. Am nächsten Tag 9 Uhr. Ununterbrochene Ruhezeit 11 Stunden. § 12 AZO.
4. Ja. An 30 Tagen im Jahr 2 Stunden Mehrarbeit über die regelm. Arbeitszeit erlaubt. § 6 AZO.

705 — *Jugendarbeitsschutz*

1. Am nächsten Morgen frühestens 8 Uhr. 12 Stunden Ruhepause. § 13 JArbSchG.
2. Er muß noch 3 Stunden und 10 Minuten arbeiten. §§ 8, 9 JArbSchG.
3. Ja. Er war zu Beginn des Jahres noch nicht 18 Jahre alt. § 19 III JArbSchG.
4. Nein. Arbeit am Fließband für Jugendl. verboten. § 38 JArbSchG.

706 — *Gesundheits- und Unfallschutz*

1. Auf Weisung der Berufsgenossenschaft, die mit allen geeigneten Mitteln für die Verhütung von Arbeitsunfällen zu sorgen hat. § 546 RVO.
2. a) Er tut es, um schneller arbeiten zu können und damit einen höheren Akkordverdienst zu erhalten.
   b) Die Berufsgenossenschaft als Träger der Unfallversicherung ist verpflichtet, Vorschriften darüber zu erlassen, welche Einrichtungen, Anordnungen und Maßnahmen die Unternehmer zur Verhütung von Unfällen zu treffen haben. Besonders ausgebildete techn. Aufsichtsbeamte beraten die Unternehmer und überwachen die Beachtung der Vorschriften.
   c) Bei der Berechnung der Beiträge wird die Unfallhäufigkeit berücksichtigt, um den Unternehmern einen Anreiz zu Unfallverhütungsmaßnahmen zu geben. § 725 RVO.
3. Er erhält Rente von der Berufsgenossenschaft. Verbotswidriges Handeln schließt Rentenanspruch nicht aus. § 548 III RVO. Keine Rente bei absichtlicher Verursachung oder bei Begehen einer strafbaren Handlung. §§ 553, 554 RVO.

707 — Kündigungsschutz (ungleiche Kündigungsfrist, Betriebsrat, werdende Mütter)

1. Nein. Die Kündigungsfrist des Arbeitgebers darf nicht kürzer sein als die des Arbeitnehmers. Mindestfrist von 1 Monat ist hier erfüllt. § 622 BGB.
2. Eine langanhaltende Krankheit ist für sich genommen nicht dazu geeignet, eine ordentliche Kündigung aus personenbedingten Gründen (§ 1 Abs. 2 KSchG) sozial zu rechtfertigen. Auch der Umstand, daß vom Arbeitgeber die voraussichtliche Dauer der Arbeitsunfähigkeit nicht voraussehbar ist, stellt nach Ansicht des Bundesarbeitsgerichts für sich allein keinen die Kündigung rechtfertigenden Grund dar. Eine ordentliche Kündigung kommt vielmehr erst dann in Betracht, wenn die zeitliche Ungewißheit der Wiederherstellung des Arbeitnehmers unzumutbare betriebliche Auswirkungen zur Folge hat. (Grundlegendes Urteil des Bundesarbeitsgerichts vom 22. 2. 1980)
3. Ja. Verstoß gegen Wettbewerbsverbot ist ein wichtiger Grund zur Kündigung, die auch gegen Betriebsratsmitgl. erlaubt. § 60 HGB, § 626 BGB, § 15 KSchG.
4. Nein. Werdende Mütter haben absoluten Kündigungsschutz bis 4 Monate nach der Geburt. MuSchG. § 9.

708 — Kündigungsschutz (langjährige Angestellte, Schwerbeschädigte, Betriebsrat, werdende Mütter, Sozialungerechtfertigte Kündigung)

1. a) Henkels: kein besonderer Schutz. 31. 3., § 622 BGB.
   b) Gutmann: 4 Wochen nach Zustimmung d. Hauptfürsorgestelle f. Schwerbeschädigte. Schwerbeschädigtengesetz §§ 16, 17.
   c) Volk: Schutz für langjährige Angestellte. 30. 6. Kündigungsfrist 4 Monate (zu Quartalsende). § 2 I,2 Gesetz über die Fristen f. d. Kündigung von Angestellten.
   d) Dornbach: als Betriebsratsmitglied unkündbar, wenn kein Grund zur fristlosen Kündigung vorliegt. § 15 Kündigungsschutzgesetz.
   e) Rodmann: unkündbar bis 4 Monate nach der Niederkunft. § 9 Mutterschutzgesetz.
2. Nein. Zwar liegen die Voraussetzungen zur Anwendung des § 1 KSchG vor (6 Monate i. Betrieb, 18. Lebensjahr vollendet), doch ist die Kündigung im Sinne des § 1 KSchG. sozial gerechtfertigt, da für die Tätigkeit Volks kein Bedürfnis mehr vorhanden ist und auch nicht durch die Entlassung eines anderen, weniger schutzbedürftigen Arbeitnehmers ein Arbeitsplatz freigemacht werden kann.

709 — Arbeitsgerichtsbarkeit

1. Beim Arbeitsgericht. In erster Instanz immer zuständig. § 8 I Arbeitsgerichtsgesetz.
2. Ja. In erster Instanz kann ein Gewerkschaftsvertreter die Vertretung übernehmen. § 11 Arbeitsgerichtsges.
3. Ja. In erster Instanz besteht kein Vertretungszwang. § 11 Arbeitsgerichtsgesetz.
4. Er spart Kosten.

Betriebsrat

710 — Wahl und Zusammensetzung des Betriebsrats

1. Die Wahl war nicht geheim. § 14 BVG.
2. Nein. Die Wahl war nicht unmittelbar. § 14 BVG.

3. Nein. Wahlberechtigt sind Arbeitnehmer erst ab 18 Jahre. § 7 BVG.
4. a) Die Zusammensetzung des Betriebsrats muß dem zahlenmäßigen Verhältnis der Arbeiter und Angestellten und soll dem der Männer und Frauen und der Beschäftigungsart im Betrieb entsprechen. §§ 10, 15 BVG.

   b)
Beschäftigte	600	
Jugendl. u. 18 Jhr.	56	§ 7 BVG
	544	
— Prokuristen	4	§ 5 III BVG
Wahlberechtigte	540	

Wahlberechtigt sind 540 Arbeitnehmer. Die Prokuristen sind gem. § 5 III BVG als leitende Angestellte nicht wahlberechtigt. Damit besteht der Betriebsrat gem. § 9 BVG aus 9 Mitgliedern.

Die Minderheitengruppe der Angestellten erhält (51—200 Gruppenangehörige) 2 Vertreter (§ 10 BVG). Für die Gruppe der Arbeiter verbleiben damit 7 Vertreter.

5. Ja. Alle Arbeitnehmer über 18 Jahre sind wahlberechtigt. §§ 5, 7 BVG.
6. a) Er ist nicht 6 Monate im Betrieb. § 8 BVG (Ausnahmen jedoch möglich, wenn Mehrheit der Arbeitnehmer sich mit Arbeitgeber einigt).

   b) Ja, weil er in weniger als 6 Monaten noch keinen Einblick in die Verhältnisse des Betriebs hat.

7. Ja. Im Augenblick der Wahl ist er noch nicht 24 Jahre alt. § 61, II BVG.
8. Ja. Wählbar sind alle wahlberechtigten Arbeitnehmer, wenn sie nicht infolge strafgerichtlicher Verurteilung die Fähigkeit, Rechte aus öffentl. Wahlen zu erlangen, nicht besitzen. § 8 BVG.
9. Nein. Arbeitgeber muß Lohn für die Zeit der Tätigkeit im Betriebsrat zahlen. § 37, II, BVG.

---

711 *Mitwirkung, Mitbestimmung, Betriebsvereinbarung*

1. a) Ja. Die Betriebsratssitzungen sind nicht öffentlich. § 30 BVG.

   b) Hamann kann Kündigungsschutzklage beim Arbeitsgericht erheben und Weiterbeschäftigung bis zum rechtskräftigen Abschluß des Kündigungsschutzprozesses verlangen. Der Widerspruch begründet keine Kündigungssperre. Kündigt der Arbeitgeber, so hat er dem Arbeitnehmer mit der Kündigung den Widerspruch des Betriebsrats auszuhändigen. Der Arbeitnehmer soll damit in die Lage versetzt werden, die Aussichten eines Kündigungsschutzprozesses besser abzuschätzen. Der Arbeitgeber ist ferner verpflichtet, den Arbeitnehmer weiterzubeschäftigen, wenn der Arbeitnehmer Kündigungsschutzklage erhoben hat und die Weiterbeschäftigung verlangt. §§ 99, 102 BVG.

2. Der Betriebsratsvorsitzende sollte mit der Geschäftsleitung verhandeln, daß ihm ein anderer Raum zur Verfügung gestellt wird. Die Geschäftsleitung ist dazu verpflichtet. § 40 II BVG.

3. a) Einmal im Vierteljahr. § 43 BVG.

   b) Ja. Der Arbeitgeber ist unter Mitteilung der Tagesordnung einzuladen. § 43 BVG. Er ist berechtigt, auf der Betriebsversammlung zu sprechen.

4. a) Arbeitgeber und Betriebsrat.

   b) § 87 BVG sichert der Belegschaft ein Mitbestimmungsrecht in sozialen Angelegenheiten zu, also auch über Arbeitspausen. Einigt man sich nicht, dann kann die Entscheidung einer Einigungsstelle übertragen werden (½ Arbeitgebervertreter, ½ Arbeitnehmervertreter, 1 unparteiischer Vorsitzender). Die Entscheidung ist in allen Angelegenheiten bindend, die der § 87 BVG aufzählt. (Im allgemeinen ist der Spruch der Einigungsstelle nicht bindend. § 76 III BVG).

5. a) Der Betriebsrat hat bei Betriebsänderungen abgestufte Mitwirkungs- und Mitbestimmungsrechte, da Betriebsänderungen immer wesentliche Nachteile für die betroffenen Arbeitnehmer mit sich bringen.
   Im Planungsstadium hat der Betriebsrat ein sehr weitgehendes Informations- und Beratungsrecht. § 111 BVG.

   b) Wegen der Betriebsänderung muß zwischen Unternehmer und Betriebsrat ein Interessenausgleich durch einen Sozialplan geschaffen werden. Der Sozialplan hat die zwingende Wirkung einer Betriebsvereinbarung. § 112 BVG.
   Kommt eine Einigung über den Sozialplan zwischen Unternehmer und Betriebsrat nicht zustande, so entscheidet die Einigungsstelle über die Aufstellung eines Sozialplans.
   Regelungsgegenstände eines Sozialplans können z. B. sein:
   — Zahlungen von einmaligen Abfindungen an die infolge der Betriebsänderung zu entlassenden Arbeitnehmer,
   — Grundsätze über die Auswahl der zu entlassenden Arbeitnehmer,
   — vorzeitiges Einsetzen der betrieblichen Altersversorgung,
   — finanzielle Förderung von Umschulung oder Fortbildung,
   — Verzicht auf Kündigung überlassener Werkswohnungen.

6. Der Aufsichtsrat einer Aktiengesellschaft besteht zu ⅓ aus Belegschaftsmitgliedern. § 76 BVG 1952, AktG § 96.

712 Sozialpartner

1. Partnerschaft ist gleichberechtigte Zusammenarbeit statt Unterordnung. Das deutsche Arbeitsrecht gewährt Mitbestimmungsrechte in wirtschaftlichen, personellen und sozialen Angelegenheiten, auch über die Arbeitnehmervertreter im Aufsichtsrat der AG und den Arbeitsdirektor bei Montangesellschaften. Bei der Mitbestimmung ist der Arbeitgeber an die Zustimmung des Betriebsrats gebunden. Die Zustimmung kann nur durch die Entscheidung der Einigungsstelle ersetzt werden. Die Arbeitnehmer haben sich in diesen Bereichen nicht einfach dem Arbeitgeber unterzuordnen.

2. Der Arbeitgeber kann sich vor allem in den Bereichen durchsetzen, in denen dem Betriebsrat ein Mitwirkungsrecht, aber kein Mitbestimmungsrecht eingeräumt wird. Das ist z. B. der Fall bei der Einstellung von Arbeitnehmern. Der Betriebsrat **muß** zustimmen, wenn nicht einer der im Gesetz (§ 99 BVG) aufgezählten Einstellungsverweigerungsgründe vorliegt.
   In anderen Fällen kann sich der Arbeitgeber zwar durchsetzen, kann aber zu finanziellen Entschädigungen von betroffenen Arbeitnehmern gezwungen werden, z. B. bei Verlegung des Betriebs.

713 Mitbestimmungsmodelle

1. Nach Wegfall der Montanmitbestimmung würde für das Unternehmen das Mitbestimmungsgesetz von 1976 gelten, da das Unternehmen die Rechtsform der AG besitzt und mehr als 2000 Beschäftigte hat.

2.

	Betriebsverfassungsgesetz (1972)	Mitbestimmungsgesetz (1976)	Montan-Mitbestimmung (1951/1956)
Geltungsbereich	Für alle Betriebe, die in der Regel mehr als fünf ständig wahlberechtigte Arbeitnehmer beschäftigen. Das Gesetz gilt *neben* den Mitbestimmungsgesetzen!	Unternehmen in der Rechtsform der AG, der KG auf Aktien, der GmbH und der Genossenschaften mit mehr als 2000 Beschäftigten. Gilt nicht in den von der Montan-Mitbestimmung erfaßten Unternehmen.	Unternehmen des Kohlebergbaus sowie der eisen- und stahlerzeugenden Industrie in der Rechtsform einer AG, einer GmbH oder einer bergrechtlichen Gewerkschaft und mehr als 1000 beschäftigten Arbeitnehmern.
Einrichtung eines Aufsichtsrats	Bei Aktiengesellschaften und KG auf Aktien nach aktienrechtlichen Vorschriften. Bei GmbH und Erwerbsgenossenschaften mit mehr als 500 Arbeitnehmern Aufsichtsrat aufgrund BVG.	Muß gebildet werden, wenn nicht schon durch Gesellschaftsrecht vorgeschrieben.	AG, GmbH und bergrechtliche Gewerkschaft müssen Aufsichtsrat bilden.
Zusammensetzung des Aufsichtsrats	Der Aufsichtsrat muß zu ⅓ aus Vertretern der Arbeitnehmer bestehen. Ausgenommen sind Familiengesellschaften mit unter 500 Beschäftigten.	Bei Unternehmen mit 2000 bis unter 10000 Beschäftigten: 6 Arbeitgebervertreter, 6 Arbeitnehmervertreter, davon 2 Gewerkschaftsvertreter, 3 Arbeiter/Angestellte des Unternehmens, 1 leitender Angestellter.	i. d. Regel 11 Mitglieder: 5 Vertreter der Anteilseigner, 5 Vertreter der Arbeitnehmer. Unter den 5 Vertretern jeder Seite muß ein Mitglied sein, das nicht Repräsentant der Arbeitgeberverbände oder der Gewerkschaft ist. Diese 10 Mitglieder wählen den neutralen 11. Mann.
Wahl des Aufsichtsrats	Direkte Wahl durch Arbeitnehmer.	Unter 8000 Arbeitnehmer: direkte Wahl durch Arbeitnehmer. Über 8000 Arbeitnehmer: Wahl durch Wahlmänner.	Wahl der Arbeitgebervertreter durch die Aktionäre. Wahl der Arbeitnehmervertreter: 2 Vertreter werden vom Betriebsrat benannt. Die Gewerkschaft hat ein Vetorecht. 3 Vertreter werden von der Gewerkschaft benannt. Der Betriebsrat hat kein Vetorecht.
Mitbestimmung in den Leitungsorganen	keine	Arbeitsdirektor als gleichberechtigtes Mitglied im Vorstand.	Arbeitsdirektor als gleichberechtigtes Mitglied im Vorstand.
Mitbestimmung des Betriebsrats	Mitbestimmungs-, Mitwirkungs- und Informationsrecht nach Betriebsverfassungsgesetz		

3. Persönliche Stellungnahme! Dabei könnte der Einfluß der Gewerkschaft auf die Zusammensetzung und die Wahl des Aufsichtsrats besondere Bedeutung haben.

Arbeitskampf

714 *Streik, Aussperrung, Schlichtung, Tarifvertrag*

1. a) Mit sogenannten Schwerpunktstreiks erreicht die Gewerkschaft, daß viele andere Betriebe ihre Arbeit einstellen müssen, da sie die notwendigen Zulieferungen nicht mehr bekommen.
   b) Nein. Der Grund für die Arbeitsversäumnisse ist weder Krankheit noch unverschuldetes Unglück. § 616 BGB.
   c) Im Verwaltungsbereich kann zwangsläufig ebenfalls nicht gearbeitet werden.
   d) Er hat keinen Anspruch auf Streikunterstützung.

2. a) Nein. Zum allgemeinen Streikrecht gehört auch das Recht, als Streikposten tätig zu sein. Streik ist zulässig, weil eine Tätigkeit im Rahmen der allgemeinen staatsbürgerlichen Freiheit. Nicht im Grundgesetz, aber in zahlreichen Länderverfassungen ausdrücklich garantiert.
   b) Nein. Streikposten dürfen keine Gewalt anwenden. Weder gegen Arbeitnehmer die organisiert, noch solche, die nicht organisiert sind. Sonst Verstoß gegen Strafgesetze.

3. a) Arbeitgeberverband will erreichen, daß Gewerkschaft allen organisierten Arbeitnehmern der Metallindustrie Streikunterstützung zahlen muß.
   b) Ja. Jedoch darf einzelnen Arbeitnehmern nicht gekündigt werden. Fristlose Gesamtentlassung ist den Arbeitgebern grundsätzlich erlaubt (Aussperrung). Die Aussperrung ist nach der Rechtsprechung des BAG aus dem Prinzip der Waffengleichheit als rechtmäßiges Mittel des Arbeitskampfes anerkannt, wenn sie der Abwehr von Streikmaßnahmen dient, ihr Umfang sich am Verhältnismäßigkeitsgrundsatz orientiert und sich nicht auf bestimmte Gruppen von Arbeitnehmern beschränkt.

4. a) Zwangsschlichtung.
   Vorteil: Schädigung der Gesamtwirtschaft durch Produktionsausfall wird vermieden.
   Nachteil: Der Staat kann willkürlich in die Lohnpolitik eingreifen. Er erhält viel Macht, die er mißbrauchen könnte.
   b) Nein.

5. a) Es soll vermieden werden, daß einzelne Arbeiter nach Beendigung des Streiks nicht mehr eingestellt werden.
   b) Rahmentarif (Regelung der Arbeitszeit, des Urlaubs usw.).
   c) Die Rechtsnormen des Tarifvertrags gelten unmittelbar für Millionen Arbeitnehmern. Damit haben Tarifverträge fast den Charakter von Gesetzen. Das Tarifregister ist das vollständige Verzeichnis aller geltenden Tarifverträge, in das jedermann Einsicht nehmen darf.

6. Ja. Verzicht auf tarifliche Rechte ist wirkungslos. §§ 4 III Tarifvertragsgesetz.

7. a) Der Tarifvertrag wurde auf 2 Jahre abgeschlossen. Während der Laufzeit des Tarifvertrags haben die Gewerkschaften die Friedenspflicht, d.h. sie dürfen keine Arbeitskampfmaßnahmen durchführen.
   b) Bei Nichtbefolgung drohen Schadenersatzforderungen von den Arbeitgebern.
   c) Nein. Die Regelungen des alten Tarifvertrags gelten bis zum Abschluß eines neuen. §§ 4 V Tarifvertragsgesetz.

715 *Sondervereinbarung für Gewerkschaftsmitglieder*

1. Die Gewerkschaft gewinnt mehr Mitglieder und damit mehr Einfluß.

2. **Dagegen**: Zwangsmitgliedschaft entspricht nicht unserer Wirtschafts- und Gesellschaftsordnung. (Koalitions*freiheit*) Art. 9 GG.

Dafür: Es gibt keine „Trittbrettfahrer" mehr, die von den ständigen Bemühungen der Gewerkschaften profitieren, ohne Beiträge zu zahlen.

716 *Wilder Streik*

Die Geschäftsleitung hat Recht. Da der Streik von der Gewerkschaft nicht organisiert war, ist Einzelentlassung möglich.

717 *Zusammenhang arbeitsrechtlicher Regelungen*

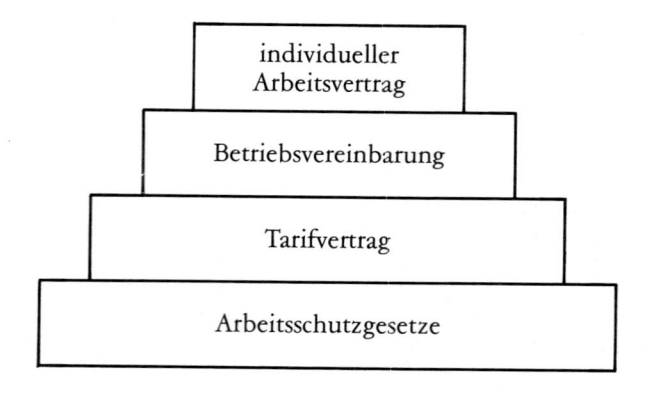

```
         individueller
         Arbeitsvertrag
       Betriebsvereinbarung
         Tarifvertrag
        Arbeitsschutzgesetze
```

Entlohnungsverfahren

718 *Zeitlohn, Faktoren der Berechnung*

1. a)

Lohngruppe	I	II	III	IV	V	VI	**VII**	VIII	IX	X
% des Ecklohnes	72,5	76	80	85	90	95	**100**	110	120	133
Lohngruppenfaktor	0,725	0,76	0,80	0,85	0,90	0,95	1	1,10	1,20	1,33

b)

Altersklasse	bis 16	16	17	18	19	20	**21**	22
% der Altersklasse 21	60	70	80	85	90	95	**100**	105
Altersklassenfaktor	0,60	0,70	0,80	0,85	0,90	0,95	1	1,05

c)

Ortsklasse	I	II
% der Ortsklasse I	**100**	97
Ortsklassenfaktor	1	0,97

2. a) 14 × 1,20 × 0,85 × 0,97 = **13,85**.

   b) Der Lohngruppenfaktor berücksichtigt die persönliche Leistung des Arbeitnehmers (Leistungslohn); Altersklassen- und Ortsklassenfaktor berücksichtigen soziale Verhältnisse (Soziallohn).

   c) 650,95 DM.

3. a) Stundenlohn: 14 × 1,2 × 1,0 × 0,97 = 16,30 DM,
   Überstundenlohn: 16,30 × 1,25 = 20,38

   $$\begin{array}{rl} 37 \times 16,30 = & 603,10 \\ 8 \times 28,38 = & \underline{163,00} \\ \text{Zeitlohn} & \underline{762,40} \end{array}$$

   b) (Persönliche Stellungnahme!)

719   *Akkordlohn*

1. 100 Dezimalminuten = 60 Zeitminuten
   25 Dezimalminuten = × Zeitminuten

   $$\frac{60 \times 25}{100} = 15$$

   Die Anforderungen wurden nicht verändert. 25 Dezimalminuten entsprechen 15 Minuten einer 60-Minutenstunde.

2. 16,80 DM = 4 Stück   Der Arbeiter muß 4 Stück herstellen um 16,80 DM je Stunde zu verdienen (da er 25 Dezimalminuten für 1 Stück gutgeschrieben bekommt);

   14,— DM = × Stück   Wieviel Stück muß er herstellen, damit er 14,— DM verdient, wie bisher im Zeitlohn?

   $x = 3{,}33 \text{ Stück} \left(x = \dfrac{4 \cdot 14}{16{,}80} \right)$

   Er muß *mehr* als 3,33 Stück herstellen, um mehr als bisher im Zeitlohn zu verdienen. Mit seiner bisherigen Normalleistung von 4 Stück verdient er also schon mehr!

3. Ja! Ein Akkordarbeiter kann durch Engpässe in der Fertigung oder andere unverschuldete Störungen kurzfristig in seiner Arbeit behindert sein.

4. a) 184 × 25 = **4 600** Dezimalminuten

   b) $\dfrac{16{,}80}{100}$ = **0,168 DM**

   c) 4 600 × 0,168 = **772,80 DM**

   d) effektiver Stundenlohn aufgrund der
   Akkordlohnabrechnung: 772,80 : 37 =   20,89 DM

   Stundenlohn im Zeitlohn nach Tarif: 14,—

   Mehrverdienst je Stunde   **6,89**

5.

je Stunde hergestellte Stück	Zeitlohn		Akkordlohn	
	Stundenverdienst	Lohnkosten je Stück	Stundenverdienst im Akkordlohn	Lohnkosten je Stück
1	14,—	14,—	16,80	16,80
2	14,—	7,—	16,80	8,40
3	14,—	4,67	16,80	5,60
4	14,—	3,50	16,80	4,20
5	14,—	2,80	21,—	4,20
6	14,—	2,33	25,20	4,20
7	14,—	2,00	29,40	4,20
8	14,—	1,75	33,60	4,20

Lohnkosten je Stück
Akkordlohn
Zeitlohn

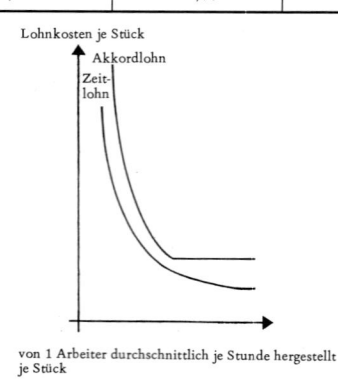

von 1 Arbeiter durchschnittlich je Stunde hergestellt je Stück

6. **Beurteilung des Akkordlohns vom Standpunkt des Arbeitnehmers:**

Nachteil: Gefahr, daß zu hohes Arbeitstempo zu gesundheitlichen Schäden führt. Risiko vorübergehender eingeschränkter Leistungsfähigkeit geht überwiegend zu Lasten des Arbeitnehmer.

Vorteil: Leistungsbezogene Entlohnung.

Beurteilung des Akkordlohns vom Standpunkt des Unternehmens:

Nachteil: Gefahr, daß die Qualität der Arbeit zurückgeht.

Vorteil: Die leistungsbezogene Entlohnung kann zu besserer Auslastung der Maschinen führen. Damit sinkt der Anteil der fixen Kosten je Stück.

Die Lohnkosten je Stück bleiben konstant (wenn der Arbeitnehmer mindestens die Normalleistung erbringt).

Kein Risiko mehr für Minderleistungen des Arbeitnehmers (wenn mindestens die Normalleistung erbracht wird).

720 Zeitlohn, Akkordlohn

Zeitlohnverfahren: Edelsteinschleifer, Nachtwächter, Lagerarbeiter, Pförtner, Lehrlingsausbilder, Chefsekretärin, Programmierer, Fernfahrer, Stenotypistin, Einzelhandelsverkäufer.

Akkordlohnverfahren: Dreher, Maurer, Stanzer, Buchbinder, Packerin.

721 Gruppenakkord

1. a) 960,— DM (4 800 : 5)

   b) $\dfrac{\text{Gruppenakkordlohn}}{\text{Summe d. Stundenlöhne A bis E}} = \dfrac{4\,800}{72,80} = 65,93$

   Folgende Ergebnisse in ganzen DM:
   A: 16,40 × 65,93 = 1 081,25
   B: 15,20 × 65,93 = 1 002,14
   C: 14,40 × 65,93 =   949,39
   D: 14,00 × 65,93 =   923,02
   E: 12,80 × 65,93 =   843,90

   c) $\dfrac{\text{Gruppenakkordlohn}}{\text{Summe der Arbeitsstunden}} = \dfrac{4\,800}{120} = 40,\text{—}$

   A: 40 × 25 = 1 000,—
   B: 40 × 27 = 1 080,—
   C: 40 × 23 =   920,—
   D: 40 × 26 = 1 040,—
   E: 40 × 19 =   760,—

   d) (4 800 : 1 758,8 = 2,7291)
   A: 16,40 × 25 =   410,—;   410,— × 2,7291 = 1 118,93
   B: 15,20 × 27 =   410,40; 410,40 × 2,7291 = 1 120,02
   C: 14,40 × 23 =   331,20; 331,20 × 2,7291 =   903,87
   D: 14,00 × 26 =   364,00; 364,00 × 2,7291 =   993,39
   E: 12,80 × 19 =   243,20; 243,20 × 2,7291 =   663,72
                   ─────────
                    1 758,8

2. Unterschiedliche Vorbildung, Belastung, Berufserfahrung, Alter.

722 Prämienlohn

1. Mit der Prämie soll erreicht werden, daß die Produktion um 10% erhöht wird; das Produktionsergebnis je Arbeitsgruppe und Stunde soll also von 120 auf 132 Bleche steigen. Wenn die Arbeitsgruppe entsprechend der betrieblichen Zielsetzung je Stunde 12 Bleche mehr herstellt, dann erhält jeder Arbeiter der Gruppe eine Prämie von 12 × 0,25 = 3,00 DM je Stunde.

2. Vor der Einführung des Prämienlohns:

   Zeitlohn   75,— DM
   Maschinenkosten   900,— DM
   Fertigungskosten   975,— DM

   Fertigungskosten je Blech: 975 : 120 = **8,13 DM**

   Nach der Einführung des Prämienlohns:
   Zeitlohn   75,— DM
   Prämie
   (5 × 12 × 0,20)   15,— DM   90,— DM
   Maschinenkosten   900,— DM
   Fertigungskosten   990,— DM

   Fertigungskosten je Blech: 990 : 132 = **7,50 DM**

3. 8,13 DM (Kosten je Blech bisher) × 132 (neue Produktionsmenge) = 1 073,16 DM
   Fertigungskosten.

Fertigungskosten		1 073,16 DM	
unveränderte Maschinenkosten		900,— DM	
für Lohn		173,16 DM	
für Zeitlohn		70,— DM	
für Prämie		98,16 DM	(12 Bleche zusätzlich, 5 Mann);
12 Bleche	5 Mann	98,16 DM	
1 Blech	1 Mann	× DM	

   $$\frac{98,16}{12 \times 5} = 1,64 \text{ DM}$$

   Die Prämie je Mann für ein zusätzlich über das 120. Stück hergestellte Blech kann 1,30 DM betragen, wenn der durch den erhöhten Einsatz der Arbeitnehmer eingetretene Produktivitätsfortschritt ganz an die Arbeitnehmer weitergegeben werden soll.

723 — Analytische Arbeitsbewertung — Gewinnbeteiligung

1. a) Lohn des Facharbeiters in Arbeitsgruppe 06:
      12,— × 1,3268 = **15,92 DM**;

      neuer Lohn des Facharbeiters in Arbeitsgruppe 08:
      (Die Berücksichtigung der Höchstpunktzahl für Nässe (2) und Gase und Dämpfe (2) bringt den Facharbeiter von der Gruppe mit 14 Punkten in die Gruppe mit 18 Punkten und damit aus der Lohngruppe 06 in die Lohngruppe 08)
      12,— × 1,5053 = **18,06 DM**
      Erhöhung: **2,14 DM**

   b) Lohn der Hilfskraft in Arbeitswertgruppe 03:
      12 × 1,1099 = **13,32 DM**

      Lohn der Hilfskraft in Arbeitswertgruppe 05:
      12 × 1,2471 = **14,97 DM**
      Erhöhung: **1,65 DM**

   c) Der Arbeitswertgruppenfaktor (Steigerungsfaktor) ist umso günstiger, je höher die Arbeitswertgruppe.
      Dies zeigt deutlich die „Funktionslinie der Steigerungsfaktoren" (s. LAP Bild Seite 230: Funktionslinie der Steigerungsfaktoren).

2. Persönliche Stellungnahme.

3. Aus der im Auszug abgedruckten Tarifvereinbarung ergibt sich, daß die Kritik nicht berechtigt ist.
   I, 4a: Die sachlichen Anforderungen der Arbeitsausführung werden eingeschätzt, nicht die ausführende Person.
   I, 3: Die Arbeitnehmer wirken bei der Einschätzung paritätisch mit.
   Das Bewertungsschema (s. LAP Anlage 1a Seite 231) enthält keine Positionen für Disziplin, Pünktlichkeit, Erhaltung des Arbeitsfriedens.

4. Die analytische Arbeitsbewertung ist eine Methode, mit der die Lohnrelationen zwischen den Arbeitnehmern auf der Basis der Leistung festgelegt werden soll. Nicht betroffen von der Anwendung dieser Methode ist die Relation Lohn-Gewinn. Das Problem der Gewinnbeteiligung bleibt deshalb auch bei analytischer Arbeitswertung.

Sozialversicherung

724 *Prinzipien der Sozialunterstützung*

1.

	Caritas	Fürsorge (neuerdings Sozialhilfe)	Sozial-versicherung	Versorgung
Kann die Leistung erzwungen werden?	*nein*	*ja*	*ja*	*ja*
Wird die Bedürftigkeit geprüft?	*nein*	*ja Leistung der Notl. angepaßt*	*nein*	*nein*
Aus welchen Mitteln wird die Leistung finanziert?	*private Mittel*	*allgemeine Steuermittel*	*Zwangsbeiträge von Arbeitnehm. u. Arbeitgeber; Staatszuschüsse*	*allgemeine Steuermittel*
Besteht eine Rückzahlungspflicht?	*nein*	*ja, wenn sich die Verhältn. bessern*	*nein*	*nein*

2. Staatsbürgerversorgung ist eine allgemeine Versorgung aller Staatsbürger aus Steuermitteln ohne eigene Beiträge. Die Leistungen werden bei Bedürftigkeit immer, aber auch ohne Bedürftigkeit gegeben, wenn bestimmte äußere Merkmale erfüllt sind (z. B. Alter, Invalidität).
Als **Nachteil** könnte angesehen werden, daß die Staatsbürger sich daran gewöhnen, für ihre Zukunft nicht selbst vorzusorgen. **Vorteil** könnte eine große Verwaltungsvereinfachung sein. Die Sozialgesetze könnten wieder übersichtlich und klar werden.

725 *Krankenversicherung*

1. Schupp ist versicherungspflichtig bei der Krankenkasse wie alle Arbeiter. §§ 5, 6 SBG. Er ist ohne sein Zutun, ohne Anmeldung und Vertrag, sogar ohne Beitragszahlung vesichert auf Grund der versicherungspflichtigen Beschäftigung. Die Mitgliedschaft beginnt mit dem Tag des Eintritts in die versicherungspflichtige Beschäftigung.

2. Nein. Nur bei Versicherungspflichtigen beginnt die Mitgliedschaft mit Eintritt in das Beschäftigungsverhältnis. § 6 SBG. Klett ist jedoch als Berufsanfänger versicherungsberechtigt gem. § 9 SBG. In diesem Fall beginnt die Mitgliedschaft erst mit der Anmeldung.

3. a) Nein, da versicherungspflichtig, d.h. versichert mit Eintritt in das Arbeitsverhältnis.

   b) Nein. Sogenannte „günstige Risiken" sind Zwangsmitglieder und müssen Beiträge zahlen, deshalb auch Aufnahme ungünstiger Risiken. Den ges. geschützten Personenkreis soll die ges. Krankenversicherung bei Krankheit und Unfall ausreichende Hilfe gewähren.

   c) Ablehnung der Aufnahme oder höhere Prämien, Ausschluß der Versicherungsleistung für das alte Leiden.

4. a) **Vorteile bei einer Mitgliedschaft in der privaten Krankenversicherung:**
   freie Arztwahl, kein Krankenschein (daher auch jederzeit Arztwechsel ohne Überweisungsschein möglich), Behandlung als Privatpatient,
   bei Krankenhausaufenthalt Zweibettzimmer
   Beiträge:
   Bei Mitgliedschaft in der AOK: 116,25 DM (Arbeitnehmeranteil!)
   (zu unverändertem Beitrag sind auch unterhaltsberechtigte Familienangehörige mitversichert.)
   Bei Mitgliedschaft im Süddeutschen Ring: 362,30 DM
   (Im Tarif K 1 des Süddeutschen Rings ist jedoch kein Krankengeld enthalten. Die AOK zahlt Krankengeld!) Davon trägt Arbeitgeb. 50% des AOK-Beitrags. Effektivbelastung für Arbeitnehmer 192,80 DM.
   b) Nein. Versicherungspflichtig gem. § 165 RVO, da unter der Pflichtgrenze.
   c) Ja. § 168 SBG. Zugelassene Ersatzkasse. Ersatzkassen stehen unter besonderer staatlicher Aufsicht und sind zu gleichen Leistungen wie Ortskrankenkassen verpflichtet.
   d) Hier i.d. Antwort auf das Prinzip der Sozialvers. allgemein ausgedehnt: Einem schutzbedürftigen Personenkreis soll die erworbene Stellung im Sozialgefüge erhalten werden. Sozialversicherung ist über ihre ursprüngliche Aufgabe hinausgewachsen, die Not zu lindern.
   Verwirklichung prinzipieller Entscheidungen unserer Verfassung; das Rechts- und Sozialstaatsprinzip, die unantastbare Würde des Menschen und die freie Entfaltung seiner Persönlichkeit. Art. 20 Abs. 1, Art 28 Abs. 2, Art. 1 Abs. 1, Art. 2 Abs. 1 des Grundgesetzes. Deshalb wird nicht zum Beitritt gezwungen, wer nicht für schutzbedürftig gehalten wird.

5. a) Ja. Er war vor seinem Ausscheiden unmittelbar 6 Monate versicherungspflichtig beschäftigt. Meldung innerhalb 3 Monate notwendig. § 8 SGB.
   b) Fraglich, ob ihn Privatversicherung noch aufnimmt. Wenn ja, auf Grund des Alters hohe Risikozuschläge für bereits bestehende chronische Krankheiten.

6. Ja. Berufsanfänger haben in den ersten 3 Monaten ihrer Beschäftigung das Recht auf freiwilligen Beitritt. § 9 Abs. 3 SGB.

7. a) Arztkosten, Medikamente und Krankenpflege, § 27 SGB werden ohne zeitliche Begrenzung gewährt. Krankengeld wegen derselben Krankheit höchstens 78 Wochen innerhalb von 3 Jahren, gerechnet vom Tage der Arbeitsunfähigkeit an. § 48 SGB. Wird hier also noch gewährt.
   b) Nein. Er hat wegen derselben Krankheit in den letzten 12 Monaten bereits 6 Wochen Lohnfortzahlung erhalten. § 1 Gesetz über die Fortzahlung des Arbeitsentgelts im Krankheitsfalle.
   c) Für Zahlungen, die weiter anfallen (z.B. Miete).

726 | *Rentenversicherung der Arbeitnehmer*

1. Ja. Wer über 16 Jahre alt ist und seinen ständigen Wohnsitz im Bundesgebiet hat, kann freiwillig Beiträge zur Rentenversicherung leisten (§ 1233 RVO).

2. a) Die persönliche Beitragsleistung wird berücksichtigt durch den Faktor Ep, weil die Höhe der Beiträge sich nach dem Einkommen richtet.
   b) Die Rente ist am höchsten als Altersrente, Erwerbsunfähigkeitsrente und Erziehungsrente. Die Berufsunfähigkeitsrente beträgt nur rd. 67% der Erwerbsunfähigkeitsrente. Erwerbsunfähigkeit setzt eine so weitgehende Minderung der Erwerbsfähigkeit voraus, daß eine Erwerbstätigkeit in einer gewissen Regelmäßigkeit nicht mehr ausgeübt werden kann. Berufsunfähigkeit besteht schon dann,

wenn die Erwerbsfähigkeit auf weniger als die Hälfte gesunken ist. Der Versicherte kann noch auf zumutbare andere Tätigkeiten verwiesen werden. Damit ist die geringere Rente zu begründen.

Die Witwenrente beträgt nur 60% der Rente des verstorbenen Versicherten. Da der Versicherte seine Rente ungekürzt weiter erhält, wenn sein Ehepartner stirbt, wird der Prozentsatz der Witwenrente häufig als ungerecht empfunden. Eine gesetzliche Neuregelung wird angestrebt.

c) Die nettolohnbezogene Berechnung der Rente ist gerecht. Werden die laufenden Renten an die Entwicklung der Bruttolöhne angepaßt, dann würden Steuererhöhungen den Lebensstandard der arbeitenden Bevölkerung senken, der Lebensstandard der Rentner würde aber unbeeinflußt davon steigen.

3. a) 35 Jahre.
 b) Jahresbeitrag: 27,70 DM.
 c) Mögliche Versicherungssumme für 4 800,— DM Jahresbeitrag: 173 300,— DM.
4. a) Jahresrente 66,27 DM, Monatsrente 5,52 DM.
 b) Monatsrente für 173 000,— DM Versicherungssumme:
  66,27 × 173 = 11 464,71 (Jahresrente).
  Monatsrente: 955,39 DM.
5. Kuraufenthalt, Berufsförderung.
6. Die Privatversicherung sichert nicht den erreichten Lebensstandard, da ihre Leistungen allein auf den in früheren Jahren gezahlten Beiträgen beruhen.
7. Die Leistungen der Rentenversicherung werden aufgrund des „Generationenvertrags" von den gegenseitig im Arbeitsleben stehenden Versicherten getragen. Die Rentenversicherung erhält auch Zuschüsse aus Steuermitteln des Bundes.
8. Sparen kann Versichern nicht ersetzen, da die Versicherung das Risiko sofort übernimmt. Sie muß u. U. schon nach Erhalt einer einzigen Prämie ihre Leistung erbringen.

727 Arbeitslosenversicherung

1. a) Ja, er ist krankenversicherungspflichtig wie jeder Arbeiter (§ 165 RVO), also auch arbeitslosenversicherungspflichtig, § 168 AFG.
 b) Ja, er ist nur deshalb nicht krankenversicherungspflichtig, weil er die Verdienstgrenze überschritten hat. In der Arbeitslosenversicherung ist er deshalb versicherungspflichtig nach § 168 AFG.
 c) Ja, alle Auszubildende sind versicherungspflichtig, § 168 AFG.
 d) Nein, weil er Selbständiger ist.
2. a) Ja, Arbeitslosengeld ist eine Versicherungsleistung und deshalb nicht an die Voraussetzung der Bedürftigkeit geknüpft. Eine Anwartschaft hat er bereits erworben, da er in den letzten 3 Jahren 360 Kalendertage versicherungspflichtig beschäftigt war. §§ 100, 103, 104 AFG.
 b) Ja, wer Arbeitslosenunterstützung erhält, ist auch krankenversichert. §§ 155 AFG.
3. Nein, er hat zwar die Anwartschaft erworben und ist auch arbeitswillig, aber er ist nicht arbeitsfähig und steht deshalb dem Arbeitsmarkt nicht zur Verfügung. §§ 100, 104, 105 AFG.
4. Ja. Er war versicherungspflichtig wie alle Arbeitnehmer und hat deshalb eine Anwartschaft. §§ 100, 103, 104, 168 AFG.
5. Er bekommt Arbeitslosenhilfe, weil er kein sonstiges Einkommen hat, aber bedürftig ist. § 134 AFG. Auszahlung durch das Arbeitsamt.

| 728 | *Unfallversicherung* |

1. Die Berufsgenossenschaft trägt die Kosten, denn alle Arbeitnehmer sind dort versichert. §§ 539 und 547 RVO.
2. Ja, er ist Arbeitnehmer und deshalb bei der Berufsgenossenschaft versichert. § 539 RVO. Ersatz der Krankenkosten nach §§ 556, 557 RVO. Pflichtversicherte der Krankenkasse erhalten ihre Leistungen von dort.
   Verletztenrente, wenn mindestens 20% Erwerbsminderung. § 581 RVO.
3. Der Weg zum Arbeitsplatz fällt unter dem Unfallschutz der gesetzlichen Unfallversicherung. Daher wird Ersatz der Krankenkosten und eine laufende Rente gewährt. § 550 RVO.
   Der Sachschaden am Moped wird nicht ersetzt, denn die gesetzliche Unfallversicherung deckt keinen Sachschaden. § 547 RVO.
4. Sie will erreichen, daß der Betrieb Unfallverhütungsmaßnahmen ergreift. § 725 RVO (Beitragsbemessung außerdem nach dem Entgelt der Versicherten und dem Grad der Unfallgefahr in diesen Betrieben allgemein).
5. Merkblätter und Plakate werden an die Betriebe ausgegeben, Unfallverhütungsmaßnahmen ausgearbeitet und die Durchführung durch Aufsichtsbeamte überwacht. § 546 RVO.

729 Versicherungspflicht, Versicherungsberechtigung, Selbstverwaltung, Beiträge und Leistungen

	Krankenversicherung	Rentenversicherung
Wer ist versicherungspflichtig?	In der gesetzlichen Krankenversicherung u. a.: — Alle Arbeitnehmer bis zur Versicherungspflichtgrenze — Rentner (nach Mindestmitgliedzeit), — Arbeitslose, die Arbeitslosengeld oder Arbeitslosenhilfe erhalten, — Empfänger von Unterhaltsgeld nach dem Arbeitsförderungsgesetz (bei Teilnahme an Maßnahmen zur beruflichen Fortbildung), — **Wehrdienst- und Zivildienstleistende**.	**Alle Arbeitnehmer** ohne Rücksicht auf Höhe des Einkommens; **Wehrdienst- u. Ersatzdienstleistende** **Selbständige**, soweit sie den vers. pfl. Angestellten gleichgestellt sind.
Wer ist versicherungsberechtigt?	**Berufsanfänger** Aus der Familienversicherung **Ausscheidende** (in besonderen Fällen) **Schwerbeschädigte** (in besonderen Fällen) **Weiterversicherung**, wenn der Versicherte unmittelbar vorher mind. 6 Monate oder innerhalb der letzten 5 Jahre 12 Monate versichert war.	Jeder kann der Rentenversicherung freiwillig beitreten.
Wer ist Träger der Sozialversicherung?	**Pflichtkrankenkasse** (Ortskrankenkasse: (AOK); **Ersatzkassen** Betriebskrankenkasse, DAK, BEK)	**Arbeiter**: Landesversicherungsanstalten; **Angestellte**: Bundesanstalt für Angest. vers. Berlin.
Wie hoch sind die Beiträge?	Örtlich verschieden. Etwa 12,3% des Bruttolohnes, höchstens von der Beitragsbemessungsgrenze.	18,7%, höchstens von der Beitragsbemessungsgrenze.
Wer hat die Beiträge aufzubringen?	Arbeitnehmer und Arbeitgeber je zur Hälfte	Arbeitgeber und Arbeitnehmer zur Hälfte.
Welche Leistungen gewährt die Sozialversicherung?	— **Maßnahmen zur Förderung der Gesundheit** (Aufklärung, Vorsorgeleistungen), — **Maßnahmen zur Früherkennung von Krankheiten** (Leistungen für Vorsorgeuntersungen), — **Krankenbehandlung** (einschließlich Krankenhauspflege, häusliche Krankenpflege, Leistungen bei Schwerpflegebedürftigkeit), — **Krankengeld**, — **Mutterschaftshilfe** (einschließlich Mutterschaftsgeld), — **Sterbegeld**. Krankenbehandlung umfaßt ärztliche und zahnärztliche Behandlung, Versorgung mit Arznei-, Verbands- und Heilmitteln sowie Brillen, Körperersatzstücken usw. Krankenbehandlung wird ohne zeitliche Begrenzung gewährt. Krankengeld wird nach 6 Wochen in Höhe von 80% des wegen Arbeitsunfähigkeit ausgefallenen regelmäßigen Entgelts gewährt. Krankengeld wird wegen derselben Krankheit für längstens 78 Wochen innerhalb eines Dreijahreszeitraumes gewährt.	**Altersruhegeld**. Bei Männern wenn 65 Jahre alt und 180 Monate Wartezeit erfüllt; bei Frauen 60 Jahre und in 20 Jahre mind. 10 Jahre versichert. **Erwerbsunfähigkeitsrente** weniger als 50% erwerbsunfähig); Wartezeit 60 Mon.; **Berufsunfähigkeitsr.** Wartezeit 60 Mon.; **Hinterbliebenenrente**; **Heilbehandl.**; **Berufsförderung**.
Innerhalb welcher Zeit muß die Anmeldung erfolgen?	Innerhalb von 3 Tagen nach Arbeitsbeginn durch den Arbeitgeber.	

Arbeitslosenversicherung	Unfallversicherung	
Alle Arbeitnehmer ohne Rücksicht auf Lohnhöhe. **Auszubildende.**	Alle Arbeitnehmer und Auszubildende. Lebensretter, Blutspender.	Wer ist versicherungspflichtig?
Kein freiwilliger Beitritt möglich.	Unternehmer und deren im Betrieb beschäftigter Ehegatte	Wer ist versicherungsberechtigt?
Bundesanstalt für Arbeit in Nürnberg	Berufsgenossenschaft (nach Gewerbezweigen).	Wer ist Träger der Sozialversicherung?
4,3% des Arbeitseinkommens, höchstens von Beitragsbemessungsgrenze.	Ermittlung nach dem Umlageverfahren.	Wie hoch sind die Beiträge?
Arbeitnehmer und Arbeitgeber je zur Hälfte	Arbeitgeber allein.	Wer hat die Beiträge aufzubringen?
Arbeitslosengeld (unfreiwillig arbeitslos, arbeitsfähig und Anwartschaft) f. hö. 312 Tg.; **Arbeitslosenhilfe** (Anwartsch. nicht erfüllt oder erschöpft und bedürftig; **Kurzarbeitergeld, Krankenkassenbeiträge, Berufsförderung.**	**Krankenhilfe**; **Berufshilfe** z.B. Umschulung); **Verletztenrente** n.d. Grad der Erwerbsbeschränkung; **Hinterbliebenenrente.**	Welche Leistungen gewährt die Sozialversicherung?
Innerhalb v. 3 Tagen n. Arbeitsbeginn durch den Arbeitgeber.	Innerhalb 1 Woche nach Arbeitsbeginn durch den Arbeitgeber.	Innerhalb welcher Zeit muß die Anmeldung erfolgen?

8 Betriebliches Rechnungswesen

Zuschlagskalkulation und Betriebsabrechnung

801 *Kumultative Zuschlagskalkulation, Kalkulationsschema, Einzel- und Gemeinkosten*

1. Kosten insgesamt (nach der Betriebsergebnisrechnung)   35 000,— DM
   Einzelkosten   25 000,— DM
   noch zu verrechnen (= Gemeinkosten)   10 000,— DM

2. u. 3.

	Kosten je Auftrag			Kosten im Abrechnungszeitraum
	Auftrag I	Auftrag II	Auftrag III	
Fertigungslöhne	600,—	2 400,—	5 000,—	8 000,—
Fertigungsmaterialverbrauch	1 400,—	6 600,—	9 000,—	17 000,—
Einzelkosten	2 000,—	9 000,—	14 000,—	25 000,—
+ 40% Gemeinkostenzuschlag[1]	800,—	3 600,—	600,—	10 000,—
Selbstkosten	2 800,—	12 600,—	19 600,—	35 000,—
+ 30% Gewinn	840,—	3 780,—	5 880,—	10 500,—
Nettopreis	3 640,—	16 380,—	25 480,—	45 500,—
+ 12% Mehrwertsteuer	436,80	1 965,60	3 057,60	5 460,—
Bruttopreis	4 076,80	18 335,60	28 537,60	50 950,—

[1] Berechnung des Zuschlagsatzes:

$$\frac{25\,000,\text{— DM} = 100\%}{10\,000,\text{— DM} = \quad\%} = \frac{100 \times 10\,000}{25\,000} = 40\%$$

802 *Aufteilung der Kosten mit Hilfe von Zuschlagsätzen*

1. 20 000,— DM = 100%
   6 000,— DM = x% $x = \dfrac{100 \times 6\,000}{20\,000} = 30\%$

2. u. 3.

	Auftrag I	Auftrag II	Auftrag III	insgesamt
Fertigungslöhne	3 500,—	7 000,—	2 000,—	12 500,—
Fertigungsmaterial	2 000,—	1 000,—	4 500,—	7 500,—
Einzelkosten	5 500,—	8 000,—	6 500,—	20 000,—
+ 30% Gemeinkostenzuschlag	1 650,—	2 400,—	1 950,—	6 000,—
Selbstkosten	7 150,—	10 400,—	8 450,—	26 000,—

803 — Kumulative Zuschlagskalkulation, Wahl der Zuschlagsbasis

1. Um die Gemeinkosten schätzen zu können, wurden aus den Gesamtzahlen für den Abrechnungszeitraum Zuschlagssätze errechnet. Dabei wurden versuchsweise 3 verschiedene Zuschlagsgrundlagen gewählt.

   Wenn das Verhältnis der Zuschlagsgrundlagen Fertigungsmaterialverbrauch — Fertigungslöhne — Einzelkosten bei dem abzurechnenden Auftrag zueinander nicht exakt das gleiche ist wie bei den Gesamtzahlen des Abrechnungszeitraumes, dann müssen die Ergebnisse der Berechnungen mit verschiedenen Zuschlagsgrundlagen voneinander abweichen.

2. Als Zuschlagsgrundlage ist der Fertigungsmaterialverbrauch geeignet, weil die Gemeinkosten sich im gleichen Verhältnis wie der Fertigungsmaterialverbrauch entwickeln.

804 — Differenzierende Zuschlagskalkulation

1. Einheitlicher Zuschlagsatz: $\dfrac{3\,000 \times 100}{11\,000} = 27{,}3$

   Kalkulation Stehlampe:

Einkaufspreis	100,—
Gemeinkostenzuschlag 27,3 %	27,30
Selbstkosten	127,30

   Kalkulation Handwerksleistung:

Fertigungslöhne	70,—
Fertigungsmaterialverbrauch	20,—
Einzelkosten	90,—
Gemeinkostenzuschlag 27,3 %	24,57
Selbstkosten	114,57

2. Die Gemeinkosten im Verkaufsgeschäft haben nicht das gleiche Verhältnis zu den Einzelkosten (Einkaufspreis) wie die Gemeinkosten, die im Handwerksbetrieb anfallen, zu den bei den Handwerksleistungen anfallenden Einzelkosten (Fertigungslöhne + Fertigungsmaterial).

3. a) Zuschlagsatz für die Werkstattleistungen: $\dfrac{1\,000 \times 100}{4\,000} = \underline{\underline{25\,\%}}$

   Zuschlagsatz für das Ladengeschäft: $\dfrac{2\,000 \times 100}{7\,000} = \underline{\underline{28{,}6\,\%}}$

   b) Kalkulation Stehlampe:

Einkaufspreis	100,— DM
Zuschlag für Gemeinkosten 25 %	25,— DM
Selbstkosten	125,— DM

   Kalkulation der Handwerksleistung:

Fertigungslöhne	70,— DM
Fertigungsmaterialverbrauch	20,— DM
Einzelkosten	90,— DM
Zuschlag für Gemeinkosten 28,6 %	25,74 DM
Selbstkosten	115,74 DM

805 *Kostenstellenrechnung, Schlüsselung, Kalkulationsschema*

1.

	insgesamt	Werkstatt	Laden
Gehälter	3 600,—	1 200,—	2 400,—
Soziale Aufwendungen	540,—	180,—	360,—
Abschreibungen	1 800,—	1 620,—	180,—
Versicherungen	360,—	300,—	60,—
Steuern	900,—	540,—	360,—
Bürokosten	270,—	180,—	90,—
Stromkosten	450,—	300,—	150,—
Summe	7 920,—	4 320,—	3 600,—

2. Vorschläge für die Aufschlüsselung.

Gehälter: Gehaltssumme der in Werkstatt und Laden Beschäftigten wird exakt festgestellt (direkte Feststellung).

Soziale Aufwendung: Verhältnis der Gehaltssummen in Werkstatt und Laden oder direkte Feststellung.

Abschreibungen: Direkte Festellung der Abschreibungen auf Anlagengegenstände in Werkstatt und Laden; andere Abschreibungen (z. B. Büroeinrichtung) z. B. im Verhältnis der Umsätze in Laden und Werkstatt.

Versicherungen: Versicherungsarten sind zu berücksichtigen. Dabei ist grundsätzlich von der Bezugsgröße auszugehen, von der die Versicherung den Tarifbeitrag berechnet. Gebäudebrandversicherung z. B.: anteiliger Wert von Werkstatt und Laden am Gesamtwert des Gebäudes feststellen und Beitrag in diesem Verhältnis aufteilen.

Steuern: Steuerarten sind zu berücksichtigen. Die Kraftfahrzeugsteuer kann z. B. im Verhältnis der tatsächlichen Inanspruchnahme des Fuhrparks auf Werkstatt und Laden umgelegt werden.

Bürokosten: im Verhältnis des Anteils am Umsatz.

Stromkosten: im Verhältnis der installierten KW.

3. Zuschlagsatz Laden: $\frac{3\,600 \times 100}{14\,400} = \underline{\underline{25\,\%}}$

   Zuschlagsatz Werkstatt: $\frac{4\,320 \times 100}{9\,600} = \underline{\underline{45\,\%}}$

4. **Bilderrahmung**:

Einzelkosten	90,— DM
+ 45 % Gemeinkosten	40,50 DM
Selbstkosten	130,50 DM
+ 25 % Gewinn	32,62 DM
Nettopreis	163,12 DM
+ 14 % Mehrwertsteuer	22,84 DM
Bruttopreis	185,96 DM

Globus:

	Einstandspreis	80,— DM
	+ 25% Gemeinkosten	20,— DM
	Selbstkosten	100,— DM
	+ 33¹/₃% Gewinn	33,33 DM
	Nettopreis	133,33 DM
	+ 14% Mehrwertsteuer	18,67 DM
	Bruttopreis	152,— DM

---

806 *Differenzierende Zuschlagskalkulation, Einführung in den Betriebsabrechnungsbogen*

Die Kalkulation Nr. 3 wird dem Zweck der Kostenrechnung am besten gerecht. Dies wird bei der Kalkulation der Grundplatte deshalb besonders deutlich, weil hier der Fertigungsmaterialverbrauch dreimal so groß ist wie die Fertigungslöhne; im Durchschnitt des Abrechnungszeitraumes sind die Fertigungslöhne jedoch größer als der Fertigungsmaterialverbrauch.

Die Kalkulation auf der Grundlage der Einzelkosten ergibt zu hohe Kosten. Das liegt offensichtlich daran, daß die Gemeinkosten überwiegend lohnabhängig sind, in der Zuschlagsgrundlage aber auch der außerordentlich hohe Materialverbrauch bei diesem Auftrag berücksichtigt wird.

Die Kalkulation auf der Basis der Fertigungslöhne ergibt zu niedrige Kosten, weil der Zuschlagsatz jetzt die vom Materialverbrauch verursachten Gemeinkosten nicht deckt.

Die Kalkulation aufgrund der Aufteilung der Gemeinkosten in lohnabhängige und materialabhängige Gemeinkosten und der Berechnung mehrerer Zuschlagsätze bringt den größtmöglichen Grad an Genauigkeit.

---

807 *Betriebsabrechnungsbogen, Unterteilung des Fertigungsbereichs, Einführung Vorkalkulation*

1.

Fertigungsmaterialverbrauch		70,— DM	
Materialgemeinkostenzuschlag 80% (MGZ)		56,— DM	126,— DM
Fertigungslöhne		80,— DM	
Fertigungsgemeinkostenzuschlag (FGZ) 300%		240,— DM	320,— DM
Herstellkosten			446,— DM
2,4% Verwaltungsgemeinkosten	6% (VVGZ)		26,76 DM
3,6% Vertriebsgemeinkosten			
Selbstkosten für 100 Backbleche			472,76 DM

2. Die Argumentation ist richtig. Die weitere Aufteilung des Bereichs Fertigung in die Kostenstellen Zuschneiderei, Stanzerei, Schweißerei und Verchromerei ließe eine präzisere Kalkulation zu.

3. a)

Fertigungsmaterialverbrauch	70,— DM	
Materialgemeinkostenzuschlag 80 %	56,— DM	126,— DM
Fertigungslöhne Zuschneiderei	20,— DM	
FGZ Zuschneiderei 300 %	60,— DM	
Fertigungslöhne Stanzerei	50,— DM	
FGZ Stanzerei 285,7 %	142,85 DM	
Fertigungslöhne Schweißerei	10,— DM	
FGZ Schweißerei 200 %	20,— DM	302,85 DM
Herstellkosten		428,85 DM
6 % Verwaltungs- und Vertriebsgemeinkosten		25,73 DM
Selbstkosten für 100 Backbleche		454,58 DM

b) Das Kalkulationsergebnis bliebe dann unverändert, wenn der Zuschlagsatz in der Verchromerei gleich groß wäre wie der in den anderen Kostenstellen des Fertigungsbereichs.

Die Fertigungslöhne als Zuschlagsgrundlage wurden von der Vorkalkulation für 100 Backbleche mit 80,— DM ermittelt. Wäre in allen Fertigungsstellen der Zuschlagsatz gleich hoch, dann wäre es gleichgültig, welche Kostenstellen die Backbleche durchlaufen, das Kalkulationsergebnis wäre das gleiche.

Das zeigt die folgende Gegenüberstellung:

Berechnung mit einem durchschnittlichen Zuschlagsatz für den gesamten Bereich der Fertigung.		Berechnung bei Aufteilung des Fertigungsbereichs in 4 Kostenstellen, in denen die Zuschlagsätze jedoch gleich groß sind.	
Fertigungslöhne	80,— DM	Fertigungslöhne Zuschneiderei	20,— DM
FGZ 300 %	240,— DM	FGZ 300 %	60,— DM
		Fertigungslöhne Stanzerei	50,— DM
		FGZ 300 %	150,— DM
		Fertigungslöhne Schweißerei	10,— DM
		FGZ 300 %	30,— DM
		Fertigungslöhne Verchromerei	0,— DM
		FGZ 300 %	0,— DM
Fertigungskosten	320,— DM	Fertigungskosten	320,— DM

---

808 *Platzkostenrechnung (Maschinenstundensatz)*

1. Maschinenstundensatz der Dreherei = 35 000,— DM : 2 000 = $\underline{\underline{17,50 \text{ DM}}}$

   Maschinenstundensatz der Bohrerei = 30 000,— DM : 2 000 = $\underline{\underline{15,— \text{ DM}}}$

2. **a)** Rest — Gemeinkostenzuschlag Dreherei: $\dfrac{160\,000 \times 100}{130\,000} = \underline{\underline{123,08\,\%}}$

   Rest — Gemeinkostenzuschlag für die Bohrerei: $\dfrac{160\,000 \times 100}{118\,750} = \underline{\underline{134,8\,\%}}$

b) Daß der Betrieb den Fertigungsbereich in die Kostenstellen Dreherei und Bohrerei unterteilt hat, läßt darauf schließen, daß die beiden Kostenstellen von den Aufträgen unterschiedlich in Anspruch genommen werden. Sonst wäre die Aufteilung ja überflüssig. Der Unterschied der Zuschlagsätze ist doch so groß, daß die Verwendung eines einheitlichen Zuschlagsatzes (als arithmetisches Mittel berechnet 129%) die Aufteilung der Gemeinkosten auf die Aufträge verfälschen würde.

3. a) Ohne Berücksichtigung von Maschinenstundensätzen:

Fertigungslöhne Dreherei	6 500,— DM	
Fertigungsgemeinkostenzuschlag 150%	9 750,— DM	16 250,— DM
Fertigungslöhne Bohrerei	3 565,— DM	
Fertigungsgemeinkostenzuschlag 160%	5 704,— DM	9 269,— DM
Fertigungskosten		25 519,— DM
Fertigungsmaterialverbrauch		10 000,— DM
Materialgemeinkostenzuschlag 5%		500,— DM
Herstellkosten		36 019,— DM

Bei Verwendung von Maschinenstundensätzen:

Fertigungslöhne Dreherei		6 500,— DM	
100 Maschinenstunden zu 17,50 DM	1 750,— DM		
Rest — Fertigungsgemeinkostenzuschlag 123,08% auf Fertigungslöhne	8 000,20 DM	9 750,20 DM	16 250,20 DM
Fertigungslöhne Bohrerei		3 565,— DM	
60 Maschinenstunden zu 15,— DM	900,— DM		
Rest — Fertigungsgemeinkostenzuschlag 134,8% auf Fertigungslöhne	4 805,62 DM	5 705,62 DM	9 270,62 DM
Fertigungskosten			25 520,82 DM
Fertigungsmaterialverbrauch			10 000,— DM
Materialgemeinkostenzuschlag 5%			500,— DM
Herstellkosten			36 020,82 DM

b) Unter einer Voraussetzung kann entschieden werden:

Wenn in dem Betrieb sich die Fertigungslöhne proportional mit den Maschinenstunden verändern. Diese Annahme ist durchaus wahrscheinlich.

Unter dieser recht wahrscheinlichen Annahme hätte die Vergleichsrechnung überhaupt nicht erstellt zu werden brauchen, das Ergebnis der Vergleichsrechnung war dann logisch vorbestimmt. Bei dieser Untersuchung wurde ja nichts getan, als neben den Fertigungslöhnen noch eine zweite Zuschlagsbasis für die Fertigungsgemeinkosten eingeführt. Wenn die beiden Zuschlagsbasen proportional verlaufen, dann kann das keine Auswirkung auf die Kalkulation haben.

Anders wäre das, wenn die Dreherei oder die Bohrerei in verschiedene Maschinenarbeitsplätze aufgeteilt worden wäre. Wenn die verschiedenen Aufträge die verschiedenen Maschinen einer Kostenstelle unterschiedlich in Anspruch nehmen, dann wird mit der Einführung der Maschinenstundensatzrechnung die Genauigkeit der Kostenrechnung erhöht.

4. **falsch**:
   a) Mit dem Maschinenstundensatz werden nur die Gemeinkosten verrechnet. Die Einzelkosten Fertigungsmaterialverbrauch z. B. haben keinen Bezug zu der Bearbeitungszeit des Materials auf der Maschine.
   b) Nur die maschinenabhängigen Gemeinkosten werden mit Maschinenstundensätzen verrechnet. Nicht alle Fertigungsgemeinkosten sind maschinenabhängig, z.B. sind die Betriebssteuern nicht maschinenabhängig.
   c) Wenn die Maschinen vollkommen gleichartig und gleichwertig sind, dann ist der Maschinenstundensatz auch gleich groß. Die Einführung der Maschinenstundensatzrechnung erhöht dann den Kalkulationsaufwand ohne einen Vorteil zu bringen.
   e) Die Maschinenstundensatzrechnung soll die Genauigkeit der Kalkulation erhöhen.

   richtig:
   d) Die Kalkulation mit Maschinenstundensätzen ist nur dann sinnvoll, wenn sich wegen der unterschiedlichen Art der Maschinen auch unterschiedliche Maschinenstundensätze ergeben und die Produkte diese Maschinen auch unterschiedlich in Anspruch nehmen.

809 Vor- und Nachkalkulation; Normalzuschlagsätze, Istzuschlagsätze

1.
Fertigungsmaterial	4 000,— DM	
+ MGZ 8%	320,— DM	4 320,— DM
Fertigungslöhne	6 000,— DM	
+ FGZ 150%	9 000,— DM	15 000,— DM
Herstellkosten		19 320,— DM
Verwaltungs- und Vertriebsgemeinkostenzuschlag 12%		2 318,40 DM
Selbstkosten		21 638,40 DM
+ Gewinn (17,846%)		3 861,60 DM
Netto-Verkaufspreis		25 500,— DM

2. a) Grundsätzlich lassen die veränderten Zuschlagsätze erkennen, daß sich das Verhältnis Einzelkosten — Gemeinkosten verändert hat. Die Gemeinkosten machen jetzt einen höheren Prozentsatz der als Zuschlagsgrundlage benutzten Einzelkosten aus. Man kann diese Entwicklung nicht einfach mit Preissteigerungen erklären. Die Zuschlagsätze würden sich ja dann nicht ändern, wenn die Preise im Bereich der Einzelkosten im gleichen Umfang gestiegen wären, wie im Bereich der Gemeinkosten. Eine Erklärung kann darin liegen, daß der Betrieb schlechter beschäftigt wär als dies vorauszusehen war. Es wurden weniger Aufträge abgewickelt und deshalb fielen auch weniger Fertigungslöhne und Fertigungsmaterialverbrauch an. Die Gemeinkosten blieben jedoch weitgehend unverändert. Die unveränderten Gemeinkosten mußten auf eine kleinere Zuschlagsbasis bezogen werden. Das bewirkt eine Erhöhung der Zuschlagsätze.

b) | Fertigungsmaterial | 5 000,— DM | |
| --- | --- | --- |
| MGZ 9 % | 450,— DM | 5 450,— DM |
| Fertigungslöhne | 7 500,— DM | |
| FGZ 155 % | 11 625,— DM | 19 125,— DM |
| Herstellkosten | | 24 575,— DM |
| Verwaltungs- und Vertriebskosten 14 % | | 3 440,50 DM |
| Selbstkosten | | 28 015,50 DM |
| Verlust | | 2 515,50 DM |
| Netto-Verkaufspreis | | 25 500,— DM |

c) | Selbstkosten | 28 015,50 DM |
| --- | --- |
| + 20 % Gewinn | 5 603,10 DM |
| Netto-Verkaufspreis | 33 618,60 DM |

810 *Kalkulation mit Sondereinzelkosten und Skonto*

1.

	Kosten des Abrechnungszeitraumes	Kosten je Auftrag		
		Auftrag 1	Auftrag 2	Auftrag 3
Fertigungsmaterialverbrauch	276 500,—	96 500,—	60 000,—	120 000,—
Materialgemeinkosten 4,88 %	13 500,—	4 709,20	2 928,—	5 856,—
Fertigungslöhne	90 000,—	30 000,—	20 000,—	40 000,—
Fertigungsgemeinkosten 300 %	270 000,—	90 000,—	60 000,—	120 000,—
Herstellkosten	650 000,—	221 209,20	142 928,—	285 856,—

Die Materialgemeinkosten werden anders verteilt; der Auftrag, bei dem Sondereinzelkosten der Fertigung für das Gußmodell anfallen, hat mehr Gemeinkosten zu tragen.

Die Kosten für das Gußmodell dem Fertigungsmaterialverbrauch zuzurechnen ist schon deshalb falsch, weil bei der Herstellung des Gußmodells auch Löhne angefallen sind. Außerdem wurden bei der Kalkulation des Gußmodells Gemeinkosten bereits verrechnet. Richtig ist deshalb die Behandlung als Sondereinzelkosten der Fertigung.

Sondereinzelkosten sind all die Einzelkosten, die weder für Löhne noch für Materialverbrauch angefallen sind.

2. Bei Nichtinanspruchnahme des Skontos durch Kunden erhöht sich die Einnahme des Unternehmens.

Der Gewinn des Unternehmens erhöht sich nicht um den vollen Betrag des nicht in Anspruch genommenen Skontos, da in diesem Fall die Kunden später zahlen, d. h. die Finanzmittel dem Unternehmen später zur Verfügung stehen. Um die Gewinnerhöhung zu berechnen, muß der Zins vom Rechnungsbetrag und für die Tage berechnet werden, um die später gezahlt wird. Wird dieser Zinsbetrag vom Skonto abgezogen, dann ergibt sich der zusätzliche Gewinn.

Beispiel: kein Kunde des Unternehmens nimmt Skonto in Anspruch. Dann beträgt das Zahlungsziel 1 Monat. Als Zinssatz werden 5 % zugrunde gelegt.

$$\text{Zins für 1 Monat vom Brutto-Verkaufspreis} = \frac{861\,600,- \times 5}{100 \times 12} = 3\,590,-\text{ DM}$$

Skonto	17 584,— DM
— Zins	3 590,— DM
Gewinnerhöhung	13 994,— DM

811 Normalkosten, Istkosten, Kostenüberdeckung, Kostenunterdeckung

1.

	Kalkulation mit Zuschlagssätzen		effektiv anfallende Kosten	Differenz (Abweichung der Kostendeckung von den effektiv anfallenden Kosten
Fertigungslöhne		40 000,—	40 000,—	·/. 8 000,—
Fertigungsgemeinkosten	(180 %)	72 000,—	80 000,—	
			120 000,—	
Fertigungsmaterialverbrauch		20 000,—	20 000,—	
Materialgemeinkosten	(12 %)	2 400,—	2 000,—	+ 400,—
Herstellkosten		134 400,—	142 000,—	
Verwaltungsgemeinkosten	(4 %)	5 376,—	4 260,—	+ 1 116,—
Vertriebsgemeinkosten	(5 %)	6 720,—	5 680,—	+ 1 040,—
Selbstkosten		146 496,—	151 940,—	
Gewinn		30 388,—	24 944,—	
Netto-Verkaufspreis (ohne Mehrwertsteuer)		176 884,—	176 884,—	·/.8 000,— + 2 556,—
				·/. 5 444,—

Die Differenz zwischen dem sich zum Zeitpunkt der Produktion aus der Kalkulation ergebenden Gewinn und dem tatsächlichen Gewinn, wie er sich nach Abschluß der Abrechnungsperiode feststellen läßt, beträgt 5 444,— DM.

Der Grund liegt darin, daß insgesamt mehr Gemeinkosten angefallen sind, als mit den Zuschlagssätzen in den Verkaufspreisen hineingerechnet wurden. Die kalkulierten Gemeinkosten decken nicht die tatsächlich angefallenen Gemeinkosten. Die Differenz von 5 444,— DM geht zu Lasten des Gewinns. Im Fertigungsbereich entstand eine Unterdeckung von 8 000,— DM. Die Überdeckung im Bereich der Materialgemeinkosten (400,— DM), der Verwaltungsgemeinkosten (1 116,— DM) und der Vertriebsgemeinkosten (1 040,— DM) gleichen die Unterdeckung im Fertigungsbereich nur zum Teil aus.

Aufgrund dieser Erfahrung wird das Unternehmen überprüfen müssen, ob die Zuschlagssätze für die Kalkulation geändert werden müssen.

2. Nein! Nur wenn die Unterdeckung der Gemeinkosten den kalkulierten Gewinn übersteigt, entsteht Verlust.

812 Normalkostenrechnung und Betriebsergebnis

1. u. 2.

	Normalkosten-rechnung	Istkosten-rechnung	Differenz
Selbstkosten	100 000,—	80 000,—	+ 20 000,—
Betriebsergebnis	20 000,—	40 000,—	(Überdeckung)
Netto-Verkaufserlös	120 000,—	120 000,—	+ 20 000,—

Betriebsergebnis: 40 000,— DM

3.

Regel	Zahlenbeispiel
Nettoverkaufserlös	120 000,—
·/. Selbstkosten (Normalkosten)	100 000,—
+ Kostenüberdeckung (·/. Kostenunterdeckung)	20 000,— / 20 000,—
Betriebsergebnis	40 000,—

813 Betriebsergebnisrechnung, Kostenträgerzeitblatt

1. 90 000,— DM : 3 000 = <u>30,— DM</u> (Herstellkosten je Koffer)

Daß ein Teil der hergestellten Koffer auf Lager genommen wurde, ist ohne Einfluß auf die Herstellkosten je Stück.

$$\frac{\text{Herstellkosten des Abrechnungszeitraums}}{\text{Menge der hergestellten Güter im Abrechnungszeitraum}} = \text{Herstellkosten je Stück}$$

2. Herstellkosten des Abrechnungszeitraums — 100 000,— DM
   — Bestandserhöhung an Fertigungserzeugnissen — 20 000,— DM
   Herstellkosten der umgesetzten Erzeugnisse — 80 000,— DM

3. Herstellkosten des Abrechnungszeitraums — 120 000,— DM
   + Bestandsverminderung an Fertigerzeugnissen — 10 000,— DM
   Herstellkosten der umgesetzten Erzeugnisse — 130 000,— DM

4. Herstellkosten des Abrechnungszeitraums — 100 000,— DM
   — Bestandserhöhung unfertiger Erzeugnisse — 10 000,— DM
   a) Herstellkosten der fertiggestellten Erzeugnisse — 90 000,— DM
      — Bestandserhöhung Fertigerzeugnisse — 5 000,— DM
   b) Herstellkosten der umgesetzten Erzeugnisse — 85 000,— DM

5.
Herstellkosten des Abrechnungszeitraums	150 000,— DM
+ Bestandsverminderung unfertiger Erzeugnisse	10 000,— DM
Herstellkosten der fertiggestellten Erzeugnisse	160 000,— DM
+ Bestandsverminderung Fertigerzeugnisse	20 000,— DM
Herstellkosten der umgesetzten Erzeugnisse	180 000,— DM

6.
Herstellkosten des Abrechnungszeitraums	140 000,— DM
+ Bestandsverminderung unfertiger Erzeugnisse	15 000,— DM
Herstellkosten der fertiggestellten Erzeugnisse	155 000,— DM
— Bestandserhöhung Fertigerzeugnisse	25 000,— DM
Herstellkosten der umgesetzten Erzeugnisse	130 000,— DM

7. a) **Materialkosten**

Fertigungsmaterialverbrauch	20 000,— DM	
+ Materialgemeinkostenzuschlag 10 %	2 000,— DM	22 000,— DM
Fertigungskosten		
Fertigungslöhne	30 000,— DM	
+ Fertigungsgemeinkostenzuschlag 150 %	45 000,— DM	75 000,— DM
Herstellkosten des Abrechnungszeitraums		97 000,— DM
+ Bestandsverminderung der unfertigen Erzeugnisse		5 000,— DM
Herstellkosten der fertiggestellten Erzeugnisse		102 000,— DM
— Bestandserhöhung der Fertigerzeugnisse		15 000,— DM
Herstellkosten der umgesetzten Erzeugnisse		87 000,— DM
+ Verwaltungsgemeinkostenzuschlag 8 % (der Herstellkosten des Abrechnungszeitraums)	7 760,— DM	
+ Vertriebsgemeinkostenzuschlag 4 % (der Herstellkosten der umgelegten Erzeugnisse)	3 480,— DM	11 240,— DM
Selbstkosten der umgesetzten Erzeugnisse		98 240,— DM

b) Ja! Die Vertriebsgemeinkosten entstehen im ursächlichen Zusammenhang und deshalb wohl auch proportional mit dem Umsatz, nicht mit der Herstellung der Waren.

814 Kostenüberdeckung, Kostenunterdeckung, Betriebsergebnis

	Normalkosten	Istkosten	Unter-/Überdeckung
Fertigungslöhne	200 000,—	200 000,—	
Fertigungsgemeinkosten	300 000,— (150%)	400 000,—	·/. 100 000,—
Fertigungsmaterialverbrauch	150 000,—	150 000,—	
Materialgemeinkosten	22 500,— (15%)	15 000,—	+ 7 500,—
Herstellkosten des Abrechnungszeitraums	672 500,—	765 000,—	
·/. Bestandserhöhung der unfertigen Erzeugnisse	35 000,—	35 000,—	
Herstellkosten der fertiggestellten Erzeugnisse	637 500,—	730 000,—	
+ Bestandsminderung der fertigen Erzeugnisse	50 000,—	50 000,—	
Herstellkosten der umgesetzten Erzeugnisse	687 500,—	780 000,—	
Verwaltungs- und Vertriebsgemeinkosten	144 375,— (21%)	150 000,—	·/. 5 625,—
Selbstkosten des Umsatzes	831 875,—	930 000,—	·/. 105 625,— + 7 500,—
Betriebsergebnis		570 000,—	·/. 98 125,—

Kostenunterdeckung: 98 125,— DM

815 *Betriebsergebnisrechnung*

1. Fertigungsmaterialverbrauch 170 (190 Roh-, Hilfs- u. Betriebsstoffe aus G + V ·/. 20 Gemeinkostenmaterial aus BAB)

   Materialgemeinkosten 83 aus BAB

   Fertigungslöhne 240 (500 Löhne und Gehälter aus G + V ·/. 260 Gemeinkostenlöhne und Gehälter aus BAB)

   Fertigungsgemeinkosten 518 aus BAB

   a) Herstellkosten des Abrechnungszeitraums 1011

   + Bestandsverminderung unfertiger Erzeugnisse 20 aus G + V

   b) Herstellkosten der fertiggestellten Erzeugnisse 1031

   ·/. Bestandserhöhung der Fertigerzeugnisse 90 aus G + V

   c) Herstellkosten der umgesetzten Erzeugnisse 941

   Verwaltungsgemeinkosten 130 aus BAB
   Vertriebsgemeinkosten 49 aus BAB

   d) Selbstkosten des Umsatzes 1 120 000

2.

	insgesamt	Materialbereich	Fertigungsbereich	Verwaltungsbereich	Vertriebsbereich
Summe der tatsächlichen Gemeinkosten	780,—	83,—	518,—	130,—	49,—
Zuschlagsgrundlage		Fertigungsmaterialverbrauch 170,—	Fertigungslöhne 240,—	Herstellkosten des Abrechnungszeitraums 863,—	Herstellkosten des Abrechnungszeitraums 863,—
Zuschlagssätze (normal)		40%	210%	15%	5%
verrechnete Gemeinkosten	768,40	68,—	504,—	147,30	49,10
Überdeckung	11,60			17,30	0,10
Unterdeckung		15,—	14,—		

Buchhalterische Abschreibung

816 *Abschreibungstaktik und ihre Wirkung, Abschreibungsverfahren (ohne Berücksichtigung steuerlicher Wirkung)*

1. Lineare Abschreibung

Jahr	Erlös	Abschreibung	sonstige Kosten	Erfolg
1	340 000,—	158 000,—	100 000,—	+ 82 000,—
2	340 000,—	158 000,—	100 000,—	+ 82 000,—
3	340 000,—	158 000,—	100 000,—	+ 82 000,—
4	340 000,—	158 000,—	100 000,—	+ 82 000,—
5	340 000,—	158 000,—	100 000,—	+ 82 000,—
	1 700 000,—	790 000,—	500 000,—	+ 410 000,—

Arithmetisch-degressive Abschreibung

Jahr	Erlös	Abschreibung	sonstige Kosten	Erfolg
1	340 000,—	263 333,—	100 000,—	— 23 333,—
2	340 000,—	210 667,—	100 000,—	+ 29 333,—
3	340 000,—	158 000,—	100 000,—	+ 82 000,—
4	340 000,—	105 333,—	100 000,—	+ 134 667,—
5	340 000,—	52 667,—	100 000,—	+ 187 333,—
	1 700 000,—	790 000,—	500 000,—	+ 410 000,—

Geometrisch-degressive Abschreibung

Jahr	Erlös	Abschreibung	sonstige Kosten	Erfolg
1	340 000,—	466 979,—	100 000,—	—226 979,—
2	340 000,—	194 392,—	100 000,—	+ 45 608,—
3	340 000,—	80 921,—	100 000,—	+ 159 079,—
4	340 000,—	33 686,—	100 000,—	+ 206 314,—
5	340 000,—	14 022,—	100 000,—	+ 225 978,—
	1 700 000,—	790 000,—	500 000,—	+ 410 000,—

2. Durch die verschiedenen Abschreibungsverfahren wird der Gesamtbetrag der Abschreibung in unterschiedlicher Höhe auf die einzelnen Abrechnungsperioden verteilt. Der Gesamtbetrag der Abschreibung wird davon nicht beeinflußt. Deshalb kann durch die Wahl des Abschreibungsverfahrens der Gewinn auf die Abrechnungsperioden zwar anders verteilt werden, der Totalgewinn bleibt aber unverändert.

3. Lineare Abschreibung

Jahr	Erlös	Abschreibung	sonstige Kosten	Erfolg
1	340 000,—	197 500,—	100 000,—	+ 42 500,—
2	340 000,—	197 500,—	100 000,—	+ 42 500,—
3	340 000,—	197 500,—	100 000,—	+ 42 500,—
4	340 000,—	197 500,—	100 000,—	+ 42 500,—
5	340 000,—	—	100 000,—	+ 240 000,—
	1 700 000,—	790 000,—	500 000,—	+ 410 000,—

Arithmetisch-degressive Abschreibung

Jahr	Erlös	Abschreibung	sonstige Kosten	Erfolg
1	340 000,—	316 000,—	100 000,—	— 76 000,—
2	340 000,—	237 000,—	100 000,—	+ 3 000,—
3	340 000,—	158 000,—	100 000,—	+ 82 000,—
4	340 000,—	79 000,—	100 000,—	+ 161 000,—
5	340 000,—	—	100 000,—	+ 240 000,—
	1 700 000,—	790 000,—	500 000,—	+ 410 000,—

4. Die Veränderung der Nutzungsdauer bei der Berechnung der Abschreibung führt, genauso wie eine Veränderung der Berechnungsmethode, nur zu einer anderen Verteilung der Abschreibungssumme auf die verschiedenen Abrechnungsperioden. Die Gesamtsumme der Abschreibung bleibt unverändert.

5. Die Abschreibung würde sich — wenn sie unter Berücksichtigung der Inanspruchnahme berechnet würde — wie folgt auf die Jahre verteilen:

Jahr	Betrag
1	131 667,—
2	144 833,—
3	158 000,—
4	171 667,—
5	184 333,—
	790 000,—

Die Abschreibungen werden damit zu variabel-proportionalen Kosten; bei allen Methoden, die die Inanspruchnahme nicht berücksichtigen, sind die Abschreibungen fixe Kosten.

Diese Methode ist für die Kostenrechnung sehr geeignet, weil der Einfluß von Beschäftigungsschwankungen von der Kostenrechnung ferngehalten wird.

Diese Methode berücksichtigt jedoch nicht, daß es auch andere Wertminderungsfaktoren als den der Abnutzung durch Inanspruchnahme gibt, wie z. B. dem technischen Fortschritt.

In der geschilderten Situation müßte zumindest für die Zwecke der Kostenrechnung die Abschreibung unbedingt unter Berücksichtigung der Inanspruchnahme berechnet werden. Im Jahr 5 wird der Omnibus um 40 % mehr ausgelastet als im Jahr 1.

Bei einer Berechnung mit gleichbleibenden Abschreibungsbeträgen oder gar mit fallenden Quoten würden sonst die Kosten je gefahrenen km scheinbar von Jahr zu Jahr sinken.

817 Abschreibungsrückfluß, Abschreibung als Finanzierungsquelle

1. Ende des 1. Jahres

Kasse

Anfangsbestand	100 000,—	sonstige Kosten	500 000,—
Erlös	850 000,—	Gewinnausschüttung	100 000,—
		Schlußbestand	350 000,—
	950 000,—		950 000,—

G + V

Abschreibungen	200 000,—	Erlöse	850 000,—
sonstige Kosten	500 000,—		
Gewinn	150 000,—		
	850 000,—		850 000,—

Ergebnis:

Der Kassenbestand steigt im 1. Jahr um 250 000,— DM. Davon sind 50 000,— DM zurückbehaltener Gewinn und 200 000,— DM Abschreibungsrückflüsse. Da die Verhältnisse sich in den folgenden Jahren nicht ändern, steigt der Kassenbestand auch in den folgenden Jahren um je 250 000,— DM. Er beträgt am Ende des 5. Jahres 1 350 000,— DM.

Der Kassenbestand kam so zustande:

Anfangsbestand	100 000,— DM
zurückbehaltener Gewinn 5 × 50 000,—	250 000,— DM
Abschreibungsrückflüsse	1 000 000,— DM
	1 350 000,— DM

2.

Kasse

Anfangsbestand	100 000,—	sonstige Kosten	500 000,—
Erlöse	600 000,—	Schlußbestand	200 000,—
	700 000,—		700 000,—

G + V

Abschreibungen	200 000,—	Erlöse	600 000,—
sonstige Kosten	500 000,—	Verlust	1000 000,—
	700 000,—		700 000,—

Der Kassenbestand bleibt unverändert. Es wird kein Gewinn mehr erzielt, der zurückbehalten werden kann. Auch die Abschreibungen werden nicht mehr „verdient"; deshalb erhöht sich auch der Kassenbestand nicht mehr aus Abschreibungsrückflüssen.

3. Dieser Satz ist eine unzuverlässige Verallgemeinerung. Er gilt nur unter den folgenden Voraussetzungen:
   — Die Verkaufserlöse fließen bar in den Betrieb. (Kundenkredite verzögern den Abschreibungsrückfluß.)
   — Die Abschreibungen werden auch „verdient"!
4. Da die Gesellschafter beschlossen haben, nur 50 000,— DM des Gewinns zu entnehmen und den Rest des Gewinns im Betrieb zu lassen, würde eine Veränderung der Abschreibungsmethode dem Unternehmen keinen Zuwachs an liquiden Mitteln bringen. Die unter 1. berechnete Erhöhung des Kassenbestandes je Jahr von 250 000,— DM bliebe unverändert. Wäre der nach einer anderen Abschreibungsmethode berechnete Abschreibungsbetrag größer als 200 000,— DM, dann wäre um den gleichen Betrag der Gewinn kleiner. Würde jeweils der gesamte Gewinn entnommen, dann könnte mit höheren Abschreibungsbeträgen in den ersten Jahren die Ansammlung von liquiden Mitteln zur Betriebserweiterung beschleunigt werden.

818 — Notwendigkeit der Berechnung kalkulatorischer Kosten

Der Wäschereibesitzer Bauer begeht den Denkfehler, daß er Kosten, die keine Ausgaben sind, nicht berücksichtigt.
In der Kalkulation muß er auch den Wert der Arbeitsleistung seiner ohne Entgelt mithelfenden Familienangehörigen berücksichtigen. Anzusetzen ist die übliche Entlohnung, die für Arbeitsleistungen zu zahlen ist, wie sie von den Familienangehörigen erbracht wird.
Ebenso müssen Zinsen für das Eigenkapital in der Kostenrechnung berücksichtigt werden. Wenn er das Kapital nicht im Wäschereibetrieb einsetzen würde, könnte er dafür Zinsen bekommen. Der Lohn für die mithelfenden Familienangehörigen wie auch der Zins für das Eigenkapital können als „Verzichtkosten" bezeichnet werden.

819 — Zweck kalkulatorischer Kosten

Der Vorschlag ist unbrauchbar. Das Risiko des Brandschadens ist mit der Betriebstätigkeit verbunden. Kalkulatorisch muß die Abdeckung des finanziellen Schadens auf die Dauer der Betriebstätigkeit verteilt werden. Die Kunden würden die Preiserhöhung aufgrund der fehlerhaften Kalkulation wahrscheinlich auch nicht akzeptieren sondern zur Konkurrenz abwandern.

820 — Kalkulatorischer Unternehmerlohn

Körber darf als kalkulatorischen Unternehmerlohn nur das Entgelt für eine vergleichbare Arbeitsleistung im gleichen Geschäftszweig, bei gleichem Geschäftsumfang und an gleichem Standort einsetzen. Die Tätigkeit des Geschäftsführers der Hotelkette ist nicht vergleichbar!

821 — Kalkulatorische Abschreibung

1. Nein! In die Kostenrechnung soll der tatsächliche Wertverzehr eingehen; in den ersten 6 Jahren würden die Kosten sonst zu hoch, in den folgenden 4 Jahren zu niedrig ausgewiesen. Wenn aus Vorsichtsgründen die Betriebseinrichtung in 6 Jahren abgeschrieben werden soll, dann muß zwischen buchhalterischer und kalkulatorischer Abschreibung unterschieden werden.

2. Die kalkulatorische Abschreibung darf nur auf das betriebsnotwendige Vermögen erfolgen; Grundlage für die kalkulatorischen Abschreibungen kann nur der Wert von 5 Maschinen sein. Die buchhalt. Abschr. muß das gesamte Vermögen umfassen.

3. a) Bei der buchhalterischen Abschreibung muß vom tatsächlichen Anschaffungswert ausgegangen werden. So werden die Ausgaben, die bei der Anschaffung Ausgaben aber keine Aufwendungen waren und deshalb aktiviert wurden, in die Gewinn- und Verlustrechnung überführt.

   b) Die kalkulatorische Abschreibung sollte für alle Reinigungsautomaten auf der Grundlage des Tageswertes erfolgen. Dann entspricht der Abschreibungsbetrag dem tatsächlichen Wertverlust. Würde der gestiegene Wiederbeschaffungspreis bei den früher angeschafften Reinigungsautomaten bei der Berechnung der Abschreibung nicht berücksichtigt, dann würde das Ergebnis der Kalkulation die Geschäftsleitung über die tatsächliche Wettbewerbssituation des Unternehmens täuschen.

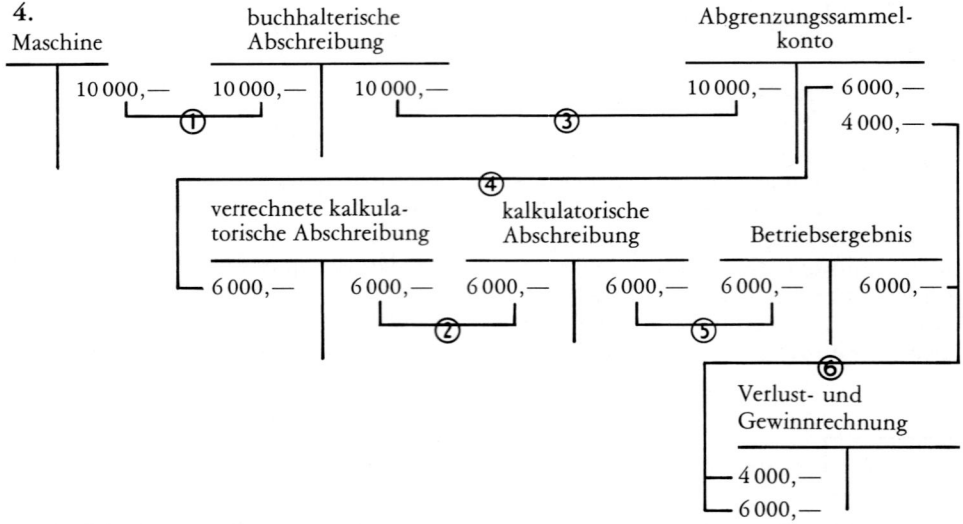

4.

Maschine	buchhalterische Abschreibung		Abgrenzungssammelkonto	
10 000,—	10 000,— ①	10 000,— ③	10 000,—	6 000,—
				4 000,—

verrechnete kalkulatorische Abschreibung		kalkulatorische Abschreibung		Betriebsergebnis
6 000,—	6 000,— ②	6 000,—	6 000,— ⑤	6 000,— ⑥

Verlust- und Gewinnrechnung
4 000,—
6 000,—

Auf das Unternehmensergebnis wirken sich die buchhalterischen Abschreibungen (hier in Höhe von 10 000,— DM) aus.

Die kalkulatorischen Abschreibungen (hier in Höhe von 6 000,— DM) wirken nur auf das Betriebsergebnis.

5. Für Zwecke der kalkulatorischen Abschreibung sollte ab sofort der Abschreibungsbetrag von der tatsächlichen Nutzungsdauer von 15 Jahren berechnet werden.
   Der jährliche Abschreibungsbetrag sinkt von 1 000,— DM auf 666,67 DM. Die Kosten der Bügelarbeiten sind also niedriger, als bisher angenommen wurde. Die Kostenrechnung gibt nur dann richtige Informationen für unternehmerische Entscheidungen, wenn die erkannte längere Nutzungsdauer des Bügelautomaten in der Kostenrechnung berücksichtigt wird.

6. Angesammelt wurden die buchhalterischen Abschreibungen der letzten 5 Jahre, also insgesamt 50 000,— DM. Die buchhalterischen Abschreibungen können deshalb auch als finanzmäßige Abschreibungen bezeichnet werden.

822 Kalkulatorische Zinsen

betriebsnotwendiges Anlagevermögen	80 000,— DM
betriebsnotwendiges Umlaufvermögen	40 000,— DM
betriebsnotwendiges Vermögen	120 000,— DM
zinsfrei überlassenes Fremdkapital (Abzugskapital)	14 000,— DM
betriebsnotwendiges Kapital	106 000,— DM

6% von 106 000,— DM = 6 360,— DM (kalkulatorischer Zins für 1 Jahr)

823 Kalkulatorische Wagnisse

Nein! Wohl wurde das Wagnis in der Kostenrechnung berücksichtigt, aber damit sind finanzielle Rücklagen nicht gesichert. Die kalkulatorischen Wagnisse wirken sich nur auf das Betriebsergebnis, nicht auf das Unternehmensergebnis aus. Damit wurden die nicht tatsächlich eingetretenen Wagnisse in früheren Jahren Teile des Gewinns. Der Brandschaden wirkt sich auf das Unternehmensergebnis, das Grundlage für die Gewinnausschüttung ist, voll aus.

824 Kalkulatorische Kosten, Betriebsergebnis, neutrales Ergebnis

Betriebsergebnis

Rohstoffverbrauch	675 000,— DM	Erlöse aus betrieblichen Leistungen	2 030 000,— DM
Hilfs- u. Betriebsstoffverbrauch	45 000,— DM	Bestandsveränderung	37 000,— DM
Energie, Gas, Wasser	28 000,— DM		
Löhne und Gehälter	900 000,— DM		
Reparaturen	56 000,— DM		
Allgemeine Verwaltungskosten	17 000,— DM		
Gewerbesteuer	9 000,— DM		
Sonstige Aufwendungen	11 000,— DM		
kalkulatorische Zinsen	96 250,— DM		
kalkulatorische Wagnisse	9 600,— DM		
kalkulatorische Abschreibungen	94 500,— DM		
kalkulatorischer Unternehmerlohn	84 000,— DM		
Betriebsergebnis	41 650,— DM		
	2 067 000,— DM		2 067 000,— DM

Neutrales Ergebnis

Bezahlte Fremdzinsen	8 000,— DM	Wertpapiererträge	19 000,— DM
Eingetretene Wagnisverluste	14 000,— DM	Sonstige betriebsfremde Erträge	26 000,— DM
Bilanzmäßige Abschreibungen	84 000,— DM	Verrechnete kalkulatorische Zinsen	96 250,— DM
Neutrales Ergebnis	223 350,— DM	Verrechnete kalkulatorische Wagnisse	9 600,— DM
		Verrechnete kalkulatorische Abschreibungen	94 500,— DM
		Verrechneter kalkulatorischer Unternehmerlohn	84 000,— DM
	329 350,— DM		329 350,— DM

Berechnung der kalkulatorischen Zinsen:

Betriebsnotwendiges Anlagevermögen	1 700 000,— DM
Betriebsnotwendiges Umlaufvermögen	560 000,— DM
Betriebsnotwendiges Vermögen	2 260 000,— DM
Zinslos überlassenes Fremdkapital	335 000,— DM
Betriebsnotwendiges Kapital	1 925 000,— DM

Betriebsgewinn	41 650,— DM
+ Neutrales Ergebnis (Gewinn)	223 350,— DM
Unternehmungsgewinn	265 000,— DM

825 Verrechnungspreise (Standardkosten)

1. Die Wirtschaftlichkeit ist ein Ausdruck für die Rationalität der Leistungserstellung durch den Betrieb. Die Kennziffer soll erkennen lassen, ob sich das Verhältnis des Einsatzes an Produktionsfaktoren zu dem Ergebnis der Produktion im Sinne des Rationalprinzips im Vergleich zu einer vorausgegangenen Produktionsperiode verändert hat oder ob dieses Verhältnis im eigenen Betrieb günstiger oder ungünstiger als in anderen Betrieben ist.

   Gelingt es dem Betrieb, seine Absatzpreise zu erhöhen, z. B. weil er eine Monopolstellung erreicht hat, dann ändert sich zwar das Verhältnis $\frac{Ertrag}{Aufwand}$, die Wirtschaftlichkeit der Leistungserstellung verändert sich damit nicht. Es muß mit konstanten Preisen auf dem Absatzmarkt gerechnet werden, damit die Wirtschaftlichkeit exakt gemessen wird.

   Ebenso muß mit konstanten Preisen auf dem Beschaffungsmarkt gerechnet werden, um die Wirtschaftlichkeit erkennen zu können. Rationalisierungsmaßnahmen im Bereich der betrieblichen Arbeit wären nicht erkennbar, wenn sie in ihrer Auswirkung von Preiserhöhungen auf dem Beschaffungsmarkt überdeckt werden.

   Ergebnis: Der gesunkene Gewinn ist kein sicheres Zeichen dafür, daß die Wirtschaftlichkeit gesunken ist.

2. In die Betriebsergebnisrechnung geht der Rohstoffverbrauch mit dem Wert von 11 400,— DM ein. In der Gewinn- und Verlustrechnung werden zur Feststellung des Unternehmensergebnisses insgesamt berücksichtigt:

   11 400,— DM aus der Betriebsergebnisrechnung
   1 000,— DM Preisdifferenz
   ─────────────
   12 400,— DM

3. Die Bewertung ist schon deshalb berechtigt, weil damit Preisschwankungen auf dem Beschaffungsmarkt aus der Kostenrechnung ferngehalten werden und damit die Voraussetzung für eine stetige Unternehmenspolitik geschaffen wird.

Geldrechnung — Erfolgsrechnung — Kostenrechnung

826 *Kosten — Ausgabe*

Aus den Investitionen ergeben sich Ausgaben, aber nicht unmittelbar Kosten. Diese Ausgaben werden erst im Laufe der Zeit über die Abschreibungen zu Kosten. Zudem sollen die Erweiterungsinvestitionen Einnahmen zusätzlich erbringen.

Da die Kosten je Einheit infolge der Investitionen nicht steigen, ist gerade für einen gemeinwirtschaftlich arbeitenden städtischen Verkehrsbetrieb diese Finanzierungspolitik nicht zu billigen.

827 *Ausgabe — Aufwand — Kosten*

Nr. des Geschäftsvorfalls	Ausgaben	Aufwendungen	Kosten
1	5 000,—	5 000,—	5 000,—
2	2 500,—	—	—
3	10 000,—	—	—
4	4 000,—	—	—
5	—	4 500,—	3 000,—
6	—	—	1 000,—
7	400,—	—	—
8	114,—	100,—	100,—
9	450,—	450,—	—
10	—	1 200,—	1 200,—
11	—	650,—	650,—
12	700,—	—	—
13	—	2 000,—	2 000,—
14	—	1 200,—	1 200,—
15	—	—	1 500,—
16	—	—	—
	23 164,—	15 105,—	15 650,—

828 Ausgabe — Kosten

	Nr. der Geschäftsvorfälle
1 Ausgabe, nicht Kosten	
1.1 Ausgabe, niemals Kosten	1, 3, 6, 8
1.2 Ausgabe, noch nicht Kosten	2, 5
1.3 Ausgabe größer als die Kosten	7
2 Kosten, nicht Ausgabe	
2.1 Kosten, niemals Ausgabe	4
2.2 Kosten, noch nicht Ausgabe	9
2.3 Kosten größer als die Ausgabe	10
3 Kosten = Ausgaben	11

829 Aufwand — Kosten

Geschäftsfälle	neutraler Aufwand	Zweckaufwand Grundkosten	Zusatzkosten
1	x		
2		x	
3	x		
4			x
5	x		
6	x (200)		
7	x (200)		
8	x		
9	x		

830 Neutraler Aufwand, Zweckaufwand, Grundkosten, Zusatzkosten

1.

	neutraler Aufwand	Zweckaufwand, Grundkosten	Zusatzkosten
a	5 000,—	8 000,—	—
b	—	2 000,—	3 000,—
c	—	20 000,—	2 000,—
d	—	—	24 000,—

2. Die buchhalterischen und die kalkulatorischen Abschreibungen waren gleich groß: 10 000,— DM.

3. Der kalkulatorische Unternehmerlohn betrug 18 000,— DM.

Kosten und Beschäftigungsgrad

831   *Fixe Kosten – variable Kosten – Gesetz der Massenproduktion*

1. Es ist günstiger, den Katalog in der hauseigenen Druckerei herstellen zu lassen; dort entstehen Kosten für die Herstellung eines Katalogs in Höhe von 5,20 DM

$$\frac{20\,000 + 5 \times 100\,000}{100\,000} = 5{,}20 \text{ DM.}$$ Die fremde Druckerei verlangt 6,— DM.

2.

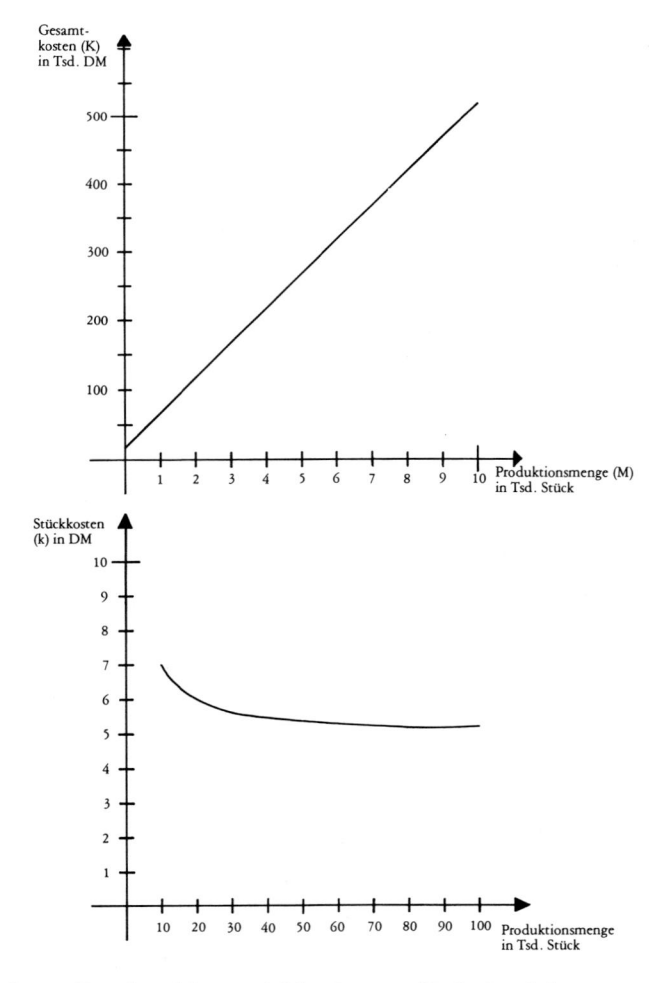

3. Die hauseigene Druckerei hat variable Kosten, die je Stück konstant 5,— DM betragen. Wohl verteilen sich die fixen Kosten bei Vergrößerung der Produktionsmenge auf eine immer größere Produktionsmenge, die Stückkosten bleiben jedoch immer knapp über den 5,— DM variablen Kosten je Stück.

832 Sprungkosten

1.

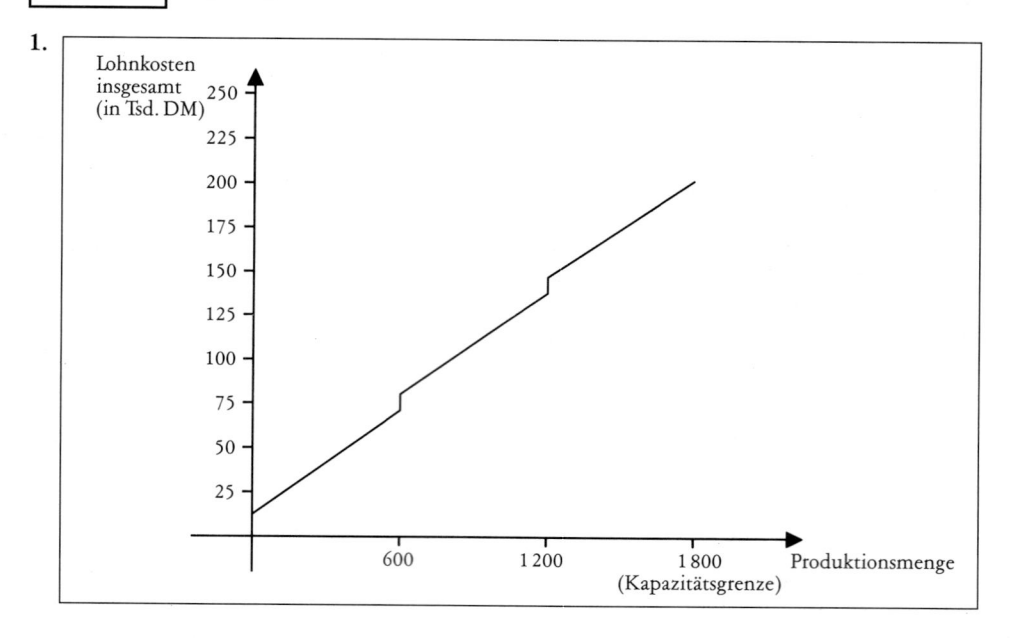

[Diagramm: Lohnkosten insgesamt (in Tsd. DM) in Abhängigkeit von der Produktionsmenge, mit Sprungstellen bei 600 und 1200 Stück; Kapazitätsgrenze bei 1800 Stück; y-Achse von 25 bis 250.]

2. Erläuterungen zu den Stückkosten für das 601. Stück:

Die Lohnkosten für das 601. Stück sind aus zwei Gründen höher als die für das 600. Stück:

a) Es muß ein 2. Meister eingestellt werden, der für 30 Arbeiter ausreichen würde. Es wird jedoch nur 1 Arbeiter zusätzlich eingestellt.

b) Dieser Arbeiter könnte 20 Stück herstellen, hier werden jedoch die Kosten für den Fall festgestellt, daß er nur 1 Stück zusätzlich produziert.

Für dieses 1 zusätzliche Stück werden also zusätzlich aufgewendet 4 500,— DM für den Meister und 3 000,— DM für den Arbeiter, insgesamt also 7 500,— DM. Die 4 500,— DM für den Meister sind fixe Kosten, die für den Bereich der Produktionsmenge 600—1 200 Stück fix bleiben, um dann wieder sprunghaft zu steigen; die Lohnkosten für den Arbeiter sind ebenfalls sprungfixe Kosten, die jeweils nach einer zusätzlichen Produktionsmenge 20 Stück sprunghaft steigen.

Die Stückkosten sinken wieder, wenn die sprunghaft gestiegenen fixen Kosten sich auf eine größere Produktionsmenge verteilen.

Erläuterungen zu den Stückkosten für das 1 200. Stück:
Ob 1 200 Stück hergestellt werden oder nur 600 Stück, es wird immer nur 1 Betriebsleiter beschäftigt, der 8 000,— DM Lohn erhält. Werden 1 200 Stück statt 600 Stück hergestellt, dann verteilen sich diese fixe Kosten auf eine größere Produktionsmenge.

| **833** | *Grafische Kostenauflösung*

1. u. 2.

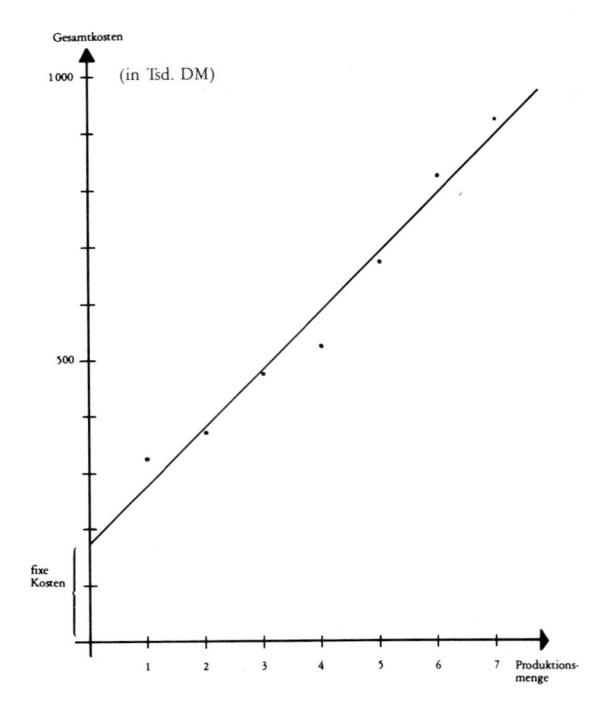

[Diagramm: Gesamtkosten (in Tsd. DM) gegen Produktionsmenge; Regressionsgerade durch Datenpunkte mit fixen Kosten als y-Achsenabschnitt]

| **834** | *Grenzkosten, durchschnittliche Stückkosten*

1. Für 1 Kopie 8 Impulse; für 4 Kopien 32 Impulse; je Impuls 4 Pfennig.
   Gesamtkosten: für 4 Kopien 4 × 32 = <u>1,28 DM</u>

   Durchschnittskosten für 1 Kopie: <u>0,32 DM</u>

2. a) Für die 5. Kopie werden 8 Impulse gezählt.
   Zusätzliche Kosten für die 5. Kopie = Grenzkosten): <u>0,32 DM</u>

   b) 5 Kopien zu je 8 Impulsen = 40 Impulse.
   Gesamtkosten: 40 Impulse zu je 0,04 DM = <u>1,60 DM</u>

   Durchschnittliche Kosten je Kopie: 1,60 : 5 = <u>0,32 DM</u>

3. a) Für die 6. Kopie werden nur noch 2 Impulse gezählt. Die Grenzkosten betragen also 2 × 0,04 = <u>0,08 DM</u>

   b) 5 Kopien zu je 8 Impulsen = 40 Impulse
   1 Kopie zu 2 Impulsen = 2 Impulse

   6 Kopien = 42 Impulse = <u>1,68 DM</u>

   Durchschnittliche Kosten je Kopie: 1,68 : 6 = <u>0,28 DM</u>

4. Wenn die Grenzkosten kleiner sind als die bisherigen durchschnittlichen Stückkosten, dann sinken die durchschnittlichen Stückkosten.

5. Kosten beim Einsatz des Xerox-Gerätes:

5 Kopien zu 8 Impulsen	=	40 Impulse
20 Kopien zu 2 Impulsen	=	40 Impulse
425 Kopien zu 1 Impuls	=	425 Impulse
450 Kopien	=	505 Impulse

Gesamtkosten für 450 Kopien: $505 \times 0{,}04 = \underline{\underline{20{,}20 \text{ DM}}}$

Kosten für 1 Kopie: $\underline{\underline{0{,}0449 \text{ DM}}}$

Kosten beim Einsatz des Addressograph-Gerätes:

Folie	0,20 DM
Variable Kosten $450 \times 0{,}02$	9,— DM
Gesamtkosten für 450 Kopien	9,20 DM

Kosten für 1 Kopie: $\underline{\underline{0{,}02 \text{ DM}}}$

Das Druckstation-Verfahren ist in diesem Falle kostengünstiger!

---

835 *Fixe Kosten – variable Kosten – Nutzenschwelle – Kapazität – Beschäftigungsgrad – Umsatzrendite*

1. Bei Vergrößerung der Produktion von 6 600 auf 7 400 Einheiten, also um 800 Einheiten, steigen die Kosten um 6 400 DM.
Da die variablen Kosten proportional verlaufen, betragen die variablen Kosten je Stück $6\,400 : 800 = \underline{\underline{8{,}— \text{ DM}}}$

2. Die variablen Kosten betragen bei einer Produktionsmenge von 7 400 Einheiten $8 \times 7\,400 = 59\,200{,}— \text{ DM}$.
Die Gesamtkosten betragen bei dieser Produktionsmenge 74 200,— DM.
Die fixen Kosten ergeben sich aus der Differenz der Gesamtkosten und der variablen Kosten und betragen 15 000,— DM.

3. Wenn die Bedingung gegeben ist, daß die Stückkosten so groß sind, wie der Stückerlös, dann wird bei weiterer Ausweitung der Produktion Gewinn erzielt.

$$12 = \frac{15\,000}{x} + 8; \qquad 4x = 15\,000$$
$$x = \underline{\underline{3\,750}}$$

Wird die Produktion über 3 750 Stück hinaus ausgeweitet, dann entsteht Gewinn.

4. Bei Auslastung zu 50%:

Kosten:	$15\,000 + 4\,000 \times 8$	= 47 000,— DM
Erlös:	$4\,000 \times 12$	= 48 000,— DM
Gewinn:		1 000,— DM
Umsatzrendite:		2,1 %

Bei Auslastung zu 100%:

Kosten:	$15\,000 + 8\,000 \times 8$	= 79 000,— DM
Erlös:	$8\,000 \times 12$	= 96 000,— DM
Gewinn:		17 000,— DM
Umsatzrendite:		17,7 %

5. Der Gewinn wird mit zunehmender Produktionsmenge immer größer, bis die Kapazitätsgrenze erreicht wird. Dort hat dieser Betrieb seinen maximalen Gewinn.

6.

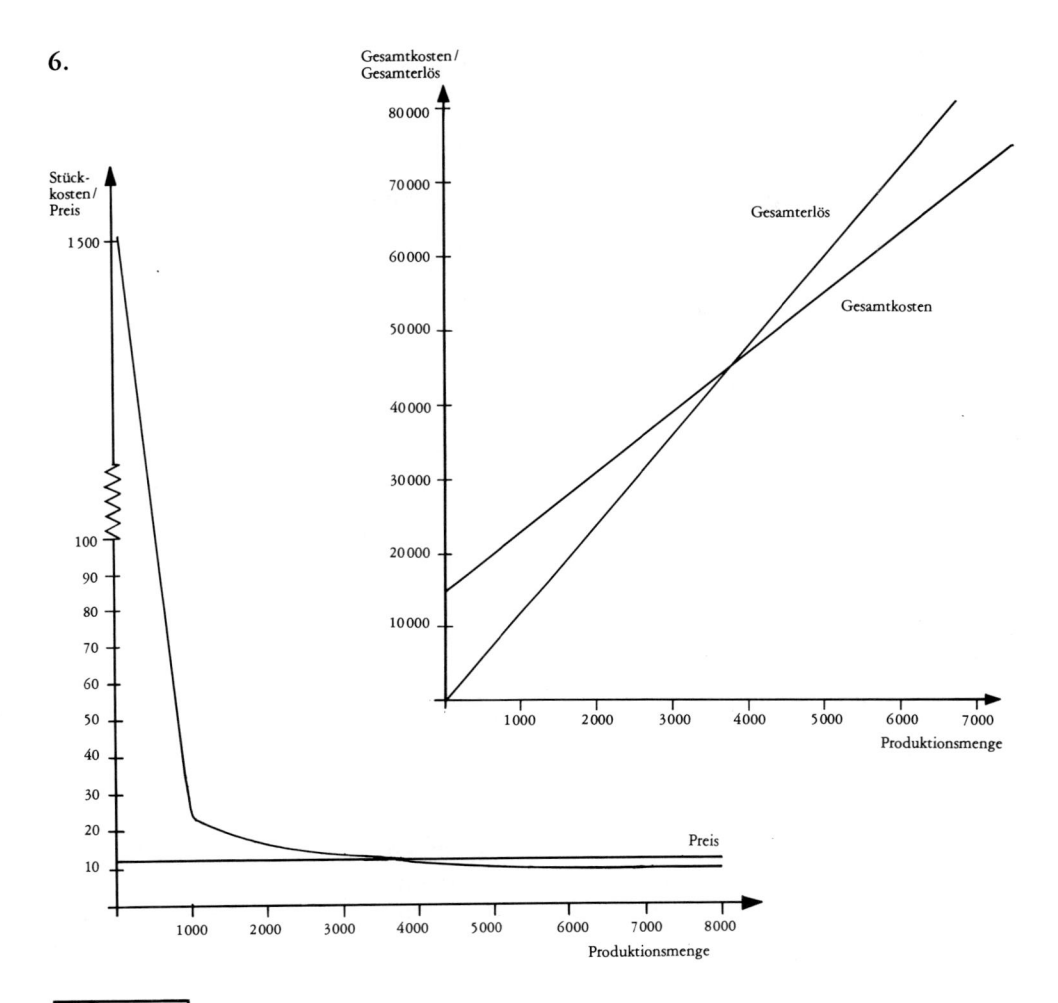

| 836 | *Leerkosten, Nutzkosten, Betriebsoptimum* |

1. Leerkosten: $\dfrac{200\,000 \times 30\,000}{100\,000} = \underline{\underline{60\,000,-}}$

2. Leerkosten: $\dfrac{200\,000 \times 40\,000}{100\,000} = \underline{\underline{80\,000,-}}$

fixe Kosten	200 000,—
— Leerkosten	80 000,—
Nutzkosten	120 000,—

3. Je höher der Auslastungsgrad der Kapazität (Beschäftigungsgrad), umso weniger Leerkosten fallen an, d. h. umso kleiner wird der Anteil der fixen Kosten an den Stückkosten. Da die variablen Kosten in diesem Betrieb proportional verlaufen, sinken die Stückkosten, wenn Leerkosten zu Nutzkosten werden.

4. Die Stückkosten sinken bis die Kapazitätsmenge erreicht ist. Dort wo die Stückkosten am niedrigsten sind, liegt das Betriebsoptimum.

5. Ja, wenn der Preis unter den sich bei voller Auslastung der Kapazität ergebenden Stückkosten liegt!

| **837** | *Vergleich von Produktionsverfahren, Ersatz noch produktionsbereiter Anlagen*

1. **Alte Anlage:**   Abschreibung   30 000,— DM
                     Lohnkosten   36 000,— DM
                                         66 000,— DM

20 000 Stück können mit 66 000,— DM anlageabhängigen Kosten hergestellt werden. Kosten für 1 Stück: **3,30 DM**

   Neue Anlage: Abschreibung   36 000,— DM
                     Lohnkosten   24 000,— DM
                                         60 000,— DM

25 000 Stück können mit 60 000,— DM anlageabhängigen Kosten hergestellt werden. Kosten für 1 Stück: **2,40 DM**

Die neue Anlage arbeitet wirtschaftlicher!

2. Bei der Berechnung der Kosten, die bei Einsatz der neuen Anlage entstehen, ist der Buchwert der dann zu verschrottenden alten Anlage ./. dem Schrotterlös für die alte Anlage den Kosten für die neue Anlage zuzuschlagen.

   Verlust an der alten Anlage
   (120 000,— — 1 200,—) : 10   10 800,— DM
   Abschreibung auf die neue Anlage   36 000,— DM
   Lohnkosten   24 000,— DM
                                       70 800,— DM

Unter der Annahme, daß der Betrieb nur 20 000 Stück absetzen kann und damit die neue Anlage gar nicht voll ausgelastet werden kann, betragen die Kosten je Stück:

$$\frac{70\,800}{20\,000} = \underline{\underline{3{,}54\ \text{DM}}}$$

Unter diesen Umständen wäre es günstiger, die alte Anlage weiter zu benutzen und erst nach ihrer völligen Abnutzung die moderne Anlage anzuschaffen, weil bei Einsatz der alten Anlage nur 3,30 DM Kosten je Stück entstehen.

3. Können 25 000 Stück abgesetzt werden, dann entstehen bei Einsatz der neuen Anlage Kosten je Stück in Höhe von $\frac{70\,800}{25\,000} = \underline{\underline{2{,}83\ \text{DM}}}$

Unter diesen Umständen wäre es sinnvoll, die alte Anlage sofort zu verschrotten!

| **838** | *Gewinnmaximum, Betriebsminimum, Verfahrensvergleich*

1. $24\,000 + 90x = 48\,000 + 30x$
   $60x = 24\,000{,}—$
   $x = \underline{\underline{400}}$

Die Stückkosten für Hand- und Maschinenarbeit sind bei einer Produktionsmenge von 400 Stück gleich groß.

2. Von der Produktionsmenge 401 Stück ab. Von dieser Produktionsmenge ab sind die Kosten bei Maschinenarbeit immer kleiner als bei Handarbeit, da die Kosten bei Maschinenarbeit konstant um 30,— DM je zusätzlich produziertem Stück steigen, bei Handarbeit aber um 90,— DM.

3. In dem Unternehmen steigt bei der gegebenen Kostensituation der Gewinn bei jeder Ausweitung der Produktion, da die Stückkosten bis zur Kapazitätsgrenze immer weiter sinken. Dies liegt daran, daß der Anteil der fixen Kosten an den Stückkosten bei jeder Produktionsausweitung sinkt und die variablen Kosten **je Stück** konstant bleiben.

4. Wenn der Preis unter die variablen Kosten je Stück, also unter 30,— DM sinkt, sollte das Unternehmen die Produktion vorübergehend einstellen, die Betriebsbereitschaft aber aufrecht erhalten.

Liegt der Preis bei 30,— DM oder darüber, aber noch unter den Selbstkosten, dann erzielt das Unternehmen zwar Verlust, der Verlust ist aber geringer als bei **vorübergehender** Stillegung des Betriebs, weil dann ja die fixen Kosten als Kosten für die Betriebsbereitschaft trotzdem anfallen würden.

Beispiel:

Das Unternehmen produziert 1000 Wäschespinnen nach dem Verfahren B. Gesamtkosten: 48 000,— + 30 x 1 000 = 78 000,— DM. Kosten für 1 Stück: 78,— DM.

Kann auf dem Markt nur ein Preis von 65,— DM erzielt werden, dann entsteht je Stück ein Verlust von 13,— DM insgesamt von 13 000,— DM. Würde der Betrieb vorübergehend stillgelegt, dann entstünden die 48 000,— DM fixe Kosten als Verlust.

Durch den Preis von 65,— DM wurden 35,— DM mehr als die variablen Kosten je Stück von 30,— DM ersetzt. Damit wurde der Verlust durch Verkauf unter den Selbstkosten um 1 000 × 35 = 35 000,— DM verringert.

Würde der Preis nicht einmal die variablen Kosten je Stück von 30,— DM decken, dann sollte das Unternehmen bei rein kostenrechnerischer Betrachtung die Produktion einstellen, auch wenn mit einer baldigen Preissteigerung gerechnet wird.

---

839 *Gesetz der Massenproduktion, Ertragsgesetz, Grenzkosten, Nutzenschwelle, Nutzengrenze, Betriebsoptimum, Gewinnmaximum*

1. Nutzenschwelle: Produktionsmenge 5. Bei dieser Produktionsmenge ist der Gesamtertrag zum erstenmal größer als die Gesamtkosten. Es entsteht Gewinn.

Nutzengrenze: Produktionsmenge 9. Bei dieser Produktionsmenge sind die Gesamtkosten wieder größer als der Gesamtertrag. Es entsteht Verlust.

Zwischen Nutzenschwelle und Nutzengrenze liegt der Gewinnbereich des Unternehmens.

Betriebsoptimum: Produktionsmenge 6. Die durchschnittlichen Stückkosten sind am niedrigsten.

Gewinnmaximum: Produktionsmenge 7. Bei keiner anderen Produktionsmenge ist der Gewinn größer als 550.

2. Der Verlauf der variablen Kosten. Die Fixkosten verteilen sich mit zunehmender Produktionsmenge auf die größere Produktionsmenge. Dies kann bei zunehmender Produktionsmenge nur auf ein Sinken der Stückkosten einwirken. Würden die variablen Kosten je Stück nicht steigen, dann könnten bei Vergrößerung der Produktionsmenge die Stückkosten überhaupt nicht steigen.

3. Bei ertragsgesetzlichem Verlauf steigen die variablen Kosten insgesamt zuerst degressiv, dann progressiv; das bedeutet auf das Stück bezogen, daß sie zuerst fallen und dann steigen. Nur wenn die variablen Kosten steigen, kann es eine Nutzengrenze geben (s. auch 2. oben).

840   Kritische Kostenpunkte (Betriebsoptimum, Gewinnmaximum)

1. Gesamtkosten   50 000,— DM
   ·/. Erlös für Stoffreste   400,— DM
                                     49 600,— DM

   Kosten für 1 Kleid: 49 600 : 500 = 99,20 DM

2. a) Die Produktionsmenge steigt um 10, die Gesamtkosten steigen um 1 200.
      Die Grenzkosten (in dieser realen Situation als Durchschnitt einer Produktionssteigerung um 10 Stück auf 1 Stück berechnet) betragen 120,— DM.
   b) Die Durchschnittskosten betragen bei einer Produktion von 510 Kleidern
      (51 200 — 400) : 510 = 99,61 DM

      Die Grenzkosten sind größer (120,— DM), also ist das Betriebsoptimum bereits überschritten. Wenn die Grenzkosten größer sind als die durchschnittlichen Stückkosten, dann steigen die durchschnittlichen Stückkosten.
   c) Der Gewinn nimmt mit der Produktionsausweitung solange zu, bis die Grenzkosten so groß sind wie der Preis (150,— DM). Bei dieser Produktionsmenge ist das Gewinnmaximum erreicht.
   d) Berechnung des Gewinns aus der Herstellung der Kinderhosen:

Kosten ohne Material	2 200,— DM
Material (Wert der Stoffreste)	400,— DM
Gesamtkosten für die Produktion	2 600,— DM
Erlös für Kinderhosen 17 × 200 =	34 000,— DM
Kosten	2 600,— DM
Gewinn aus der Herstellung von Kinderhosen	800,— DM
Gesamtkosten für die Herstellung des Hauptproduktes Damenkleider	51 200,— DM
·/. Gewinn aus dem Nebenprodukt Kinderhosen	800,— DM
dem Hauptprodukt zurechenbare Gesamtkosten	50 400,— DM

      Kosten für 1 Kleid $\frac{50\,400}{510}$ = 98,82 DM

   e) Wenn nicht mehr als 13,— DM für die Kinderhosen erzielt werden (2 600 : 200 = = 13), dann werden mit dem Nebenprodukt keine Überschüsse erzielt, die beim Hauptprodukt Damenkleider als Kostenminderung verrechnet werden können. Dann können die Stoffreste auch als Abfälle für 400,— DM verkauft werden.
      Bei einem Preis für die Kinderhosen unter 13,— DM würden die Kosten des Hauptprodukts sogar um den Verlust aus der Kinderproduktion erhöht.

Deckungsbeitragsrechnung

841 *Deckungsbeitrag*

1. u. 2.

	Dachziegel	Wabenziegelstein	insgesamt
Erlöse	100 000,—	60 000,—	160 000,—
./. variable Kosten	40 000,—	50 000,—	90 000,—
Deckungsbeitrag	60 000,—	10 000,—	70 000,—
./. fixe Kosten			50 000,—
Erfolg			+ 20 000,—

3. Eine betriebswirtschaftlich zufriedenstellende Aufteilung der fixen Kosten auf die Produktion von Dachziegeln und von Waben-Ziegelsteinen erscheint dem Unternehmer offensichtlich nicht möglich. Dann läßt sich der Erfolg je Produkt auch nicht feststellen.

842 *Direktkosten, Deckungsbeitrag, Gesamtgewinn und Deckungsbeiträge, Zweck der Deckungsbeitragsrechnung*

1. Zunächst sollten die folgenden, in der Fallbeschreibung nicht ausdrücklich angegebenen Werte festgestellt werden.
In der folgenden Tabelle sind sie mit ( ) gekennzeichnet.

	Auftrag A	restliche Aufträge	insgesamt
fixe Kosten	(80 000,—)	(170 000,—)	250 000,—
variable Kosten	70 000,—	(480 000,—)	(550 000,—)
Summe	150 000,—	(650 000,—)	800 000,—

Dem Auftrag A sind 70 000,— DM variable Kosten direkt zurechenbar.

2. Deckungsbeitrag des Auftrags A:

Erlös aus Auftrag A	110 000,— DM
./. variable Kosten f. Auftrag A	70 000,— DM
Deckungsbeitrag z. Auftrag A	40 000,— DM

3.
Erlös aus den restlichen Aufträgen	750 000,— DM
variable Kosten für die restlichen Aufträge	480 000,— DM
Deckungsbeitrag z. d. restlichen Aufträgen	270 000,— DM

4.
Deckungsbeitrag in der Abrechnungsperiode	310 000,— DM
fixe Kosten	250 000,— DM
Erfolg des Straßenbauunternehmens	+ 60 000,— DM

5. Die fixen Kosten bleiben unverändert, da die Kapazität nicht verändert werden soll. Variable Kosten fallen nur für den Auftrag B an.
Erlös entsteht nur aus dem Auftrag B.

Fixe Kosten	250 000,— DM
variable Kosten aus den restlichen Aufträgen	480 000,— DM
Kosten insgesamt	730 000,— DM
Erlös	750 000,— DM
⁄. Kosten	730 000,— DM
Erfolg	+ 20 000,— DM

Der Erfolg (Gewinn) ist um den Deckungsbeitrag geringer, der von Auftrag A geleistet worden wäre!

843 — Deckungsbeitrag, Auswahl bei der Neuaufnahme von Produkten

Deckungsbeitrag je Stück bei Produkt A:

Erlös	50,—
⁄. variable Kosten je Stück	40,—
Deckungsbeitrag je Stück	10,—

Deckungsbeitrag insgesamt von Produkt A: $10 \times 1\,000 = 10\,000,-$ DM

Deckungsbeitrag je Stück bei Produkt B:

Erlös	80,—
⁄. variable Kosten je Stück	60,—
Deckungsbeitrag je Stück	20,—

Deckungsbeitrag insgesamt von Produkt B: $20 \times 400 = 8\,000,-$ DM

Das Produkt A soll in die Produktion aufgenommen werden, da es den höchsten Deckungsbeitrag erbringt.

844 — Erzeugnisfixkosten, Unternehmungsfixkosten, Restdeckungsbeitrag, Gewinnoptimierung durch Sortimentsgestaltung

1.

		Produkte			
		A	B	C	D
1	variable Kosten je Produkteinheit	20	40	60	15
2	Erzeugnis — Fixkosten	40 000	20 000	120 000	0
3	erzielbarer Preis	40	50	90	30
4	Absatzmenge	5 000	30 000	3 000	2 000
5	Umsatzerlös (3 × 4)	200 000	1 500 000	270 000	60 000
6	variable Kosten insgesamt (1 × 4)	100 000	1 200 000	180 000	30 000
7	Deckungsbeitrag (5 — [6 + 2])	60 000	280 000	⁄. 30 000	30 000

2. Deckungsbeitrag insgesamt	340 000,—	
Unternehmungsfixkosten	200 000,—	
Gesamtgewinn	140 000,—	

3. Die Produktion des Produktes C sollte eingestellt werden, da mit Produkt C ein negativer Deckungsbeitrag erwirtschaftet wird.

Vermögen und Kapital

845 *Begriff des Vermögens*

Gebäude	1 200 000,— DM
Geschäftsausstattung	200 000,— DM
Fahrzeuge	120 000,— DM
Forderungen aus Warenlieferungen und Leistungen	120 000,— DM
Warenvorräte	900 000,— DM
Vermögen	2 540 000,— DM

Zum Vermögen zählen alle Gegenstände, mit dem das Unternehmen wirtschaftet. Wesentlich ist nur, ob sie für den Einsatz im Unternehmen gedacht sind. Es ist unerheblich, ob sie bereits voll, nur zum Teil oder noch nicht einmal zum Teil bezahlt sind. Auch die Eigentumsverhältnisse spielen keine Rolle.

846 *Gliederung des Vermögens*

1. Es sind immaterielle Vermögensgegenstände.
2. Es sind Vermögensgegenstände, die dazu bestimmt sind, auf Dauer dem Geschäftsbetrieb der Unternehmung zu dienen (Anlagevermögen).
3. Es sind Vermögensgegenstände, die nicht auf Dauer im Betrieb verbleiben sollen, sondern für einen raschen Umschlag bestimmt sind (Umlaufvermögen).
4. Gruppe 2.1: Sachanlagen

    Gruppe 2.2: Finanzanlagen
5. Gruppe 3.1: Vorräte; Gegenstände, die im Betrieb eingesetzt werden sollen oder Ergebnis der betrieblichen Leistungserstellung sind.

    Gruppe 3.2: Gegenstände des Umlaufvermögens, die nicht zu den Vorräten zu rechnen sind.
    Hier nur Finanzmittel.
6.

Position	Zuordnung der Fälle
1.	g
2.1	a, b,
2.2	f,
3.1	c,
3.2	d, e,

847 — Ausgewiesenes und tatsächliches Eigenkapital

1. | | |
   |---|---:|
   | Anlagevermögen | 500,– |
   | Umlaufvermögen | 500,– |
   | aktive Rechnungsabgrenzung | 50,– |
   | **Vermögen** | **1 050,–** |

Rückstellungen	50,–
Verbindlichkeiten aus Warenlieferungen und Leistungen	400,–
passive Rechnungsabgrenzung	40,–
Fremdkapital	**490,–**

Vermögen	1 050,–
./. Fremdkapital	490,–
Eigenkapital	**560,–**

   oder:

Gezeichnetes Kapital	500,–	
./. Ausstehende Einlagen auf das gezeichnete Kapital	100,–	400,–
Gesetzliche Gewinnrücklagen		70,–
andere Gewinnrücklagen		30,–
Bilanzgewinn		60,–
Eigenkapital		**560,–**

2. | | |
   |---|---:|
   | Eigenkapital | 560,– |
   | + Fremdkapital | 490,– |
   | **Ausgewiesenes Gesamtkapital** | **1 050,–** |

   oder:

Bilanzsumme		1 150,–
./. Ausstehende Einlagen auf das gezeichnete Kapital	100,–	100,–
Ausgewiesenes Gesamtkapital		**1 050,–**

3. a) | | |
      |---|---:|
      | Ausgewiesenes Eigenkapital | 1 050,– |
      | + offengelegte stille Reserve | 500,– |
      | **Tatsächliches Eigenkapital** | **1 550,–** |

b) Auf das gezeichnete Kapital von 500 entfallen 100 offene ausgewiesene Rücklagen. Hinzu kommen stille Reserven in Höhe von 500 (s. oben bei a.) Da den Aktionären das gesamte Eigenkapital zusteht, wird der innere Wert der Aktie durch die offenen und stillen Rücklagen erhöht. Die offenen und stillen Rücklagen betragen zusammen 600 und sind damit größer als das gezeichnete Kapital mit 500. Damit entfällt auf eine Aktie mit dem Nennwert von 100,– DM ein Anteil an den offenen und stillen Rücklagen in Höhe von 120,– DM. Würde allein dieser Umstand berücksichtigt, dann wäre sogar ein Börsenkurs von 220,– DM für eine 100,– DM-Aktie berechtigt. (Bei dieser Berechnung wurde der Bilanzgewinn deshalb bei der Berechnung des Eigenkapitals mit einbezogen, weil er vor seiner Ausschüttung Einfluß auf den Börsenkurs hat. Die Aktionäre erhalten den Bilanzgewinn in bar oder in der Form der Rücklage).

Entscheidenden Einfluß auf den Wert der Aktie hat jedoch auch der Gewinn dieses Jahres und die Höhe des für die künftigen Jahre erwarteten Gewinns.

848 | *Eigenkapital, Gesamtkapital, Haftungskapital, Rückgriffkapital*

1.
Kapital Komplementär	A	200
Kapital Komplementär	B	250
Kapital Kommanditist	C	150
Ausgewiesenes Eigenkapital		**600**

2. Ausgewiesenes Gesamtkapital = Bilanzsumme = 1 100, da keine Wertberichtigungen (z. B. auf Forderungen) auf der Passivseite ausgewiesen sind. Zu beachten: Offenlegungspflichtige Unternehmen dürfen in den zu veröffentlichenden Bilanzen keine Wertberichtigungen ausweisen. Wertberichtigungen müssen auf der Aktivseite abgesetzt werden.

3.
Ausgewiesenes Eigenkapital	600
Privatvermögen Komplementär A	180
Privatvermögen Komplementär B	220
Haftendes Kapital	**1 000**

4. Ausstehende Einlage Kommanditist C = Rückgriffskapital = 50 000,– DM. (Die ausstehenden Einzahlungen des Kommanditisten C auf seine Kommanditeinlage könnten auch in der Bilanz ausgewiesen sein. Die Bilanzposition Kapital Kommanditist C müßte dann 200 betragen, auf der Aktivseite der Bilanz müßte ein Korrekturposten in Höhe von 50 ausgewiesen sein, der eine Forderung der Kommanditgesellschaft an den Kommanditisten C darstellt. Bei der Aufgabe wurde davon ausgegangen, daß die Kommanditgesellschaft von der Möglichkeit Gebrauch gemacht hat, die ausstehende Einzahlung unter der Bilanz zu vermerken. Auch diese Art des Ausweises entspricht dem Grundsatz der Bilanzwahrheit.)

| 849 | *Gliederung des Vermögens und des Kapitals bei Kapitalgesellschaften* |

1.
A	Ausstehende Einlagen auf das gezeichnete Kapital	20	A	Eigenkapital		
				I. Gezeichnetes Kapital	150	
B	Anlagevermögen			II. Gewinnrücklagen	70	
	I. Sachanlagen	250		III. Bilanzgewinn	150	370
	II. Finanzanlagen	50	B	Rückstellungen		80
C	Umlaufvermögen		C	Verbindlichkeiten		
	I. Vorräte	150		1. Verbindlichkeiten aus Lieferungen und Leistungen		250
	II. Forderungen und sonstige Vermögensgegenstände	250		2. sonstige Verbindlichkeiten		100
D	Aktive Rechnungsabgrenzung	80				
		800				800

Verbindlichkeiten aus der Weitergabe von Wechseln 20   HGB § 251

2. Bilanzgewinn 150
    + Ausgleich Verlustvortrag 20
    + Zuführung zur Rücklage 10
    Jahresüberschuß 180

| 850 | *Bilanzverlust* |

Mit einer Kreditaufnahme kann ein Verlust nicht ausgeglichen werden. Die Aufnahme eines Kredits bewirkt eine „Bilanzverlängerung": auf der Aktivseite erscheint die aufgrund des Kredits zugeflossenen Finanzmittel, auf der Passivseite die Rückzahlungsverpflichtung. Der Vorgang ist nicht erfolgswirksam. Der Bilanzverlust bleibt bestehen. Nur ein erfolgswirksamer Vorgang ist zum Ausgleich des Bilanzverlustes geeignet.

| 851 | *Rücklagen* |

Die Rücklagenbildung bewirkt eine Bindung erwirtschafteten Gewinns an den Betrieb; die Ausschüttung wird verhindert. Der auf der Passivseite ausgewiesene Gewinn hat eine Erhöhung des Vermögens in gleichem Umfang zur Voraussetzung. Der Gewinn kann ja auch durch Vergleich des Anfangsbestandes und des Schlußbestandes des Vermögens berechnet werden. Tatsächlich ist aber nicht einmal sicher, ob der berechnete Gewinn überhaupt bar dem Unternehmen zugeflossen ist; das Unternehmen kann z.B. im großen Umfang auf Kredit geliefert haben, dann besitzt das Unternehmen den Gewinn vermögensmäßig in Form von Forderungen, nicht aber in liquiden Mitteln.

Selbst wenn der Gewinn in Form liquider Mittel zugeflossen ist, wird der zurückbehaltene Gewinn nicht bis zur Erweiterungsinvestition als flüssige Mittel im Unternehmen nutzlos liegen bleiben. Das wäre wegen des Zinsverlustes auch nicht richtig.

Durch Rücklagenbildung für Erweiterungsinvestitionen zurückbehaltene Finanzmittel müssen so angelegt werden, daß sie zum geplanten Termin zur Verfügung stehen.

Daß für diese Anlage sich überhaupt Finanzmittel im Betrieb ansammeln können, dafür schafft die Rücklagenbildung die Voraussetzung.

Die Behauptung, daß die Rücklagenbildung zur Bereitstellung flüssiger Mittel für Erweiterungsinvestition keinen Beitrag leiste, ist dennoch falsch.

| **852** | *Rückstellung — Rücklagen — Rechnungsabgrenzung* |

1. Die Gewerbesteuer ist eine Kostensteuer und mindert den Gewinn. Mit einer Buchung auf dem Konto Rücklagen wird eine Gewinnverwendung verbucht. Die Rücklagen zählen zum Eigenkapital; für die Rücklagen besteht keine Zahlungsverpflichtung, auch nicht an die Aktionäre. Deshalb muß die Gewerbesteuerschuld als Zahlungsverpflichtung als Rückstellung in der Bilanz erscheinen. Die Rückstellungen sind als echte Schulden Teil des Fremdkapitals.

2. Das Aktiengesetz läßt die Aufnahme betrieblicher Vorgänge in die Rechnungsabgrenzungsposten nur zu, wenn es sich um sogenannte transitorische Posten handelt (HGB § 250). Ein transitorisches Aktivum entsteht z. B. durch vorausbezahlte Miete, ein transitorisches Passivum durch im voraus erhaltene Miete. Bei transitorischen Posten handelt es sich also um Leistungsforderungen oder um Leistungsschulden des Unternehmens. Antizipatorische Posten der Rechnungsabgrenzung müssen nach dem Aktiengesetz als sonstige Forderungen oder sonstige Verbindlichkeiten ausgewiesen werden. Bei antizipatorischen Posten handelt es sich um Geldschulden.

Schon aus diesem Grunde darf die Gewerbesteuerschuld nicht als Rechnungsabgrenzung (passive) ausgewiesen werden.

Die Gewerbesteuerschuld muß auch deshalb als Rückstellung in die Bilanz eingehen, weil die Höhe der Schuld nicht exakt feststeht (HGB § 249).

Gewinn- und Verlustrechnung bei Kapitalgesellschaften

| **853** | *Gewinn- und Verlustrechnung nach Aktienrecht: Umsatzerlös* |

Erlös aus Warenverkauf	2 500 000,—
Erlös aus Fracht- und Verpackungskosten	200 000,—
	2 700 000,—
·/. Preisnachlässe	150 000,—
Umsatzerlös nach HGB	2 550 000,—

Nach § 277 HGB zählen zu den Umsatzerlösen nur solche Erlöse, die sich aus der Realisierung des Betriebszwecks dienen.

Preisnachlässe müssen von den Erlösen abgezogen werden.

| **854** | *Gewinn- und Verlustrechnung der Kapitalgesellschaft: Umsatzerlös nach HGB betriebliche Erträge* |

Umsatzerlös	300 000,—	
+ Bestandserhöhung an unfertigen Erzeugnissen	50 000,—	
	350 000,—	
·/. Bestandsverminderung an fertigen Erzeugnissen	30 000,—	320 000,—
+ aktivierte Eigenleistungen		50 000,—
Betriebliche Erträge		370 000,— DM

| 855 | *Gewinn- und Verlustrechnung der Kapitalgesellschaft: Ergebnis der gewöhnlichen Geschäftstätigkeit* |

Umsatzerlös	500 000,–	
sonstige betriebliche Erträge	30 000,–	530 000,–
./. Materialaufwand	260 000,–	
sonst. betriebliche Aufwendungen	40 000,–	300 000,–
Ergebnis der gewöhnlichen Geschäftstätigkeit		230 000,– DM

Das Ergebnis der gewöhnlichen Geschäftstätigkeit (HGB § 275, Abs. 2 Pos. 14) schließt auch betriebliche periodenfremde Aufwendungen und Erträge ein. Zu den außerordentlichen Aufwendungen und Erträgen zählen gem. § 275 HGB nur die Aufwendungen und Erträge außerhalb der gewöhnlichen Geschäftstätigkeit. Der Saldo zwischen dem Schadensaufwand und dem Ertrag aus der Versicherungsleistung in Höhe von 10 000,— DM ist zwar periodenfremd, mindert aber das „Ergebnis der gewöhnlichen Geschäftstätigkeit".

| 856 | *Gewinn- und Verlustrechnung der Kapitalgesellschaft: Betriebsergebnis – Finanzergebnis – Ergebnis der gewöhnlichen Geschäftstätigkeit – außerordentliches Ergebnis - Jahresüberschuß* |

1 Umsatzerlös	6 200,–		
2 Erhöhung des Bestandes an fertigen Erzeugnissen	400,–		
3 betriebliche Erträge		6 600,–	
4 Materialaufwand	1 000,–		
5 Personalaufwand			
a) Löhne und Gehälter	2 500,–		
b) soziale Abgaben und Aufwendungen für Altersversorgung und Unterstützung	400,–		
davon für Altersversorgung 250,–			
6 Abschreibungen auf das Anlagevermögen	1 400,–		
7 betriebliche Aufwendungen		5 300,–	
8 BETRIEBSERGEBNIS			1 300,–
9 Erträge aus Beteiligungen	300,–		
10 Zinserträge	100,–	400,–	
11 Zinsaufwendungen		300,–	
12 FINANZERGEBNIS			100,–
13 ERGEBNIS DER GEWÖHNLICHEN GESCHÄFTSTÄTIGKEIT			1 400,–
14 Außerordentliche Erträge (AUSSERORDENTLICHES ERGEBNIS)			50,–
15 Steuern			100,–
16 JAHRESÜBERSCHUSS			1 350,–

Bewertung nach Handelsrecht

857 *Zweck der Aktivierung — Anschaffungswert — Tageswert — Wiederbeschaffungswert*

1. Verbucht werden die Anschaffungskosten:

Kaufpreis	150 000,—
./. 4% Rabatt	6 000,—
	144 000,—
Überführungs- u. Zulassungskosten	1 200,—
Anschaffungskosten	145 200,—

2. Die Anschaffungskosten sind im Augenblick des Kaufs Ausgaben, aber keine Aufwendungen. Die Ausgaben werden erst später zu Aufwendungen, sie müssen auf die Nutzungsdauer des Lastwagens verteilt werden. Deshalb werden die Ausgaben aktiviert und mit Hilfe der Abschreibung zeitraumgerecht in die Kostenrechnung gebracht.

3. a)

Anschaffungskosten	145 200,—
./. 25% Abschreibung von 127 200,— DM (145 200,— — 18 000,— Schrottwert)	31 800,—
Fortgeführter Anschaffungswert nach 1 Jahr	113 400,—
Tagespreis auf dem Beschaffungsmarkt	158 000,—
./. 4% Rabatt	6 320,—
	151 680,—
Überführungs- u. Zulassungskosten	1 200,—
Wiederbeschaffung-Neuwert	152 880,—
./. 25% Abschreibung von 72 800,—	35 000,—
Fortgeführter Anschaffungswert zu Tagespreisen	117 880,— DM
Tageswert auf dem Beschaffungsmarkt für Gebrauchtfahrzeuge:	115 000,— DM
Tageswert auf dem Verkaufsmarkt für Gebrauchtfahrzeuge:	105 000,— DM

b) Betriebswirtschaftlich zweckmäßig ist der Ansatz eines fortgeführten Anschaffungswertes. Der Betrieb will diesen Anlagestand nutzen, bis er nicht mehr einsatzfähig ist. Es kommt also darauf an, die Ausgaben des Anschaffungswertes zeitraumgerecht in Aufwendungen zu überführen. Die Werte auf dem Gebrauchtwagenmarkt sind deshalb unerheblich. Für die zeitraumgerechte Überführung der Ausgaben in die Erfolgsrechnung des Unternehmens ist der fortgeführte Anschaffungswert ohne Berücksichtigung des gestiegenen Neupreises zu wählen. Daß wir den Lastwagen noch zu einem niedrigeren Preis eingekauft haben bewirkt, daß die Abschreibungen niedriger sind; das Unternehmensergebnis wird günstiger, als wenn wir für den Lastwagen den jetzt höheren Preis hätten zahlen müssen. Gem. § 253 HGB darf in der Bilanz in diesem Fall höchstens der Anschaffungswert, vermindert um planmäßige Abschreibungen eingesetzt werden; das ist der fortgeführte Anschaffungswert von 113 400,— DM.

Eine andere Überlegung wäre die, welche Grundlage für die Berechnung der Abschreibungen für die Zwecke der Kostenrechnung zu wählen ist. Hierfür ist es betriebswirtschaftlich gerechtfertigt, den Wiederbeschaffungspreis für einen neuen Lastwagen zugrunde zu legen. Die Berechnung der Abschreibung für die Kostenrechnung auf der Grundlage zufälliger Anschaffungspreise könnte der Unternehmensleitung einen Kostenvorsprung vorspiegeln, den es gar nicht besitzt und damit unternehmerische Entscheidungen beeinflussen.

858 Ertragswert

Das vom Käufer zu übernehmende Geschäftsvermögen hat nur einen Wert von 500 000,— DM! Ein hoher Ertragswert kann Veranlassung sein, etwas mehr zu zahlen, als den Wert des zu erwerbenden Geschäftsvermögens. Auch wegen des allgemeinen Unternehmerrisikos, ob der Gewinn in dieser Höhe auch weiter erzielt werden kann, scheidet der volle Ertragswert als Kaufpreis aus!

Der in der Erfolgsrechnung ausgewiesene Gewinn ist um einen Unternehmerlohn für die Tätigkeit des Inhabers, gegebenenfalls auch für mitarbeitende Familienangehörige, zu kürzen.

Der Berechnung des Ertragswertes muß ein durchschnittlicher Gewinn aus mehreren Geschäftsjahren zugrundegelegt werden.

859 Substanzwert — Ertragswert — Unternehmenswert — Geschäftswert

1. a) Ja! Die Abfindung muß berechnet werden auf der Grundlage der Kosten die anfallen würden, um einen Betrieb der gleichen technischen Leistungsfähigkeit zu errichten. Sonst käme der das Unternehmen weiter betreibende Sohn des letzten der drei ehemaligen Inhaber ganz allein und ungerechtfertigt in den Genuß der durch die gestiegenen Wiederbeschaffungspreise nominellen Wertsteigerung des Vermögens.

   b)
Reproduktionsaltwert Sachanlagen	2 000 000,—
Tageswert Vorräte	750 000,—
Forderungen (./. Wertberichtigung)	250 000,—
Kassenbestand	100 000,—
	3 100 000,—
./. Schulden	1 450 000,—
Substanzwert (Reinvermögen)	1 650 000,—

2. Nein! Die Erträge, die im Betrieb regelmäßig erwirtschaftet werden und die Verzinsung des eingesetzten Kapitals bestimmen, müssen berücksichtigt werden.

3. a) Zugrundegelegt werden soll der Gewinn, der sich bei sachverständiger Einschätzung wahrscheinlich in Zukunft erzielen läßt. Es ist sehr schwierig und mit großen Risiken behaftet, diesen zukünftig erzielbaren Gewinn zu schätzen. In diesem Fall erscheint es nicht unberechtigt, den in den letzten Jahren konstant erzielten Gewinn zugrunde zu legen.

   b)
Konstanter Gewinn in den letzten 4 Jahren	201 000,—
./. Unternehmerlohn	60 000,—
	141 000,—

   $$\text{Ertragswert} = \frac{141\,000 \times 100}{6} = 2\,350\,000,\text{— DM}$$

4. Unternehmenswert = $\dfrac{\text{Substanzwert} + \text{Ertragswert}}{2}$ = $\dfrac{1\,650\,000 + 2\,350\,000}{2}$ =
   = 2 000 000,— DM

5. Bilanz nach der Übernahme und Auszahlung der Gesellschafter (in Tausend DM)

Sachanlagen	1 500	Eigenkapital	1 350
Vorräte	600	Hypotheken	700
Forderungen aus Warenlieferungen	300	Verbindlichkeiten aus Warenlieferungen und Leistungen	750
Kassenbestand	100	Wertberichtigungen auf Forderungen	50
Geschäftswert	350		
	2 850		2 850

Berechnung des Geschäftswerts:

Unternehmenswert	2 000
./. Substanzwert	1 650
Geschäftswert	350

oder:

Ertragswert	2 350
./. Unternehmenswert	2 000
Geschäftswert	350

oder:

Ertragswert	2 350
./. Substanzwert	1 650
	700 : 2 = 350

---

860 *Niederstwertprinzip — Realisationsprinzip — Wertaufholung*

1. a) 300 000,— DM. Aus Vorsichtsgründen. Sinkt der Börsen- oder Marktpreis von Gütern des Umlaufvermögens, dann besteht Abschreibungspflicht gem. § 253 HGB für alle Kaufleute, nicht nur für Kapitalgesellschaften.
   b) Dadurch entsteht in der Gewinn- und Verlustrechnung ein Aufwand in Höhe von 100 000,— DM.

2. a) Bei strenger Einhaltung des Prinzips darf der Wertansatz von 300 000,— DM nicht erhöht werden. Bei einer Erhöhung des Wertansatzes auf 390 000,— DM würden 90 000,— DM nichtrealisierter Gewinn anfallen.
   b) Da es sich um eine Kapitalgesellschaft handelt, muß Wertaufholung durchgeführt werden; der Tageswert von 390 000,— DM muß angesetzt werden (§ 280 HGB). Für Einzelkaufleute oder Personengesellschaften besteht dieses Wertaufholungsgebot nicht (§ 253 Abs. 5 HGB).

3. a) Ja! Bei voraussichtlich dauernder Wertminderung, die den Umständen nach gegeben ist, muß der Wert herabgesetzt werden (§ 253 HGB). Diese Vorschrift gilt für alle Kaufleute, nicht nur für Kapitalgesellschaften.
   b) Bei einer vorübergehenden Wertminderung von Vermögensgegenständen des Anlagevermögens besteht ein Abschreibungsrecht (bei Kapitalgesellschaften nur auf Finanzanlagen, § 279 HGB), keine Abschreibungspflicht. § 253 Abs. 2 Satz 3 HGB.

Die unterschiedliche Behandlung des Anlagevermögens und des Umlaufvermögens ist berechtigt. Gegenstände des Umlaufvermögens sind zum baldigen Umschlag bestimmt. Die Wahrscheinlichkeit ist groß, daß der sich durch die Wertminderung ergebende Verlust auch bald realisiert wird.

Gegenstände des Anlagevermögens sollen dem Betrieb länger dienen. Wertminderungen können im Laufe der betrieblichen Nutzungszeit von Werterhöhungen wieder ausgeglichen werden. Für das Anlagevermögen sind betriebliche Realisationswerte wesentlicher als Tageswerte.

4. a) 320 000,— DM.

   b) 50 000,— DM, da die durch die Änderung des Bebauungsplans eingetretene Wertsteigerung nicht „realisiert" ist. Realisiert ist ein Gewinn, wenn er zu einer einklagbaren Forderung geworden ist oder die Gegenleistung schon erbracht wurde.

   c) In dieser Situation haben Kaufleute grundsätzlich ein Wahlrecht, ob sie den niedrigeren Wert beibehalten oder eine Wertaufholung durchführen wollen. Mit der Wertaufholung darf aber höchstens die durchgeführte außerplanmäßige Abschreibung korrigiert werden. Der Wertansatz darf also hier auf höchstens 200 000,− DM (Anschaffungswert) erhöht werden.
   Für die Aktiengesellschaft als Kapitalgesellschaft gilt besonderes Recht: Sie unterliegt gem. § 280 HGB einem Wertaufholungsgebot, d. h. sie muß den Wertansatz erhöhen.

   d) Sie erzwingt sogar stille Rücklagen, da mit dem Wertansatz über den Anschaffungswert nicht hinausgegangen werden darf.

861   Fifo- und lifo-Methode

1. a) $25 \times 7 + 25 \times 6 + 30 \times 6{,}50 = \underline{\underline{520}}$

   b) Nein, in der Abrechnungsperiode wurde ein Teil der Ersatzteile billiger beschafft. Diese niedrigeren Preise wurden bei der Bewertung nicht berücksichtigt.

2. a) $40 \times 5 + 40 \times 6 = \underline{\underline{440}}$

   b) Ja, für die Bewertung wurden die niedrigsten Beschaffungspreise berücksichtigt.

3. a) Nein, bei sinkenden Preisen führt die Anwendung des lifo-Verfahrens nicht zu einem Bewertungsergebnis, das dem Niederswertprinzip entspricht.

   b) Nein, nur bei steigenden oder konstanten Preisen führt das fifo-Verfahren nicht zu einem Ergebnis, das dem Niederstwertprinzip entspricht. Bei sinkenden oder konstanten Preisen entspricht das fifo-Verfahren dem Niederstwertprinzip.

4. Beide! § 256 HGB läßt das lifo- und das fifo-Verfahren zu.

Auswertung der Bilanz und der Erfolgsrechnung

862   Rentabilität des Eigenkapitals — Umsatzrentabilität

Rentabilität des Eigenkapitals im Jahr 1:

1. $\dfrac{40\,000 \times 100}{500\,000{,}—} = 8\%$

   Rentabilität des Eigenkapitals im Jahr 2:

   $\dfrac{63\,000 \times 100}{580\,000} = 10{,}9\%$

2. Umsatzrentabilität im Jahr 1:

$$\frac{40\,000 \times 100}{800\,000} = 5\,\%$$

Umsatzrentabilität im Jahr 2:

$$\frac{63\,000 \times 100}{2\,100\,000} = 3\,\%$$

3. Der Umsatz ist sehr stark gestiegen. Deshalb ist der Gewinn gestiegen, obwohl auf 100,— DM Umsatz bezogen weniger verdient wurde. Der erhöhte Umsatz wurde mit einer bezogen auf die Umsatzausweitung relativ geringen Erhöhung des Eigenkapitals erzielt. Deshalb konnte die Rentabilität des Eigenkapitals steigen.

---

863 — *Feststellung des durchschnittlich gebundenen Eigenkapitals für die Berechnung der Rentabilität*

1. Die Ursache kann darin liegen, daß der Inhaber der Einzelfirma eine Privateinlage geleistet hat.
2. Der Schlußbestand an Eigenkapital war nicht über das gesamte Geschäftsjahr unverändert im Unternehmen vorhanden.
3. Ganz exakt wäre die Rentabilitätsberechnung nur möglich, wenn für jeden Tag des Geschäftsjahres der Bestand an Eigenkapital bekannt wäre. Diese Berechnung wäre jedoch viel zu aufwendig, um betriebswirtschaftlich noch sinnvoll zu sein.
4. Anfangsbestand des Eigenkapitals im Jahr 2

(= Schlußbestand des Jahres 1)	450 000,—
Schlußbestand des Eigenkapitals im Jahr 2	500 000,—
durchschnittlicher Bestand an Eigenkapital	950 000,— : 2 = 475 000,—

Rentabilität des Eigenkapitals im Jahr 2 = $\dfrac{35\,625 \times 100}{475\,000} = 7,5\,\%$

---

864 — *Rentabilität des Gesamtkapitals — Zusammenhang der Rentabilität des Eigenkapitals mit der Rentabilität des Gesamtkapitals*

1. Rentabilität des Eigenkapitals:

Jahr 1: $\dfrac{100\,000 \times 100}{1\,320\,000} = \underline{\underline{7,6\,\%}}$

Jahr 2: $\dfrac{180\,000 \times 100}{1\,610\,000} = \underline{\underline{11,2\,\%}}$

2. In diesem Fall müßten keine Zinsen mehr gezahlt werden. Der Gewinn würde sich um die gezahlten Fremdkapitalzinsen erhöhen. Das gesamte Kapital bestünde aus Eigenkapital.

$$\frac{209\,000 \times 100}{1\,900\,000} = \underline{\underline{11\,\%}}$$

3. Durch das Gesamtkapital werden auch die zu zahlenden Fremdkapitalzinsen erwirtschaftet. Die Rentabilität des Gesamtkapitals, bei der die Zinsaufwendungen dem Gewinn zugeschlagen werden, zeigt deshalb die volle Ertragskraft des Unternehmens. Bei der Entscheidung, ob es sich lohnt, Eigenkapital in das Unternehmen einzubringen, ist die Rentabilität des Gesamtkapitals die maßgebende Kennziffer zur Orientierung.

4. **Rentabilität des Gesamtkapitals**:

Jahr 1: $\dfrac{(100\,000 + 28\,000) \times 100}{1\,600\,000} = \underline{\underline{8\,\%}}$

Jahr 2: $\dfrac{(180\,000 + 29\,000) \times 100}{1\,900\,000} = \underline{\underline{11\,\%}}$

5. a) Es ist lohnend, Fremdkapital durch Eigenkapital zu ersetzen.

   b) Es ist lohnend, im betriebswirtschaftlich vertretbaren Rahmen mit Fremdkapital statt mit Eigenkapital zu finanzieren.

---

865 *Rentabilität des Eigenkapitals — Rentabilität des Gesamtkapitals — Gewinnfeststellung*

1.

Eigenkapital Jahr 2:	180
Eigenkapital Jahr 1:	170
im Jahr 2 durchschnittlich geb. Eigenkapital	350 : 2 = $\underline{\underline{175}}$
Bilanzgewinn Jahr 2:	20
Rücklagenzuführung	5
	25

Rentabilität des Eigenkapitals im Jahr 2: $\dfrac{25 \times 100}{175} = \underline{\underline{14{,}3\,\%}}$

Rentabilität des Eigenkapitals im Jahr 3: $\dfrac{35 \times 100}{187{,}5} = \underline{\underline{18{,}7\,\%}}$

2. Berechnung des durchschnittlich gebundenen Eigenkapitals für das Jahr 1:

Gezeichnetes Kapital	110
Rücklagen (ohne Zuführung im Jahr 1)	41
Anfangsbestand Jahr 1	151
$^{1}/_{2}$ Gewinn (Bilanzgewinn + Rücklagenzuführung : 2)	9,5
durchschnittlich gebundenes Eigenkapital im Jahr 1	160,5

Im Jahre 2 durchschnittlich gebundenes Gesamtkapital $= \dfrac{260 + 285}{2} = 272{,}5$

3. a) Rentabilität des Gesamtkapitals im Jahr 2 =

$= \dfrac{(\text{Gewinn} + \text{Zinsaufwendungen}) \times 100}{\text{durchschnittlich gebundenes Gesamtkapital}} = \dfrac{(25 + 5{,}5) \times 100}{272{,}5} = \underline{\underline{11{,}2\,\%}}$

Rentabilität des Gesamtkapitals im Jahr 3 $= \dfrac{(35 + 5) \times 100}{290} = \underline{\underline{13{,}8\,\%}}$

b) Die Rentabilität des Eigenkapitals ist höher als die Rentabilität des Gesamtkapitals. Der Ersatz von Fremdkapital durch Eigenkapital würde die Rentabilität des Eigenkapitals verringern.

866 Return on Investment (ROI)

1.

Zu vergleichende Zeiträume	Ursache für die Veränderung der Kapitalrentabilität
2 — 1	Steigt, weil Kapitalumschlag steigt und Umsatzrentabilität konstant bleibt.
3 — 2	Steigt, weil Umsatzrentabilität steigt und Kapitalumschlag konstant bleibt.
4 — 3	Sinkt, weil Kapitalumschlag sinkt und die Umsatzrentabilität konstant bleibt.
5 — 4	Sinkt, weil Umsatzrentabilität sinkt und der Kapitalumschlag konstant bleibt.
6 — 5	Sinkt, weil die Umsatzrentabilität stärker sinkt, als der Kapitalumschlag steigt.
7 — 6	Steigt, weil die Umsatzrentabilität stärker steigt als der Kapitalumschlag sinkt.

2. Richtige Behauptungen: e, g,
   Nicht richtige Behauptungen: a, b, c, d, f,

3. Teil 1 der Formel entspricht Spalte 5,
   Teil 2 der Formel entspricht Spalte 4.

867 Betriebskoeffizient — Wirtschaftlichkeit — Betriebsergebnis — neutrales Ergebnis — Umsatzrentabilität bei betriebsfremden Erträgen

1. Dieser Quotient ist für den beschriebenen Zweck nicht aussagekräftig genug. In den Erträgen können zeitraumfremde und auch dem eigentlichen Betriebszweck fremde Erträge enthalten sein. Die gleiche Kritik ist an den Aufwendungen angebracht. Auch können Schwankungen auf dem Beschaffungs- und Absatzmarkt in die Berechnung eingehen und das Bild der Wirtschaftlichkeit vergessen.

2. Betriebsergebnis

	Jahr 1	Jahr 2		Jahr 1	Jahr 2
Materialkosten	98	110	Umsatzerlöse	400	450
Fertigungslöhne	150	200	Bestandsveränderung	80	40
sonstige Personalkosten	100	120	Betriebsergebnis	—	55
kalkulatorische Abschreibung	30	40			
kalkulatorische Zinsen	50	55			
kalkulatorische Wagnisse	20	20			
Betriebsergebnis	32	—			
	480	545		480	545

Neutrales Ergebnis

	Jahr 1	Jahr 2		Jahr 1	Jahr 2
buchhalterische Abschreibung	40	56	Erlöse aus dem Verkauf von Gegenständen des Anlagevermögens	20	110
Fremdzinsen	10	11			
eingetretene Wagnisse	5	4	verrechnete kalkulatorische Abschreibung	30	40
außerordentliche Aufwendungen	25	25	verrechnete kalkulatorische Zinsen	50	55
Neutrales Ergebnis	40	129	verrechnete kalkulatorische Wagnisse	20	20
	120	225		120	225

Zusammensetzung des Unternehmensergebnisses:

	Jahr 1	Jahr 2
Betriebsergebnis	+ 32	— 55
Neutrales Ergebnis	+ 40	+ 129
Unternehmensergebnis	+ 72	+ 74

3. Betriebskoeffizient Jahr 1: $\frac{480}{448} = 1{,}07$

   Jahr 2: $\frac{490}{545} = 0{,}90$

4. Die Wirtschaftlichkeit ist gesunken.

5. Steigt der Anteil einer Kostenart an der Gesamtleistung, dann wirkt sich dies negativ auf die Wirtschaftlichkeit aus.

   a) In besonders starkem Umfang ist der Anteil der Personalkosten an der Gesamtleistung gestiegen und hat damit die Wirtschaftlichkeit beeinflußt.

   b) Die Berechnung 1 vermag für den Zweck der Analyse fast gar nichts auszusagen. Wenn z. B. alle Kosten gleichmäßig um 100% gestiegen wären, dann blieben die berechneten Prozentanteile der Kostenarten an den Gesamtkosten unverändert.

6. Eine absolute Aussage über die Wirtschaftlichkeit wäre nur möglich, wenn die Situation des Betriebes mit einer anderen betrieblichen Situation verglichen wird, von der ohne Zweifel bekannt ist, daß die Leistungserstellung nach dem Stand der technisch-ökonomischen Erkenntnisse absolut wirtschaftlich geschieht. Da dieser Bezugspunkt wohl immer fehlen wird, läßt die Wirtschaftlichkeitskennziffer nur die Aussage zu, daß die Leistungserstellung im Vergleich zu einer Situation am gleichen Betrieb aus vergangenen Perioden oder im Vergleich zu der Situation eines anderen Betriebs wirtschaftlicher oder unwirtschaftlicher durchgeführt wird.

7. Bei der Berechnung der Umsatzrentabilität soll der Betriebsgewinn auf die betrieblichen Umsatzerlöse bezogen werden. Zeitraumfremde und betriebsfremde Erträge würden das Bild verfälschen.

   a) Umsatzrentabilität:

   Jahr 1: $\dfrac{32 \times 100}{400} = \underline{\underline{8\%}}$

   Jahr 2: Es wurde kein Betriebsgewinn erzielt!

   b) Nein! Da die Entwicklung der Preise auf dem Absatz- und dem Beschaffungsmarkt nicht bekannt sind, lassen sich die letzten Ursachen nicht eindeutig feststellen.

868 Produktivität — Wertschöpfung

1. Ja! Die Entwicklung des Lohnaufwandes kann nur richtig gewürdigt werden, wenn auch die Produktivitätsentwicklung mit berücksichtigt wird. Produktivitätssteigerungen wirken z. B. einer Erhöhung der Lohn-Stückkosten entgegen.

2. Die verschiedenen Produkte können mit Hilfe des Marktpreises zusammengefaßt und auf die Menge der eingesetzten Arbeit bezogen werden. Das ergibt eine durchschnittliche Arbeitsproduktivität der verschiedenen Produktbereiche.

3. a) Wertproduktivität:

   Jahr 1: 197 000 000 : 2 800 = $\underline{\underline{70\,357,\text{— DM}}}$

   Jahr 2: 179 500 000 : 2 500 = $\underline{\underline{71\,800,\text{— DM}}}$

   b) Die Wertproduktivität zeigt, welche Wertschöpfung im Betrieb durch Einsatz einer Arbeitseinheit erreicht wurde. Für viele Zwecke ist diese Wertproduktivität sehr aussagefähig. Genauer wäre das Ergebnis, wenn nicht nur die Zahl der Beschäftigten, sondern auch die Zahl der geleisteten Arbeitsstunden bekannt wäre.

   c) Es handelt sich dem Wesen nach um eine Produktivitätskennziffer, weil der Ertrag nur auf einen Faktor bezogen wird, der mengenmäßig bestimmt ist.

4. a)

	Jahr 1	Jahr 2	Jahr 3
Betriebliche Erträge	2 800	2 650	2 620
Materialaufwendungen	640	655	640
Abschreibung	140	150	155
Zusatzkosten	25	60	60
Steuern	65	70	70
Wertschöpfung (mit eigentl. Betriebszweck)	1 930	1 715	1 695
Wertproduktivität, (Wertschöpfung: Zahl der Arbeitnehmer)	68 929,—	68 600,—	67 800,—

b) Aussagefähiger ist die Rechnung 4 a. Erträge aus Beteiligungen sind nicht Ergebnis der Leistungserstellung in diesem Betrieb. Sie sollten in dem Betrieb, in dem die Beteiligungserträge erwirtschaftet wurden, bei der Berechnung der Arbeitsproduktivität berücksichtigt werden.

Erträge aus Anlageverkäufen werden nicht berücksichtigt, weil sie zeitraumfremd sind. Würden diese zufällig im Jahr 3 angefallenen Erträge in die Berechnung mit einbezogen, dann würde das Ergebnis verfälscht.

Zusatzkosten sind echte Kosten, die die Wertschöpfung mindern.

5. a) Sachliche Gründe sprechen für die Forderung des Betriebsrats. Wenn die Verteilung der Wertschöpfung dargestellt werden soll, dann gehören dazu auch die neutralen Erträge, die im Unternehmen ja tatsächlich zur Verteilung kommen.

b)

	(in 100 000,— DM)		
	Jahr 1	Jahr 2	Jahr 3
Mitarbeiter	700	740	735
Fremdkapitalgeber	90	75	45
Eigenkapitalgeber	950	950	960
Unternehmen	230	30	60
Wertschöpfung der Unternehmung	1 970	1 795	1 800

869 *Liquidität*

1. Liquiditätsberechnung für das Jahr 1:

Flüssige Mittel

Zahlungsmittel	10	
Lieferforderungen ·/. Wertberichtigung	40	50
Abzüglich Verbindlichkeiten		
Warenschulden	20	
kurzfristige Rückstellungen	5	
Akzepte	—	
Bankschulden	10	
sonstige Verbindlichkeiten	5	40
ÜBERDECKUNG I		10
+ Warenbestand (ohne schwer verkäufliche Ware) — von Kunden erhaltene Anzahlung	27	
+ sonstige Forderungen	3	30
ÜBERDECKUNG II		40
+ schwer verkäufliche Warenvorräte	2	

— langfristige Schulden und langfristige Rückstellungen	20	—18
ÜBERDECKUNG III		22
Anlagevermögen	6	
+ auf Anlagebeschaffung gegebene Anzahlungen	—	6
Eigenkapital		28
		± 0

Liquiditätsberechnung für das Jahr 2:

Flüssige Mittel

Zahlungsmittel	12	
Lieferforderungen ./. Wertberichtigung	35	47
Abzüglich Verbindlichkeiten		
Warenschulden	18	
kurzfristige Rückstellungen	6	
Akzepte	2	
Bankschulden	13	
sonstige Verbindlichkeiten	4	43
ÜBERDECKUNG I		4
+ Warenbestand (ohne schwer verkäufliche Ware) ./. von Kunden erhaltene Anzahlung	25	
+ sonstige Forderungen	4	29
ÜBERDECKUNG II		33
+ schwer verkäufliche Warenvorräte	1	
— langfristige Schulden und langfristige Rückstellungen	9	— 8
ÜBERDECKUNG III		25
Anlagevermögen	5	
+ auf Anlagebeschaffung gegebene Anzahlungen	—	5
Eigenkapital		30
		± 0

2. **a)** Saldieren mit der Position Anlagevermögen.

   b) Im Bereich der Überdeckung II, bei sonstigen Forderungen.

   c) Unter der Position Anlagevermögen.

d) + e) Bei Rechnungsabgrenzungsposten nach Aktienrecht handelt es sich um Leistungsforderungen oder Leistungsschulden, nicht um Geldforderungen oder Geldschulden.

Deshalb nach Überdeckung III im Bereich der Kontrollrechnung einsetzen, die den Zweck hat festzustellen, ob alle Posten der Bilanz berücksichtigt wurden.

3. **Überdeckung I**: Nein! Kann nicht als Barliquidität bezeichnet werden, da auch die Lieferforderungen berücksichtigt werden, die im Unternehmen noch nicht bar vorhanden sind.

    Überdeckung II: Nein! In der Überdeckung II sind Posten enthalten, die nicht nur noch eingezogen werden müssen, sondern erst noch umgesetzt werden müssen.

    Überdeckung III: Nein! In dieser Gruppe ist nur der Teil der nach Umsatz (und Einzug) zur Verfügung stehenden Posten enthalten, nämlich der Teil, bei dem der Umsatz schwieriger sein wird oder noch länger dauert. Posten, deren Umsatz in kürzerer Zeit erwartet werden kann, sind bereits im Bereich der Überdeckung II berücksichtigt.

4. Wenn die Waren umgesetzt werden, auf die wir Vorauszahlungen erhalten haben, dann fließen dem Betrieb in Höhe der Vorauszahlungen die finanziellen Mittel nicht mehr zu, sie sind im Kassenbestand bei der Liquiditätsberechnung bereits berücksichtigt.

5. Die Liquidität ist zufriedenstellend. Die Berechnungen zeigen Überdeckungen, mit denen auch noch unvorhergesehene Zahlungsverpflichtungen abgedeckt werden können.

6. Die Kontrolle der Zahlungsbereitschaft allein aus der Bilanz ist problematisch. Die Bilanzzahlen lassen die Fälligkeit der einzelnen Positionen nicht erkennen; deshalb sind die aus der Bilanz festgestellten Liquiditätskennziffern nur Durchschnittszahlen für bestimmte Zeiträume. Es könnte durchaus sein, daß trotz zufriedenstellender Liquiditätskennziffer ein Spitzenbedarf in dem Zeitraum nicht gedeckt ist. Die Zahlungen für die laufenden Aufwendungen (z. B. Löhne) sind überhaupt nicht berücksichtigt. Wenn man sich auf die Liquiditätsberechnung aus den Zahlen der Bilanz verläßt, muß man davon ausgehen, daß die Ausgaben für die laufenden Aufwendungen aus den laufenden Einnahmen gedeckt werden können, d. h. daß sich die laufenden Ausgaben und die laufenden Einnahmen zeitlich entsprechen. Das wäre z. B. dann nicht der Fall, wenn ein Bauunternehmer einen Rohbau erstellt und laut Vertrag die erste Rate vom Bauherrn erhält, wenn die Decke auf das 1. Obergeschoß betoniert ist. Dann muß der Bauunternehmer Löhne und Material vorfinanzieren!

| **870** | *Finanzierungsbild — Bewegungsbilanz* |

1.

	Jahr 1	Jahr 2	Veränderung
Anlagevermögen	120	110	−10
Vorräte	50	70	+20
Sachvermögen	170	180	+10
Forderungen aus Warenlieferungen und Leistungen	60	70	10
Flüssige Mittel	40	50	10
Finanzvermögen	100	120	20

2. a)

	Jahr 1	Jahr 2	Veränderung (= Nachweis der Finanzierung)
Gezeichnetes Kapital	180	180	0
Rücklagen	30	40	+10
Langfristige Darlehen	20	30	+10
Verbindlichkeiten aus Warenlieferungen und Leistungen	15	20	+ 5
Bilanzgewinn	25	30	+ 5
	270	300	+30

b) Die Finanzierung der Zugänge in das Anlagevermögen im Jahr 2 erfolgte durch Abschreibungen.

c) Ja! Die Erweiterung des Anlagevermögens um 20 konnte ganz aus Abschreibungen erfolgen, die der Betrieb auch erwirtschaftet („verdient") hat. Für diesen Zweck wurde sogar nur ein Teil der Abschreibungen benötigt. Die langfristigen Darlehen wurden um 10 erhöht, außerdem wurde das Eigenkapital durch Rücklagenbildung um 10 erhöht. Vergleicht man die Fristigkeit der Investitionen und die Fristigkeit der Finanzmittel zu ihrer Finanzierung, dann ergibt sich eine sehr solide Finanzierung.

871 Bewegungsbilanz, Finanzierungsbild

1.

	Zunahme	Abnahme
Anlagevermögen	50	
Vorräte	10	
Forderungen aus Warenlieferungen und Leistungen		20
Flüssige Mittel	10	
Summe Veränderungen Aktivbestände	70	20

	Abnahme	Zunahme
Gezeichnetes Kapital	0	0
Rücklagen		10
langfristige Darlehen		40
Verbindlichkeiten aus Lieferungen und Leistungen	10	
Bilanzgewinn		10
Summe Veränderungen Passivbestände	10	60

Zunahme der Aktivbestände + Abnahme der Passivbestände =
        70   +   10   =

Zunahme der Passivbestände + Abnahme der Aktivbestände
        60   +   20

2. a) Anlagevermögen

Anfangsbestand	500	Abschreibungen	50
Zugänge	100	Schlußbestand	550
	600		600

b) Anlageinvestitionen im Jahr 2: 100

3.
Sachanlagen[1]	+ 110	Selbstfinanzierung[3]	20
Finanzanlagen[2]	− 10	Finanzierung aus Abschreibungen[4]	50
		Fremdfinanzierung[5]	30
Investitionen	100	Finanzierung	100

[1] s. Rekonstruktion des Anlagekontos (oben, 2a) + 10 Vorräte
[2] Abnahme Ford. aus Warenlief. u. Leistungen 20, Zunahme flüss. Mittel 10
[3] Rücklagen + Bilanzgewinn
[4] Abschreibungen aus G + V-Konto
[5] Zunahme langfristiger Darlehen ./. Abnahme Verbindlichkeiten

4. Von den Investitionen im Bereich der Sachanlagen wurden 10 durch Desinvestitionen im Bereich der Finanzanlagen ausgeglichen. Die netto noch zu finanzierenden Anlageinvestitionen in Höhe von 100 wurden insgesamt aus Abschreibungen und langfristigen Mitteln finanziert, darunter nur 20 Fremdmittel. Diese Finanzierung ist unter betriebswirtschaftlichen Gesichtspunkten günstig, da die Finanzierung der Nutzungsdauer der Anlagegüter angepaßt ist und dazu nach überwiegend aus eigenen Mitteln geschieht.

---

872   *Konstitution*

	Unternehmen 1	Unternehmen 2
Anlagequote[1]	33 1/3 %	20 %
Vorratsquote[2]	50 %	64 %

[1] Anlagevermögen in % Gesamtvermögen
[2] Vorräte in % Gesamtvermögen

Diese Quoten sagen kaum etwas aus, ihre Anwendung kann leicht in die Irre führen. Das zeigt das Beispiel der beiden Unternehmen! Obwohl das Unternehmen zur Erstellung der gleichen Leistungen wie das Unternehmen 1 mehr Anlagevermögen benötigt, ist die Anlagequote niedriger als im Unternehmen 1. Das liegt daran, daß das Unternehmen 2 insgesamt mehr Vermögen als das Unternehmen 1 zur Erstellung der gleichen Leistung benötigt, also unwirtschaftlicher arbeitet.

---

873   *Externe Bilanz- und Erfolgsbeurteilung*

A 1. Zu trennen sind gem. § 266 HGB:
- Vorräte, in Roh-, Hilfs- und Betriebsstoffe,
  unfertige Erzeugnisse,
  fertige Erzeugnisse, Waren

Zusätzlich anzuführen sind (im Anhang):
- zum Sachanlagevermögen: Zugänge, Abgänge
- zu den Rücklagen: Zuführungen, Entnahmen

2. Zusammengefaßt werden können:
   - alle Grundstücke und Gebäude in einem Posten,
   - Rücklagen für Ersatzbeschaffung und andere Rücklagen

B Aufbereitung der Bilanz und der Gewinn- und Verlustrechnung

Bilanz der Deutschen Automobilfabrik AG

Sachanlagen	1 500	75,1 %	Eigenkapital[1]	1 023	51,2 %
Finanzanlagen	47	2,4 %	langfristige Fremdmittel[2]	232,4	11,6 %
Vorräte	398	19,9 %	sonstige Fremdmittel	742,6	37,2 %
monetäres Umlaufvermögen	53	2,6 %			
	1 998	100 %		1 998	100 %

[1] Es wird angenommen, daß der Bilanzgewinn ausgeschüttet werden soll
[2] 40 % der Rückstellungen (s. Anhang zum Jahresabschluß) + langfristige Darlehen.

Gewinn- und Verlustrechnung der Deutschen Automobilfabrik AG

Personalaufwendungen	645	14,5 %	Umsatzerlös	4 422	96,4 %
Materialaufwendungen	2 758	62,0 %	Bestandsveränderungen	1	0,2 %
Zinsen (saldiert)	5	0,1 %	aktivierte Eigenleistung	65	1,4 %
Anlagekosten	305	6,9 %	sonstige Erträge	74	1,6 %
Steuern	347	7,8 %	außerordentliche Erträge	20	0,4 %
sonstige Aufwendungen	380	8,5 %			
außerordentliche Aufwendungen	10	0,2 %			
	4 450	100 %		4 587	100 %
Zuführung zu den Rücklagen	68		Gewinnvortrag	1	
Bilanzgewinn	72		Entnahme aus den Rücklagen	2	
	4 590			4 590	

C Beurteilung der Bilanz

I. Finanzierung

1. a) $\dfrac{\text{Eigenkapital} \times 100}{\text{Gesamtkapital}} = \dfrac{1\,023 \times 100}{1\,998} = \underline{\underline{51{,}2\,\%}}$

   b) $\dfrac{\text{langfristige Fremdmittel} \times 100}{\text{Fremdkapital}} = \dfrac{232{,}4 \times 100}{975} = \underline{\underline{23{,}8\,\%}}$

c) $\dfrac{\text{Rücklagen} \times 100}{\text{Grundkapital}} = \dfrac{423 \times 100}{600} = \underline{\underline{70{,}5\,\%}}$

d) $\dfrac{\text{Eigenkapital} \times 100}{\text{Grundkapital}} = \dfrac{1\,023 \times 100}{600} = \underline{\underline{170{,}5\,\%}}$

2. a) Ausdruck für die Gläubigersicherheit. Wieviel % des Kapitals müssen verloren sein, bevor die Gläubiger Verluste erleiden? Zu beachten ist, daß die Bilanzwerte betriebliche Realisationswerte darstellen und keine Veräußerungswerte.

   b) Ausdruck für den Grad der Schuldenkonsolidierung:
   Wieviel % des Fremdkapitals steht dem Betrieb langfristig zur Verfügung?
   Eine endgültige Beurteilung ist nur möglich, wenn auch die Höhe des Eigenkapitals berücksichtigt wird.

   c) Ausdruck für den Grad der Selbstfinanzierung:
   Wieviel % des Eigenkapitals wurden im Unternehmen selbst erwirtschaftet und durch Nichtausschüttung von Gewinn angesammelt?

   d) Wird als „Bilanzkurs" bezeichnet: Wieviel DM Eigenkapital entfallen auf 100,— DM Grundkapital? Läßt Schlüsse auf den inneren Wert der Aktie zu. Jedoch nur mit großer Vorsicht: die Ertragserwartungen sind für den inneren Wert einer Aktie von großer Bedeutung.

3. Zum Vergleich steht aus den Fallangaben nur die Kennziffer a) zur Verfügung. Danach ist die Situation in der Deutschen Automobilfabrik besser als im Branchendurchschnitt, da bei ihr der Anteil des Eigenkapitals vom Gesamtkapital über 51 % beträgt, im Branchendurchschnitt nur 44 %.

II. Investierung

1. a) $\dfrac{\text{Eigenkapital} \times 100}{\text{Anlagevermögen}} = \dfrac{1\,023 \times 100}{1\,547} = \underline{\underline{66{,}1\,\%}}$

   b) $\dfrac{\text{Eigenkapital} \times 100}{\text{Anlagevermögen} + \text{Vorräte}} = \dfrac{1\,023 \times 100}{1\,945} = \underline{\underline{52{,}5\,\%}}$

2. a) und b)
   Beide Kennziffern sollen zeigen, wie weit die Entscheidungsfreiheit und Unabhängigkeit des Unternehmens geht. Je mehr von dem Anlagevermögen und den betriebsnotwendigen Vorräten durch Eigenkapital gedeckt sind, desto größer ist die Unabhängigkeit des Unternehmens.

3. In der Branche ist das Eigenkapital größer als das Anlagevermögen, in der Deutschen Automobilfabrik werden nur 66 % des Anlagevermögens durch Eigenkapital gedeckt $\left(\dfrac{44{,}2 \times 100}{41{,}9 + 29{,}1} \right)$.

   Anlagevermögen + Vorräte werden im Durchschnitt der Branche zu 62 % durch Eigenkapital gedeckt, in der Deutschen Automobilfabrik nur zu 52 %.

   Die Deutsche Automobilfabrik hat im Verhältnis zur gesamten Branche eine schmale Eigenkapitaldecke!

III. Bewegungsbilanz (s. S. 210) und Finanzierungsbild

Finanzierungsbild

A Investitionen (Mittelverwendung)

Sachanlagen		
Bilanzveränderung	285	
+ Abschreibungen auf Sachanlagen	<u>305</u>	590
Finanzanlagen		30
Vorräte		3
manetäres Umlaufvermögen		3
		<u>626</u>

B Finanzierung (Mittelherkunft)

Selbstfinanzierung[1]	66
Abschreibungen	305
Fremdfinanzierung[2]	165
Freisetzung von Kapital durch Vermögensminderung[3]	90
	<u>626</u>

---

[1] Position 19 − Position 18 der Bewegungsbilanz
[2] + Positionen: 20, 22, 24, 25, 27; ./. Positionen: 21, 23, 26 der Bewegungsbilanz
[3] Positionen 6 + 7 + 12 + 14 + 15 der Bewegungsbilanz

Bewegungsbilanz der Deutschen Automobilfabrik

Nr.		Mittel-verwendung	Mittel-herkunft
1	Grundstücke einschl. Geschäfts- u. Wohngebäuden auf diesen Grundstücken	+ 10	
2	Fabrikgebäude, einschließlich Grundstücken	+ 176	
3	Unbebaute Grundstücke	+ 10	
4	Maschinen und technische Anlagen	+ 85	
5	Werkzeuge	+ 4	
6	Anlagen im Bau		− 39
7	Anzahlungen auf Neuanlagen		− 42
8	Beteiligungen	+ 2	
9	Wertpapiere des Anlagevermögens	+ 23	
10	Ausleihungen mit einer Restlaufzeit von über 5 Jahren	+ 5	
11	Vorräte	+ 3	
12	Anzahlungen auf Vorräte		− 2
13	Forderungen aus Lieferungen und Leistungen	+ 3	
14	Sonstige Forderungen		− 1
15	Flüssige Mittel		− 6
16	Grundkapital	0	0
17	Gesetzliche Gewinnrücklagen	0	0
18	Rücklagen Ersatzbeschaffung	− 2	
19	Andere Rücklagen		+ 68
20	Pensionsrückstellungen		+ 11
21	Sonstige Rückstellungen	− 8	
22	Langfristige Darlehen		+ 104
23	Lieferungs- und Leistungsschulden	− 26	
24	Verbindlichkeiten gegenüber verbundenen Unternehmen		+ 67
25	Kurzfristige Bankschulden		+ 70
26	sonstige Verbindlichkeiten	− 55	
27	Rechnungsabgrenzungsposten		+ 2
28	Bilanzgewinn	0	0
		412	− 412

IV. Rentabilität

1. Rentabilität des Eigenkapitals im Jahre 2

	Jahr 1	Jahr 2
Grundkapital	600	600
Rücklagen	357	423
Bilanzgewinn[1)]	72	72
Eigenkapital	1 029	1 095

[1)] Der Bilanzgewinn wird hier mitgerechnet, da er im Laufe des Geschäftsjahres erwirtschaftet wurde und, wenn auch nicht in voller Höhe während des gesamten Geschäftsjahres, als Finanzmittel zur Verfügung stand.

Durchschnittliches Eigenkapital = $\dfrac{1\,029 + 1\,095}{2}$ = 1 062

Rentabilität des Eigenkapitals = $\dfrac{\text{Unternehmensgewinn} \times 100}{\text{durchschnittlich gebundes Eigenkapital}}$ =

= $\dfrac{137 \times 100}{1\,062}$ = <u>12,9%</u>

2. Rentabilität des Gesamtkapitals im Jahr 2

Rentabilität des Gesamtkapitals =

= $\dfrac{(\text{Unternehmensgewinn} + \text{Zinsaufwendungen}) \times 100}{\text{durchschnittlich gebundenes Gesamtkapital}}$ =

= $\dfrac{(137 + 13) \times 100}{1\,882,5}$ = <u>7,97%</u>

Gesamtkapital Jahr 1	1 767
Gesamtkapital Jahr 2	1 998
	3 765 : 2 = <u>1 882,5</u>

3. Umsatzrentabilität

Umsatzrentabilität = $\dfrac{\text{Betriebsgewinn} \times 100}{\text{Umsatzerlös}}$

Schätzung des Betriebsgewinns des Jahres 2:

Betriebl. Ergebnis der GuV-Rechnung		533
./. Auflösung von Rückstellungen	1	
Erträge aus Anlageverkäufen	8	9
		524
Steuern		347
geschätzter Betriebsgewinn		177

Das in der GuV-Rechnung ausgewiesene betriebliche Ergebnis wird hier nicht einfach übernommen, weil in dem Gliederungsschema der GuV-Rechnung zwar betriebsfremde Aufwendungen und Erträge als außerordentliches Ergebnis besonders ausgewiesen werden, zeitraumfremde Aufwendungen und Erträge, die ihrem Wesen nach betriebsbedingt sind, aber in anderen Positionen enthalten sind, z. B. Erträge aus der Auflösung von Rückstellungen oder aus Anlageverkäufen. Das hier festgestellte Betriebsergebnis beruht schon deshalb auf einer groben Schätzung, weil kalkulatorische Kosten nicht berücksichtigt werden.

Umsatzrentabilität = $\dfrac{177 \times 100}{4422}$ = 4,0

4. Aktienrendite

Für 391,– DM (Kurs der 50-DM-Aktie) erhält der Aktionär 12,– DM Dividende

$\dfrac{391 - 12}{100} = x \qquad x = \dfrac{12 \cdot 100}{391}$

= 3,07 (Aktienrendite in %)

V. Wirtschaftlichkeit

	Jahr 1	Jahr 2
$\dfrac{\text{Personalaufwendungen} \times 100}{\text{Gesamtleistung}^{1)}}$	$\dfrac{572 \times 100}{4\,017} = 14{,}23\%$	$\dfrac{645 \times 100}{4\,488} = 14{,}37\%$
$\dfrac{\text{Materialaufwendungen} \times 100}{\text{Gesamtleistung}}$	$\dfrac{2468 \times 100}{4\,017} = 59{,}94\%$	$\dfrac{2758 \times 100}{4\,488} = 61{,}86\%$
$\dfrac{\text{Vorräte} \times 100}{\text{Gesamtleistung}}$	$\dfrac{395 \times 100}{4\,017} = 9{,}83\%$	$\dfrac{398 \times 100}{4\,488} = 8{,}86\%$

Um 100,— DM Gesamtleistung zu erstellen wurden im Jahr 1 14,23 DM, im Jahr 2 schon 14,37 DM Personalkosten benötigt.

Die Materialaufwendungen zur Erstellung von 100,— DM Gesamtleistung sind von 59,94 DM auf 61,86 DM gestiegen. Hier liegen die Ursachen für die gesunkene Wirtschaftlichkeit. Daß im Bereich der Vorratswirtschaft die Situation günstiger geworden ist, konnte die Verschlechterungen im Bereich der Personalwirtschaft und der Materialwirtschaft nicht ausgleichen.

VI. Produktivität

Bei der Berechnung wird die gesamte Produktion in einer Stückzahl ausgedrückt. Dabei wird nicht berücksichtigt, daß für die Herstellung von PKWs und Kombiwagen unterschiedliche Arbeitszeiten benötigt werden. Die scheinbare Verschlechterung der Arbeitsproduktivität konnte darauf zurückzuführen sein, daß der Anteil des arbeitsaufwendigeren Typs an der Gesamtproduktion ausgeweitet wurde. So berechnet hat die Produktivitätskennziffer keine Aussagekraft.

VII. Liquidität

Die Beurteilung erfolgt hier mit 3 zur Beurteilung der Liquidität üblichen Kennzahlen.

Liquidität 1. Grades: $\dfrac{\text{Zahlungsmittel} \times 100}{\text{kurzfristige Verbindlichkeiten}}$

kurzfristige Verbindlichkeiten:

Lieferungs- und Leistungsschulden	217
Verbindlichkeiten gegen verbundene Unternehmen	68
kurzfristige Bankschulden	114
sonstige Verbindlichkeiten	73
30% der Rückstellungen (s. Geschäftsbericht)	94,8
	566,8

$\dfrac{1 \times 100}{566{,}8} = \underline{\underline{0{,}176\%}}$

Die flüssigen Mittel sollten (fristgerecht) den sofort fälligen Verbindlichkeiten gegenübergestellt werden. Dies ist aus der veröffentlichten Bilanz der Deutschen Automobilfabrik, wie es bei veröffentlichten Bilanzen fast immer der Fall ist, nicht möglich. Deshalb werden üblicherweise die kurzfristigen Verbindlichkeiten den flüssigen Mitteln gegenübergestellt. Dann kann natürlich nicht eine 100%ige Deckung verlangt werden.

Der Deckungsprozentsatz von 0,176% liegt aber weit unter dem üblichen Durchschnitt.

---

[1] Positionen 1–3 der GuV-Rechnung

Liquidität 2. Grades: $\dfrac{(\text{Zahlungsmittel} + \text{kurzfristige Forderungen}) \times 100}{\text{kurzfristige Verbindlichkeiten}}$

kurzfristige Forderungen:

Forderungen aus Lieferungen und Leistungen	24
sonstige Forderungen	28
	52

$\dfrac{1 + 52}{566,8} = \underline{\underline{9,36\%}}$

Bei der Liquiditätsberechnung 2. Grades entsprechen sich die Zeiträume für die zur Verfügung stehenden Finanzmittel und für die Verbindlichkeiten. Es wird deshalb mindestens eine Abdeckung zu 100% erwartet, die hier bei weitem nicht erreicht wird. Hier wird aber auch die Schwäche einer Liquiditätsbeurteilung allein aus der Bilanz erkennbar. Das Unternehmen hat im Verhältnis zu seinen Umsatzerlösen (4 422) einen auffallend kleinen Forderungsbestand aus Lieferungen und Leistungen (24). Das liegt in diesem Falle daran, daß dieses große und bedeutende Unternehmen an seine Vertragshändler nur bar gegen Kasse ausliefert. Dieser Zahlungsmittelfluß erscheint also nie als Forderung in der Bilanz, steht aber als Deckungsmittel zur Verfügung.

Die Berechnung der Liquidität aus der Bilanz ist tatsächlich sehr problematisch, denn andererseits sind in der Bilanz nicht alle Zahlungsverpflichtungen ausgewiesen, wie z. B. die Ausgaben für Lohnzahlungen.

Trotz allem ist erkennbar, daß die Liquidität des Unternehmens äußerst angespannt ist. Es wäre interessant zu wissen, ob das Unternehmen bereits verbindliche Finanzierungszusagen, z. B. von Banken, hat.

Liquidität 3. Grades:

$\dfrac{(\text{Zahlungsmittel} + \text{kurzfristige Forderungen} + \text{veräußerbare Bestände}) \times 100}{\text{kurzfristige Verbindlichkeiten}}$

Beteiligungen	3
Wertpapiere des Anlagevermögens	23
Vorräte	398
Veräußerbare Bestände:	424

$\dfrac{(1 + 52 + 424) \times 100}{566,8} = \underline{\underline{87,7\%}}$

Bei der Berechnung der Liquidität 3. Grades werden auch solche Vermögengegenstände berücksichtigt, die das Unternehmen kurzfristig zu Geld machen kann. Hier wurde diese Liquiditätsberechnung so vorgenommen, daß sich das für den Unternehmer günstigste Bild ergibt: Wertpapiere des Anlagevermögens, insbesondere Beteiligungen, erfüllen betriebliche Funktionen (z. B. Rohstoffbeschaffung, ausländischer Produktionsniederlassungen oder Handelsgesellschaften). Ihre Liquidierung ist deshalb bedenklich oder gar unmöglich. Die Vorräte dürfen nur angesetzt werden, wenn sie „rückwärts" verkauft werden können; aber auch nur dann, wenn sie nicht zum betriebsnotwendigen Vermögen gehören, wie der unbedingt notwendige Materialvorrat. Obwohl über all dies hinweggesehen wird, ergibt sich eine Deckung unter 100%. Die Liquidität des Unternehms ist bedenklich niedrig.

VIII. Debitorenumschlag

1. Debitorenumschlag = $\dfrac{\text{Umsatz aus Zielverkäufen}}{\text{durchschnittl. Forderungsbestand}} = \dfrac{4422}{22,5} = 196,5$

Forderungen aus Lieferungen und Leistungen: Jahr 1   21
Jahr 2   24

45 : 2 = 22,5

Durchschnittlicher Forderungsbestand: 22,5

Durchschnittliche Kreditdauer = $\dfrac{365}{\text{Debitorenumschlag}}$

$\dfrac{365}{196,5} = 1,86$ Tage

2. Es fehlt die Angabe, welcher Teil der Umsatzerlöse aus Zielverkäufen stammt. Deshalb wurde hier für den gesamten Umsatzerlös unterstellt, daß er mit Zielverkäufen erzielt wird.

Trotzdem ergibt sich noch die außerordentlich niedrige durchschnittliche Kreditdauer von noch nicht einmal 2 Tagen.

Tatsächlich ist es so, daß die Auslieferung des Autos gegen bar erfolgt und nur ein kleiner Rest anderer Umsätze auf Ziel erfolgt, dieser Teil dann schon aus zahlungstechnischen Gründen mit einer höheren Kreditdauer.

IX. Kreditorenumschlag u. durchschnittl. Kreditdauer

1. Kreditorenumschlag =

= $\dfrac{\text{Zahlungsausgänge}}{\text{durchschn. Bestand der Verbindlichkeiten aus Lieferungen und Leistungen}}$

Kreditorenumschlag = $\dfrac{2758}{230} = 11,99$

Zahlungsausgänge: Materialaufwendungen und entsprechende Fremdleistungen im Jahr 2 aus der Erfolgsrechnung.

Durchschnittlicher Bestand an Verbindlichkeiten aus Warenlieferungen und Leistungen:

Jahr 1:   243
Jahr 2:   217

460 : 2 = 230

Durchschnittliche Kreditdauer = $\dfrac{365}{11,99} = 30,4$ Tage

2. Die Zahlungsausgänge können nicht exakt festgestellt werden.

Steuern

Steuern vom Einkommen

874   *Werbungskosten — Sonderausgaben — Außergew. Belastung — Einkünfte — Einkommen — zu verst. Einkommensbetrag — Steuerprogression — Steuergerechtigkeit*

1 Gebühr für Informatik-Kurs, Beitrag zur Gewerkschaft, Fahrtkosten 1. Klasse, Fachbuch: Die Betriebsabrechnung im Maschinenbau.

2. Unbeschränkt: Kirchensteuer;
   beschränkt: Beiträge zur Sozial-, Haftpflicht- u. Lebensversicherung, Einzahlungen in Bausparverträge;
   nicht abzugsfähig: Kfz-Steuer, Hausratsversicherung, Schuldzinsen.
3. Kosten f. Magendiät, Aussteuer, Unterstützung, Heilkur, § 33 EStG.
4. Einnahmen ./. Werbungskosten (§ 9, 2 EStG) = Einkünfte aus nichtselbständiger Arbeit (§ 2 EStG) ./. Sonderausgaben (§ 10 EStG) = Einkommen (§ 2 II EStG) ./. außergewöhnliche Belastungen (§ 33 EStG) ./. Kinderfreibeträge = zu versteuernder Einkommensbetrag (§ 32 I EStG).
5. Eintrag auf Lohnsteuerkarte zu Jahresbeginn; Zinsgewinn.
6. a) Gesetzgeber rechnete in die Lohnsteuertabelle für Werbungskosten 2 000,— DM (§ 9a EStG) als Pauschbeträge ein.
   b) Einsparung von Verwaltungsarbeit bei Steuerbehörde.
7. a) W. wird nach Steuerklasse III/2 Kinder besteuert (§ 7 VII LStDV), 3,9%; 11,9%; 17%; 19%;
   b) Ja, Belastung entsprechend der Leistungsfähigkeit;
   c) aa) 28,4%,   bb) 16,7%,   cc) 13,2%
8. Gestaffelte Höchstbeträge bei Sonderausgaben nach Familienstand, außergewöhnliche Belastung, Steuerklassen, Steuerprogression.
9. Pauschbeträge führen bei progressiver Besteuerung zu einer Begünstigung höherer Einkommen.

875 — Einkunftsarten — Lohnabzugsverfahren

1. **Gewinn**: Eink. a. Gewerbebetr. (§ 15 EStG);
   Verpachtung eines Bauernhofes: Eink. a. Vermietung und Verpachtung (§ 21 EStG); **Lottogewinn**: einkommensteuerfrei, den Einkunftsarten des § 2 EStG nicht zuzuordnen; **Zinsen**: Eink. a. Kapitalvermögen (§ 20 I Ziff. 4 EStG); **Gewinnanteil als Kommanditist**: Eink. a. Gewerbebetrieb (§ 15 Ziff. 2 EStG); **Spekulationsgewinn**: sonstige Eink. (§§ 22 Ziff. 2, 23 I Ziff. 1b EStG).
2. Einkommensteuer (oder Privat) an Bank 2 000,— DM.
3. Löhne (3 700,—) an sonstige Verbindlichkeiten (1 020,00) und Kasse (2 679,01) DM.
4. Zinsgewinn.

876 — Kapitalertragssteuer — Körperschaftssteuer

1. 75%
2. a) 44,— DM Kapitalertragssteuer
   b) Steuerliche Belastung des auf diesen Aktienbesitz ausgeschütteten Gewinns:

Kapitalertragssteuer	44,— DM
Körperschaftssteuer	99,— DM
Gesamtbelastung	143,— DM
Gesamtertrag	275,— DM

   Prozentuale Belastung: $\dfrac{143 \cdot 100}{275} = 52\%$

c) Körperschaftssteuer auf ausgeschüttete Gewinne   36% = 99,— DM
verbleibt Bardividende von 64% des ausgeschütteten Gewinns, davon
Kapitalertragssteuer 25% = $\dfrac{64}{4}$ 16% = 44,— DM

Gesamtabzüge für Steuern auf ausgeschüttete Gewinne   52% = 143,— DM

3. Das Finanzamt rechnet Helder sowohl die von der AG abgeführte Körperschaftssteuer als auch die von ihr bei der Dividendenausschüttung einbehaltene Kapitalertragssteuer auf dessen Einkommensteuerschuld an. Er hat dadurch ein Steuerguthaben von 52% des Gesamtertrages seines Wertpapierbesitzes.
Da Helder einen Einkommensteuersatz von 35% hat, werden ihm 17% des Gesamtertrages seines Wertpapierertrages = 46,75 zu der bereits an die Bank überwiesene Bardividende vom Finanzamt auf seine Einkommensteuerschuld angerechnet, erhöhen demnach letztlich die bezogene Bardividende.

4. a) Nicht ausgeschüttete Gewinne werden mit 50% besteuert,
ausgeschüttete Gewinne werden mit   36% besteuert.
Minderbelastung ausgeschütteter Gewinne 14%

   b) Ziele der geringeren steuerlichen Belastung ausgeschütteter Gewinne:
— Förderung der Eigenfinanzierung der Unternehmen durch ordentliche Kapitalerhöhung,
— Steigerung des Interesses von Kapitalbesitzern am Aktienerwerb,
— Möglichst große Neutralität in der steuerlichen Behandlung von Personen- und Kapitalgesellschaften.

Umsatzsteuer

877   *Mehrwertsteuerverfahren — Vorsteuer — Zahllast*

1. a)

	1 Fabrikation	2 Großhandel	3 Einzelhandel	4
A Verkaufspreis (Warenwert)	1 000,—	1 200,—	1 600,—	
B an den Kunden in Rechnung gestellte **Umsatzsteuer** (14% des Warenwerts)	140,—	168,—	224,—	
C Gesamtpreis	1 140,—	1 368,—	1 824,—	
D an den Vorlieferanten gezahlte **Vorsteuer**	0	140,—	168,—	
E **Zahllast** an das Finanzamt (B—D)	140,—	28,—	56,—	Summe der Spalten 1—3 224,— DM
F **Wertschöpfung** = **Mehrwert**	1 000,—	200,—	400,—	Summe der Spalten 1—3 1 600,— DM

b) Ja. Die Summe der Zahllast beträgt 224,— DM. Davon hat die Fabrikation 140,—, der Großhandel 28,— und der Einzelhandel 56,— DM an das Finanzamt abgeführt. Das sind 14% des Einzelhandelsverkaufspreises von 1 600,— DM.

2. a)

	1 Fabrikation	2	3 Großhandel	4 Einzelhandel	5
	Stufe I (Vorlief. von II)	Stufe II			
A Verkaufspreis	200,—	1 000,—	1 200,—	1 600,—	
B an den Kunden in Rechnung gestellte **Umsatzsteuer** (14% des Warenwerts)	28,—	140,—	168,—	224,—	
C Gesamtpreis	228,—	1 140,—	1 368,—	1 824,—	
D Vorsteuer	0	28,—	140,—	168,—	
E Zahllast	28,—	112,—	28,—	56,—	Summe der Spalten 1—4 224,— DM
F Wertschöpfung = Mehrwert	200,—	800,—	200,—	400,—	Summe der Spalten 1—4 1 600,— DM

b) Nein, die Zahl der durchlaufenden Handelsstufen verändert die Belastung nicht. Sie bleibt hier z. B. immer 224,— DM. Das liegt daran, daß bei jeder Handelsstufe die an die Vorstufe gezahlte MWSt von der eigenen Steuerschuld abgezogen werden kann.

878 Steuerbare Umsätze

Geschäftsfälle	Steuerbare Umsätze nach vereinbartem Entgelt
Barverkauf von Jagdwaffen	×
Zielverkauf von Jagdmunition, die der Betrieb nicht selbst herstellt, an einen Großhändler	×
Kunde bezahlt seine Verbindlichkeiten in bar	—
Kunde macht Vorauszahlung für einen Großauftrag	—
Barerlös für Reparaturleistungen des Betriebes	×
Der Inhaber entnimmt dem Lager eine Jagdwaffe als Geschenk für seinen Sohn	×
Der Inhaber entnimmt der Kasse Geld für seinen Privathaushalt	—
Der Betriebselektriker repariert die private Tiefkühltruhe des Inhabers	×
Barverkauf eines zum Betriebsvermögen gehörenden gebrauchten Pkw an einen Handelsvertreter des Unternehmens	×
Der Inhaber verkauft unmittelbar aus seiner Erbschaft ein Gemälde	—

Geschäftsfälle	Steuerbare Umsätze nach vereinbartem Entgelt
Warenverkauf gegen Akzept des Kunden	x
Der Inhaber gibt den Wechsel seiner Bank zum Diskont	—
Mieteinnahmen für die Hausmeisterwohnung	—
Zins- und Dividendenerträge aus Wertpapieren	—
Barverkauf von Zielfernrohren, die von einer optischen Fabrik fertig bezogen werden, an Einzelhändler	x

879 UST. als durchlaufender Posten

S	Handelswaren-Einkauf	H
1a) 18 000,— DM		

S	Verbindlichkeiten	H
1b) 20 520,— DM	1a) 20 520,— DM	

S	Vorsteuer	H
1a) 2 520,— DM	1b) 50,40 DM	
	1d) 2 469,60 DM	

S	Bank	H
	1b) 20 109,60 DM	
	1d) 1 030,40 DM	

S	Umsatzerlöse-Handelsware	H
	1c) 25 000,— DM	

S	Forderungen	H
1c) 28 500,— DM		

S	Umsatzsteuer-Verbindl.	H
1d) 2 469,60 DM	1c) 3 500,— DM	
1d) 1 030,40 DM		

S	Liefererskonti	H
	1b) 360,— DM	

2. a) 7 360,—

b) Die Zahllast des Unternehmens bei der Umsatzsteuer entspricht 14% des Mehrwertes (25 000 ./. 17 640 = 7 360); 14% von 7 360,— = 1 030,40.

c) Die Spanne von 7 360,— wird auf den Nettopreis von 17 640,— geschlagen. Die Umsatzsteuer ist nicht in der Spanne von 7 360,— enthalten, sondern wird auf der Rechnung gesondert ausgewiesen.

d) da) $\dfrac{171{,}00 \times 14}{114} = 21{,}00$ DM

db) Reisekosten (150,00) und Vorsteuer (21,00) an Kasse (171,00).

880 *Gewerbeertrag — Gewerbekapital — Hebesatz*

1. a) Gewerbesteuerschuld vor der Investition:

		Meßzahl
Gewerbeertrag	2 000 000 DM	
— Freibetrag	36 000 DM	
	1 964 000 DM davon 5%	98 200 DM
Gewerbekapital	5 000 000 DM	
— Freibetrag	120 000 DM	
	3 880 000 DM davon 2‰	9 760 DM
	Einheitlicher Meßbetrag	107 960 DM

   Gewerbesteuerschuld **vor der Neuinvestition** bei einem Hebesatz von 300% (Abzugsfähigkeit der Gewerbesteuerschuld am Gewerbeertrag noch nicht berücksichtigt)   323 880 DM

   b) Gewerbesteuerschuld nach der Investition:

Gewerbeertrag ohne Fremdkapital	2 000 000 DM	
+ Zinsaufwand 10/2% aus 800 000 DM	40 000 DM	
Gewerbeertrag mit Fremdkapital	2 040 000 DM	
— Freibetrag	36 000 DM	
	2 004 000 DM davon 5%	100 200 DM

Gewerbekapital		
Eigenkapital vor Investition	5 000 000 DM	
+ Eigenkapitalanteil an Investition (1 000 000 — 800 000)	200 000 DM	
+ Neuinvestition (800 000 — 50 000) : 2	375 000 DM	
	5 575 000 DM	
— Freibetrag	120 000 DM	
	5 455 000 DM davon 2‰	10 910 DM
	Einheitlicher Meßbetrag	111 110 DM

   Daraus Gewerbesteuerschuld **nach der Neuinvestition** bei einem Hebesatz von 300%   333 330 DM

2. Die Berechnung bestätigt die Behauptung: Die Gewerbesteuerschuld steigt schon deshalb, weil der Unternehmer mehr Kapital einsetzt. Dabei muß er für das aufgenommene Fremdkapital Zinsen zahlen und weiß nicht, ob die Neuinvestition einen zusätzlichen Gewinn bringt. Die Gewerbe**kapital**steuer ist eine ertragsunabhängige Steuer!

Überblick über die Steuerarten

881 *Steuerberechtigter — Gegenstand der Besteuerung — Wirkung auf Bilanz und Erfolgsrechnung*

	Steuerberechtigter			Gegenstand der Besteuerung			Wirkung auf Bilanz- und Erfolgsrechnung			
	Bund	Land	Gemeinde	Besitz	Verkehr	Verbrauch	Kosten	Aktivierungspflichtig	neutraler Aufwand	Durchlaufender Posten
Einkommensteuer	×	×	×	×						×
Körperschaftsteuer	×	×	×	×					×	
Vermögensteuer		×		×			×		(×)	×
Erbschaftsteuer		×		×						×
Grundsteuer			×	×			×			
Gewerbesteuer			×	×			×			
Umsatzsteuer	×				×					×
Grunderwerbsteuer		×	×		×			×		
Vergnügungssteuer			×		×		×			
Hundesteuer			×	×			×			×
Kraftfahrzeugsteuer		×			×		×			
Zuckersteuer	×					×				×
Salzsteuer	×					×				×
Tabaksteuer	×					×				×
Biersteuer		×				×				×
Kaffeesteuer	×					×				×
Schaumweinsteuer	×					×				×
Teesteuer	×					×				×
Getränkesteuer			×			×				×
Lohnsteuer	×	×		×						×

9 Betriebliche Finanzwirtschaft

Die Vermögensanlage Geldeinlagen bei der Bank

901 *Spar- und Girokonto*

Bargeld: Zinsverlust, Verlustrisiko

Girokonto: Soll Zahlungsverkehr durch Umbuchung eines fälligen Geldbetrages vom Konto des Schuldners auf das Konto des Gläubigers ermöglichen, nicht aber der Anlage dienen. Deshalb sehr niedrige Verzinsung der Einlagen.

Sparkonto mit gesetzlicher Kündigungsfrist: Dient nach § 21 KWG der Ansammlung oder Anlage von Vermögen. Kurze Kündigungsfrist bedingt niedrige Verzinsung. Einlagen sind nicht für den Zahlungsverkehr bestimmt. Nach § 21 KWG IV, 3 dürfen Verfügungen über Spareinlagen nicht durch Überweisung oder Scheck und nur gegen Vorlegung des Sparbuches zugelassen werden. Der freizügige Sparverkehr der Sparkassen und Kreditgenossenschaften macht es aber möglich, Abhebungen vom Sparkonto auch an anderer als der kontoführenden Stelle vorzunehmen, sogar bei einer Sparkasse, bei der der Abhebende kein Konto hat.

Sparkonto mit zwölfmonatiger Kündigungsfrist: Rechtlich und wirtschaftlich gilt dasselbe wie beim Sparkonto mit gesetzlicher Kündigungsfrist, die Verzinsung ist aber wegen der längeren Verfügbarkeit höher. Da Kündigung erforderlich ist, unterscheidet sich diese Anlageform auch von Termingeldern, die nach § 21 II, 2 KWG nicht als Spareinlage gelten.

Gold: **Vorteile:** Wertbeständigkeit; international anerkannt; bei Münzen Gewinn durch Sammlerzuschläge, falls echte (keine Nachprägungen) auch Seltenheitszuschläge. **Nachteile:** kein Zins; Schmelz- und Handelskostenagio (5 — 20%); Niedriger Rückkaufpreis der Banken; Abhängigkeit von Weltpolitik; große Barren schwer handelbar; Sammlerzuschlag von Mode abhängig.

902 *Bausparen*

1. $10 : 7 + 3 = 4{,}43\%$; 2. $10 : 6 + 3 = 4{,}67\%$; 3. $10 : 5 + 3 = 5\%$
$10 : 4 + 3 = 5{,}5\%$, $10 : 3 + 3 = 6{,}33\%$, $10 : 2 + 3 = 8\%$, $10 : 1 + 3 = 13\%$;
4. $4{,}43 + 4{,}67 + 5 + 5{,}5 + 6{,}33 + 8 + 13 = 46{,}93\% : 7 = \mathbf{6{,}70\%}$.

5.

Jahr	Prämie aus 800,00 DM Jahreseinzahlung	Festlegung in Jahren	Verlust durch Geldentwertung			Prämie minus Entwertungsverlust in DM
			in % je Jahr	in % in der gesamten Sparzeit (Spalte 3 mal Spalte 4)	in DM insgesamt (%-Satz Sp. 5 aus 800,00 DM)	
1	2	3	4	5	6	7
1	80,00	7	5	35	280,00	— 200,00
2	80,00	6	5	30	240,00	— 160,00
3	80,00	5	5	25	200,00	— 120,00
4	80,00	4	5	20	160,00	— 80,00
5	80,00	3	5	15	120,00	— 40,00
6	80,00	2	5	10	80,00	0,00
7	80,00	1	5	5	40,00	+ 40,00
	560,00				1 120,00	— 560,00

6. Bausparer interessiert weniger Verzinsung als Anspruch auf zinsgünstiges Baudarlehn.

903 Bankbilanz — Depositeneinlagen

1.

Aktiva/Mio. DM   Jahresbilanz der Aktienbank   Passiva/Mio. DM

Aktiva			Passiva		
1. Kassenbestand		98	1. Verbindlichkeiten gegenüber Kreditinstituten		
2. Guthaben bei der Deutschen Bundesbank		1 160	a) täglich fällig		685
3. Postgiroguthaben		24	b) mit vereinbarter Laufzeit oder Kündigungsfrist von		
4. Schecks, fällige Schuldverschreibungen, Zins- und Dividendenscheine sowie zum Einzug erhaltene Papiere		57	ba) weniger als drei Monaten	573	
5. Wechsel		2 133	bb) mindestens drei Monaten, aber weniger als vier Jahren	751	
darunter: a) bundesbankfähig DM 1 898			bc) vier Jahren und länger	132	1 456
b) eigene Ziehungen DM 235			darunter: vor Ablauf von vier Jahren fällig		–
6. Forderungen an Kreditinstitute			2. Verbindlichkeiten aus dem Bankgeschäft gegenüber anderen Gläubigern		
a) täglich fällig		159	a) täglich fällig		2 524
b) mit vereinb. Laufzeit od. Kündigungsfrist von			b) mit vereinbarter Laufzeit oder Kündigungsfrist von		
ba) weniger als drei Monaten	124		ba) weniger als drei Monaten	1 762	
bb) mindestens drei Monaten, aber weniger als 4 Jahren	195		bb) mindestens drei Monaten, aber weniger als vier Jahren	768	
bc) vier Jahren oder länger	161	639	bc) vier Jahren oder länger	631	3 161
7. Schatzwechsel u. unverzinsl. Schatzanweisungen			c) Spareinlagen		
a) des Bundes und der Länder	360		ca) mit gesetzl. Kündigungsfrist	1 983	
b) sonstige	155	515	cb) sonstige	492	2 475
8. Anleihen und Schuldverschreibungen			3. Eigene Akzepte und Solawechsel im Umlauf		24
a) mit einer Laufzeit bis zu vier Jahren			4. Rückstellungen		
aa) des Bundes und der Länder DM 74			a) Pensionsrückstellungen	177	
ab) von Kreditinstituten DM 33			b) andere Rückstellungen	116	283
ac) sonstige DM 58	165	165	5. Wertberichtigungen		
darunter: beleihbar bei der Deutschen Bundesbank DM			a) Einzelwertberichtigungen	134	
b) mit einer Laufzeit von mehr als vier Jahren			b) vorgeschriebene Sammelwertberichtigungen	667	
ba) des Bundes und der Länder DM 142			6. Sonstige Verbindlichkeiten		10
bb) von Kreditinstituten DM 64			7. Rechnungsabgrenzungsposten		2
bc) sonstige DM 21	227	227	8. Gezeichnetes Kapital		245
darunter: beleihbar bei der Deutschen Bundesbank DM 186			9. Kapitalrücklage		49
9. Wertpapiere, soweit sie nicht unter anderen Posten auszuweisen sind			10. Gewinnrücklagen		
a) börsengängige Anteile u. Investmentanteile	983		a) Gesetzliche Rücklage	365	
b) sonstige Wertpapiere	277	1 260	b) Rücklage für eigene Anteile	15	
darunter: Besitz von mehr als dem zehnten Teil einer Kapitalgesellschaft od. bergrechtlichen Gewerkschaft ohne Beteiligungen DM 173			c) Satzungsmäßige Rücklagen	–	
10. Forderungen an Kunden mit vereinbarter Laufzeit oder Kündigungsfrist von			d) Andere Gewinnrücklagen	–	380
a) weniger als 4 Jahren	2 987	2 987	11. Bilanzgewinn		39
b) vier Jahren oder länger	1 550	1 550			
11. Ausgleichsforderungen gegen die öffentl. Hand e)		119			
12. Beteiligungen		105			
13. Grundstücke und Gebäude		138			
14. Betriebs- u. Geschäftsausstattung		0			
15. Ausstehende Einlagen auf das gezeichnete Kapital		75			
davon eingefordert: DM 75					
16. Eigene Aktien		15			
Nennbetrag: DM 10					
17. Anteile an einer herrschenden oder mit Mehrheit beteiligten Gesellschaft		34			
Nennbetrag DM 17		–			
18. Sonstige Vermögensgegenstände		31			
19. Rechnungsabgrenzungsposten		1			
Summe der Aktiven		**11 333**	**Summe der Passiven**		**11 333**
			12. Eigene Ziehungen im Umlauf		1 070
			13. Verbindlichkeiten aus Bürgschaften, Wechsel- und Scheckbürgschaften sowie aus Gewährleistungsverträgen		256

2. a) Sichteinlagen: Dienen dem bargeldlosen Zahlungsverkehr und sind täglich fällige Geldeinlagen auf Bankkonten. Verzinsung sehr niedrig, bei Notenbanken keine Verzinsung.

In der vorliegenden Bilanz als täglich fällige Verbindlichkeiten aufgeführt:

gegenüber Kreditinstituten:	685
gegenüber anderen Gläubigern:	2 524

b) **Termingelder:** Sie werden besser Termineinlagen genannt und dienen der Geldanlage.

In der vorliegenden Bilanz als befristete Verbindlichkeiten aufgeführt:

gegenüber Kreditinstituten:	1 239
	132
gegenüber anderen Gläubigern	2 530
	631
Spareinlagen	2 475

c) **Depositen:** Darlehn des Einlegers an die Bank sowohl für Zwecke des Zahlungsverkehrs als auch der Geldanlage.

Gelddepositen dienen dem Zahlungsverkehr und sind täglich fällig,

hier: Verbindlichkeiten gegenüber Kreditinstituten   685
Verbindlichkeiten gegenüber anderen Gläubigern   2 524

3. a) Kündigungs- und Festgelder sind in der Bilanz als befristete Verbindlichkeiten
— gegenüber Kreditinstituten,
— gegenüber anderen Gläubigern (wobei hier auch die Spareinlagen dazuzählen) ausgewiesen.

b) Kündigungsgelder sind jederzeit unter Einhaltung einer bestimmtem, mindestens einmonatigen Kündigungsfrist kündbar. Sie sind auf unbestimmte Zeit angelegt.

Festgelder: Es sind für einen bestimmten Zeitraum unkündbare Einlagen, die an einem bestimmten Termin fällig sind. Nach Terminablauf werden sie als täglich fällige Gelder behandelt.

904 Anlageprinzipien — Investmentfonds

1. Anlageformen:	Risiko:	Gewinnmöglichkeiten:
Investmentzertifikat	eingeschränkt	eingeschränkt
Gold	gering	gering
Aktien	unbeschränkt	je nach Geschäftslage

2. Nein. Auch bei Aktien ist meist der Stimmenanteil des einzelnen Aktionärs im Verhältnis zum Grundkapital zu klein. Dagegen können Banken über Depotstimmrecht (evtl. problematischen) Einfluß gewinnen.

3. 177,5 : 2,8 = 63,39 DM Inventarwert.

4. a) 2,8 × 68 = 190,4 Mio. DM neues Fondsvermögen.

b) Der neue Wert des Fondsvermögens ist durch Kursanstieg der im Fonds enthaltenen Wertpapiere entstanden.

905 Pfandbrief

1. Nein; (1) keine dingliche Sicherung,
(2) keine Haftung d. ausgebenden AG, da Teilhaberpapier,
(3) Eigenkapital der AG kann durch Verluste gemindert werden,
(4) keine Wertbeständigkeitsprüfung bei Investitionen möglich,
(5) Jedes Untern. i. d. Rechtsform der AG kann Aktien ausgeben.

2. a) 6,— DM;   **b)** 6 × 100 : 96 = 6,25 %
  c) Zins 60 × 6 : 2 = 180,— DM
  ./. Spesen 2 × 34,26 = 68,52 DM

Zinsertrag des einges. Kapitals	111,48 DM
Kapital 60 × 96 =	5 760,— DM

  Zinsfuß: $\dfrac{111{,}48 \cdot 100 \cdot 360}{5794{,}26 \cdot 180} =$ 3,85 %

  Das eingesetzte Kapital umfaßt auch die Kaufspesen.

  d) 60 × 6 × 5 = 1 800,— DM
  ./. Spesen   68,52 DM

Zinsertrag	1 731,48 DM
Rendite	5,98 %

3. 6 × 100 : 7 = 85,72 DM.
4. Kurs sinkt durch das Verhalten der Marktteilnehmer solange, bis Effektivverzinsung d. 6 % Pfandbriefe gleich denen d. 7 %igen ist.
5. Weil Pfandbriefe zu pari eingelöst werden (Gläubigerpapier).
6. Weil sie aus d. Differenz ihre Kosten decken und Gewinn erwirtschaften müssen.

906 Pfandbrief — Kommunalobligation

	Pfandbrief	Kommunalobligation
Gläubiger der Hypothekenbank	Sparer	Investor
Schuldner der Hypothekenbank	Grundbesitzer	Kommunale Körperschaften z. B. Gemeinden
Sicherheit für die Hypothekenbank	I. Hypotheken auf Grundstücke des Darl. Nehmers	Steuerkraft der Gemeinde; Staatsbürgschaften

907 Wertpapiere (Effekten)

1.

	Wertpapier	kein Wertpapier
Zeugnis		×
Schuldschein		×
Frachtbrief		×
Führerschein		×
Scheck	×	
Überweisungsauftrag		×
Quittung		×
Garderobemarke		×
Fahrkarte	×	
Ladeschein	×	
Rechnung		×
Geldschein	×	
Sparbuch	(×)	
Sparbrief	(×)	

2.

Wertpapierarten / Kennzeichnung	Sparbrief	Sparbuch	Konnossement	Ladeschein	Lagerschein	Banknote	Überbringerscheck	Rektawechsel	Grundschuldbrief	Hypothekenbrief	Effekten Schuldverschreibung	Pfandbrief	Kommunalobligation	Investmentzertifikat	Kux	Aktie
Urkunde	×	×	×	×	×	×	×	×	×	×	×	×	×	×	×	×
Inhaberpapier	×	×				×	×				×	×	×	×		×
Orderpapier			×	×	×											(×)
Rektapapier								×	×	×					×	(×)
Warenwert			×	×	×											
Geldwert						×	×	×								
Kapitalwert	×	×							×	×	×	×	×	×	×	×
Teilhaberrechte														×	×	×
Gläubigerrechte	×	×	×	×	×		×	×	×	×	×	×	×			
ohne Ertrag			×	×	×	×	×	×								
mit schwankendem Ertrag														×	×	×
mit festem Ertrag	×	×							×	×	×	×	×			
vertretbar						×					×	×	×	×	×	×
nicht vertretbar	×	×	×	×	×		×	×	×	×						

Effekten sind Urkunden, die einen Kapitalwert verbriefen, vertretbar sind und dazu bestimmt sind, Ertrag zu bringen.

908 — Effektenkauf — Kursermittlung — Kurszettel

1. a) Ja, weil „billiger",
   b) Nein, weil „teurer" als G zahlen will.
2. Ja, weil Bank zu jedem Kurs kaufen darf.
3. a) Es wird kein Kurs gezahlt, der den Erwartungen des G nicht entspricht,
   b) Auftrag wird auf alle Fälle ausgeführt.
4.

Kurs in DM	Verkäufe	Käufe	Umsätze
a) 215	3 200,—	7 200,—	3 200,—
216	3 200,—	7 200,—	3 200,—
217,5	4 000,—	6 700,—	4 000,—
220	6 100,—	6 000,—	6 000,—
222,5	6 100,—	3 900,—	3 900,—
223,5	6 400,—	3 300,—	3 300,—
225	7 100,—	3 300,—	3 300,—

   b) Auftrag konnte ausgeführt werden, Kurs 220,— DM   c) bB.

909 — Beurteilung von Wertpapieren

1. Waldbräu: 1 700 : 440 = 3,86% (850 : 220 = 3,86),
   Dortmunder Union: 1 600 : 523 = 3,25%,
   RWE: 600 : 100,50 = 5,97%
2. Weil Aktienbesitzer die besser rentierenden Obligationen kaufen wollen und deshalb Akt. verkaufen.
3. a) 12 x 4,32 = 51,84; 240 : 51,84 = 4,63%,
   b) Bei Ausschüttung des gesamten Jahresüberschusses,
   c) Der Großaktionär läßt den Gewinn im Unternehmen zur Stärkung der Kapitalkraft des Unternehmens. Deshalb ist für ihn der tatsächlich erwirtschaftete Gewinn interessant. Der Kleinaktionär will Dividendenauszahlung. Er möchte deshalb wissen, wieviel sein eingesetztes Kapital an flüssigem entnehmbarem Gewinn erbringt.

910 — Wertpapierdepotverwaltung — Sammel- und Streifbandverwahrung — Selbsteintritt

1. Abtrennung d. fäll. Zins- u. Gewinnanteil-(Dividenden-)scheine; Besorgg. neuer Zins- u. Gewinnanteilscheinbogen auf Grund der Erneuerungsscheine (Talons); Ausübung von Bezugsrechten; Überwachg. d. Auslosg. u. Kündgg. festverzinslicher Wertpapiere; Wahrnehmg. d. Interessen bei Fusionen, Sanierg., Umtauschangeboten usw.
2. Sicherung gegen Diebstahl und Feuer durch Einlagerung in den Tresoren der Bank, Vermeidung von Verlusten durch Terminversäumnis oder Unterschlagung durch Übertragung der Verwaltungsarbeit an eine Bank.
3. Weil nicht vollkommen vertretbar, da Reihenfolge der Tilgung durch Auslosung bestimmt wird. Nr. des Stückes entscheidet, deshalb wichtig, daß M. die gleichen Stücke zurückerhält, die er eingelegt hat.
4. a) Nein; § 5 I Depot-Gesetz, nur, wenn der Hinterleger sie dazu ermächtigt hat.
   b) Alle Stücke sind in Rechten u. Pflichten gleich u. daher austauschbar (vollkommen vertretbar).

5. a) Nein; § 7 I Depot-Ges.
b) Ja, Verkauf d. Waldbräu-Aktien ist für Bank Effekten-Kommissionsgeschäft (in eig. Namen für fremde Rechnung), daher Bestimmung für Kommissionär gültig; Selbsteintritt möglich; § 400 HGB.

911 Verwahrungsarten

Verwahrungssachen \ Verwahrungsart	Geschlossenes Depot Schrankfach (Safe)	Geschlossenes Depot verschlossene Einlage	Offenes Depot Sonderverwahrung (Streifband)	Offenes Depot Sammelverwahrung
1. Patentschrift	×	(×)		
2. Briefmarkensammlung	×			
3. Namensaktien			×	
4. Schmuck, unbearb. Edelsteine	(×)	×		
5. Pfandbriefe			(× [*Auslosg.*])	×
6. Beweismaterial eines Anwaltes		×		
7. Druckstöcke zur Herstellung von Banknoten		×		
8. Inhaberaktie				×

Investitionsentscheidungen

Statische Investitionsrechnung

912 Rentabilitäts- und Gewinnvergleich, Wiedergewinnungszeit

1. 96 % — 600 000   100 % — 625 000

Wenn Spesen und Stückzinsen vernachlässigt werden, können mit dem Bereitschaftskapital von 600 000 DM Obligationen im Nominalwert von 625 000 DM erworben werden.

Rentabilität der Obligationen unter den Annahmen, daß die Rückzahlung der Obligationen zum Nennwert erfolgt und der Kursgewinn von 25 000 DM auf die Restlaufzeit von 5 Jahren zu verteilen ist:

Zinsen p.a. 6,5 % von 625 000 DM	= 40 624 DM
jährlicher Anteil des Kursgewinns 25 000 / 5 Jahre	= 5 000 DM
Gesamtertrag p.a.	45 624 DM

Rentite der Obligationen:

$$p\ eff = \frac{45\,624 \cdot 100}{600\,000} = 7{,}6\,\%$$

Investitionen zur Betriebserweiterung:

Umsatzerlöse p.a.	50 000 · 25 DM	= 1 250 000 DM
— variable Kosten p.a.	50 000 · 20 DM	= 1 000 000 DM
— Fixkosten p.a.		200 000 DM
Gewinn p.a.		50 000 DM

Bei der Rentabilitätsberechnung von Sachinvestitionen wird wegen der Abschreibung i.d.R. das durchschnittlich gebundene Kapital (= Investitionssumme/2) zugrunde gelegt. Die Berechnung wird dann nach folgender Formel vorgenommen:

$$p\ eff = \frac{\varnothing\ \text{Gewinn} \cdot 100}{\text{Investitionssumme}/2} = \frac{50\,000 \cdot 100}{300\,000} = 16{,}67\,\%$$

2. a) Wiedergewinnungszeit der Investition zur Betriebserweiterung

   Einzahlungen p.a. (= Umsatzerlöse)   = 1 250 000 DM
   — Auszahlungen p.a.
      40% der Fixkosten   80 000 DM
      variable Kosten   1 000 000 DM   1 080 000 DM
   = Einzahlungsüberschuß p.a.   170 000 DM

   600 000 DM Anschaffungsausgaben : 170 000 DM = 3,53
   Die Wiedergewinnungszeit (Amortisationszeit) beträgt 3,53 Jahre.

   b) Es muß die Restlaufzeit zugrunde gelegt werden. Die Summe der Zinszahlungen (40 624 DM p.a.) erreicht während der 5jährigen Restlaufzeit nicht die Investitionssumme von 600 000 DM. Im Gegensatz zur Betriebserweiterungsinvestition erfolgt bei der Anlage in Obligationen aber am Ende der Laufzeit die Rückzahlung des Nennwertes (625 000 DM).

3. vgl. 1.

   Obligationen:

   Gewinn in 5 Jahren
      Zinsen 5 · 40 425   = 203 125 DM
      Kursgewinn   25 000 DM
      Gesamtgewinn   228 125 DM

   Betriebserweiterung

   Gewinn in 5 Jahren
      5 · 50 000   250 000 DM

4. Die Betriebserweiterungsinvestition ist risikoreicher als die Kapitalanlage in Obligationen. Wenn sich die Erwartungen hinsichtlich Kosten, Absatzmenge und Absatzpreis aber erfüllen, ist die Betriebserweiterung hinsichtlich Rentabilität, Gewinn und Wiedergewinnungszeit vorteilhafter.

---

913   *Kostenvergleichsmethode*

1. Gewinnmaximierung   Stückerlös 18,50

Stückzahl	Gesamtkosten		Gesamterlös	Gewinn	
	Masch. F (A)	Halbautom. (B)		A	B
100 000	1 840 000 ·/. 640 000	2 000 000 ·/. 1 Mio.	1 850 000	10 000	·/. 150 000
200 000	3 040 000 ·/. 640 000	3 000 000 ·/. 1 Mio.	3 700 000	660 000	700 000
300 000	4 240 000 ·/. 640 000	4 000 000 ·/. 1 Mio.	5 550 000	1 310 000	1 550 000
400 000	5 440 000 ·/. 640 000	5 000 000 ·/. 1 Mio.	7 400 000	1 960 000	2 400 000
	prop. Kosten 12,— fix. Kosten 4,57	prop. Kosten 10,— fix. Kosten 7,14			

Weil die Kapazität auf 200 000 Stück ausgeweitet werden kann, ist die halbautomatische Fertigung die gewinnmaximale.

Das Risiko wird allerdings höher, weil auch die Fixkostenbelastung steigt. Nichtautomatische Anlagen sind leichter an die Marktsituation anzupassen, weil die eingesetzten Aggregate i. d. R. leicht teilbar sind.

2. a) Um feststellen zu können, welche Fertigungsart bei einem Absatz von 140 000 Stück Maximalgewinn ermöglicht, müssen die Kosten je Stück ermittelt werden. Die prop. Kosten betragen bei maschineller Fertigung 12,— DM (1 840 ·/. 640), bei halbautomatischer 10,— DM. Der Fixkostenanteil je Stück ist bei (140 000) bei maschineller Fertigung 4,57 DM, bei halbautomatischer 7,14 DM.

masch. Fertig.	12,—	halbautom. Fertig.	10,—
masch. Fertig.	4,57	halbautom. Fertig.	7,14
Kosten je Stück	16,57 DM		17,14 DM

Bei einem Absatz von 140 000 Stück ist die masch. Fertigung günstiger.

b) Bei einem Absatz von 200 000 Stück und einem Preis von 18,50 DM beträgt der Fixkostenanteil je Stück bei masch. Fertig. 3,20 DM, bei halbautomat. Fertig. 5,— DM.

Die Kosten je Stück demnach bei masch. Fertig. 15,20 DM, bei halbautomat. Fertig. 15,— DM.

Demnach ist in diesem Falle die halbautomat. Fertig. gewinngünstiger.

c) Die Kosten je Stück betragen bei masch. Fertig. 13,— + 3,20 = 16,20 DM; bei halbautomat. Fertigung 11,— + 5,— = 16,— DM.

Demnach ist trotz dieser Kostenerhöhung die halbautomat. Fertigung günstiger.

3. Die Mindestabnahmemenge, bei der die halbautomat. Fertigung gewinngünstiger wird als die maschinelle, läßt sich mit Hilfe der Bücherschen Formel errechnen:

$12x + 640\,000 = 10x + 1\,000\,000$

$x = 180\,000$ Stück

Sowie mehr als 180 000 Stück abgesetzt werden können, lohnt sich der Übergang zur halbautom. Fertigung.

4. Annahmen: Variable Kosten sind proportional; Kapazität ist nicht ausgelastet, sonst Sprungkosten.

914 Rentabilitätsvergleichsmethode

1.

Aggregate	A	B
Abschreibung	25 000,—	12 000,—
Sonstige Fixkosten	11 000,—	1 600,—
Summe fixe Kosten	36 000,—	13 600,—
Fixe Kosten je Stück	0,72	0,34
Prop. Kosten je Stück	10,—	10,50
Gesamte Kosten je Stück	10,72	10,84

Aggregat A ist günstiger. Bei unterschiedlicher Leistungsmenge entscheiden die Kosten je Stück. (Der Kalk. Zins wird in der RVR bei den Kosten nicht berücksichtigt, weil er Bestandteil der zu vergleichenden Objektrentabilität ist.)

2. Rentabilität

Aggregat A: Gewinn $(11,-- 10,72) \times 50\,000 = 14\,000 \times 100 : 50\,000 = 28\,\%$

Aggregat B: $(11,-- 10,84) \times 40\,000 = 6\,400 \times 100 : 30\,000 = 21\frac{1}{3}\,\%$

Nicht die zur Beschaffung eines Aggregates notwendigen Finanzmittel, sondern nur das durch die Investition durchschnittlich gebundene Anlagekapital ist anzusetzen, d. h. $\underline{\frac{\text{Anschaffungsausgabe}}{2}}$, weil sonst die RVR nur für die erste Teilperiode des Untersuchungszeitraumes gelten würde.

3. Rentabilität Aggregat A: Kosten fix $\frac{36\,000}{40\,000}$ + prop. Kosten $10,-- = 10,90$

$\,0{,}10 \cdot 40\,000 \cdot 100 = 8\,\%$

Aggregat B: Rentabilität bleibt bei $21\frac{1}{3}\,\%$

4.

	Aggregate A	B
Abschreibung	25 000	12 000
Fremdzins	1 500	450
(6 % aus Anschaffungskosten : 4)		
Sonstige Fixkosten	11 000	1 600
Summe fixe Kosten	37 500	14 050
Fixe Kosten je Stück	0,75	0,351
Prop. Kosten je Stück	10,00	10,50
Gesamte Kosten je Stück	10,75	10,851
Stückgewinn	0,25	0,149
Gesamtgewinn	12 500	5 960
durchschnittlich gebundenes (eigenfinanziertes) Anlagekapital	37 500 (75 000 : 2)	22 500 (45 000 : 2)
Verzinsung	33¹/₃ %	26,49

915 Amortisationsrechnung

Alternative	A	B	C
Jahresüberschuß	5 000	6 000	3 000
Kalk. Abschreibg.	25 000	24 000	12 000
Rückfluß	25 000	24 000	12 000
1. a) Wiedergewinnungszeit bei Vollausschüttung	$\frac{100\,000}{20\,000} = 5$	$\frac{120\,000}{24\,000} = 5$	$\frac{90\,000}{12\,000} = 7{,}5$
b) Wiedergewinnungszeit bei Nichtausschüttung	$\frac{100\,000}{25\,000} = 4$	$\frac{120\,000}{30\,000} = 4$	$\frac{90\,000}{15\,000} = 6$

2. a) Nein, sofern die kalk. Abschreibungen im Preis entgolten werden.

b) Nein, der einbehaltene Gewinn beschleunigt nur die Amortisationsdauer.

3. „Die Unsicherheit über Höhe und Zeitpunkt der Rückflüsse wird umso größer, je weiter diese in der Zukunft liegen"

Dynamische Investitionsrechnungen

916 *Aufzinsungsformel*

1. Guthaben 40 000,— + 10% Zins, nach 1 Jahr 44 000,— DM.
2. $E_1 = A_o + A_o \frac{p}{100} = A_o + A_o i = A_o (1 + i)$.
3. $44\,000 + 4\,400 = 48\,400,—$.
4. $E_2 = E_1 + E_1 \times i = A_o (1 + i) + A_o (1 + i) i = A_o (1 + i)(1 + i) = A_o (1 + i)^2$.
5. $E_n = A_o (1 + i)^n$.
6. Zins und Zinseszins aus dem Gewinn und dem kalk. Lohn sind zu berücksichtigen!

917 *Abzinsungsformel und Gegenwartswert*

1. a) $E_n = A_o (1 + i)^n \,/\, A_o = \frac{E_n}{(1 + i)^n}$ \qquad $i = \frac{p}{100}$

i. Beisp. $\frac{10}{100} = 0{,}1$

b) $A_o = x$

1 \quad $E_2 = 2\,420\,000$

$i = 0{,}10$

$A_o = \frac{2\,420\,000}{(1 + 0{,}10)^2} = 2\,420\,000 : 1{,}21 = \underline{\underline{2\,000\,000,— \text{DM}}}$

2. $\frac{\text{Jahre} \cdot \text{Zinssatz}}{4 \cdot 10} \times$ Zinssatzfaktor 0,683

$A_o = 2\,420\,000 \times 0{,}683 = 1\,652\,860,— \text{DM}$.

3. Die Rücklagenmittel verzinsen sich bis zum Einsatz, wobei auch der anfallende Zins wieder verzinst wird.

4. $A_o = 2\,420\,000 \times 0{,}735 = 1\,778\,700,— \text{DM}$.

918 Kapitalwertmethode

1. 200 000,— DM zu 5 % = Zinsertrag 10 000,— DM.
   Der Unternehmer muß demnach mehr als 10 000,— DM Gewinn erwirtschaften.
2. Bei bankmäßiger Anlage ist sein Risiko gering bzw. fast 0.
3. a) Gegenwartswert der Einnahmeüberschüsse des ersten Jahres:

$$A_o = \frac{E_n}{(1+i)^n} \text{ demnach } A_1 = \frac{106\,000}{\left(1+\frac{6}{100}\right)} = 106\,000 : \frac{106}{100} = 100\,000,\text{— DM}$$

   b) Gegenwertswert der Einnahmeüberschüsse des 2. Jahres:

$$A_2 = \frac{127\,000}{\left(\frac{106}{100}\right)^2} = 127\,000 : 1{,}1236 = \underline{113\,029{,}54 \text{ DM}}$$

   Summe der Gegenwartswerte der Einnahmeüberschüsse: $\underline{213\,029{,}54 \text{ DM}}$

4. 213 029,54 ·/. 200 000,— Anschaffg. Ausgabe = 13 029,54 DM.
   Rein zahlenmäßig ist die Investition vorteilhaft, weil die bankmäßige Anlage nur 10 000,— DM erbringt.
5. Kap. Wert = 0: Die Investition erbringt die angesetzte Verzinsung; Kap. Wert negativ: Die erwartete Verzinsung wird nicht erreicht; Kap. Wert größer als 0: Die Investition bringt mehr als die vorgesehene Verzinsung.
6. Die Anschaffungsausgaben der verglichenen Investitionsobjekte müssen gleich sein, sie müssen gleiche Nutzungsdauer haben, der angesetzte Zinsfuß muß realistisch sein (Eine brauchbare Bezugsgröße ist die erzielbare Eigenkapitalrentabilität vorhandener Anlagen).

Finanzplanung

919 Kapitalbedarf — Riegersche Formel — Stundungsprozesse

1. **Kapitalbedarf zur Herstellung der Betriebsbereitschaft:**

Fertigungseinrichtungen	1 000 000,—
Trocknungskessel	100 000,—
Silos	100 000,—
Verpackungsmaschine	300 000,—
Einführungswerbung	500 000,—
Eiserner Bestand Hartweizengries 22 × 3t = 66t zu 1 200,— =	79 200,—
Eizusatz 66 × 1 000 kg zu —,40 =	26 400,—
Gesamt-Kapitalbedarf	2 105 600,— DM

2. a)

Ausgaben für \ Tag	1	2	3	4	5	6	7	8	9	10
Herstellung der Betriebsbereitschaft laufende Betriebstätigkeit:	2 105 600									
Materialk. / Materialgemeink.										
Fertigungsk.										
Fertigungsgemeinkosten						4 500	4 500	4 500	4 500	4 500
Verwaltungs- u. Vertriebsgemeinkosten	9 000	9 000	9 000	9 000	9 000	9 000	9 000	9 000	9 000	9 000
	2 114 600	9 000	9 000	9 000	9 000	13 500	13 500	13 500	13 500	13 500
Abzugsposten: ./. Abschreibg.	400	400	400	400	400	400	400	400	400	400
./. sonst. Gemeinkosten	500	500	500	500	500	500	500	500	500	500
Summe der Vorleistungen = Tageskapitalbedarf		8 100	8 100	8 100	8 100	12 600	12 600	12 600	12 600	12 600
Kapitalfluß	2 113 700									
Kapitalbedarf des Vortages		2 113 700	2 121 800	2 129 900	2 138 000	2 146 100	2 158 700	2 171 300	2 183 900	
+ Auszahlungen des Tages	2 113 700	8 100	8 100	8 100	8 100	12 600	12 600	12 600	12 600	12 600
./. Rückfluß (Einzahlungen)										
Neuer Stand des Kapitalbedarfs	2 113 700	2 121 800	2 129 900	2 138 000	2 146 100	2 158 700	2 171 300	2 183 900	2 196 500	2 209 100

Ausgaben für \ Tag	11	12	13	14	15	16	17	18	19	20
Herstellung der Betriebsbereitschaft laufende Betriebstätigkeit:										
Materialk. / Materialgemeink.					38 400	38 400	38 400	38 400	38 400	38 400
Fertigungsk.		4 500	4 500	4 500	4 500	4 500	4 500	4 500	4 500	4 500
Verwaltungs- u. Vertriebsgemeinkosten	9 000	9 000	9 000	9 000	9 000	9 000	9 000	9 000	9 000	9 000
	13 500	13 500	13 500	13 500	51 900	51 900	51 900	51 900	51 900	51 900
Abzugsposten: ./. Abschreibg.	400	400	400	400	400	400	400	400	400	400
./. sonst. Gemeinkosten	500	500	500	500	500	500	500	500	500	500
Summe der Vorleistungen = Tageskapitalbedarf	12 600	12 600	12 600	12 600	51 000	51 000	51 000	51 000	51 000	51 000
Kapitalfluß										
Kapitalbedarf des Vortages									2 463 500	2 454 500
+ Auszahlungen des Tages	12 600	12 600	12 600	12 600	51 000	51 000	51 000	51 000	51 000	51 000
./. Rückfluß (Einzahlungen)									60 000	60 000
Neuer Stand des Kapitalbedarfs	2 221 700	2 234 300	2 246 900	2 259 500	2 310 500	2 361 500	2 412 500	2 463 500	2 454 500	2 445 500

2. b)

Materialeingang   18 Tage

| Eingangslagerung | Fertigung | Trocknung | Ausgangslagerung | Kundenziel |
| 5 Tage | 1 Tag | 2 Tage | 5 Tage | 5 Tage |

| Liefererziel 14 Tage | Materialkosten 4 Tage |

| Fertigungskosten 13 Tage |

| Verwaltungs- und Vertriebskosten 18 Tage |

2. c)

auszahlungswirksame Kostengruppen \ Prozeßphasen	Lagerdauer — Liefererziel Material	Fertigungsdauer einschl. Trocknung	Lagerdauer Fertigprod.	Kundenziel	Tage insgesamt
Materialkosten	5 — 14	3	5	5	4
Fertigungskosten	—	3	5	5	13
Verwaltungs- und Vertriebskosten	5	3	5	5	18

2. d)

$38\,400 \times (5 \,\cdot/\cdot\, 14 + 3 + 5 + 5) = 153\,600,—$

$4\,500 \times (3 + 5 + 5) = 58\,500,—$

$(9\,000 \,\cdot/\cdot\, 900) \times (5 + 3 + 5 + 5) = 145\,800,—$

Kapitalbedarf für den Fertigungsprozeß	357 900,—
Kapitalbedarf für die Betriebsbereitschaft	2 105 600,—
Kapitalbedarf insgesamt	2 463 500,— (identisch mit Höchstbedarf am 18. Tag!)

e) Formel berücksichtigt keine Rückflüsse.

920 Wesen der Finanzplanung — Finanzielles Gleichgewicht

1.

Kapitalfluß \ Tag	1	2	3	4	5
Mittelbedarf des Vortages		102 000,—	103 000,—	104 500,—	102 000,—
Ausgaben f. Invest.	100 000,—				
laufende Ausgaben	2 000,—	1 000,—	1 500,—	2 000,—	1 000,—
Rückfluß	102 000,—	103 000,—	104 500,—	106 500,—	103 000,—
	—	—	—	4 500,—	—
Neuer Mittelbedarf	102 000,—	103 000,—	104 500,—	102 000,—	103 000,—

Kapitalfluß \ Tag	6	7	8	9	10
Mittelbedarf des Vortages	103 000,—	104 500,—			
Ausgaben f. Invest.	—	—			
laufende Ausgaben	1 500,—	2 000,—			
Rückfluß	104 500,—	106 500,—			
	—	4 500,—			
Neuer Mittelbedarf	104 500,—	102 000,—			

2. Höchster Kapitalbedarf ist   104 500,— DM
    ·/. eigene Mittel   90 000,— DM
    Erforderlicher Kredit   14 500,— DM

3. Im Falle der Absatzstockung muß der Betrieb trotzdem zahlungsfähig bleiben, d. h. für die mögliche Absatzstockung muß für die in dieser Zeit anfallenden Ausgaben Kredit verfügbar sein. In 6 Tagen fallen insgesamt weitere 9 000,— DM an. Der erforderliche Kredit ist dann 23 500,— DM.

4. Ein Liefererziel vermindert die erforderlichen Kredite. Da das Lieferziel länger ist als die mögliche Absatzstockung, kann der erforderliche Kedit um den Materialkostenanteil (20 %) gekürzt werden.
    23 500,—   DM   ·/.   4 700,—   = 18 800,—

5. Für die Finanzplanung kann nur eingesetzt werden, was an Finanzmitteln im Unternehmen verbleibt.
    a) Selbstkostenpreis
    b) Verkaufspreis

921　Kurzfristige Finanzplanung

1.

Kontostand Anfang April	Einzahlungen	Auszahlungen	Kontostand
Kontostand **Anfang Jan.**:			+ 150 000,—
alte Fordg.	100 000,—		
alte Vb.		200 000,—	
Vkf. alte FE 100 000 (Herst. Ko.)			
+ 15 000 (15 % Vw. + Vt.G Ko)			
+ 23 000 (20 % Gewinn)	138 000,—		
Herstellungsausgaben (ohne Rohstoffe wegen Ziel)		70 000,—	
Kontostand **Anfang Febr.**:			+ 118 000,—
alte Fordg.	300 000,—		
alte Vb.		600 000,—	
Vkf. alte FE	138 000,—		
Herstellungsausgaben		100 000,—	
Kontostand **Anfang März**:			./.144 000,—
alte Fordg.	200 000,—		
alte Vb.		500 000,—	
Vkf. neue FE			
Selbstko. 100 000,—			
+ Gewinn 20 000,—	120 000,—		
Herstellungsausgaben		100 000,—	
Kontostand **Anfang April**			./.424 000,—
Vkf. neue FE	120 000,—		
Herstellungsausgaben		100 000,—	
			./.404 000,—

2. Ab März muß Kredit bereitstehen. Es ist zu untersuchen, ob der Trend des Kontostandes gleich bleibt, sonst Liquiditätsschwäche; bisherige Zahlungsbereitschaft kann beeinträchtigt werden; Entscheidung ob lang- oder kurzfristiger Kredit, je nach Trendrichtung.

922　Langfristiger Finanzplan

1.

	lfd. Jahr	nächstes Jahr	übernächstes Jahr
Auszahlungen:			
Investitionsreste	450 000,—	450 000,—	—
Sortimentserweiterung Ansch.Ausg.	150 000,—	—	—
Fertig. Aufw. (**monatl.** 272 000)	3 264 000,—	3 264 000,—	3 264 000,—
Beteiligung		500 000,—	
Vorräte	600 000,—	600 000,—	600 000,—
alte Kredite	180 000,—	80 000,—	30 000,—
Zahlungsverkehr	5 000 000,—	5 000 000,—	5 000 000,—
Jahresgewinn alt	400 000,—	400 000,—	400 000,—
neu 500 × 300 = 150 000 × 12 =	1 800 000,—	1 800 000,—	1 800 000,—
Neu-Kredit Tilgung		70 000,—	70 000,—
Verzinsung	14 000,—	14 000,—	14 000,—
	11 858 000,—	12 178 000,—	11 178 000,—

	lfd. Jahr	nächstes Jahr	übernächstes Jahr
Einnahmen:			
Verkf. bisheriges Sortiment	4 000 000,—	4 000 000,—	4 000 000,—
Festgelder		500 000,—	
Anlagenveräußerung	100 000,—		
Lieferer-Kredite	300 000,—	300 000,—	300 000,—
Neukredit	140 000,—		
Altkredite	1 500 000,—	2 000 000,—	1 500 000,—
Absatz Sort.Erweitg. (300 × 1 500) = 450 000 × 12	5 400 000,—	5 400 000,—	5 400 000,—
	11 440 000,—	12 200 000,—	11 200 000,—

2. Die Finanzplanung ist die systematische Erfassung und die Gegenüberstellung der innerhalb eines bestimmten Zeitraumes zu erwartenden Einnahmen und der voraussichtlichen Ausgaben, sowie die finanziellen Maßnahmen zu ihrem Ausgleich. Ihr Ziel ist die optimale Finanzstruktur des Unternehmens. Hauptziel der Finanzplanung ist es demnach ein Gleichgewicht optimaler Liquidität zu bestimmen und zu erhalten. Die Finanzplanung hat außer der Liquidität auch die Sicherheit und die Rentabilität zu berücksichtigen. Alle drei Faktoren sind von der Höhe des Kapitalbedarfs und den Möglichkeiten seiner Deckung abhängig. Die Kapitalbedarfsrechnung ist als statisches Verfahren zeitpunktbezogen, während die Finanzplanung die Veränderungen des Kap.Bedarfs im Zeitablauf fortlaufend erfaßt und verarbeitet.

923 Cash Flow

1. Tilgung 1 Mio. DM (in fünf Raten)		200 000 DM
+ Zins für 1 Mio. DM zu 10%		100 000 DM
Benötigte flüssige Mittel am Ende des 1. Jahres		300 000 DM
2. a) Bilanzgewinn		140 000 DM
+ Zuführung zu Gewinnrücklagen		160 000 DM
+ Aufwendungen, nicht Ausgaben		
Abschreibung	80 000	
Zuführung zu den Pensionsrückst.	44 000	124 000 DM
Verfügbare flüssige Mittel (cash flow)		424 000 DM

b) $\dfrac{100 \cdot 424\,000}{1\,420\,000} = 29{,}9\%$ (cash flow)

Finanzierungsentscheidungen

Außenfinanzierung durch Beteiligung

924 *Eigenfinanzierung bei Einzelunternehmen u. Kommanditgesellschaften*

1.

Aktiva	Übernahmebilanz Alternative A		Passiva
Vermögen	1 080 000,—	**Eigenkapital:**	700 000,—
		Fremdkapital:	
		Darlehn	300 000,—
		kurzfrist. Verbindl.	80 000,—
	1 080 000,—		1 080 000,—

Aktiva	Übernahmebilanz Alternative B		Passiva
Vermögen	1 080 000,—	**Eigenkapital**	
		Komplementär	700 000,—
		Kommanditist	300 000,—
		Fremdkap.:	
		kurzfrist. Verbindl.	80 000,—
	1 080 000,—		1 080 000,—

2. Kommt auf Einschätzung der Geschäftsentwicklung an.
   Pessimistisch: Alternative B (kein Liquiditätsentzug durch Zinsverpflichtungen)
   Optimistisch: Alternative A (Hebelwirkung d. Darlehns f. d. Eigenkapitalrendite)

3. **Alternative A:**
   1 080 000 = 100% $\frac{100 \cdot 200\,000}{1\,080\,000}$
   200 000 = x%
   x = 18,5% Sachanlagen, etwas geringer als Branchenkennzahl

   Vorräte: $\frac{100 \times 120\,000}{1\,080\,000}$ = 11,11% Vorräte sind fast doppelt so hoch wie Branchenkennzahl

   Eigenmittel: 200 000 = 100%
   700 000 = x = 350% Sachanlagen sind weit besser durch Eigenmittel gedeckt als in der Branche.

   Eigenmittel + Darlehn: $\frac{100 \times 1\,000\,000}{200\,000}$ = 500% langfristige Mittel gegenüber Kennzahl sehr reichlich.

925 *Kapitalerhöhung — Bezugsrecht — Obligation — Vorzugsaktie*

1. a) 5 Mio. (1/4 v. 20 Mio.),   b) 8 Mio. flüssige Mittel (160% von 5 Mio.).
2. a) 2,4 Mio. DM;   b) 9,6% (25 Mio. = 100%).
3. a) Ja. Für Kapitalerhöh. ist Mehrheit v. $^3/_4$ d. Grundkap. nötig. § 182 Akt.G.; Der Aktionär hat die Sperrminorität.
   b) 24%;
   c) Erhaltung von Mehrheitsverhältnissen, Erhaltung der Beteiligungen an den stillen Reserven und den Erfolgsaussichten.

4. a)

	Grundkapital DM	Rückl. Summe DM	Eigenkap. DM	Bilanzkurs
vor d. Kap.erhöhg.	20 Mio.	16 Mio.	36 Mio.	180
nach d. Kap.erhöhg.	20 + 5 = 25 Mio.	16 + 3 = 19 Mio.	44 Mio.	176

b) Kapitalrücklage

c) Verwässerung: Die neuen Aktionäre werden an den bisher schon bestehenden Rücklagen auch noch beteiligt.

d) 16,– DM

e) 16,– DM auf 4 alte Aktien = 4,– DM,

f) $\dfrac{180-160}{\frac{4}{1}+1} = \dfrac{20}{5} = 4.$

5. a) Liegt die zu erwartende Rentabilität neu investierten Kapitals über dem Zinssatz für Obligationen, dann ist es für die Gesellschaft günstiger, Fremdkapital aufzunehmen. Der Gewinn steigt. Ist der Zins für das Fremdkapital höher als die zu erwartende Rentabilität, dann ist für die Gesellschaft Eigenkapital billiger als Fremdkapital.

b) Keine Beteiligung der Obligationäre an den Rücklagen, keine Beteiligung der Oblig. an steigenden Gewinnen, keine Änderung der Mehrheitsverhältnisse.

c) Sichere Verzinsung. Bei günstiger Entwicklung der Gesellschaftslage Umtausch in Aktie möglich. § 221 AktG.

6. a) Nachteile gegenüber Obligation: Sinkt die allgemein mögliche Dividende unter 12%, dann stellen sich die Aktionäre schlechter. Ihre Dividende wird zu Gunsten der Vorzugsaktionäre gekürzt. Der stimmrechtslose Vorzugsaktionär hat auch Anteil an der Rücklage. Der Großaktionär hat als Risiko Dividendenkürzung und Kursminderung zu berücksichtigen.

b) Für die Geschäftsleitung hat die Vorzugsaktie Vorteile: Dividendenzahlung nur bei Gewinn, keine Rückzahlungspflicht.

c) Aktienkäufer können ihre Chancen nur beurteilen, wenn sie wissen, ob bevorrechtigte Ansprüche auf den Gewinn bestehen.

| 926 | *Bezugsrecht — Obligation und Aktie* |

Kurs der alten Aktien	Kurs der jungen Aktien	Bezugsverhältnis	Bezugsrecht
180	160	4:1	4
245	210	5:2	10
360	340	7:3	6
170	160	5:3	3,75

2.

	Teilhaberpapier (z. B. Aktie)	Gläubigerpapier (z. B. Obligation)
Vergütung für das überlassene Kapital Zins Dividende	............×............	............×............
Anteil des Kapitalgebers am Vermögenszuwachs	×	
Mitbestimmung in der Gesellschaft durch den Kapitalgeber	×	
Bezugsrecht des Kapitalgebers bei Kapitalerhöhung	×	
Rückzahlungspflicht der Gesellschaft für das Kapital an die Kapitalgeber		×
Sicherheitsleistung der Gesellschaft für die Kapitalgeber		×
Anspruch des Kapitalgebers im Falle des Konkurses		×

927 *Umwandlung einer Genossenschaft in eine Aktiengesellschaft — Vinkulierte Namensaktie*

1. Aktien werden an der Börse gehandelt und sind damit leicht und schnell zu veräußern.
2. Die Gesellschaft muß bei einem Verkauf zustimmen. Es kann erreicht werden, daß die Bauern von Ahornsweiler die Mehrheit behalten. § 68 II Akt G,
3. Leichter abzusetzen, da bei Verkauf die Gesellschaft nicht zustimmen muß. Deshalb sind diese Aktien von der Gesellschaft leichter unterzubringen.
4. Sie bedürfen einer Mehrheit von 3/4 des vertretenen Grundkapitals und müssen vorsichtshalber mit der Anwesenheit aller Aktionäre rechnen. Also 75 % von 380 000,— DM = 285 000,— DM. Zu den 200 000,— DM in ihrem Besitz müssen sie 85 000,— DM Aktien der Neuemission von 180 000,— DM dazukaufen.

928 *Genehmigtes Kapital*

1. Nein, die Verwendungsmöglichkeit für das neue Kapital steht noch nicht fest, deshalb evtl. Alternativanlage mit ungünstiger Verzinsung erforderlich.

2. a) Der Ausgabekurs junger Aktien liegt regelmäßig über 100%, um von Neuaktionären einen Beitrag zu den bereits angesammelten stillen Reserven zu erlangen. Niedrigeres Nominalkapital macht auch einen geringeren zu erwirtschaftenden Dividendenbetrag erforderlich.
   b) Zweckmäßig, weil es Ausnutzung der Marktsituation ermöglicht; unbedenklich, weil nach § 204, I 2 Akt G Kontrolle durch Aufsichtsrat.
3. Nach § 202 Akt G Satzungsänderung. Mehrheit, die mindestens 3/4 des bei der Beschlußfassung in der Hauptversammlung vertretenen Grundkapitals umfaßt.
4. a) $125 \times X = 10$ Mio.
   Erforderliche Nennwerthöhe: 8 Mio. Wahrscheinlich aber wegen Kosten u. a. etwas mehr.
   b) Aufnahme eines Überbrückungskredits. Kreditgebende Bank mit Emission beauftragen.
   Ausschluß des gesetzlichen Bezugsrechts nach § 186 IV Akt G hätte bereits in dem Hauptversammlungsbeschluß zum genehmigten Kapital beschlossen und bekanntgemacht werden müssen.
   Möglich wäre auch der nach § 186 V Akt G fast immer gefaßte Beschluß, die neuen Aktien von einem Kreditinstitut mit der Verpflichtung übernehmen zu lassen, sie den Alt-Aktionären zum Bezug anzubieten.

929 | *Kapitalerhöhung aus Gesellschaftsmitteln*

1. Nach § 207 Akt. Ges. kann die Hauptversammlung eine Erhöhung des Grundkapitals durch Umwandlung von Kapitalrücklagen und von Gewinnrücklagen in Grundkapital beschließen, wenn
   – nach § 182 Abs. 1, Satz 1, 2 u. 4 Akt G drei Viertel des bei der Beschlußfassung vertretenen Grundkapitals zustimmt (bei Ausgabe von Vorzugsaktien eine in der Satzung vorgesehene größere Kapitalmehrheit);
   – neue Aktien ausgegeben werden;
   – der Vorstand u. der Aufsichtsratsvorsitzende den Beschluß über die Erhöhung des Grundkapitals nach § 184 Abs. 1 zur Eintragung ins Handelsregister angemeldet haben;
   – der Jahresbeschluß für das letzte vor der Beschlußfassung über die Kapitalerhöhung abgelaufene Geschäftsjahr aufgrund der Bilanz festgestellt ist.
   Nach § 208 Akt G Abs. 1, Satz 2 können andere Gewinn-Rücklagen und deren Zuführungen in voller Höhe, die Kapitalrücklage und die gesetzliche Gewinnrücklage nur, soweit sie zusammen den zehnten oder den in der Satzung bestimmten höheren Teil des bisherigen Grundkapitals übersteigen, in Grundkapital umgewandelt werden.
   Im vorliegenden Fall demnach:

andere Gewinnrücklagen		3 Mio. DM
Gesetzliche Rückl.	2 Mio.	
./. 10% a/10 Mio.	1 Mio.	1 Mio. DM
Umwandlungsfähig		4 Mio. DM

2. | Aktiva | Bilanz nach Kapitalerhöhung | | Passiva |
   |---|---|---|---|
   | Vermögen | 15,01 | Gezeichnetes Kapital | 14,00 |
   | | | gesetzl. Rücklagen | 1,00 |
   | | | Gewinnvortrag | 0,01 |
   | | 15,01 | | 15,01 |

3. **Bilanzkurs vor Kapitalerhöhung**:
   Grundkapital   10 Mio. = 100 %   x = 150,1 %
   Eigenkapital   15,01 Mio. = x

   Bilanzkurs nach Kapitalerhöhung:
   Grundkapital   14 Mio. = 100 %   x = 107,21 %
   Eigenkapital   15,01 Mio. = x

4. Letztjähriger Dividendenbetrag: 2 Mio. auf Grundkapital von 10 Mio. = 20 %.
   Diesjähriger Dividendenbetrag: 2 Mio. auf Grundkapital von 14 Mio. = 14,29 %; demnach 14 % Dividende.

5. Das Eigenkapital verändert sich durch die Umwandlung von Rücklagen in Aktien nicht. Da es bereits vorher den eigentlichen Wert der in den Aktien verbrieften Eigentumsrechte darstellte, ist den Aktionären nur verbrieft worden, was ihnen bereits gehörte.

6. Bezugsrechtsformel: $B = \dfrac{K-k}{\frac{a}{j}+1} = \dfrac{1000-0}{\frac{5}{2}+1} = 1000 : \dfrac{7}{2} = 2000 : 7 = \underline{\underline{285{,}71}}$

930 Bedingtes Kapital — Belegschaftsaktien

1. Vorteile: Kein Liquiditätsentzug;
   Gewinn wird in Grundkapital umgewandelt;
   Engere Bindung der Belegschaftsmitglieder an das Unternehmen;
   Ansporn für die Belegschaftsmitglieder mitzuhelfen, daß Gewinne erwirtschaftet werden, weil sie an diesen als Anteilseigner beteiligt sind.

2. Die Barausschüttung ist für Arbeitnehmer interessant, die das Geld für dringende Anschaffung benötigen.
   Sie wird auch von denen vorgezogen werden, die kein Interesse an unternehmerischen Gesichtspunkten haben.
   Wer risikoorientiert ist, wird Belegschaftsaktien vorziehen, weil sie die Chance der Teilhabe am Produktivvermögen mit allen Möglichkeiten und Risiken bietet. Die Belegschaftsaktie ist als Vermögensbildung zu betrachten und hat damit auch Vorsorge-Aspekte. Sie erhöht die wirtschaftliche Unabhängigkeit des Eigentümers, weil sie ihm Verwertungsmöglichkeiten neben seiner Arbeitskraft bietet.

3. a) Nach § 199 Akt G entscheidet der Vorstand allerdings „nur in Erfüllung des im Beschluß über die bedingte Kapitalerhöhung festgesetzten Zwecks".
   b) Die Bedingung ist, daß Arbeitnehmer der Gesellschaft neue Aktien gegen Einlage von Geldforderungen beziehen, „die den Arbeitnehmern aus einer ihnen von der Gesellschaft eingeräumten Gewinnbeteiligung zustehen". (§ 192 Abs. 2, 3 Akt G).

4. Bei der bedingten Kapitalerhöhung soll die Kapitalerhöhung nur soweit durchgeführt werden, wie von einem Umtausch- oder Bezugsrecht Gebrauch gemacht wird, das die Gesellschaft auf die neuen Aktien einräumt (§ 192 Abs. 1 Akt G).
   Beim genehmigten Kapital wird der Vorstand durch Satzung oder qualifizierten Hauptversammlungsbeschluß für höchstens fünf Jahre nach Eintragung ermächtigt, das Grundkapital bis zu einem bestimmten Nennbetrag durch Ausgabe neuer Aktien gegen Einlagen zu erhöhen (§ 202, Abs. 1 Akt G).
   Bei bedingter wie genehmigter Kapitalerhöhung darf der Nennbetrag des neuen Kapitals die Hälfte des Grundkapitals nicht übersteigen, das zur Zeit der Beschlußfassung vorhanden ist (§§ 192, Abs. 3, 202, Abs. 3 Akt G).

| 931 | *Finanzierungsmöglichkeiten* |

1. Nein, weil Abschreibungen zunächst Ersatzinvestitionen und nicht Erweiterungsinvestitionen finanzieren sollen.

2. Nur freie Rücklagen, sowie der Teil der gesetzl. Rücklage, der den zehnten oder den in der Satzung bestimmten Teil des Grundkapitals übersteigt, dürfen zur Finanzierung aus Reservebildung verwandt werden. Für die gesetzliche Rücklage ist in § 150, Abs. 3 AktG zwingend vorgeschrieben, daß sie nur zur Verlustdeckung eingesetzt werden darf.

3. Nach § 71 AktG ist der Erwerb eigener Aktien für den vorgesehenen Zweck nicht möglich. Er wäre auch wegen des hohen Börsenkurses nicht empfehlenswert.

Außenfinanzierung durch langfristige Fremdmittel

| 932 | *Schuldscheindarlehn — Ratentilgung* |

1.

Jahr	Darlehnsschuld	Zinsbetrag	Tilgungsbetrag	Gesamtrate
1	2	3 (6% aus Sp. 2)	4 (20% aus Sp. 2)	5 (Sp. 3 + Sp. 4)
1	2 Mio.	120 000,—	400 000,—	520 000,—
2	1,6 Mio.	96 000,—	400 000,—	496 000,—
3	1,2 Mio.	72 000,—	400 000,—	472 000,—
4	800 000,—	48 000,—	400 000,—	448 000,—
5	400 000,—	24 000,—	400 000,—	424 000,—
		360 000,—	2 Mio.	2,36 Mio.

2. Sofern die Zins- u. Tilgungszahlungen jährlich nachschüssig erfolgen, ist der Effektivzins des Schuldscheindarlehns gleich dem Nominalzins, da er von der jeweiligen Schuld ohne Zuschläge oder Damnum zu zahlen ist. Er ist also günstiger als der Effektivzins des Bankkredits, wenn dieser 6,3% beträgt.

3. Nein, Schuldscheine sind lediglich Beweisurkunden.

   Gründe für die Ausgabe:

   Möglichkeit der kurzfristigen Zwischenfinanzierung durch meist auf den Namen lautende Teilschuldscheine; Aufbringung von Großkrediten bei zahlreichen Teilgläubigern durch Finanzmakler oder Bankkonsortium; Zins niedriger als Bank oder anderer Zins; Anpassungsfähigkeit an eigenen Kapitalbedarf; einfache und schnelle Durchführung; meist geringere Kosten als bei Kapitalerhöhung.

4. Das Darlehn kann dem Kapitalbedarf genau angepaßt werden und schnell auf dessen Veränderungen eingestellt werden. Das wird durch Stückelung der mehrjährigen Gesamtlaufzeit (10, 20, 30 Jahre) des Gesamtkredits in Teilschuldscheine erreicht. Diese laufen i. d. R. 3 Monate. Die Aufnahme des Schuldscheindarlehns ist mit weniger Formalitäten verbunden, als die Kapitalerhöhung gegen Einlagen. Die Gesamtkosten sind meist geringer als bei Wertpapieremissionen.

| 933 | *Damnum — Ratentilgung* |

1.

Jahr	Darlehnschuld am Jahresanfang	Zinsbetrag	Tilgungsbetrag	Gesamtrate am Ende des Jahres
1	1,2 Mio.	72 000,—	—	72 000,—
2	1,2 Mio.	72 000,—	300 000,—	372 000,—
3	900 000,—	54 000,—	300 000,—	354 000,—
4	600 000,—	36 000,—	300 000,—	336 000,—
5	300 000,—	18 000,—	300 000,—	318 000,—

2. Abgeld: 48 000,—

Zins 1.—5. Jahr: $72\,000{,}- + \frac{4}{2}(72\,000 + 18\,000) = 252\,000{,}-$

252 000 : 48 000 = 6 : x

$x = \frac{6 \cdot 48}{252} = 1{,}14\%$ oder: 252 000 = 6%

Nominalzins   6,00 %   252 000 + 48 000 = x%
Effektive Zinsbelastung   7,14 %   x = 7,14 %

3. a) Geldverkehrsnebenkosten   an Bank   24 000,—
   b) Bank   1 152 000,—
        aktiviertes Damnum   48 000,—   an Darlehnsschuld   1,2 Mio.
   c) Ende 1. Jahres:
        Zinsaufwand   72 000,—   an Bank   72 000,—
        Abschreibung   9 600,—   an aktiv. Damnum   9 600,—
        Ende 2. Jahres:
        Darlehnsschuld   300 000,—
        Zinsaufwand   72 000,—   an Bank   372 000,—
        Abschreibung   9 600,—   an aktiv. Damnum   9 600,—
        Ende 3. Jahres:
        Darlehnsschuld   300 000,—
        Zinsaufwand   54 000,—   an Bank   354 000,—
        Abschreibung   9 600,—   an aktiv. Damnum   9 600,—

| 934 | *Effektivverzinsung bei wechselndem Auszahlungskurs und wechselndem Zins* |

Zinssatz in % \ Auszahlungskurs in %	96	98	100
8,5	9,06	8,78	8,5
9,0	9,58	9,29	9,0
10,0	10,63	10,31	10,0

| 935 | *Annuitätentilgung* |

1. Annuität: Darlehnsbetrag 100 000,— Annuitätenfaktor bei 5jähriger Tilgung und einem Zinssatz von 8% = 0,2505
   100 000 × 0,2505 = 25 050,— DM im Jahr.
2. 25 050 × 5 = 125 250,— DM in 5 Jahren.
3.

Jahr	Darlehnsschuld	Tilgung	Zins	Annuität
1	100 000,—	17 050,—	8 000,—	25 050,—
2	82 950,—	18 414,—	6 636,—	25 050,—
3	64 536,—	19 886,12	5 163,88	25 050,—

4.

Jahr	Darlehnsschuld	Zins
1	100 000,—	8 000,—
2	80 000,—	6 400,—
3	60 000,—	4 800,—
4	40 000,—	3 200,—
5	20 000,—	1 600,—
Gesamtzins:		24 000,—

24 000,— + 100 000,— Darlehn = 124 000,— DM Rückzahlung

5. **Effektivverzinsung:**

   Mittlere Laufzeit: $\frac{1+5}{2}$ = 3 Jahre

   Annuitätentilgung: $\frac{25\,250}{3}$ = 8 417,— DM; Effektivzins: 8,417%

   Ratentilgung: $\frac{24\,000}{3}$ = 8 000,— DM; Effektivzins: 8%

6. Liquiditätsbelastung: Sie ist bei der Ratentilgung am Anfang höher, fällt aber dann unter die Belastung durch die Annuität.

| 936 | *Fremdfinanzierung: Vergleich Darlehn — Industrieobligation* |

1. **Darlehn:** Einflußnahme der Kredit gewährenden Bank möglich (Pkt. 7); Zinssatz kann nach Punkt 2 des Kreditangebots jederzeit geändert werden.
   Genehmigungsverfahren ist abhängig von der Leistungsfähigkeit der Bank, meist aber einfach und unkompliziert.

   Anleihe: Kein Einfluß der Obligationsinhaber auf die Geschäftsführung. Zinssatz unveränderlich während der gesamten Laufzeit. Antrag auf Zulassung an der Börse durch ein an der Börse zugelassenes Kreditinstitut bei der Zulassungsstelle der Börse.

2. a) Die Anleihe wird mit 101% zurückgezahlt. 1% der Anleihesumme von 10 Mio. = 100 000,— DM.

b) Das fiktive Aktivum besteht aus Ab- u. Aufgeld der Anleihe.
Ausgabekurs 98% = 2% Abgeld, Rückzahlung 101 = 1% Aufgeld = 3% aus 10 Mio. = 300 000,— DM.

c) Konto der Obligationäre 9,8 Mio.
Konto fikt. Aktivum   0,2 Mio. an Anleiheschuld 10 Mio.
Konto fikt. Akt.   0,1 Mio. an Aufgeldschuld 0,1 Mio.
Bank   9,8 Mio. an Kto. d. Obligationäre 9,8 Mio.
Emissionskosten   0,6 Mio. an Bank   0,6 Mio.

d) Anleiheschuld   1 Mio.
u. Aufgeldschuld   0,01 Mio. an Bank   1,01 Mio.
Anleihezinsaufwand   0,48 Mio. an Bank   0,48 Mio.
Abschreibung   0,02 Mio. an fikt. Akt.   0,02 Mio.

e) Agio und Disagio müssen verschieden behandelt werden.
Agio und Disagio **dürfen** nach § 156 (3) Akt.Ges. aktiviert werden und **müssen** planmäßig jährlich abgeschrieben werden.
Das Agio **muß** nach § 156 (2) Akt.Ges. passiviert werden.
Nach Steuerrecht **müssen** Agio u. Disagio aktiviert u. abgeschrieben werden.

3. Sie will die Verkäuflichkeit (Plazierung) erleichtern. Deckungsstockfähigkeit bedeutet, daß die Papiere nach § 68 Vers. Aufsichtsgesetz zur Anlage der Vermögenswerte einer Versicherung verwendet werden dürfen, die zur Deckung der Prämienreserven aller Versicherten eines Versicherers erforderlich sind. Der Deckungsstock wird getrennt verwaltet. Ein Treuhänder überwacht die Einhaltung der strengen aufsichtsrechtlich vorgeschriebenen Vermögensanlage-Richtlinien.

Lombardfähigkeit besagt, daß die Papiere von der Bundesbank für Lombardkredite angenommen werden.

Mündelsicherheit von Papieren ist gegeben, wenn sie von der Bundesregierung mit Zustimmung des Bundesrates zum Anlegen von Mündelgeldern für geeignet erklärt worden sind (§ 1807 I. Ziff. 4 u. 5 BGB) od. im Gesetz zur Anlage von Mündelgeldern aufgeführt sind (§ 1805 ff. BGB).

4. a) 3,— DM

b) Weil der Zins jedes Jahr erneut anfällt, Agio u. Disagio aber auf die Laufzeit verteilt werden muß.

c)
```
                        Tilgungszeit
        0   1   2   3   4   5   6   7   8   9  10

0   1   2   3   4   5   6   7   8   9  10  11  12  13  14  15
```

$\dfrac{1. + 10.\ \text{Tilgungsjahr}}{2}$ + 5 tilg.-freie Jahre = 10½ Jahre oder

$\dfrac{6. + 15.\ \text{Anleihejahr}}{2} = \dfrac{21}{2} = 10½$ Jahre

Abgeld + Aufgeld auf 10½ Jahre verteilt: $\dfrac{3,0}{10,5} = 0{,}2857$ DM je Jahr

Gesamtertrag: 6,— + 0,2857 = 6,2857 je Jahr

Effektivzins bei einem Ausgabekurs von 98%: $\dfrac{6{,}2857 \times 100}{98} = 6{,}4\%$ (Bruttorendite)

| **937** | *Emission, Übernahme und Unterbringung von Effekten — Konsortium* |

1. a) Sofortige Verfügbarkeit des Gesamterlöses der Emission; kein Absatzrisiko,
   b) Bank trägt Risiko des Mißlingens der Emission (E. wird nicht abgesetzt), erhält dafür ganze Differenz zwischen (niedrigerem) Übernahmekurs und erreichten (höheren) Verkaufs-(Ausgabe-)Kurs.
2. Vertragsgesellschaft d. BGB nach § 705, gebildet von Banken (Konsorten) zur gemeinsamen Durchführung eines bestimmten Geschäfts, in diesem Falle d. Emission der Ferrit-Anleihe.
3. a) Placierungskonsortium hat kein Verkaufsrisiko,
   b) eingeschränktes Verkaufsrisiko; bei starker Nachfrage Recht auf Erhöhung d. Übernahmequote.
4. a) Weil Werbung d. Konsortiums nur Auffordg. z. Antrag durch Zeichnung.
   b) Ja; im Zeichnungsschein verpflichtet sich der Zeichner zur Abnahme der gezeichn. Pap. bzw. des geringeren Betrages, der ihm zugeteilt wird.

| **938** | *Wandelschuldverschreibungen* |

1. Unsicherheit der Konjunkturentwicklung läßt Aktienemission für Käufer sehr riskant erscheinen. Wandelobl. macht die Käufer zunächst zu Gläubigern der emittierenden Gesellschaft. Das damit verbundene Risiko ist geringer als bei Aktienkauf. Obligationen gewähren eine feste Verzinsung. Außerdem geben die Wandelobl. die Möglichkeit, im Falle inflationärer Entwicklungen aus der Gläubigerposition in eine Teilhaberposition umzuwechseln u. einen „Geldwert" (die Obligation) in einen „Sachwert" (die Aktie) umzuwandeln.
2. Die Umtauschbedingungen der Wandelanleihe werden meist einen Anreiz zur Umwandlung in Aktien bieten müssen. Sie geben dem Erwerber damit mehr Gegenleistungen als dem Käufer gewöhnlicher Anleihen. Dafür wird der Zins (meist auch der Ausgabekurs) niedriger angesetzt, als bei diesen.
3. Umtauschverhältnis 4 : 1 Zuzahlung erste Phase   90%
                                                           zweite Phase 120%
                                                           dritte Phase   150%

Umtausch	Nennwert Wandelschuldverschrbg.	Nennwert eingetauschte Aktien Verhältnis 4 : 1	Zuzahlung in %	= Mittelzufluß in DM
1. Phase	16 Mio.	4,0 Mio.	90%	3,6 Mio.
2. Phase	10 Mio.	2,5 Mio.	120%	3,0 Mio.
3. Phase	4 Mio.	1,0 Mio.	150%	1,5 Mio.
Summe				8,1 Mio.

4. a) Konversionsanleihe, weil die Wandelobligationen in Inhaberaktien umgetauscht werden.

b) Konversionsanleihe schafft neue Finanzmittel durch Zuzahlungen, sofern dies in den Anleihebedingungen vorgesehen ist.

Optionsanleihe schafft neue Finanzmittel, weil die jungen Aktien mit neu zufließenden Finanzmitteln bezahlt werden müssen, wenn der Obligationär von seinem Bezugsrecht Gebrauch macht. In beiden Fällen bleibt bis zum Abschluß der Umwandlungsmöglichkeit ungewiß, bis zu welchem Betrag die Obligationäre der AG als Gesellschafter beitreten.

939 Leasing (Full Service)

1. Leasing:

Leasinggebühr: 12 × 893,— DM	=	10 716,— DM
Benzinkosten: 200 × 13,— DM	=	2 600,— DM
		13 316,— DM

Kauf:

Einkaufspreis 22 750,— DM	
davon Zins 6 % für 1 Jahr	1 365,— DM
Wertverlust	7 400,— DM
Steuer u. Versicherung	2 200,— DM
Betriebskosten 200 × 25,— DM	5 000,— DM
	15 965,— DM

2. Die Fixkosten verteilen sich auf mehr km, d. h. die Kosten je gefahrenen km fallen bei steigender Gesamtstrecke. Allerdings können die proportionalen Kosten steigen.

Bei Full-Service-Leasing bleiben auch die proportionalen Kosten gleich, da sie in der Leasing-Gebühr enthalten sind.

3. Argument 1: ja, wegen Liquiditätsenge,
Argument 2: ja, wie oben
Argument 3: ja, das Argument trifft immer zu.
Argument 4: ja, wie Arg. 3
Argument 5: nicht unbedingt, wenn auch aus Repräsentationsgründen ein neuer Wagen erwünscht sein kann.
Argument 6: ja, Altwagenverwertung ist für den Handelsvertreter eine betriebsfremde Tätigkeit, die Zeit erforderlich macht, für die er nutzbringendere Verwendung hat.

940 Privatleasing

Für einen Privatmann ist die Vergleichsrechnung aus folgenden Gründen nicht zutreffend:

1. In der Tabelle ist die auf den Kaufpreis bzw. die Leasingraten entfallende Umsatzsteuer vernachlässigt. Dies ist bei Gewerbetreibenden wegen der Möglichkeit des Vorsteuerabzugs berechtigt. Bei Privatleuten würde sich aber der Kaufpreis bzw. die Leasingraten um die Umsatzsteuer erhöhen.

2. Für einen Privatmann besteht keine Möglichkeit, Kfz-Abschreibungen bzw. Leasingraten steuerlich geltend zu machen. Er kann durch diese Aufwendungen also keine Minderung der Einkommensteuer (Spalte 5 bzw. 10) erzielen.

3. Ein Privatmann zahlt keine Gewerbesteuer. Die Erhöhung der Gewerbekapitalsteuer (Spalte 6) trifft also für ihn nicht zu.

4. Bei einem Privatmann führt das Kfz nicht zu einer Erhöhung der Vermögensteuer (Spalte 7).

Folgende Sachverhalte gehen nicht aus der Tabelle hervor, sind aber dennoch für den Vergleich Leasing — Kauf bei Privatleuten bzw. Gewerbetreibenden wichtig:

Bei einem Gewerbetreibenden wirken sich i.d.R. sämtliche Kfz-Aufwendungen (Reparaturen, Benzin, Kfz-Steuer, Haftpflicht- und Kaskoversicherung) des betrieblich genutzten Kfz als Betriebsausgaben steuermindernd aus. Bei einem Privatmann führt höchstens die Kfz-Haftpflichtversicherung im Rahmen der Sonderausgaben unter bestimmten Voraussetzungen zu einer Minderung der Einkommensteuer. Daneben könnte sich bei Privatleuten u.U. durch die Kilometergeldpauschale im Rahmen der Einkünfte aus unselbständiger Arbeit eine weitere Steuerminderung ergeben, wenn das Fahrzeug für die Fahrten zur Arbeit benutzt und die Werbungskostenpauschale überschritten wird.

Beim Leasing wird i.d.R. der Abschluß einer Vollkaskoversicherung und die regelmäßige Wartung des Fahrzeugs in einer Vertragswerkstatt verlangt. Das ist beim Kauf des Fahrzeugs nicht der Fall.

941 Kreditantrag — Kreditwürdigkeit — Kreditfähigkeit

1. Nein, das Formblatt ist nur eine schriftliche Festlegung der Vorverhandlungen.

2. Kreditfähigkeit. Untersucht werden kann anhand der Angaben nur, inwieweit Vogt in der Lage ist, Zins u. Tilgung des Kredits zu bezahlen. Außerdem werden die Kredithöhe u. die Laufzeit des Kredits sowie die Sicherungsmöglichkeiten ersichtlich.

   Die Kreditwürdigkeitsprüfung muß auch die in Referenzen und Auskünften enthaltene Beurteilung der Person des Kreditnehmers und seiner Lebensführung in Betracht ziehen.

3. Die Mitteilung der Bank ist ein Vertragsangebot. Erst mit der Annahmeerklärung durch den Kreditnehmer kommt der Kreditvertrag zustande.

Kreditsicherungen

942 Bürgschaft

1. L. hat Recht. Er handelt als Privatmann; § 766 BGB.

2. siehe Vordrucktext.

3. Ja; § 350 HGB; L. handelt in Vollmacht der Handelsbank; diese ist Kaufmann; §§ 343, 344, 1 HGB.

4. Nein; Einrede d. Vorausklage; § 771 BGB, da er sich als Privatmann verpflichtet hat.

   Für Handelsbank keine Einrede der Vorausklage; BGB § 349.

5. Bis Webgold auf Fordg. gegen Kuhl od. Bürgschaft Ls. verzichtet.

   Bis eine etwaige Kündigung Ls. wirksam wird. Kündg. d. Bürgschaft ist für L. möglich, wenn ihm die Bürgschaft nach Treu u. Glauben nicht mehr zugemutet werden kann; Recht z. Kündg. unter Wahrung angemessener Frist bei einer auf unbest. Zeit abgeschl. Bürgsch. für künftige Fdgen. mit Wirkung f.d. Zukunft anzunehmen; z.B. wenn sich Vermögenslage d. Schuldners verschlechtert.

6. a) Ja; §§ 769, 421 BGB,

   b) Ausgleichsanspruch gegen d. Mitbürgen; §§ 769, 426 BGB.

7. 30 Jahre nach Zahlung d. verbürgten Betrags; §§ 195, 198 BGB.

943 Zession

1. Schuldner (Zedent): M. Kuhl; Fordg. a. Warenliefg.; Höhe: DM 25 000,—; Zins: 6% seit 15. 8. steht gegen E. Haug aus Fordg. a. Warenliefg. zu; Höhe: DM 30 000,—; Gerichtsstand: Kaiserslautern.
2. Drittschuldner: Haug; Zedent: Kuhl; Zessionar: Fahrner.
3. a) Nein; § 407 BGB;   b) Ja; §§ 398, 407 BGB.
   c) Die „abgetretene Fordg." besteht nicht od. ist bereits an andere abgetreten; § 408 BGB; Zedent gibt für d. abgetretene Fordg. bei ihm eingehenden Gegenwert nicht an Zessionar weiter.
4. Ja; §§ 398, 409, 410 BGB (Vorlage d. Abtretungsurkunde).   5. Ja; § 404 BGB.
6. Hingabe der Fordg. an Erfüllungs statt; Kuhl haftet nach § 445 BGB nur für Bestehen, nicht Güte der abgetretenen Fordg., deshalb durch diese Klausel Ausfallsicherung.
7. Die Wechselfordg. gibt die zusätzlichen Zugriffsmöglichkeiten d. Wechselrechts (Rückgriff, Wechselklage).

944 Faustpfand

1. a) Schutz geg. Wertschwankungen,   b) Marge beträgt 1 000,— DM.
2. a) Nein; Nutzungspfand, das besondere Vereinbarung zwischen Verpfänder u. Pf.Gläub. erfordert;
   b) Frau Kuhl; Übergabe verschafft noch kein Eigentum.
3. a) Nein; nach § 1207 BGB gelten f. Pfandrecht Vorschriften d. Eigentumserwerbs. Schöll wäre nicht gutgläubig,   b) Ja; §§ 1207, 932, 935 BGB.
4. Mit Überschreiten der DM 5 000,— Mietfordg. fällig geworden; § 1228 II BGB; aber erst nach Androhung; § 1234 BGB und nur durch Versteigerung.
5. a) Nein; Befriedigung nur durch Versteigerung; § 1228 BGB,
   b) Nein; Kette hat keinen Markt- od. Börsenpreis; § 1235 BGB,
   c) Ja; § 1235 BGB.
6. a) Nein; Schöll hätte weiterhin seine Mietfordg. § 1247 BGB,
   b) Nein; § 1247 BGB.

945 Lombardkredit

1. Beleihungswert der Wertpapiere insgesamt:

Aktien		
115 Stück (je 50 DM) Daimler-Aktien zum Kurs 550:	31 625 DM	
davon 75%		23 718,75 DM
Schuldverschreibungen		
VEW-Anleihe, nom. 10 000 DM zu 7%, in Stücken von 500 DM, zum Kurs 94	9 400 DM	
Bundesbahn-Anleihe, nom. 20 000 DM zu 6%, in Stücken von 200 DM zum Kurs von 90%	18 000 DM	
	27 400 DM	
davon 80%		21 920 DM
Beleihungswert Aktien		23 718,75 DM
Beleihungswert Schuldverschreibungen		21 920,00 DM
insgesamt		45 638,75 DM

2. Darlehensbetrag 50 000,00 DM
   — Beleihungswert Aktien 23 718,75 DM
   verbleiben abzusichern 26 281,25 DM
   Beleihungswert der Schuldverschreibungen 21 920,00 DM
   fehlender Betrag zur Absicherung 4 361,25 DM

   Für den nicht durch Wertpapiere abgesicherten Kreditbetrag fordert die Bank u.U. einen höheren Zins.

3. Dividendenertrag 15% aus 115 · 50 862,50 DM
   Zins a. nom. 10 000 DM VEW 700,00 DM
   Zins a. nom. 20 000 DM Bundesbahn-Anl. 1 200,00 DM
   Wertpapiererträge insgesamt 3 462,50 DM
   Darlehenszins 10% aus 50 000 DM 5 000,00 DM
   Differenz im Jahr 1 537,50 DM

   Der Wertpapierertrag wird völlig aufgebraucht. Es entsteht sogar noch eine negative Differenz (Fehlbetrag).

946 Sicherungsübereignung

1. Nein, alle Vermög. Gegenstände werden für Betrieb benötigt.

2. a) Ja, da ohne Eigentumsvorbehalt geliefert,
   b) Gläubiger: Melau & Co.; Schuldner: M. Kuhl; Schuld: DM 9 000,—; Schuldgrund: Warenlieferung; Rate: 1 500,—; Beginn: 1. 8.; Übereignung: Maschinen; Ort: Neuss (Rh.), Niederstr. 5; Gerichtsstand: Braunschweig.

3. Nein; Sicherungsnehmer kann von seinem Recht nur im Rahmen d. Sichgszwecks Gebrauch machen (siehe Punkt 2 des Vertrages).

4. a) Weil sich die Einigg. auf bestimmt bezeichnete Gegenstände erstrecken muß und sich die veräußerten Stücke jederzeit aussondern lassen müssen;
   b) Maschinenart; Masch. No.; Hersteller; Baujahr; Standort im Betrieb,
   c) Nein; Es ist nicht üblich, sicherungsübereignetes Vermögen gesondert auszuweisen.

5. Interventionsklage; § 771 ZPO.

6. M. muß versuchen, die übereigneten Werte in Besitz zu nehmen. Sollte sie K. nicht freiwillig herausgeben, muß M. Herausgabe-Klage erheben. Sobald M. im Besitz der sicherungsübereigneten Werte ist, hat er folgende Verwertungsmöglichkeiten:
   1) Freihändiger Verkauf (interessewahrend, da die Sicherungsübereignung als Treuhandverhältnis gilt).
   2) Öffentliche Versteigerung nach vorheriger Androhung (§ 1233 ff. BGB).

947 — Grundbuch — Vorkaufsrecht — Grunddienstbarkeit

1. Auf Angabe der für einen Interessenten wichtigen Punkte achten.
2. a) 25. 3. 64 durch Erbteilung (Eintragg. entscheidet),
   b) Ja, keine weitere Eintragg. in Abt. I, keine Löschung d. Eintragung vom 25. 3. 64.
3. Kökel hat Wohnrecht, solange unverheiratet.
4. a) Kuhl; §§ 1098 I, 505 II BGB (dingl. Vorkaufsrecht f. d. jeweiligen Eigentümer d. Grundstücks Nr. 9)
   b) Nein; Frock ist an die Kuhl gegebene Erklärung nicht gebunden.
   zu a) und b) Schuhler ist nach § 510 BGB verpflichtet, Frock unverzügl. den Abschluß eines Kaufvertrages üb. d. Grundstück mitzuteilen. Frock kann dann innerhalb von 2 Mon. (§ 510 II BGB) nach Empfang der Mitteilung durch Erklärung gegenüber Schuhler (§ 505 BGB) in diesen Kaufvertrag eintreten.

948 — Grundpfandrechte: Hypothek — Grundschuld

1. Möhle, Reiner, Bausparkasse Mainz.
2. 450 000,— ./. 90 000,— ./. 30 000,— ./. 60 000,— = 270 000,—.
3. Grundstücke 450 000,— an Zahlungsmittel 270 000,— u. langfrist. Vb. 180 000,—.
4. K. muß sich nicht um die Finanzierung dieser Beträge bemühen.
5. a) Nein; Hyp. besteht immer nur in Höhe d. zugrundelieg. Fordg., BGB § 113,
   b) Ja; Grundschuld ist sachenrechtl. ganz von Grundgeschäft u. seiner Erfüllung losgelöst.
6. Weil Hyp. nach § 1113 BGB erst Forderungsnachweis verlangt, d. h. Prozeßausgang abgewartet werden muß, Grundschuld dageg. nach § 1191 BGB allein aus Eintragg. geltend gemacht werden kann.
7. a) Notar.beglaub. Abtret.Erklärg. u. Umschreibg. im Grundbuch, § 873 BGB.
   b) Übergabe d. Hyp. Briefs mit schriftl. Abtret.Erklärg. genügt, §§ 1154, 1117 BGB.
   c) Kein Zusatz, weil nach § 1116 BGB Regelfall.
8. a) § 879 I BGB; Möhles Bank 90 000,—; Reiner: 30 000,—; Bausp.K.: 40 000,—,
   b) wie a), jedoch Bauspark. 60 000,—; 140 000,— abzügl. Kosten erhält d. Eigentümer; § 1181 BGB.
9. a) Grundschuld zugunsten des Eigentümers; 1177, BGB,
   b) Max Reiner §§ 883, 1179 BGB.

949 — Sicherung eines Kontokorrentkredits durch Grundschuld

Grundschuld, weil unabhängig vom Bestand einer Fordg.
Höchstbetragshyp., weil sie die Haftung d. Grundstücke nur nach oben begrenzt, also wieder aufleben läßt, wenn Fordg. zwischenzeitlich auf 0 abgesunken. Palandt zu § 1190 Anm. 1a.

950 *Kreditsicherungsmerkmale*

Bezeichnung / Merkmal	Bürgschaftskredit	Zessionskredit	Faustpfandkredit	Sicherungsübereignung	Hypothek	Grundschuld
Was dient als Sicherheit?	Zahlungsfähigkeit des Bürgen	Forderungen gegen Dritte	Zwei Beispiele: 1. Lombard 2. Pfandleihe	Zwei Beispiele: 1. Maschinen 2. Fuhrpark	Grundstücke	Grundstücke
Persönliche Haftung, dingliche Sicherung	Persönliche Haftung	Persönliche Haftung	Dingliche Sicherung	Dingliche Sicherung	Persönliche Haftung und dingliche Sicherung	Dingliche Sicherung
Formvorschriften für die Sicherheitsleistung	Kaufmann im Rahmen seines Handelsgewerbes: mündlich / Nichtkaufmann: schriftlich	formfrei	formfrei	formfrei, aber Schriftform zweckmäßig	öffentliche Beurkundung und Eintrag im Grundbuch	öffentliche Beurkundung und Eintrag im Grundbuch
Wer ist Eigentümer, wer Besitzer der Sicherheit			Schuldner ist: Eigentümer / Gläubiger ist: Besitzer	Gläubiger ist Eigentümer / Schuldner ist Besitzer		
Unterarten der Sicherheitsleistung	Ausfallbürgschaft / Selbstschuldnerische Bürgschaft	stille Zession / offene Zession			Briefhypothek / Buchhypothek / Sicherungshypothek / Verkehrshypothek	Briefgrundschuld / Buchgrundschuld
Gefahr für den Gläubiger	Verschlechterung der finanziellen Lage des Bürgen	Zessionar muß Mängel des Grundgeschäfts anerkennen	Veränderungen im Wert des Pfandes	Mehrmalige Übereignung / Verschwiegener Eigentumsvorbehalt. Geringe Kontrollmöglichkeiten		

951 Kontokorrentkredit — Wechselkredit

1. 360 Tage — 6%
   90 Tage = x% $x = 1{,}5\%$

   98,5% — 20 000 DM
   100% —   x $x = 20\,304{,}57$ DM

   Anlagemöglichkeit: 5% für 30 Tage von 20 000,— DM = 83,33 DM

Diskont:	304,57 DM
./. Zins:	83,33 DM
Verlust	221,24 DM

2. | Lieferziel | 10 Tage | | |
   |---|---|---|---|
   | Kreditaufnahme | 50 Tage | | |
   | Kundenziel | 60 Tage | | |
   | Anlagemöglichkeit | 30 Tage | | |
   | Vergleichszeitraum | 90 Tage | | |
   | Rechnungsbetrag | 20 000,— DM | | |
   | ./. Skonto 2% | 400,— DM | 400,— | |
   | erforderlicher Kreditbetrag (für 50 Tage zu 8%) | 19 600,— DM | | |
   | Zins für 50 Tage zu 8% | | ./. 217,78 | 182,22 DM |
   | Zins für 30 Tage zu 5% aus 20 000,— = | | | 83,33 DM |
   | Vorteil | | | 265,55 DM |

   20 000 = 100%, 265,55 = x %; X = 1,33%.

952 Kontokorrentkredit — Factoring

1. Eigenmittel wie Darlehn sind wenig geeignet, weil sie langfristige Mittel sind. Der Kontokorrentkredit ist seinem Wesen nach kurzfristig und deshalb die geeignetste Finanzierungsform für Spitzen im Finanzmittelbedarf.

2. Ja. Erhöhte Liquidität dann, wenn sie benötigt wird, nämlich durch Verkauf der aus den Absatzspitzen entstehenden Forderungen.
   — Risikoentlastung wirkt liquiditätserhöhend.
   — Die Mahn- u. Inkassokosten der Fränk. Saatgut-GmbH sind bereits höher als die gesamten Factoring-Gebühren.
   — Der Zinssatz des Factoring-Kredits ist nur unwesentlich höher, als ein Bankkredit.

Innenfinanzierung

| 953 | *Rücklagenbildung — Finanzwirtschaftliche Bewegungsbilanz (Finanzierungsbild) — Rücklagenpolitik* |

1. a)

Aktiva	Veränderung	Mittelherkunft	Mittelverwendung
I. Anlagevermögen:			
Unbebaute Grundstücke	—	—	—
Gebäude	− 50	50	—
Betriebseinrichtungen	−250	250	—
Finanzanlagen	+500	—	500
II. Umlaufvermögen:			
Vorräte	+100		100
Forderungen	+300	—	300
Flüssige Mittel	+200	—	200
Passiva			
Grundkapital	+300	300	—
Gewinnrücklagen	+200	200	—
Rückstellungen	−200	—	200
Verbindlichkeiten	+450	450	—
Bilanzgewinn	+ 50	50	—
Summe der Veränderungen		1 300	1 300

b) Jeder Vermögensteil muß finanziert worden sein, genau wie jede Schuldentilgung. Infolgedessen ist jede Erhöhung der Aktivposten und jede Verminderung von Passivposten Mittelverwendung.

Jede Verminderung von Aktivposten und jede Erhöhung von Passivposten macht Finanzmittel verfügbar, zeigt also die Herkunft der Mittel.

2. **Eigenfinanzierung:**
   Gezeichnetes Kapital   300

   Selbstfinanzierung:
   Bilanzgewinn u. Rücklagenbildung   250

   Fremdfinanzierung:
   Verbindlichkeiten   450

   Finanzierung durch Umschichtung:
   Gebäude   ⎫ Bilanzänderung   40
   Betriebseinrichtung ⎬ ./. Abschreibungen 60
   Abschreibungen   ⎭   200   1 300

3. Rücklagen sind genau wie neues Grundkapital Eigenkapital. Beide erhöhen in gleicher Weise die Kreditfähigkeit und die Sicherheit des Unternehmens.

   Allerdings müssen Rücklagen tatsächlich nicht mit Dividende bedient werden, sind insofern also der Erhöhung des Grundkapitals vorzuziehen. Die Finanzierung über Rücklagen bewirkt, daß die damit erwirtschafteten Gewinne dem Eigenkapital des

Unternehmens zuwachsen. Das macht diesen Finanzierungsweg für Unternehmen bedeutungsvoll, die wegen ihrer Rechtsform und ihrer Größe keinen Zugang zum Kapitalmarkt haben.

Rücklagenbildung verursacht im Gegensatz zur Kapitalerhöhung keine Kosten. Durch Rücklagenbildung läßt sich Fremdkapital ersetzen, so daß der darauf zu zahlende Zins entfällt.

Von Nachteil ist, daß der fehlende Kostendruck dazu verführt, Investitionen ohne genügende Beachtung des damit verbundenen Risikos vorzunehmen. Das Ergebnis sind Kapitalfehlleitungen, weil am Markt vorbei produziert wird. Verdeckte Rücklagen gehen unter und führen zu falschen Rentabilitätskennziffern. Durch ihre unerkannte Auflösung werden noch Gewinne ausgewiesen, obwohl die Leistung des Unternehmens ohne verdeckte Rücklagenauflösung keine mehr oder evtl. sogar Verluste erbracht hätte.

Für Rentabilitätsberechnungen wird es bei Vorhandensein stiller Rücklagen schwierig, das wirkliche Eigenkapital zu ermitteln, mit dessen Hilfe der Erfolg erwirtschaftet wurde. Das ausgewiesene Eigenkapital stellt aber nur einen Teil der eingesetzten Mittel dar. Das Streben nach Rücklagenbildung kann im Wettstreit mit dem Wunsch der Aktionäre nach höheren Dividenden zu unnötig hohen Preisen führen. In diesem Falle wird die Bildung von Zusatzkapital dem Verbraucher aufgebürdet.

4. Die Rücklagen erhöhen sich um 40 Mio. Die Differenz gehört zur verdeckten Selbstfinanzierung.

5. Die Unternehmensleitung folgt dem Grundsatz der kaufmännischen Vorsicht und legt stille Reserven; Substanzerhaltung.

954 Abschreibungsrückfluß und Investition

1.

Jahr		Maschinenzahl	Anschaff.wert d. Maschinenbestandes	Jahresabschreibungen	Restwert des Maschinenbestandes
Beginn	1	10	200 000,—		
Ende	1			40 000,—	160 000,—
Beginn	2	12	240 000,—		200 000,—
Ende	2			48 000,—	152 000,—
Beginn	3	14	280 000,—		192 000,—
Ende	3			56 000,—	136 000,—
Beginn	4	17	340 000,—		196 000,—
Ende	4			68 000,—	128 000,—
Beginn	5	20	400 000,—		188 000,—
Ende	5	./. 10	./. 200 000,—	80 000,—	108 000,—
Beginn	6	14	280 000,—		188 000,—
Ende	6	./. 2		56 000,—	132 000,—
Beginn	7	15	300 000,—		192 000,—

Jahr		investit.bereite Abschreibungen	Neuanschaffungen		nicht verbrauchte Abschreibungen	Summe aus Restwert + inv.bereite Abschreibungen am Jahresende
			Anzahl	Wert		
Beginn	1					
Ende	1	40 000,—				200 000,—
Beginn	2		2	40 000,—		
Ende	2	48 000,—				200 000,—
Beginn	3		2	40 000,—	8 000,—	
Ende	3	64 000,—				200 000,—
Beginn	4		3	60 000,—	4 000,—	
Ende	4	72 000,—				200 000,—
Beginn	5		3	60 000,—	12 000,—	
Ende	5	92 000,—				200 000,—
Beginn	6		4	80 000,—	12 000,—	
Ende	6	68 000,—				200 000,—
Beginn	7		3	60 000,—	8 000,—	

2. Die Summe aus Restwert plus investitionsbereiten Abschreibungen ergibt stets 200 000,— DM.

3.

Jahr	Maschinenzahl	Kapazität
1	10	1 000 000
2	12	1 200 000
3	14	1 400 000
4	17	1 700 000
5	20	2 000 000
6	14	1 400 000
7	15	1 500 000

4. a) Gesamtstückzahl zu Beginn des Jahres 1:
   10 Masch. × 100 000 Stück × 5 Jahre = <u>5 Mio. Stück.</u>

   b) 4 Masch. × 100 000 Stück × 5 Jahre = 2,0 Mio. Stück
   3 Masch. × 100 000 Stück × 4 Jahre = 1,2 Mio. Stück
   3 Masch. × 100 000 Stück × 3 Jahre = 0,9 Mio. Stück
   2 Masch. × 100 000 Stück × 2 Jahre = 0,4 Mio. Stück
   2 Masch. × 100 000 Stück × 1 Jahr = 0,2 Mio. Stück
   _____
                                        4,7 Mio. Stück

   Der Rest von 0,3 Mio. Stück entspricht der Kapazität der zu Beginn des 6. Jahres nicht verbrauchten, d. h. noch nicht investierten Abschreibungen. 12 000,— DM entsprechen 0,6 Masch. = 60 000 Stck., das sind in 5 Jahren 0,3 Mio. Stück.

5. Die mit Abschreibungsrückflüssen finanzierten Maschinen werden eingesetzt, ehe die Nutzungsmöglichkeiten der alten aufgebraucht sind.

   Die Abschreibungen werden nicht bis zum Ende der Nutzungsmöglichkeit der Erstinvestitionen angesammelt und erst dann im Einsatz investiert, sondern schon vorher für zusätzliche Investitonen verwendet.

6. Das Ausscheiden verbrauchter Anlagen und die Vergütung für ihre Nutzung fallen zeitlich auseinander. Der Abschreibungsbetrag wird als Kosten der Anlagennutzung im Verkaufspreis der hergestellten Leistungen früher vergütet, als er für den Ersatz der Anlagen benötigt wird.

Voraussetzungen für das Zustandekommen des Lohmann-Ruchti-Effektes:
— Laufende Investierung der Abschreibungsrückflüsse in neue Anlagen;
— Verkaufserlöse müssen kostendeckend auch die Abschreibungsbeträge erbringen;
— Finanzierung der Erstausstattung mit eigenen Mitteln;
— Die dem Anwachsen des Anlagevermögens angemessene Erweiterung des Umlaufvermögens muß finanziert werden können.

Wirkungen:
— Kapazitätserweiterung ohne Zuführung neuer Mittel;

Kritischer Punkt:
— Ausscheiden der Erstausstattung, weil Aufrechterhalten der erreichten Kapazität die Zuführung neuer Mittel erforderlich macht, sonst reduzierte Produktionsmöglichkeit.

955 Pensionsrückstellungen

Versicherungsvertrag:
  Laufender Liquiditätsentzug durch Zahlung der Versicherungsprämien;
  Keine Belastung nach Eintritt des Rentenfalles;
  Erhöhung der Kosten für den Faktor Arbeit;
  Ausgaben noch während der Tätigkeit des Arbeitnehmers;
  Zahlungsverpflichtung auch wenn der Arbeitnehmer das Unternehmen vorzeitig verläßt.

Pensionskapital:
  Wirkungen ähnlich Versicherungsvertrag (in beiden Fällen Fremdkapital) zusätzlich Verwaltungskosten, Mittel nicht im Unternehmen einsetzbar, dafür evtl. Einflußmöglichkeit auf Auszahlung.

Pensionsrückstellungen:
  Bildung aufgrund vertraglicher Verpflichtung (Betriebsvereinbarung), daher genau wie bei den beiden anderen Vorschlägen Fremdkapital; Minderung des Periodengewinns, aber Mittel die dem Unternehmen zur Verfügung stehen, solange keine Auszahlung erforderlich.

956 Finanzierung durch Umschichtung

Höhere Gesamtleistung um ein Drittel bei gleichem Einsatz finanzieller Mittel, dabei Steigerung des Gewinns, weil die eingesetzten Mittel besser genutzt wurden.

Mittelbeschaffung: Verringerung des Erzeugnisse-Lagers;
  Schnellere Umschlagsgeschwindigkeit des Lagers, ersichtlich aus der Relation Gesamtleistung und Lagerbestände;
  Verringerung des sonstigen Umlaufvermögens;
  Erhöhung der realisierten Gewinne.

Finanzierungsoptimierung

957 *Leverage Effect — Umfinanzierung — Finanzierungsgrundsätze*

	Erfolg	Eigenkapital	Fremdkapital	Fremdzins %	Fremdzins DM	Erfolgsanteil Eigenkapital	Rendite des Eigenkapitals
	20 000,—	100 000,—	—	—	—	20 000,—	20 %
1.	20 000,—	50 000,—	50 000,—	10 %	5 000,—	15 000,—	30 %
2.	20 000,—	25 000,—	75 000,—	10 %	7 500,—	12 500,—	50 %

3. Rentabilität des Eigenkapitals erhöht sich, solange Fremdzins niedriger ist als Gesamtrentabilität.

4. Es wurde gegen den Hauptgrundsatz der Sicherheit verstoßen. Er besagt, daß die größtmögliche Eigenkapitalausstattung auch die größtmögliche Sicherheit für zur Verfügung gestelltes Fremdkapital bietet. Es ist die Grundlage dafür, daß Fremdkapital zur Verfügung gestellt wird.

   Auch die 1 : 1-Regel, wonach der Unternehmer mindestens ebensoviel einsetzen muß wie sein Gläubiger, wäre nicht gewahrt.

   Ferner soll zumindest das Anlagevermögen mit eigenen Mitteln finanziert werden, damit nicht Gläubiger durch Abzug ihrer Mittel die sofortige Stillegung des Unternehmens bewirken können. Diesem Grundsatz läßt sich allerdings durch Langfristigkeit des Fremdkapitals, zumindest bedingt, auch Rechnung tragen.

958 *Hebelwirkung (Leverage Effect) — Finanzierungsziele — Finanzierungsgrundsätze*

1. Daß die 50-DM-Aktie zu einem Kurs von 100 DM ausgegeben wird, hat keinen Einfluß auf den Liquiditätszufluß. Die AG braucht das Grundkapital nur um 1 Mio. DM zu erhöhen, um einen Liquiditätszufluß von 2 Mio. DM zu erreichen. Der Unterschied besteht also nur darin, daß Aktionäre nur dann einen Dividendenanspruch haben, wenn Gewinn erwirtschaftet wird. Der Zinsanspruch der Obligationäre besteht, auch wenn kein Gewinn erzielt wurde.
   Auf die Liquidität des Unternehmens wirken sich Aktien günstiger aus.

2. a) Eigenkapitalrentabilität bei Aktienemission:

   Jetzige Rentabilität: $\frac{100 \times 1,4}{21} = 6\frac{2}{3}\%$

   Neue Rentabilität: $\frac{100 \times 1,9}{23} = 8\frac{1}{4}\%$

   Eigenkapitalrentabilität bei Anleihebegebung:
   Neuer Jahresüberschuß: 1,9 ./. Zins (6% a/2 Mio. =) 120 000,— = 1,78

   $\frac{100 \times 1,78}{21} = 8,476\%$.

   Anleihebegebung steigert die Rentabilität des Eigenkapitals geringfügig.

   b) Aktienemission entspräche den Grundsätzen Stabilität und Liquidität, Anleiheemission dem Grundsatz der Rentabilität.

959 *Finanzierungsgrundsätze - Goldene Finanzierungsregel (Goldene Bankregel) — Goldene Bilanzregel*

Wechselfinanzierung: Nicht geeignet, sofern nicht feststeht, daß Unternehmen die Wechselsummen an deren Verfalltag auch verfügbar hat. Außerdem widerspricht dies auch der goldenen Finanzierungsregel, die auch goldene Bankregel genannt wird. Danach müssen sich die Finanzierungsmittel und deren Verwendung in ihrer Fristigkeit entsprechen. Das ist hier nicht der Fall. Die goldene Finanzierungsregel setzt weiterhin voraus, daß die am Schluß des Kreislaufs zurückfließenden Erlöse mindestens so hoch sind wie das eingesetzte Kapital.

Ohne Belang ist für die vorliegende Entscheidung, daß auch sichergestellt sein muß, daß die zurückfließenden Erlöse nicht weiterhin zur Aufrechterhaltung des Produktionsprozesses benötigt werden dürfen, sondern ausschließlich zum Ersatz des investierten Kapitals.

Stiller Gesellschafter: Geeignet, da der LKW die Kapazität erhöht. Damit ist der Finanzbedarf für die Anschaffung dieses LKW Dauerbedarf, so daß Eigenkapital als Finanzierungsweg den Forderungen der Finanzierungsgrundsätze am besten entspricht. Sie sollten beachtet werden, da sie Erfahrungssätze darstellen.

Bankkredit: Hier stimmen zwar die Tilgungsfristen u. Tilgungsbeträge mit dem Ausmaß der Wertminderung des LKW überein, so daß bei kostendeckender Leistungsverwertung keine Beeinträchtigung der Funktionsfähigkeit des Unternehmens zu befürchten sein sollte.

Dennoch widerspricht dies der goldenen Bilanzregel, wonach das Anlagevermögen durch Eigenkapital gedeckt sein soll.

„In der weiteren Form der goldenen Bilanzregel wird gefordert, daß das langfristig zur Verfügung stehende Kapital (Eigenkapital und langfristiges Fremdkapital) größer ist als das Anlagevermögen und die langfristigen Außenstände, damit ein Teil des Umlaufvermögens langfristig finanziert ist. Eine Faustregel besagt, daß das für rund ein Drittel des Umlaufvermögens der Fall sein soll."

(Lipfert, H.: Finanzierungsregeln u. Bilanzstrukturen, in: Janberg, H., Finanzierungshandbuch, Wiesbaden 1964, S. 77)